音楽療法事典 新訂版

Lexikon Musiktherapie
Hans-Helmut Decker-Voigt, Paolo J. Knill, Eckhard Weymann

ハンス゠ヘルムート・デッカー゠フォイクト◆他編著

阪上正巳・加藤美知子・齋藤考由・真壁宏幹・水野美紀◆訳

人間と歴史社

LEXIKON MUSIKTHERAPIE

Edited by Prof. Dr. Hans-Helmut Decker-Voigt, Prof. Paolo J. Knill and Prof. Eckhard Weymann
©by Hogrefe-Verlag, Göttingen · Bern · Toronto · Seattle 1996
Rohnsweg 25, D-37085 Göttingen
Japanese translation rights arranged with Hogrefe-Verlag GmbH & Co. KG, Göttingen, Germany through Tuttle-Mori Agency, Inc., Tokyo

『音楽療法事典 [新訂版]』刊行にあたって

1999年初めの刊行以来はやくも5年が経過したが、「音楽療法事典」はさいわい各方面から好評をもって迎えられた。本書は音楽療法に関する（今なお）世界で唯一の「事典」であり、この領域の幅広さと奥深さを如実に反映した包括的な書物である。ドイツ語圏の書物ならではの堅牢な観念性を有し、やや難解ではあるが、全編にわたって本質を見据えた議論が展開されている。本書により、音楽療法に対する一般の信頼を多少なりとも高めることが出来たのではないかとひそかに自負するものである。

さて今回、装いも新たにこの事典の新訂版を発刊することにしたのは、本書をより多くの方々に、気軽に利用していただこうと考えたからである。本文のレイアウトを二段組とし、いささかハードな趣きのあった初版の体裁をコンパクトでハンディなものに変えた。こうすることで、たんなる語句解説ではない「読む事典」としての本書がより身近に活用され、本来の機能を全うできるようになったはずである。文章については、新訂版にふさわしく、本書が初版よりも読みやすくなっていれば幸いである。

ところで、本書刊行から現在までにわが国の音楽療法界には2つの大きな変化があった。1つは2001年4月1日に「日本バイオミュージック学会」と「臨床音楽療法協会」が発展的に解消し、あらたに「日本音楽療法学会」が誕生したことである。これをもって名実ともに＜1つの全国組織＞が成立し、啓蒙・教育のみならず真に学術的な交流の場としての組織が整備された。会員数は2004年3月現在ですでに6000名を超え、学会認定音楽療法士も1000名に迫る勢いである。もう1つは、それと歩調を合わせるかのように、全国の音楽系大学に療法士養成コースが設立（または準備）されたことである。21世紀に入り、わが国にもようやく本格的な養成教育が始まろうとしている。

日本の音楽療法はつまり、たんなるブームの時期を脱し、臨床はもとより教育と研究の分野において、いよいよその実質を高める時代に入ったのである。音楽療法士の職業的専門性（コンピテンシィ）とはすなわち職業的独自性（オリジナ

リティ）であるが、臨床・教育・研究すべての局面において、いまほどこの独自性が問われている時代はない。これを備えてはじめて、音楽療法士はみずからの職業的同一性（アイデンティティ）を確立できるのである。

　こうした状況のなか、この事典の果たす役割が今後ますます大きくなるであろうことを訳者らは確信している。本書は、わが国でニーズにまだ実践が追いつかない心理療法的な音楽療法の指南書としても利用できる。また、この領域における本質論的議論の場や高度な教育場面でこそ真価を発揮する。さらには、狭義の音楽療法を超え、広く学際的な関心を喚起する拡がりをも有している。僭越を承知で記せば、ここにとり上げられている諸問題がどれだけ諸活動のなかでクリティカルに検討され現実に展開されているか、それがわが国音楽療法界の成熟にかかわる1つのバロメーターになると言っても過言ではない。

　より使いやすくなった本書が、多くの音楽療法関係者はもとより、関連諸領域の方々にも広く利用され、音楽療法活動の内実を高めるとともに、音楽と人間をめぐる学問的交流の一助となることを心から祈るものである。

2004年8月
訳者を代表して　阪上正巳

中欧の音楽療法 - 日本の音楽療法対立か?
日本語版「音楽療法事典」への序文

　ふつう一冊の書物がある別の言語に翻訳される場合、その著者あるいは編者は——ともかく——その後に旅に出る。そしてまったく別な場所で別な人々のために書かれたその書物を読む人々の国を訪れるのである。

　私はその逆の体験をした。つまり1997年の2月から3月に初めて日本へと旅したのだが、それは本書の日本語訳がまさに胚胎して成長しつつある時だった。

　私の日本訪問の外的な＜きっかけ＞は、音楽療法のアジア・シンポジウムであるが、このシンポジウムが催された学会［訳註：音楽療法フォーラム'97　第1回全日本音楽療法連盟学術集会］は、東京に完成した世界で最も新しく、大きく、現代的なコングレス・センター（東京国際フォーラム）の落成記念行事をこれもまた＜きっかけ＞とするものだった。

　訪問の内的な＜きっかけ＞は、日本で音楽療法を行ない、これを発展させようとしている同国の仲間たちが、私たちから一体何を学びたいと思っているかを知り理解したかったことである。私たちは私たちの音楽療法を中央ヨーロッパの文化を背景に学び発展させてきた。ジークムント・フロイトの精神分析やカール・グスタフ・ユングの深層心理学を背景とする、おもに芸術［療法］的な心理療法として。「私たちの」音楽療法を日本に［そのまま］輸入することに対する疑念をも表明しようとして、私は日本へと旅立ったのである——たとえ輸入という場合に自分が共同執筆し編集したこの事典がその対象ではあっても——。

　日本の音楽療法の発展にとっては、まずは日本の音楽やその象徴言語、患者に対するその心理的な効果などの研究に専念するほうが有益なのではないか？

　私は［しかし日本で］深い印象に打たれ、新しい学習プロセスを体験しながら日本を去ることになった。

　外的には、東京国際フォーラムのような建物の物質的構造から、日本にはこの種の＜対立的思考＞が存在しないことを学んだ。たとえば、私たちの建物がもつような「自然」と「建築」とのあいだの＜対立＞がない。自然の造形物と人間による建築芸術は統合的に合流するものであり、両者は一つの全体として理解することができる、ということを私は日本で学んだのである。

　ある日本の女性作家から一人のスイス人が＜学んだ＞エピソードは、ヨーロッパにいる私たちにとっては一つの＜教訓的＞エピソードともなった。つまり、こ

の女性作家はハンブルクに転居してはじめて、「建築現場」が「自然」つまり神の創造［現場］ではないことを学んだというのである。

この＜学び‐教える＞エピソードはたんに物質的建造物についてばかりではなく、特に人間の精神力動という構築物についても妥当すると私は考える。

日本で新たに得た同僚や友人たち、とりわけ本書翻訳の組織者である阪上正巳氏と語り合い、その精神的構造を体験するなかで学んだのは、私たちの西洋的思考や行動もまた、より全体的・統合的に見ればやはり＜対立＞的とみなされうるということである。たとえば、健康であることと病んでいること、医学とオルターナティヴな医学、行動療法と深層心理学の＜対立＞というふうに。それらは統合的な日本的パースペクティヴからはまったく違って見えるかもしれないし、──また別の仕方で発展させられるのかもしれない。同様にこの序文における私の考えかたや定式化も、なお極性的な思考で特徴づけられている。外的な構造‐内的な構造、西洋的思考‐極東的思考。

物質‐精神。

日本の音楽療法の集まりで私は次のような印象を受けた。私の疑問、つまり日本のような極東の国にとって（音楽療法に関する）西洋的知識はいったいどこまで有益で役立ちうるものなのだろうかという疑問は、［それ自体］典型的に西洋的で、＜対立＞［的思考］から生み出されてきたものなのだ。あまりに柔軟性がなく、しばしばあまりに簡単に理解しすぎる。

日本的思考のもつ柔軟性への能力──それはたとえば西洋の音楽療法に対する関心をも養っているものだが──、この能力を認めて私は最近こう信じてもいる。本書は、日本の音楽療法士や、病む人々を彼らとともに治療している医師、臨床心理士、セラピスト、看護者にとって、音楽を用いたホリスティックな治療を発展させるための援助たりうる。そして私たち西ヨーロッパにいる者にとっても。

日本の病者を治療している人々が、私の日本の仲間や翻訳者や出版者が望んでいるような学習プロセスを本書とともに経験されることを願っている。

本書と日本における本書の受容が、ひき続き生ずる議論（私はそれを望んでいる）をともなって、ひょっとしたらドイツの私たちにもさらなる学習プロセスを呼び起こすかもしれない。「治療にかかわる医学的技能の将来形としての治療‐技能つまり音楽療法」というテーマについて。

音楽療法が「誰のもの」なのか、医師のものなのか、あるいは音楽療法士のものか、ドイツで私たちはいまだに論争している。

いずれの場合であってもそれは、──病む人々のものである。

アメリカの医師ジェームズ・ヒルマンが強調するように、ハイテク機器による医学、および患者のアノニマス化［という事態］に直面して、治療専門家の将来

は［治療］技能のなかに根拠づけられることになる。

　一人の患者、たとえば音楽療法のなかでその症状や症候群が音楽的に（即興音楽のなかで、あるいは音楽聴取後の会話のなかで）テーマ化されるような患者は、自身の病気をゲシュタルト化し［かたちづくり］、それにかかわり、それから学ぶことを学び、ときにはそれとともに生きる。

　最も古くからある治療‐技能の一つとしての音楽療法のこうした限りない可能性は——そしてそれは古代において、つねにそれぞれの時代の有限な、すなわち限界づけられた医学と結びついていたのだが——、しかしけっして中央ヨーロッパに限定されうるものではなく、また52人の執筆者をもつ本書が育ったその土地の音楽療法に限定されうるものでもない。

　私たちの患者のために諸方法を一つの全体的な治療コンセプトへと統合するこうした限りない可能性は、時代や社会や民族を超えて拡がっている。

　ヨーロッパの私たちは70年代に初めてみずからを学問的に根拠づけなければならなかったが、それをとおして次のこと（およびホリスティックに治療している治療技能者ならば直観的にいつでもすでに応用していたこと）を決定的に学ぶにいたった。つまり＜関係＞は事物や内容テーマよりも重要であり、音楽療法のなかでは、＜治療関係＞を介して私たちは病んだ人々に連れ添っていくのだ、ということである。

　日本ではずっと前から自明のことであるが、人間が人間を、特に病んだ人々を気遣うことは＜関係＞とかかわっている。日本のいたるところでくり返し見かけられた出会いの儀礼という文化は、しばしば私に、もはや儀式のなかにしか存在しない救いと安心感を思い起こさせる。

　音楽療法は、たとえ今やそれが精神分析的に、あるいは医学的に方向づけられたものであろうと、（行動療法的に）あるいは人間性心理学的に、身体に方向づけられてなされたものであろうと、一つの＜関係療法＞である。

　本書は、人間と——まさにこの＜関係＞のなかでの——音楽の効果との関係にまつわる相互関係を図解する、案内板としての価値をもっている。［本書のなかには］多様な人間観を背景に生まれてきたさまざまな方法や治療技法が紹介されている。

　この多様さから、つまり部分と対抗部分、原理と対抗原理に絶え間なく差異化することに対する中欧的な、また特別にドイツ的な喜びから、ということは私たちが極東的思考から学んだプロセスとは逆に、ひょっとしたらまさに日本で、多くのことが学ばれ有益なものとなっていくのかもしれない。そしてことによると、私たち中央ヨーロッパ人とのコミュニケーション、および区別のない＜私たちという一つの全体＞のためのコミュニケーションを通してこそ、方法やその背景の相違性を薄めることが可能となっていくのかもしれない。

このようなことを学ぶプロセスを与えてくれた日本の同僚たちに感謝する。そして本書——精神を同じくする翻訳を得て、いまや文字どおり「私たちの」音楽療法事典となった本書が、援助しつつ連れ添う人々と、彼らの悩めるパートナーである病んだ人々にとって、良き＜成り行き＞という意味で＜成功＞することを切に願うものである。

編者者と執筆者を代表して

ハンブルク音楽大学音楽療法研究所所長、音楽療法講座担当教授、音楽療法上級養成過程のための
ヘルベルト・フォン・カラヤン・アカデミー 学長
アレンボステル／リューネブルガー・ハイデ、およびハンブルク／ドイツにて
1998年1月
ハンス＝ヘルムート・デッカー＝フォイクト

初ものは初ものにあらず
あるいは この「事典 - ハンドブック」への序文

　本書は、音楽療法事典というタイトルをもつドイツ語圏で初めての書物である。本書が試みるのは、芸術的な心理療法形態としての音楽療法の今日的状況を展望することである。つまり本書で私たちは、周知のように［まず音楽療法の］あらましを眺め渡し、さらに項目に応じた文献を挙げて、［問題を］深化させる解像力を読者にもたらそうと試みる。

　ここで私は、よく見かけるような失望予防の文言を詳細に述べたてることはしないが、少しばかりは書いておきたい。［本書の］不完全性に関するちょっとした指摘をしておきたいのだ。それは次の事実である。つまり、本書が三人の男性によって編集されてはいるが、その内容や音楽療法という職業はかなりの程度、女性的性格により特徴づけられ、またそれに担われているということである。

　むしろ私はこの場を借りて、この最初の事典の背後にある、そしてその「最初」という性質をいくらか相対化するはずの、これまでの経緯の幾相かを想い出しておきたい。

内容に関連したレベル

　1983年に私は、当時の「水準を示していた」音楽療法の代表者のグループとともに、初めての「音楽療法ハンドブック」を出版した［訳註：Decker-Voigt,H.-H.（Hrsg.）: Handbuch Musiktherapie. Eres Lilienthal, Bremen, 1983.］。私たちはその時、長年計画されていた「事典」という名称をつけることをしなかった。というのは、私たちの領域の拡がりが（まだ）「扇状に分散」しすぎていると思えたからである。当時書かれた項目内容は、圧倒的な流れとして、かたや精神分析、他方（どちらかというと学習理論や行動主義にアクセントが置かれた）治療教育／特殊教育という三角地帯をつくっていた。今日、この事典のなかでは明瞭な位置にある人間性心理学や相互作用論的・システム論的アプローチは、当時は、やっと萌芽的に現れたに過ぎなかったのである。現在、これらのアプローチは、音楽療法的状況の記述しうる諸断面として姿を現している。多くの場合、今日の

音楽療法の方向を示すこれらの諸断面は、——他のすべての断面と同じく——さまざまの［音楽療法的］祖型の混合型であり、ある特定の専門的系譜には属していない。

音楽療法は今日、そして本書のなかで、みずからの歴史的に最古の背景、つまり医学的 - 生物理学的立場を前にして、ふたたび、ひとつの再 - 活性化された地位を獲得している。ホリスティックに仕事をしている医師たちとのさまざまな音楽療法研究プロジェクトが、かつての最初の「ハンドブック」と今日の最初の事典にまたがる期間に、間領域的で連携的な共同研究について新しい解釈を可能にし、また促進した。

1981年に私は、当時関係していた出版者に、事典に関する最初のコンセプトを提案したが、彼は大いに賛成してくれた。強く反対したのは、何人かの同僚たちだった。彼らは、さらなる輪郭づけのためにもう少し時間をかけることを望んでいた。さらに、事典と銘打つからには、ある「完成された輪郭」をその領域は示し得ていなければならない、と考える同僚たちもいた。

前者の（さらなる輪郭づけと言った）グループの警告は、いまとても賢明なものと思えるし、それに感謝してもいる。後者のグループの警告は、今となってみれば聞き流すしかない。ひとつの完成された輪郭を音楽療法という専門分野あるいは知の領域に結び合わせることは、けっして——またそう希望するのだが——できないだろう。不断に改良さるべし——という文言は、時間芸術としての音楽と取り組む治療技術に関して、まず当を得たものといえる。

人物に関連したレベル

この世界のなかで思考されている事物はまたこの世界になかに存在している、という認識にしたがえば、音楽療法に関するいろいろな事典は以前からこの世に存在していたのである。

本書より以前に、一つの事典的な視点をもつ出版物をすでに計画していたのは、（当時ミュンスターにおられ、現在はケルン在住の）カール・ヘルマンKarl Hörmann教授である。教授には、本書の出版元である心理学書のホクレーフェHogrefe出版を紹介していただいたことを感謝する。同様に、私の職場の前任者であるヨハネス・Th・エッシェン Johannes Th. Eschen教授にも感謝したい。教授は、80年代終わりに持ちかけられたこの事典の企画をいくつかの最初の下案にまで発展させて下さり、また私とともにこの企画を実現させることを望んでおられたが、

しかし健康上の理由からそれは果たしえなかった。

　治療芸術としての音楽療法に興味をもつ医師で、ハンブルクのアーシェASCHE株式会社理事長のハンス・ヨッヘン・ヘルムスHans Jochen Herms博士に、この最初の音楽療法事典の編集作業を後援していただいたのは、けっして偶然ではない。ヘルムス博士には自身の（とりわけオルターナティヴな治療薬に関する）指導的な役割を、私たちの「オルターナティヴな治療技法である音楽療法」のために投入していただいた。

事典として典型的ではないこと

　総じてこの事典はやはり典型的なものとはいえない。というのも、むしろハンドブックによく見るような内容記述が事典の簡潔さを越えてしまっているからである。著者たちが記すような理論的、実践的端緒のさまざまなスペクトラムをみると、ときに聞かれる皮肉な考え、つまり音楽療法は音楽療法士の数、すなわち人の数だけ存在するという考えはどうしても出てきてしまう。論述のオリジナリティを守るため、[記述様式の]完全な標準化も断念した。また——たとえば——文献を引用するやりかたの多様性を認め、アフォリズムや言葉遊びのような、直観的理解に資する文章の折り込みも容認した。

　同時に、編者および著者が苦心したのは、ある理論の構成やドイツ語圏音楽療法の方法的レパートリーを眺める場合に、コンセンサスを明瞭に高めていくことだった。実践に関する理解、および学問的理解におけるこうしたコンセンサスの醸成は、また、五つの国立音楽大学の音楽療法コースの共同作業、およびいくつもの私立の養成コース（たとえばドイツのFPIやチューリヒの"bam"）の共同作業において実現した。国立および私立の養成コースの多くの代表者が、本書の中心メンバーとなっている。

　私たちが——定められた記述要項に反しても——欲しいと望んだ、とても長い項目がわずかながら存在する。たとえば、東ドイツからの記述項目とその長い音楽療法の歴史に関する記述項目である。なぜなら、私たちはこの最初の事典を、西の音楽療法の歴史が東のそれと、他にないほど詳細に出会うことのできる容器として考えたかったからである。

　あるいは、精神療法における「声」と「歌」をめぐる記述項目がそれで、これらは従来のハンドブックにおいてテーマ的に欠けていたものを補うはずである。

私たちは、まだ［論述の］基盤が存在しないようにみえる多くの項目を取り上げることは断念した（たとえば「音楽療法と秘教」など）。あるいは、私たちにとって現在なお、あまりに変革のさなかにあり、後にはすべてが変わってしまうために［断念した項目もある］。（たとえば「職業政治学Berufspolitik」や「職場市場Arbeitsmarkt」である。これに関してわれわれは、本書の発刊日となる第8回音楽療法世界会議1996をきっかけに、建設的ですみやかな改善がもたらされることを希望している。世界保健機構WHOはいち早く、助成すべき保健的職業との認識を音楽療法に与えている。）

自己経験としての事典

　編者たちは編集にあたって多くを学んだ。——著者個々人の精神力動を見るにつけても、また「われわれ音楽療法士」の集団力動を、さらに私たち全員で耕す知の領域を見るにつけても、である。これらを背景にして、最後に本書についての願望を述べておきたい。本書には、以下の人々に対して、今日的で先導的な、また「展望的」な職業的援助を果たしてほしい。人々とはつまり、私たちすべての同僚、および私たちの専門分野の学習者、近接した保健領域の職業仲間、そしてまた違った仕方、すなわちラテン語の"Interesse"（なかにいること＝興味）の意味で「関わっている／そこにいる」人々である。

アレンボステル／リューネブルガー・ハイデにて
1996年1月
ハンス＝ヘルムート・デッカー＝フォイクト
Hans-Helmut Decker-Voigt

音楽療法事典［新訂版］目次

『音楽療法事典［新訂版］』刊行にあたって　i
中欧の音楽療法‐日本の音楽療法対立か？　日本語版「音楽療法事典」への序文　iii
初ものは初ものにあらず　あるいは　この「事典‐ハンドブック」への序文　vii

【ア】

運動療法を統合した音楽療法(サイコダイナミック・ムーブメント)　1
音によるトランス　2
音楽教育と音楽療法　6
音楽史における即興運動　10
音楽受容の研究　12
音楽心理学　16
音楽人類学的、民族学的視点　18
音楽の概念　22
音楽の構成要素　25
音楽療法における「注意」のコントロール　35
音楽療法の因果原理　36
音楽療法の思考モデルと人間像　41
音楽療法の職能団体　45
音楽療法の世界的展望　50
音楽療法の方法体系　62
音声研究　70

【カ】

外来嗜癖患者への助言ならびに治療　74
外来診療における音楽療法　79
家族療法　80
かたち形成　83
楽器のもつ潜在的能力（楽器のアピール性）　85
学校における音楽療法　89

感覚知覚　93
関係のロンド　95
患者‐治療者関係　97
記述と再構築　100
気分・調子　104
教育音楽療法（LMT）　107
共感　108
芸術家としての治療者 ― 治療としての芸術　109
形態学的音楽療法　112
ゲシュタルト療法と音楽療法　114
結晶化理論　117
研究方法論　119
現代の音楽療法的諸方法に関する歴史的背景　121
工学的メディアと音楽療法　126
行動の概念　129
声　131
呼吸療法と音楽療法　140
子供の音楽療法におけるプレイ・セラピー的要素　141

【サ】

GIM　145
思考過程　147
自閉　148
嗜癖患者の音楽療法　152
シャーマニズムと音楽療法　154
社会福祉活動（ソーシャルワーク／社会教育）　158
周産期心理学　161
集団音楽療法の諸段階　163
集団心理療法における治療評価――EBS判定用紙　167
集団の諸機能と集団形成の諸段階　168
集団力動　169
〈受苦‐しうる〉　172
出生前心理学　174
受容的音楽療法　176
象徴　179
情動性　183
職業倫理　185
神経学的リハビリテーション　188

心身医学　189
心臓病学的リハビリテーションの音楽療法　193
身体知覚　196
人智学的音楽療法　200
心理療法的音楽療法の諸方法　206
スーパービジョン　214
精神医学　218
精神分析と音楽療法　220
性的虐待　223
セッションの記録とその保管　226
早期の母親 - 子供の遊び　226
造形表現　227
相互音楽療法（IMT）　228
早産児に対する聴覚刺激　229
即興　230
即興表現　233

【タ】

多感覚・治療・芸術　237
多感覚療法　242
短期音楽療法　247
聴覚器官 — その発達と意味　249
調整的音楽療法（RMT）　252
治療空間　255
治療的愛　257
治療と楽器　260
統合された意識　263
統合的音楽療法　267
特殊教育　271
トランス　275
とり入れ　278

【ナ】

内科学　280
〈成し遂げる〉　281
入院病棟における嗜癖治療　284
ノードフ・ロビンズ音楽療法（創造的音楽療法）　287
能動的音楽療法　290

【ハ】

倍音の研究　292
発達心理学と音楽療法　295
バリント・ワーク　299
美学　301
評価研究　302
評価尺度　307
表現　308
表現療法と音楽療法　309
病後歴と治療効果　311
夫婦療法　316
文化心理学・社会心理学的視点　318
変性意識状態　320
〈変容して‐くる〉　324
防衛　326
〈方法的に‐なる〉　328
ポエム・セラピー　331

【マ】

民族学と音楽療法　334

【ラ】

理学療法と音楽療法　337
リズム原理　340
連想的即興　343

参考文献　347
編著者および執筆者略歴　399
事項索引　409
人名索引　425
訳者あとがき　435

音楽療法事典［新訂版］

凡例

『 』　　原著に引用されている書名や雑誌名を示す。
「 」　　原著の„ "を示す。
〈 〉　　原著の, 'を示すか、または訳者が読みやすさのために
　　　　 語句を囲む場合に用いる。
（ ）　　そのまま原著の（ ）にあたる。
太字　　原著のイタリックおよびゴシックで強調された語や文を示す。
［ ］　　訳者が補った部分、あるいは訳註を示す。
【 】　　本書中の参照項目を示す。

ただし、文脈上必ずしも上の規則に従っていないところもある。

【ア】

運動療法を統合した音楽療法
（サイコダイナミック・ムーブメント）

Psychodynamic Movement

　サイコダイナミック・ムーブメントは、イギリスの音楽療法士・プリーストリーPriestleyが開発した、音楽療法と運動療法を統合した方法で、オランダの音楽療法士・ニガールト＝ペダーセンNygaard-Pedersenとバース＝シャイビィBarth-Sheibyおよび筆者がさらに発展させ、修正した。

　個人もしくは5～8人の患者の集団治療として実行可能なサイコダイナミック・ムーブメントの中心部分は、患者の運動即興と治療者の音楽の即興よりなる。全治療は少なくとも90分を要し、3もしくは4つの段階からなる。

1　ウォームアップ
2　独自のサイコダイナミック・ムーブメント
3　振り返っての話し合い
4　（任意での）終了の緊張緩和練習

　部屋は充分な広さと、良い空調と換気がなされ、毛布、楽器、とりわけピアノ、ハイファイセットとビデオ装置が備えつけられていることが必要である。

　たくさんの精神療法技法が身体の意味を考慮に入れている。とりわけモーザーMoser（精神分析）、ペトツォルトPetzold（統合療法）、ロースLoos（音楽療法）などがおり、ここではこれ以上説明できないが、部分的には大きく異なる思考モデルが、理論の解説のために利用される。

　サイコダイナミック・ムーブメントは、分析的音楽療法の一方法と考えられる。そこでは、音楽の即興に似た、自由なあるいは課題と結びついた動きの即興が、内的な葛藤の演出として見えることになる。その際、特殊な感情内容の表現よりむしろ、舞台上でお互いに感じ合う感覚の要素的結合のほうが重要である。

　また、個人の認知よりも気分、ピタッときた感じと調和への感覚とか、時間型とリズムへの感覚、活動の輪郭、強弱、強度への感覚、運動する遊戯空間、姿勢とかたちのほうが重要である。その影響は、無意識のファンタジーのみならず、自律神経までにも及んでいる。

　感覚的‐運動的‐直感像的な記憶の方法は、患者が自然に思い出すことが可能である。しかしながら身体とか、運動は自明のことではなく、治療的な説明と解釈を必要とする。これは、一方では逆転移によって導かれた治療者の即興によってひき起こされる。それによって、原象徴的材料の充満のなかから、呈示的‐象徴的内容のしぐさや音楽の構造が、つくりだされる。他方では、引き続いた、プロセスを反映した会話のなかにたち現れる。［人生の］早期に経験された欠乏状態の現実化ではなく、基本的欲求と経験の形式を正当と認めること、ならびに理解されたもののなかから発生した、新しく生き生きとした交流法が治療的関心の中心に在る。

　抽象的‐理性的構造をともなった感

覚的‐状況的構造の組み合わせと、苦労して得られているそのバランスが、サイコダイナミック・ムーブメントのなかで、治療的な知識の過程と治癒過程を形成している。

音楽を演奏している音楽療法士と動いている患者とのあいだのふるまいの、特殊な非対象性については、ここでは問題提起として単に示すだけになるが、実践においては、動きの即興に部分的に参加している二人目の治療者によって配慮がなされている。

感覚的‐状況的な要素の強調と、この技法の身体的な動きと関連した退行促進的な潜在力は明白であり、それは個人療法で、重症の自我構造障害をもつ人や、または急性増悪期にある患者を［治療に］導入することの禁忌に関する質問への結論である。

疑いもなく、音楽療法士の養成と職業上の権限が、サイコダイナミック・ムーブメントにおける教育治療を含め、その適応を決定するさいの基本的な要素である。

しかし何よりも、音楽療法における身体知覚と運動即興の分担部分が、どの程度まで統合されるかという、個人的素質が問題であるように思われる。

音楽療法において身体に注目するということは、ハンブルク音楽大学にある音楽療法研究所の養成コースの専科（サイコダイナミック・ムーブメント）の内容となっている。

スザンネ・メッツナー Susanne Metzner

音によるトランス

Klangtrance

定義／適応

音によるトランスは、受容的音楽療法の特殊な形態である。音楽を用いて意図的にトランス状態が誘導され、治療的に利用されるのである。

このさい、新規の治療技法が問題とされるのではなく、音によるトランスは、さまざまな治療的文脈のなかで一つの技法を表現し、支持的な治療者‐患者関係のなかに包含されて存在すべきものである。

音によるトランスは、とりわけいわゆる早期障害 frühe Störungen ［訳註：バリント M.Balint の基底欠損にあたる。］の患者、すなわち精神病、境界性人格障害、摂食障害と薬物常用などに適しているが、事故、大災害、拷問、性的暴行にともなう精神外傷への対応としても適している。

さらに、重症の疾病（難問の処理 coping）のさいの、人生の有限性をめぐる議論にも、有用な適応領域をもっている。同じく、厳しい抑圧機構のために言葉による治療操作が妨害されているような、神経症性障害にも適応がある。

しかし、特に強調すべきは、適応を検討するさいに重要なのは、病像そのものではなくて、一時的に［自分が］

コントロールを失うことにともなって現れる体験に対して、かかわっていけるだけの素質と準備が、個々人にあるかどうかという点である。

精神医学領域で働きたいと考え、そこで変性した意識状態（精神病性のエピソード）と密接に直面することになる、新米のヘルパー、医師、治療者などにとって、自己体験は非常に重要な領域を占める。

楽器／声

音によるトランスについては、本質的に二つの方法に分類できる。一つは伝統的な方法で、音楽療法士が、ある特定の楽器を演奏することによって、誘発されコントロールされるもので、もう一つは現代になって可能になった方法で、録音媒体を用いて音を再呈示する方法である。

まず多くの場合は、太古的楽器を使用する。例を挙げれば、モノコード、タンプーラ、ディジェリドゥー、オーバートーンフルート、シュヴィルホルツ、シャーマン太鼓、ゴングトロンメル、クラングシャーレ［訳註：仏教用の鉦］、タムタム、ゴングなどである。

ここに挙げた楽器の多くは比較的容易に演奏できるものであるが、トランス作業に最適に使用できるようになるには、長い年月の瞑想的、治療的な訓練の実践と、経験の実践が必要であることが多い。演奏する人の本当の「仕事」は、楽器のテクニカルな習熟よりも、繊細な内的解放ができることと同時に、個々のトランス状態を慎重に取り扱うこと、および患者と共鳴し、治療的に寄り添うことにある。

さらに、（呼吸と分かちがたく結びついた）人の声がある。これは、トランス促進的な働きをもった、最も強力な身体固有の媒体である。声は、たとえばインドでは、潜在的にすべての楽器の音響のスペクトラムを含むために、「楽器の女王」と考えられている。「耳からと骨伝導および力学的な振動の知覚による音響認知の、集中的で自己強化的なフィードバック効果が、歌うことそれ自体の、つねに注意集中をひき起こす作用に寄与している」、そこにトランスを誘導するための基礎的前提条件が存在するのである。(Rittner, 1994, p.216)

あたかも自律神経の制御系や、感覚の固有刺激のように複雑な対人関係のファクターから、さらにたとえば集団における有機体共鳴現象Körperresonnanzphänomeneのような対人関係的視点からもまた、音によるトランスにおいて、声を用いた仕事にはある重要な意味が存在することが分かる。

この項については【声】【気分・調子】【音声研究】の項も参照のこと

音の元型

言語によって導かれるトランス状態と異なって、音が誘発した変性意識状態には以下のような利点が存在する。それは、楽器の音がある特定の「元型」を伝えるということである。ティンマーマンTimmermann（1987）とシュトローベルStrobel（1988）によれば、

音の元型は、いつも画一的であるというわけではなく、また厳密に定義可能でもないという。しかしながら、長年その楽器を用いて治療経験を積んだ治療者たちによれば、特定の楽器は「音の旅人」たちによって、ほとんどの場合、直感的につかみ取られるある特定の意味野をもつのである。

例

　モノコードMonochordは、その流れるような、球状の音場によって、しばしば無重力で宙に浮いたような状態をひき起こす。それは、「大洋的自己拡大」に適合したものである（Grof, 1987による第一の周産期のマトリックスである「羊膜の宇宙」）。

　シュトローベルは以下のように書いている。「モノコードの響きについての答えとしては、境界がなく——在る、欲が無く——在る、ゆったりとして——在る、偏見にとらわれず——在る、溶け合って——在ることの天国的、大洋的、宇宙的感覚——すなわち最終的には、すべてとともにあって一人であり、同時にすべてでもあるという感覚が重要である。一人である、一致してある、内にある、緊密であるなどの言葉の結合が、どうして、このかぎりない感覚と同時にゆったりともしている感じ、保護を受けている感じを含んでいるのかを分からせてくれる。」(1988, p.12) (Timmermann, 1989も参照のこと)

　これらの体験は、直接的な振動との接触によって強化されうる。たとえば、患者をその上に寝かせることができる**ケルパーモノコード**Körpermonochord［訳註：ベッドほどの大きさのある、大型のモノコードで、底面に弦が張られている。］によってそれが可能になる。この場合、単色で、倍音が豊富で、振動し、無方向性に包み込まれるような響きの聴覚体験が、足先から頭の先までの皮膚をとおした振動の伝播によって、また骨伝導をとおした響きの受容によって、広がり深まる。

　興味深いことに、経験的知見によれば、モノコードで不安に満ちた、もしくは「地獄のような」体験をする人には、生活史的に説明できる原信頼の障害が積み重なっていることが示される（たとえば、母体内にいるときに堕胎されようとしたが生き残ったというような［体験をもつ人］）。

　トランスを誘発するさまざまな楽器の音の元型は、人間を取り囲む、とりわけ初期の音響空間からなる経験や、感覚を蘇らせることを可能にする。それらの音の原型は、母体内での人間の聴覚と結びついている。

　たとえば、定まった同じリズムで演奏される太鼓は、血液の拍動や心臓の鼓動を、またディジェリドゥーは、母親の腸雑音を思い出させる。

　音楽療法の効果研究という枠組みのなかで、さまざまな文化のなかにどのような**リズム元型**が存在するのかということや、特異的な**音階**や旋法の効果という複雑な現象を、歴史説明が示唆する文脈とは独立なかたちで、どのように説明できるかという点について、さらに研究する必要がある。

実践

この与えられた状況の知識にもとづいて、いろいろな音楽療法家たちが、部分的に似てはいるがまったく多種多様な、音によるトランスの、音楽精神療法的な使用法を発展させた。

ヴォルフガング・シュトローベルWolfgang Strobel（1988, 1994）は、おもに音楽療法家のための自己体験の大グループや、ほとんどの場合、神経症領域の患者との個人またはグループ治療をおもな仕事にしており、そのさい彼は、身体療法的の手法を統合している。トニウス・ティンマーマンTonius Timmermann（1987, 1994）も、これに似た方法で実践している。

ペーター・ヘーリンPeter Haerlin（1993）は、音によるトランスを精神分析的設定で用いている。

ペーター・ヘスPeter Hess（1992, 1993）は、いわゆる「ゴングセラピー」を、精神科における精神病や境界人格障害の治療のために、精神病体験の内容の積極的な精神療法的検討を行なうことを目標として発達させた。これに類似した仕事をヴォルフガング・ボッシンガーWolfgang Bossinger（1993）が行なっている。

ザビーネ・リトナーSabine Rittner（1990, 1994）は、医学心理教育の枠組みのなかで、新人の医師たちの音楽精神療法的自己体験の一部として、その看護力の燃え尽き防止のために、音によるトランスを用いている。

また、他の精神療法的手段と組み合わせて、心身症の患者の個人ならびにグループ治療に用いている。彼女は、人間の声のもつ、変性意識状態を誘導する効果、秘密を明るみに出していく治療過程への効果、治癒的な資質を活性化するための効果などを、重点的に研究している。

個人療法においては、患者たちはトランスへと導かれるわけだが、治療者もまた、共感的トランス状態へと赴くのである。そこでは変性意識状態のあいだに、言葉や音声や身体による接触による付き添いのもとに、患者の無意識の過程や埋もれていた記憶との出会いがなされるのである。通常の意識状態に復帰したあとで、絵画や能動的音楽や、もしくは／それに加えて言語的に徹底的に見直しが行なわれるのである。

集団療法においては、ペーター・ヘスの例を挙げれば、治療の主眼は、出生以前または周産期の水準での働きかけ、もしくは精神病の不安に満ちた自己‐解体の取り扱いにおかれる。であるから彼のセッティングは、ゴング体験でクライマックスを迎える、ある定められた手順の音響によって疾病の核となる部分が明らかにされるように進行する。この体験は、その後で絵画を描き、円座を作って話し（輪の儀式）、また後に文書によって患者の記録をするというかたちで処理される。

録音された既成曲を用いる治療形態には、たとえばヘレン・ボニーHelen Bonny（1973）の「**音楽によるイメージ誘導法（GIM）**」がある。彼女は、音による旅を構成するために、おもにヨーロッパ古典音楽を決まった手順で

使用する。この方法は、70年代のサイケデリック治療体験に起源をもつ (Peter Hess, 1992参照)。

リチャード・イェンセンRichard Yensenは、彼の「知覚感情療法」(1989)で、現代の「音のシャーマン」として一つの統合した方法を発展させた。それは、断眠、過呼吸と肉体作業を、視聴覚の過剰刺激と統合したものである。近似の試みをグロフGrof (1987) が「ホロトロピック呼吸法」で追求している。この二つの方法は、70年代に精神活性薬剤を使った治療の代用として発展した。

ザビーネ・リトナー／ペーター・ヘス
Sabine Rittner / Peter Hess

音楽教育と音楽療法
Berührung Musikpädagogik-Musiktherapie

音楽療法と音楽教育は［対象とするグループと要求は異なるものの］同じ媒体をもち、共通の根をもっている (Decker-Voigt, 1983参照)。ここに、領域を越えて、研究と実践を進めていく意義と必然性がある (Mastnak, 1991a)。「けれども、核心において事態はひとつなのではないか。教育と治療は最終的に一致するように思われるのだ。——後からひきあわせることでそうなるのではなくして、まさにその逆、純粋に核心においてそうなのであり、後になってはじめて教育と治療が——パラダイム的に——二分化してくることになったのだ。」(Mastnak, 1994a)

音楽的治療教育

長いあいだ、音楽教育と音楽療法の境界領域にあり、精神的身体的に欠損がある子供や青少年（Moog, 1991; Langen/Piel, 1993参照）の人格発達と社会統合（Goll, 1993 p.103以下参照）を図ってきたものとして治療教育が挙げられる。ダウン症（＝トリソミー21）や自閉症的人格障害(Alvin, 1988参照)の場合、けいれん性疾患や大脳機能異常の場合、音楽的治療教育は小児科的診断という広い領域にその重心が置かれている。その際、部分的にだが問題が生じてくるが、それは、診断説明の過程で音楽 - 治療教育的実践が伝統的な術語を多用する一方、児童および青年期精神医学ならびに心理療法のほうでは、ICD10やDSM-IVといった現在通用している国際的疾病分類に多く依拠しているからである。

音楽的治療教育は多くの源泉をもち、さまざまに分化している。ゲルトルート・オルフGertrud Orffは、当時ヘルブリュッゲHellbrüggeの指導のもとにあったミュンヘンの児童センターで、実践を通じて彼女自身の着想の多くを発展させ、治療教育的 - 治療的プロセスのなかで、音楽と言葉と運動を結びつけ（Orff, 1985, p.22以下および1984）、目標別に区分されたグループにこの結合を適用した。すなわち、聴覚障害者、言語障害者、視覚障害者、運動障害者、そして知能障害や行動障害をもった子供たち、自閉症児などの

グループに適用したのである。オルフ音楽療法は、彼女が人間の全体的感覚性を基本的に補完するものとみなすこの結合から、経験とその具体化、アクションとリアクションの交互作用プロセスを発展させるのである。

ゲルトルート・オルフの直感的‐創造的発想に対して、ノードフ‐ロビンズ派は経験的に基礎づけられた治療教育的療法介入の方法を展開することを試みた。ピアノを弾くセラピスト、もうひとりのコセラピスト、打楽器を奏する子供、この一貫して変わらぬセッティングのもと、膨大な量の研究データが処理された。大がかりな研究でなされたどのセッションもテープに録音され、後に問題点が書き出され、——それは［今後の］コミュニケーションや行動のためである——評価されたのだった。「ミュージック・チャイルド」、これが中心概念であるが、「音楽的相互行為における深さ、強さ、多様さ、知性のための上位概念である……、ミュージック・チャイルドという概念は、感受能力、認知能力、表現能力の総合的な作用を意味している」（Nordoff/Robbins, 1986. p.1）。

リタ・ヤコブスRita Jacobsとハンブルクのアニー・フォン・ランゲシューレ周辺の人智学的音楽療法は、イデオロギー的に狭めずその定義にしたがえば、ルードルフ・シュタイナーRudolf Steinerにさかのぼる（1989参照）。他の流派との表面的違いは、楽器編成のしかたそのものにはっきりあらわれている。

たとえば、ライアー（竪琴）、ハープ、カンテレ、テナークロッタ（チェロに似ている）、プサルテリウム（ツィターに似たはつ弦楽器）、ペンタトニック・フルートとカレワラ倍音フルート、シャルマイ（チャルメラに似た木管楽器）、クルムホルン（古い木管楽器）、ドゥカインなど。

ヤコブスは治療への適用という観点に立って、音色（楽器）、和音、拍子などの音楽要素を、二次元システムへ関係づける。この二次元システムとは、人間（「感覚‐神経組織。思考の担い手としての頭部」、「呼吸‐循環器組織。感情の担い手としての胸」、「物質代謝‐四肢組織。意欲の担い手としての人間」）と音楽（「音楽の源初的部分」「音楽を通じた啓示」「音楽楽器」）のことである。

人智学的音楽療法ならびに治療教育学は、「精神的‐魂的なもの」について語るが、それは「身体的なものから離れ」、音楽的なものという始源の故郷へ身を浸すことを意味する。人智学的音楽療法が行われている場所としては、さらに、ヘプジザウHepsisauのミヒャエルスホーフMichaelshofが有名である。

多感覚教育は、小児科医クラウス・トーマスClaus Thomasによるもので、すでに多媒体的治療‐療法の領域では代表的なものであった。たとえば、多くの障害をもった子供とともになされた音楽劇的即興のいくつかのプロジェクト、たとえばアッシジのフランチェスコの太陽の歌にちなんだ賛歌のオラトリオの舞台（1978）が挙げられるが、その際、子供や青少年たちの美的かつ創造的潜在能力が芸術的媒体をとおし

て生の意味を呼びおこしながら展開されたという（Thomas, 1981参照）。彼の座標軸では「価値のない楽器」（たとえば、ごみすて場の創造豊かな楽器など……、Buzasi, 1985参照）という考え方が占める場所はない。

同様にポップ・ミュージック、通俗音楽という考え方(Tischler / Moroder - Tischler, 1990参照)(Thomas, 1991.3)もそうである。「[その]座標のたて軸には、自己知覚、自己発見、自分自身に向きあうこと、個体化感情移入が、よこ軸には、交互的コミュニケーション関係、相手への解放性、表現の言葉、参加と受け入れ、世界へ向きあうことが位置づけられる」。この多感覚教育の治療教育的発想からは、たとえば、ブルーノ・オイエンBruno Euen (1991) やウイリー・ヤンセンWilly Janßenのもとで定着をみたような流派が発展してきている。

以上の効果的な作用をもつ音楽的治療教育のさまざまな流派に共通する決定的特徴は、障害をもった人々に感覚知覚や芸術的構成能力を認める点である（Mastnak, 1991b, 1994b）。障害をもつ人々との作業は、それゆえ、二重の使命をもつことになる。第一に、自分で自分の個性を展開していけるように、個人を援助することであり（特殊教育的音楽教授学のためには、Ruud/ Mahns, 1992も参照のこと）、第二に、文化を還元主義的に「人間規範」へ狭めてしまわないことである（Rödler, 1994）。

「臨床音楽教育」

音楽的治療教育というものが、古代から認められてきた伝統に遡る一方、臨床的に（とくに精神医学的に）音楽教育を利用する、いくつかのかたちが最近展開してきている。たとえば、臨床時間や臨床後の時間を有意義にすることや、学ぶ能力をポジティヴに経験すること、音楽に関係させ社会統合をはかる可能性の試みなどである。これらに加え、音楽的能力を形成すること、臨床後の孤独感やそのために頻繁に起こる再発の危険性を低めることなども挙げられる。

音楽教育的能力を媒介することで、人格の健全な部分の受け入れをたやすくするような空間が、治療としてではなく、臨床領域に生みだされる。さらにこうしたことを越え、臨床の場で音楽を習うことで、抵抗なく効果的自助や予防のための自己療法能力を築くことが可能になる（Mastnak, 1994aとeを参照）。

教育の領域における音楽療法

ストレス、自己疎外（Mastnak, 1994c）、能力喪失や、青年期にそれらと結合した病理学的展開には、効果的な治療的介入が不可欠となる。抑圧に関する事例や自殺行為（Mastnak, 1992a）、依存傾向や不安障害、摂食障害や強迫行動が今日多く見られるが、それは、広い範囲でかつ長期的に治療介入できる唯一の機関としての学校に、社会文化的矯正ならびに心理的および精神身体的な予防と事前治療とい

う課題を課すことになる。したがって、将来、学校は治療の前段階で重要な役割を担うことになるだろう（Mastnak, 1992b）。とりわけこのことは、治療的媒体をもった教科もしくは治療親和的教科、たとえば音楽の授業、美術教育、学校演劇、スポーツの授業、宗教、哲学、倫理にあてはまるであろう。

教育的に応用された音楽療法の大家のひとり、ノルベルト・リンケ Norbert Linkeは、危機的社会状況のなかにおいて音楽は自ずと人を癒す力をもつとしている（Linke, 1977, 108以下、現在の状況についてはWilbert, 1993を参照）。音楽の授業に対するこの任務を強調して、ジグリッド・アーベル・シュトルートSigrid Abel-Struth (1985, 43) は次のように語っている。「……音楽、それはもっとも広い意味で、生きることを音楽的に手助けすることである……そしてそれが音楽教師の責務となる。」（Mastnak, 1992c, 1993bも参照）。

人間と音楽の関係のなかの決定的モメントが、治療的、教育的、カルト的、広い意味で文化的な行為や取り扱いからまったく独立的であることは明白である（Mastnak, 1994d）。たとえば信頼性、自我の自己同一性、創造、エクスタシス、トランス、超越、そして美といったモメントはそうである。教育と治療が芸術に重なり交わる部分（Thomas, 1983参照）は、それらに共通する核から認識できる。たとえばそれは、ユング的心理療法と創造的音楽受容（Mastnak, 1991c）、深層心理学と音楽分析（Mastnak, 1993c）、もしくはサイコドラマと音楽劇的即興の統合（Mastnak, 1993d）などにみられる。

芸術的教育と芸術的療法の効果的統合を行なっているのが、ケルンのドイツ・スポーツ大学音楽・ダンス教育学研究所のカール・ヘールマンKarl Hörmannである（Hörmann, 1986, 1987, 1991, 1994参照）。多感覚教育が「治療」としてさらに展開を遂げたのは、危機処理のための「ヨーロッパ・プロジェクト」をきっかけにしてであった（Mastnak/Rauter, 1994）。このプロジェクトには、障害のある人との作業のなかでなされたもの（Arno Pachera）、クロアチアのモデル校で戦争の状況下なされたもの（Svanibor Pettan）、またロンドンの多民族間の葛藤状況のなかでなされたものがある（Andrea Rauter, Mastnak, 1992d）。この領域の指導理念は、自己展開、美的経験、描写表現、自己認識と世界認識、アイデンティティと対話、ならびに意味の探究と価値意識だった（Mastnak, 1991a, 1991d）。

音楽の授業のなかの療法的および病理学的内容

文化領域の一部として音楽療法は、音楽史や音楽社会学や音楽分析がそうであるように、教育的な内容をもっている。音楽の作用研究の成果や、社会文化的現実の病因的ならびに病理学的プロセスや、医学と心理療法を構成する確たる要素である音楽療法が、音楽の授業の内容になるのである。

音楽の授業で扱われるスタンダード

な作品、たとえば、アルバン・ベルクAlban Bergの『ヴォツェック』（Mastnak, 1995.40）やフランツ・シューベルトFranz Schubertの歌曲集『美しき水車小屋の娘』、この二つの例は自殺についてのものだが、これらはしばしば心理療法的な関連のもとで取りあげられる。これらについての解釈学的考察と、生じる可能性のある同一視や取りこみの過程のチェック、この両方が、病理学的心理力動的に反省を促す音楽の授業には要求される（Mastnak/Schwarzbauer, 1994）。

以上には、たとえば、オペラを聞きながら親子間の葛藤を取りあげたり、音楽ドラマのなかで自殺問題を教えたり、音楽を作る行為のなかでアイデンティティ危機や薬物依存に向き合うことを教えるような内容のテーマも含まれる（Mastnak, 1989）。

ヴォルフガング・マストナク Wolfgang Mastnak

音楽史における即興運動

Improvisationsbewegung

現代音楽療法の基本的活動原理としての即興は、20世紀前半の新音楽［＝現代音楽］の領域に起こった前衛的変革の継続のなかで、70年代から発展してきた。まず12音技法――音楽的意識を支配している長短調の調性を徹底して越えたところで、耳に音楽的分節を把握させようとする技法――から出発し、セリー的作曲方法を経由して、聴取の一歩進んだ解放プロセスが実現する。セリー的な作曲においては、すべての音楽的パラメーターが――調性ばかりでなく、リズムや強弱、アゴーギク、そしてとりわけ電子音楽では音色が――新しい秩序原理のもとに置かれる。そしてジョン・ケージJohn Cageの偶然性の音楽が現れる。

この発展の終わりに生まれたのが、鳴り響くものすべてを音楽的形態の対象としてとらえる音楽美学である。鳴り響くものすべてとはつまり、不協和音、音群、ノイズ、異国の楽器、日常の騒音、考えられるすべての声による表現、その他の多くのものである。音楽的素材の見渡せないほどの多様性により、仕事机の前の作曲家にとって、極限的な細部にいたるまで未分化な音楽を組織化することは、ほとんど完全に不可能になる。

作曲家たちはその結果、意識的・計画的に、音楽行為のプロセスに偶然性を取り入れるようになった。そのような作曲の実践には、やはり伝統的記譜法はそれ以上持ちこたえられなかった。伝統的記譜法は、図形楽譜や作曲家による言語的な演奏指示に取って代わられる。それにともない、演奏プロセスに参加する人物の役割記述が現れる。

つまり、新しい音楽実践においては、とりわけ演奏家の課題が新しく規定される。演奏家はただたんに作曲家により指示された細部を可能なかぎり厳密に音響に移しかえるだけではなく、作曲家により定められた枠のなかで、みずから創造的に生み出さなければならず、つまりは、作曲家によりそのつど指示された範囲内で、みずから作曲家

となるのである（Kapteina, 1974, p.247; 1991, p.31）。

ある決定的な衝撃はジョン・ケージから発せられた。彼の「アナーキーな作曲手法」（Metzger, 1978, p.151）により、調性的思考から自由になった音楽的ファンタジーは、セリー的作曲の複雑な官僚主義的秩序原理を脱ぎ捨て、新たな、より人間的な道へといたることが許されたのである。ジョン・ケージは音楽家たちに「作品のなかで彼らがしたいことをさせておき、彼らに自立的な音楽主体が有する尊厳を贈与した」（同書, p.11）。

音たちはそれぞれの演奏家の［主体的］中心から生み出されるべきである。作曲家はしかし、みずからの機能──「音楽はいかにあるべきか」そして「音楽はどうしたらより表現豊かになれるか」を決定する機能──を完全に放棄する（Cage, 1978, p.60）。はっきりしているのは、「指揮者であれ作曲家であれ、各人が制御ということを断念することだ。」そのかわり、音楽家は「個人が固有の権利をもって存在し、自己固有の中心から発して行為する可能性」を所有する（同書, p.59）。

この革命的な音楽理解、つまり「ある解放化された社会」のヴィジョンを映しだし「まず各人は、みずからの仕事を強制されずに遂行してよい」（Metzger, 1978, p.11）というこの音楽理解は、次のような音楽実践の展望を拓く。つまり、そこにおいては、伝統的な分業制とそれに内在する疎外が克服され（すべての人が一人で演奏者、作曲者、聴衆を兼ねる）、音楽マーケットの利害関係は完全に拒絶されるのである（König, 1977, p.171参照）。

当然のことながら、プロの音楽家は──少数の急進的な集団を除けば──このような自由な音楽の在りかたに抵抗した。この音楽は入場料を払っている聴衆の立場を笑いものにし、同じくらいプロの音楽家のそれを笑いものにするものだ。音楽家も聴衆も、怒りと不安をもって子供じみて攻撃的に反応した。しかし、「私がすべきは」とジョン・ケージは定式化した。「人々を自由にしておく道を発見することだ、人々が頑迷にならないように」。（Cage, 1959, p.102）

この道は、音楽業界で結局のところ排除され続けざるをえなかったため、むしろ、音楽マーケットと直接関係する経済的強制力が働いていないところ、つまり社会教育や学校、あるいは治療施設におけるいわば「音楽の素人」との仕事のなかに開花した（Kapteina, 1988, p.77 以下.）。そこでは、新音楽の美学が音楽的集団即興へとさらに進んだかたちで、「全人格を発展させるという意味での音楽教育」（Friedemann, 1973, p.4）が発展することになった。即興は同時代的な音楽実践の開拓に有益である（Meyer-Denkmann）のと同様、心理‐社会的な分野の守備範囲の拡大にも役立つ。今日にいたるまで、即興は、社会教育的諸構想の基本的な構成要素として発展している（Finkel, 1976, 1977; Kapteina, 1976, 1979; Seidel, 1976, 1980; Keller, 1979; Maruhn, 1979; Friedemann, 1983; Schmitt, 1983; Schwabe/Rudloff, 1992; Kapteina/Hörtreiter, 1993）。

エルンストErnstによれば、即興は音楽教育を「ゼロ地点」から描きだす。「即興は、それまでの音楽教育の下地

をすべて無視して、オリジナルな音楽能力を活性化するための自由空間をつくりだす」(Ernst, 1982, p.47)。

即興は以下により特徴づけられる。各人がすぐに参加できる。鳴り響くすべてのものが音楽として受け入れられる。全人格が動員される。音楽のなかに表現されてくる人格的・社会的内容が真剣に受けとめられる。音楽は伝達的性格を獲得する。人間の生の問題が表現されうる。即興のもつ開放性はそれらにより＜心理療法的＞と標識されるのである。即興演奏にもたらされたゲシュタルトは象徴的価値を保有し、診断的にも、精神力動的にも意味深い (Schmidt, 1975; Meder, 1981)。

音楽療法を心理療法として明確に標識している多くの論考のなかで、音楽的即興は基本的な作業原理として受け入れられている（たとえばPriestley, 1975; Willms, 1975; Loos, 1986; Hegi, 1986; Langenberg, 1988; Tüpker, 1988; Decker-Voigt, 1991; その他多くのもの）。見渡してみると、新音楽における調性固着の克服から現代の音楽療法にいたる発展の弧状の軌跡のなかで、この心理療法的性質は具現されてきたのであるが、この性質はその本質からして即興に内在しているものである。

音たちは人間の中心からやってくる (Cage, 1978)。つまり、まず音楽実践的な、そして全体的な音楽教育的・社会教育的経験——それはこのような音楽美学的自己理解をもって集められたものだが——を重ねるなかで、この事象［＝即興］が深層心理学的性質を所有することが明らかになったといえる。その深層心理学的性質とはすなわちストレートに精神分析的、形態学的、ゲシュタルト療法的などと呼べるような性質である。

即興においては、外から与えられた行為刺激はさして力をもたないため、馴染みの行動パターンや生活規範にかかわる演奏が必然的に現れてしまうが、それらは今後、認識可能・修正可能なものとなるだろう。そうした演奏においては、即興のもつ行動療法的性質が重要となってくるが、この性質についてはとりわけ旧東ドイツの研究者による集団力動的なコンセプトのなかで探究されている (Schwabe, 1983; Brückner ほか, 1991)。ただ実際の演奏をみると、音楽療法的即興の有機的な展開プロセスのなかで、さまざまな心理療法的傾向の境界は、そう明確なものではない。

ハルトムート・カプタイナ Hartmut Kapteina

音楽受容の研究
Rezeptionsforschung

受容の研究は、音楽の知覚、［音楽による］体験、および効果をテーマとした複数の専門分野にまたがる研究領域である。音楽療法にとって受容の研究は、音楽聴取とその影響に関する基本的な知識として重要な意味をもつ。音楽の聴取とは、同時に多様な認知的、感情的、生理的、社会心理的なプロセスが異なる強さで起こる、全体的な出

来事である。そのなかのどの面が特に前面に出るか、あるいは背後に隠れるかは、音楽の特質とではなく、状況的な条件と、一人一人の聴取者の状態と関連している。

音楽聴取における多様なプロセスを明確に識別することは実際には不可能であるが、音楽体験の研究のために、個々の面を分析してある程度区分けし、一つ一つを取り出すことが重要である。そのさい、受容に関する研究における以下の重要な点が明らかになった。

- 音楽聴取のさいの認知的な知覚と処理のプロセス
- 音楽による感情的な体験と感情的な影響
- 音楽に対する考えかた、好み、およびその成り立ち
- 音楽聴取の効果／音楽の治療的効果の適応

音楽の知覚と知的処理に関する研究においては、さまざまな点が強調されてきた。たとえば、情報理論的な考えでは、情報内容（音楽の複雑性と聴取者にとっての新鮮さ）、聴取者の情報処理能力の容量、および音楽が気に入ったかどうかという点が関係している（Werbik, 1971; Konečni, 1979; Flath-Becker, 1987）。

80年代以来、音楽知覚に関するゲシュタルト心理学と階級理論、および音楽の知的提示に関する問題は、受容の研究において重要な役割を果たしてきた（Deutsch, 1982参照）。

このようにして、音楽の知覚にはゲシュタルト心理の原則が根底にあるということがわかる。私たちは音の順番というような個別の要素を聴くのではない。一つ一つの音が、知覚するという行動においてすでにモティーフやフレーズにグループ化され（聴覚的グルーピング）、この方法で音楽的なゲシュタルトを把握するのである。

ゆえに音楽的なゲシュタルトは知覚の基礎となる。これらの音楽的要素の小集団（ゲシュタルト）はより大きなグループにまとめられ、それがまたさらに大きなグループになっていく。その結果、音楽的な知覚は階級論的に経過するプロセスとして理解されることができる（Lerdahl/Jackendoff, 1983）。

厳密に言えば、認知的な理論は、音楽的体験の比較的小さな部分しか説明しておらず、感情的な体験や感覚運動的なプロセスに関する本質的な面は、ほとんど無視されている（Gembris, 1995参照）。

音楽の感情的な体験に関する研究の核となるテーマは、どの音楽あるいは音楽的要素が感情的な表現を伝えるかということであり（たとえばHevner, 1936）、あるいは音楽聴取によって気分がどの程度影響されるかということである。複数の研究により、その場の気分が音楽に影響されるということが証明された（たとえばShatin, 1970; Pignatiello他, 1989）。

しかし、他の研究ではこれらの証明は限定されたものか、まったくの失敗に終わった（たとえばStratton/Zalanowski, 1989）。たとえば、この場合、音楽によって生じた気分の変化がどれくらい続くのかという質問が残る。

このような性質の研究では何よりも、音楽的な構造や音楽的要素が影響因子として調査される。しかし、一方では音楽的体験や音楽の感情的な要素が決定的な影響を及ぼすかもしれないが、聴取者の状況的条件や個人の状態が聴取にどれだけ影響を与えるかということがおろそかにされるという問題が生じる。ゆえに、一つの同じ楽曲に対する感情的な反応の心理的生理的興奮の度合が、まったく反対になるという結果につながる（Gembris, 1985）。同様に、一つの同じ楽曲が、さまざまな気分のなかで、異なったいろいろな感情的な反応をひき出すこともできる。

さらに、音楽に対する一人一人の処理方法も重要な意味をもつ。実験的な研究（Behne, 1984; Gembris, 1991）では、悲嘆を克服するにあたって、ある人には気持ちと同質の音楽（同質の原理）が治療的効果をもたらし、また別の人にはどちらかといえば反対の気分の音楽が効果的だった（異質の原理）ことが証明された。

強烈な音楽体験は、場合によっては強い感情と同じように、強度の身体的な感覚や反応と関連することがある。生理的な測定によって（たとえば、心拍と呼吸の頻度、心理電気的な皮膚反応、脳波など）、音楽体験の相関関係を理解し、そこから音楽体験の鍵を探ることが試みられている。

音楽の感情的な効果は確かに生理的な反応と関係あるが、しかしこれがいつもそうだとはかぎらない。音楽的な体験の質については、生理学的な測定では何も証明できないし、せいぜい感情的な体験の強度に関する指標になるくらいのものである。音楽体験の生理学的研究の結果には矛盾がある（例：Dainow, 1977; Behne, 1993, 1995）。この領域におけるこれまでの研究によると、音楽そのものよりも聴取者の個人的な反応状態が、音楽に対する生理的な反応に影響を与えるとのことである（たとえばAllesch, 1981）。

一般的に、テンポの速い音の大きな（65デシベル以上）振動幅の広い、そして情報内容の豊かな音楽が、多分生理的な興奮をひき出し、テンポの遅い音の小さい、振動幅が狭く情報内容が乏しい音楽が、穏やかな反応につながると言われる（Gembris, 1977; Behne, 1995）。文献では、「刺激的な」音楽と「鎮静的な」音楽という表現がしばしば用いられてきたが、これらの音楽が、それに相応した効果を常にもたらすという結果にはならなかった（Behne, 1995; Hadsell, 1989参照）。

音楽に関する考えかたや好みは、何よりも社会心理的、医学自然科学的、音楽学的、音楽教育的な関連で研究されてきた（例：Jost, 1982; Behne, 1986; Schulten, 1990）。しかしながら、音楽的な好みに関する音楽療法の領域のいくつかの研究もある。老人ホームや老人病の分野での音楽プログラムを発展させるための基礎として、成人や高齢者の好みに関する研究がまず挙げられる（Jonas, 1991; Moore, Staum/Brotons, 1992; Smith, 1989）。

治療における音楽は、あらゆる年齢層において応用されることができるので、ここでは例として特定の年齢層の

好みや好みの変化についての、基本的な知識が重要となってくる。

受容の研究の他の分野では、特定の効果をひき出すための音楽の実際的な使いかたについて取り組んでいる（たとえば広告やデパート［で使われる音楽］、労働能率の向上［のための音楽］等、Behne, 1995によるまとめ）。

このような問題提起の他に、治療的／医学的なコンテクストにおける音楽聴取の効果が、重要なテーマとして挙げられる。このような研究のほとんどにおいて音楽は、緊張を和らげ、痛みや不安を軽減させるような効果をもたらすことを目的としたBGMとして応用されている。たとえば、外科的な手術の前後、リラクゼーションの治療的応用、行動変容や学習、あるいは新生児や未熟児を刺激したり鎮静するために使われるのである（Spintge/Droh, 1987, 1992; Hanser他, 1983; Logan/Roberts, 1984; Scartelli, 1984; Bailey, 1986; Curtis, 1986; Pfaff他, 1989; Hadsell, 1989; Mayer, 1989; Saperton, 1989; Liebman/MacLaren, 1991; Davis, 1992; Caine, 1991; Nöcker-Ribaupierre, 1992; Lorch他, 1994; Stratton/Zalanowski, 1984a, 1984b; Cunningham, 1986; Fried, 1990a, 1990b; Garwood, 1988; Groeneweg他, 1988; Burleson他, 1989; Harris他, 1992）。

このような研究の根底にはしばしば、行動療法的、あるいは学習理論的な考えがある。結果は一様ではない。一部の研究では、主観的な状態の改善と痛みや不安の軽減というかたちで音楽聴取が効果的で、たとえば手術の際の鎮静剤の量を減らすことができたというかたちで証明されている（Spintge/Droh, 1987, 1992; Korunka他, 1992; Mayer, 1989）。他の研究ではこのような効果が証明されなかったか、部分的にしか証明されなかった。

矛盾したこれらの結果は、研究条件の多様性と、しばしば不満足な方法とに大いに関係していると思われる。一方ではこの矛盾は日常生活における状況にもあてはまる。毎日の生活でも、各々の音楽聴取が気分、能率、あるいは集中力に対して確定可能な、あるいは特別な効果をもたらすわけではない。さらに、マスメディアによる音楽の普及と、治療的、非治療的な意味で（たとえば広告や作業能率の向上のため）音楽を常時BGMとして流していることで、慣れが生じ、音楽がすり減らされてしまっている（Gembris, 1993; Behne, 1995）。

可能性としては、調整的音楽療法や調整的音楽訓練（Schwabe, 1984, 1987）、あるいは「音楽に誘導されるイメージ」（Kiel, 1993参照）のように、音楽聴取を意識的な治療方法と組み合わせることで、反対の効果をもたらすことができるかもしれない。しかし、心理療法における音楽聴取の効果に関する研究においては、一部の例外を除いて（Schwabe, 1987）これまでには組織的な研究は皆無に近いのである。

ハイナー・ゲンブリス Heiner Gembris

音楽心理学
Musikpsychologie

音楽心理学は音楽の知覚、音楽の創作と再生、そして音楽の効果の学問である。研究の目的や意図によってこれらの学問は、心理学（Bruhn, Oerter/Rösing, 1994）、音楽学（Dahlhaus/Motte-Haber, 1982）、音楽教育学（Colwell, 1992）、あるいは音楽療法に分類された。

歴史

音楽の演奏と音楽の効果の研究は、おそらく音楽そのものと同じように古いものかもしれない。紀元前500年頃にはすでにピタゴラスPythagorasの最初の心理音響学に関する記述があった。アリストテレスAristoteles（紀元前350年頃）は音楽が社会生活に与える影響について、『政治』の8巻に記した。古代ギリシャの哲学者たちによる研究は、中央ヨーロッパの思考において、われわれの時代まで影響を与えた（Lohmann, 1970）。

しかしながら、一般的には1879年のヴィルヘルム・ヴントWilhelm Wundtの心理学の研究室の創立が、**音楽心理学的な研究**の始まりとして見られている。知覚心理学的な課題設定が、この時代に音楽的な例を用いて研究された。心理物理学を出発点として（Fechner, Weber/Helmholtz）、環境刺激と心理的反応の関係を解明すべく、数学的な法則が探索された（詳細な歴史はRösing/Bruhn, 1994参照）。

この時代から、音楽心理学のテーマは特定の人格と関連づけられている。研究の興味は広い領域に分かれ、結果もさまざまである。一致が見られる研究結果は出ていない（Bruhn, Oerter/Rösing, 1994, 13）。

カール・シュトゥンプフ Carl Stumpf（1883/1890）は、彼の師であるヴントの心理物理学的な研究を、現象学の哲学的な方向と結びつけた。ここから生まれた**ゲシュタルト法則**（特に視覚に関する）は、今日でも多くの知覚心理学者から有意義な知識だと認められている。1930年代に国家社会主義者の思想から大きな影響を受けた**フェリックス・クリューガー**Felix Kruegerと彼の門弟の**アルベルト・ヴェレック**Albert Wellek（1963）も、現象学的な方向で研究をした。

第二次世界大戦の後、ハンブルクの音楽学者達はアメリカから刺激を受け、ドイツにおける音楽心理学の研究を新たにした。いわゆる**ライネケ学派**（1926年生まれのHans-Peter Reineckeによる）では、意味論的区別（あるいは極性プロフィール）が音楽研究のメソードとして導入された。1970年代と80年代には、アメリカ人の**ダイアナ・ドイチュ**Diana Deutsch（1982）が音楽心理学のなかで大きな位置を占めるようになった。

ドイツの音楽心理学は1970年代に音

楽教育学からおもな影響を受けた。**テオドール・アドルノ** Theodor W. Adorno（1956）の批評が音楽教育家を刺激し、その結果、彼らは空論に振り回されないために、音楽の授業を科学的な基盤の上で行なうようになったのである。

音楽の概念

「音楽」はしばしば、西ヨーロッパと中央ヨーロッパの文化様式の観点のみに限定されて理解される。早期のドイツと英米の研究のほとんどは、西洋の調性と和声の面だけを取り上げていた（Krumhansl, 1990）。しかし、短調／長調という調性に限定することは、世界的な音楽の理解からは外れる。音楽と雑音の区別において、どのような音の出来事にせよ原則として音楽的に評価すべきだという、受け入れがたい解釈もされてきた（Bruhn, Oerter/Rösing, 1994, 16-17）。

音楽とは、主観的な世界において響きとして生まれることができるものである（Bruhn, 1994, 2-3）。音楽が生まれる条件として、ヨーロッパの音楽理論はほんの一部にしか適用されない。音楽として見なされるものは、社会と関係があり、つまり文化に関連するのである（Rösing/Oerter, 1994, 24-26）。

研究領域

音楽学はもともとは、人間の知覚能力の基礎の研究のみに絞られていた。これは今日でも**一般音楽心理学**の中心にある。心理音響学（たとえばZwicker, 1982）は神経心理学（Roederer, 1979）と関連して、神経組織の機能に関する多くの情報を得ている。音楽的情報の処理、分類、そして長期記憶がここでは記述されるし（Howell, West/Cross, 1991）、あるいはコンピューターを使ったシミュレーションが行なわれた（Todd/Loy, 1991; Marsden/Pople, 1992）。心理運動Pshychomotorikの結果は、音楽の実践につながる（Klöppel, 1991）。

応用音楽心理学は1950年代から、日常生活における音楽の意義についてより多くの興味を寄せてきた。社会と音楽の発達の関係がテーマとして取り上げられ、音楽知覚に対するメディアの影響が研究された。また、個人の生活における音楽の意味も研究の対象となった（Bruhn, Oerter/Rösing, 1994の音楽心理学ハンドブックの第2章比較参照）。

一般音楽心理学と応用音楽心理学のあいだには、**発達／人格心理学**がある。20世紀の半ばから、音楽的な発達について詳細が研究され（Hargreaves, 1986）、教育と治療的介入の理論が創案された（特に詳細な記述はColwell, 1992）。

音楽療法との関係

音楽心理学は、素人的な考えでよく音楽療法と同じ位置に置かれる。しかしながら、音楽心理学は音楽療法の**基礎知識**としてとらえられるべきである。

応用音楽心理学は、治療において応用される音楽の種類の選択において重

要な、社会における音楽の機能に関する知識を提供する。

一般音楽心理学は、治療過程のなかで起こる音楽の知覚と音楽的な結果の過程に関する知識を提供する。

音楽的な発達心理学は、特定の発達段階にあるクライエントや患者の能力の限界を明確にする。

音楽心理学的な知識は、いつも音楽療法の理論において充分応用されてきたわけではない (Gembris, 1991)。特に残念なのは、音楽療法の基礎的研究において、音楽心理学的な研究がほとんどされていないことである。音楽療法的な研究では、詳細な症例の記述と皮相的な理論形成のあいだにある大きなギャップが特徴となっている (Ruud/Mahns, 1992)。

これまで紹介してきた基礎研究における詳細な知識の多くは、ほとんどまとめられようがなく、それがために不充分であり、総括的な理論としては非常に主観的であると評価されている (Strobel/Huppmann, 1978が最近試してみたのだが)。

個々の研究がたとえ違ったものだとしても、ある程度のまとまりのある結果にたどり着けるように、内容分析と評価カテゴリーのための基準の分類による評価方法の一致を目指しながら、音楽療法の基礎研究内容が改善されなくてはならない。さらに音楽療法の研究者たちは、必要な無作為抽出検査を基礎的な全体のなかに組み込めるような、より多くの標準化された検査方法を使わなくてはならない。

ヘルベルト・ブルーン Herbert Bruhn

音楽人類学的、民族学的視点

Musikanthropologische und ethnologische Aspekte

諸文化を横断して、自然民族においても古代の高度文明においても、歌うことや演奏することは非現実的なもの、彼岸にあるもの、デモーニッシュなもの、神聖なものと関係していると広く信じられている。

「音楽は神々の言語である」とブラックアフリカの人々は言う。音楽テクニック (つまり呪文、秘術) を駆使できる者はあの世のものと交流できる、という確信はここに由来している。シャーマンは、集団が生き残るために決定される知らせを手に入れるために、「魂の旅」へと旅立つ。呪術師や呪医、僧侶、祭司は、歌いながら／演奏しながら／踊りながら儀式行為をかたちづくり、音楽の助けを借りてエクスタシーやトランス様の状態に入っていく。そうした状態のなかで、戦争や狩りの幸運を授ける神々の世界へとみずからを開くのである。

キリスト教の天国もまた歌に満ちており、それゆえ教会の空間＝疑似天国にふさわしい言語は聖歌である。聖歌は典礼儀式のさい、まず司祭や聖歌隊によって歌われていたが、しかしヨーロッパ - 西欧の歴史の経過とともに、「平信徒」がますます強くこれに唱和するようになったもののようである。

疾病は神の罰とみなされている。したがってあの世のものに関するスペシャリストの第一の使命は、悪霊や神々

をなだめ、それをとおして治癒のプロセスを導きだすことである。

インディアン文化、エスキモー文化におけるシャーマン

「人間の魂のスペシャリスト」(Eliade, 1975, p.18) としてのシャーマンは、同時に職業音楽家の先祖でもあり、その特別な能力により母集団から際だち、そのために集団を構成する他の人々から生活に必要なものを供給されている唯一の者である。

彼はそのうえ権力をも手にし、それをみずから行使するか、──あるいは族長に転付する。

楽器、つまりシャーマン太鼓（ツングース族やモンゴル族においては口琴も、またウグリック族においては竪琴も）は、彼の位階や官職の象徴とみなされている。楽器をもたなければ彼はシャーマンでいることができない。興奮薬物を使用するほか、歌ったり踊ったり、また太鼓をこすったり叩いたりしながら、彼は「自己超出」の状態へとみずからを移し変えていく。

この「自己超出」状態は、意識的にひき起こしたてんかんに相応する。シベリアでは、てんかん発作を起こす傾向をもった子供たちは、とくに尊重され、シャーマンのもとへ弟子入りすることになる。

片面に動物の皮を張った太鼓は、たいていは落雷によって「刻印された」樹木から作られる。太鼓の内部にある握りの部分には「シャイターン（悪魔）」（呪物、すなわち魔物か先祖の似姿）が作られる。

若いシャーマンは、太鼓が「解禁」されてはじめてシャーマン棒を手に入れる。太鼓が彼に能力と権力を媒介するのである。彼は今まで歩いていたが、いまや自分の太鼓に乗って行くだろう、と言われる。つまり──必要に応じて──あの世へ、魔物のもとへと。「この異様に濃縮された雰囲気、それはきわめて技巧的な洗練された太鼓演奏や、それと結びついたシャーマンの舞踊的な身振り手振りの動き、彼の歌、そして彼によって叫ばれる獣の鳴き声、さらに彼の衣装に取り付けられた金物の効果音によって出現したものだが、民族学の文献にある数多くの報告をまさに証明している」(Emsheimer, 1979, p.1658)。

シャーマンの基本的使命は以下に存する。集団を構成する人々に、疾病を寄せつけないこと──そしてもし入り込んできたら、それらを癒すことである。彼は人間の精神的平衡を取り戻し、それを守ることができる。ボイアーL. B.Boyer (1964, p.404) は、メスカレロ・インディアン保護地域におけるアパッチのシャーマンによる治療儀式をこう記述している。「シャーマンは、患者の苦痛のシンボル（熊、蛇、稲妻、等々）を暴き出したとき、なぜ悪疾の化身が彼の患者を"苦しめる"のかを定めようとした。この問いの答として、彼はみずからの"力"に訴える。彼は儀式の歌をうたい、祈祷文を朗唱して奮闘するが、それはこの"力"と交流するため、この力の助けを得て患者を病気にした魔力の源をさぐるため、またこの力のサポートのもとでそれらの魔力と対抗するためである」。

シャーマニズムは、人間の精神的進化における一つの発達段階として出現したものであり、フェティシズム（物神崇拝）とアニミズム（精霊崇拝）により特徴づけられる。疾病は有害な対象物であり、人間の身体に押し入ってくる悪霊の仕業とされる。シャーマンはそのような対象物／霊に影響を及ぼすことができ、（鳥の羽やこれに類する小道具を用いて）患者の身体から疾病を抜き取り、吹き払い、吸い取ってしまうことができる。シャーマン的な治療実践は、20世紀最後の10年になって、アメリカやヨーロッパの自己経験グループ、援助グループにおいてルネッサンスを迎えている。

ブラックアフリカの呪術師と呪医

イレネウス・アイブル＝アイベスフェルトIrenäus Eibl-Eibesfeldtによるブラックアフリカの治療儀式に関する以下の記述において、自然民族における「音楽−療法」の本質的要素が明らかになる。「カラハリ砂漠に夜の帳がおりている。火が燃えており、9人のブッシュの男たちがリズムに合わせて踊り、火を囲んで座っている11人の女たちが彼らに手拍子を送っている……男たちはふくらはぎにガラガラを巻きつけており、踊りのステップを際だたせる。踊り手はドシンドシンとステップを踏みながら、機械的なほど同じペースで女たちのまわりを回る。一人がもう一人のうしろに続き、あたかも上位の力に従っているかのように……彼らは周囲のことなどまるで知覚していないかのように見える。踊って進みながら、あちこちで男がちょっと女の頭の先を触る……カラハリの夜の孤独のなかで、人間の一集団がつどい、病気をもたらす悪霊たちと闘っている。何人かの女と子供が最近、熱病にかかったのだ。ブッシュの人々の信ずるところによれば、病気は目に見えない矢に起因しているが、この矢は悪霊や敵によって放たれ、人間のからだに突き刺さるという。トランスのさなかで男たちは例外状態に達する。この例外状態は、見えない矢を取り込む能力、またそうすることで病気をその邪悪なものから解放する能力を彼らに与える。女たちに触れるとき、彼らはその矢を吸い込む。そして苦しむ、というのは今度は彼らみずからが、死を運ぶものすべてを自身のうちに担うことになるからである。彼らは悪霊たちと格闘し、ついには勝利する。鋭い叫び声をあげて、女たちから吸い込んだ矢をほうり出す。彼らはまた矢を吐き出すこともできる。トランス状態の踊り手がブッシュのなかでヨロヨロし、苦しみ、ゲッと吐くのを、ひとはくり返し見るのである。」(Eibl-Eibesfeldt, 1976, p.9-10)。

ブラックアフリカ人は、みずからの生活がなお伝統的な風習に結びついていると考えるかぎりで、自分個人の安寧や集団のそれは先祖との交流にかかっていると確信している。呪医はしたがって、祭司であり、予言者であり、「医師」であり、植物学者であり、魂の慰撫者であり、占い師であり、種族の「歴史家」であるが、しかし何にもまして、彼を信ずる者とその先祖とのあいだの媒介者である。

特に強力と見なされるのは、あの「サンゴマ」(南アフリカ、バンツー族の呪医)であるが、彼は祈祷しながら思い及ぶかぎりの多くの先祖と交信することができる。「サンゴマ」は「民衆の生き残りのために」、先祖および精霊と共働する(Boshier, 1981, p.16-7)。彼のみが精霊／先祖に話しかけることが許され、また彼はそのために――薬物と音楽の助けを借りて――トランスへと自身を転換することが可能でなければならない。

ニジェールのハウザ族では、重篤な疾病、中風や不妊症に罹患した者は、その疾患をひき起こしている怒れる精霊にコンタクトをとるために、ボーリ Bòoriという儀式集団の構成員となる。このような儀式のスペシャリストである音楽家は、儀式集団のすべての重要な構成員を称賛する歌のみならず、400以上の精霊を称賛する歌をも知っている。イニシエーションの儀式のあいだ、該当している可能性のある精霊のメロディが演奏される。一定の時間の後、彼はトランス状態に陥り、毛布が取り除かれるとき、ついに憑依状態にまでいたる。それはイニシエーション遂行者に精霊が乗り移る瞬間である。このようにして祭司は、該当する歌が歌われ／演奏される精霊を特定するのだが、――それをとおして、願っていた治癒へといたる可能性が生まれるのである(Erlmann, 1982)。

宗教儀式に包含され、また秘密集団によって執り行なわれるブラックアフリカの治療儀式(ヴードゥーVoodoo、クミナKumina)は、今日リヴァイヴァルされた形態として、一部キリスト教的な信仰観念と混合しながら、アフロアメリカ地域に存続している。「トランスは、地域的な差異はあるものの、ジャマイカではきわめてありふれた現象のようである。バームの人々のあいだでトランスは治療的に使われている。アフリカのリズムは、トランスをひき起こすために、徐々にキリスト教の賛美歌のなかに取り入れられている」(Long, 1972)。

高度文明における僧侶と司祭

音楽は、感情における不変のものの表現として人間の心根を高尚にし、心の平衡を保持し、欲情や苦悩を鎮める。孔子(紀元前551年頃～479年頃)は古代中国の音楽思想をこう要約した。だがすべての音楽がこのような特徴を満たすわけではない。「正しい音楽」に感動させられた者のみが、真の認識に近づく力をもつのだという。

音楽聴取は、たんに音響の物理的な特性を観察することではなく、音楽が呼び覚ましうる思考／情動に心を向けるということを意味する。音楽と風紀とは結局同じものであり、民衆の願望を共通の目標に向けて調整し、秩序を形成するものと決まっているというのである。

古代中国においても、古代インド、インドネシア圏においても、またバビロン、古代エジプト、古代アメリカのマヤ文明・アステカ文明においても、あるいはギリシャ人、ローマ人、アラビア人[の世界]においても、音楽はつねに、精神身体的、社会的な事象の本質的な触媒であり続けている。

人間がこのような脈絡を意識しはじ

めたところでは——[その代表者として]孔子以後ではとりわけプラトンPlatonやアルファラビAlfarabiが、またキリスト教的西洋の始まりに位置する新プラトン主義者ボエチウスBoëthiusが挙げられる——、つまり思想家が歌い／演奏する人間を考察し、そして歌手／演奏家が自身の「ハーメルンの笛吹き」機能についてそのあらましを報告するようなところでは、つねに人間の身体と精神に対する音楽の効果や、人間集団のダイナミズムに対する音楽の効果が、すなわち医学的・社会的課題が問題となっていたし、また問題であり続けている。

わけてもアラビア哲学は、医学と音楽のあいだの内的なつながりを重視していた。たとえば10世紀にイブン・ヒンドゥーIbn Hinduはこう確認した。「しかし音楽をあつかう学問に関していえば、ある特定の観点からみて、それは医学に属している。……音楽を使いこなす者が演奏しているのは、つまり（人間の）心と身体にほかならない」（Bürgel, 1972, p.243）。

アラビアの人々にとっては、したがって精神的な損傷／障害ばかりでなく、身体的な損傷／障害も問題だったのである。

次のような報告がある。アル＝キンディAl-Kindi（870年頃没）は、発作を起こした患者のところへ4人のリュート奏者を呼び、患者に向かって絶え間なく演奏させて彼を生還させた。そのさいアル＝キンディは患者の脈をとっていたが、音楽が流れるあいだに患者の呼吸は規則的になり、脈は強くなり、「そして少しずつ生気がもどり、みずから動くまでになった」（Suppan, 1984, p.111）。

自然民族のいう「音楽は神々の言語である」［という意味内容］は、カトリック - キリスト教の「音楽は天国ないし宇宙の言語である、つまり人間によって発見され模倣されたものである」という文言にふたたび見い出される（Hamoncourt, 1989, p.55）。音楽と歌は「手放すことのできない、……特別で必要な、キリスト教的信仰心の表出である」（同, p. 57とp.55）。

司祭と医師の職業が分離されたとはいえ、なお以下のような観念は現存し続けている。「天国の音楽、そしてまた地上におけるその似姿である教会音楽は、……すべての邪悪なものを裁く審判の表現であり、すべての災いに対する勝利の表現である」（同, p.60）、——これが意味するのは、［音楽による］人間の精神的、身体的健在は、脳の古層にある網様体や辺縁系に影響して（Suppan, 1982, 1984および1986）、邪悪で災いに満ちた病気に「打ち勝つ」能力を与える、ということである。

ヴォルフガング・ズッパン Wolfgang Suppan

音楽の概念
Musikbegriff

治療の形態としての音楽療法は、音楽を体と心の病の治療に用いる。音楽を学問としてだけでなく、それを越え

て理解することの必要性は、治療的な責任から生じる。理論と実践はお互いに批判的な関係にある。支配的な、あるいは依存的な関係が必然的に生まれやすい治療的な人間関係は、理論をとおした批評（正当化ではなく）、つまりセラピストが疑問を提起し、それを取り上げるという可能性を必要とする。

　治療的なプロセスのなかで効果があった、あるいは音楽に意味があったという主張を熟考することは、同じようなプロセスを追体験したり、音楽療法的なやりとりに対して疑問を提起する可能性につながる。

　ヨーロッパ文化における音楽は、近代になって明確な形式構造を備えた独立した音の芸術として生まれた。それまでは音楽は儀式の一部として使われ、したがって［純粋に］音楽そのものを体験することはできなかったのである。

　このような、状況に縛られた、つまり特定の形式として指定された音楽（たとえば教会音楽や宮廷音楽）に対して、「音楽作品」、すなわちその作品の特性そのものに意義がある音楽が生まれた。作曲家と作品と聴衆の間の関係が新たに組織づけられることが必然的に生まれ、それとともに、音楽はそれまで以上に文化的工業的な利用価値の影響にさらされるようになった。

　生き延びようとする意志に根ざした人間関係における適応性に対して、暴力がふるわれるという経験や体験を表現するという面においても、音楽の潜在的な可能性の一つがある。この潜在的な［音楽の］可能性は、これまで抑圧されてきた感覚的な体験を意のままに商品としてのかたちにしたいという憧れを利用して、音楽を表面的なものにしてしまう商業主義の傾向に対しても、立ち向かわなければならない。

　［複数の］響き、リズム、メロディの断片などといった音楽的な現象と、［単一の］リズム、メロディ、響きなどという音楽的な要素の区別にあたって、私はこれまでに記述してきたような背景から、音楽とは、文化的に組織され、構造化された芸術形式の表示的な象徴システムであると理解している。作品の特性の結果として、そして作品のなかに見られる感覚的な体験が可能な影響によって、これに意味がもたらされる。

　音楽的な作品とその意味は、空間や時間を超える無限のものではない。音楽作品は、ある具体的な歴史的状況のなかで起こる作曲家の対決——社会的発展のコンテクストに現れた音楽的形態形成との対決——から生み出されるのであり、その対決に潜在的に内包されている意味内容が、作品の性格に横たわる統一への必然性により一挙に出現し、問いかけのかたちで表現されるのである。

　［このようなプロセスを経て］作曲された作品は、［音楽が及ぼす効果の］追体験が可能なかたちで伝達されるかぎりにおいて、［音楽による効果という］体験を可能にする。ここに［作曲された作品と］表面的な効果［だけ］をねらった編曲との違いがある。

　作品の性格のなかに音楽的意味の幅があるとすれば、それは音楽療法的行

為の幅を［治療者が好き勝手に操作しないように］制限し、また［治療］効果の証明を超えた音楽療法的コンテクストにおける意味づけの幅という問いを指し示す。

音楽、あるいは音楽的な現象を心理療法の現場に取り入れることは、疾病を欠陥としてとらえる技術的／自然科学的疾病モデルがますます批判にさらされているという、社会的事情の結果として起こる。

芸術的表現の可能性を［治療に］応用することは、患者を取りまく人間的、社会的、器質的、および物質的構造に対する彼らの自己治癒力との関連のなかに、患者自身が健康と疾病という極性のなかで、彼らの人生と体験を決定するように組織化しながら理解していく、という疾病のとらえかたである。

一方、音楽療法が制度として定着していくことは、統一志向的思想が消滅しかけている時代における、断片化された、あるいは断片化されつつある社会的条件により生まれる。さまざまな音楽療法の方向が出現したことは、それゆえに根底に存在しうる統一的な音楽理解の崩壊を必然的に導く。

以上の理由から、「これが音楽療法である」と断言することには意味がない。

さまざまな音楽療法的な取りくみ（人智学的音楽療法［ルードルフ・シュタイナーの哲学にもとづいた音楽療法］、気分に影響を与える音楽の応用、治療教育的な音楽療法、認知学的音楽療法、催眠誘導としての音楽療法、精神分析的な方向の音楽療法、コミュニケーション障害と行動変容のための音楽療法は、ほんの一部である）には、部分的に重複しているが各々違っていて、お互いにぶつかり合うような音楽が基盤にある。

各々の派が、各々に特有な治療理解から音楽を理解し、そこから治療的に効果のある要素が影響を及ぼす範囲を説明するのである。

一方ではこれと関係してくるのだが、各々の派にとって固有の音楽の応用方法が実際の治療状況において、ある役割を担う。

このことから、薬としての音楽、魔術的神秘的な力としての音楽、情緒面と生理面に影響を及ぼす要素としての音楽、コミュニケーションの方法、あるいは手段としての音楽、芸術的な表現メディアとしての音楽、心をつなげる特殊な形式としての音楽、シンボルのシステムを表し組織する音楽など、さまざまな理解のしかたが生まれる。

共通の音楽の理解というものは、このようなさまざまな形態が存在することによって空疎で意味のないものとなる。言語的な説明のコンテクストが各々の理論の背景によって形成され、各々に固有の関係性があるために、それ以上のことは言えないだろう。

音楽とは何か、あるいは音楽とはどのように理解されるべきものなのか、ということに関しては、すべての音楽療法の形式に共通する理解はないものと前提して話さなければならない。

そこで、さまざまな方向の音楽療法の代表者たちが果たしてどこまで一緒に議論ができるのか、という質問が生

まれる。共通の答えの代わりに、以下の質問が提起されることができる。

— 具体的な治療の場面における音楽や音楽的な要素の応用には、どのような機能や意味が形成要素として付与されるのだろうか？

— 各々の理論の理解にあたって、機能や意味は各々区別されるのだろうか？

— これらの疑問は、各々の理論の理解のなかに反映されることができるのだろうか？

— 各々の理論のコンテクストにおいて、音楽や音楽的現象の意味はどう解釈されるのだろうか？

マリア・ベッカー Maria Becker

音楽の構成要素
Komponenten

　音楽療法の基本要素とは、音楽に含まれ治療効果をもつ構成要素のことである。どの音楽にもはっきり識別できる構成要素、すなわち**響き［和音］、リズム、メロディ、強弱法、形式**（以下の各項目の箇所を参照）がともに働いて、原初的な音楽作品、神話音楽 Mythos Musikが産みだされる。コンポジション［構成＝作品＝作曲］と音楽と神話とは、全体的なもの、分割不可能なものを表わす同義概念である。

　全体を五つの構成要素へこのように分割することによって、音楽療法の方法論の輪郭が、おおまかにだが示される。この方法論は、個々の構成要素が療法活動の「精神病理学的‐診断的次元」と「発達心理学的‐予後的次元」に及ぼす効果を追及する。

　また、私たちはこの分割化と全体の関係を、人間の身体の病とのかかわりかたのなかにもみる。身体が健全であれば、われわれにとってそれは神聖であり、ひとつの全体であるが、病気になるとすぐさま診断的に次のような問いで分割部分化されてしまう。すなわち「どこが痛みますか」といった具合に。その結果、たいていその部分で治療が進められることになる。全体的なものが心理療法的に再発見されるのは、予後的介入においてである——腹の痛みを部分化して感じたり、その痛みだけを治療するかわりに、「君の痛む腹であってほしい」と。

　この文脈でケプナーKepner（1992, p.61以下）も「身体の構成要素」について語っている。そしてエリクソン Erikson H.E.（1966, p.149）はその発達心理学のグラフのなかで同様に、発達段階がより大きな全体、すなわち人格に組みこまれていることを表わすため、「心理社会的人格の構成要素」という概念を選んでいる。

　音楽において、この全体と部分の関係がもっともよく認識されるのは、歌の形態のなかでである。ひとつの歌は一つの構成＝作品であり、一つの音

楽であり、そしてしばしば一つの神話でもある。歌の効果の本質は、メロディ部やモチーフやそのヴァリエーションの選択、リズムとかたち、ならびに響きのなかでの和声化、そしてデュナーミッシュな表現力、つまりは全構成要素の融合のなかにある。「メロディは、その部分その楽音のどれもが前のものと違っているにもかかわらず、そのメロディの形態は依然同一に移調しうるのだ。」(Perls, F. 1980, p.141)(**本項目の「メロディ」の部分をみよ**)

どの有機体においても、全体はその構成要素の総和以上である。全体とは、生気づけられた健全さであり、他方、部分とは、それが孤立化されたり、全体と等置されたりすると、全体のバランスの崩壊を招き寄せるが、同時にふたたび全体性へと事態を押し進め、治癒的に作用するものでもある。部分とはそれゆえ、逆説的なことに、(健康)阻害のきっかけであり、また治癒のきっかけでもあるのだ。

薬草の「成分Komponenten」は有害にも、また同時に有益にも作用する可能性をもつ。すなわち毒でありかつ薬である、という事情とまったく同じことである。この秘密は、全体において部分がしめる程度や量、ホメオスタシスに潜んでいる。

ゲシュタルト心理学のこうした発見(Wertheimer, 1927; Köhler, 1933; Goldstein, 1934; Koffka, 1935)は、錬金術からパラケルススParacelsus、そしてわれわれの時代のホメオパティー(同種療法)にいたる長い伝統のなかにおいても、礎石となっている。部分、物質、能力の作用は全体(健全であること)へ至ることを目指し、それは、均衡化、補全化、分裂した構成部分の統合などの方式や、隠された諸力の発見や遅れてなされる成熟化という道、つまり「全体をコンポジションする[構成=作曲する]」ことを通じてなされる。

音楽療法の要素構成法はプロセスを重視する手法であり、結果重視の還元論的モデルではない。この還元論的モデルは、いまもなお伝統的医学や圧倒的な数にのぼる心理療法で模範とみなされている。その場合、症状や障害が消えると、部分、すなわち症状、阻害、逸脱、障害の治療は完了したものとみなされているのだ。

しかし要素構成法は、ホメオスタシスや諸部分の全体へ向けた共同作用に深く関係づけられる一方、人間の内的構成、すなわち人格にも(全体性への希求が感知できることにも)関係しており、たとえば、この全体性への希求が自由即興の文化や音楽的想像力を最高に実現することを可能にする。

要素構成法はホーリスティックな原理なのである。諸部分の作用のなかで、いままで一度も達しえなかった全体性が求められている。この作用によって、そのプロセスはつねに流動的なままである。つまり、人格の核心が実験的で即興的でトランスパーソナルな限界経験にかかわるプロセスというものは、つねに動的でありつづけるのだ。

もし構成要素が診断的、すなわち相互認識のために利用されると、構成要素の原型的な形態は、背景にある深層

心理学的次元から生じる無意識的動機を表現する。プロセスを診断的にとらえれば、構成要素の作用に関して、「何がいまこの人に起こっているのか」「いま何をこの人はかかえているのか」という問いかけが何度も出てくることになる。図的な、すなわち背景から際立つ構成要素を聞き出したり聞き取ったりするとき把握される主な動機は、この場合、いま重要である（阻害もしくは抑圧している）主題の発見を意味する。要素構成法の経験を通じて、精神病理学的障害をつねにひとつやふたつの構成要素に分類することが可能になる。障害のかたちが音楽構成要素のなかでかたちをとって明らかになってくるのである。

構成要素が予後的に、すなわち変化を促す作用を及ぼすように用いられると、この構成要素の本質的特徴は、［全体を］希求する人の、不完全で分裂し失われてしまった部分に直接触れることになる。構成要素は損なわれた場所と共振するが、最初から認知的有用性のフィルターにかけられることはない。構成要素はまず最初は症状を強めるよう作用し、そして次に補完や補償へと深まっていく。その他にも、構成要素は、その性質上、発達心理学的段階とも結びついている。たとえば、響きは主観的自己の癒合共生的交流に、リズムは時間的空間的方向づけ、すなわち自己の核心に、メロディは言語発達、すなわち言語的自己に、強弱法は抵抗力と自立力、すなわち新生自己感に、そして形式は自己感覚と自己組織の同一性ならびに統合段階に結びついている。

新しい発達心理学の代表的研究者であるダニエル・スターンDaniel Stern (1992)は、これら諸段階を「生涯続く自己感覚の発達経路」を構成する要素とみなしている。これら諸段階は完結することなく、何度も自己生成のため、人格の健全化のため現われてくる。これと同じ原理が、またゲシュタルト理論の図と地の関係にも見い出せる。音楽プロセスの構成要素、ゲシュタルト法の図、発達心理学的経路の形式は、したがって、部分を通じて全体にいたる事態を表現する同義概念といえる。

スターンは「自己感覚の四つの形式」を記述している。これが螺旋をなしつつ自己構成へと向かう人間の発達運動を支えているのである。すなわち、

- 「新生自己感」（1～2カ月）の時期の強弱法（ダイナミックス）。これは、強さと無力さを感覚する能力（抵抗力と自立力）を意味する。
- 「中核自己感」（3～8カ月）の時期のリズム。これは、「自分の行為」、「身体統合」と、全体性、ならびに「時間的連続性」に関わる感覚である。（時空間的方向づけ）
- 「主観的自己感」（8～16カ月）の時期の響き。これは他者の感情に対したときの自分の感情への感覚である。（共生癒合的関係から客観的関係への移行）
- 「言語的自己感」（15～18カ月）であるメロディは、非言語的経験から記号的デジタル的経験への移行を可能にする。（言語発達）

スターンのこの自己感という発達心理学的概念と、音楽療法的構成要素思考やゲシュタルト療法の図‐地という行為概念を互いに結びつけることで、感情移入的直観が可能になる基盤が理論的に構成される。治療の主題［図］の背景＝地へ感情移入することで、直ちに、あるひとつの構成要素が作用する領域へと移行がなされる。図的な主要テーマはそこに移され、診断的にも予後的な意味においても、演奏され、変奏され、演奏されきることになる。すなわち、われわれは障害とともに即興し、演奏しつつその障害を認識し、演奏しつつそれを変化させていくのである。この障害との演奏は症状を強めるように作用し、そして自己治癒力、変化や成長や健全化への自然な欲求を活性化する。よく知られているように、音楽は諸能力や活力を呼び醒ますことができる。しかし、目的に狙いを定めて深層構造へ働きかける要素構成［法］は、障害が固着してしまっている諸能力を特定して呼び醒まし、振動エネルギーによってそれらの活動を促す。

治療過程は理想的な場合、段階にしたがってすべての構成要素を用い、先へ進んでいく。クライアントの図的主題が、どの構成要素が実際に有効かを決定する。けれども注意深いプロセスであれば、治療の流れのなかですべての構成要素が触れられることになる。以上を通じて健‐全‐化が見い出されるが、それは治療の方法を通じてではなく、音楽を通じてなのである。こうした形態化プロセスをわれわれは音楽療法的に「人格のコンポジション（構成＝作曲）」と呼んでもいいのではないだろうか。

音楽と同様、言語と身体表現も自己形態化に欠かせない。人格の構成（コンポジション）のさい、構成要素間のあらたな相互作用は、新しいバランスが見い出されたことを示している。健康であるとは、人間としてつねに人生上担わざるをえない分裂を、均衡化や活力のなかで昇華することである。「病とは自己が部分へこのように分裂することであり、部分を誤って全体と取り違えることである。」(J. I. Kepner, 1988, p.61)

響き

構成要素の＜響き＞は、音楽療法的には、感情世界、情緒性、情動性の欠損や障害と関係する。響きは感情を呼び覚まし、感情の表現は響きになる。「響きは感情である」(Hegi, F.; 1986, p.75)。響きに耳を澄まし、聞き入ることで患者（と自分自身）の感情状態を感じ取ることができる。響きの無限な多様性、雑音や騒音への移行、響きの把握不可能性とその不定形なふるまい、その予期せぬ変化や計算外の効果、こうしたことが人間の感情の多様性に対応している。

言語の場合はたいてい、実際の感情への接近はメタファーとしてしか成功しないが、音楽の場合、振動としての響きはどれもすでに感情である。楽しい気持ちで満たされている場合は、不安でふるえている場合と違ったように音は響き、痛みのふるえは怒りの震えのときとは違った音を出す。感情は興

奮の状態であり、音楽のなかでは響きの振動なのである。感情とは「情熱であり、その目指すところは満ち足りている状態ではなく興奮である。」(Dritzel, H. P., 1992, p. 111)

見通し難い感情の可能性のなかで方法的に行動する能力は、四つの感情領域、すなわち基本感情の図式を通じて獲得される。**1**苦痛と悲しみ **2**怒り、憤激、攻撃 **3**快楽と喜び **4**不安と恐れ、である。

こうした基本感情のあいだにはそれぞれ、灰色の感情領域が「一定せず、不安定で、ぼんやりと、両義的に」広がっており、それらは一つの感情から他の感情へ素早く変化したり、または一つの感情にどっぷりとどまりつつその命脈を保ったりしている。

一つの感情で満たされた表現のなかで、すなわちその感情の質を生ききることによって、他の感情への変容は起ってくる。たとえば健康な子供の場合、抑制されず表現された痛みの叫びは、ひき続いてすぐ、痛みの原因への怒りに変わり、その表現された怒りは、その後、突如大笑いに急転回をみせ、最後には恐れ、すなわち愉快な気分が冷めた後にくる空しさへの不安が続いたりするものである。

逆に、感情を回避する場合も同様に、感情変容は起こる。たとえば痛みの抑圧、繰り延べAufschieben、埋め込みVerschüttenは、不安や攻撃性を導く。快楽の回避は、怒りや悲しみや恐れに変容していく。大人が機能第一の仕事世界でよくそうしているように、感情をブロックすることは、外からの指図に依存的で、これといった特徴もなく、しっかりしていない人格を形成することになる。感情を常時回避することは、周知のように身体の病気や障害のかたちで心身症をひき起すことになる。

リズム

音楽療法的にみた場合、構成要素の＜リズム＞が関係する障害は、時間感覚、分割、区分、計画、構造化、儀式化、簡潔にいえば毎日の生活、現実のやりくりにかかわる障害である。「リズムは生活である」(Hegi, 1986, p.32)。

リズムのエネルギーの基本型は両極性、すなわち、ひと打ちに込められた力と、それに対抗する斥力である。音楽的に表現すれば、ビートとオフビートである。すべて生きているものは、両極的な力の下にある。たとえば、生と死、地球と宇宙、動と静。振り子の運動がその感覚的なイメージである。すなわち、運動の最上点での静止状態と運動の最下点での最高速度である。

どの子供も、揺れ動くとき生じるこのリズム経験に深く魅了される。このブランコ的な揺れの動きは発達心理学的にいえば、根本的な信頼感、世界のなかへの／を通じての揺れ運動と結びついている。（地球自身も地軸で夏から冬、そしてその逆とこうした揺れ運動を行なっている。）

精神病理学的にいえば、両極間のリズム感覚の障害は、抵抗力や現実知覚の喪失として現われてくる。それゆえ、自閉症者がみせる［外界刺激からの］知覚閉鎖の試みは、よく身体を揺れ動かす運動のなかでそれを補償しようとするのである。

両極間リズムの最初の拡張は三拍子である。これは母親の子を抱くときの揺れ運動をダンスという空間次元へ拡大し、リズム遊びがその完成に導く。すべてのリズムは二拍子か三拍子、またはそれらが結合したかたちである。どんな両極間リズムの現象にも三拍子のダンス的なものが潜んでおり、どんな三拍子にも両極的なものが現われてくる。

こうして、三拍子はリズムの性としては女性を、二拍子は男性を体現しているという仮説が生じてくる。発達心理学的にいえば、二拍子と三拍子のあいだでの戯れは、自立への努力の前段階形式であり、区切りと結合、近さと距離の段階である。精神病理学的にいえば、リズム-性障害のなかに初期のアイデンティティ錯乱（Erikson, E. H., 1966, p.153以下）ならびに時間-空間的方向づけの崩壊が認められる（Stern, 1992, p. 104以下）。

もうひとつのリズムのエネルギー場は、時間のパースペクティヴである。時間的に余裕があるか時間的に切迫しているか、時間が流れるのか時間が妨げられるのか、これは速度の表現であり、人格の複雑性の表現である。過剰要求と過小要求は時間パースペクティヴの混乱であり、ストレス症候群や抑うつ症的なものに入りこんでいくことになる。両方ともナルシズムからくる逼迫した解決の試みである。リズムの速度は密かに「生活上の」歩みを教え、リズムの複雑さは（学習の）進展とのかかわりや差異化の程度を示す。

発達心理学的にいえば、速度と複雑さをともなうリズム経験は、最初のナルシズムを自己差異化する経験であり、思春期から大人の生へ移行するさいの現象である。「規則正しくそして……確実にできる速さで演奏しなさい」、または「展望でき、そして……はっきりと、ある程度難しく演奏しなさい」（Hegi, F. 1986, p.42）という言いかたは、リズム楽器演奏者の練習規則であるのと同様に、時間パースペクティヴの成長および学習プロセスにも当てはまる基本的な練習規則でもあるのだ。

すべてを包括するリズム現象という言いかたは、反復を原型的にいった場合の言いかたである。反復とは、深化であり、更新である。その対極には変化がある。深化と更新の循環はたとえば、呼吸と瞑想、再生、儀式、トランスである。季節や人生の各時期は、深化と更新の大きな反復局面である。それらは、円環を、すべての生き物の循環をリズム的に形態化したものとみることができる。リズム的反復感覚の障害は、危機として、すなわち失見当識もしくは明識困難として、バランスの破壊として現われる。発達心理学的にみれば、反復はどの段階でも見い出すことができ、退行とトランス誘導をともなう作業の場合、反復は効果的な更新プロセスをともなうことができる。反復とは現実原則の深化された経験である。

メロディ

構成要素の＜メロディ＞は、音の継起運動の表現や音程間の跳躍や、重要

な、つまり強く訴えかけてくるような音の強調によって、言葉のように、態度や意見や確信や、簡単にいえば話を語りかけてくるものである。即興演奏をするとき、メロディを演奏する者は物語り手であり、俳優であり、ソリストもしくは対話相手である。それゆえ集団でメロディを演奏することは、集団で和音やリズムを演奏する場合より難しいのである。メロディは個性と人格的性格をもつ。それは内的な運動を産みだし、いま現在の意見を主張する。メロディは好みをかたちづくり、テーマに変更を加える。メロディは動機を担当し、音型で演奏される。メロディは、あるものを追いかけると思えば、あるものに加わる。メロディは思い出をひき起こす。

　メロディは歌としてまさに自分のかたちをもつ。それは、二つ以上の音型ならびに動機から形態化されており、それらは互いに関係づけられ、そのことで構造化された言明になる。歌は、さまざまな音域、さまざまな楽器の音色、さまざまな言語、さまざまな文化で演奏され歌われることができる。そこで同一のものとして残るものが、歌の形態である。

　もし歌が形態概念を音楽的に象徴するものであるとするならば、形態化されたメロディは、図‐地関係の象徴化であることにもなる。これにしたがえば、全体のかたちや、かたちの一部、その作用、その歌の気分や独自性は、地＝背景を担い、一方、目立つ音の運動、反復され強調された音程間の跳躍、特殊または典型的な動機は、図的なものを示している。

　よく見られる明確なメロディの型には、たとえば、上昇希求的‐下降希求的、狭い‐広い、速い‐遅い、長い‐短いといった対立的組み合わせのものと、拍子の変化や音空間の変化、正確な反復、同じ動機の変奏など、驚きをひき起こすものとがある（Hegi, 1986, p.107-110）。
　特徴をもって聞き分けられる音程は、もしそれが強調されるか、反復されるか、もしくは連続して再生されるならば、同様に明確な図としての質をもつ。（Hegi, 1986, p.118-121）

　もしわれわれがメロディを、ある種の言語として聞くならば、つまり、メロディを、強調や反復や弁証法的な線やリズム的休止や響きをともなう意味を生みだす言語として聞くならば、その時われわれは音楽家のように聞いているのではなく、音楽療法士として聞き取っていることになる。
　音楽療法士はまずメロディのかたちや和声化過程を抽出して聞き出すのではなく、演奏するものの内なる運動、表現意欲を聞き出す。診断的にいえば、そのとき問題はこうなる。「何をこの人は言いたいのだろうか」と。予後的にいえば、介入のしかたはこうなるかもしれない。「演奏しなさい！　歌いなさい！　即興しなさい！　君の歌をもっと続けてごらん！」と。

強弱法

　構成要素、＜強弱法＞が捉えるものは、「対抗しあう諸力の働きと作用である。強弱法は対し合う力、重なり合

っている力、互いから離れようとしている力の動きである。」(Hegi, 1986, p.126)。音楽的にはこの強弱力動の力が目指しているものは、「速く‐遅く」の軸上と「大きな音で‐小さな音で」の軸上におかれている。

治療的にいえば、われわれはこの同じものを心理力動的な力と解すことができる。この力とは意志と意欲の要素である。「強弱法は運動と変化への願望や意志の力である。」(Hegi, 1986, p.129)。憤激に駆られた人、耳を傾けてもらえない人、鬱憤がたまっている人は、声大きく話そうとするし、繊細で感じやすく自分を大切にしている人は声小さく話そうとする。せっかちな人、神経質な人、仕事をたくさん背負い込んでしまっている人、活発機敏な人は速く演奏しようとするし、ゆっくりしようとするのは、思慮深い人、厳密な人、もったいぶった人や不器用な人たちである。

しかし、こうした「純粋な」意志の表明より多く見られるのが、上記の四つの表現の混合である。そのつど、二つのものが相応し合う場合、これを「力動的相応関係」と呼ぼう。そして互いに緊張関係にある二つの組み合わせの場合、これを「力動的緊張関係」と呼ぼう。

力動的相応関係のひとつが「大きな音で速く」である。これはコントロールから解き放たれていくことを表現している。また混沌がもつ創造性も表現している。他方それは自分を他から際だたせ、距離をとり、権力的人間がそうするように優勢を維持する。これは活発かつ表面的に作用し、承認をうるのも速いが、衰えていくこともまた速い。

もうひとつの力動的相応関係は「小さな音でゆっくり」である。ここでは力はよくコントロールされ正確である。これは誘うように、構成的に、作用する。深みや理解、同意が語られ、しかしまた聞き取らせようとする強制的要求ももっている。

力動的緊張関係のひとつは、「ゆっくりと、しかし大きな音で」である。ここには大変革へのエネルギーが潜んでいる。正確さが簡明さと優勢さと結びつけられ、既存のものへ生産的に作用する。そのことで、強く訴えかける力と魔力、持続力と明確さが、同時に出会うことが可能になるのである。

もうひとつの力動的緊張関係は「速く、しかし小さな音で」である。これは蝶のはばたきのようで、伝染力をもった動きであり、次の動きで新しいものをひき起す震動である。活力は繊細さと結びつけられ、そうすることで興奮状態やパニックへと移行していく。

力は不安によって強められたり弱められたりする。願望や意志は不自由な状態を通ることで、成就するか、または妨げられる。だが、意志の力は不安もひき起す。不安は沈黙か叫び、半狂乱状態か静寂かの両極端に駆り立てる。力動は対立をつくりだす。しかし不安の魅力と同様、力動的力の目指すところは、力の相殺均衡、すなわち活力を維持しつつそのなかでバランスを

獲得することである。依存と自立のあいだでの中庸、強さと弱さへの感受力が、強弱法をともなう演奏の目的であり、そしてそれはどんな治療においても目的なのである。

形式

ここで使用される形式概念は音楽学の［楽曲］形式論から導入されたものではない。むしろ、ここで元来考えられている構成要素としての＜形式＞は、幾何学や化学の学問領域に潜んでいる。これは、堅固さと変化可能性の形成作用、かたちの構成と合成の形成作用とかかわっているのである。

構成要素としての形式は、音楽プロセスと治療プロセスの限界と自由さの双方に向き合う。それは、内容を盛る器として、他の四つの構成要素すべてと密接に結びついているが、リズムとメロディの場合はじかに互いに強め合う結びつきが生まれる。他方、構成要素の強弱法と響きの場合、むしろそれらは形式化から逃れてしまう。

即興の形態化と治療場面で、この形式問題はいつも新たに問われ、構成要素の形式は、器をつくりだす要素としてその効果を発揮する。何を、いつ、どこで、形式や構造や支えや拠り所を必要とするのか。そして何が、どこで、いつ、変化や解決や解放や越境を必要とするのか。

「固定化した形式は死にいたる。なぜならそれは変化可能性を排除し、強制的な自由の形式は、みずからの矛盾のなか、窒息してしまうからである。」(Hegi, 1986, p.138) 音楽療法的即興は、固定化した形態の変化のための手段であり、強制された表現形式やコミュニケーション形式を解消するための手段である。

構成要素の形式と方法的にかかわるなかで、終わりのない形式演奏を行なうなかで、私はある単純化を思いついた。五つの幾何学的基本形が、五つの作用場を感覚的に表現してくれることを思いついたのである。円は固定的、完全なものをかたちづくり、多角形や、みずからを開いたかたちの円である螺旋は解消とか成長、プロセスをかたちづくる。四角形は外部へ向かう構築性や生産性や空間の形態化をかたちづくる。三角形は内部に向かう安定性、堅固さ、規則性をかたちづくる。点はつかの間のはかなさと、不可視性、ならびに中心、規定可能性をかたちづくる。以上五つの作用場は、音楽療法的にすべてが同じ意義をもつのではない。

円ならびに球、すなわち、あるかたちの無比なる完全化と、点、すなわち理論的には不可視で「かたちをもたない」二本の線の交差部分が、芸術的な思考と創造のすぐそばに立つ形式表象である一方、四角形、すなわちこの構築的形式表象はといえば、より多く教育に、すなわち学習や生産、計画や失敗に類似する。

そこで、音楽療法的にいって、とりわけわれわれの関心を引きつけるのは三角形と螺旋のかたちである。

三角形は三つの概念「混沌」「秩序」「偶然」を形成する。これらの概念は、

治療関係と即興プロセスのありかたのヴァリエーションを記述する。発達心理学的には、この三つの状態形式はつねに新しく現われてくる。

すなわち、子供は、混沌とした世界把握から歩み出て、強まる構造化とともに、大人世界の秩序に入っていく。そしてこれは、人生の最後には、すべては偶然的なのだという智恵に満ちた運命論的人生観に発展していく。

音楽においては、類似の発展プロセスを、逆の兆候をもってだが、たどることができる。偶然的な個々の音は、それ自体がまず、いつも基音の絶対秩序、すなわち倍音のない正弦音として特別追及された純粋さからなる絶対秩序を指し示す。共鳴しあう、さまざまな倍音スペクトルをともなう音色は、すでに複雑で混沌な共鳴現象である。倍音が低音の領域（たとえば三和音のなか）で、まだ調和秩序を保っている一方、高音では、倍音はますます不協和音的になり、最終的には雑音の混沌とした次元へと入っていく。基音の混沌たる堆積は倍音現象が強められることで、雑音もしくは騒音として現象してくる。

混沌と秩序のあいだに動的な結びつきが成立し、この二つが知覚され、排除されたり分離されたりしない場合があるならば、それは偶然がここに介入してきているのである。このことは、音楽的‐即興的形式が働く場合にも、心理学的‐治療的形式を見い出す場合にもあてはまる話である。

螺旋ならびに多角形は、結合的で過程的なかたちである。それらは中心から発生し、持続的変化のなかで形態を獲得し、そして解体していくように、いやそれどころか、無形態のなかにみずからを失っていき、その後ふたたび、不足を補い、完全さに向かっていくようにみえる。

螺旋とは、宇宙のマクロコスモス的発生から原子核内でのミクロコスモス的生命にいたるまでの生成を示してくれるイメージである。発展、結合、システムは物理学において、しばしば、螺旋もしくは多角形のかたちで表現されている。螺旋と多角形は点、すなわち哲学的な意味での無と円、すなわち、社会心理学的全体性と宇宙的意味での全体性を結びつけるものである。

形式とは、発達心理学的にいえば、自己感と自己組織化が形態となって現われたものである。この発達は段階的に、または一挙に跳躍的になされたりする。ある形式が完結することはけっしてありえず、いつも補正や、形式の粉砕に向かう傾向さえもみられる。

こうして続くわれわれの精神的身体的な、そして心の発達がみせる形式の変化は、われわれの成長プロセスであり、われわれの生である。

これと同じ様に、音楽のなかで持続的に新しい形式が形成されてくることは、音楽の秘密であり、神話であり、生命感の変化や完全化に音楽が及ぼす作用の力なのである。

フリッツ・ヘギ Fritz Hegi

音楽療法における「注意」のコントロール

Lenkung der Aufmerksamkeit
(Fokussierende Musiktherapie)

課題を提供したり演奏を提案することで、音楽療法士は患者が注意を向ける方向を定め、そこに集中させるような援助ができる。

人が楽器とパートナーとともに部屋にいるときに、どの順番で行動するかという点で、ある規則性があることが観察された。

1 楽器と／あるいはパートナーとのアイコンタクト
2 ある楽器（複数のこともある）を試してみるというコンタクト
3 楽器をきっかけとして
  - パートナーに向かうこと（呼びかける、答えるなど）、あるいは
  - 音楽に注意を向けること（よく知っているモチーフ、メロディの初めの部分、響きの並列などの演奏）。

このさい、会話によるコンタクトがどのような補足的、あるいはその場の状況を変えるような役割を果たすかは、「自然な流れ」になるようにするか、あるいは助言や指示などによって邪魔をしたり、方向を変えたりするといった、リーダーの行動次第で決まる（Eschen, 1975, p.42-45）。

演奏上の規則を適切な言葉でまとめることで、患者が希望するならば彼／彼女の注意は以下の項目に絞られることができる。

— 楽器、音の素材、音楽的な形式、主題等、
— パートナーとのコミュニケーション（答える、[鏡のように] 反映する、補足するなど）、
— 音楽的な形式やパートナーとのコミュニケーションに向けた注意が限定された場合に、白昼夢のように湧き起こる音楽的、あるいは非音楽的な思いつき（**【連想的即興】の項参照**）。

その場の状況、素材、あるいはパートナーに対する信頼が確立（あるいは再確立）されて初めて、私は大きな不安を感じることなしに、私の思考と夢と現実、思いつきと知覚、意図的なかたちとまだ予測できないものが起こってもかまわない、というあいだを行ったり来たりさせる、いわば第三のプロセスの思考（**【思考過程】の項参照**）に進むことができるのである。

もしこのような絶え間ないあちらこちらに揺れる状態によって、自分自身や状況をコントロールできないという不安が大きくなり過ぎたら、注意をふたたび見通しのきく素材のかたちに向けるというセラピストの提案が役立つ。こうして「構造化された安全」がふたたび生まれるのである（Wils, 1977比較参照）。

注意の向けかたのコントロールがうまくいかない場合は、なるべく早い時

期に患者やグループに対する［方向づけの］操作が（少なくとも短い時間にわたって）必要になる。

多くの人にとって、ここでいま私は自分でコントロールできる、あるいはそうすることが許されているという状況にあって、初めて創造的なプロセスの花を開くことが可能になる。これまでのうまくいかなかった体験（Miller, 1981比較参照）とは違って、患者たちは自分を自由にする新しい体験を必要としている。つまり、ここで私は自分の考えを述べることができる、人は私の言うことを理解をもって聴いてくれる、私の感情は尊敬され応えてもらえるということである（【共感】の項参照）。

肯定的で新しい創造的な体験は、日常生活のなかで想像以上に迅速で前向きな変化をもたらす（Eschen, 1980, 147の第6節比較参照）。

私の注意を私にとって大切なことに向けられるという能力は、知覚と自己価値の決定を実現するという点でも有益である。

ヨハネス・Th・エッシェン Johannes Th. Eschen

音楽療法の因果原理

Kausalitätsprinzip

これは、シュヴァーベSchwabe（1983, 1991）によって展開され、レーアボルンRöhrborn（1988, 1991）とともに完成されたもので、音楽療法過程の多次元性をよりよく理解し、分析し、制御することを可能にする必要上、生まれたものである。

因果原理は、音楽療法の行動の前提であり過程であり作用であるところの、相互に依存関係にあるスタート時の条件、過程、目標、実施のさいの方法、システムなどを分析し名づけることを試みる。

要約していえば、音楽療法の因果原理は次のことを意味している。すなわち、音楽療法は行動の過程としてあらわれ、その過程は、一定の行動の起点から始まり、行動目標に方向づけられ、一定の行動原理で現実に移され、一定の行動手段が利用される、そういう一連の行動過程である。

したがって、
— 行動の起点
— 行動の目標
— 行動の原理
— 行動のための手段

これらのファクターが音楽療法の因果原理をシステムとして特徴づけているのである。この四つのファクターはお互いの条件となっており、音楽療法の行動のありかたを、他のものから際立たせる特徴を同時に言い表わしてもいる。

行動の起点とは、患者に接近する適切な方法を確定することをいい、その接近法は、同時に、患者の病理学的にみた時の初期状態や、病因論的に重要

な所見によって規定を受ける。

行動の起点とともに、したがって、患者の初期の具体的な病理学的状態が規定される一方、そのつど、音楽療法や心理療法の方法の根本にある概念的な諸前提も規定を受ける。

音楽療法‐心理療法の実践に応じて、われわれは次のように行動の起点の種類を区別する。
－　人格を中心に置く行動の起点
－　症状を中心に置く行動の起点
－　家族や夫婦関係を中心に置く（系統的な）行動の起点

人格を中心に置く行動の起点は、症状的なものが後退していくなかで表れる本質的人格特徴——態度・ふるまい・体験のしかた・処理形式——を治療行為の起点とみなす。この（深層心理学的方向性をもつ）行動の起点は、誤った態度や体験様式やふるまいかたの修正を超え、間接的に症状へ影響を及ぼすことを目指す。こうした措置はしばしば心理療法そのものとみなされるけれども、効果が期待できるのは、心理療法が必要とされる患者のうち、ごく一部の者だけである。

症状を中心に置く行動の起点（対症療法と取り違えてはならない！）は病の現象像、すなわち病を意識している患者自身がもつイメージとしての症状を、治療行動の出発点にする。ここでは症状概念はかなり広く捉えられており、身体的心理的な病の徴候だけでなく、身体機能の障害やふるまいや、関係の障害や過った体験や葛藤などのさい生じる主観的障害体験もそれに含まれる。

症状を中心に置く行動の起点は、治療過程のなかで、症状知覚、症状体験、体験や行動にみられる症状が及ぼす影響と向き合うことを促し、症状と心の過程のあいだ、ならびに症状と間接的直接的症状変化を結果的にもたらす外的誘因のあいだに連関を発見することを促す。そしてこれは、[他者による]暗示か自己暗示のメカニズムによって、その症状に対する態度やふるまいが変わることによる。

症状を中心におく行動の起点は、調整的音楽療法（【調整的音楽療法】の項参照）(Schwabe, 1987,1996) との関係で開発されたものであり、調整的音楽療法の方法的基礎となっている。

家族や夫婦関係を中心に置く行動の起点は、個々の患者にではなく、「家族」というシステムや、病理学的かつ病因学的に患者にとって重要な関係構造である疑似家族的人間関係に方向を定めている。

その現象形態や諸連関すべてにみられるこの関係構造が治療行動の出発点となる。このことは、セッションの方向性が、参加者間に流れるコミュニケーション過程、その知覚、体験、出発点とその結果、これと結びついている諸動機、欲求とその充足、その実現可能性に向けられていることを意味している。

この行動の起点のため特別に生まれたのが、「行動的グループ音楽療法」

(Schwabe, 1991) の構成要素である「楽器を使った即興」である。(【音楽療法の方法体系】の項参照)

行動の目標はまず（音楽療法的）行動の選択肢、ならびに、概念的行動モデルとの関係のなかで規定されうる。しかし、行動の目標は病像、症候群、症状との関連でも規定されうる。

行動のモデルと病像は、はじめから首尾一貫して直接関係しあっているのではない。

治療実践（また音楽療法的実践）のなかでは、概念的モデルにもとづきたてられた行動の目標が、ひとりの具体的な患者の病にもとづいてたてられた行動の目標と一致しない事例が多くみられる。

この組み合わせは、事情によっては、病にもとづきたてられた行動の目標が概念的モデルによって規定される行動の目標と一致しない場合の組み合わせと同様、患者にとってはネガティヴな結果を招く。

音楽療法の行動目標の規定は、方法論的にいえば、音楽療法の行動の起点と密接な依存関係にある。この場合、行動の目標は行動の起点に対応するのであり、終局に向けて方向づけられている。治療計画とその実行のさい、こうした条件構造を顧慮することは、患者の利益にとって不可欠な前提である。

音楽療法ならびに心理療法行動の最も一般的な目標は、

− 態度変容と同時に症状の要因の除去
− 症状の克服ならびに軽減

である。

この一般的行動目標をさまざまに細かく分けてみると、以下グループ音楽療法の過程を通じて実現される五つの行動目標が内在していることが分かる。(Schwabe, 1991)。
− 病的葛藤を帯びた体験内容に、治療的に望ましいかたちで、心理内的、そして／ないしは間人格的に向き合うことができるようにさせる目的で、感情指向的な過程を活性化したり触発したりすること。
− もっぱら非言語的レベルにおいて、社会 - コミュニケーション過程を活性化したり触発したりすること。
− 病的に規定された自我の狭さを解消する目的で、客観的対象に関係づけられた行動活動や体験活動を築き上げること。
− 自律神経的そして／もしくは社会的に規定された誤った緊張や誤ったふるまいを調整する目的で、安定した行動モデルを築き上げること。
− 病理学的に条件づけられた体験の狭わい化を修正し、興味やとりわけ体験能力や享受能力の新しい展開や再獲得を図ること。

音楽療法の行動目標が、一方において、そのつど心理療法的行動原理やその条件構造に依存しているのだとすれば、音楽療法の行動目標は心理療法の行動目標に対応していることになる。これは、それ自体音楽療法に特別な行

動目標が存在しないことを意味している。

むしろ音楽療法の行動の目標は、その本質にしたがえば、心理療法の行動目標と同一なのである。これは、しかし、音楽療法を採用することで、規定された行動目標、とりわけここで複雑な治療概念のなかで規定された部分目標が、他の治療形式より、速く、効果的、かつ集中的に達せられる可能性を否定するものではない。

行動の原理は、音楽療法過程の基礎にある心理療法的ストラテジーを対象にする。そのかぎりにおいては、心理療法的行動原理は道具的性格をもち、病像にもとづき最も意味あるしかたで、かつ最も効果的に治療上望ましい目標へ導くための根本措置を音楽療法過程のなかで確定するのである。

音楽療法の心理療法的行動原理は、他の医学的方法と連係する場合、互いに阻害しあわないためにも、それらの方法の行動原理と一致することが望ましい。

音楽療法の実践 - 心理療法の実践にふさわしいように、以下のような区別を試みてみよう。
— 動的指向性をもつ行動原理
— トレーニング指向的行動原理
— 知覚指向的行動原理
— 理性指向的行動原理
— 暗示誘導指向的行動原理

動的指向性をもつ行動原理の本質的特徴は、治療者 - 患者、患者 - 治療者ないしはグループ構成者間の関係状況を通じて生じてくる間人格的心理内的活動過程という性格である。

トレーニング指向的行動原理の本質的特徴は、訓練を経て望ましい変化に導くような行動を提供するところにある。こうした訓練は、緊張を解く過程だけに関係するのではなく、とくに知覚の多様化や感情との係わりかた、現実性の拡大などにも関係する。

知覚指向的行動原理は、自分の身体、感情、思考、そしてまた人間関係的つきあいのような周りに対する反応を正確に観察することで、意識されていない心理内容にいたるまで、自己の人格について正確な認識へ達することを患者に促し、可能にすることを本来の仕事にするような治療行為すべてを特徴づけている。

理性指向的行動原理は、まずは、患者の理性や合理的洞察を問題にする措置を特徴とするのだが、他方、治療に必要な情報の提供も意味する。患者が意識的に治療にかかわるかどうかは、かなりの程度、治療過程の理解いかんにかかっており、これは説明と知識の伝達によって促されうる、という事実から出発している。

暗示誘導指向的行動原理の本質的特徴としては、治療者やたとえば音楽などの治療媒体が患者に及ぼす情緒的影響があげられる。この場合、患者の意志的な行動への構えは、患者に向けられる刺激を受け入れるという意味での没入に限定されることになる。

行動の手段で言われていることは、音楽療法の活動特有の形式であるが、これを通じて心理療法的過程が同時にかたちづくられてくる。ここで使用された意味での行動手段とは、音楽療法行為のもはやこれ以上分割不可能な現象形式のことである。行動手段は行動内容についてはほとんど語らない。これは道具的性格をもち、そのつど行動形式と行動の方向性を特徴づけている。

音楽療法の実践のなかで出会うはずの行動手段の分析から、以下に挙げる五つの行動形式を区別できる。
— 結果指向的活動
— 表現的活動
— 行為的活動
— 反省的活動
— トレーニング指向的活動

結果指向的活動とは、精神的もしくは物質的成果が生じるような行為をいう。したがって多かれ少なかれ直接、行為者から離れた結果に方向づけられているような行為のことである。

「行為者」と「その結果」のあいだでなされるこの活動をとおして記述可能な過程も心理療法の対象である。プロセスとは［この場合］、（たとえば楽器を使った即興の）行動プロセスと行動の結果双方を意味しうる。結果指向的活動はまた、病的志向性をもち狭い化されている自己体験を拡大し、それを具体的現実体験へ拡張することも意味している。

表現的活動は、精神状態の表現ならびに外的状況の表現に向かう。このかぎりにおいて、表現的活動はいつも状況的なものを、主観的な意味でも客観的な意味でも明確化することに向かう。

行為的活動は、表現的活動と似てはいるが、しかし、行為的活動がいつもプロセスに特定され、状況依存的ばかりでない点で違っている。

表現が状況や状態を明確化したり示したりするものだとすれば、行為は体験過程ならびに行為やその動機の背景に内容的に関係しつつ、経過や発展を同時に意味している。

反省的活動は、省察を、熟考を、吟味を意味しているが、これは、すなわち自己自身、他者、事態と思考的に向き合うことを意味している。この活動は言葉を通じてなされる。思考と思考されたことを語ることは関係しあっている。思考が必ずしも言語に結びつくわけではないけれども、音楽療法ならびに心理療法過程のなかではじめて完全に、語ること、より厳密にいえば、思考されたことを口に出すことが行動手段になるのである。

行動手段としてのトレーニング指向的活動は、あらかじめ見込まれた体験カテゴリー、行為カテゴリー、態度のカテゴリーが練習され、内面化され、安定化されることになる行動を提供する。

音楽療法士がここで述べられた行動手段を完全に身につけ、音楽療法のプ

ロセスに症状に応じて意識的に使用していくならば、治療プロセスをよりよく見通し、かつ効果的にすることが可能になる。行動手段はそれゆえ音楽療法士の重要な教育手段に数えられるのである。

クリストフ・シュヴァーベ Christoph Schwabe

音楽療法の思考モデルと人間像

Denkmodelle, Menschenbilder in der Musiktherapie

歴史

長いあいだ、音楽療法は、障害をもつ人間や心理的に病んでいる人間の表現教育、援助、余暇形成のため音楽もしくは音楽的要素を適用する実践と、もっぱら自己理解してきた。音楽療法士は医師の治療行為のさい、協力して働き、病院や障害者施設を日々、日常の活動領域にしてきた。

病院の場合、音楽療法士は「治療援助行為」を営んできわけだが、障害者施設の場合は、むしろ、聞かせたり演奏したりしながら、特殊な環境条件のなかで特別な対象者とともに音楽の可能性を利用する音楽家、または音楽教育者とみなされていたといえる。

たいていの場合、音楽療法士は、その特別な仕事場や医師のそのつどの指示に最適なことがらを独習してきたものだった。音楽療法士の正統性は、元来とりわけ治療教育的および特殊教育的領域での経験から得た音楽活用法に求められてきた（とくに、Keller, 1971; G. Orff 1974; Probst, 1983）。

音楽のもつ心理的・生理的作用の研究は、自然科学に方向づけられた医学者や音楽学者（音楽心理学者など）にゆだねられてきたが、彼ら自身はほとんど音楽療法的経験をもっていないのであった（Harrer, 1975; Revers, 1975; Rauhe, 1977; Schaub, 1980）。

そういう意味で、ドイツ連邦共和国ではじめて出た音楽療法雑誌の一つのタイトルが、『音楽と医学』だったのは特徴的だった。しかしその雑誌のなかで、境界領域にある専門分野であるために、音楽的‐芸術的技術と医学的専門知識にもとづく音楽療法の寄稿論文が毎回ただひとつしかとりあげられなかった。向精神薬の全面広告がみられるというのにである。

新しい展開

精神分析的心理療法が音楽療法士へ影響を与えること（Eschen, 1980; Priestley, 1983; Loos, 1985）によって、多くのレベルで解放のプロセスが生じた。そしてそこからまた違った音楽療法の手法も生みだされてきた。

養成のレベルでは、「**教育音楽療法**」、すなわち特別な音楽療法的インターアクションや治療の可能性を自己経験すること、これが養成における中心的テーマになった。同じことが（音楽療法的）**スーパーバイズ**についてもいえる。これは、若い実践家の最初の第一歩を制御してあげたり、患者を保護する目的でなされるものである。

このようにして養成されている若き

音楽療法士たちは、たいていの場合、自然科学的に調査された測定データと、大学医学部側からの要求が、音楽心理療法的問題設定の理解に適切でなく、またそうしたものは実践のなかから生じてきたものでないことに今や気づいてしまっている。この新しい世代は、病／健康に関する異なる理解や、また異なる**人間像**をもつに至ったのである。

人間像論争

この職業に独自な性格づけを与えた音楽療法士たちのあいだで、この間、理論構成や研究の中心問題をめぐって活発な議論が起こってきた。そこで問題にされていたことは、独自な治療の専門分野としてその正統性を証明することだった。**音楽概念**や**目的**や**治療法**、特定の手法の限界やその可能性、そしてとりわけ、**質的研究**と音楽療法の量的観点を結びつけることができるような実践研究、こうした問題が、仕事場での集まりや学会や職能団体の中で、集中的に検討されたのであった（Eschen, 1983）。上位に掲げられた目標としては、みずからの職業地位の確立とならんで、――他の治療専門領域との激しい競争にあるため、たしかにいくぶんは手前味噌的ではあるのだが――信頼感を得ようと求める真摯な努力と理論的実践的**遂行可能性**（Ruud/Mahns, 1992）、および**倫理的責任**が挙げられた。

エッシェンJ.Th.Eschenの六十歳の誕生日に敬意を表し1988年に出版された記念号のなかで、内外の著名な著者たちが、はじめて「人格的人間像とみずからの音楽療法行為の相互関係」について詳しく振り返っている（Decker-Voigt/Eschen/Mahns, 1988）。

思考モデル

多くの音楽療法的手法の体系的外観を、それらの多かれ少なかれ表に現れているかまたはその背後にある思考モデルに関係させ試みたものに、ルード／マーンズの『メタ音楽療法』がある（Ruud/Mahns, Meta-Musiktherapie. Stuttgart Fischer 1992）。この場で総括の意味を込めて、これを簡単に概観しておくことは、さらなる議論のパースペクティヴを得るために必要不可欠である。

医学的モデル

医学的視点からは、心理的病は生化学的バランスの障害とみなされる。人間は生物学的存在である。心理的病気は、有機的組織内部の障害によってひき起こされ、その意味では、基本的に他の病気と同じようにみなされる。

音楽は、症状の背後にある過程、もしくは症状自身に働きかけられるような性質のものであること、そしてそのようにアレンジされていることが望ましい。医学的モデルの代表者たちの考えは、音楽を「音楽的薬理学」の意味で適用することである（Rauhe, 1986）。音楽の癒す作用と操作的作用のあいだの境界はしたがって流動的である。

最近では、医学的モデルがもつ音楽療法的発想は、実践・研究において、神経医学、リハビリテーション、出産準

備、陣痛治療、新生児の出生前、出生、出生後の扱い、そして音楽家の病気への適用と専門化してきている（Spintge/Droh, 1987; Nöcker-Ribaupierre, 1994）。「音楽医学協会」の設立は、内容的にも職種にかかわる政治的意味あいにおいても、音楽心理療法的展開や音楽療法の治療教育的展開と区別されたところで起こった出来事であった。

精神力動的モデル

心理分析に方向づけられた音楽療法と関係ある人物として、成人対象の治療ではプリーストリーPriestleyやエッシェンやロースLoos（前掲書）、**子供の音楽療法**ではシェーファー（Schäfer, 1976）、W. マーンズ（Mahns, W. 1990）、ランゲンベルク（Langenberg, 1993）、B. マーンズ（Mahns, B. 1996）が挙げられる。このタイプの音楽療法は、患者を直接、関係づけの援助を提供しながら助け、人格のバランスを満足いく状態へ至らせる。

成功の基準はそのさい、洞察力の増大、阻害していた葛藤の克服、自己受容の成長、問題解決戦略の［種類の］増大、そして自我構造の強化、である。早期に生じる感覚‐象徴的インターアクション形式ならびに転移文脈内で適用することで**音楽理論**を背景に、音楽は関係対象を、すなわち二人のパートナーのあいだで第三のものを表現することができる。

音楽即興の構造から、治療者と患者のあいだの言語的なやりとりを越え、その心理的構造が伝わり、推論される。患者はただ苦悩、幻想、「狂気」の状態のなかにあって耳を傾けられる対象なのではなく、共に音楽的にインターアクションするなか、内的な声にとどまることが許される。

精神力動的モデルはそれゆえ、内容上一義的に精神病理学に確定されたものをもっているわけではないし、目標として症状をなくすことを前面に出すわけでもない。［症状の］背後にある葛藤の構造、すなわち病の意味の方がより多く問われるのである。

学習理論的モデル

学習理論家にとって、音楽が人間の「内的世界」に影響を及ぼせるかどうかは問題にならない。学習理論的モデルにそって仕事をしている音楽療法士たちは音楽を、独立変数として、すなわち患者のふるまいのような従属変数に向けられる独立変数として理解している。

アメリカ合衆国では特に多くの音楽療法士は、条件づけや反条件づけGegen-Konditionierungや削除Löschungや脱感作Desensibilisierungやモデルにそった学習Lernen am Modellといったような行動主義的方法に親しんでいる。

ドイツ語圏では、レット／ヴェーゼッキーRett/Wesecky（1975）とパルモヴスキーPalmowski（1983）の名が挙げられる。彼らはこの観点を、行動障害児や重度障害児の実践へ適用したのだった。その意図は、音楽を**行為調整的なもの**として展開させていくことであった。その場合、音楽は客観的**効果**の観点からみられ、患者は反応する有機体としてみられ、そして治療者は、人格的には関与せずに音楽療法的‐技

術的療法介入の、いわば「ミキサー」的存在とみられている。

学習理論的モデルにそった音楽療法は、その「古典的」かたちでは、ドイツにおいて、もはやその役割を果たしていない。

だが、他の手法と結びついたり、他のやりかたではうまくいかないようにみえるクライエントを前にしたとき、**時間的制限や取りまく制度上の限界**（たとえば**特殊学校**）といったファクターに留意するときは、このタイプの音楽療法は過少評価できない意義をもっている。

その場合、背後に**実証主義的・機械論的人間像**をもち、ただ**症状に方向づけられている治療**が含む危険性が見られなければならないし、責任ある使用のしかたが求められるのである。

人間主義的・実存主義的モデル

人間主義的心理学はどんな人間も価値あるものとして尊重する。人間主義的心理学は、行動主義的試行指示Versuchsanordnungとも、伝記に方向づけられた精神分析とも一線を画しており、こうした意味では心理学的思考モデルの「**第三勢力**」とみなせる。

マズローMaslowによれば、治療の最も重大な責務は、患者に「**至高体験**」（限界体験）をさせること、すなわち、新しい力、新しい**成長**、人格の変容のための源になる、類いまれな忘れ難い体験をさせることにある（Maslow, 1981）。

音楽療法士、ノードフとロビンズNordoff/Robbinsは、この人間像を背景に、障害をもつ人々との活動のための即興技術を発展させた。その技術は、重度でいくつもの障害をもった人でも音や動きでコミュニケートすることを可能にし、この経験の内部で成長のプロセスへ導き入れることを可能にした。

「臨床的」に即興を適用するなかで、こうした考えかたは行動主義的思考方式によって補われ、たとえば治療者への関係の質や音楽コミュニケーションをレイティング・スケールRating-Skala［評価尺度］で評価することになっている（Nordoff/Robbins, 1986）。ここでもまた、しかしやはり、患者にむけた一言がいわれている。「人間的」という述語を決定する語は「**成長プロセス**」である。

音楽はもともと対症療法的治療［手段］ではないし、内的葛藤を調べるリトマス試験紙でもない。音楽――この場合音楽即興――は、それ自体のなかに、成長を促す力をもつ。せいぜいのところ、音楽療法士や、音楽に現れる連想を通して観察するという意味でしかない作用研究や、そうした連想の解釈を音楽は必ずしも必要としない。たとえばその例として、GIM（音楽によるイメージ誘導法）（Summer, 1988）の手法があげられる。

実践、理論、養成、研究のための結論

以下四つの基準を手がかりにすることで、方法的には方向性が異なるものを、一概に否定することなく、それぞれの人間像をめぐる議論が可能になる。

- すべての参加者に、その方法がもつ諸前提を、つまり人間像に関するものを知らせねばならない（**透明性**）。
- 治療技術は音楽療法の仕事のコンセプトに関係づけられ、伝達されねばならない（**追体験可能性**）。
- 治療の仕事のコンセプトの全部分は、互いに一致調和していなければならない（**相応性**）。
- 音楽療法士は自分が使った媒体が操作上ひき起こす可能性について、明確に意識していなければならないし、たえず倫理的責任の問題に目を留めていなければならない（**倫理性**）。

もし、どの音楽療法の実践、理論形成、養成、研究方法も、この基準にしたがい、それぞれみずからの思考モデルに責任をもち、開かれてあり、議論するならば、たとえばいろいろな音楽療法の流派でなされている抗争、これはたいてい人間像‐イメージについての抗争でもあるのだが、対話的思考と行為へ移行していくことができる。

そしてこのことは、自分の病や人格内の欲求バランスの欠如を克服するため適切なものを得ようとする患者の当然の関心と利益にかなうことである。またこうした思考こそが、「**心理療法の対話的構造**」（Klosinski, 1989）というメタ・パラダイムにあたるわけである。

ヴォルフガング・マーンズ Wolfgang Mahns

音楽療法の職能団体

Berufsverbände in der Musiktherapie

ア

職能団体とは、まず第一にその団体の会員の職業上の利益を代表するものであり、専門領域を擁護するものではない。会員から選ばれた役員は、会を運営していくうえで会則にしたがう。この会則はおおむねドイツの民法の規定によって定められ、詳細は総会において定められる。これにより役員は、会員の多数の利益を代弁するという保証が得られる。

「ドイツ音楽療法連盟 Deutsche Gesellschaft für Musiktherapie e.V.」（DGMT）のような団体は、本来の意味においては職能団体ではない。この団体の会員は、音楽療法士職業連盟の会員である必要はなく、この連盟は音楽療法の発展と普及に興味のある、法人と一般の人からなる団体なのである。

音楽療法士としての職業のためには、すでにヨーロッパの内外に、一般大衆と保健制度に向けて会員の利益を擁護する職業団体が存在する。ドイツ連邦以外のドイツ語圏では「オーストリア音楽療法士職業連盟 Österreichische Berufsverband der Musiktherapeuten e.V.」（ÖBM）と「スイス音楽療法職業連盟 Schweizer Fachverband für Musiktherapie e.V.」（SFMT）がある。

私立学校における養成の公的認定を求め、保険会社や他の経費の負担者と

粘り強い闘いをするためにスイス音楽療法職業連盟が1981年に創立されたのに対し、1991年に法案化されたオーストリアの心理療法士法をめぐる、オーストリア音楽療法士職業連盟の議論は、保健制度における音楽療法の立場に向けられる。

会則によるとオーストリア音楽療法士職業連盟も、専門職としての国家認定を目的とした、科学的な基盤の上に成り立つ「音楽療法」の職業像の発展を目指すことを課題としている。

ウィーンの国立音楽大学における「音楽療法学科」が、ドイツ語圏における最初の公的養成機関であるにもかかわらず、オーストリアにおいてもまだこのような状態なのである。

ドイツ連邦においては、最初の職業団体として「ドイツ音楽療法士職業連盟 Deuthsce Berufsverband der Musiktherapeuten e.V.」（DBVMT）が創立された。のちに「ドイツ連邦臨床音楽療法士職業連盟Berufsverband der klinischen Musiktherapeuten in der BRD e.V.」（BKM）がDBVMTから枝分かれした。

1990年の東西ドイツの政治的な統合のあと、「心理療法／心身医学／医療心理学協会 Gesellschaft für Psychotherapie, Psychosomatik und medizinische Psychologie」の音楽療法部門と、「旧東ドイツ・リハビリテーション協会 Gesellshcaft für Rehabilitation der ehemaligen DDR」のなかの「音楽療法労働共同体 Arbeitsgemeinschaft Musiktherapie」からなる「ドイツ東部音楽療法連盟 Deutsche Musiktherapeutische Vereinigung Ost e.V.」（DMVO）が創立された。

ドイツ東部音楽療法連盟の課題は、かつての東ドイツの領域における音楽療法と、音楽療法の実践家の利益を代表することにある。この連盟は特に「ドイツ東部音楽療法連盟内クロッセン応用音楽療法アカデミー Akademie für Angewandte Musiktherapie Crossen in der Deutschen Musiktherapeutsichen Vereinigung Ost e.V.」の［療法士］養成と、［資格取得後の］研修教育に力を入れている。

「臨床音楽療法士職業連盟」（BKM）は1981年1月に創立された。「臨床心理士」の例にならって、この会には心理療法の専門知識に裏づけられた能力をもった音楽療法士のみが入会を認められる。BKMの養成機関は当時のフリッツ・パールス研究所 Fritz-Perls Institut、現在の「心理社会的健康と創造性育成のためのヨーロッパ・アカデミー Europäische Akademie für psychosoziale Gesundheit und Kreativitätsförderung」（EAG）に設置された。BKMは連盟への入会条件としての音楽心理療法的な基準が満たされるよう働きかけた。BKMの音楽療法の養成はその間に、［資格取得後の］研修教育として国から認定されるようになった。

「ドイツ音楽療法士職業連盟」（DBVMT）の創立議事録は、1978年7月2日の日付となっている。会長にはゲルトルート・ロース Gertrud Loos、副会長にはオーレ・タイヒマン＝マッケンロート Ole Teichmann-Mackenroth が選出された。

当時の西ドイツでの音楽療法士として働いていた人たちの多くは、公的な養成がないまま独学で勉強して得た経歴しかなく、その資質にはばらつきがあったために、創立後まもなく入会基準が定められた。

　この問題とあいまって、音楽療法士であるためにはどのような資質が問われるのか、という問いが何回もくり返され、年を経るにしたがってより多くの具体的な問題として提議された。音楽療法士はどれだけの理論的知識、どれだけ自分自身のためのセラピー、どのような種類のセラピー、どのような人間的／音楽的／治療的発達を経験しておくべきなのか？　どれだけの技術を提示できなければならないのか？

　「DBVMT音楽療法士」は最初の公的な認定を意味し、さらに、それまではなかなかもてなかった会員同士の仲間としての交流を可能にしたという理由で、この団体への入会を多くの人たちが希望することになった。

　それまでは、町や地域において音楽療法士は一人で働かなければならなかったのである。

　当時の役員会はDBVMTの目標として、以下のように定めた。

− 会員の職業上の利益の代表
− 適切な労働条件を確保するための交渉における支援
− 専門的な養成、教育、研修、および応用音楽療法の促進と統合
− 国際的な発展を考慮しながらの心理療法的な職種としての音楽療法士の職業像の促進
− 隣接領域の職業団体や協会との連携とサポート（DBVMT, 1980, p.233）。

　ドイツ音楽療法士職業連盟の創立メンバーは、もともとドイツ音楽療法連盟の役員だったため、ドイツ音楽療法士職業連盟の政治的方針はその強い影響下にあったが、もう一方の団体よりもさらに広範囲におよぶ政治性を打ち出している。

　第一の目標として、民間ではなく国立の養成機関（たとえばハイデルベルクとハンブルクの国立養成校）を優先させることと、音楽療法を単なるセラピーにとどめず、心理療法としての治療方法であることを保健政策的に貫き通すことだった。治療に携わる職業は資格をもった医師と治療師のみに許されていたので、この第二の目標は、当時はまだ実現するには難しいとみなされていた。

　「音楽療法士職業連盟」は、創立以来の15年間にいろいろな段階を経て、多様な発展を遂げてきた。1984年には総会決議をとおして、いわゆる「統合Integration」が設置された。これは、会則が将来これまで以上にドイツ音楽療法連盟に対して、経済的にも職業政治的にも、より大きな依存関係をとるようになることを意味した。

　たとえば、ドイツ音楽療法士職業連盟の会則は、これ以降、職業連盟とドイツ音楽療法連盟の統合を意図し、職業連盟のみの会員であることを不可能にした。また、ドイツ音楽療法士職業連盟はそれまではドイツ音楽療法連盟の会費としてもみなされていた会費を廃止した。

同じ時期に創立役員も辞任した。同時にこの時に行なわれる予定だった選挙では、初めは7人からなり、その後になって任期中5人からなる理事会という組織が生まれた。

最初の理事会はまず1年のあいだ、この新しい形態を「試して」みて、ドイツ音楽療法連盟から独立して動くことの困難さを体験しただけではなく、この問題を分析し、会員にも明確に伝えた。さらに新しいかたちとして、個人的な職業上の交流をはかるために、テーマを限定した大会を開催した。この大会には会員による総会も組みこまれた。それ以来、この大会は毎年1回開かれ、専門的な交流を望む会員のニーズにそれまで以上に応えるようになった。この大会の形式に、公式というよりも非公式な部分をより多く包括した〈連盟生活〉という考えが結びついた。

この大会組織はおおむね今日まで保持されたが、内容は一層充実したものとなった（Schirmer, H., 1990比較参照）。最初の理事会とその後の理事会は、一つの集団がある集団を運営するということを意識して動いた。理事会の一人一人の音楽療法士としての経歴の多様さにもよるが、理事会グループがその他の会員の構成を反映する、いわば手本としてのイメージが描かれた。このドイツ音楽療法士職業連盟の発展期の中心には、共通点と職業上のアイデンティティという論題があった。

1980年代の後半には、職業上のアイデンティティの発見と職業連盟の会員の所属性、そしてドイツ音楽療法連盟に対する独立を目指すという、特定のテーマをもった重点が明らかになった。この手順を経てのみ職業連盟は、その独自の職業政策上の目標に向かって動き、推し進めることができたと考えられる（Schirmer, H., 1990, 上述の箇所とSchirmer, H., 1992）。

これには、その時に置かれた法的状況を見きわめたうえで取りくむことが必要だった。音楽療法が本質的には心理療法であるという要求も、外に向けてより多く打ち出されるようになった。(Schirmer, H., 1991；Kühn, M., 1992)。この核心的な表明は、「計画中の心理療法士法の新しい規則に向けての、ドイツ音楽療法士職業連盟の姿勢」の中心にもなっている（Tüpker, R., Kühn, M. 1990）。

「理事会」の指導的組織は長くは続かなかったが、多くの役員が一人で、あるいは役員から委託されたプロジェクト・グループとして、特定の課題に積極的に取りくむことは今日まで続いている。

重要なグループの一つに入会委員会がある。これは入会基準にそって申請を審査するだけでなく、内容を検討し（上記参照）、〈連盟生活〉への導入をはかるのである。このようにしてドイツ音楽療法士職業連盟は他の機能とならんで、特にさまざまな音楽療法の経歴をもった会員を統合する機能を備えているのである。

国立の養成所を卒業した会員が増えてきてはいるが、国家認定ではない、いろいろな養成や研修（ほとんどの心理療法の養成所のような民間組織）を受けた会員もいる。たとえば、旧フリ

ッツ・パールス研究所での養成、形態学的音楽療法の研修、チューリッヒ音楽療法職業養成所(「bam」die berufsbegleitende Ausbildung Musiktherapie in Zürich)がそうであるし、「ミュンヘン自由音楽センターdas Freie Musikzentrum München」も民間の研修を提供している。この点では、入会基準は一方では人、もう一方では職業上の要求に対応している。

　将来の課題として、ドイツ音楽療法士職業連盟は保健制度のなかでの適切な立場をこの職業にもたらすことを挙げている。しかし、これは連盟会員の養成や方法の多様さが障害となっているだけではなく、連邦と諸州の保健衛生改革政治のなかでの経費削減政策とそれにともなう節約強制が、音楽療法のセッションの費用負担を認めてもらうべき努力に対して、立ちはだかっているのである。

　心理療法という方法に連盟として適切な立場をとるべき、この職業上、および政治的な力を得るための闘いにおいて、同じような職業政治的な考えかたをもった他の職業団体と協力する必要性が増えてきている。

　このようにして、さまざまな団体への接触が始まった。臨床音楽療法士職業連盟とは1994年以来の合同大会(Zimmer, 1994; Einblicke, Tagung, 1994, 6号)と、1995年以来の共同出版の年間誌『Einblicke(洞察)』(Einblickeの7号は1996年新年に発行予定)という結果につながる、より集約的な共同作業がすでにある。

　さらに1994年秋以来、すべての音楽療法の団体で構成されている「複数の音楽療法団体の大会Konferenz musiktherapeutischer Vereinigungen」がある。その意義は、より大きな力と、より適切な組織形態を備えて、音楽療法士の職業的状況のよりよい発展を目指すための、職業政治的目標の一致に達することにある。

ハンナ・シルマー Hanna Schirmer

住所(1995年現在)
- *Berufsverband Klinischer Musiktherapeuten in der BRD e. V.* Vors. : Ilse Wolfram, Stader Str.31, 28205 Bremen
- *Berufsverband Künstlerische Therapien anthoroposophischer Grundlage e. V.* Urachstr.44, 79102 Freiburg
- *Deutscher Berufsverband der Musiktherapeuten e. V. (Namensänderung in Kürze : "Deutscher Berufsverband der Musiktherapeutinnen und Musiktherapeuten e. V.)"* 1. Vors. : Waltraud Trolldenier, 2. Vors. : Prof. Susanne Metzner. **Geschäftsstelle** : Wendi C. Reinhardt, Tünkenhagen 3, 23552 Lübeck. **Aufnahmekommission** : Prof. Dr. Almut Seidel, Am Römischen Hof 54, 61352 Bad Homburg
- *Deutsche Musiktherapeutische Vereinigung Ost e. V.* **Vorstandsvorsitzender** : Dipl. Mus. Axel Reinhardt, Nicodéstr. 1, 01465 Langebrück
- *Österreichischer Berufsverband der Musiktherapeuten e. V.* **Geschäftsstelle** : Hormayrgasse 33/6, A-1170 Wien. **Vorsitzender** : Franz Kehl
- *Schweizer Fachverband für Musiktherapie e. V.* Heidi Fausch, Sennenbergstr.11, CH 8956 Killwangen

音楽療法の世界的展望

Musiktherapie im internationalen Überblick

今日、音楽療法は学問の分野として、世界中の40カ国以上の国で、多様な段階にある。それらの違いが著しいのは別に驚くべきことではない。たとえば、いくつかの国には［音楽］療法士が全くいないが、関連領域の人々が大きな興味を寄せている。これに対して、他の国々では音楽療法がすでに長年存在し、多くの応用領域で定着してきた。

本論は、多くの違いがあるにせよ、音楽療法の発展の状況についての世界的展望を述べるものである。さしあたっては、いくつかの制約があることをご承知おき願いたい。

まず、［ここで記載される］情報の典拠は世界中の音楽療法の領域の全てを網羅している訳ではない。原典の作成にあたって、いくつかの国からの情報入手が困難だった（たとえばドイツやスウェーデン）ので、ここには記載されていないものもある。

さらに、ここで挙げられる論文のうちのいくつかは性急に一般化されるであろう一方、他の国からの余り目立たない、しかし前者に負けず劣らず重要な事実が過小評価されるおそれがある。

第三に、ここに収集された情報が常に不変なものであることはありえない。各々の国のデータが完璧に正確である、あるいは最新のものであるという前提は成り立たないのである。

本論のもととなっている本には、世界中のさまざまな著者の論文が収められている。したがって個人的な色彩を帯びた見方が常に中心にあり、もちろんこの概説の筆者自身も例外ではない。そして新しい出来事が別の状況を引き起こし、いくつかの情報が最新のものではなくなることもある。これらの制約や予測不可能な事柄があるにもかかわらず、本論は音楽療法の世界的な発展状況についての、著者が重要だと感じた印象を述べるものである。

定義

一般的、かつ世界的に受け入れられた音楽療法の定義は存在しない。多くの国々が各々に固有な定義を発展させてきた。それらの定義は、固有の文化的、理論的、社会的な面からの人間理解にもとづいたものである。一方、他の国々は一つの、あるいはいくつかの定義を取り入れ、それを自分達に固有なニーズに合わせて修正してきた。

音楽療法とはどのようなものなのか、というイメージにおける多様性は、必要かつ納得できるものであり、結局治療と治癒の領域には、多種多様な文化や音楽の方向性、そして方法が、非常に幅広く存在するのである。

以下に、音楽療法のさまざまな定義が、各々の国によって順序だてられ、紹介され、比較され、他の定義との違いにおいて明確にされていくだろう。さらに、これらの概念の臨床的な意味についても検討される。［訳註：国の順番はアイウエオ順にしてある。］

アイスランド　アイスランドでは、「音楽療法とは、精神的、身体的、感情的健康の回復、維持、促進という治療的効果を得るために、音楽と音と動きを構造的に応用することであると理解されている。[音楽療法の]専門家は、音楽と音の特性とその特異な可能性、および音楽的な体験をとおして生まれる特別な人間関係を組織だてて使いながら、クライエントが彼の可能性をいかんなく発揮し、この世界に彼という存在は一人しかいないという特性を存分に生かしながら、人とコミュニケーションをはかり、彼の健康度を高められるような援助をして、彼の行動変容を促していくのである。音楽はコミュニケーションである。音楽は、人間の内部のもっとも深い部分を刺激し、強化し、喜ばせ、直接触れていくことができる。音楽は、刺激的な質問を発し、[それに対する]満足のいく答を見い出すことができる。音楽は人を活発にし、活動を支えることができる」(Jonsdottir, 1993, p.280)。

アイルランド（北アイルランド、アイルランド共和国）　アイルランド共和国では、ジュリエット・アルヴァン Juliette Alvin、および専門職としての音楽療法士協会（イギリス）の定義が普及している。北アイルランドでは、音楽療法を実践するうえで次のような定義が使われる。「人間には生来、音楽を楽しみ、音楽に反応する能力が与えられている。この能力が、障害やけがや病気があっても失われるものではないし、音楽的な訓練や学習の程度によって左右されるものでもないということは、一般的に周知の事実である。言語的コミュニケーションによる自己表現がうまくできない人にとっては、音楽は安全で保護された環境を意味し、孤立から生まれた感情が充分に発散されるようになる。さらに、音楽療法の積み重ねから、セラピストとクライエントの間に、音楽が[クライエントの]変化と成長へのきっかけとなる相互的な関係が生まれる(Scanlon / Sutton, 1993, p.297)。

アメリカ合衆国　もっとも広く普及している定義は、[旧]全米音楽療法協会の定義である。「音楽療法は音楽を次の目標に向けて応用する。精神的、および身体的な健康の回復、維持、そして改善である。音楽療法士が治療的環境のなかで実践するのだが、音楽を組織だてて使うことは、望ましい行動変容につながりうる……」(Maranto, 1993, p.606)。ケネス・ブルーシア Kenneth Bruscia の定義もしばしば引用される。「音楽療法は組織的な介入プロセスであり、その経過のなかでセラピストがクライエントの健康を援助する。ここでは音楽的な体験とそこで生まれる人間関係が、力動的な変容要素として利用される」(Marantoより, 1993, p.606)。

アルゼンチン　音楽療法は、パラメディカルな分野の一つであり、音と音楽と動きを用いて回復へのプロセスを可能にし、コミュニケーションの回路を開く(Benenzon, 1971)。ここで特に重要なのは、音と人間という複合体に関する研究(Benenzon, 1971)と、非言語的なコード、あるいは一人一人が自分の周囲の環境や自分自身と交流するさいに、直感的に必要とする素材に

ついての研究（Ferrero/Espada, 1988-89）である。

精神分析的な観点からは、知覚や表現や人間関係のプロセスが、音や声、楽器による音楽で表現されるように、人間の心のなかにひそむ非言語的な音の素材が、これらのプロセスを理解するための手がかりとしての機能を果たすことができる（Wagner, 1993）。

イギリス　ここでは次の二点、つまり即興音楽の応用、およびクライエントとセラピストの間の人間関係が重要である。公的には音楽療法は次のように定義づけられる。

「人間には生来、音楽を楽しみ、音楽に反応する能力が与えられている。この能力が、障害やけがや病気があっても失われるものではないし、音楽的な訓練や学習の程度によって左右されるものでもないということは、一般的に周知の事実である。言語的コミュニケーションによる自己表現がうまくできない人にとっては、音楽は安全で保護された環境を意味し、孤立から生まれた感情が充分に発散されるようになる」。

「臨床的環境の中で音楽を創造的に用いながら、セラピストは治療目標に近づくべく、［クライエントとの］相互交流を確立し、共通の音楽的体験が可能になるよう努力する。クライエントの病理的な状況や彼の個人的なニーズを評価して、これらの目標が立てられる」（Wigram, Rogers/Odell-Miller, 1993, p.574）。

イスラエル　イスラエルには以下のような定義がある。「［音楽療法とは］音楽と音楽の基本的要素（［音の］振動、長さ、強弱、音質）、あるいは複合芸術としての音楽を治療的手段として用いて、クライエントの健康な能力を保持し、よりよい状態にいたる変化や発達を促し、生活の質の向上をはかるための仕事である。音楽療法は、クライエントとセラピストの間の相互交流から成り立つが、そのさいセラピストは、音楽と治療に関する幅広い知識を獲得するための、専門的、かつ多分野にまたがる養成を受けた結果としての技術を応用する。音楽は、治療プロセスのなかで重要な役割を担い、［クライエントを］おびやかすテーマを明確にし、それと取り組んでいくうえでの援助となる。さらに、音楽は他の人達と関係を作っていくためのつながりとなる。セラピストは、クライエントが受容的、あるいは能動的に体験した音楽聴取をとおして、健康と成長のために不可欠なものを身につけていくことができるようにリードしていくのである」（Sekeles, 1990, p.1, Sandbank/Sekeles, 1993より）。

イタリア　イタリアでは音楽療法は、「クライエントとセラピストの人間関係のなかで生まれる音、音楽、言語を、組織だった介入プロセスの成立のための手段として用いること」である。イタリアの音楽療法の特質は、多分野に及ぶ幅広さにあり、各々のプロセスの構成要因（クライエント、セラピスト、音）がさまざまな角度から検討される。つまり医学的（診断上の可能性として）、心理的（評価における可能性として）、そして音楽的（治療的人間関係のための音響言語の活用という可能性として）な見方がとられるのである

(Di Franco/Perilli, 1993, p.322)。

ウルグアイ　ウルグアイには、さまざまな個人的な定義が存在する（Alvin, Benenzon, Verdeau-Pailles, Miquelarena; Flores, Alonso/Azuri, 1993）。

オーストラリア　オーストラリアでは、音楽療法は「社会的、感情的、身体的、あるいは精神的な制約があるがゆえに特別なニーズをもった児童、青少年、成人のための治療目的に沿って、音楽を意図的に計画し、コントロールしながら応用していくこと」と理解されている。

「音楽療法士は病院、クリニック、［障害児のための］学校、リハビリテーションのための施設で働く。彼らは治療チーム、あるいは訓練チームの一員である。チームにはその他に医師、看護婦、ソーシャルワーカー、心理士、作業療法士、理学療法士、言語療法士、特殊教育の教師が属することがある。このようなチームにおいて、資格のある音楽療法士は、一人一人の［クライエントの］問題を分析し、一般的な治療や訓練の目標についての議論に加わり、意図的に開発された音楽活動を展開しながら望ましい結果を得ようと試みる。治療の効果性については定期的に評価される……。治療、あるいは訓練の目標を決定するさいには、以下の四つの主な機能領域、つまり社会的、心理的、身体的、精神的な領域に焦点が当てられる……。音楽療法の成果は多くのグループ活動、あるいは個人活動をとおして得られる。特に、リズムに重点を置いた声楽の練習、音楽聴取、合奏（アンサンブル）、音楽と演劇、即興、音楽とイメージ、構造化された創造的なダンス、そして楽器演奏技術の習得が、活動の例として挙げられる」（A.M.T.A.パンフレット、Erdonmez, Bright/Allison, 1993）。

オーストリア　ここには複数の最新の定義がある。シュメルツ Schmölz（1982）は、シュヴァーベ Schwabe（1978）の定義を次のように短縮化した。「音楽療法は臨床的‐医学的な治療形態であり、その本質からみて心理療法の一つに属する。心理療法としての特質は、さまざまな形態の「音楽」を音楽的な構造の受容、再生、および創作という領域で用いることにある。

「音楽療法」という総称には、クライエントのための臨床的‐医学的治療において、幅広い形態の音楽をいかに使っていくかという方法論も含まれる。達成すべき一連のさまざまな目標が立てられる。つまり、情緒的プロセスの活性化と刺激［の提供］(内観)、非言語的なレベルにおける社会的コミュニケーションによる相互交流、器質的な機能不全や心理的‐身体的緊張状態における精神的‐自律神経的なプロセスの調整、病理的なものからくる知覚の制限を緩和することで、美的体験を可能にし、それを楽しめるような能力を発達させ、細分化していくことである（Halmer-Stein, Schmölz, Oberegelsbacher/Gathmann, 1993より）。

さらに、GathmannとSchmölz（1991）は、音楽療法を次のように定義づけた。「［音楽療法は］心理療法としての明確な特質を備えた、臨床的‐医学的な治療形態として理解すべきものである。そのさい、「音楽療法」と

いう総称には、さまざまな方法論が含まれるが、クライエントの治療にはすべての音楽が使われる。音楽が引き起こす強烈な情緒的な反応（同時に体と心にも影響が及ぼされる）によって、音楽療法は適切なプロセスのきっかけとなることができるのである。クライエントにとっての利益は、精神的 - 自律神経的機能の回復、ノイローゼによって制限されていた経験の幅を広げることにある。自己の知覚と内観の改善は、非言語的レベルにおける相互交流に対する壁や不足、弱点などを取り除くことにつながる」(p.8)。

オランダ オランダでは音楽療法は、人は生まれつき創造的な存在であると主張する創造的な治療形態に属する。この生来の創造性こそが、人が自分の人生をよりよく生き続け、成長し続けるための源なのである (Smeijsters, 1993)。

カナダ カナダ音楽療法協会は、音楽療法を次のように定義づけている。「個人の身体的、心理的、情緒的統合を促進するため、および疾病や障害を治療するために、音楽を使用すること……。音楽療法の特質上、クライエントのなかに潜んでこれまで使われることのなかった［彼の内的］資源が、しばしば創造的な［治療への］きっかけとして使われ、彼の最大の可能性を引き出すことに焦点が絞られるのである……」。「音楽療法は、継続的で創造的なプロセスとして理解され、人はそのプロセスをとおして彼の全体性を取り戻すことができるようになるのである」(Moffitt, Isenberg-Grzeda, Fischer, Liebman/ McMaster, 1993, p.132)。

韓国 イームIhmは音楽療法を次のように定義づけている。「音楽療法とは、クライエントの知的（情緒的、精神的な面も含む）、身体的健康の回復、維持、改善のために、音楽を組織だてて応用する治療的プロセスである。つまり治療的環境のなかで音楽療法士が音楽を計画的に使うことであり、その目的は望ましい行動変容を引き出すことである……。音楽は人の行動において刺激 - 反応を引き起こすメディアとして機能する。さらに、音楽は非言語的、感覚的なレベルにおける［刺激と反応の］両方向に機能する相互交流を可能にする。このようにしてセラピストは、クライエントが新しい体験をし、改善された自己像をもつことができるような援助をするのである。最後に、クライエント自身も自分と周囲の世界をよりよく理解できるようになり、社会生活をそれまで以上に楽に送れるようになる」(Ihm, 1993, p.356)。

キプロス ここでは、転移と逆転移のための手段としての即興音楽が、音楽療法において使われることが多い。クライエント、セラピスト、あるいはその両者による即興演奏が、常にクライエントとセラピストの関係についての情報源となる。音楽は、クライエントの治療的関係における「いま、ここで」に関する情緒の状態に直接影響を与え、そこから彼の幻想の世界と心理的な過去にさかのぼった情報を得ることができる (Agrotu, 1993)。

ギリシャ ギリシャの音楽療法士は、

一連の定義にしたがっているが、それらは「多少の差こそあれ、ギリシャ音楽療法協会の定義と一致するものである。ここでは『音楽』と『療法』の二つの概念が定義づけられる。つまり、双方が音楽療法における特定の機能をもっているからである。治療はあらゆる種類の音と音楽によって支えられ、以下のことを目的とする。**1**身体的、心理的苦痛を緩和すること。**2**クライエントが自分、及び周囲の世界とより調和しながら存在できるようになること。**3**音楽的訓練をとおして、クライエントが自分自身をよりよく知り、潜在的能力を開発できるように援助すること」(Prinou, 1993, p.241)。

コロンビア この国では次のような定義が音楽療法士によって使われている(Reyes, Pedraza/Lara, 1993より)。

音楽療法は、身体的、精神的、情緒的な障害に苦しむ子供と成人の治療、再教育、およびリハビリテーションのために、音楽を計画的に応用することである(Alvin, 1984)。

音楽療法は、人間関係のプロセスであり、クライエントの健康の改善、安定、回復のために、音楽的な体験が活用される。そのさい、身体的、精神的、情緒的、社会的な問題が治療の対象となる。これらの問題とニーズに対処するために、ときには音楽を直接用いることもある。一方では、セラピストとクライエント、あるいはクライエントのグループのあいだの人間関係というテーマが、楽器演奏をとおして取り上げられることもある(Bruscia, 1989)。

音楽療法は一種の心理療法、あるいは再教育であり、これは使われるテクニックによって違ってくる。あらゆる形態の音と音楽が、自己表現、コミュニケーション、構造化、人間関係の分析のための手段として使われる。治療として、児童と成人のための個人療法と集団療法がある(E. Lecourt, 1988)。

スイス 公的に認められた定義はないが、養成プログラム、グループ、個人による多様な試みがみられる。各々の定義は臨床的な適応と理論的背景によって異なる。

スコットランド フーパーHooper(1993)は、音楽療法を次のように定義づけた。「クライエントのニーズとセラピストのアプローチの方法によって異なるが、さまざまな面に[治療の]重点がおかれる。開始にあたって大切な基本は、セラピストとクライエントの人間関係を改善することである」(Hooper, 1993, p.508)。

スペイン ここには多くの定義が存在する。たとえば、[旧]全米音楽療法協会の定義が借用された。他の定義として次のような例が挙げられる。「音楽療法は治療的、予防的な目的をもった音楽の科学的な応用である……。音楽療法は、人の身体的、精神的、心理的な健康を予防し、回復させるという治療目標を達成するための、音楽とダンスの科学的応用である。セラピストは音楽という手段を使いながら、患者、あるいはクライエントの気分や人格における身体的、心理的な変化を引き出すことを試みる」(Poch, 1993, p.535)。

他の定義として次のように述べられている。「音楽療法は、認知、情緒、

運動の面を統合することで、意識の発達と創造的なプロセスを促すために、音楽聴取の練習、訓練、楽器で音を出すという補助手段を用いた、音と音楽と動きの科学的な応用である。音楽療法には特に三つの目標がある。**1**コミュニケーションのプロセスの発達、**2**一人一人の表現力の向上、**3**社会的統合の促進」。

最後に音楽療法は次のように理解されている。「音楽療法は、社会教育的、および人格的な状況における予防的、治療的なテクニックである。とりわけ特定の人によって生じる問題の診断、今後の予測、解決と関連した症例が該当する」(del Campo, 1993, p.547)。

スロベニア スロベニアには公的に認められた音楽療法の定義はない。しかし、非公式の定義が三つある。「音楽療法は治療的目標に向けた音楽の科学的な応用である。音楽療法は、さまざまな感情的、心理的問題に対する診断、治療、予防における援助手段となりうる……。音楽はトレーナーとクライエントのあいだのコンタクトを容易にする教育的な援助テクニックである。音楽は学習過程を阻害する行動様式を緩和し、効果的なものに変えることができる……。音楽療法は、リラクゼーションとコミュニケーションを促進するための、作業療法の形式の一つである」(Celarec, 1993, .496)。

台湾 台湾では音楽療法を実践しているセラピストがわずかなので、個人的な定義しか存在しない。

中国 中国では音楽療法は、音楽が人間の体に影響を与え、また治療手段として使われる分野であると定義づけられている(Zhang/Miao, 1993)。現在、音楽療法は中国ではさまざまな目的のもとに実践されている。精神発達障害、痴呆、あるいは強度の消極性に対する動機づけや知的な刺激として、さらにうつ、多動、不眠や気分障害において、特定の音楽のタイプや音楽の一部を使って問題を軽減するために、また自己の意識を楽器演奏をとおして高めたり、公共空間の労働条件を改善するために、音楽が使われるのである(Zhang/Miao, 1993)。

中国では音楽療法は、東洋医学の理論と密接な関係にあるとみなされ、結果として中国独特の技術の発展にいたっている。たとえば、音楽電気療法、音楽電気鍼、音楽電気鍼麻酔である。「音楽電気療法は音楽療法のヴァリエーションの一つであり、クライエントの体に音楽信号によって電気的なインパルスが与えられる。同時に、クライエントは音楽を聴取する」。音楽電気療法で使用される電極の代わりに鍼治療の鍼が使われれば、音楽電気鍼と呼ばれ、外科的手術の麻酔として用いられることもできる(Zhang/Miao, 1993)。

デンマーク デンマークにおける音楽療法についての一般的定義は次のとおりである。音楽は[治療的]資源の有効利用と開発のために使われ、治療的人間関係の基礎的要素として機能する。音楽の機能的な役割は各々の状況によって異なる。「**1**心理社会的トレーニングや理学療法などのような他の治療形態における、自発的な音楽や音

楽活動の治療的可能性の応用。**2**支持的な治療における音楽の活用。たとえば心理的な成長や安定の基礎を作り出すために、個人の社会的、音楽的能力が促進されるバンド活動への参加など。**3**精神分析／精神力動理論にもとづいた探求の治療」(Kortegaard/Pedersen, 1993)。

トルコ 一般的に認められた定義は存在しない。

日本 日本では一般的に受け入れられた定義はなく、諸外国の音楽療法協会の定義にしたがっている(Nishihata, 1993)。〔訳註：1995年に発足した臨床音楽療法協会は、音楽療法を「音楽のもつ生理的、心理的、社会的働きを、心身の障害の回復、機能の維持改善、生活の質の向上に向けて、意図的、計画的に活用して行なわれる治療技法」と定義した。この臨床音楽療法協会と日本バイオ・ミュージック学会(1986年設立)は、1995年に合同で全日本音楽療法連盟(＝全音連)を結成したが、全音連の作成した「音楽療法専攻コース・カリキュラムに関するガイドライン'96」には、音楽療法の暫定的定義として次のように記されている。音楽療法とは「身体的ばかりでなく、心理的にも、社会的にもよりよい状態(well-being)の回復、維持、改善などの目的のために、治療者が音楽を意図的に使用すること」である(『音楽療法研究』創刊号、1996参照)。〕

ニュージーランド ここでは音楽療法は「身体的、精神的、あるいは情緒的な障害が診断されたときに、音楽を計画的に用いて治療すること」と定義づけられている(Croxson, 1993)。

ノルウェー ノルウェーには音楽療法の一般的概念は存在しない。この国の多くの音楽療法士は独自の定義を発達させてきたと言えよう。これらの定義には、その背景となる理論によってかなりの違いが見られる。さらに、音楽療法の定義は「文化的な姿勢の一部であり、社会のなかで音楽をいかに使うか、そしてすべての人を包括する音楽的なコンテクストとは何かという、重要な問いを含んでいる。つまり音楽療法は、一般的な興味から派生するさまざまな文化的なテーマに対して責任のある答えを探し、地域共同体のために予防的機能を備え、社会的ネットワークを強化するよう試みるのである」(Ruud, 1993, p.446)。

ハンガリー ハンガリーでは「音楽療法は心理療法の一つであり、複合的な心理療法のプロセスのなかで音楽が使われる。音楽はクライエントの体験を広げるための触媒、援助として機能する。心理療法の治療効果と治癒機能は、音楽の情緒的、および霊的な可能性から生まれる。音楽は、クライエントのまだ言語化されていなかった経験を、言葉に移し変えていくというプロセスにおいて援助する。音楽の定義とその治療的応用は、他のヨーロッパの国々のそれと似ているし(ベネンソンの定義を参照)、治療的可能性は無限にある」(Konta/Urban Varga, 1993, p.265)。

フィンランド フィンランドにおける音楽療法は、「音楽、音楽療法士、一

人/複数のクライエントの交流をとおして起こる治療プロセスであり、クライエントの回復に最大の目標がおかれる。このプロセスの重要な要素は、音楽療法士の人格とクライエントの間で起こる社会的な交流である。

音楽はさまざまな精神現象を活性化し、コミュニケーションのプロセスの幅を広げることで、コミュニケーションそのものを促進させる……。一般的に、フィンランドの音楽療法は、音楽的事象と精神的事象は同形体であるという理論にもとづいている……。音楽は一つの精神的なプロセスであり、その起源は人の緊張状態にあり、音響的/聴覚的な形態は耳によって知覚されるのである」(Lehtonen, 1993, p.212)。

ブラジル 国土が広いためもあり、[音楽療法の]定義も多様である。以下にそのなかから代表的なものを紹介しよう(Barcellos/Santos, 1993より)。

「音楽療法は、音——その音源は音楽的なもの、あるいは他の[非音楽的な]ものでもありうる——を人間関係の修復のための手段として用いるさいの技術と手順から成り立つ。この方法によってクライエントの個人的なさらなる成長が促され、かれの感情的、精神的、身体的な固有性が部分的に修正されるのである (Gabriele de Souza e Silva, 1973)。

「音楽療法とは、治療プロセスが成立するための人間関係の媒介として、音楽、そして/あるいは音楽の主要な構成要素を応用することである。そのさい、この人間関係と音楽という援助をとおして、クライエントの生理的/心理的な反応が喚起され、その人の問題が軽減され、社会生活への統合/再統合が容易になるのである」(Lia Rejane Mendes Barcellos, 1978)。

「音楽療法は、自己表現から出発する治療であり、音楽療法士とクライエントの関係において、個々のクライエントの生理的/心理的/社会的状況が配慮されながら、音楽が潜在的に治療手段として使われるのである」(Clarice de Moura Costa, 1989)。

「音楽療法とは、自己表現とそれにともなう内的衝動をとおして新しいコミュニケーション回路を開くために、音楽を特別な言語として、かつ治療的人間関係の媒介メディアとして応用する、治療方法の一つである」(Martha Negreiros Sampiao Vianna, Clarice de Moura Costa, Leonardo Azavedo e Silva, 1986)。

フランス 適応領域によって異なるが、音楽療法の仕事に関する二つの定義がある。一つは、「心理音楽的技術」、つまり「音楽教育や音楽美学とは違った目的をもつ技術」である。一般的にこの概念は、さまざまな環境におけるリラクゼーションのための音楽や、背景音楽(BGM)といった、機能的音楽を意味する。

第二の定義では、音楽療法の応用領域が明確に境界づけられる。音(雑音も)や音楽(受容的、創造的、[カセットやCDのように]録音されたもの、生演奏によるもの)が、心理療法的、あるいは再教育的(行動変容を目的とする)な治療的人間関係のプロセスのなかで使われる」(Lecourt, 1993, p.222)。

ベルギー　ベルギーには現時点の臨床における治療のタイプに応じて、さまざまな音楽療法の定義がある。心理療法的な出発点は「行動障害や知覚障害の治療を目的とした、一人、あるいは複数のクライエントと、一人、あるいは複数のセラピストとの間の治療的人間関係にある」と定義づけられている。「あらゆる形態の音楽を意図的に応用することで、心理的な問題を軽減するための［各々の問題に即した］幅広い心理療法のレパートリーが可能になる。これらの問題は、象徴的、音楽的なレベルで明確にされ、テーマとして取り上げられるが、さらにそれに続く言語的な振り返りをとおして洞察力が養われ、行動や知覚における問題が軽減され、あるいは完全に除去されるまでになるのである（De Backer / Peuskens, 1993, p.90）。

「正しい緩急法［訳註：瞑想に生気を与える微妙な速度変化およびその理論］を用いた音楽メソードは、特定の音楽を用いることで人の潜在能力を刺激し、発達させ、それによって不自由な生活を余儀なくされている人が、かれらの環境の中で楽に生活できるような援助を試みる」（De Backer / Peuskens, 1993, p.90）。

「人智学的音楽療法は、音楽というメディアを用いて、クライエントとの調和のとれた［治療］行為が可能になるプロセスであると理解されている。この調和的プロセスは、一人一人の［クライエントの］現在の発達段階を出発点とする。目標は、一人一人の人が自分に固有な発達の道をたどることができるような方向づけを提供することにある。このプロセスは［音楽を聴くという］受容的なかたちでも、［実際に音楽活動をするという］能動的なかたちでも起こりうる。そのさい音楽はしばしば触媒として機能する」（De Backer/Peuskens, 1993, p.90）。

ポーランド　ここでは二つの定義が認められている。ガリンスカGalinskaは、音楽療法は「治療的な活動が提供されるシステムにおいて、音楽が組織的、かつ順序だてて使われることであり、治療的活動には音楽、心理学、方法論という多分野が前提条件となって、診断過程、治療、そして人格の発達が含まれる」と述べている（Janicki, 1993, p.460）。

第二の定義はナタンソンNatansonによるもので、音楽療法は「音楽的な体験の多様な側面を取り込みながら、クライエントの健康を保護し、あるいは健康を回復させ、よりよい生活状況と社会的交流を援助するための、現代の生活を再び人間的なものにする計画的な活動である」としている（Janicki, 1993, p.460）。

ポルトガル　ここでは音楽療法は、「精神的な健康の維持と、特別な訓練の形態のための介入モデルの一つである。音楽は、音楽、クライエント、そしてセラピスト／トレーナーの三者からなる三極組織に本来備わっている要素として使われる」と理解されている（Cintra Gomes, 1993, p.480）。

プエルトリコ　リヴェラ・コロンRivera Colonによると「音楽療法は科学的なテクニックであり、音楽によって引き起こされる感情や情緒を研究

し、分析する。これらの感情は人の身体のもっとも深い部分で起こるのであり、この感情を修正することが目標となる（Rivera Colon, 1993, P.490）。

香港 ここでは、実践している音楽療法士が一人しかいないので、[旧]全米音楽療法協会の定義がそのまま借用された（Pang, 1993）。

南アフリカ 南アフリカではケネス・ブルーシアKenneth Bruscia の定義に沿っている。さらに音楽療法は「音楽とその要素、および音楽が人間に与える影響を計画的に応用することで、疾病や障害の治療において、身体的、心理的、情緒的な統合を援助する」と理解される（Henderson, Bull/Pavlicevic, 1993, p.524）。

メキシコ メキシコには複数の定義がある。このなかにはR．ベネンソンの定義も含まれる。ムノスMunos (1993) によれば音楽療法は「心理療法的な空間であり、クライエントの人間としての発達、および人間関係（個人的‐相互交流的）における発達を、音と音楽を用いて援助することである。そのさい、何よりも[相手に対する]尊敬、受容、共感、[調和的な]一致が大切である。全人的なモデルは、音と全人格の間の身体的、精神的、情緒的、霊的要素にまたがる相互交流をその基本とする」(p.366)。

分析

ここで紹介した定義が互いに大きな違いを見せるのは明白である。世界中の国々における音楽療法の応用が、実にさまざまであることがその理由であろう。

これらの多様な方法を比較し、対照させ、分析する可能性は、音楽療法の定義に関連した要素や核となる理論をまとめることにある。これを次のように短いかたちで紹介しよう。

意図、目標、応用のヴァリエーション。ここでは以下のような幅広い要素が挙げられる。

- 回復に向けての効果的手段を提供する
- （非言語的）コミュニケーション回路を開く
- 治療目標を追求する
- 社会的、心理的、身体的、精神的機能へ刺激を与える
- 美的体験ができる能力を発達させる
- 新しい人間関係を築くうえで援助する
- 自分に対する知覚を改善させる
- 社会との関係と文化に対する関心を促進させる
- 環境条件を改善する

一般的に音楽療法の多くの定義は、治療、診断、予防の領域にまたがる。

クライエント。いくつかの国では、音楽療法は個人とグループのクライエントに提供される。したがってこの分野の定義は実践される現場によって左右される。音楽療法が普及している国では、定義もまた幅広くとらえられる。

理論的方向づけ。音楽療法はさまざまな定義によっても明らかなように、一連の理論によって裏付けられている。たとえば、医療や作業療法、特定の訓練、あるいは緩急法的、人智学的、精神力動的、人間主義的な治療、東洋の医学などである。

治療プロセスの構成要素。多くの定義でクライエント、セラピスト、音楽という構成要素が挙げられている。さらに、クライエントとセラピストの人間関係が決定的な役割を演じていることが、たびたび明らかにされた。他の定義ではこの要素について特に言及されていない。

芸術対科学。いくつかの定義では、音楽療法の「科学的な」側面、あるいは適応形態の科学的特質に重点が置かれている。

人間像。[セラピストの]自分自身に関するイメージと、個人の中のさまざまな要素(身体、精神、心など)の間で起こる相互作用についてのイメージは、一般的に治療方法にも影響を与えるようである。多様な定義からこれがうかがえる。いくつかの国では、人間は「生物的‐心理的‐社会的」な存在と理解されるし、他の国では音楽療法は人の局面の一部としか関わらない(たとえば、心の要素のみに絞る)。

音楽的体験の幅。いくつかの定義は、音楽の体験の幅広い多様性(受容、レクリエーション、即興、創作など)や、治療プロセスで起こる音と雑音について言及していたが、他の方法では即興といった一部の経験の幅のみに絞っている。さらに、いくつかの定義には演劇、イマジネーション、ダンス、動きなどといった、非音楽的な体験も含まれる。

音楽療法の実践者。非常に多くの定義が、音楽療法の実践には養成された音楽療法士が必要であるとみなしている。似たような多くの定義では、これについて特に言及されていない。

応用範囲。さまざまな定義を比較すると、音楽療法が治療として実践されるさいに、その応用範囲に違いがあることが明らかになる。音楽療法はしばしば心理療法の一つとして理解されるが、一方では賦活のための援助、行動変容の手段、あるいはリハビリテーションの一方法としてみなされる。実践上の応用範囲はおそらく、さまざまな定義を区別するさいの重要な要素であろう。

職業に関連した情報

アメリカ合衆国において、19世紀に音楽療法が臨床的に実践されていたという文献は確かに存在する(Maranto, 1993a)。しかし、歴史的観点から見て、職業としての音楽療法の大きな発達は、世界中で20世紀後半になって初めて起こったと確認できる。各々の国の職業組織や養成プログラムの設立については、表2(Maranto, 1993b)を参照されたい。そして、多くの国に複数の職業団体が存在する。

多くの国々で、専門書が刊行されて

いる。さらに、毎年地域のレベル、国内のレベル、国際的レベルの学会が開催されている。まだ職業団体がない国では、このテーマに関する学会があるということで、音楽療法に寄せる興味がすでに存在していると思われる。

結論

この論文から明らかなように、世界各地で見られる音楽療法は、多様な職業と領域から成り立っている。音楽療法に対する興味も絶えることなく増大してきた。[しかし]音楽療法がすでに長年にわたって実践されてきた主要な国においても、音楽療法が社会から認められ、正当な評価を得るためには、まだまだ多くのなすべきことがある。

治療的臨床における大きな違いは、ここではざっとしか紹介できなかった。しかし、今日世界中に存在する数多くの文化と人間像を見れば明らかだが、この多様性こそが一つの肯定的なサインでもある。

音楽療法の普及とさらなる発展を望むならば、現在もっとも重要なことは、情報の交換とその受け入れである。

シェリル・ディレオ マラント
Cheryl Dileo Maranto

音楽療法の方法体系
Methodensystem (d. MT.)

音楽療法の方法体系(MS d. MT)は、シュヴァーベSchwabeらが1960年代より、入院・外来における心理療法の実践、精神科治療の実践のなかから発展させてきたもので(Kohler, u. a., 1968; Harrer, 1975; Schwabe, 1969, 1971, 1977, 1979, 1983, 1986, 1987, 1991)、これらの実践のなかでさまざまな程度に応用されている。音楽療法の諸方法は、つまり実践のなかから実践のために発展させられてきたわけで、実践現場においても、[治療対象の]必要に応じて応用されるものである。

この方法体系の意義は、固有な治療的課題設定に対して[それに適合した]固有な行動モデルを発展させることにあったし、いまなおそれに変わりはない。

音楽療法のこの方法体系により、ひとつの統一的な理論的出発点が手中に入る(シュヴァーベ「音楽療法の方法論とその理論的基礎」、1986)。音楽療法の全文献のうち最近のものにまでは言及できないという理由から、それまでは音楽療法の全領域を包含する統一的方法体系を発展させることはできていなかった。

この体系の特徴は、治療的プロセスの方法論的基礎とその構成要素に関する統一的な諸原理から導出されているが、そのことは、この方法体系が閉鎖的な医学的治療体系として理解されるということを意味するのではない。この体系の特徴は、音楽療法をその基本特性において、学問的に見通すことの可能な、議論可能なものにする必要性に根拠づけられている。というのは、

こうした要求によってのみ、たんなる自己理解を超えた専門的正当性の認識を［一般に対して］求めることができるからである。

諸方法は、音楽行動の側面から二つの大きなグループ、すなわち能動的音楽療法の方法と受容的音楽療法の方法とに分けられる。

さらに下位分類として、集団音楽療法的方法と個人音楽療法的方法に分けられる。

能動的集団音楽療法
Aktive Gruppenmusiktherapie
- 楽器を用いた即興
  Instrumentalimprovisation
- 集団歌唱療法
  Gruppensingtherapie
- 「クラシック」音楽による運動療法
  Bewegungstherapie nach "klassischer" Musik
- ダンスを用いた集団音楽療法
  Täwzerische Gruppenmusiktherapie
- 素材的、および方法のコンビネーション
  Material und Methodenkombination

能動的個人音楽療法
Aktive Einzelmusiktherapie

受容的集団音楽療法
Rezeptive Gruppenmusiktherapie
- 力動指向的受容的集団音楽療法
  Dynamisch orientierte Rezeptive Gruppenmusiktherapie
- 反応的集団音楽療法
  Reaktive Gruppenmusiktherapie
- 調整的音楽療法
  Regulative Musiktherapie

受容的個人音楽療法
Rezeptive Einzelmusiktherapie
- 交流の個人音楽療法
  Kommunikative Einzelmusiktherapie
- 反応的個人音楽療法
  Reaktive Einzelmusiktherapie
- 調整的個人音楽療法
  Regurative Einzelmusiktherapie
- 音楽によるリラクゼーション・トレーニング。調整的音楽トレーニング
  Entspannungstraining mit Musik. Regulatives Musiktraining
- 方向づけられていない受容的個人音楽療法
  Ungerichtete Rezeptive Einzelmusiktherapie

能動的集団音楽療法

能動的集団音楽療法の諸方法の集合概念である。

楽器を用いた即興

楽器を用いた即興は「能動的集団音楽療法」の最も重要な方法であり、「音楽療法の方法体系」の構成要素である。

その基本的特徴は以下である。
- 音楽活動、すなわち自由な、および制約のある即興で、身体的媒体そして／あるいは道具的媒体——とくに［種類、形態などが］拡大されたオルフ楽器——を用いる
- 「行動の指示」、すなわち適応を考

慮した演奏の提案で、治療者により次の三つの基本形式で集団に向けてなされる。

1 音楽を目的とした生産および再生産、という意味における音楽的に制約のある演奏

2 象徴化された、しかし音楽以外のものを目的とした行動の指示、という意味における音楽的に制約のある演奏

3 音楽的媒体を用いた、音楽以外のテーマにもとづく演奏

ここでいう「演奏」はもちろん、つねに多かれ少なかれ、内的な、そして相互作用的な意味を帯びた「象徴化された」行動様式・表現様式である。

— 人物相互的なプロセスに生起する現象を注意・配慮すること、すなわち、**相互作用**Interaktion、**内的作用**Intraaktion——つまり個人に特異的な病理関連的体験様式・行動様式との内的な対決——、および**統合**Integration——つまり具体的な社会化過程における協力的一致——への注意・配慮。

楽器を用いた即興が適用されるのは、とりわけ心療内科、神経症治療、精神科、および依存者治療の領域である。

集団歌唱療法

集団歌唱療法（GST）は、能動的集団音楽療法の諸方法のなかで「音楽療法の方法体系」のうちもっとも古くからある方法である。

GSTにおいてもっとも重要な音楽的素材はリート、つまり歌うというもっとも重要な活動であり、それは言語と類比されうる。とはいえ［言語より］はるかに「根源的な」人間の表現様式である。

治療的歌唱は、次の三つのレベルで実行される。
— 感情的 - 思考的レベル（回想！）
— コミュニケーション的 - 社会的レベル（現在！）
— 身体的 - 機能的レベル

歌う場合には三つのレベルすべてが関与しているが、具体的な［治療］状況では、三つのレベルのうちの一つに特別な注意が払われることもありうる。

GSTには四つの異なった音楽活動がある。

1 リートやカノン、クォドリベットなど既存の音楽の声による再現

2 歌声や他の身体的手段を援用した、メロディックでリズミックな音響的形成物による自由即興

3 ヴォカリース（母音唱法）をともなう、あるいはともなわない、［歌詞のない］音のハミングないし歌唱

4 うめき声、ため息、あくび、などといった音あるいは雑音による原始的表現

GSTは小さなグループにおいても、また大きなグループにおいても、集団プロセスの状況に留意されつつ実行される。

GSTの音楽療法士による遂行は、一般に想像されるよりも難しい。GSTを行なうにあたり、音楽療法士には次の

ものが要求される。つまり、あらゆる形式の「開かれた」歌唱に関する深い経験と、素材的知識、そして音楽療法的知識のほかにとりわけプロセスとしての集団に関する基本的知識、特に高齢の患者が体験した過去に対して特異的な歌素材が有する回想賦活的な意義（体験行動の再活性化）に関する基本的知識。

「クラシック」音楽による運動療法

この方法は、音楽と運動表現と運動遂行とのあいだの原初的関連と結びついており、これらの関連を表現即興および運動即興として利用する。人間の表現手段としての身体は、一方では感情的脈絡の表現のためにとくに神から与えられたものと言えるが、しかし他方、たいていはあまり鍛錬されていない。

それは一方で、この方法のもつ心理療法的起爆力を指し示すものであるが、しかし他方、感情的脈絡を行動へと移しかえるとき、そして［自己の］基準を拡大しようとするとき、知覚の幅を拡げたり知覚の解像度を上げようとするとき、またとりわけ、神経症や心身症といった該当疾患において病理的障害の部位に固定的・限局的に知覚される身体領域において、患者に重要な経験を提供するものである。

ここでいう即興的表現は、あらかじめ定められた動きを実行するダンスとは異なり、自由な即興を意味する。

音楽の選択は、いわゆる「クラシック」音楽からのものだが、言ってみれば内容のある音楽がよく、明瞭に構造化された、開かれた構造をもつ音楽がこれに含まれる。

音楽選択を適応という観点から見ると、複合的な事情が絡んでくるので比較的複雑である。音楽を選ぶさいには、以下の要素が留意されるべきである。

- グループの現在の心理的状態との関連を考慮した、音楽の表現内容と構造
- 音楽言語がどれだけ周知のものかという程度
- グループの状況および現在の心理的状態との関連を考慮した、意図的で治療的な舵取り

音楽に合わせた行動は、つねに「言語的なフィードバック」と結びついているが、このフィードバックは、グループ内に非言語的に流れ出てきた感情的、社会的‐コミュニケーション的プロセスを言語的に明確化しようとの意図を追求するものである。

ダンスを用いた集団音楽療法

この方法は、音楽とダンス、とりわけ集団で行なうダンスとの原初的な関連と結びついている。

「クラシック音楽による即興運動」という方法においては、自由即興という局面が中心的位置を占めているが、ダンスを用いた集団音楽療法では、まったく意図的に、そして熟慮のうえ、まさしく先取りされた運動形式を利用する。つまり、ダンスにおける運動形式は通常、かたちをなした運動形式であ

るが、リート、なかでも民謡の場合に似て、それはつねに、一方で社会的規範に則った表現形式をとるか、あるいは他方、硬直した規範に対する抗議の表現をとるかである。

このコンテクストは治療的枠組みにおいてもやはり重要であり、たとえばカノン・ダンスの場合に、流れ出てきた運動がグループにより即興的に発展させられる場合などは、注意されるべきである。

しかしまたこの例では、ダンスを用いた集団音楽療法の原理に相応して、先取りされた運動の遂行が問題となる。この状況においては、グループの構成員各人に、発展しつつある運動流の内部の出来事全体に対するオリエンテーションが要求されるが、そのさい、遊戯的に仕立てられたグループ活動というかたちにおいて協力的な行動様式を実現することが、ダンスを用いた集団音楽療法の本質的な治療原理である。

音楽的な行動は、一方でつねに行動へと方向づけられた話し合い、および反省的なフィードバックに結びつけられているが、これらはグループ内に非言語的に流れ出てきた感情的、社会的-コミュニケーション的プロセスを言語的に明確化しようとの意図を追求するものである。

能動的個人音楽療法

能動的集団音楽療法の方法と異なり、それ以上細分化され得ない、二者間の相互的な非言語的、および言語的コミュニケーションをとおした方法である。相互的な二者関係の出現とその精神力動的な取り扱い、およびこれと結びついた転移の諸現象により特徴づけられる。

能動的個人音楽療法が適応とされるのは、精神内界および対人相互関係の重篤な障害であり、それらは集団音楽療法が（まだ）立ち入ることのできない領域である。

受容的音楽療法

「受容的」（rezeptiv）という概念は1967年にシュヴァーベによって音楽療法の文献の中に導入された。［受容という］本質的な意味において、また「音楽療法」の方法手順との関連で［この言葉は］用いられるが、この方法手順においては、非常にさまざまな行為指示をともなって、音楽の聴取が治療過程の構成要素となっているのである。

シュヴァーベによれば、「受容的音楽療法」という概念は、受容的方法という意味での個人音楽療法的および集団音楽療法的諸方法の集合概念である。

力動指向的受容的集団音楽療法

この方法に特徴的と見なされるのは、特別な治療的観点から選択された音楽——具体的には、治療者が選ぶこともあればグループ構成員個人が選ぶこともあり、また「グループの決定」によることもある——を受容することが、グループ内の言語的・非言語的相互作用の出発点となっていることであ

る。形式的には、一回の治療単位——それは一つの複合的な心理療法プロセスへと統合された構成要素とならなければならない——は約30分間の音楽受容、およびそれと同程度の長さの話し合いからなる。そのさい時間的長さは、その時の集団力動に応じて、話し合いの部分が好都合なように伸縮させてよい。

具体的なグループ状況に音楽を投入するにあたっては、通例、その場に支配的な、つまりアクチュアルなグループ構成員の心理的状態から出発する（同質の原理）。

集団プロセスを発展させることは、多くの場合、二番目の音楽によって狙われる。二番目の音楽は、感情の活性化をひき起こす意図を担ったもので、この感情の活性化が構成力を刺激し、それによって内的なイメージ生活の言語化（Galinska, 1974）にも導くのである。

反応的集団音楽療法（RGM）

RGMは感情的‐力動的反応をひき起こすための一つの方法である。反応は感情賦活的な音楽の聴取によって達成される。音楽体験のあいだ非言語的に賦活された感情的活動性は、意識化過程や葛藤に満ちた体験脈絡との対決過程を支え、それにより治療過程を促進させる。

いま述べた強められた感情的圧力は、治療的作用の本質的な基礎および前提と見なされるが、反応的集団音楽療法の投入**以前**に開始されている言語的心理療法——この言語的心理療法は、つねにRGMへと統合されている——を介して生み出される。

つまり、RGMはつねに心理療法的な対話から出発し、時間的に短く限局された反応という目標へと方向づけられている。

調整的音楽療法

この方法体系のなかでとりわけ重要な方法である。内容については【調整的音楽療法】の項目を参照されたい。

受容的個人音楽療法

受容的個人音楽療法的諸方法の集合概念である。ここで音楽は、治療的に施行される特別な行為指示との関連のもとに処方、つまり採用されるべきであるが、そうした音楽の助けを借りて、あらかじめ目標とされた、あるいは意図された体験的‐行動的影響を追求するものである。このような治療的作用、およびそれとの関連で与えられる治療的指示は、たとえば操作的治療との関連で用いられる暗示的な効果を狙った音楽の作用と混同されてはならず、また同等に置かれるべきではない。

交流的個人音楽療法（KEMT）

KEMTの特徴は、音楽聴取を介して信頼に満ちた心理療法士‐患者‐関係を発展させることである。つまりKEMTは、相互的な信頼の架け橋を発展させるべき方法といえる。

この方法は、ふつう治療プロセスの開始期に適用される。

反応的個人音楽療法（REMT）

REMTの特徴は、患者のなかに、せき止められ克服されていない感情的緊張が存在するという基盤に立って、短時間のうちに感情的反応をひき起こし、解き放とうとすることにある。そうすることにより目指されるのは、患者に道を開くこと、つまり克服されていない体験内容を患者が中和し解明するのをより迅速に助け、また患者がさらなる決断や行動を実行する前提をより迅速につくり出すという、そうした道を患者に開くことである。

反応的個人音楽療法は、交流的個人音楽療法とまったく同様に、心理療法的な個人対話療法に組みこまれている。

調整的個人音楽療法（REMT）

REMTの原理は、別の項目（【調整的音楽療法】の項参照）で述べられている。二者で行なわれるという条件のもとで、実施にあたっては、転移 - 逆転移現象への注意がそこにさらに加わってくる。情動性が音楽により強められたかたちで解放されるという特殊性のなかで、転移 - 逆転移現象への注意がとりわけ重要になる可能性がある。

歴史的に見れば、以下のことが参照されるべきである。つまり調整的音楽療法（RMT）はまず二者関係のなかで発展させられ（Schwabe, 1969, 1971)、そのあとで初めて集団音楽療法的な方法となった。RMTは最近ふたたび二者関係のなかでREMTとして施行されることが多くなっている。このことはおそらく［治療の］適応設定が分化してきたことと関係し、また患者において個人的特徴を帯びた葛藤状況——その治療はグループのなかでは不可能である——が増加していることとも関係するのであろう（Schwabe/ Röhrborn, 1996)。

調整的音楽トレーニング、音楽によるリラクゼーション・トレーニングは、調整的音楽療法が修正された方法である。REMTの原理を基盤としているが、問題となるのは心理学的行動トレーニングで、その目的は内的緊張状態を精神身体的に自己統制すること、および創造性と生きる喜びを賦活することである。

この方法が適用されるのは、精神的にとくに負荷がかかり、緊張している人々の予防医学やリハビリテーションの枠組みのなかである。これらの人々は、自分で習得し実現する規則的なトレーニングをとおして、みずからの心理的状態を改善しようという動機をもっている。

方向づけられていない
受容的音楽療法（UREM）

UREMは、主として患者の部屋に送信されてくる規則的な、20分間から30分間というかぎられた時間の音楽放送によって構成される。患者は自室でリラックスした姿勢をとり、多くは横になって、これらの音楽を聴く。この治療の意義については、治療的に遂行される患者側の以下のような動機が重要である。

- あるがままになること
- 治療の当日に起こった個人的な、アクチュアルな出来事に気づくこと
- 体験を拡大すること

「方向づけられていない」というのは非特異的であること、つまり患者の状況が異なれば効果もまた異なるということを意味する。すなわち、効果に関して比較的広いスペクトルを備えているということである。

この方法の有効性は、この複合的な治療システムに［患者を］できるだけ密に取りこむことにかかっている。

ここでは人物間の直接的な治療状況が問題となるのでなく、音楽との直接的で個人的なコンタクトが重要となるため、具体的な音楽療法的状況の外部で、しかし全体の治療的複合状況から見ればその内部で、患者と治療者のあいだに人間的なコンタクトをとることが意図される。

このような形式の個人音楽療法により、患者は、ある特定の体験発展の機会をもちながら、しばらく自分一人でいることが可能になる。

UREMが適用されるのは、心理療法クリニック（病棟）、嗜癖者クリニック（病棟）、および心身医学的-心理療法の方向をもつ内科病棟である。

言語的フィードバックは、能動的な集団音楽療法、個人音楽療法、受容的な集団音楽療法、個人音楽療法の治療プロセスにおいて、それらを構成する処置の一つである。

音楽療法はただ「体験指向的」であるのみならず、体験の脈絡を明確化しようとするものなので、たとえば集団即興のなかに流れ出てくる相互主観的で対人関係的な意味内容についての対話、ないし治療者による言語的賦活が必要となる。

言語的フィードバックが意味しているのは、治療過程の現象について治療者がどんな印象をもったかを、みずから患者や患者グループに「フィードバックする」ということではない。むしろ治療者の課題は、［現象に関する］対話を賦活し、可能なかぎりそれがうまく機能するよう努めることである。そのために適用されるのが、シュヴァーベ（1992）によれば、以下に述べるフィードバックのための三つの手がかりであるが、これらは適応に応じて正しくなされなければならない。

- 行動の流れ、たとえば音楽的「産物」、ひとつの演奏や即興の音楽的「結果」をできるだけ正確に記述すること
- 社会的な行動プロセスや、グループに参加している各構成員に割り当てられた社会的役割、たとえば誰にどんな活動性が現れたか、また誰には現れなかったか、などをできるだけ正確に記述すること
- 個人の、グループ構成員の、そしてグループのアクチュアルな感情的状態をできるだけ正確に記述すること

フィードバックを行なうことは音楽療法士の最も困難で重要な課題に属する。

クリストフ・シュヴァーベ Christoph Schwabe

音声研究
Stimmforschung

体系だった音声研究の創始者としては、ギリシャ‐ローマ時代の医師**クラウディウス・ガレノス**Claudius Galenos (129-199) の名が挙げられよう。彼は、喉頭と発声器官全体の詳細な解剖学的、生理学的、また神経学的な研究を成し遂げた。その研究はその大部分が豚を用いたものだったが、それは「最も大きな声をもっているから」であった。

中世の終わりになっても、人々はまだ発声路が心臓に由来していると考えていた。その頃**レオナルド・ダ・ビンチ**Leonardo da Vinci (1452-1519) は、きわめて写実的なおよそ1500枚におよぶ喉頭の絵を描いている。

ヨハン・ヴォルフガング・フォン・ケンペレン Johann Wolfgang von Kempelen (1734-1804) は、はじめて発声機械をつくった。それは、機械的な方法で母音と子音を構成し、さらに音節と文章を合成することができるものであった。ゲーテGoetheの意見によれば、この発声機械を聞いたところでは、「いくつかの言葉はよく言うことができたが、よくしゃべることはなかった」。(Mathelitsch, 1995, p.5 以下による)

最新のコンピューターテクノロジーの導入にもかかわらず、今日なお発声機構と発語機能の流れは、完全に解明されてはいない。

人間の行動としての歌唱の精神的機能については、現在研究の端緒が開かれたばかりである。芸術形態としての歌唱の発達についての科学的な議論は、それに比べると徹底的に行なわれた。確かに、より発声発達の機能的側面について議論がなされたが、たいていは、作業科学（たとえば、W. Romertの指導による、ダルムシュタット工科大学の「歌唱における発声機構の評価に関する熟練度の発達」の研究プロジェクト、またW. Romert, 1989; G. Romert, 1994も参照のこと）とフォニアトリーPhoniatrie（＝音声医学）(Seidner, 1982; Husler, 1965参照) からの展望である。

音声治療学のなかでさえ、精神が音声の質に影響を及ぼす中心要素であると強調されているにもかかわらず、音声と精神の関連についての科学的知見が欠落していることが嘆かれている (Tinge, 1987, p.293参照)。クラウスマイヤーKlausmeierは、音楽学や音楽教育のなかにおける議論においては、例外なく歌や音楽の内容について問われるが、「個人の行動としての歌唱については」問題にされないことに気づいた (1978, p.51)。

近年になって、最初に声の響きと精神障害の関連について研究に取りくん

だ人の一人に、**モーゼス**Moses（1956）がいる。彼の有名な、そして歴史的著作と考えられている『神経症の音声』のなかで、彼の「音声－分析の手法と理論」と同様「正常者と感情障害の人格の研究における音声－分析の適応」についても説明を行なっている。この領域のパイオニアの一人として、彼は、音声医学と心理学ならびに精神医学のあいだの橋渡しをしている。その本は音声障害をはじめて心身相関の立場からとらえ、「音声力動」は「精神力動の鏡像である」と述べている（p.12）。

モーゼスはすでに、人間の声の自然科学的な詳細な分析の危険に気づいている。それは今日でもまだ音声医学の専門領域で主に使用されている方法である（グラフィック音声記録法やストロボスコピーのような診断装置など）。「それには、互いに部分部分に分れたままで、けっして全体として統合されないという大きな弱点が存在する。……個人の人格とその表現とが細部の迷路に見失われてしまう」（p.13）。

音声障害にさいして、医学的－音声医学的診断は、その大部分において医師の目に認識される、目に見える生理学的な変化を手がかりにして下されている。

モーゼスは、いわゆる聴覚的研究法を用いた。この研究法においては、鍛えられた研究者は声を、「補充された、機能的な聴覚」によって判断する。この場合声を耳によって知覚するだけでなく、各自の意識された力学的機能的な追体験の助けにより知覚するのである。（これについては、【声】の項目のなかの「有機体共鳴」の概念を参照）

彼は、いわゆる正常、神経症的、精神病的な声を以下のカテゴリーによって分類した。そのカテゴリーは、基音、調性、優勢な声区、声量、アクセント、情念（パトス）、速度、休止、メロディ、単調さ、呼吸、最終音節の音高、音質、正確さ、メリスマ、音圧、リズム、発音、個人的症状と鼻腔共鳴などである。彼は、これらの判断基準の評点を手がかりに、彼に面識のない被検者の自我意識、実務的な資質、感覚的反応性ならびに適応能力、社会的関係、知的機能について推論した。

アダメクAdamek（1995）によって、音楽療法士にとってきわめて重要で、感動的かつ包括的な研究が成し遂げられた。コーピング研究Copingforschungの意味で、彼は歌唱の現象が、精神的な克服戦略として評価されうるのか、もしそうならば、どのような鋳型によるのかを経験的に証明しようと試みる。さらにまた彼は、この潜在能力が生まれつきそなわっているのか、社会化の過程で習得されるのか、だとするとそれは、一次的また二次的社会化に依存しているのかどうかを問うのである。

研究成果から、彼は次のような結果に到達する。

「克服戦略としての歌唱は、ほとんどの場合単独で行なわれる。それは、歌曲の形態にのみ限定されず、歌詞のない即興のメロディのどのような表現形式も受け入れる。それは、がなりたて、

叫ぶ歌いかたでも、大声でも小声でも、ハミングでも、思い浮かべるだけの形態でも遂行される。それは、原則的によろこんで歌われるものであれば、その芸術的な質については無関係にどのようなものでも受け入れられる。この歌唱の能力は、さまざまな程度に、一部は意識的に一部は無意識的に用いられる。克服戦略としての歌唱は、すべての年齢層に認めることができるが、男性より女性においてより多く認められる。……調査結果は、歌唱が情動を調整する、つまり、……対照的な感情のバランスを維持するのに効果的であることを裏づけている」(p.250)。

アダメクは、語り継がれた体験的知識を経験的に基礎づけることに成功した。「歌うという行動様式には、一般的に人格を形成する効果があるとみなされうる。そして、その行動様式は、人間の精神的・身体的な負荷能力と健康とに好ましい効果をもたらす」(p.231)。

歌うことは、そのうえさらに、精神的身体的な調整システムを観察するのに非常に効果的で副作用のない克服戦略であるので、「その欠落は個人の健康に、長く影響を残す」(p.228, 233)。

アダメクは、彼の研究の結果からこう推論する。

「エネルギー**集積器**としての歌唱は、精神と身体にとっての緊張緩和を意味する。それは歌っている人を援助し、もしそうでなければ「さまよう」ことになる、過剰な身体的、精神的エネルギーを誘発する」(p.254)。このことは、肯定的、否定的どちらの感情エネルギーにもあてはまる。

その両方の場合に、歌唱は、そのうえさらにエネルギー**発生器**として働きうる。すなわち、精神的に、また身体的な観点からも、力を与え、力を増すのに効果をもつということである。（世界的にまだ現存している仕事歌の伝統、もしくは戦争の目的のために、戦意を高めるのに歌を使用することなどが、この事実がずっと昔から利用されてきたことを示している。）

エネルギー**変換器**としての歌唱は、自己に再帰する過程を促進したり、イニシアチブをとったりしうる。つまり、各人の現在の精神身体的状態を意識化したり、建設的な変化への援助をしたりするのである。(Adamek, p.255)。

ここに説明した論文は、日常活動としての歌唱、また**個人的な克服戦略**としての歌唱に関連したものである。この能力が、**治療的グループ状況**ではより明確に活性化され、用いられうることは当然と思われる。そこでは、個々人が大きすぎる刺激にさらされることから守られ、必要不可欠な支えとなる枠組みを提供されている。また音声表現をとおして、個人の発達能力を開花させるための、育成的な音響基盤を提供している。

この研究の成果は、たんに健康心理学、健康教育学から社会学的予防医学の枠組みにおける予防的健康要因というだけでなく、精神療法的に高度に重要な作動要因（その相対的価値は、残念なことに、いままで音楽療法の内部

においてあまりに少なくしか認識されていなかったのだが）として、歌唱のもつ重要な意義を証明した。

トマティスTomatis（1987, 1994）は、とりわけ出生前の母子コミュニケーションを研究し、最終的な結論をひき出した。一つには、彼によって発展された——私（筆者）は、こう呼びたいのだが——「ヘア‐ハイル‐クルトHör-Heil-Kult」いわゆる「聴覚‐精神‐音韻論Audio-Psycho-Phonologie」がある。しかし残念なことに、学問的に充分に興味深い研究結果と、非論理的な解釈、憶測、非合理的な神秘的傾向とが混在している。

たとえば彼は、各々に説得力ある証明資料がないのに、以下のように記載している。「生き残れるために、胎児は低音の知覚をフェイドダウンする。それによって、いま自分がいる攻撃的な響きの世界を和らげ、彼の聴力を自由にする。何か意図的なものが、この選択機構の基礎をなしている。」(p.13)

彼は、子宮のなかではただ唯一母の声だけが知覚され、父の声は、そのリズムが母の聴覚路（鼓膜と脊椎）を介して転送されるという条件のもとでのみ［知覚される］と主張する（p.10）。

ベックBeck（1990）は、物理学者であり、特殊教育とリハビリテーションの領域で音楽療法的に仕事をした人であるが、彼は、人の声の周波数スペクトラムの形状が、指紋に匹敵するほどに同定可能であることを証明した。ただ指紋よりはるかに複雑なのだが、それは各個人の音声型が、そのときの感情的な動きまでも表現するからである。

互いに関係する人たちのあいだでコミュニケーションが成立すると、固有の音声周波数型が互いに移動し、「同化する」ことがありうる。ある人の言い回しをひとがよく分かって、「波長が合う」と言うとき、現在では物理的に証明可能となった共鳴現象を、直感的に理解して証言しているのである。

ベックの研究は、精神状態と人格の独立性の程度が、その人の声のなかで次第に増大する選択的な倍音の構成に反映するという考えを受け入れやすくしている（この点については、Adamek, 1995, p.266参照）。

深い抑うつでは、声が「にぶくなる」、つまり倍音の強さが減少するということは、すでに古くから知られている（Moses, 1956）。

能動的音楽療法のなかでの即興の、状況特異的で、作曲された、または生活史的に重要な歌曲などの、いままで伝承されてきた歌唱の実践では、**精神生理的に複合現象である声**が、その全体で成し遂げる影響力（それは、**すべての音声化された表現形**をとおして人間の深くまで到達する健康増進的な力だが）のうちのほんの狭い領域だけが用いられている。

現在の教育の実状としては、音楽療法士になろうとしている人が、理論と自己経験の相互作用によって、声を治療の原動力として用いていく能力を訓練する機会があまりに少なすぎる。いままでのところ、声と響きの「有機体

共鳴」の現象について、その音楽療法的構想のための意味を探ろうという研究の端緒さえ認められない。

ハイデルベルク大学の精神療法と医療心理学部門で目下設立中の学際的な重点研究において、私[筆者]は、**人間の声の作用**についてのさまざまな問題提起をし、深めるつもりである。そのさいに私は、人類と同じくらい古い、人間の声の健康増進的な力をめぐる本来の知から出発する。

しかしながら私には、重点的に質的研究法を援用し、この多様で古い神話のなかに裏づけられたもの、民族的文脈のなかになお現存している経験的な知と現代の科学的な方法を実行することと、および時代にあった知識の統合(これは部分的には常に、悪意に満ちた限定の圧力に巻きこまれることの多い、人間の声と取り組む専門分野である)とのあいだに**橋を架けられるよう**にすることが、重要である。

相当数の研究者との緊密な共同作業においては、非常に異なった科学の領域(心理学、物理学、民族学、歌唱教育、意識の研究、音声医療、宗教科学、それに音楽科学など)のものの見方が考慮されることだろう。分科プロジェクトは、特殊な音楽療法的問題提起に取りくんでいる。

【声】【気分・調子】の項参照

ザビーネ・リトナー Sabine Rittner

【カ】

外来嗜癖患者への助言ならびに治療

Ambulante Suchtkrankenberatung und - behandlung

嗜癖患者の外来治療は、薬物ならびに嗜癖患者相談所で行なわれる。それは、集中的な相談業務(動機づけ期)の後に行なわれることになる。動機づけ期のあいだに、来談者は相談所への接触を受け入れ、(これ以下は、一般的に入院して行なわれるのだが)治療契約の基本を学び、嗜癖物質のない生活をおくるために、解毒しようと決心する。この治療の提案の受け取り手は、嗜癖患者の家族であることも可能である。治療は、個人と集団作業から成り立っている。

音楽療法は、文献上は良好な結果を示した臨床例が報告されているのだが、この[嗜癖治療の]文脈においては比較的にまれにしか実施されない。「良好な予後」[の目安]について、シュミットバウアー Schimidbauer／シャイト vom Scheidt は、外来治療で「カンナビスとその他の同様に強力な催幻覚剤(LSD、メスカリン)の消費者で、「もし人格がまださほどひどく変化していない場合」」と述べている。「夢やその他の方法を使った治療、感情の領域と[心理的に]深い領域に、直接に話しかける方法」によって、たとえば音楽によって支えられた瞑想のように、「かなり早期に、酩酊の断念のための和解をつくりだせる」(1981,

p.539)。

エッダ・クレスマンEdda Klessmannは、若年の薬物依存者の教育施設や相談所での治療の可能性としては、部分的にサイケデリック音楽を利用した、感情誘因性イメージ体験katathymes Bilderlebenを勧めている（1978, p.401以下参照）。

ペーター・ミヒャエル・ハーメルPeter Michael Hamelは、「音楽聴取による深い緊張の緩和」を実践する、ヴュルツブルクのクラリネット奏者と精神療法家エルンスト・フラックスErnst Flackusのグループについて報告している。緊張をほぐし、瞑想の練習のあいだに、静かな禅‐メディテーションの音楽、後には電子音楽や自然音の録音などが（その閾下の作用が緊張緩和と精神集中の過程を強化すべく）併せて演奏される。カイザーKayserを模して、ある「和音の風呂Akkordbad」が勧められ、それを定期的に味わうことで、深いところに位置するリビドーの欠乏体験を埋め合わせることを可能にする（Hamel, 1976, p.197以下；Smeijsters, 1994, p.149）。

このような受動的な方法の他に、マルクスMarx（1985, p.169とp.179）とハルトゲンブーシュHartgenbuschの能動的音楽療法の示唆もある。まず、気分をほぐすような演奏によって、多くの人たちに他のロック・ミュージックをやるために楽器を習いたいという希望をより一層抱かせるようにする。そのさいに、音楽をすることは、薬物なしで「キック［訳註：麻薬による恍惚感を表す俗語］」を見つける可能性として発見される。多くの人にとって、この体験が「事情によっては、彼らの薬物の問題の制御を獲得するほどに、非常にセンセーショナル」（1993, p.161）でありうるという。

このような行動療法‐文化教育学を指向する方法（そこで驚くべきもの、いわば「薬物の健康な代替」と、同様に「薬物なしの生活のための教育の場」（Butzko, 1979b, p.148）と知り合う）の他に、深層心理学を指向した仕事がある。

フリッツ・ヘギFritz Hegiは、ゲシュタルト療法的にインスピレーションを得た嗜癖患者の治療を、「目の前の状況に適切で、その状況を広げる音楽的表現形式にかかわる実験と理解している。その実験は、未解決の歴史、完成していない形態、遮断された葛藤、つまり明瞭でない感情に接近するのに適当であるべきである」（1986, p.177参照、p.197以下も）と述べている。

イザベレ・フローネIsabelle Frohneとマリア＝マグダレーナ・マークMaria-Magdalena Maackは、1976年に彼女らの『薬物依存者との音楽療法』という本のなかで、一つのモデルケースの試みを記載した。そこで、彼女らは1973年11月から、1975年2月までのあいだに、外来での音楽集団療法を行なった。

ここでは、ひとつのオープン・グループが対象となる。そのなかに、14歳から19歳までの、14人の薬物依存もしくは薬物非行の若者が参加した。「より多くの媒体mehrmedia」と呼ばれる

提案として、外来の個人ならびに集団療法の構成プログラムがあって、これらはハンブルクのある相談センター(「Kö18A」)で行なわれた。それは、「集団状況で、不安のない、安全に守られた雰囲気のなかでのポジティブな体験」を伝えようとするもので、音楽、運動、言語および舞台の「本源的機能」として理解されるものである。その「援助作用」は、「抑圧された葛藤と内容、神経症的固着と錯誤行為の徹底究明」に効果を発揮する (p.23)。

ハロルド・ブツコHarald Butzkoは、彼の治療では、コントロールされない体験空間としての自由な集団即興の原則にしたがって行なわれる。集団の構成員は、その体験空間を、彼らに意味深いと思われるやりかたで、共有する精神社会的経験にもとづいて境界設定する。

その葛藤的な社会的関係のなかで、受け入れ可能な解決法を見つける能力は、まず最初に音楽的に、さらには日常生活のなかで変化を起こすための象徴的行動として学習される。審美的なふるまいや、消費的な行動は、この作業において新たに組織化されうる (Butzko, 1985, p.4参照)。

自分自身の社会化と取りくみ、日常生活を必要に応じて形成する準備は、この作業によって明らかに促進する(同書、1979b, p.159以下参照)。薬物を放棄し、入院して脱習慣化する治療を受ける決心をする頻度は、50%と報告されている (Merkt, 1986, p.29)。

ハールトHaardt／クレムKlemm (1982) も、その音楽的即興を基礎とする嗜癖患者の外来治療で、テーマを中心に据えた相互作用の原則にのっとって (Cohn, 1975参照) 仕事をしているが、そこではすべての参加者の注意は、「思考、感情、欲求と困難さをもった個人」である「私」と、「特定の集団の構造と集団過程をもった、グループ」である「われわれ」(Haardt/Klemm, 1982, p.21) と、併せて主題(ここでは音楽、場合によっては音楽によって現実化した葛藤と人生の過程をその内容とする)とのあいだのバランスに [向けられる] (p.22参照)。彼らは彼ら流に、即興と集団での作曲を結びつけている (p.24以下参照)。

カプタイナKapteinaとヘアトライターHörtreiterは、彼らの著書『嗜癖患者の治療作業における音楽と描画』のなかで、ある嗜癖患者の相談所、治療施設での長期の音楽療法的経験についての記録を残している。音楽療法は、相談所の総合計画のなかに統合されていて、それには、動機づけ期、解毒外来後、入院後および予防的治療期が包括されている。

音楽療法は、治療者と患者はその目標と進めかたについて互いに合意した治療契約と関連している。音楽療法は、集団もしくは個人セッティングの治療経過に合わせて、言語療法、ゲシュタルト療法的訓練、カスリエルCassriel (1975) の感情療法指向的なプロセスなどと統合された構成要素として行なわれる。

その音楽療法のなかでは、叫ぶことによって感情が活発化し、[人生] 早期の外傷的生活状況が現実化される。そのさいに退行した人は、楽器や声で

音楽的に集団により支えられ、陥った非常事態から［健康な状態へと］ふたたび連れ出される（Kapteina/Hörtreiterによる適切なケース報告を参照のこと。1993, p.132-3, p.139-40およびp.141-2）。この治療的アプローチの中心的関心は、引き裂かれた感情との接触を成立させることである。その感情は、もしそうでないとしたら、嗜癖行動のかたちで破壊的にしか充分展開できなかったものである。

音楽療法の特殊な可能性としては、人生に直面して、無意味さという感情に出会うことがあり、筆者らはとりわけ音楽的な出来事のなかで超越を体験する可能性のなかにそれを見ている。その可能性は、瞑想的接近（自分自身の-中心-のなかへ-感じるIn-die-eigene-Mitte-spüren）に、直感（自身の中心から出てきた、響きと象徴の構成、意識した計画の彼方、知識や意志の彼方に聞こえ、見えてくるもの）、および共時性の現象のなかで明らかになる（Kapteina/Hörtreiter, 1993; p.168, Berendt, 1985, p.408以下も参照）。

この仕事では、嗜癖患者にするのと同じように、その親族や家族の相談にものる。そのさい、嗜癖患者の配偶者は、同等に重く負荷のかかった人として認知される。なぜなら彼らは、彼ら自身の、多くは抑うつ的な人格部分のために、嗜癖患者を必要としているからである。家族構成員の近くに居ながら嗜癖から脱出することで、家族システム全体の構造改変という結果が得られる。当然、入院状況での助力の提案より、外来でのそれのほうが、うまく支えていくことができる。

しばしば能動的な音楽実践には、嗜癖を阻止する意味が認められる。ロック・ミュージックの実技は、非行少年たちに対し「安定し、満足する」ように作用し、「安定性と積極さ」を促進し、社会的な能力の発達に役立つ（Fey, 1993, p.158参照、またBarthel/Fierlings, 1992, p.85; Dentler, 1993; Hartgenbusch, 1993; Merkt, 1984, p.32; Peter, 1987, p.29; Rieger, 1992, p.21; Wahl, 1987, p.27も参照）。

刑務所における活動であれ、青少年の強制収容者とともに行う活動であれ、孤児院や青少年ホームにおける活動であれ、そうである（たくさんの実例が、ヘリングHeringらの「ロック・ミュージック実践ハンドブック」1993に展開されている）。［それらは］大音量とリズムのなかでの、集中的、攻撃的そして人生肯定的な感情を、カタルシス的に行動に移した発散と、集団の中や、観衆からの高い評価と承認を体験することと、それについての満足、音楽産業の商品に頼らずに、美的欲求もしくは感情的な欲求を自発的に満足すること、嗜癖物質なしに、もしくは少なくとも嗜癖物質に依存せずに生きることは、やりがいがあることだという見通しをはっきり具体的に示すのである。

［薬物］消費の代用としては、自分自身の活動の他に、楽しんで聴く力を能動的に身につけることが重要である。嗜癖者は楽しむことができない。それだから、楽しみを学ぶこともまた、嗜癖を阻止する上でのテーマである。

ルッツLutzは、音楽を聴くための「楽しむことの小さな学校」を提案している。聞くために「時間を創り出し、時間に合わせ」、ひとまず他に何もすることはなく、ただ音楽を聞き楽しむだけで、そのさいには無為に過ごすという豊かな楽しみへの内面化された禁止を、自分のために意識的に解除することを自己体験すべきである。

音響現象の体験をあるがままにし、みずからを音楽に無条件にさし出し、「ながら」聞きはしない。一般的な音楽の好みに注意を向けるのでなく、どんな音楽が自分に良いのか見つけ出すべきである。そのうえで、日常のなかにこの音楽の楽しみのための安らぎの時間を意識的につくり、多くの楽しみの可能性から［自分向きのものを］選び出すべきである（1987, p.416参照）。

「経験と知覚の拡大と深化」および「美的に楽しむ能力」もまた、クリストフ・シュヴァーベChristoph Schwabe（1987）の「音楽を用いた緊張緩和トレーニング」で達成される。

嗜癖の阻止は、音楽教育学的な授業のコンセプトにより実現する。そのさい、精神‐生理学的、社会的、音楽的な体験が、消し去りようのない統一として認知される（全的音楽教育）。そこには、精神衛生的な総合的文脈のなかでの授業理解がある。その文脈は、多くの（成立しうる）場所のうちの一つで、そこでは、人が値踏みされたり、制裁を受ける不安なしに、自分を伝えることができるような場所であるべきだろう。そこでは、音楽授業のなかでじかに、［人生］早期の心因による痛みをともなう体験が現実化される。

ここで嗜癖の阻止というのは、教えている人たちが、授業のなかでは泣くことや慰められることが可能であるような雰囲気を創り出すことを意味する。嗜癖の阻止が成し遂げられるには、一つには学校の全体の雰囲気に、相互関係における信頼とオープンさが発展することによって、もう一方では人生の喜び、楽しみや恍惚が薬物なしで可能である体験の領域が確立されることが必要であろう。

アンセルム・エルンストAnselm Ernstは、授業のなかで、音楽が実践され、そのなかで個人が自分を総体として体験し（1982参照、同様にPütz, 1989も）、そこでは音楽の関与者全員が、自分がかかわっていることを一つの出来事として話をするように要求している。そのような全的音楽授業のための示唆と資料は、アウエルバッハAuerbach（1971）、フォン・グリュナーv. Grüner（1990）、ホルトハウスHolthaus（1993）、キュンツェル＝ハンセンKüntzel-Hansen（1993）、フリーデマンFriedemann（1971, 1973, 1983）、マイヤー＝デンクマンMeyer-Denkmann（1970, 1972）、ザイデルSeidel（1976）、シュヴァーベ（1992）、ティシュラーTischler（1990）その他に見い出せる。

1983年から1989年にかけて、クリストフ・シュヴァーベは、ドレスデンの「カール・マリア・フォン・ウェーバー」音楽大学において、ある研究プロジェクトを遂行した。そこで、すべての学校のもしくは学校外の教育状況における決定的な音楽教育学上の構想が発展させられた。

この「音楽的な基礎教育」の目的設定として、「安定していて、『豊かな』人格が挙げられる。ここでいう人格とは、妨害の危険がなく、また傷害や早期の消耗の危険なしに、要求や負荷に立ち向かえることである」。音楽教育学的な過程で促進されるべき、四つの「精神的特性」は、「さまざまな知覚の能力、社会的交流の能力、多種多様な感情をともなったつきあいの能力、それに自発的に粘り強く行動する能力」である（Rudloff/Schwabe, 1992/93, 2.1. p.3)。

音楽教育者は、この構想にもとづいて、「精神内界の、相互的な、それに感情的に意味深い実態を知覚する能力」を備え、それらを言語化し、認知的に処理することができなくてはならない。さらに彼らは、「音楽の最深部に内在する実態」とみなされる「社会的な専門知識への能力」が要求される。

彼らは、最終的にはその能力を自由に活用できるようになるべきである。「独自に生産的であること。その能力によって、自分自身のなかにある活動性、もしくは自分のなかから出てくる活動性（これらは、独立の意味、もしくは真にオリジナルな意味をもっている）を発展させることである。

そのような人格の質を構築することによって、一面では内面的な規律化を、他面ではコントロールされた退行能力の開発がひき起こされる」（同書4.5. p.3-4）。この構想の転換は、現在DMVO（東ドイツ音楽療法協会）の管理のもとで行なわれている。音楽教育者のための適切な継続的教育の提案が、「社会音楽療法士、DMVO」という職業認定と取り決められている。

参考文献は、p370【嗜癖患者の音楽療法】の項目を参照

ハルトムート・カプタイナ Hartmut Kapteina

外来診療における音楽療法

Ambulante Musiktherapie

音楽療法は入院型の施設で行なわれるだけとはかぎらない。心理、医療、そしてパラメディカルな実践現場と比べても、より多くの層を対象とした音楽療法のプログラムを提供する必要がある。

施設や診療所などでの音楽療法の外来は、これらのより広範な課題をひき受けている。経験豊かな養成された音楽療法士が、これらの領域でさまざまなセラピーを提供しているのである（Bicton, 1988)。

児童、青少年、そして成人が必要に応じて受容的、または能動的な個人療法（Schmölz, 1983a）や集団療法（Mayr, 1983）の治療を受ける。

心理療法的な音楽療法の治療機関や介護施設では、患者／クライエントがいろいろな領域にまたがって目的に沿って治療されたり、介護されることができる。

たとえば**精神科**においては、入院治療の前後の精神障害や問題。**神経内科**では微細な神経障害、脳損傷や脳疾患、脳溢血、動脈瘤、細菌性の脳疾患、多発性硬化症（Haake, 1993）。**心療内科**ではさまざまな形態の心身症（Schmölz, 1983b）。**治療教育／障害児教育**では、緘黙症や自閉の児童や青少年（Thamm, 1983a-g）、行動問題のある児童と青少年（Palmowski, 1983）、知的障害のある児童や青少年。**小児科**では、長期の入院生活が続いた児童と青少年、性的虐待を受けた児童と青少年。**老年医学**では、記憶力、知覚、およびコミュニケーションにおいて機能の低下した高齢の患者。**カップルと家族の相談機関**では、カップルと家族のための支援的かつ更生的な援助。**スーパービジョン**では、音楽療法士や他の職業の人のための個人、および集団のスーパービジョン。

部屋や設備は、各々の職場における特殊な必要性によって違う。すべての部屋は音を吸収する壁、天井、そして窓を必要とし、車椅子の使用が可能でなければならない。

治療の一環として幅広い楽器の整備が必要とされる（たとえばピアノ、コンガ、ボンゴ、ティンパニ、オルフ楽器、ギター、その他の弦楽器、ドラなど）。

患者／クライエントは基本的に一般の医師、専門医、学校の心理士、専門病院や機関から音楽療法に送られてくる（Tarr-Krüger, 1991）。

ハインツ＝ヘニング・ハーケ Heinz-Henning Haake

家族療法
Familientherapie

家族療法は、たいていの場合夫婦療法と結びついて、心理療法独自の端緒と理解される。家族療法は通常、家族関係や組織やコミュニケーションの網目に関連する感情と身体と社会の領域における個人の障害に対して行なわれる。個人は、もっぱら心的、生物学的、社会的「機能不全」の場なのではなく、たんに家族の病理的機構における小さな歯車にすぎない。家族は、最初の社会的経験となるので、決定的な形で個人を特徴づけ、それゆえ、家族療法の基本的な考え方はまた、成長と変化の謎を解く鍵でもある。

家族を教育相談に取りこむという最初の考えは、1920年アルフレート・アードラー Alfred Adler にみられる。円環的原因の研究という意味での家族療法研究と、それに対応した家族に治療的に働きかけるという考え方は、1952年頃、アメリカで始められた（Bateson, Weakland, Jackson, Satir, Haley, Whitacker, Minuchinら）。

1960年以来、ヨーロッパで、同様の発展があり（Laing, Richter, Stierlinら）、1970年頃以後、さまざまな方法の家族療法モデルがドイツで、教育、卒後教育、生涯教育として提示されている。

大まかに図式化すると、主要な傾向

を次のように分類することができる（Schmidt, G./Trenkel, B.（1985）「中心的テーマ——催眠と家族療法——入門」、『催眠と認知』誌2/1、184による）。

a 分析的な家族療法。たとえば、ボスゾルメニー-ナジBoszormenyi-Nagy、ボウエンBowen、ドイツ語圏では特にスティアリンStierlin、さらにリヒターRichter、スパーリンクSperling、最近ではバウリードゥルBauriedlというような名前があげられる。家族療法の治療過程に、より多くの世代の人を参加させることの重要性は、とりわけこの分析的な方向によって強調された。スティアリンは、分析的方向性のもとでとくに重要な構想に寄与したのだが（ハイデルベルク-モデル）、ここ数年はシステム理論的な構想へとさらなる根本的な展開を遂げた。

b いわゆる「成長指向的」家族療法。それに入れることができるのは、サティアV. Satirやケンプラ―W. Kemplerの仕事である。彼らは、人間性心理学、とりわけゲシュタルト療法から強く影響を受けている。

精神分析的傾向も「成長指向的」方向も一般的にいうと、治療セッションにおいて家族の構成員の間の会話が可能となって、始められることと、さらに、葛藤と個人に生ずる重大な関係の問題がセッションのなかで徹底操作されることを、治療的に主要な介入方向とみなす。

「成長指向的」な様式に挙げられるのは、次のようなものである。

- 構造的家族療法。最も著名で影響力の強い代表的人物はミニューチンMinuchinである。
- 戦略的家族療法。とりわけジェイ・ヘイリーJay Haleyの名が挙げられる。
- いわゆるパロ・アルト・グループPalo-Alto-Gruppeのブリーフ・セラピー。ここで有名なのは、ワツラヴィックWatzlawickとウィークランドWeaklandである。この構想から「ミラノグループ」が派生した（Selvini Palazzoli, Boscoli, Cecchin, Prata）。ドイツにおいてはこの方向は、もっぱら、スティアリンのグループによって、適用され、展開された。

クリスティン・シュナイダーSchneider, Kristine（1983）は『心理療法学派からみた家族療法』という書物のなかで次のように概観した。この40年間の家族療法の目ざましい発展にもかかわらず、それらは時代の潮流と歩みを合わせることは困難であった。配偶者の暴力、子供の虐待と暴行、性の不一致、入院中の精神科の患者において、家族療法は有効ではない。

それ以外にも批判がある。それに関する論文は、たとえば以下である。ジェラルド・エリクリンErickson, Gerald D.（1990）「流れに逆らって、家族療法は治療の中心に置くべきではない」（『家族力動』誌 Familiendynamik 1/15 2-20）。

リン・ホフマンHoffman, Lynn（1991）「現実の構成。光学的人工物」『家族力動』誌 3/16 207-224）。

ハーゲンHargens, J./ディークマンDieckmann, St.（1994）「理論から実践への回帰」（『家族力動』誌1/19 3-14）

さらに、家族療法は、今日の家族や家族状況の展開を背景にして、批判的に検討されなければならない。われわれの地域から2～3の例を挙げると、片親の家庭、異父母家庭、離婚した家庭、継父母家庭、文化的に混合した家庭などがある。それに関しては、「研究と批判」特集号（『家族力動』誌（1990）1/15）がある。

また、今日まで家族療法の包括的な歴史研究はなされていない。

家族療法は効果的に音楽療法と組み合わせられる。音楽療法は、たいてい心理療法の役割をもち、家族療法のなかで選択された方法として適用される。

キャロル・ガマーCarole Gammerが1977年頃発展させた＜段階的な夫婦療法と家族療法＞という思考モデルあるいは構想によって、これと関連した経験的事実が見い出された。

キャロル・ガマー（1983）『段階的家族療法』（Schneider, Kristine編集、118-133, Paderborn, Junfermann所収）

ガマーは、家族との作業をさまざまな時期に区分し、明確な目的をそのつど追求し、そして、治療目的に応じて、対処のしかたを方法的に選んだ。それに関する論文は以下である。

ヴァルトラウト・フォレルVorel, Waltraud（1984）「家族療法における音楽療法」（『音楽療法展望』誌Musiktherapeutische Umschau 5/3, 207-223）

ヴァルトラウト・フォレル（1990）「家族療法における選択としての音楽療法の適応」（『音楽療法展望』誌11/3, 207-223）

原則的にあらゆる「成長指向的」家族療法の構想において、音楽療法の導入は極めて意義がある。というのは、それらが一つの広い創造的な遊びの空間を提供し、またそれを必要とするためである。ここでとりわけ挙げられるのは、以下のような行動手順によるミニューチンの構造的家族療法における新しい構造化された操作である。

− 家族の交流パターンの顕在化
− 境界の明確な認識
− 負荷の意図的な段階的拡大
− 課題をあたえること
− 症状の意識的な処方
− 感情の状態の操作
− 援助、教育、指導

これに関する論文は以下である。

Stakemann, Ruth（1984）「音楽療法を用いた家族療法――システム理論的方向をもつ家族療法における音楽療法的相互作用の形態の統合の可能性、ある症例をとおして」（未発表の卒業論文。リハビリテーション専門大学、音楽療法専攻、ハイデルベルク）

ここで検討されているのは、統合的ゲシュタルト療法によるアプローチであり、とりわけ家族内の望ましくない感情に耐え意識化すること、内的禁圧を耐え抜き統合することが問題とされている。ここでの理論的枠組みは他の方法からの統合的な要素を含み、それに応じて診断的にそして／あるいは治

療的にそれらの統合的な要素を取り入れる。参考文献は以下である。

Schneider, Kristine/Canacakis-Canás, Jorgos（1983）「家族療法における音楽療法の端緒」（『心理療法学派からみた家族療法』、Schneider, K. 編集、279-298, Paderborn Junfermann所収）

独自の音楽療法 - 教育構想を提示する統合的ゲシュタルト療法と同様に、別の心理療法的方法も、音楽、音楽療法、音楽心理療法を、それぞれの特徴はたいへん異なっていても、家族との作業のなかへ意義深く効果的に導入する。

同様に、家族療法の構想によって、明確に家族療法的な仕事をしている大学の教室や研究所は、好んで音楽的要素や音楽療法的要素を治療にとりいれている。［とはいえ明確な］＜音楽療法 - 家族療法＞という独自の構想は、今までにまだ存在していない。したがって、そのような構想に意義があるかどうかが研究されなければならないだろう。

いずれにせよ、家族療法によって試みられた構造化は、家族療法の構想に応じて、家族のコミュニケーション過程と学習過程を先導し、それらの過程に随伴していく。一連のセッションが成功すれば、音楽療法的介入は治療過程を活性化しわかりやすくする。それは行動を推測できるだけでなく、状況それ自体のなかで行動できるようになるためである。

＜いま - ここで（Hier und Jetzt）＞の行動は、診断的、治療的特性をもち、複雑なあらゆる構造パターンを示す。

このパターンの理解は、重要な経験になり、説明や解釈をほとんど必要としない。理解と体験の後ですぐに生じるのは、しばしば困惑と、何かを変えたいという希望である。このように、各人は自分の要求や可能性にしたがって、そして自分のやりかたで、治療過程を早める。洗練された家族療法の構想のなかでは、直接的な体験に方向づけられた音楽療法――能動的音楽療法も受容的音楽療法のどちらも――を行なう治療者による迅速で直観的な状況の把握が必要であり、またどのような方向であっても、治療者の音楽療法的 - 創造的能力や、幅広い人格的、倫理的成熟が必要とされる。

ヴァルトラウト・フォレル Waltraud Vorel

かたち形成
Formenbildung

「かたち形成」の概念は、ゲーテに由来する形態学的心理学の基本概念である。この概念は、ある原理を表現している。その形成原理をゲーテは、原現象、メタモルフォーゼ（変容）、両極性の言葉で把握する（Goethe, 1793）。

フロイトの場合、自我 - エス関係ならびに現実原則と快楽原則の説明のなかに、この原理の根拠が見い出される（Freud, 1911, 1923）。「かたち形成」でつねに言われてきたことは、心の諸現象の「包括的秩序」である（Salber, 1965, またJaspers, 1948を参照）。ザル

バーはより詳しく別の箇所で次のように述べている。「少しでも自己観察すれば、かたち形成のなかに、心的なもの一般にありうるすべての質が潜んでいる。それは、たとえば力、愛、超人的なもの、暴力、素質、感覚、共同性、勇気などである。」(Salber, 1988, p.103)

包括する秩序である、かたち形成は、動的であり、時間に結びつけられ、ヒエラルキーをなし、構造化されている。形態学的心理学は、現実は流動的であり、作用として存在するという事実から出発する。けれども、この現実の現象は「ただそれ自体で宙を舞っているのではない」(Salber, 1988)。

形態学は、この流動的な現実の「なかに」、具体的形態(ゲシュタルト)を探し求める。心のゲシュタルトのかたち形成は、行動や体験の「内的統一性」を明瞭に示している。もっともこのことは、何段階にもおよぶ記述と再構成の手段を通じて分かってくるのではあるが——(Tüpker, 1988; Grootaers, 1994)。

「かたち形成は静的なものでなく」(Salber, 1965)すべての心の現象に該当する。一般的な心理学的対象のなかにも、特殊な場合でも、このかたち形成を指摘することができる。

すなわち、一日の刻々すぎゆく世界や夢の構成のなかに、そして特殊な「表現形成」のなかにもみられる(Salber, 1969, 1983)が、後者の場合、たとえば、病像、芸術作品や諸制度などがそれにあたる。

この「秘められた知性」(Salber, 1969)としてのかたち形成は、次の三つの視点から把握することができる。

すなわち、かたち形成は心の現象の生成と変化を担っている。かたち形成は一つの構造体を形づくり、それはその生成と変化がどのように実現したのかを教える。かたち形成は、形成と変形の根本原理にしたがって生じるのである。

換言すればこうなる。かたち形成はわれわれに、心的に、あることが生成し、それがどのようにそうなったのかということを、なぜそうならねばならなかったのかということを伝えてくれるのである。したがって、かたち形成は同時に、形成原理であり、理解原理であり、説明原理でもあるのだ。

包括する秩序としてのかたち形成は、「同時に内容であり形式」(Salber, 1983, p.70以下)である。ある心の現象の心理学的内容の主題は、形成原理および変形原理「である」。「心的なものにおいて、表現的にかたちが形づくられてくることに寄与するものが次々と現われてくる。……心的なものにおいて、それ自体で理解可能なかたちに影響を及ぼすものが、関係している。」(Salber 1965, p.42)

かたち形成は、産出連関として、世界をその最内奥において統一維持しているものと論じられる。「諸現象のなかで、己の……規則にしたがい展開する産出連関が明らかになってくる。」(Salber, 1989, p.36)

その全体は「[ルビンの酒盃と横顔の図のような]転回図」のような表情をみせる(Salber, 1989)。この転回図は全体として階層的に構成されている。すなわち、そこに「主イメージと副イメージ」を認めることができるの

である（Salber, 1987, 1989, 1991）。その主イメージと副イメージの普遍的な「根本関係」が、活力を与え、そのつどどちらが優勢になるかをめぐって争っている（Salber, 1989）。

音楽療法において、われわれは「損なわれたかたち形成」（Grootaers, 1996; Grootaers/Rosner, 1996）にかかわる。たとえば、われわれが患者と治療者の共同即興を、主イメージ副イメージの観点から再構成してみるならば、主イメージがたいてい暴力的なほど拡大し、副イメージの存在主張との交替がほとんどみられず、この主イメージが症状に変質してしまっていることに気づくだろう。こうした間違ったバランスのせいで、主イメージから副イメージへの「移行」や「位置の転換」ができなくなっているのである（Salber, 1989）。

心理療法——とその特別な方法としての音楽療法——が努めていることは、「かたち形成」の自己調整的で内的な論理がふたたび「作動Werk（ヴェルク＝作品）」しはじめられるよう、主イメージと副イメージのあいだの交流を正常化することである（Salber, 1980）。

それには時間が必要である。包括的秩序としてのかたち形成は、時間に結びつけられており、われわれの生きられた経験のなかでのみ存在できる。「心的現象はすべて、時間を必要とする。われわれが（心的に）何かをもとうとするときであれ、理解しようとするときであれ。……われわれの人生だけが歴史的なのではない。現実におこる個々の過程もまた、歴史性の特徴を示している。」（Salber, 1965, p.46, 47）「かたち形成」は、この生きられた歴史性の形式であり内容なのである。それは「現実を扱うためのわれわれの「道具」なのである」（Salber, 1988, p.33）。

フランク・G・グローテアス Frank G. Grootaers

楽器のもつ潜在的能力
（楽器のアピール性）

Appelle und Appellwirkung von Musikinstrumenten

活動的音楽療法では、患者とセラピストは即興演奏のために楽器を使用する。楽器とその応用は、自己表現と人との交流のためにある。音楽療法の実践と研究のために以下の質問が出される。どのような感情、ニーズや状況を表現するために、ある楽器は適しているのだろう？ どのような感情、ニーズや状況に訴えるのか、そして楽器のどのような特質が、そのような結果に導くのだろうか？

アピール性とは、何かを呼びおこしたり、何かを思い出させる刺激や信号である。このような大きな力が楽器にはある。

まず最初に、オランダ人のヴァールデンブルクW. Waardenburgが楽器のアピール性について取りくんだ。彼女はマクス・クリフュイスMaks Kliphuisが開発した「アピール性のス

ペクトル分析」を応用して、楽器の表現力の可能性を研究した。

クリフュイスは、一人一人がその人に特有なニーズの順位というものを内にもっていて、すべての芸術の素材が一人一人のこの順位の特定の場所を刺激するという仮説から出発した。つまり、ある素材から発せられるアピール性は、誰においても特別な影響を及ぼすということである (Kliphuis, 1977, 80-82)。

ヴァールデンブルクはこれを楽器の影響の研究に置き換えた (Waardenburg, 1977, 246-259)。そのさい、彼女はある楽器の響きのみが演奏へと刺激するのではなく、楽器の外見、素材、構造や演奏方法も影響するのだと指摘した。

音楽療法的な意味においては、ある楽器から発せられ、ある人がそれを快く思ったり、あるいは拒否したり、特定の思い出や気分やニーズを引きだし、意識したあるいは無意識の反応を誘発するような、すべての刺激がアピール性であると理解される。

ある楽器のあらゆる特性にアピール性はある。その楽器の表面は滑らかだろうか、あるいは粗い感じがするだろうか、重いか、堅いか？　そのかたちは人間の体を連想させるだろうか、それともある動物？　その楽器は打たれるのか、それとも軽く触れられるだけなのか？

さらに、ある楽器を演奏するにあたって平易なのか難しいのかという問題も、アピール性という点で影響をあたえる。たとえば太鼓や木琴のような、簡単に心地よい響きの音やメロディやリズムを生みだせる楽器は、多くの人にとって非常に魅力的な特性を備えている。その反対に他の人にとっては、チェロやトランペットのような演奏の難しい楽器が、自分の器用さを証明せんがための刺激になることもある。

音楽的な素人にとっては、楽器のアピール性がその楽器への接近を容易にする。好奇心と演奏の喜びが刺激される。治療的な即興演奏において、未知のものや予測不可能なものに対する気後れを克服するうえで、これが役立つのである。

楽器は人間のすべての感覚に訴えかける。クラウスマイアーKlausmeierによれば、これこそがシンボルの意味をもった担い手として、楽器が適しているという理由である (Klausmeier, 1978, 135)。楽器のシンボルは音楽心理療法において大きな関心を集めている (Decker-Voigt, 1991, 255-257比較参照)。たとえばティンパニは権力と意志表示の象徴であるがために、多くの人をひきつける。同時にこれは他の人の場合は不安を呼び起こして、しりごみをさせてしまう。

ここで治療的に重要なテーマに触れることになる。楽器はある人の個人的な人生の歴史における経験や思い出に訴えかける。これはその人の心の特定の箇所を刺激する。聴覚、視覚、触覚と身体運動という面をとおして、それは感情、ニーズ、そして能力に訴えかけ、それらの表現を可能にする。

ある楽器の特定のアピール性を人に伝えるために、ヴァールデンブルクはクリフュイスが開発したアピール性の

スペクトル分析を応用した。質問表には32項目にわたるアピール性が列挙されている。ある楽器がどの感情、ニーズ、そして状況にアピールするかという質問が用意されている。答えがこのリストアップされた中の多くを含んでいれば、この楽器はその人にとって幅の広いアピール性スペクトルをもつということになる。つまり、さまざまな、かつ対極的な感情を表現するのにこの楽器は適しているということである。数は少ないがお互いに似かよったニーズに対して多くのアピール性が示されれば、この楽器は高いアピール性を備えているが、同時に幅の狭いアピール性スペクトルをもつということになる（Kliphuis, 1977, 107-108）。

クリフュイスはアピール性を三つのグループに分類した（上記の83-84）。

1 **感覚的／官能的なニーズ**に訴えるアピール性。

何かに触ったり、それを抱えたり、素材と遊んでみたり、素材とコンタクトをもつという、身体的なニーズのことである。

2 **次元的なニーズ**に訴えるアピール性。

これは、たとえば無限性、無制限、絶対的な力といった時間、空間、かたちと関連していたり、あるいは自分自身と関係があり、自分を閉じたり、自分自身と関係をとったり、自分を囲ってしまうというニーズを指す。

3 **主観的／内容的なニーズ**に訴えるアピール性。

つまりある楽器のシンボルとしての価値をとおして刺激されるニーズを意味する。シンボルとしての価値は楽器のすべての特性に見い出されることができる。響き、色、大きさ、かたち、素材の特性、構造、演奏方法がこれにあたる。

個人的な人生歴のために、ニーズが意識的、無意識的に防衛されたり、あるいは満たされようとするように、楽器もある人から意識して、あるいは無意識のうちに拒絶されたり、魅力的だと思われたりする。ある楽器のアピール性のスペクトルは、人の個人的な心理状態によって変わる。したがって、これには客観的な価値はない。

しかし、音楽療法士たちの研究によれば、各々の楽器がさまざまな被験者に対して似たようなアピール性をもっていることがわかった。たとえばティンパニ、ベース木琴［木琴のなかで一番大きくて音が低い］とシンバルは、多くの人たちから幅広いアピール性があると認識された。これに対し、プサルテリウム［中世のツィター型撥弦楽器］、グロッケン、スライド・ホイッスル［トロンボーンのように笛の筒の内部をスライドさせることで音の高さが変わる簡単な笛の一種］には、幅の狭いスペクトル性ではあるが、高いアピール性があった（Höhmann, 1988, 23-36）。

音楽療法において大きな意味があるのは、クリフュイスが主題的なアピール性と名づけたものである。これはある楽器のシンボルとしての力が源とな

っているアピール性のことである。象徴化は原則として無意識のうちに起こるか、抑圧されたニーズや感情から発し、ある人がある楽器に対してきわめて個人的な方法で反応するという影響をもたらす。

例を挙げると、子供を流産でなくしたある若い婦人は、最初の音楽療法のセッションのあいだ、自発的にティンパニに向かった。この楽器は妊娠中の彼女のおなかのかたちを連想させた。後になって判明したことだが、大きな音を出すティンパニの力が、それまで抑えられていた子供の死にまつわる怒りを刺激したのだった。彼女の抑圧は非常に大きなもので、マレットを手にとってはみたが、一音も出すことができないほどだった。なぜこの楽器にひかれたかということを意識せずに、この患者はティンパニにひき寄せられたのだった。楽器は彼女の個人的な人生のシンボルを、無意識のうちに刺激したのである（Höhmann, 1994, 34-43）。

何が楽器をシンボル化するのだろうか？　神学者のパウル・ティリッヒ Paul Tillichは楽器のアピール性の分析において、意味のあるシンボルの四つの特性を挙げた。

1 **本来はないもの**。シンボルは存在してはいるが、間接的にしか存在していない何かを示す。ティンパニは患者の無意識の怒りを示した。これはシンボルとしてのティンパニの第二の特性ゆえに可能だった。

2 **シンボル自体のパワー**。シンボルはその具体的、本質的な特性をとおして、真実を示し表すものの一部を意味する。シンボルそのものにパワーが内在するのである。ティンパニのシンボルとしての意味は、患者が意図的に考えだしたものではない。それはこの楽器の特定の形と音の大きさ、および無意識の感情のつながりによって生まれたものである。

3 **認識されたもの**。シンボルはなんらかの立場からそのようなものだと認識されなくてはならない。これは個人の心の状況でもありうる。シンボルはしかし、あるグループや文化圏、ひいては人間性全体からも認識されることができる。

最後の項目はユングC. G. Jungが開発した女性と男性の原則が第一に挙げられる元型を意味する。演奏で使われるマレットのペニスに似たかたちは、男性の元型を表す（Höhmann, 1994, 103-107も参照）。

4 **具体的なこと**。シンボルは、それ自体にはない真実を具体化する。それはそれ自身と、それが象徴化しているものとのあいだの比較ができるという点でシンボルとなる。たとえばティンパニの潜在的な音の大きさは、怒りの度合いと比較できた。これは患者の内的な真実をあからさまにし、また反対に彼女のなかの真実を、無意識にシンボルとしてティンパニに置き換えることを可能にした。

ある楽器に内在する、あるいは付与されるシンボル性は、その楽器のアピール性のスペクトルとアピール性の価値を決める。シンボルの「シンボル自体のパワー」には、確かにある種の影響力がある。しかし各々のアピール性の影響の決定的な基準は、ある楽器と接触する人のきわめて個人的な心と体の状態、ニーズ、そしてその人のそれまでの人生歴にある。

ウルリケ・ヘーマン Ulrike Höhmann

学校における音楽療法

Musiktherapie in der Schule
(Schüler-PatientInnen)

諸言

治療法の表現型は、とりわけそれらを実際につくりだす施設（役割期待）と個人（役割の担い手）によって規定される。この［学校における音楽療法という］領域にとって学校が意味するのは、教育者が自分たちの教育の期待（目標）を生徒たちにもたらすことである。

施設は特定の学習条件を提供し、生徒は特定の学習の必要条件をもち合わせ、役割を果たすか、あるいは――場合によっては部分的にのみであるが――学習や行動や言語の問題というかたちで目立つことにより反応する。

これらの生徒のうちの若干の場合、普通の方法論的 - 教育法では対応することができないので、それを超える援助が必要とされることがある。ここで問題になるのは、そのような生徒、「境界的事例」であり、たとえば音楽療法の提供を受け、それによって障害の固定が早期に避けられ（予防）、あるいは深層にある葛藤がつきとめられ、理解される（治療）。彼らはこの介入のあいだ、学校の枠組みのなかで特別の役割をもつので、そのような生徒は、ここではベネンソン（Benenzon, 1983）にならって＜生徒 - 患者＞（Schüler-PatientInnen）と呼ばれる。

概念規定

ベネンソンは、精神的なハンディキャップをもつ人との音楽療法の実践に関連して、＜生徒 - 患者＞（Sch.-P.）という概念を使う。ある特殊な制度の範囲内では、精神的なハンディキャップをもつ人の考察とならんで、＜生徒 - 患者＞という見方もなければならないという。精神的なハンディキャップをもつ生徒が、授業や教育や援助のなかで彼の限界に関してさらに注意されるような場合、＜生徒 - 患者＞は音楽療法においてまた別のやりかたで配慮される。

ここで提供されるのが、「情報をもたらす」機会であるが、「それは難しく厄介に見えるが、その時は容易に理解される」（p.114）という。目的は、学習意欲の向上および学習グループへの統合である。＜生徒 - 患者＞は、まず数回の個人療法の時間を続け、その後で、一つの音楽療法のグループのなかで（たとえば、音楽の授業のなかへ）

編入の準備がなされる。音楽療法士の課題は、**ISOと媒介の対象**の観察や理解や取り扱い、および音楽的な事象、とりわけリズムのインパルスの構造化である。

＜生徒‐患者＞という概念は、次の四つの基本的前提条件を含む。
- 特別なクライエント、つまり彼らの障害が体験や態度や学校の成績において、あるいは身体の領域において困難を示唆するある年齢のグループ（子供、青少年）の人たちが問題になる。
- ＜生徒‐患者＞との音楽療法的仕事は、教育施設のなかで行なわれ、そのためその施設は通常治療的な任務というよりも、教育や人間形成という任務をもつ。
- 治療的な概念を教育的な概念に結合することは、学童との音楽療法のある特別な方法論への参照を含んでいる。
- ＜生徒‐患者＞の役割の一つは、意義深いことに、治療者ないし「教師‐音楽療法士」の対応者であるということである。

学校の機能

生徒が学校で目立って特別の治療を必要とするには多くの原因がある。

第一に、出生前、周産期、出生後の影響が挙げられ、それは後まで続く精神、身体、あるいは感覚の障害に至りうる。早期の障害、施設化、性的虐待あるいは他の外傷的な子供時代の体験もまた、障害の表現型をとりうる。

しかし、ときには、教育条件や教室や学校内部の雰囲気もまた、病気をつくりだしたり、すでにある困難を強めたりする。これらの「困難」には、さまざまな表現型、たとえば、学校恐怖、制御不可能な衝動行為、志向性の障害、［学習や行動の］遅さ、過剰適応、**緘黙**がある（Mahns, 1990参照）。

二つの力が学校システムのなかでぶつかりあい、あるいは互いに修正し合う。「教師はわれわれの国、われわれの社会秩序、そしてそれに結びついた権力の独占を代表する」（Jordan, 1994）。教師は、力（と義務）と成果と行動様式を制御し、評価し、必要であれば、学校の選択任務に応じて肯定か否定の裁量をしなければならない。この職務が与えられるのは、とりわけ、学習能力の劣った基礎学校の生徒を養護学校（教育の遅れている者のための学校）へ移す場合、あるいは卒業試験の実施や入学資格（たとえば大学入学資格試験）の付与の場合である。

この動きは1970年頃から「**人間的な学校**」（Hentig, 1976による）を発展させようとする努力に対立している。代わりになる学校モデルの経験（自由学校、森林学校、総合学校など）、ハンディキャップをもつ人の統合への努力、ないしは学校の価値変更（協力、創造性、柔軟性、社会教育）の社会的圧力が、反対の力を発展させた。そして、それらは**予防**や**統合**や**差異化**というキーワードによって素描されることができる。

このように、学校は、成長している人々における教育や人間形成の任務とならんで、心理社会的な問題も克服しなければならない。

教育施設のこの二重の機能は、とりわけ、特別なやりかたで「困難な」生

徒に向かう役割を担う人々（特殊教育者、治療者、社会教育家、教育相談者など）にのしかかっている。

組織の形態

近年、公立の学校が、学習障害や言語障害や行動障害のケースでも利用できる治療的アプローチを導入することにとりかかった。このようなアプローチにおいては、**予防**に重きが置かれているか、［それ自体］すでに心因性疾患や知覚障害の治療となっている。学校内での治療的アプローチが必要なのは、［生徒が］外来治療をいつも受けられるわけではなく、［障害の］把握が遅れてしまいがちだからである。

学校の内にいる治療者、教育相談者、予防のための教師（Schmidt, 1993参照）は、より早く何らかの手を打つことができる。そのような**教育‐治療セクション**、問題を検討するための空間と時間を与えるセクションのための組織形態が、学校のシステム内に見出される。養護学校や統合的施設、総合学校の相談課、援助センター、などにおいてである（Wocken, 1990, 1991参照）。

適応と目標

学校において基本的な［対人］関係障害と集中困難がある場合、一般的な学習の提供は、個々の子供を全体としてとらえるためには、しばしば充分ではない。次に挙げる障害は、練習や体験や葛藤を中心化する（Petzold, 1974参照）という意味で、音楽療法による治療の必要性を示唆しうる。

知覚の問題、行為の異常、言語と会話と気分の問題、好奇心にもとづく行為の欠如、模倣能力の障害、対話や関係の能力の欠如、学校や成績に対する不安、空間や時間（リズムをつけること）における見当識の欠乏。これらの適応症から、個人の治療目標が導き出される。

しかし、そのさい、個人の障害が最初から無条件に顕在化されてはならないということが考慮されるべきである。「子供が井戸に落ちてしまう前に」、すなわち、障害が症候としての価値をもってしまう前に、予防の分野における音楽療法の実践的アプローチは、それによって＜生徒‐患者＞の治療が可能であり、成功の見込みがある音楽療法的交流の新しい性質を示している（Mahns, 1995参照）。

危険と問題

＜生徒‐患者＞との音楽療法の特別な機会は、現場での「諸困難」の、できるだけ早期の治療のなかにある。さまざまなセッティングの結合（教室の授業、ある特別な空間での**個人音楽療法**）のさいに、しかしまたいくつかの危険性と問題が考慮に入れられなければならない。

— 教師の役割と治療者の役割のカップリングは、＜生徒‐患者＞に対する否定的な結果によって役割葛藤ないしは役割の拡散にいたりうる。このことは特に早期障害の子供の場合にあてはまり、そのさい、（治療に）携わることと（授業と教育における）規律的な態度の交

替は、分離の過程を必要としうる。治療者が<生徒‐患者>に対してその役割のなかでだけ現れるときでさえも、治療者は、自分の患者に対するときと同様に施設の精神力動（**施設‐逆転移**）によって圧倒される（Niedecken, 1988参照）。
— 強力と無力、理想化と価値の切り下げ、攻撃と不安といった、教育施設の依存関係のなかで生ずる力動との無反省的なかかわりのなかで［教師‐治療者は］、<信頼>というものを濫用してしまうことがある。
— 変化の必要性が個人にだけみとめられ、おそらく非人間的なシステムが変化しない場合、治療的措置は自らの不在を証明してしまう可能性がある。

これらの危険を防ぐために、三つの戦略が意義深いものとして指摘された。

第一に、<生徒‐患者>と治療的な仕事もする教育者は、ある特定の資格を要求されなければならず、それらの**資格**は、**養成や卒後教育や生涯教育**（自己経験、音楽的で音楽療法的職業技術、方法論、理論、スーパービジョン）のなかで獲得され、つねに拡げられ、確かなものにされなければならない。

第二に、<生徒‐患者>との作業にとって**治療コンセプト**が必要であり、そのコンセプトは、外にむかって構造的な透明性（何によって、何を、なぜ、どのくらいの期間するかということ）、内に向かって信頼の保護を保証し、それによって他の学習過程と発達過程との違いを可能にする。

最後に、教育的で治療的な仕事のどれに対しても、つねに存在する課題は、外的内的な現実性と依存性とそれによってまた共通の努力の限界性を熟考することである。

<生徒‐患者>に対する治療コンセプトの諸側面

<生徒‐患者>との音楽心理療法的な仕事は、他の教育的関係の質に近づくために、状況の明確性と、そのための治療任務と治療同盟と守秘性とセッティングなどに関する契約の特別な基準を必要とする。これらが欠けると、音楽療法の仕事は、おそらく中途半端なやりかたで行きづまるか、効果的で根本的な変化を可能にしないだろう。

まず手始めに「**治療任務**」が調べられる（だれが派遣するのか。だれが派遣されるのか。動機は何か。期待することは何か）。たいていまず最初に大人が、治療を——いわば該当者を代理して——委任する。

ある枠組みの内部で——そこでは生徒はわずかしか決定の余地をもたないが——個々の動機がひき出され、吟味されることになる。援助されうるのは、自分からすすんでそれに携わる気持のある<生徒‐患者>だけである。

一回ないしは数回の最初の接触をとおして、個人の困難な状態ないし適応症の明確さに応じて個人のデータ収集が行なわれ（最初の面接、音楽的インプロヴィゼーション）、同様に音楽療

法における可能性が知らせられる。学校における音楽療法では、しばしば音楽療法を楽器の授業と見なすなどの誤解が生じるため、このことは絶対に必要である。

一つの共通の<**治療同盟**>は、空間と時間に関して、カセットテープに録音することについて、またある施設で特に重要な「**守秘義務の規則**」についての合意を含んでいる。たとえば信頼感において深く障害されている子供が、だれに安全に秘密を打ち明けられるか確かでないある枠組みのなかでは、秘密の公開を<生徒‐患者>がはっきりと望み許可する場合以外、音楽療法士は治療の場から第三者に向かって何一つ話をしない、ということが明らかでなければならない。

ヴォルフガング・マーンズ Wolfgang Mahns

感覚知覚
Sinneswahrnehmung

感覚‐知覚の理論は、すくなくとも二つの理由から、音楽療法の自己理解のため欠かせないものである。

まず第一に、この理論は認識論的科学論的枠組みを記述するからである。そこからは、理論関連の議論が導き出されてこなければならない。

第二に、学問の世界で明言されはしないが、特定の知覚理論上の仮定が、音楽療法に取りくむさい行なわれている。そして、この明言されない音楽療法の性格づけが、財政上の研究助成のさい、すぐさま音楽療法の物質的ありようにも現実的な影響を及ぼしてくるのである。

知覚理論もまたパラダイム転換のなかにある。いままで妥当してきた、そして今日なおまだ支配的なパラダイムは、医学的‐自然科学的パラダイム（古いパラダイム）である。新しい知覚概念を私は、現象学的‐治療的と名づけたい。

古いパラダイムは、知覚過程を受動的かつ分離的に捉える。すなわち、客観的音波が、複雑な器官とみなされている聴覚器官にあたり、この器官を振動させ、神経生理学的な（電気‐化学的な）諸過程を通り、最終的に、多かれ少なかれ受動的主観的な聴感覚をひき起こす、といわれるのである。デカルト的二元論（心のない身体、身体をもたない心）によって刻印された客観‐主観の分裂が、ここで古典的なかたちをとって現れている。

このように想定された知覚過程の静止状態を問題にしないとしても、この理論は次の問題、すなわち、客観的で測定可能で身体的過程が、どのように主観的で質的な心の感覚へ飛び越えることになるのか、という問題に答えていない。

これに対して、人間学的現象学者たち（ガーダマーGadamer、メルロ＝ポンティMerleau-Ponty、シュトラウスStraus）は、新しい考えかたを用意した。すなわち、全体的過程としての身体経験や感覚経験を出発点としたのである。知覚過程は能動的な過程である。つまり、知覚する主体は、それがもつ

意図によって、知覚された対象をともに構成するのである。(「私が知っているものを、私は聞く」)

静態的な客観‐主観の分離は、同一化作用と対象化作用の動的な両極関係によって止揚される。そのさい、現象学的に規定された三つの知覚基準が注意されなければならない。すなわち、それは、認識、知覚領域各々の特殊性、志向性の三つである (Scheuerle)。

この知覚基準を首尾一貫して適用するとき、知覚領域の新しい分類編成が生まれてくる。すなわち、これまでも知られている感覚、たとえば触覚、平衡感覚、セネステジー (身体感覚)、運動［感覚］(筋紡錘によって伝達される)、嗅覚、味覚、聴覚、視覚にさらに、ゲシュタルト感覚 (全体の知覚であり、20世紀のゲシュタルト心理学によって記述され、ヴィルヘルム・ザルバーの形態学的心理学 Morphologische Psychologie でふたたび登場した)、意味感覚 (意味性の知覚であり、あるプロセスの意義についての感覚である)、人格感覚 (ある人物や、たとえば芸術や即興での個人的スタイル形成についての感覚) がつけ加わってくる。

知覚領域のこの新しい分類編成はまた、古いパラダイムの数世紀続いた心身二元論がどのように克服されうるかも認識させてくれている。すなわち、人格存在、意味、そして形態は、直接的に特定の知覚で獲得できるのである。他方、古い見方にしたがえば、これらは悟性や感情的感覚の行為によって間接的にしか推論できないものとされていたのである。

知覚領域のこうした拡大化は、芸術的‐治療的手法の着想にとっても本質的だろう。つまり、心理療法——もともと意味的‐概念的言葉だけを使用し、心に現れてくるものを手段として使う療法としての心理療法——は、そうすると、他の手法すべてに組みこむことができ、だから音楽療法に組みこむこともできる。ただし、方法的心理療法の根本条件が満たされていなければならないという前提のもとでではあるのだが。

知覚領域の拡大化とともに、感覚知覚は新しい概念のなかに新しい深みを獲得する。この深みはとりわけ治療者によって探究された。音楽療法の深い作用は (他の治療形式でも同様だが)、根本的に多様に理解可能である。たとえば、文化哲学的に、発達心理学的にと。

文化哲学者ジーン・ゲプサー Jean Gebser は人類の歴史の流れのなかで、さまざまな発展段階を区別し、そしてその各段階の痕跡は、今日でもすべて人間のなかに構造として堆積しているとする。

今日の、しかし、もはや期限切れになった合理的構造は、目的指向的で、パースペクティヴ的であり、明確な昼の意識に基礎をもつ。その前に存在していた神話的構造はイメージ的であり、大きな、夢のイメージや神話のなかで現れる原イメージによって導かれている。そしてこの構造は、今日ではわれわれの夢の意識に対応しており、歴史的には古代ギリシャ時代に分類される。

呪術的構造は力やエネルギーの流れへ方向づけられており、イメージ内容、内容一般に欠けている。この構造は、

今日では、われわれの睡眠意識に対応する。歴史的には、たとえば、今世紀のはじめ民族学者によって報告された、雨ごい（Lommel参照）などの呪術的自然操作をもつ石器時代が相当する。からだを治療するとき、機械論的‐因果論的意味でではなく、生産的‐呪術的意味あいにおいて、呪術的層の力の流れがいくつもぶつかりあっている可能性がある。

　こう考えると、音楽療法の作用も理解しやすくなるだろう。つまり、その場合、たんに（神話的層の表現である）感情だけでなく、直接からだに作用を及ぼす（呪術的層である）エネルギーの流れも効力を発揮していると見ることができるからである（Ruland参照）。ここに、次のノヴァーリスNovalisの予感に満ちた予言が成就されているといえないだろうか。「どんな病も音楽の問題である。治療には音楽的な解決法を。」（Neue Fragmente Nr.393）

　最新の発達心理学（Stern）は、初期児童期（2〜7カ月）の知覚様式を、かたち、強度、時間型といった大ざっぱな経験質をもち、まとまった小さな全体に方向づけられているものと認識している。これに対し、成人の生理学から導き出されてくる感覚知覚（視覚、聴覚など特定の様相をもったもの）は、この大ざっぱで初期の型に比べ、断片的なものとされている。子供が、合理的で断片的な大人の知覚へ成長していくとき、少なくともまず最初に、全体的知覚の意識的体験が破壊されることになる。音楽療法士たち（Teichmann-Mackenroth）が想定しているように、この全体的経験は、断片的、抽象的、象徴的、コード的である言語によるより、音楽によるほうが簡単に呼び覚ますことができるのである。

ペーター・ペーターセン Peter Petersen

関係のロンド

Rondo-Beziehungsrondo

　さしあたってたくさんある音楽療法的なインプロヴィゼーションの基本モデルのなかで（対応する実践集のなかで広く公表もされているが）、〈ロンド——関係のロンド〉はドイツ語圏の音楽療法のなかで特別な歴史的な意味をもつ。そのため、ここではそれが取りあげられて然るべきと思われる。

　白日夢に出会いたいと思い、しかし同時にそれをこわがっている人々に対して、次のような、彼ら自身によってコントロールされるロンドは比較的「危険の少ない」アプローチをとることができる。

A 　前もって定められた単純な音素材に対する、注意を集中したインプロヴィゼーション、
B 　連想的インプロヴィゼーション、
A 　……等々。

　たとえば、ここで患者は、前もって取り決められた信号によって（ゴング、シンバル、ベルあるいはそれに類するもののように、まだ使用されていない

楽器によって）、部分Aから部分Bへの切り替えを行なうことができる。

そのようなロンド-インプロヴィゼーションにとっての基本法則1番——。

部分Aは、両パートナーが容易にそれを思い出せるように、単純にはっきりと特徴を示して構造化されなければならない。

治療者はそのさい、たいてい「漂うような注意」によって、切り替えを望んでいるという信号をすぐに取りあげるだろう。例外的な場合、患者は、あらゆる方向転換を治療者に委託することができる。そのとき治療者は、直観的に「どのくらい-どこから」ということを感じとろうとし、そして、——もしうまくいけば——患者から自分が理解されたと感じたかどうか、後から報告をうける。

構成されたロンド形式は、ノードフとロビンスNordoff & Robbins（1962, 1968）の能動的音楽療法において、いくつかの遊び歌のなかに特異的に見い出される。たとえば、"Let's beat the Drum"、"Charly knows, how to beat that Drum"、"Drum-Talk"。それらは、親しいものと高度の注意-緊張の段階との、生き生きとした交替を媒介する。

同じような機能を、別の構成されたロンドは受容的音楽療法（該当項目参照）のなかで果たすことができる。

関係のロンド（Echen, 1975, p.43）は、たいていトゥッティ（総奏）—第二のパートナーの関連演奏—総奏—等々から成っている。

この関係のロンドは「能動的集団音楽療法」のセッションの開始に特徴的な形式である。

総奏において、皆が同時に演奏するならば、各人にとって、自分の楽器（そして今日の自分自身）を集団の響きの支えのなかで試してみる可能性が提供される。その後でしばしば、軽く「対話」に入り、次のことが体験される。私が知覚され、〈問いかけ-応答-演奏〉に思い切って入ることができて、信号を与えるか受けとるか、つき従うか導くか、そして、もしそうでなければならないなら、人のことはかまわず「私のやり方を貫く」のか、私はいま感情移入してともに歩みたいのか。

関係のロンドのなかでは、各人は音楽的に「言葉」かあるいは意味のある沈黙を手に入れる。

グループに参加する人が6人の場合、「通常の形式」は（円く座って）次のように構成される。総奏—二重奏1＋2—総奏—二重奏3＋4—総奏—二重奏5＋6—総奏。

関係のロンドに面接の段階が通常続き、面接のなかで各人は自分の体験と知覚のうえで彼にとって重要だったことを——たいていそれによって各人が「自分の場所」をもつ「儀式化された順番のなかで（輪の中で）」——述べることができる。

そして、「私は今日はなにも言わない」と口を閉ざしたとしても、それによってすでにある信号をグループに与えていることになる。

二重奏が交差してインプロヴィゼーションされる場合（総奏―二重奏1+4―総奏―二重奏2+5―総奏―二重奏3+6―総奏）、体験はしばしば非常に変化しており――直面化も比較的容易に可能となる。

一つの「体験グループ」への参加者がもっと少ない場合、以下のような習熟した演奏規則が使用されるならば、大変深く印象深い体験になる。

総奏―自分自身との対話―総奏。

必要なら総奏の段階を前もって特徴づけることができる。――たとえば、ある反復するリズムに前もって統一することによって。そのさい、治療者あるいは自由意志をもつ「リズムの番人」が、取り決められたパターンをふたたび取りあげるのを助けることができる。

ある自由なバリエーションは、その場合ただ、総奏―二重奏―総奏―二重奏―などに固定されるだけだが、それは「いつ私は参加したいのか」あるいは誰としたくて誰としたくないのか、それはその時しばしば意図されないものになる（か）ということを意識化するのを助ける。三人の演奏。そのなかで、複雑化された兄弟経験、あるいは別の早期にこうむった三者問題を、最も劇的なしかたで再活性化することができる。他の例外状況においてと同様、グループはそのとき、たいてい「形式」を壊し、すぐに思索的な沈黙と談話のための空間がもたらされる。

ヨハネス・Th・エッシェン Johannes Th. Eschen

患者 - 治療者関係
Beziehung Patient-Therapeut

治療関係は少なくとも二つの領域を含んでいる。それは社会心理学的にまた規範的に定義された**役割**と、**経験**の次元の二つである

社会的に考えられる治療者の**役割**は、一般的な、つまり公けによく知られた行動様式の全体的なまとまりを指す。それは、立法的に成文化された行為から、専門的な知識までを含んでいる。

音楽療法の職業教育の場において、その役割はおよそどのようにして獲得され、証明されるのであろうか。どんな治療者も、彼に対し、はじめに患者から前払いされた信頼は、基本的にこの役割を果たすことで正当なものとなることを、くり返し明確にしておくべきだろう。

この役割の本質的で無言の前提となる細やかな要因としては、一方では通常考えにくいほどの距離の近さと個人的な親密さのあいだの、神経細やかな演奏があり、他方では、熟考された距離、感情的な禁欲と冷静な客観性が挙げられる。

この治療的なバランスをコントロールする難しさについては、今日増大している精神療法における限度違反（特に性的搾取）の報告に注意を促すことができる（Pope）。

「患者」という言葉の代わりに、今日ではしばしば「クライエント（来談者）」という用語が用いられる。［この用語は］場合によっては、医師の役割や医師と結びついた医学関連産業の影響力、および権力機能の立場と比較して、セラピストの役割を制限されたものにするために用いられたり、またある場合には、受動的に耐える人としての役割を患者に帰するのではなく、患者に独自の活動性と責任をひき受けるよう促すために用いられたりする。

しかし、たとえこの制限に意味があり必要だとしても、私［著者］は言語表現上の理由から、これからもむしろ「患者」という言葉を選ぶ。［なぜなら］「患者」という言葉は苦しむ者ということであり、一番広い意味で［何かを］被っている者を意味する。それに対して「クライエント」という言葉は、「［何かへの］依存を見つけた人」と同様な意味をもつ（ドゥーデンDudenの辞書より）。

治療関係においては、治療者には協力者、道連れ、従者といった役割がふさわしく、「患者」には、その苦悩のなかで、彼の人生の深く包括的な体験を獲得することがふさわしい——医学においては障害の除去（それとともに痛みの一掃）が、一般的な医学的侵襲の目的なのだが、この場合には（痛みを和らげたり完全に取り除いたりすることがないわけではないが）それは治療の開始時点での治療契約に含まれない。

治療関係では三つの**経験の次元**が区別されるが、それらは治療的現実のなかで絶えず混じり合っている。その知識と区別とは関係診断のうえで本質的なものである。それらの次元は、「転移」、「関係」、「出会い」（Petersen）と呼ばれる。「転移」と「出会い」の次元は、一般には広く意識されない。

そういうことで、セラピストは治療の開始時には、まず最初に「関係」の要素に拠り所を求めることができる。治療過程の経過に応じて、だんだんと「転移」の徹底的検討が前面に出てきて、治療の終結にいたって「関係」が変化する。

それに対して、「出会い」は一つの出来事である。それは治療経過のなかでくり返し現れうる稲妻のようなもので、とりわけ支えとなる基盤の背景に、またさわやかな霊感の泉のように、治療に連れ添うものである。

「関係」の次元では、すべては枠組み（セッティングSetting）に関連する要素である。治療の経済的側面にはじまり、一回の治療の所要時間と治療全体の期間、治療空間の構造、使用される技法（即興的、行動療法的またはより芸術的な評価）、治療契約（治療のゴールと治療的限界）などがあり、これらは当初なによりも治療者の活動性の要素によって支えられている。

加えて同様に、音楽的な挿話の相互的交換による意識的なコミュニケーションの構造、即興を叙述によって評価するさいの、感情、感覚、思考の相互

の言語的交換も必要である。治療期間の全体をとおして、何よりも治療者の支える力(抱えの機能holding function)の信頼性の高さが要求される。

患者は、治療者の不変の包括的な注意と心遣いを信頼していられなければならない。

この心遣いは排他的な性質のもので、個人患者の場合には個別のセッティングに対し、グループにおいては集団過程に関心が向けられる。

包括的注意には、患者が意識的に見せなかったり、その逆に見せたがっている側面への考慮も含まれている。支える力の基本的要素のひとつに、治療者の耐える力がある。原則的に治療者は、患者のひどく奇妙な行動様式をも受け入れ、もっともなことと考え、破壊的な行動が患者と治療者のプライドの限界を傷つけないように調整していく。

「**転移**」の次元については、ほぼ百年にわたる精神分析や深層心理学の研究において、体系的に記述がなされてきた(Battegay, Petzold, Thomä)。

転移とは無意識の、抑圧をとおして生じた患者の期待、希望や思考および行動様式であり、これらは治療のなかの実際の関係状況には注意を向けない。カギと鍵穴モデルにしたがえば、治療者は、この「転移」に対して不用意にも自分の**逆転移**で反応してしまう。

自分の逆転移については、通常の自分ではありえないような、奇妙な感情、考え、行動様式の形成[に気づくこと]でそれと分かる(たとえば、度を超えて暖かい援助、頭痛や疲れやすさのような心身症的症候、性的興奮、注意の脱線、内的な幻想の布置、または夜間の夢のエピソードなど)。自分の逆転移を認識し、適切な方法で治療のなかでさりげなく話のなかに混ぜ、そのようにして患者の「転移」の要素を、その無意識のあこがれや不安とともに経験できるようにし、その経験をとおしてだんだんとその生活のなかに統合していけるようにすることが、セラピストの課題である。

典型的な転移構造が描写されたら、それは大きな成果である。よく経験される患者の転移には、治療者の理想化(すべてを包む愛、智、能力——つまり治療者の万能)があり、他方では治療者が患者のために「転移」された救世主の役割を演じることができなかったことへの失望から起こってくる、極端な治療者の価値の切り下げがある。

その他にしばしば起こる「転移」は、父や母の「転移」だが、[これは]とりわけ生活史的に両親からの愛情が欠如している患者に起こりやすい。このような場合、セラピストが当座は長年にわたる治療の経過中に、この転移を意識しながら理解を示し、その欠如をある意味では部分的にでも代償し、最終的には[患者に]意識された解決までもっていくことが必要不可欠である(Petersen/Rosenhag, 1993を参照)。

「**出会い**」(Petersen, 1994)の次元は、我Ichと汝Duが無条件に開かれた状態のなかに存在する。患者と治療者は——すべての職業的な利用手段をともなうその責任のある役割を超えて——互いに歩み寄る。この尾根歩きは、多くの治療者から綱渡りと評価されてい

て、その危険性はよく知られている。

決定的なのは、無条件に開かれた状態にあることである。診断学的知識、治療上の技法、境界づけされた枠組みによって得られる職業上の保護は、確かにそこにあるが、それは境界を形成する手段としては用いられず、「出会い」の無媒介性と自発性を可能にするため、意識して後方に置かれている。

そこでの「出会い」はけっして計画可能ではなく、それは一度だけ身に降りかかることとして現れ、閃光が急に姿を現すようにただそのようにあり、他［のありよう］はありえない。「出会い」は境目の領域に生まれる──言葉と沈黙の間に、音と音のあいだに、意識と無意識とのあいだに、そして我と汝のあいだの空間に。ヴェレーナ・レンチュVerema Rentschの詩にこう言われているように──。

間（はざま）
音と音とのあいだに
希望が
共鳴する創造の響きがある。

行間に
しばしば、われわれのあいだにも
終わりのない流れがある。

多くの治療者は、治癒は「出会い」に由来すると主張する。確かに、治癒はなるほど望ましいものであるが、けっして計画したり、すぐ実行したりはできないものだというかぎりにおいては、この主張に同意することができる。

また、もし治療のなかでの「出会い」が、困難な状況下で起こる、あるまれな出来事でありうるとしたら、その知識はそれゆえに深い意味をもつ。もし治療者が「出会い」を「転移」とか「関係」だと解釈すると、彼は治療関係の根本的なチャンスを失い、患者に対してその個人的な自己理解に傷をつけてしまう可能性がある。

ペーター・ペーターセン Peter Petersen

記述と再構築
Beschreibung und Rekonstruktion

「記述と再構築」ということで音楽療法では一つの手続きが示されているが、この手続きを用いることにより──音楽療法的プロセスの特異な現れとしての──音楽的即興は、科学的に評価されることが可能となる。そのさい、いくつかの方法的手段のあいだに、ひとつの弧が描かれる。すなわち（Ⅰ）音・音楽的現象（ここでは音楽療法セッションからのテープ録音）、ないし研究者の体験に対するその効果。（Ⅱ）研究者が行なうこの現象の「素材的な」基礎（音高、時間構造、音色、形式、など）の探究。および（Ⅲ）「症例」に関するさらなる重要な情報（患者の生活史、疾病の症状、以前の観察）をあわせた（Ⅰ）と（Ⅱ）からの結果の比較。そして最後にその目的たる（Ⅳ）再構築への到達である。

再構築とは、ある優れた心理学的モデルを背景に、構造化の傾向がどのよ

うに共同して働いているかを説明しようとするものである。「われわれが出発するのは、即興のなかで——音楽療法セッションという特定の前提のもと——、精神的なものがみずからを作業のなかに構造化し、それゆえ即興から患者の精神的構築の再構築にいたることが可能となる、そういう地点からである。」(Tüpker, 1983)

一般的には次のように言える。つまり、「記述は現象的な諸形態の運動を把握しようとする」(Salber, 1969) が、その目的は、それらの形態を、いくつかの中間手段を用いながら、説明的な形態へと発展させていくこと（再構築）である。

この手続きは、さまざまな方法的関連のなかで応用されうる。つまり治療（音楽療法的診断、評価）の文脈のなかで、スーパービジョンの文脈のなかで、そして研究の文脈のなかで。

音楽療法的診断の構成部分として「記述と再構築」が役立つのは、実際の治療が始まる前に、いかなる治療を任されるか、[治療の] 枠組をどう構成するか、そして——たとえば短期療法の場合——、可能性のある [治療的] 焦点をどう発展させるかなどを顧慮しながら、症例を評価するさいである。音楽療法に固有の診断学が必要である。というのは、「[医学と芸術療法では] 異なった対象把握を行なうため、医学的診断から芸術療法的治療プランを導くことは不可能」(Tüpker, 1990) だからである。評価基準は音楽療法的治療方法の事前計画からおのずと導かれ、またそれにもとづいてコントロールされる。初めての即興の分析は、なにがしか心理分析的な手段として、精神の基礎構造の発見に役立つ（治療手段体系、特に〈受苦-しうる〉参照）。

そればかりか、この手続き、あるいはそれを構成する諸部分は、無作為標本抽出という意味で用いられ、または（中間）評価手段として用いられながら、施行途中の治療や終結した治療を経験的に基礎づけしたり、再点検するのに役立つ可能性をもっている。

スーパービジョン・グループでは、症例は「演奏された音楽から」詳細に論じられるが、参加者は、他の情報が [音楽の] この初めの印象を拡大し補足してしまう前に、まずテープ録音された演奏の記述を仕上げてしまう。

治療研究の領域では、この手続きは、ケーススタディを行なうさいの素材調査として役に立つ。これをとおして保証されるのは、二者間ないし集団で行なわれる即興演奏において際だって示されるような、音楽療法の特異的な側面を、研究のなかで中心的位置に据えることである（たとえばGrootaers, 1983, 1994; Tüpker, 1988, 1992; Weymann 1990）。ケーススタディをこえて、この記述という手続きは、症例比較にも道を開くが、そこではかなりの数の分析された症例報告が、一般化可能な性質について検討されることになる（類型化）。

方法論的にみると、「記述と再構築」において重要なのは、症例分析に関する質的手続きqualitatives Verfahrenであり（【研究方法論】の項参照）、この

質的手続きにより、現象学的接近方法は解釈学的‐了解的方法と結びつけられる。現象への可能なかぎり無条件の接近、および研究対象に対する率直さは、一方で一連の解釈学的処理（螺旋形）で補足される。解釈学的処理の結果は互いに解釈しあい制御しあうからである。

他方それは、諸々の条件や基本的な諸傾向により、一つの理論体系に関係づけられるが、この体系により、所見の整理が可能になる。つまり、再構築においては、記述される現象の「さなかで」作動している組織化する諸原理は、意味連関のなかで捉えられるよう試みられているのである。

形態学的音楽療法の枠内では、ここで六つのゲシュタルト要素のシステムとの関連が問題となるし、また最近ではさらに主形態と副形態に関する分類学との関連が浮上してきている（Groothaers, 1994）。その他の心理学的モデル（たとえば精神分析学）との関連も可能であろうが、しかしこれまでのところ、その試みはいまだ充分でない。

研究の諸方法は、「それ自体としては」けっして意味深くも実り豊かでもないため、みずからの研究対象と「知識を導く興味」を背景にしてのみ、形成されうる。

音楽療法における即興の分析にさいしてまず明らかにされねばならないのは、この形成物がいかなるものとして、ないし、いかなるコンテクストで捉えられるべきか、そして即興に対してわれわれはいかなる問いを抱いているか、ということである。

音楽療法においてわれわれは心理学的な見方を追求するが、それができるのは、治療が首尾一貫して「精神状態」に方向づけられ、それにより、即興を個人的事実の表現形態として観察し、その意味と意義を問うことが可能になるからである。そのためには音楽の素材の「客観的な」、距離を置いた分析——たとえば音楽学的手段による——では足りない。そのような「異質精神的」（fremdseelisch）現象の有する意味の次元に最も容易に接近できるのは、自身の体験（共に動くこと、内省）のなかで、みずからの活動の質を知覚することをとおしてである。音楽聴取（あるいは音楽行為）において、われわれは、みずからの体験を（共に）構築する動的現象のなかへと関係づけられていく。

記述と再構築という手続きは、1980年代はじめに、音楽療法的な問題提起を行なうために取りくまれ、「音楽療法の形態学のための研究グループ」（ Groothaers, Tüpker, Weber, Weymann）【形態学的音楽療法】の項参照）により開発された。このグループにより初めて、音楽療法における多くの数の即興が体系的にこの方法で分析された（Tüpker, 1988参照）。

その研究が基礎をおいていたのは、とりわけザルバー W. Salberによりケルン大学心理学研究所で発展させられた体験記述の方法である。そこでは1960年代から心理学的効果に関する研究のための基礎方法として、記述と深層［心理学的］面接が応用されていた（Salber, 1969a, 1969b 参照）。心理学的な記述は、「精神的客体がいかに、

みずからの歴史のなかに自身のゲシュタルトを見い出すか、ということに関する一つの見取り図をつくり上げる。」(Salber, 1991)

その実際について——この方法における四つの手続きを簡単に素描しておきたい。(範例については、とりわけGroothaers, 1983, 1994; Tüpker, 1988, 1992; Weymann 1990を見よ。)

1 全体性 Ganzheit。最初の手続き、つまり狭義の記述を実行するには、訓練され、かつ症例についてあまり多くの情報をもたない記述者が必要である。記述者は録音テープの演奏例を聴いてすぐに自分の印象や思いつきをメモする。重要なのは、みずからを［音楽］現象によってある程度まで［その音楽の］揺れのなかに移し入れ、その共振ないしそれに対する反応を言語化していくことである。

記述された諸テクストは皆の前で読み上げられ、場合によっては批評されたり、共通点と相違点について比較検討される。続いて行なわれる議論のプロセスでは、ある定式をもったテクストの簡潔な要約にまで行き着くが、それは互いに矛盾したり対立したりする性質をも含むことになる。この要約的な定式化は一つの「仮説的な」起点検証であり、さらなる研究段階の導きの糸として役立つ。

この最初の手続きにおいて、非言語的なゲシュタルトの言語化が起こる。つまり、音響的な出来事が、言葉や言語的に定式化されたイメージなどへと移し代えられる。この変転をとおしてさらなる操作が可能になるのである。

2 内部調整 Binnenregulierung。二番目の手続きにおいては細部の分析が行なわれる。つまり初めの印象（1）から生じる問いを、ある程度まで「音から音へ」と跡づけていく。どのようにこの印象は音響的に構成されたのか？ 記述された効果を可能とするためには、どのように音楽的関係が組織されていなければならないか？ 初めに得られた認識方向を保ちながら演奏例を何度も聞き直すことにより、音楽的構造が苦心して取り出され、場合によっては楽譜として定着されるが、それらは記述グループの印象の精密化を助け、同時に証拠として役立つ可能性がある（全体‐部分‐関係）。

3 変形 Transformation。ここまでは、この研究はもっぱら音楽的素材に関係づけられてきた。三番目の手続きで決定的な拡張が開始される。つまり、得られたパースペクティヴのヴァラエティのなかで、患者の治療経過や生活史、症状、日常の会話、夢などがいまや観察され、アナロジーや対立点について問われることになる。

「この変形［という手順］のなかで、すでに得られたイメージは確認され、補足され、修正され、何よりその全体的な意味を獲得する。」(Groothaers, 1994)

研究の統一性を踏み越え、他の文脈へと関係づけるこの転回により、はじめて所見の価値と意義が、患者の人生構成との関連で決定される。

4 再構築 Rekonstruktion。四番目の手続きでは、検討される即興において作動しているかたち（形態）形成の意味

を、展望的なしかたで再構築することが意図される。ここでは理論的関連枠、すなわち一般的な心理学的モデルが必要となる。形態学的心理学は精神現象全体を「ゲシュタルトと変転」という極性に関係づけるが、形態学的心理学はこの極性を「ゲシュタルト諸要素」の共同作用（Salber, 1969a）において把握しようとする。このようなシステムが、方向づけや評価を可能にしている。

この再構築でわれわれは、具体的症例において「どのように精神生活の基本条件が——行為と体験を組織するところの——一定のゲシュタルトへともたらされるのか」（Tüpker, 1988）を理解可能にする。多様性の根底にある秩序化の諸原理を把握するにあたって、われわれはこのように具体的現象から出発し、実践に即した研究という意味で、現象に即した説明へと到達するのである。

エックハルト・ヴァイマン Eckhard Weymann

気分・調子

Stimmung

「Stimmung（気分、調子）」というのは、本来は16世紀に生まれた音楽的専門表現で、18世紀の感傷主義の時代に特徴的なやりかたで、比較的長時間維持されている心の基礎状態［の意味］に転用された。……哲学者のハイデッガーは、気分に人間の本来の存在様式を見た。その存在は、世界を理論的理解に先立って推し計り、ある文脈を明らかにするのである。」（Gundermann, 1994, p.13）

「Stimmung」の概念の今日におけるこの二つ意味、つまり音楽的な意味と感情的な意味の二つは、分かちがたく互いに結びついている。たとえば、ある楽器の特別な調子Stimmungは、聴衆の感覚的な気分Stimmungに深い影響を与える。同様に歌い手の歌は、その歌手自身の気分を静めるし、乳飲み子は、その子を取り囲む回りの声の響きから雰囲気を感じ取り、自分の発音能力に応じて反応する。

気分 Emotionale Stimmung

会話においては、音声が、会話相手の非言語的な情報を伝達する。それをわれわれは、大部分において直感的に解釈し、呼吸のかたちであるとか、体の姿勢、筋肉の緊張、表情、身振り、においなどのような、意識されない信号として、われわれのコミュニケーションと相互関係に重大な影響を与えたり、共同してその成立に寄与しているのである。

言語表出の言語学的でない構成要素、つまりイントネーション、アーティキュレーション、アクセント、間の取りかたなどは、音声学では、**プロソディー**Prosodieもしくは、プロソディックな指標と呼ばれる。（Pros-odie＝ギリシア語で、「加えて歌うもの」、Par-ode＝ギリシア語で「脇歌い、添い歌い」と類似の起源、後には、ゆが

められた改作verzerrende Umdichtungと似た起源をもつ。)

声は、われわれに会話の相手がどのような気分Stimmungにあるかを伝えてくれる。聞き取った言葉が整合性のある（stimmig）ものか、かれが行なったことは正しい（stimmt）のかを伝える。たとえば電話での会話のように、その人の表情や身振りを見ることができない状況でさえ、そうである。

精神療法家のロートラオト・パーナーRotraut Pernerは、次のように表現した。「愛について書こうとすると、言語の限界に突き当たる。しかし、私が愛について語るとき、聴衆は私の声から私が愛しているか否か知ることができる（Mathelitsch, 1995, p.2）。

「心を合わせるeinstimmen、説得するumstimmen、決心するbestimmen、意見を合わせるabstimmen、同意するzustimmen、一致している übereinstimmen、賛成するbeistimmen、歌いはじめるanstimmen、nachstimmen、調子の狂ったverstimmt sein」などの言葉とともに、さらに「共感を得るAnklang finden」、「調和している in Einklang sein」、「終結部Ausklang」または「ひっそりとsang und klanglos」などの表現が、われわれの日常生活の言葉のなかに貯えられた、声と気分をとおした、人間の深い相互の影響関係についての知識を明らかにしている。

フェレスVerres（1994）は、気分を「ある時点における、経験野の特徴的な基調であり、たとえば快活さ、落胆、不機嫌といったような、どちらかというとあいまいな気分性という意味の総合的な状態像。気分は、そのなかにおいて人間が彼にある感情をひき起こす出来事を、ぼんやりとした先入見をもって知覚し解釈することになる、ある関係の枠組みを意味することができる。」（p.50）と定義した。

個人の精神内界のレベルでは、変化する気分は、人間の一生をとおして有機体の内的なリズミカルな過程の表現としてその人に付き添う現象である。その過程については、さまざまな生化学的な（たとえば内分泌学的な）、神経学的な（たとえば脳波スペクトラム波形、Machleit, 1989参照）、さらに外から眼にみえる精神運動的な関連事象を見い出すことができる。例としては、精神運動については明らかである。原因と効果は、たんに理論的に区別されるだけである。というのは、一方で精神生理的な変化（たとえば痛み）が、身体の姿勢に影響するし、他方でははっきりした身体姿勢や運動の変化はいずれも、精神内界の気分性Gestimmtheitに影響を与える（たとえば、なめらかな瞑想的な動きと対照的に、緊張したうずくまりがもたらすさまざまな影響）。

生活史上の体験や、子供の頃のまわりの雰囲気にともなう気分は、ヴィルヘルム・ライヒWilhelm Reichが発見し、最新の精神神経免疫学と大脳研究が述べているように、身体的に貯蔵される。これらの複雑な関係性は、精神療法のなかの身体療法的方法に利用される（Petzold, 1977, 1991参照）。

気分は、**人的要素以外**にもさまざまな外的影響をうける（たとえば光、におい、物音、色彩など）。

対人関係のレベルについては、気分は送り手と受け手のあいだの相互的な過程として展開される。その過程は、言語的な情報伝達より、たいていははるかに徹底的にノン - もしくはパラ - ヴァーバルな情報に影響されている。「現代のコミュニケーション研究により、情報の90％までが、身体言語と声の響きで伝達されることが突き止められた。」（Mathelitsch, 1995, p.3）

たとえば、われわれの向かい側にいる人の筋緊張は、その人が話すときの声の出始めの様子で聞き取れるものである。これは、われわれが、少なくとも飾らない会話状況のなかでは、人類の歴史上の古いコミュニケーション水準による純粋な音の響きによって直接に、敵味方の区別が問題なのか、話相手の寄付の申し出なのか、危険におびやかされているのかが伝達される。これを、軍隊における命令の掛け声は利用している。「気をつけ」という言葉と、硬い声の調子が結びついて、兵士の身体の緊張度合いを増し、このようにして兵士の戦闘準備体制を高めるのである（これについては、Moses, 1956, p.14も参照のこと）。

すでに乳飲み子の場合にも、彼を取り囲む声から、においから（Telenbach, 1968参照）、またさらに抱っこされているときの筋緊張の運動知覚から、感情的な情報を判断することが、生き残りのために（たとえば、より努力するとか、栄養を獲得するとかのために）必要不可欠であることが証明されている。

精神療法的な関係においては、この人間相互間の現象についての知識や注意深さが、転移過程と逆転移過程の取り扱いについての広域にわたる結果を生みだす。新しい精神療法研究では、治療関係における相互のノン・バーバルな影響のさまざまな要素について、徹底的に研究されている（たとえば、会話状況の微細分析）。これらの研究の成果、初期の精神分析の概念が公理とみなしたような治療の禁欲的構造は保持され得ないことを証明した。それよりずっと、人間相互間の**有機的、精神的、エネルギー的共鳴現象**（人間が身体の最深層にまで相互に振動し合う現象）について話をするほうが意義深いと思われる。

調子 Musikalische Stimmung

器楽音楽と同様、声楽においても、「調子」という言葉は、その対応物を多様な音色や、音階システムのなかに見い出す。残念なことに、われわれ西洋の音楽文化においては、音楽が人間の魂に対してもつ作用についての知識は、過去百年のあいだにほとんどすべて失われてしまった。カトリック教会のグレゴリオ聖歌の普及のための記譜法の導入に対する弾劾以来、ヨーロッパの音楽において使用できる音階の多様性は著しく制限されてしまった。

しかしながら、なお、いくつかのヨーロッパ外の文化で、特に様式音楽が

音楽伝統の中心に位置しているところでは、音階と楽器の調律の効果についての知識が、きわめて細かく区分され、維持されている。インド音楽においては、**ラーガ**という言葉は、「精神を色どるもの」という意味をもっている。インドの歌手ならびに音楽家にとって[ラーガ]は、ある音楽作品のための特別な音階（いわゆるひとつの旋法）が構成される純粋な音素材という意味をはるかに超えて、あるラーガの音楽的様式で雰囲気を生みだし、響きのある時空間を構成することが重要である。[そうして]聴衆が感動させられ、彼らのなかに雰囲気が醸し出され、ラーガの「精神」に、またそのつどの特殊な霊的意味に合う感覚が励起されるように[するのである]。

西洋音楽では、全音が2半音で、オクターブが12半音の幅で構成される。これに対し、たとえばトルコやアラブ音楽のマカム‐システムMakam-Systemでは、全音が9コンマKomasに分割され、インド音楽では、1オクターブが22シュルティーShrutiesに分かれている。一つのラーガ、もしくはマカムを組み立てるさいの即興部分とともに、そこから音楽家にとっての「色調」の驚くべき多様性がもたらされ、その色調の助けによって音楽家は、聴衆のなかに「気分」を活性化できるのである。

数千年の流れのなかで、さまざまなオリエント文化で発展した音楽家、医療の心得のあるものや賢人などは、特定の感覚の質、気分とまた身体器官に対する特定の音階または旋法の異なった効果の原因の多くを、大部分経験的な知識、また部分的には推測によっていた（この部分に対してはDainielou, 1975; Deva, 1974; Guevenc, 1985; Tucek, 1994参照）。

この領域には、正確な音楽療法の効果の研究のための、魅惑的ではあるが、方法論的にはとりわけ複雑な分野が開かれている（MachleitとGutjahr, 1989, 1994の研究を参照）。また、声や共鳴する気分を介した、人間の精神生理学的な相互影響、いわゆる「**有機体共鳴**organismische Resonanz」についても、同様に科学的な研究が深められることが肝要である。

【声】【音声研究】の項参照

ザビーネ・リトナー Sabine Rittner

教育音楽療法（LMT）

Lehrmusiktherapie

教育音楽療法（LMT）は、「音楽療法の学生あるいは大学での研究の志願者に対して適用される音楽療法」である。

LMTは精神分析医の養成における「教育分析」と類似した機能をもつ。個人音楽療法（Einzelmusiktherapie＝EMT）と集団音楽療法（Gruppenmusiktherapie＝GMT）の経験をとおして、学生は、いままでの生活史と現在の人生構想を背景にして、

問題認識と問題解決、個人認識、予想外の新しい目的の知覚という諸過程のなかに入ることができる。

LMTのなかで、持続的に変化していくという冒険にかかわりあうための平静さと心構えが育成される。
－ もはや「私は私であるところのものである（ich bin, der ich bin）」のではなく、
－ 「私は私がなるところのものになるであろう（ich werde sein, der ich sein werde）」。

そして、ここで可能になるのは、自分の体験をとおして内側から音楽療法が何をひき起こしうるかを理解することである。

それゆえLMTは、大学で勉学を開始する以前に、幾人もの志願者に自らにとって音楽療法が適切な研究目標と職業目標であるかどうか決定するよい手助けを提供する。

大学の履習期間における教育音楽療法のシークエンスは、たとえば次のように構成される。

1 全期間を通して行なわれるもの→GMT
2 履習開始にあたって行なわれるもの→EMT
3 履習期間のしめくくりの時期に行なわれるもの→相互音楽療法（IMT）（【相互音楽療法（IMT）】の項参照）。これに関して次のような組織形態が有効なことが実証された。第1期：教育治療者はスーパーバイザーとなる。学生AはBの治療者、BはCの治療者、CはAの治療者。第2期：学生はスーパーバイザーの機能もひき受ける。［セッションの］時間-進行-図式はロンドンにおけるのと同じものである。（【相互音楽療法（IMT）】の項参照）もし必要なら、教育治療者は共同スーパーバイザーとして規則的に同席するか、あるいは時々意見を求められる。

講師チームのなかでは明確な機能分離が必要である。一人の教育治療者が、彼のところでLMTを受けるか、あるいは受けたことのある学生たちに対して、講師あるいは試験官をつとめてはならない。

自己の経験、問題認識、変化、人格の発達などの手段として自分の音楽療法からインテンシヴに経験することは、洞察に対する前提条件をつくる。今後、音楽療法士に対する音楽療法（たとえばIMT）は、なくてはならないものとなろう。というのは、患者は、治療者自身がそう望み、またその準備ができているかぎりにおいてのみ、意味のある変化をなし、さらなる発達が可能になるからである。

ヨハネス・Th.・エッシェン Johannes Th. Eschen

共感
Empathie

ある他方のパートナーに思考と感情

を移入する形式が共感とみなされるが、この場合、共感者は同時に、自己固有のアイデンティティはまた別の人物であるとの意識は保持している。共感は心理療法において、[対象]理解の前提条件である。

（母親、父親、治療者などから）理解されるということは、自己理解および自己のアイデンティティの自覚のためのひとつの本質的な成長条件である。

教育治療 Lehrtherapie（【教育音楽療法】【相互音楽療法】の項参照）の領域において、自分の治療者から共感されるという経験は、治療を学ぶ学生の共感能力の成長を促進する。

ヨハネス・Th.・エッシェン Johannes Th. Eschen

芸術家としての治療者──治療としての芸術

Therapeut als Künstler
-Kunst als Therapie

現代の芸術と医学は、互いの接触なしにそれぞれの考え方のなかで存続している。だから「ジュネーブ宣言」、──今日医師の仕事に対して義務づけられている原則、1948年に世界医師同盟によっていわゆるヒポクラテスの誓いをもとに定式化された──において、全く芸術には触れられていないとしても、それは一貫していることだ。

芸術と医学は近代に入ってようやく、互いを発展させてきた。それに対して古代ギリシア時代に誕生したヒポクラテスの医学は、以下に述べるような諸原則にしたがってきた。これらの諸原則は確かに、音楽療法や現代の心理療法においては認められてはいるが、しかし、自然科学に方向づけられた医学においてはほとんど認められていない。治療 - 芸術（Heil-Kunst）に関するこれらの原則のいくつかは次のようなものである。

治療 - 芸術は穏やかなやりかたが特徴である。不必要な、とりわけ有害で暴力的な処置は避けられる。感覚知覚にもとづいて、医師はさまざまな原因を探求する。精神的な原因も、である。治癒は、（機械論的な経過という現代的理解とは反対に）病気に内在する諸段階が変換していくプロセスである。

プロセスの中で考えるという意味で、医師は患者にとって「未知への導き手」である。未知においては、（自然科学的な医学の規定された目的や統計的に確かめられた予後とは反対に）ある予測不可能な未来に対して開かれていることが要請される。

包括的な、哲学を織りこんだ芸術的な人間学が、医師の養成と医術の基本である。──自分の立場をわきまえることが医師の際だった特性である。

ヒポクラテスの医学のこれらの原則のなかに、現代の治療の基本的な関心事がふたたび見い出され、同様に、ここで現代芸術の理解に橋がかけられる。芸術と治療との三つの共通点は以下に挙げられる。

対話

治療は患者と治療者との対話のなか

だけで成立する。対話のなかで、私と汝との自由な解放された出会いが生じ、私とそれ（事物）とのあいだでも同じである。この緊張と相互に関係を結ぶことから、それらのあいだに「第三のもの」が成長する。第三のものは、遠くから来るのではない——というのは全体の文脈に含まれるから——にもかかわらず、いつも新しく、非日常的で、不意のものである。第三のものはそれらのあいだに生じた共通の作品である。

芸術家と彼の仕事では、二種類のしかたで対話が現れる。一つは芸術家と彼の創造したものや作品との対話である。それから、作品と芸術作品の観察者とのあいだの、同じような創造過程である。

同様に、音楽療法は、ヴァイマンE. Weymann（1990）のいうように、多様な意味で対話の過程である。つまり、創造者と作品とのあいだ、作品と観察者のあいだ、治療者と患者のあいだの対話の過程である。その「あいだ」の領域において有効な手段は、芸術と治療に共通している。つまり、さまざまな意識状態のあいだ、注意を宙に浮かばせておくことである。この浮遊していて同時に高度に規律正しい集中した注意が、創造性の本質的な前提条件である。

芸術に内在する過程

ここで考えられているのは、もっぱら芸術的で治療的な営みにおいて、内部からコントロールされる事象のことである。この事象は、自律的に、芸術作品にのみ内在する法則にしたがって、経過する。外部の影響がこのプロセスを突き動かすかもしれない。しかし外部の影響は、その形態も、プロセスのなかで始まる形態変換も規定しない。

芸術家は確かに活動や注意の全体を彼の作品の創造に向けるが、彼はそれを〈つくる〉わけではないことからも、その過程は自律的であるといえる。活動性の高まりのなかで、作品は自らの手により、自らのかたちを創出する。カンディンスキーKandinskyは作品の真実への内的な強制を内的必然性と呼ぶ。ボイスBeuysは進化的プロセスという。

一般的な治療学説から——それらはとりわけ心理療法家らによって考案されたのだが——そこでそのように呼ばれる治療過程はよく知られている。多くの著者がその諸段階をさまざまに名づけている（Petersen, 1994から引用）。

すべてに共通なことは、患者と治療者が対話のなかで、つまり操作的でなく、いまここで浮上する問題に事柄に即して強力に取りくむ場合、自発的な変化が生ずるということである。この変容はつねに、慣れているものや捨てがたくなったものの自覚的で苦痛をともなう放棄を含み、また新しいものの不意の出現や、自分自身や最も近しい人や生活世界との新しいコミュニケーションをいつも含んでいる。この変化の過程は心の奥底へ達し、それは激しい衝撃をともなう。喜びと晴れやかな平静さは消えてしまうかもしれない。

この過程は人間全体を必要とする。

変化しない人は病気によって無化される。そこで、ヴィクトール・フォン・ヴァイツゼッカーViktor von Weizsäckerは言う。「病気の本質は一つの秩序から他の秩序への移行ではなく、主体（病者）の同一性の放棄である。患者が彼の危機によって、＜不可能なもの＞を実行することを強いられても変化しないならば、病者の自我は、その裂け目ないし断層のなかで無化される」（Petersen, 1992での引用）。

治療の領域への短い逍遙によって、私は治療過程と芸術の内在化のプロセスとのあいだの類似性、つまり、変化への必然性を指摘したい。ボイスは芸術における変化の必然性について同様のことを述べる。「古い概念はもはやあてはまらない。概念はどれも変化を蒙らなければならない」（Petersen, 1992での引用）。

治療と同様、芸術も、すでにある作品の再生や修復あるいは再生産がねらいなのではない。芸術は新しいものを創造しようとする。シャガールChagallは自分の絵を、新しい生物と見た。

「新しいものの徴候」（Weymann, 1989）は、音楽療法士と芸術療法士一般にとって、そして心理療法家にとっても、個人の成熟と成長の自明な識別のための目印であり、したがって治療の不可欠な構成要素となる。

パースペクティヴから自由な強度化された体験

治療と同様、芸術は、＜いまここで＞の実行のなかで、いかなるシステムにも負うところがない。芸術家と患者と治療者は、通常の系統的な現実の向こう側に、**実験的な**態度をとる。そのなかで、思考と感情の秩序だったシステムが破られ、破棄される脱 - 現実化によって、途方もないことが生じる。

現実性は、系統的な関連と意味関連にもとづき担われているが、それは消え去る。ボイスは、自ら表面的な現実関連を放棄したとき、この体験を芸術家として振り返っている。「そこは穴である。——そしてそれが現実である」（Petersen, 1992から引用）。重要であるのは、芸術的で治療的な訓練によって＜ものの内的な実体＞を知覚するようになるので、ものはそれらの固有の本質を明らかにし、したがって体験が強度化されるということである。

それは2500年来慣れ親しんできたわれわれの思考システムを粉砕し、強度（Intensität）と新しい現実の地平を輝かせる。強度は治療と芸術において、時には一見重要でないゆっくりした退屈な反復のなかに現れる。反復は、最初はそれ自体意味も認識させない強度的プロセスである。

フランスの哲学者ジャン・フランソワ・リオタールJean-Francois Lyotardは、強度的プロセスのなかで、自発的な変容や変化にいたるエネルギー・プロセスがどのように突き動かされるかを指摘する。（再構成の原則としての分析とは反対に）隔壁や境界や古くなった痂皮は溶解の過程のなかで溶け去ってしまう。そしてこのことは芸術や治療においても同じである。パースペクティヴの解消あるいは粉砕は、人間

が今まで意識しなかった力とエネルギーの体験階層と、今までよりも多く結びつくための代償である。この意識の跳躍、人間性の突然変異は、無や、さらに破壊へも通じうる。

というのは、確実な領域が失われるからである。その際、敏感で生産的なカオスだけでなく、破壊的なものも高度に強められることは、必然的な過程である。

このパースペクティヴの解消はまず第一に絵画に関連する。造形美術におけるパースペクティヴは、合理的な空間化された思考の象徴である。われわれのなかにかたちづくられた思考システムは、いつも空間的な仕方で出来事を固定する。

それに対して、内在的な力としての**時間**は、たとえば古典的精神分析における生活史の時間軸のように、概念的に場所化されたり、局在化されたりしない。この時間軸は空間的に、つまり長さ - 幅 - 広さ（＜これこれの時にそれが起こって、これこれの場所で……＞）によって、表象される。場所の解消によってはじめて、われわれは強度の体験とエネルギーの体験——時間に内在する力のプロセス——を手に入れる。

ペーター・ペーターセン Peter Petersen

形態学的音楽療法
Morphologische Musiktherapie

形態学的音楽療法で問題とされていることは、音楽療法内の独自な治療法というよりも、むしろ独特な考え方やものの見方であり、それは、ある包括的心理学概念から、多様な音楽療法の実践や手法を取りあげ、研究することにふさわしいものである。音楽療法の現象全体は、その時、かたち形成の観点から考察されることになる。（【**かたち形成**】の項参照）

「音楽療法の形態学研究グループ」（1980年 F. Grootaers, R. Tüpker, T. Weber, E. Weymann によって設立）の関心は、第一に、音楽療法のプロセスを科学的に把握する方法を開発することだった。形態学的心理学から導入された「記述と再構築」（当該項目参照）の質的分析法を使って、ひとつの方法論が開発され試された。その助けをかりることで音楽療法の即興が科学的に取り扱われるようになったのである（Tüpker, 1988を参照）。

形態学的なものの見方は、個別療法ならびにグループ療法の事例研究のなかで、展開され精密化されていった（Grootaers, 1983; Tüpker, 1988, 1992; Weymann, 1990a）。個々の局面、たとえば科学論（Tüpker, 1990）、音楽美学（Weber, 1986, 1987）、即興の心理学（Weymann, 1990b, 1991）、実践論（Tüpker, 1993）、職業論

（Kühn/Tüpker, 1991）に携わりながら、芸術に類似する療法形式を包括する概念が音楽療法のなかで成立した（Tüpker, 1988; Grootaers, 1994）。1988年の「音楽療法-形態学研究所（IMM）」の設立とともに、こうした多くの努力が統合されることになった。

形態学（モルフォロギー）という概念（ドイツ語でいえば、「かたち論」を意味する）はゲーテGoetheに遡るが、ゲーテはこの言葉をさまざまな自然科学的問題設定のもとで展開した。『植物のメタモルフォーゼについて』（1790）が彼の最初の科学的著作だった。これに、さらに『色彩論』『気象学』『比較解剖学』が続いた。ゲーテ自身、綱領的性格をもった『形態学序説』（1817）のなかで形態学を定義し、「形成（過程）と変形（過程）」についての学としている。直観的経験と体系的再構成を方法的に媒介することが求められている。ゲーテの形態概念は移行現象がその特徴である。「形態は動的なもの、生成するもの、消滅していくものである。形態についての学は変形についての学である」。

ザルバーW. Salberによって確立された心理学的形態学は、そのカテゴリー化作業のなかで、この形態概念を取りあげた。形態としての心的なものは、動かしまた動かされるもの、かたちづくるものであり変形していくものとみなされている。以上のことは、生物が「自分の」現実のなかで活動し、この現実をつくりだし、同時にこの現実によってかたちづくられもする、そういう生物の活動としばしば比べられるのである。「心の連関は線ではなく、音楽的構成であり、ドラマであり、オペラであり、または感動を誘う絵画である。われわれはこの構成全体を把握し、そして次にそれを個々の部分に分けて分析したいと思う。逆説的なことに、全体とは個々の部分に分割できないのではあるけれども。」（Salber, 1993）

形態学の形態概念は、けっして完成したかたちを意味しているのではなく、かたちの生成を、他のかたちへの移行を意味する。このことで強調されるのは、前形態的なもの（Sander）、徐々に形態化していく過程（Seifert, 1993参照）である。ザルバーは両極性とそのあいだの緊張から生じる「心的現象（について）の形態学」（1965）を展開した。心理的なものとは、瞬間ごとの現実とのやりとりのなかで形成され、かたちを変えていく産物、と把握されているのである。

この（終わりのない）現象は、そのつど対で並置される六つの基本傾向（とり入れ-変形、影響受容-配列、拡張-装備）からなる構造によって限定をうけ理解され、心理学的に再構成されることが可能になる。これらの条件（形態要素）は、絶えず、ともに作用しあっていると考えねばならず、また、具体的状況を心理学的に体系的に把握するための第一段階を形成する。

形態学理論の発展にとって、実に実り豊かだったことは、心理学と芸術をつなぐ試みであった。芸術との接しかたが、一般的な心理発展の諸形式の、たとえばそれが日常の場合でも療法的治療の場合でもなのだが、モデルになったのである。「芸術と関わるなかで発想されたカテゴリーから心理学を営

むこと」が意味することは、「産出過程から、メタモルフォーゼから、移行から、屈折から、発展構造から、作用単位から」出発すること、である（Salber, 1977）。

この「王道」をとおってザルバーはまた、「芸術に類似した治療」という発想にいたる（Salber, 1980）。これは、芸術の「方法」からひき出される（【〈方法的に‐なる〉】の項を見よ）。治療の過程は、メタモルフォーゼ過程のなかで、見通しうる、そして操作しうるようになる。（治療の歩みとはすなわち、〈受苦‐しうる〉、〈方法的に‐なる〉、〈変容して‐くる〉、〈成し遂げる〉をいう（それぞれの項を参照）。

こうした発想は、音楽療法のためのある特別な科学的概念に、すなわち、音楽、病、生活史、治療を構造的にひとつに統一する一種の「音楽的世界観」に至ることになった。このことで、どのように音楽的諸形態から、つまりどのようにその諸形態が音楽療法の即興のなかで生じるかが説得力をもって説明できるのであり、その事例のなかで働いている「生きる技法」について情報を得ることができるのである。

他方、この表現形成のなかで心的なものはすでに変形運動のなかにもちこまれてしまっている。しかし、音楽療法において芸術類似にふるまうこと（Weymann, 1990a）は、けっして音楽媒体とのかかわりに限定されてしまうわけではない。むしろ、心的なもののさまざまな表現レベル（音楽、会話、「場面」、病の症状、生活史など）のあいだでなされるやりとりのなかで、治療の「共同の作業」（Salber, 1980）ともいうべきものが形成されてくるのであり、それによって事例を理解的に再構成し、効果的に介入することが可能になる。そのさい、音楽的ゲシュタルト形成の心理的美的法則性に馴染んだ音楽療法士の経験が、心のかたち形成の展開および変化可能性（ならびに限界）の理解・介入モデルを提供してくれるのである（Weber 1986）。

このことを通じて、退行的だったり、断片的だったり、ねじれていたりするかたち形成も目に入ってくる。「忘れられた心の部分だけが関心を引くのではなく、一度もその人の心に存在したことのなかったもの（欠けているもの）、省みられず荒れ果ててしまった心の部分も」（Grootaers, 1994）関心をひくことになる。

この「不完全なイメージ」と取りくむことは、たとえば心身症の場合必須であるが、知的障害者と取りくむ場合や老人医療でも同じである。生じてくる体験のかたちや関係のかたちの形態学が、音楽という手段を用いて成し遂げようとすることは、たんに診断を深めることではない。同時に音楽療法的介入の構造化を助けるものを提供もするのである。

エックハルト・ヴァイマン Eckhard Weymann

ゲシュタルト療法と音楽療法
Gestalttherapie und Musiktherapie

ゲシュタルト療法は、実験的な姿勢

をとる実存主義的／現象主義的な治療方法であり、ドイツの医師であり精神分析者でもあったフリッツ・サロモン・パールス Fritz Salomon Perls（1893〜1970）が1920年代から30年代にかけて開発したものである。

パールスはユダヤ人でナチスの時代に亡命しなければならなかった。したがって彼が初めに「精神集中治療」と名づけたゲシュタルト療法は、アメリカにおいて初めてその「ゲシュタルト[姿]」を成したのである。

結局、パールスは「ゲシュタルト療法」という概念を選んだが、これはゲシュタルトの理論家たちから激しい非難を浴びた（たとえばベルリン派のケーラー W. Köhler）。なぜならば、このゲシュタルトという概念は、パールスの思考体系においてほとんど使われないからである。パールスがゲシュタルト理論を充分に研究することなく、ゲシュタルト心理学的な思想を応用したのは事実である。たとえば、感情や動機はゲシュタルト理論においてはゲシュタルトではないにもかかわらず、彼は感情や動機を「ゲシュタルト」と呼んだ。あるいはゲシュタルトの概念をゲシュタルト理論的なコンテクストからひき離したり、それらの一部にのみ応用したりした。

彼は実際には精神分析的（W. Reich, S. Ferenczi,）、ゲシュタルト心理学的、実存主義的、そして現象主義的な思考過程を応用しながら、人間に対する新しい接近を模索したのである。彼はまた、サイコドラマやその他の人間主義的な心理学の方法からも刺激を受け、深層心理学や行動心理学も組み合わせようと試みた。人間の分析にのめりこむあまり、人間の全体を忘れてしまった精神分析家の側からの嘲りや冷たいあしらいに対して、パールスは猛然と反抗した。

彼はまた、神経症的な成人が苦しんだとしていても、患者自身には責任がないことを証明するために、つねに患者の子供時代の出来事や夢を探索するとして、精神分析家を批判した。パールスにとって重要だったのは、患者の過去の未解決の問題を、**ここでいま**解決するよう援助することだった。クライエントは、ここでいま、現実を見つめ、自分自身と彼の苦痛に対して責任を負うことで、開いたままのゲシュタルトを閉じなくてはならない。これは大変な作業であるが、現在の体験における状況と場面の再演出という意味で、認知的、あるいは過去を振り返るというより、むしろ**いま**起こっていることを知覚し、感じることなのである。

彼の多くの業績のなかでも特に、気づきの意味——ここといまの意識——、知覚の意味、そして身体言語と感情をひき出すことが挙げられる。パールスは何度もくり返して非同調の重要性を強調し、自分自身の創造的な力を使って、自分を創造的な人間だと意識するように説いた。

もちろん、パールスの偏った考えかたの一部は、目標から外れることもあった。彼は思考を「くだらないもの」と決めつけ、思い出を嘘ととらえ、情緒性を理想化した。パールスのこの偏りは、他の派の別の偏りに反抗したもので、当時はそれなりに的を射たもの

だったが、それにしてもゲシュタルト療法とは情緒的に大げさな変化をもたらす方法であると誤解され、しばしばゲシュタルト療法の一部の効果的なテクニックのみにかぎられてしまったことの原因を、彼自身がつくったのである。

パールスは「何が起こったか」ということよりも、「いかに起こったか」により多くの興味を寄せ、外傷体験の正確な記憶なども重要視せず、人の個人的な歴史の意味を軽視した。これによって、継続する人生のなかでの意味のあるつながりを見つける可能性も、低く見られることになった。

二元的な思考から全体的な思考へ、要素心理学的、連想理論的思考から統合的関係思考へという理論の枠組みの新しい変化を感じとることなく、パールスはブーバーM. Buberから影響を受けた集団のなかでのコンタクトと出会いを生かす、という考えを自分から放棄してしまった。だから典型的なゲシュタルト療法は、むしろ「集団のなかでの個人療法のようなもの」（Perls, 1969）ととらえるべきである。

現在のゲシュタルト療法は精神分析、ゲシュタルト心理学、現象学、実存主義、行動科学、サイコドラマ、そしてアジアの瞑想とパールスの思想を統合したものである。彼の仲間だったグッドマンP. Goodman（Goodman, 1951）は、理論的な枠組みを越えた統合を試みたが、パールスの時代には成功しなかった。他にもたとえば、ゲシュタルト療法を体系理論的な概念（Yonteff, 1969）や、ゲシュタルト理論の概念（Walter, 1985）、統合的な概念（Petzold, 1988, 1994; Frohne, 1981も比較参照）を用いて解明しようとする新しい試みがあった。しかし今日ではゲシュタルト療法はそのテクニックに限定され、他のメソードと組み合わせて使われることが多い（バイオエネルゲティクとゲシュタルト、交流分析とゲシュタルトなど）。

音楽療法もゲシュタルト療法と組み合わせて使われる（ドイツ語圏では特に Frohne, 1981, 1986; Frohne-Hagemann, 1990; Hegi, 1986; Smeijsters, 1994）。ゲシュタルト療法に特有な、体に意識を集中すること、気づき、情緒性、知覚、探索、そしてまさに、ここでいま、偽りなく生まれる表現に対する強調は、音楽療法と大きな類似性がある。音楽療法自体も「ここでいま使われるメディア」としての音楽をとおして、ゲシュタルト療法の方向に近いものがある。

リズム原理（Frohne, 1981）はパールスの考えの一つだが、スマイスターズSmeijsters（1994, 31）によってゲシュタルト療法的な音楽療法における、基本的なモチーフとしてとらえられる。目立つかたち／背景、緊張／弛緩、積極性／消極性、意図的にやりたいという気持ち／直感にまかせて起こるままに任せること（Smeijsters, 1994, 29）は対極的な力であり、リズムのゲシュタルトを形成する。

音楽療法においては、音楽療法的なものとして応用されるゲシュタルト療法的なテクニックおよび介入と、クライエントに対して音楽療法的な態度を

とるうえで使われるゲシュタルト療法的な概念の違いを明確にする必要がある。これには言語的コミュニケーションに必要な、言語的なテクニックと規則（たとえば「私が言う」であって「人が言う」ではない［訳註：ドイツ語では自分の発言を曖昧にするためにこのような使い方がよくされる］）があるが、これは音楽療法に特有なものではない。

音楽療法士がクライエントに対して、彼がある人（たとえば父親）に一つの楽器を渡して、この人が父親の役を演じることを促すとしたら、これはゲシュタルト療法的なアイデンティティのテクニックである。ゲシュタルト療法の応用（そしてシステム療法も）の延長にある音楽療法特有のテクニックとして、たとえば父親に対して感じていることをある楽器で表現し、この音楽を録音してから、これを父親の耳で聴いてみたり、「父親の楽器」で応えてみることが挙げられる。

フリッツ・パールスや彼に続く他の人たちが、その時の状況に応じてつねに新しいテクニックを開発してきたが、音楽療法士はテクニックだけでゲシュタルト療法だと勘違いしてはいけない。もっと大切なことは、対象となる人と仕事をするうえでの基本的な姿勢である。沢山あるなかでいくつか挙げれば、ここでいま起こる活動の経験に意識を向けること、気づきと取りくむこと、身体表現と表情、動作、声から読み取れる表現の内容、夢を具体的に演じること、雰囲気、推測、対極にあるものの質を身体的・感覚的に感じること、探索と創造的な表現形式、自分自身に責任を負うことである。

イザベレ・フローネ＝ハーゲマン
Isabelle Frohne-Hagemann

結晶化理論

Kristallisationstheorie

音楽療法と表現療法の結びつきが特にはっきり現われてくるのが、多媒体的な心理療法の結晶化原理においてである。結晶化理論は次の仮定から出発する。すなわち、治療における出会いの意味は、その出会いで使われるマテリアルによって本質的に規定される、という仮定である。

この時、そのマテリアルの内容を明確化する道を見い出すことが問題となる。解釈Deutungとは、すなわち明確deutlichにすることを意味する。コンテキスト［の意味連関］はテキスト［＝マテリアル］のなかに見い出されるのであって、解釈システムのなかでマテリアルを解釈し直すことで成立するのではない。どんな表現も、つまり音楽表現も、その「テクスト」においては、イメージ、運動、言葉、行為、リズム、響きによって貫かれている。これらを表現媒体と呼ぶ。患者との出会いで表現において生じてくるものは、程度の差はあれ、さまざまな媒体によって規定を受けている。

したがって、ある一つの身振りであっても、リズムによって、運動像によ

って規定されており、またある話を行為や絵で物語ることによって規定されている。とはいえ、以下の事柄は指摘しうる。

- 絵画イメージが最もはっきり結晶化してくるのは、造形芸術の場合である。なぜなら、絵画イメージなしの造形芸術といったものは存在しないからである。
- 運動が最もはっきり結晶化してくるのは、ダンスの場合である。なぜなら、運動のないダンスは存在しないからである。
- 響きとリズムが最もはっきり結晶化してくるのは、音楽の場合である。なぜなら、響き（音響）とリズムがない音楽といったものは、存在しないからである。
- 言葉が最もはっきり結晶化してくるのは、詩の場合である。なぜなら、言葉なしの詩といったものは存在しないからである。
- 行為が最もはっきり結晶化してくるのは、演劇の場合である。なぜなら、行為なしの演劇といったものは存在しないからである。

どの芸術ジャンルでも、さまざまな媒体が表現に使われる。しかしどの表現媒体も、それぞれ一定の芸術ジャンルをもち、そのなかで最もはっきり結晶化される。意味や意義を見い出し、明確化する方法が問題となる場合、対話であろうが、ダンスであろうが、造形であろうが、音楽であろうが、そうした表現のなかで、どの媒体が重要性を担ってくるかが問題になる。

たとえば、運動によって強く影響を受けている音楽表現の場合、さらにそれを明確化するためダンス表現へ移行していくかもしれない。とくに強く絵画的イメージをとおして語る歌の場合は、造形的作業によって、はっきりとしたイメージへ導かれるかもしれない。行為にかたちづくられ、または行為を求めるような物語の場合は、ドラマやオペラに明確化の場を見い出すかもしれない。こうした移行（媒体横断的転換）は、表現の流れを中断することなく、治療過程内部で、ある芸術ジャンル（たとえば音楽）から他のジャンル（たとえばダンス）へ変換を行なう手法なのである。

移行を行なう動機として、この明確化とならんで他の動機も挙げられるかもしれない。すなわち、感情表現の強化と浄化、グループ内のインターアクションのしかたに変化をつけること、一定の知覚の型を差異化することなどがそうである。媒体を変えることで、しばしば、ある「弱点」が「強み」に変わることがありうる。

だから、たとえば、集団即興で演奏しなかった子供が、その最中に描いた絵で、またはパントマイムで自分を表現する術を見い出すこともありうるのだ。

こうした考えかたのなかには、芸術的手法の導入にさいし、間人格的、人格内部的、超人格的な特徴が区別される。間人格的局面では、媒体の種類と、行動類型に関連したグループダイナミズムが前面に出てくる。人格内部の局面では、個人や文化が個々の芸術的手法に対して抱く経験的に習得した感情がかかわってくる。人格をこえた局面

では、芸術表現を精神‐宗教的もしくは儀式的に使用してきた伝統がかかわってくる。

リズムと響きの結晶化としての音楽は、その伝統のなかでつねに独特なやりかたで、ほかの表現媒体を統合してきた。すなわち、

- 音符（楽譜）と「イメージ豊かな」音楽（標題音楽）、この二つのありかたで、絵画的イメージを統合してきた。
- 運動も統合してきた。ダンスは音楽の双子の兄弟である。
- 言葉も統合してきた。高められた言葉としての歌というかたちで。
- 行為も統合してきた。オペラ、神秘劇、さまざまな儀式というかたちで。

音楽療法における音楽は、それゆえつねに媒体横断的性格をもち、このことが表現療法と音楽療法を近づけているのである。

逆にいえば、どんな表現療法も、媒体横断的な音楽療法に習熟しなければならない、ともいえるだろう。もし、表現療法が統合的治療の技の起源と現在を議論し、役立てようとするのであるならそう言わねばならない。

パオロ・クニル Paolo J. Knill

研究方法論
Forschungsmethodik

カ

方法論という言葉は、ギリシア語の＜methodos＞、つまり「何かへの道」から派生したものだが、それを、まず一般的には、ある特定の方法を行なう、あるいは考える、目的達成のための整理されたやりかたと解釈する。われわれの行動の方法論はわれわれにとって広く意識しないままにとどまっているのだが、というよりはむしろ、個々の行動をとおしてあとで再構成されうるのだが、科学的研究が自らの特徴とし、科学的研究に要求されるのは、＜研究がその方法論を熟考し、意識的に使用する＞ということである。

方法に関するやりかたのシステム的研究について、＜方法論研究 Methodenlehre＞あるいは＜方法論 Methodologie＞は独自の学問領域を生み出してきた。方法論は、学問の方法の多様さと内在する基本問題に関して、これらを方向づけするための援助手段でありうる。けれども明確な基準によるある特定の研究計画に対して一つの方法を選択することは避けられない。

方法の選択は、いつも対象領域と研究の目標との関連において、考えられなければならない。たとえば、精神科学的方法と自然科学的方法とのあいだ、あるいは説明する方法と理解する

方法とのあいだが区別される。しかし、対象領域と方法を結びつけることは、必然的に相対的なものにとどまっている。というのは、われわれが日常会話の意味で＜対象＞とよぶものは、学問上の意味ではまず一つの漠然とした＜なにか＞にすぎないからである。それは方法の使用によってはじめて、対象Objektと——応用された方法論的アプローチに依拠して——ある特定の（科学的な）対象Gegenstandになる。

たとえば、音楽は、音響学の意味での科学的対象として、物理学的対象として、あるいは音楽療法との関連で、＜心理的対象＞（Salber, 1975a）として生み出されることができる。反対に、歴史的に指摘されるのは、特定の方法がさまざまな対象領域の論争に関連して生まれてきたことである。その場合、音楽療法にとって重要な心理学の領域は、比較的開かれた多元的な領域であり、それは、周囲から孤立することなく激しくなされた方法上の論争によってそのように特徴づけられたものである。たとえば、上に挙げた大まかな分類について［議論されてきたし］、また、たとえば心理療法のような特定の実践領域にとっての心理学の重要性についても議論されてきた。(Salber, 1975b; Kuiper, 1976; Körner, 1985; Jüttemann, 1992)

方法と認識の＜真実＞とのあいだの保証された関係はないということ（Gadamer, 1965）は、とりわけ、パラダイムと方法が歴史に依拠しながら発展してきた（Kuhn, 1978）という学問の歴史のもとに証明され、また次の事実、すなわち科学的研究が人間の行動の一つのかたちであり、したがって心理的事情の支配下にあるという事実のなかで、証明される。(Holzkamp, 1968)

適切な方法的手順の選択は、研究の実践のなかで、研究計画の目的の正確な明確化によって容易になりうる。たとえば、それが心因関連の研究や音楽の心的過程や体験の理解ならば、質的な解釈学的なやりかたが優先される。ある一定の社会グループにおける音楽聴取の頻度に関する問題ならば、数量化の技法や統計的分析方法の使用が必要になる。一方、これらの聴取習慣の理由に関する問いは数値によっては得られない。

他方、一つの方法的アプローチの、全体に対する個々のやりかたの関連が、考慮されなければならない。それに含まれるのは、ある方法的アプローチのパラダイムの基本的仮定、理論の構造的構築とその標準的な基礎概念、ならびにそのつどの経験から研究する価値があるとみなされる問題設定などである（Toulmin, 1968）。意味のある議論を可能にする結果を得るために、一度選択された方法は（こうした包括的な意味において）研究全体の経過のなかで、あくまで保持されなければならない。そして、一つの理論的構成に結びつけられた特定の概念あるいは基準は、随意にある構想から別の構想へと引き継がれてはならない。

音楽療法の研究は、一方では、研究対象と問題設定と研究者の選択に依拠するという点において、たいてい心理

学や医学や音楽学（音楽心理学を含む）のすでに存在する方法に倣う。個々の問題を設定する場合は、さらに社会学などの方法にも倣う。他方、音楽療法の研究は、その専門領域から、方法の基本問題に関する論議に加わり（Niedecken, 1988; Petersen, 1990; Tüpker, 1988, 1990）、特殊な音楽療法の問題設定に関して独自の研究方法を発展させる。たとえば、音楽療法的インプロヴィゼーションの研究、プロトコール化の問題、音楽療法行為の記録と分析（ウルム・音楽療法グループの講演要旨, 1993; Tüpker, 1993; Smeijsters, Hurk, 1994）などである。（【〈受苦－しうる〉】の項も参照）

ドイツにおける音楽療法とその研究方法との短い歴史のなかで、全体的に、まずは実践により遠い領域での狭義の実験による研究から、広義の経験的な、実践に近い研究への移行が観察される。このことは、研究にたずさわったかあるいはたずさわる人々と密接に関連している。音楽療法士を養成する可能性が欠けていたために、まずは専門以外の人々から研究が始められなければならなかったのである。その間、実践を行なう比較的多くの音楽療法士が研究問題に取りくんではいたのだが。

この発展のなかで、いわゆる〈質的研究方法〉へシフトしていく明らかな方向性が際だって見えるが、このことは二つの異なる局面に関連している。一つには、質的方法に関連して、音楽療法の実践の前学問的記述と学問的観察法とのあいだに〈よりゆるやかな〉移行が存在するということである。質的なアプローチは、心理療法において、一般にたいてい〈実践と研究の結合 Junktim von Praxis und Forschung〉という理想を追っており、それゆえ人に関してもこちらは〈実践家〉、あちらは〈研究家〉と分かれることは少ない。そしてそのことにより、研究テーマが日常臨床の問題設定に接近することができるのである。

もう一方では、この発展は、それに対応した方法論的アプローチによる治療的、心理療法的方向がより好まれていることに関連している。（【ゲシュタルト療法と音楽療法】【形態学的音楽療法】【精神分析と音楽療法】の項目参照）。他方、アメリカ合衆国でより強く支持されている行動療法的方法——自らのパラダイムにふさわしくより操作的、数量的なやり方で研究する——は［ドイツにおいては］あまり支持されていない。

ローゼマリー・テュプカー Rosemarie Tüpker

現代の音楽療法的諸方法に関する歴史的背景

Geschichtlicher Hintergrund zu musiktherapeutischen Methoden der Gegenwart

音楽療法の方法論は歴史的に四つのカテゴリーに分類される（Smeijsters, 1994）。このカテゴリーの整理基準は、音楽の作用が説明されるしかたによっている。それを音楽療法的パラダイムと呼ぶこともできよう。

「魔術的」パラダイムは、音楽が魔術

的力をもっているところから由来している。音楽作品は一種の魔法の呪文――「アブラカタブラ」あるいは「ひらけごま」というような決まり文句――であり、それにより諸病は癒されうる。音楽がいかに治療するか、という医学的、あるいは心理学的説明は存在せず、ただ音楽が奇跡のようにそれを成し遂げるという確認があるのみである。魔術的思考とは、小さな子供が学校に行き始めた後、ファンタジーのなかで、学校を消してしまうことができると信じるようなものである。

人類が神々や他の超自然的な諸力を信じていた時代、音楽もまた魔術的な力のもとにあった。ひとは音楽で神々を鎮めることができたし、それをとおして――というのも神々によって諸病にかかるとされていたので、病気そのものをも鎮静化することができたのである。

今日でもなお、音楽療法においてのみならず、また違ったかたちでわれわれは魔術的思考に出会う。音楽療法士はしばしばシャーマンの魔術的儀式を指向する。また深い音楽体験を記述したり因果的に説明するのが難しいときにも、「魔術的」という言葉は登場してくる。心理学的観察は、ともかくしばしば用を足さない。なぜなら、シャーマンが音楽を行なっているとき、あるいは神と交信しているとき、彼はつねに精神的プロセスを先導しているからである。シャーマンの資格や治癒過程の神話に対する信仰、またシャーマンの舞台装置や彼の手がける儀式は、フランクFrank（1989）により強調された非特異的な治療的要素と同じものである。

「数学的」パラダイムに属するのは、ピタゴラスPythagorasの思想および「天体のハーモニー」という考えにもとづいた諸説である。異なった間隔、たとえばオクターブ（1：2）や五度（2：3）の単純な振動比に特別な意義が付与されるが、なぜなら、これらの整数比は自然や人間においても見い出すことのできるものだからである。これらの単純な比例関係［にある音］がまさに美しく響くこと、そして同じ比例関係が惑星の速度比や量子の位階（エネルギー段階）、人間の肉体的プロポーション、その他多くのものにも存在する（Berendt, 1986; Hamel, 1986）のは驚くべきことである。宇宙がわれわれの身体や精神のように鳴り響く、と想定したくなる。

この見解は一方でいくらか魔術的なものを、他方でいくらか自然科学的なものをも含んでいる。というのは、音楽的なインターヴァルと人間のプロポーションのあいだに一種の共鳴現象が存在するということが、ここに発しているからである。ルクールLecourt（Maranto, 1993b）はフランス音楽療法の歴史を例に挙げている。つまり、音楽はみずからに内在する「磁気力」をもっており、その力は、メスメルMesmerの想定した、神経を駆けめぐる流体の磁気力に影響を及ぼしうるという（Evers, 1991を参照）。

純粋に数的なアナロジーは、しかし、なぜ音楽が影響力をもつかということを、不充分にしか説明できない。「共

鳴Resonanz」とは一体どういうことなのか？　数学的の解釈は、生理学的、神経学的所見なしでは成り立ちえない。加えてこのような説明モデルが困難なのは、心的プロセスと数学的比例関係とのあいだの相互関係を証明するべき精神病理学からの報告を、まだ欠いているからである。

「医学的」パラダイムは長い伝統をもっており、タイリッヒTeirich (1958) によってはじめて要約された。歴史のなかでは、器質的疾患を音楽をとおして治療しようとした見解と、精神疾患を身体に対する音楽の影響によって治療しようとした見解を区別することができる。また音楽処方Musikapothekeという考えも時々もちだされた。音楽は、人間の器質的プロセスに直接的で予測可能な影響をもつ錠剤のように処方された。だが、このような立場はしばしば批判されてきた。

第一に、音楽によって誘発される器質的プロセス（脳波、ホルモン、神経伝達物質、植物神経系の反応、等々）は、個人の嗜好やクライエントの音楽的生活歴と無関係ではない。ルクール (Maranto, 1993b所収) はもう何年も前に、当時のフランスにおける聴取的音楽療法を批判した。というのは、人格の関与が閑却されていたからである。

第二に、上記プロセスへの影響の可能性があるからといって、ただちにそれが医学的な意味において、疾患の治療可能性ということに結びつくのではない。

第三に、器質的疾患と精神疾患はたんに生物学的問題なのではない。たとえ今日、生物学的精神医学が20年前に比べてより大きな意義をもつようになったとしても、一般に、精神疾患に心理療法的援助が必須であるという点では、やはり意見の一致をみているのである。

つまり、音楽を演奏して聴かせるだけでは患者にとって充分でなく、音楽をとおして心理療法的関係が生まれ、また音楽のなかに心理療法的関係が入りこんでいく必要がある、ということも音楽療法にとって肝要なことである。

今日、医学［治療］のなかの音楽という領域には、音楽が――治療的な意味で――免疫機能やホルモン動態など、生理学的反応に影響するよう応用されるという状況も含まれている。さらにここに含まれるのは、医学的手術の術前、術中、術後の雰囲気に対する［音楽の］影響、痛みに対する影響、疾病加工［の問題］、および器質的疾患における心理的原因の強調である (Maranto, 1992, 1993a; Spintge/Droh, 1992; Decker-Voigt/Escher, 1994)。

［ここで音楽が］生体に向けられているか、心に向けられているかという標的別に、おおまかに［音楽療法を］区別することはできよう。ブルーシアBruscia (1989) にならいマラントMarantoは、「治療としての音楽（療法）Music (therapy) as medicine」と「治療のなかの音楽（療法）Music (therapy) in medicine」とを区別した。つまり、治療媒体として身体に影響をもつ音楽（療法）と、医学的治療を補助するための音楽（療法）とを区別したのであ

る。治療関係が存在する場合にのみ、治療が問題となる。

医学［治療］としての音楽（療法）を問題にする場合、この考えかたは音楽処方の概念とは区別される。というのは［治療としての音楽（療法）では］個人の心的所与が考慮されるからである。スピングェSpintgeとドローDroh（1992）にもあるように、たとえ網様体やホルモン調節に対する、また植物神経系の機能や脳幹の構造に対する音楽の「直接」作用が前提にされているとしても、感情的、認知的機能も関係している。

また、たとえテンポや音高、ダイナミクス、音色といった音楽のパラメーターが万能の効果をもつとしても、それは、まず第一に音楽に対する聞き手の姿勢や音楽的生活歴、［聴取時の］状況が決定的だということを意味するのである。それゆえ、クライエントの音楽嗜好と音楽経験が前もって問われることになる。［治療場面における］音楽の選択は、あらかじめ与えられた音楽のパラメーターの範囲内で、個別に決定される。

最後に心理学的パラダイムが存在するが、このパラダイムにおいては、音楽療法は心理学的、心理療法的知識から説明される。

このパラダイムには、障害者に対する治療教育的援助も、心理療法的活動も含まれるが——いずれのケースにおいても確かに心理学的なものが問題となる——、ここでは心理療法的音楽療法を主として取り扱う。

心理療法的音楽療法の歴史において特徴的なのは、音楽療法が心理療法として確立される絶え間のない努力であり、またより厳密に言えば、音楽療法が正式の心理療法といかなる関係をもつか、そしていかなる方法論の分類が正当なのか、という問いである。

シュトローベルStrobelとフプマンHuppmann（1978）は彼らの概論のなかで、「方向づけられたgerichitete」治療と、「方向づけられていないungerichtete」治療を区別した。この区別は、［治療の］適応設定をもつ活動と、もたない活動を区別するためにシュヴァーベSchwabe（1974）により導入されたものである。適応設定をもつ（「方向づけられた」）活動とは、ある特定の障害をもつクライエントのみが同じセッションに参加し、活動の方法と目的がこれらのクライエントに適合していることを意味している。

「方向づけられた」・「方向づけられていない」という概念はさほど普及しなかったが、それでも適応問題は近年、さまざまな国でつよく意義を獲得してきた。このことは、ひとつには、音楽療法士が心理療法士としての職業的威信を手に入れようとしていることと関係しており、他方、音楽療法士が保健制度の変化に強制されて、音楽療法の「是非や種類」そして「誰のために」、「いつ」、「なぜ」音楽療法を行なうべきかを考えるようになったことと関係している。

シュトローベルとフプマンの概論でさらに注意をひくのは、心理療法の学

派に組みこまれた音楽療法は当時、裾野が狭かったということである。ただ分析的音楽療法と行動指向的音楽療法のみがリストアップされていた。そのうえ目立つのは、音楽が、他の治療的端緒——脱緊張訓練、イメージ体験、ムーブメントセラピー、ドラマや造形的ゲシュタルト——とのコンビネーションにおいて重要な論点を形成していた、ということである。

音楽療法はその後、自立した治療として発展してきた。イメージ体験はGIM（Guided Imagery and Music）というかたちで音楽療法的方法としてさらなる発展を遂げたが、その他の方法、たとえば精神運動療法psychomotorische Therapieは音楽療法から分離した。

「音楽療法の方法論とその理論的基礎」（1986）という著書のなかで、シュヴァーベは、心理療法に関する問題と取りくんだ。彼は、心理療法は診断特異的に音楽療法に応用される、というふうに音楽療法を心理療法に関係づけた。シュヴァーベによれば、音楽療法は、音楽行為（聴取、創造、再創造）が投入されるという点で、［たんなる心理療法から］区別されるという。

シュヴァーベは心理療法の方法を、治療原理がトレーニング関連的か、暗示的か、分析的かで分類した。トレーニング関連的治療原理とは、治療の目標が症状との対決か症状からの回避かになると考えられている。これに属するのは、行動療法や逆説志向の諸技法、（たとえばシュルツSchultzあるいはヤコブソンJacobsonの）リラクゼーションの諸技法、そして賦活的諸技法である。

暗示的治療原理では催眠術が用いられる。分析的治療原理においては、［個人の］内的な心的プロセス、および［複数人のあいだの］相互的な心的プロセスが問題となる。この最後の原理に関して、シュヴァーベは、とりわけサイコドラマやロールプレイ、言語的集団療法、個人心理療法を考慮に入れている。

シュヴァーベの分類の後継者は、しかし、西欧では少なかった。それはおそらく、音楽療法が既存の心理療法学派から発展してきたからであろう【心理療法的音楽療法の諸方法】の項参照）。シュヴァーベの分類と既存の心理療法学派の分類は互いに排除しあうわけではないが、音楽療法的諸方法のもうひとつ上位の分類があれば、適応設定を考えるにあたり、有益でもあろう。シュヴァーベの分類が音楽療法の諸方法と心理療法的背景の多様性を正当に評価しているかどうかが、ただ問われているのである。

マラント（1993b）が強調したように、一般的な治療状況が社会的発展の影響のもとに変化する場合には、パラダイムとパラダイムの内容はそれ自体変化する。たとえばアメリカ合衆国では、心理学的パラダイムの内部で精神分析的端緒の優勢は行動療法指向的音楽療法により取って代わられたが、その行動療法指向的音楽療法の優勢も近年、ホリスティックな端緒および医学的端緒により、またもや異論を唱えられているのである。研究においては、

量的パラダイムとならんで、それと原理的に区別される質的パラダイムが強調されるようになった。

ヨーロッパでは、たとえば精神力動的パースペクティヴは、生物学的精神医学や行動療法、認知療法の知見と対立している。自閉症の例で明白であるが、精神分析的パースペクティヴは近年の生物学的・認知論的データには抵抗しえないのである。

ヘンク・スマイスタース Henk Smeijsters

工学的メディアと音楽療法

Technische Medien in der Musiktherapie

以下の記述は、さまざまな心理療法において記録と評価のテクニックとして最も頻繁に使われている、二つの工学的な機器の領域についてである。

聴覚機器：カセットレコーダー、カセットテープ、CD、パソコンの音。

聴覚視覚機器：ビデオ、映画。

音楽療法とそれに隣接する芸術療法（絵画療法、ダンスセラピー）では、記録と評価のために工学的な機器が用いられるが、それらは工学的なものとしての機能を越えて、治療過程のなかでの主要な治療的機能としての役割も担う。

上記のメディアすべてに共通するのは、治療過程における観察と評価のために、あるいは治療的な相互交流の手段のために、これらの録音録画と再生という機能が治療的な実践の場で、目的に応じて使われるという点である。

観察や相互交流のための工学的な機器の応用は、治療過程における直接的な脈絡を理解することの他に、音楽療法士のスーパービジョンと養成においても幅広く使われるようになってきた。

この観察や相互関係に重点をおいた応用について付け加えると、観察／評価のために工学的な機器を応用する場合はつねに、追加された耳（マイクロフォン）と目（カメラ）によって蓄積されたデータをとおして、できるだけ高いレベルの相互主観性に達することが目標となる。これには、これまでの客観性を目指すという試みのほとんどが、相対化され、多かれ少なかれ適切と見なされる相互主観性に置き換えられてきたという理由がある。

このようにして、観察／評価においては蓄積されるデータの目的に沿って、特定の測定手段が録音録画、評価、再生の方法の基礎となる。患者のどのような行動が対象となるのか？　観察者は何を見たり聴いたりしたいのか？「臨床的なカメラマン（あるいは録音技術者）［カッコ内はデッカー＝フォイクトによる補足］は、診断を明確にし、心理的に介入するためにはどのような操作が最も効果的かという、自分のな

かの専門的な基準をあてにできなくてはならない」(Cutter, 1981, 12)。

活動的、および受容的音楽療法の臨床の双方においては、まず［オープンリールの］テープ録音、そして後になってカセットテープの録音が、「聴覚メディア」の音楽にふさわしいと考えられてきた伝統がある。

音楽療法士の養成や研修において、音楽療法士は当初から（旧西ドイツでは60年代の初め）セラピストと患者のあいだの相互交流を録音するように訓練されてきた。このようにして得られた「コントロール材料」は、まずセッションの後に続く構造化された分析的な聴取において、患者の前言語的、音楽的な表現をとおして、診断に必要な補足的な、そして治療的な知識を提供することができる。

一方ではこのデータは、同僚間のスーパービジョンやインタービジョンをとおして相互主観性を発展させるために使われることができる。最後に、このデータは「聴覚的な鏡像」として、そして記憶や連想をひき出すための援助として、患者とともに使われることもできる。このプロセスをとおして、録音録画とその再生は「相互交流に重点をおいた機能」となり、その後の治療的な介入につながる。

専門的な音楽家としてのレベルに達した特定の音楽療法的な課題の例として、以下のことが挙げられる。患者の即興演奏の録音を正確に記譜して、視覚的にも見えるようにするとともに、患者の行動パターンと関連した音楽的なパターン、および患者の表現の進歩を再生し、それについて熟考できるようにすること。この専門的な能力においては、音楽療法士としての養成によって違いが出てくる。たとえば、治療教育やソーシャルワーカーのための養成を主にしてきた人は、この記譜という作業ではなく、録音されたものを患者と一緒に聴きながら、セッションの終わりの会話に参加するのである。

患者を監視するために使う（安全管理）という、工学的な機器の応用を付け加えるが、ここでは心理的、あるいは治療的な意味あいはまったくない。

受容的音楽療法における工学的な機器の応用について。ここでは「患者のために何かを演奏する」音楽療法士の演奏から、無限のレパートリーの幅と再生機能、そして完全な音を出す工学的な機器へと変わってきた。かってマリー・プリーストリーMary Priestleyは、音楽療法士は自分自身の芸術的なレパートリー（多くはピアノ）として、約40曲マスターしなければならないと言っていたが、今日ではほとんどの場合カセットやCDの音楽が、聴取する患者の心理力動の内へいたる手がかりを見つけるための手段として使われている。

CDの機器は今日では、各人の音楽の希望に最も的確に応え、同時に一人一人の患者が固執する音楽のレパートリーを明確にすることを可能にする。

今日では、受容的な音楽療法の糸口は、ほとんどの場合、患者の希望に応

えることで始まる。患者の自己を表現する音楽（現在、あるいは過去に特に好んで聴いた音楽）のリクエストを「受けつけ」、これをとおして患者が自己認識の作業を掘り下げることができるように援助するのである。あるいは、音楽は「提案」として提供されることもあり、「未知の」音楽と取りくむことで未知のものの認識をどう処理するかを明確にし、練習していくうえでの援助となる。

相互交流の方向づけ

録音や録画、およびその後の再生によって生まれる動機づけは、相互交流の方向づけのための聴覚／聴覚視覚的な記録のベースとなる。録音録画をするパートナー（セラピスト）は、自分を治療過程のなかの一部として見る。彼は録音録画をするなかで得られる体験に対する自分の反応や感情を、意図的に工学的な目で、メディア形成に関連づけていく。

あるいは、「工学的なメディアを用いながら患者とともにいたい」という単純な動機も、「工学的にともにいる」ことを、つねにより広範囲な「治療的にともにいる」という全体的な課題に融合していき、いまここで、という現在を操作し、また非言語的な段階の後に続く共同の聴取や鑑賞という将来も操作する。

工学的なメディアを用いたこれまでの実験の、程度の差こそあれ意図的な目標の方向性の数々を生かして、現在では聴覚的、視覚的、あるいは聴覚視覚的な記録自体を、（セラピストの）芸術的な表現として治療プロセスのなかに組みこむことが確立されている。そのさい、一方では患者へのフィードバックとしての特性が強調され、また他方では自分を補足的、対極的、あるいは「全体のなかの一部」や「援助」として見なし、その場で交わされる治療的な会話における意義を見い出している、[録音録画担当の] セラピストの芸術的な表現がより強調される。補足として以下のことが挙げられる。

治療プロセスのなかで、あるコミュニケーションのメディア（絵画）が他のメディア（動き）へと、あるいは（場合によっては）第三のメディア（音楽的表現）へと転換されていくということが起こり、工学的なメディアがこのような状況における「特殊なケース」（Knill）でありうる（患者からの、または患者のためのセラピストのフィードバックとしてのフィルム）という、クニルPaolo J. Knill（1983）による「間媒体的変換」方法の発達。

映像録画しながら、音楽聴取のあいだに患者をトランスへと導入する「音楽療法的な深いリラクゼーション、MTE」（Decker-Voigt, 1996）という方法の発達。この時、録画の一部が「視覚的なパートナー」としてその後に続く即興で用いられる（ハノーファー医科大学において、1977年から79年にかけて開発された音楽療法のビデオ・フィードバックMVFの併用テクニックであり、どちらの方法も固定カメラかフィードバックに重点をおいたカメラを使った工学的な鏡像が、通常の鏡像の延長と治療的な空間のなかで

のその伝統的な機能として理解され、場合によっては自己陶酔的な問題を抱えた人格構造の鏡像を反映することができる）。

さらに、現在では一部でしか使われていないコンピューターの音とモニターの機器について言及する。これは、事故後のリハビリテーションのための著者自身のクリニックでの体験だが、おもに神経身体的な障害をもったリハビリ患者が、パソコンと聴覚的、および視覚的なレベルでの相互交流プログラムをとおして、行動と反応能力の領域における補助訓練を受けるのである。

工学的なメディアを音楽療法とそれに隣接する芸術的な心理療法へと統合していくことが、当たり前になってきているという理解は高まっている。

これはたとえば、クニルが「録画と再生によるゲシュタルトのための教育法」（1983）として提案し、教えていることであり、そしてヨーロッパ圏での養成機関（アメリカに続いて）で、卒業論文や研究プロジェクトにおけるカセットテープやビデオの素材が、印刷されたメディアと同様の要素として見なされ、利用されていることから明らかである。

ハンス＝ヘルムート・デッカー＝フォイクト
Hans-Helmut Decker-Voigt

行動の概念

Handlungsbegriff

音楽療法がその理論的基礎として利用する、さまざまな心理学の学派とその分派は、人間の行動が、思考との関係において感情を理解するのに、また治療のなかで評価をするのにどのようにあるかということについて、非常にさまざまなコンセプトをもっている。治療のなかで音楽を聴いたり演奏したりする音楽的行為は、そのつど基礎に横たわっている音楽概念と文化的な総合関連と不可分に結びついている。

音楽療法の実施法の広いスペクトラムを目の前にしたとき明らかなのは、引き合いに出された心理学の理論形成についても、音楽のコンセプトについても一致するところがないという事実である。また、もしうまい具合に音楽的行動が能動的音楽療法における中心的作動因子を表現しているという充分な一致が認められる場合でも、統一がとれ、普遍的に通用する行動についての概念試案といったものが、近いうちにうまくまとまる可能性はほとんどない。

以下の詳論のための理論的背景は、一つにはウィニコットWinnicottとバリントBalintの精神分析的対象関係論が、もう一つはローレンツァーLorenzerの象徴形成理論が担っている。それは、ニーデッケンNiedeckenが全体的な考慮を加え、分析的音楽療法の

ために改訂・発展させたものである。

他の非‐精神分析的なコンセプト、たとえばこの発想から直接に得られる、行動指向的な音楽療法コンセプトなどは、どの程度まで疑わしいのであろうか。「理論のカクテル」の意味ではない、ある種の改訂がさらに必要であろう。その改訂のなかでは、独自の理論コンセプトに関して、音楽的行動の意味についての問いを立て、同様に系統的な応用がなされるべきだろう。

対象の多くが、基底障害［訳注：バリントの言う基底欠損］の成人の患者たちである、精神科の領域での音楽療法の実践が、私の詳論の臨床的背景を形成している。安定したセッティングの条件下に、大きな根源的性質の（二者）関係をここに再演出する。それは最初の［対象］関係に似て、なお無媒介的に感覚的、身体的な知覚との結びつきのなかにある乳飲み子の相互作用の体験のなかにあり、より成熟した、力のある関係のパートナーとしてその関係のなかに存在する治療者の中心課題でもある。

それは一方では**抱えている**haltenこと、もう一方では**耐えている**aushaltenことである。「抱える」には直感的なふるまい、テーマとなる交際相手、自我機能の引き受け、患者が全範囲にはもち合わせていない能力を含んでいる。「耐える」とは、みずからを一次物質（Balint）として差し出すこと、利用させまた造形させること、逆転移と投影同一視を受け入れること、再統合のために関係性のなかへと適切に配分することを意味する。

（自由な）即興と会話は、そのさいに支え合い、補足し、補完し、互いに反映し合い、解釈し合う、全体の舞台のうちの一部分である。

音楽療法では、発語行動に限定されている精神分析とは対照的に、患者の材料から異なった見解を獲得するために、一定の「迂回法」を取らされる。何か偶然手に入ったものを演奏する、またガチャガチャと音を出すことという要請は、充分に精神分析の基本原則の自由連想に比肩しうるものである。ところが、その抵抗性のなかで決まった楽器を使った取り扱い（もちろん強制的な行動指導を含むことはけっしてないのであるが）とその創造は、非社会化した音によるその性格にまったく特徴的なやりかたで、精神内界での体験を外へ表現することを可能にする。

同様に、かつてはそれ自身が対象との交流であったように、音もまた、早期の対象関係の体験を表し、小さい子供が関与し「感覚的‐象徴的な相互作用形態」（Lorenzer）のかたちで自分のものとした「移行対象」（Winnicott）である。この「移行対象」としての音響は、治療のなかで患者と治療者の演奏空間の重なりから生み出される「潜在空間potential space」（Winnicott）と、主体性の損傷をひき起こし、いまや手当てすべき対象となった各人の体験を描写している。

このように見ると、即興は、音楽的なリハーサル行動となりうる。そのさいに、傷害されたもしくは不完全な相互関係は、当座の原象徴的な具象化と、より一層象徴化しようとする試みを誘

導する。これは、音楽的水準では、充分に作品としての性格をもつし、昇華という意味で、その枠組みのなかでの願望や衝動は正当なものと認められる。

他方、言語的水準では、意識への連絡通路を見い出すことが可能となる。音楽的リハーサル行動は、経験するため、または覚えおくための、行動する思考または考える行動でもあり、一次過程も二次過程も含んでいる。それゆえ、それは試行の概念と取り違えることでもなく、またある抵抗の型の行動の概念と思い違いをすることでもない。

その抵抗型とは、想起するかわりに運動によるはげしい拒絶的な行動をとるもので、他の治療法と同様に音楽療法においても起こりうるものである。そのなかに含まれる情報を解読することができるように、実際の出会いのなかの出来事に対して、好奇心をもち、心を開いていることが、治療者の課題である。そうでないと、その人に悪性と意識されない動きが、治療的関係の特徴的な膠着を招く。

とはいえ、評価のための具体的な症例の行動のように、行動はその時々の患者のもつ構造に依存している。音楽療法的な省察のなかで見つけ出し、保持することが重要なのは、各々の即興の中に含まれている弁証法(つまり一方で高度に組織化された演奏、他方で運動性の激しい拒絶)の解消ではなく、即興の中に含まれている心理的緊張状態なのである。

スザンネ・メッツナー Susanne Metzner

声
Stimme

声は、人間の**基本的な表現形態**の一つである。声は、人間同士のコミュニケーションの基礎を築くとともに、呼吸と運動の基本機能と神経反射的に分かちがたく結びついている。

言葉の深い内容の運び手として、声はいわゆる韻律論的prosodischな特徴を助けにして、論理的‐理性的な言語内容を、感情的な意味と結びつけている(Prosodie=「それに加えて歌う」もの、つまりことばの表出型のうち言語学的な要素以外の構成要素。イントネーション、アーティキュレーション、アクセントの置きかた、間合いなど)。

声によって仲介される情報の処理は、大部分無意識のプロセスに拠っている。言語のない、つまり歌詞に結合していない歌唱もしくは音声では、感情的な情報は、声を延ばし音の響きを強化することにより、明瞭に前景化する。

人格の特徴や解剖学的‐生理学的に与えられた条件が、多層的で個性的な倍音スペクトルを構成する。そのスペクトルは各々の声に、その人に独特で、[他と]取り違えようのない音色を与える。またわれわれの声は、状況や役割に合わせ変化するものではあるが、個々の声の響きは[そういう]身につけられたすべての「社会的仮面」を素どおりして、われわれの個性、人生過

程や成熟過程の最も直接的な表現として響いてくる。

（ギリシャ語のペルソナpersonaは仮面の意、ラテン語のper-sonaleは響き続ける意である。モーゼスMoses, 1956, p.9以下を参照）。

「声」は歌を超えたもので、話された言葉の基となる固有の響きである。ここで上位概念として理解された**音声現象**は、以下に述べる幅広い対極的なスペクトルをそのなかに統合している。すなわち、喃語と泣き声／音響と騒音／退行と攻撃性／孤立と相互作用／内空間と外空間／笑いと痛み／力強さと弱さ／Enstase［訳註：心の内部へ向かうかたちでの変性意識状態を指す。自分の外へ向かって、通常の状態でなくなるという意味でのEkstaseの対極概念。］と恍惚Ekstase、等々［がある］。

グンダーマンGundermannが、「声は音による伝記である」（1977）と言うとき、それを適切に公式化している。

またアダメクAdamekは、「声の響きは「その個人の音による容姿」［であり］、ある人の身体的な状態と同様、現在の精神的な状態における「響きわたる個性のホログラム」と見なされうる」と述べている（1995, p.268）。

生理学的観点

下部気道からの呼息によって声門（一対の声帯、それは喉頭蓋の下に位置する喉頭にある弾性結合組織と粘膜による被覆からなる）をこじ開ける超過圧がつくりだされる。ベルヌーイBernoulliの筋組織の弾性‐気体運動論によると、物理学的な流体の法則に合致して、声帯の正確な周期的振動過程が起こる。その過程は、声門の下に加わる圧力と声帯の大きさ、弾性、緊張度、輪郭、位置によって決まる。個々の振動開始時の形態は、随意、または不随意に、適切できわめて包括的な筋肉のコントロール過程、ならびに聴覚と運動感覚の調整機構とその制御系による声帯の調整がなされることによって得られる。（この部分については Gundermann, 1977, 1987, 1994を参照のこと）

このようにして最初に発生した声帯での音は、そのあと声道（咽頭）で性別や年齢に応じた個性的な声の響きに変調され、そのさいに特有な倍音（これが個々の人間の声に特異的な音色をつくり出す）も聞きとれるようになる。

他人の音声情報を、私たちはまったく無媒介的に、状況によっていろいろな強さで、自分自身の体に起こる神経‐筋伝達過程と呼吸数の無意識的な伝達により受けとる（例：誰かのひどくかすれた声を聞くと、咳をしたくなる欲求が起こる）。この魅力的な現象を、私は「**有機体共鳴 organismische Resonanz**」と呼びたいと思う。

人間同士の有機体共鳴は、とりわけ喉頭の筋肉に対する迷走神経の枝（下喉頭神経）の神経支配との関連によって成立する。であるから、個々の発声は、直接に自律神経系の過程と結びついているのである。

人類の歴史において、この直接的で身体的な、言語以前の音声表出と合図の伝達は、最も合理的なものであったと想像される。そして、たとえば危険に際してとか、狭い社会集団内の序列を維持するために必要不可欠なものであっただろう（Moses, 1956も参照のこと）。

系統発生論的な視点

基本的に重要なことは、話すことや歌うことのような、呼吸、喉頭機能、咽頭の共鳴現象にもとづくすべての二次的機能においては、一次的機能（これは起源的に異質なもので、純粋に死活にかかわる目的のために用いられ、音声をつくりだすための機能ではない）が休止しているということなのである。

たとえば呼吸は、生命にかかわる酸素と二酸化炭素のガス交換を行ない、喉頭は気管や気管支の保護をしており、それらを複雑な反射系（咳や嘔吐）の共同作用によって、侵入する異物から守っているのである。（たとえば、「何かを誤解して悪くとるetwas in den falschen Hals bekommen」という成句を参照［訳註：直訳すると、「何かを誤って喉に入れる」となる］）。

発声器官の一次的機能は、完全に皮質下でコントロールされていて、生命にかかわる機能の保護を保証し、生きていくのに不可欠な［体の］内部と外部のあいだの［ガス］交換を行ない、そして発生学的にはより新しい、人類の音声表現に決定的な影響を及ぼすのである。

私は、人類の現在の発達段階においては、発声器官は「**感情のはけ口（安全弁）**」という意味で、さらなる「保護作用」をもっていると主張する。

喉頭（その反射による横隔膜との結合と、横隔膜と呼吸筋の中枢との結合により）と下顎（その骨盤の筋肉との反射による関係と）は負担に感じたり、不安にとらわれた感情を押さえこむことが問題になるとき、共同して働く。怒りを押さえるとき歯を噛みしめたり、悲しいときに唇をきっと結ぶことや、不安のときに息を殺すこと等々は、一方では抑制のきかない感情表明の流出を押さえることになるし、他方では、自分に無理を強いたり不安を抱かせたりするような、不快な情動的な情報の流入を弱めることにもなる。

加えて、以下のすべてが導き出される。つまり、何か「（はっとして）息を呑むような」「言葉を麻痺させる」または「喉をひもで括られるような」とか、「喉に団子einen Kloß im Hals」がつまる［訳註：興奮や恐怖などで息が詰まって声が出ないこと］とか「歯ぎしりするような」ことを受け入れるとか、もうとっくに「喉まで垂れさがっているzum Halse raushängt」［訳註：うんざりしているの意］とかの表現である。表現の遮断の心身相関的意味あいは、われわれの日常の慣用表現のなかにもさまざまに反映している。

純粋な音響的次元においてみると、声は人間をその起源において、動物から区別する現象である。人間は、その

動物的な祖先から、声の響きを用いた非言語的交流を相続した。「……攻撃性の合図としての吠え声、恐怖を前にしたキャーという叫び、不安と痛みを前にした泣き叫び、やさしい「つぶやき」、気分が落ち着いている赤ん坊の声、笑い声、泣き声など」（Wagner/Sander, 1990, p.97）。

クラマーKramer（1963）の実験は、そのうえさらに、これらの情報が人類のすべての言葉の壁を超え、超文化的に理解されうることを示している（Adamek, 1995, p.266）。オオカミの吠え声であれ、鳥のさえずりであれ、さらに獣の鳴き声であれ、人間にとっては、依然として信号としての性格をもち、また感情に深い影響を与えうるものである。

発生論的視点

耳は、人間の最初に完璧に形成される感覚器官である。胎児は、妊娠16週から発達する**聴覚器官**をとおしてだけでなく、**からだの表面全体**をとおして羊水の振動を感受しているということが推定されている。その振動は、母体のさまざまな身体雑音やその声の身体への共鳴をとおして、また外界の音響や雑音の影響をとおして伝わってくる。そういう事情で、胎児は子宮内での成長にともない、母親の脊柱と密着するようになり、おそらくこの最初の身体接触によって加算された振動数が、**骨伝導**によって胎児の脊椎を介して伝えられるのであろう。

「聴覚は、平衡知覚と運動知覚以外に、妊娠期間の中期から、胎児の母親や環境との関係を根本的につくりだし、出生後の体験への無媒介的な連続性へと導く感覚である。出生前に聞いたことは出生後に再認識され、それによって世界とのあいだに架け橋を架ける。」（Janus, 1991, p.209）

乳飲み子は、その欲求の緊張を反射的に放出して泣く。すなわち「気分をせいせいさせるmacht sich Luft」のである。この泣き叫びは、第一週のうちにより適切な訴えへと洗練されていき、目的に合った［他者との］接触受容に用いられるようになる。それと反対に、喃語は欲求の強調されたものとして、内界に向かう自体愛的、退行的なふるまいとなる。そのさいに、唇はおっぱいを吸うようなかたちをとったりもする。それは、およそ2カ月から3カ月目くらいに生じ、当座の要求が満たされ、乳飲み子が一種の安全さと保護を受けていることを感じたときには、だいたいにおいて声［喃語］が認められる。

すでに、この二種類の人間の初期の表現様式、つまり泣き声と喃語のなかに、根本的で、治療的に利用可能な対極性が明らかになる。内界と外界の結びつきであり、また心地よく自分のなかにくるまったような退行Regressionと、生命を維持する攻撃的な衝動をもつ進歩Progressionとの結びつきである。この対極性とのかかわり合いは、中心的な**作動要素**のひとつであり、それは、歌うことと声に出して表現することが、音楽療法的治療に不可欠であることを示している。

トイレットトレーニングと社会化過程の経過中に、ある抑制機構が確立する。この抑制機構は、恥ずかしさとばつの悪さからだけでなく、良心や罪悪感として感じとられる、精神的裁判所からも構成される。ばつが悪いという反応の出現は、たとえばしばしば声による即興においては、自然発生的ではっきりしない身体雑音をともなって観察される。そのなかで、この発達の時期からの体験が無意識にふたたび蘇ってくる。

しかしながら、歌うことはたいそう楽しく体験される。「なぜならそれは、一つの退行であるから。というのは、恥ずかしさによる抑制のかかる前の早期幼児期の感覚状態であるからである。」(Klausmeier, 1978, p.49)

また、歌うことは強すぎる情動表現を回避しブロックしているとも言える。グループ状況では、この抑制には容易に打ち克つことができ、そこでは、音響のなかで‐遊びながらに、上に触れたようなまったくの融合と、他人と区別された各人の独立性のあいだの対極性が確認されうるのである。(Moses, 1956も参照のこと)

人類学的視点／歌とトランス

「多くの創造神話では、初めにことばが鳴り響く。それは、叫びであったり、創造の歌であったりする。その響きから世界が現れ出る。」(Timmermann, 1989, p.103) 語源学的にも、「神話myth」と「口mouth」の関連が想像されている。つまり、「神話はいつでも、口から生まれる何か」(Timmermann, 1989のなかのJean Gebserの担当部分, p.104) なのである。

歌は、元来魔術的な世界観と分かちがたく結ばれている。歌は、もう一つの現実と接触するための乗りものなのである。「たとえを挙げれば、北欧のことばのgaldr（＝魔法のことば）はgalanという動詞（＝歌う）から来ており、フランス語のchanter（＝歌う）はcharme（＝呪縛する、魅惑する）と関係がある (Timmermann, 1989, p.105)。(オデュッセイアのセイレン[訳註：上半身は女、下半身は鳥の姿をした海の怪物。歌で人を魅惑する]の歌、ローレライの声の魔力などを参照)

歌うことは、伝統的な社会のなかで、たいていの場合に身体運動とダンスと密接に結びついたかたちで、変性意識状態を誘導する宗教的儀式を担っている現象である。われわれの文化も、声によって誘導されるトランス促進的な儀式の残骸を有している。（例：教会のコーラス、サッカースタジアム、酒場などで歌にあわせて体をゆすること、子守り歌）

変性意識状態の導入の基本原則は、**知覚の焦点化**にある。ここで声は、呼吸以外［の方法］として、驚くべき自己暗示的効果をもった、強力な身体固有の媒体として機能する。声そのものが、耳と骨伝導ならびに運動力学的な振動の受容をとおした音知覚の潜在的フィードバック効果をもたらし、歌うことそれ自体が、つねに注意の焦点化を生じさせるのである。（より詳細には、Rittner, 1994を参照）

そのうえ、さらに多くの文化において、発音されたシラブルの変性意識を起こす力は、宗教儀式との関連でも、治療儀式のなかでも意図的に用いられる。くり返し再帰する音のつながりをもつ宗教の祭文（例：[カトリックの]連祷やマントラ）は、自身の共鳴を目的に応じて変化させること（とりわけ、それは特定の身体空間での声の響きをとおして行なわれるのだが）について、数千年の経験のなかで結晶化してきた知識を、変性した意識状態の助けを借りて、霊的な経験と治癒の過程を活性化するために利用している。

シャーマンは、どのような「もう一つの現実」を旅し、どのような精神との関係をもつのかに応じて、トランス状態のなかで、非常にさまざまな、彼らの通常の声とは明らかに異なる発声技術を用いる。このようにして、たとえば中央アジアにおいては、とりわけ複雑な倍音唱法や下方倍音唱法が発達した。

音を表現することと力を出す体験とは、ずっと以前から互いに緊密に結びついている。きびしい肉体労働は、グループで歌うリズミカルな仕事歌によって容易になる。そのリズムは運動の協調を良くし、呼吸を強化する。その響きは、働いている人たちのなかに生理的な力の源を結集し、その歌詞のなかにはしばしば自己暗示的な効果のある定型句がくり返し見い出せる。

さらに例を探せば、排出陣痛の努力中の叫び声があり [訳註：分娩にさいしては、口を閉じていきむのでなく、口を開けて叫ぶほうが娩出力が増すということ（筆者自身の説明による）]、またさまざまな格闘技において肉体的なエネルギーを適切に引き出すときの技術などがある。アダメクAdamekは適切な短いフレーズを歌ったあとに肉体的な能力が有意に上昇することを、はじめて経験的に証明し得た（1995）。

アブレシュAbreschは以下のように要約している。「声は、意識の発生するずっと以前から、古く、動物的で、一次過程的で、表現力の強いものである。声は、この意味において「真実」であり、個体の「いまここで」を表現する。」

（人の声に関するさらなる神話学的な、民族学的な要約は、リトナーRittner, 1994; Timmermann, 1989; Gundermann, 1994; Adamek, 1995を参照のこと）

【変性意識状態】【トランス】【音によるトランス】の各項目も参照のこと。

声の音楽療法的な重要性

（音楽精神療法における声を用いた仕事に適当である）大きな意義が、あいにくにも現在まで音楽精神療法の専門の議論のなかでは、たんに副次的にしか認められてこなかった。声を媒体として用いる精神療法は、この領域の治療者の慎重で包括的な教育と自己体験を必要とするが、目下のところ彼らの大部分は、楽器を指向した教育を受けている。

歌曲をさまざまな形式で歌唱する以

外では、声を用いた自由な即興（声による即興Vokalimprovisation）が、音楽療法においてとりわけ重要な意味をもっている。

声による即興の定義

声による即興は、有声または無声に表出される表現スペクトラム全体を利用するものである。それは多くの場合、前もってテーマを与えられた（もしくは与えられない）グループの保護のもとで、音楽的‐芸術的な、教育学的な、あるいは治療的な目標設定をともない、個人的、状況音楽的、また象徴的な内容をもつものである。音声による表現は、身体雑音、無声子音、有声子音、単一音の形態の母音、短い音の連なりや旋律、および言語学的要素に分類されている。（声を用いた音楽精神療法の仕事の基礎と技術的な側面について、ならびに声による即興の練習、体験、葛藤を中心としたレベルの扱いかたについては、Rittner, 1990を参照のこと。）

声による即興は、適切な道案内のいるグループの保護下に早期幼児期の生活空間へ戻る、官能的な旅である。この自由な即興では、しばしば喜びに満ちた‐性愛的な声の表出が姿を現すが、これらは**性器的発達期**に分類することができる。また、グループの参加者は、しばしば**肛門期的な**（おならをする、など）また**口唇期的な口まね**（ピチャピチャと言わせたり、吸ったり、ガリガリ言わせたりなど）を非常に楽しんで行なう。そのさいによくある抑制の閾を乗り越えるのを、グループ状況がはるかに楽にしている。［表現する］抵抗が大きすぎる場合には、さしつかえのある個人的な表現の代わりに、他の人たちの音の「ぶちまけ」と一緒にその欲求を体験することができる。

自由に流れあう、互いの音の純粋な響きのレベルでは、いま述べた体験よりむしろ出生以前の体験の質が感じられ——適切な文脈では——トランスパーソナルにも、最も深い場合には、霊的な体験までも可能とすることがある。このためには、内的な慎重さ、呼吸、大地との接触、拠り所となる構造化された儀式に関する基礎的準備と、グループの指導者による判断力ある指導と、支持的な同伴とが、前提条件であり基盤でもある。

精神内界と身体現象は、この過程のなかでは区別することができない。人間にとって可能な**最も直接的な音の現象形としての身‐心の合一**が重要である。能動的即興において、声に匹敵するほど直接的に感情の深い層で、私の体験をゆり動かす楽器はない。また声ほど、激しい身体的な反応をひき起こし、カタルシスの場面でしばしば自立への扉を開き、多岐にわたる精神生理的な共鳴現象にもとづいて、身体的にも患者に有益な資源を開くことができる楽器はない。

声を用いた精神療法は、現実に発声された音の響きそのものを大きく超えて、良好な母性中心的matrizentrischな関係の提供（Loos, 1995）の基礎のもとでは、固有の自己Selbstと知り合うことを促進し、賢明な人生の同伴者である"内なる声"（内在化された陽性

の取りこみとしての"良き母")との出会いを援助する（Rosenberg, 1989, p.263参照）。

集団音楽療法においては、自由な**音響指向的な声による即興**にさいして、しばしば集団催眠現象が観察される。

共有され、自由に、注意をこらした音響の相互作用は、漂いながら包まれている状態、つまり溶け合った声の響きがつくりだす「羊水の宇宙」のなかでの自由に漂いあう「出会い」へ、また、全体のなかの一部としての、かぎりのないコンタクトへと導く。多くの場合にごく早期から自然に、完全に聞くことに没頭し、感覚的に感じることを「交換する」ために、目を閉じてしまいたい気持ちが生じる。遠近は音の隔たりの不協和、協和によって、または、声の音色の変化でコントロールされる。また、自分から進んで音を出したくない人も、このグループの音のなかで保護されて在るという感覚的な分担を担う。

ただまれに、両価性が浮上して、ディトリッヒDittrich（1985）が、変性意識状態への移行の時期の特徴ある局面として観察した、「不安に満ちた自己‐解体」の症状が発生することがある。この現象の一つのおもな原因としては、このプロセスの各瞬間における影響力の程度が、各人にとって非常に高いということがあるかもしれない。具体的な個人の主題や、生活史上の記憶はほとんど現れない。誰かが、グループの音量水準を一人で圧倒してしまうこともまれである。たとえば、言語によるトランス導入のさいにははっきり目前に存在した、具体的で生き生きとした想像性の豊かな体験は、グループによる音響が現われるのと同時に、しばしば忽然とかき消えてしまう。また、考えの回転もまた中断し、内的な言語の流れはしばし休息に入る。

ここに述べたことについて説明しうる考えかたの一つを、ゼンフSenf（1988）は以下のように展開している。「聴覚のモードをとおすと、特殊なやりかたで、距離の判断基準が消える。聴覚は遠方知覚だが、（同じく遠方知覚である）視覚とはそのありかたが異なる。……遠くても近くあっても、音は距離感なしにわれわれに入ってくる」（p.4以下参照）。

この、距離感をなくすという音の力のおかげで、たとえもし関係する人との視覚的な、もしくは身体的な接触がない場合でも、受容が可能となる。小さな子供にとっても、近くでは溶け合い、遠距離では独立してあることは、最大の不安軽減の意味をもつ。そのとき、この形式の音響指向的な声による即興においては、各人の声が出されるのと時を同じくして、対人的な境界が流動的な状態に陥る。このようにして、大洋的自己拡大の感覚が導かれ（Dittrich, 1985参照）、そして、トランスパーソナルな体験空間へのドアを開けることが可能となるのである。

それに対して、有声・無声の子音であったり、声による即興のなかの発語を伴わない発音Mundartikulationenであったりするかたちで流入してくる**物音的な部分**は、非常に速やかにグループの雰囲気を変化させる。

目は開かれ、接触が受け入れられ、具体的な関係のなかに直接性が生まれる。ペアの動きのなかで、表情やしぐさは自分の - 打ち明けたい - 欲求Sich-mitteilen-Wollenを高める。

音のある段階Laute Phaseは、しばしば遊戯的実験的な性質をもち、前言語的な発声を行なうときには、笑いが生じる。社会化の過程で羞恥心によって肥大した抑制を破壊することを、自分の体を用いて試してみると、小さい子供時代の感覚的な欲求感情が呼びおこされてくる。このような体験にとって非常に重要なのは、音楽療法士が［クライエントを］元気づけたり、［彼らと］ともに参加することである。

発音Artikulationは、有声の呼息のリズム的な下位区分であり、リズムはつねに母親の体や、大地や、自分の体や、相手に対する具体的な接触である。グループ活動を利用した知覚野の集中的リズム化は、覚醒した意識状態の変性からさらには興奮、過剰興奮、ついには忘我の境地にまで導くことが可能である（**【変性意識状態】の項参照**）。

歌うことは、「皮膚の下にunter die Haut」入ってくる［訳註：深く心を揺り動かす意。日本語の「心に沁みる」という表現に近い］それは、人間の受けとりEindruckと、表現するAusdruck潜在能力のあいだの均衡を生み出す。これにはさまざまな原因がある。その原因に通じていることが、音楽療法における目的指向的使用のための前提条件である。

このような治療状況にうまく同伴できるために、音楽療法士の身体療法、呼吸療法の養成過程においては、自分の声についての徹底的な自己体験が重要なことは明らかである。また、ゲシュタルト療法や催眠療法的な介入戦略は、声を使った音楽療法のなかで最も有用に統合されうるものである。この体験は、たんに患者に体験のフィールドが開かれているというだけでなく、彼の治療上の伴侶（治療者）を信頼するということを表している。

私の考えでは、明文化した目標は以下のようであるべきである。それは、**独立の表現媒体としての声**を用い、専門性に支えられた芸術的精神療法の仕事を、音楽療法の枠のなかで強化し、研究をとおして基礎づけし、そして、いままで以上に本質的に適切な使用を可能にすることである。

ここに短く輪郭を示すだけ述べた考察の過程は、ハイデルベルク大学の精神療法と医療心理学部門において目下設立中の、学際的研究の重点目標として、とり上げられ深められることなっている。

加えて、**【気分・調子】【音声研究】【変性意識状態】【トランス】【音によるトランス】**の各項目を参照のこと。

ザビーネ・リトナー Sabine Rittner

呼吸療法と音楽療法
Atemtherapie und Musiktherapie

人間のもっとも早期の経験は、子宮内の時期から始まり、身体の体験や聴覚体験が一体となったもののなかで生じる（Tomatis, 1987参照）。胎児は母親の心音やその他の音を、単に特別な聴覚現象として聞くだけでなく、いわばそのなかで揺られている。同様に胎児は、母親の呼吸の横隔膜の動きによる持続的でリズミカルな圧力変化の感覚のなかで発達する。この時期は母親の呼吸運動に関与し、他方、出生によって個人の呼吸が始まる。

呼吸と声、それは出生の時の人間の最初の生存の印である。人間の声は呼吸によって、つまり呼吸の流れが抵抗にあった時に生じる。人間はそのように表現することによって、通常外界の反応と相互作用を体験する（Nöcker, 1988参照）。その後の生活においても、呼吸と声は、人の気分の無言の表現、あるいは声による表現である。

呼吸療法に結びつけられるのは——ここでは音楽療法に大変近いのだが——、声による集団インプロヴィゼーションである。それは自由にかたちづくることができるか、前もって定められた基準によって、たとえばある特定の母音あるいは子音によって、構成される。

ミッデンドルフ（Middendorf, 1985, p.60以下）によると、いかなる声も、ある特徴的な反応をひき起こす。治療の領域では、もちろん体系的な分類に対して個人の経験が優先される。というのは、個人の体験は、呼吸の基本的な規則性を背景にして、その人自身の発見を可能にするからである。

集団のなかでの音にはまさに、呼吸と響きを整える力が感じられる。内的には声と呼吸の空間が生じ、外部では——各人と集団の内的気分のある種の響きの鏡として——力動的な集団の事象が展開する。次のような二、三の心的要素が共通の音で明らかになる。どのような音域が自分に心地よいのか。自分の音をどう思うか。自分を他人の音から引き離せるか。自分は他者の音と共鳴できるのか、あるいは、むしろ対立物が自分に調子を合わせるのか、摩擦を生じさせたいのか等々。

管楽器の場合、音を出すために呼吸が必要なので、呼吸の意味は明白である。音楽療法において、フリー・インプロヴィゼーションは個人の呼吸リズムと一致した演奏を可能にする。それに対して、作曲された楽曲の場合、自分の呼吸との衝突が生じうる。

呼吸療法では、この場合、手本と自分の発音とのあいだの柔軟なバランス獲得を目標として、呼吸空間の拡大と内的柔軟性をつくりだすことができる。呼吸によって直接音がつくられるのではない楽器においても、音のつながりは演奏者が内部で一緒に歌っている——すなわち一緒に呼吸するときだけ、いきいきと響く。

上記のような呼吸の働きにおいて、

まず直接体験される固有の呼吸運動があり、それは知覚によって形態化（響き、身体の動き……）することができる。それに対し、呼吸技術は、自然な呼吸という現象への意識的な介入を意味する。

「わざとらしい呼吸」あるいは「過呼吸」は、変化した意識状態、あるいはより早期の発達段階への退行の産物に対するいくつかの治療方法において導入され——また音楽の受容との組み合わせのなかでも導入される（Grof, 1987, p.201以下参照）。

呼吸技術は音を出すためのいくつかの管楽器の場合にもさらに必要である。たとえば、オーストラリアのたいへん原始的な管楽器であるディジェリドゥーは、近年ますます音楽療法に採用されている（Strobel, 1992参照）。いわゆる循環呼吸とそこで生じる低い持続音が、一定の内的緊張に達し、身体精神的な生体に力をつけて晴れやかな気分にする作用をもつ。

音楽と呼吸の本質的な結びつきはリズムであり、それは呼吸と同様に、速いかあるいはゆっくりした振動は、深く根づいた基準にしたがっている。この基準は、硬直したものではなく、内的運動という拍動のなかではっきりと時間を構成する。内的運動はまったく同じかたちではなく、緊張と弛緩の交代する動きに調和すればするほど生き生きしたものになる。呼吸の調節力に意識的に身をまかせることが、呼吸療法の本質的な目標であり、一つの音楽的な事象を身につけることに相応する。

呼吸療法と音楽療法の組み合わせについて。はじめに述べた聴覚的な触覚的な基本的経験とのつながりを見い出すために、さまざまな要素が一緒に作用することによって、一つの全体的な契機が発展することが考慮の対象になる。身体知覚と呼吸の知覚は注意を集中させ、知覚能力を呼び覚まして強化し、ある持続する変化の過程を開始する。

有機的にそれに結びつくのは、響きやリズムや音楽の受容である。その体験を可能にするのは、日常意識にとって普段は受け入れるのが難しい状態へ入ることである。面接とならんで、特別な呼吸練習および運動、声、簡単な楽器を用いたフリー・インプロヴィゼーションが、深い体験を非言語的に自分のものにする機会を与える（Engert-Timmermann/Timmermann, 1994; Timmermann, 1994参照）。

ガブリーレ・エンゲルト＝ティンマーマン
Gabriere Engert-Timmermann

子供の音楽療法におけるプレイ・セラピー的要素

Spieltherapeutische Elemente in der musiktherapeutischen Arbeit mit Kindern

さまざまなおもちゃを用いるか、あるいはロールプレイングとしての自由な子供の遊びは、子供との治療作業における重要な媒体であると誰もが認めている。ドナルド・W・ウィニコット Donald W. Winnicottは、「生命の基本形式」（1974, p.62）としての遊びに心

理療法に対する基本的な意義を与えている。「遊びのなかで、そしてまさに遊びのなかでのみ、子供と大人は創造性を発揮し、彼の人格全体を投入することができ、また創造性を発揮するなかでのみ、個人は自分自身を発見することができる」(同書、p.66)。

彼はまた、この遊びが分析指向的な治療のなかでどのように見えるかを次のように書き記している。「もし心理療法がうまくいくことになるなら、この遊びは、無理に合わせたものや言いなりになったものではなく、自発的でなければならない」(同書、p.63)。

精神分析の伝統のなかで、アンナ・フロイトA. Freudとメラニー・クラインM. Kleinは子供の心理療法に関する最初の重要な著作をのこした。A.フロイトは子供の分析のコンセプトを大人の分析からひき出す。彼女にとって、この転用が子供の精神分析において助けとなる最も重要な技術的な手段である（Freud, 1989, p.53参照）。しかし自由連想法では彼女は子供の抵抗に直面させられると気づく。「これに対して示されるべきは以下である。子供は自由連想法にかかわらせにくく、この拒否によってわれわれに、この最も重要な成人の分析という補助手段の代用物を探す必要性を教えている」(同書、p.49)。彼女は遊びのなかに本質的に自由連想法に変わる方法を見い出す。

それとは反対に、クラインは彼女によって練り上げられた遊びの技法を子供との治療作業の中心に置く。しかしながら、クラインが子供のそれぞれの遊びの着想に対して大人の患者の自由な着想と同じ位置を要求し、それを続けてふさわしく解釈することを、A.フロイトは広範すぎると批判する。つまり、A.フロイトは、遊びの行動は時折無害な説明が許されるが、いつも象徴的にのみ解釈されるべきではないとするのである（同書、p.49以下参照）。

子供の遊戯療法のさらに重要な先駆者は、アクスラインV. M. Axlineである。彼女は、自らの非直接的遊戯療法をロジャーズC. Rogersのクライエント中心療法から発展させた。それに対応して、彼女の治療的仕事は、「……個人の内的な可能性に対する肯定的な態度にもとづいている。それは人格の成長に制限を加えない。人が現在いる場所から始め、可能なかぎりその人を成長させる。それゆえ、治療を始める前に、診断的な予診は行なわない。その人の症状にかかわらず、人が現在どのようであるかということが推測される。解釈の試みは広く回避される。過去に何が起きたかは過去に属する」(Axline, 1980, p.27)。

この引用文は、精神分析的な小児治療との違いを明らかにする。それにもかかわらず、ウィニコットは精神分析家としてアクスラインの仕事を特別に擁護する。というのは、その仕事が、「決定的な瞬間は、子供が驚きの気持ちをもった瞬間である」(Winnicott, 1974, p.63)という「治療的助言」のなかで彼が明確にしたことと調和しているからである。

子供との治療的な作業の他のコンセプトにおいて、すべての前述のコンセ

プトからの要素がふたたび見い出せる。——そのつど基礎にある理論的ないし治療的コンセプトを基本にして——たとえば、個人心理学的な小児治療において、遊びはとりわけ重要な媒体である。すでに、いままで子供の意義について詳述されたこととならんで、ここではさらに、「……行為の次元で効果が明らかとなり、トレーニング的に有効な遊びという端緒……」（Hollmann, 1982, p.162）が強調される。また遊びがとりわけ、前学童期あるいは学童期早期の子供の治療にとって重要であることが示される（同書、p.161参照）。

オークランダーV. Oaklanderにとって、遊びは子供との治療に導入されうるたくさんの媒体のなかの一つである。彼女は広範にわたる著書のなかで（Oaklander, 1981）、ゲシュタルト療法的アプローチを紹介し、遊びそのものに短い一章を捧げている。もちろん行為的コンセプトとしての遊びは他の媒体による活動について彼女の書いたもののなかにも、くり返し姿をあらわす。結局、遊びには特別な意義が与えられる。「治療的実践のなかで子供が遊ぶ場合、そのことはたんに治療的な過程だけではない。遊ぶことは子供を楽しませ、不可欠な治療者／子供関係を促進する」（Oaklander, 1981, p.209）。

まずは音の産出に優先的には役立たない（行為的コンセプトとしての）自由な遊びの意義から、子供との音楽療法的作業にとってさまざまな帰結が導き出される。たとえば、マリー・プリーストリーMary Priestleyは、子供との治療的作業において遊びが重要な位置価をもつことを認め、特異な音楽療法的等価物をさがしている。「2歳から12歳までの子供の分析的音楽療法のなかで、音楽的な話がおもちゃで自由に遊ぶことの代わりをした」（1983, p.206）。

それに対してヴァルトラウト・フォレルWaltraud Vorelは、子供との活動における音楽療法を大変広い枠組みへ広げ、おりをみて、その枠組みをあえて壊しもした。彼女は音響以外の媒体（特に役割を演じること、絵、粘土こねなど）に彼女の治療活動のなかでの場を認めるのだが、それによって、クライエントは自分にあった媒体に出会うことができるのである（Vorel, 1993, p.28）。

一方、楽器を用いた遊びも、まず初めはまさしく遊びである。ウィニコット（1974, p.63以下）が精神分析的な視点から、ホイジンガHuitzinga（1951）が文化人類学の視点から、行為的コンセプトとしての遊びにとって本質的なものと強調した二つの中心的クライテリアは、楽器を用いた自由な遊びにもあてはまる。遊びがもはや命じられないならば、それは自由な行為にちがいない（このことはとりわけフリー・インプロヴィゼーションにも、また子供と一緒に歌を歌うことにもあてはまる）。そしてそれは、「普通の」生活から、固有の傾向と固有の時間と固有の空間をもつ活動領域への超出を意味するのである。

他方、響き、すなわち媒体としての

音楽は、まったく固有の特別な性質をもち、その性質は音楽療法を多様な可能性をもった独自の治療形式としている。

しかしながら、前学童期と学童早期の子供たちにとって、一般的な行為的コンセプトとしての遊ぶことは、一つの典型的な活動形式である(Gerlach/Mußmann, 1980, 上記参照)。そして、子供たちは――彼らの年齢や、やりかたや、彼らの障害の程度に応じて――この意味で遊びながら楽器を扱い、それによって、発端からしてたんに音楽することを明白に超えているのである。

― 楽器の象徴的な使用：ドラムスティックは剣として、フルートはおしゃぶりとして使用される。
― 役割の明確な割り当て：「君はいま先生で僕が演じていることをとてもすばらしいと思っている」。
― 規則と遊びの指示の設定：「僕たちはいま木の家に入ってその中で音楽する」。

このような端緒から、遊びの場面が生じ、そのなかでは、音楽することはもはや中心的媒体ではなくなり、あるいはまったく削除されてしまう。これに関する実例はフリス・ツィンマーマンFriis-Zimmermann (1991, p.41)にみとめられる。「ソフィーは床に横たわり、足をばたばたさせ、フルートをしゃぶっている。……フルートは、移行対象であり、ソフィーは移行対象から離れたくなく、それは彼女に確かさを与えた。……楽器としてのフルートは口唇的な表現欲求を満足させ、慰める」。

楽器はこの点で使用可能性がかぎられているので、他のおもちゃが自由に使えるならばそれは大変役に立つ。それに対応するのは、ホールマンHollmann (1982, p.162)の考えで、遊びの活動に含まれる可能性の利用は、自由に使える用具に依拠している、というものである。「これらは上に挙げた役割、規則、用具の局面とのかかわり合いを、構成されたもののさまざまな水準で許しているに違いない」。とはいえ、治療室の設備が中心的な役割を担っているというわけではない。

自由に使用されることになるおもちゃの選択に関する問いは、遊ぶ楽しみは治療にとっても意義があるという(上記参照)局面のもとで理解できる。そして、さまざまな状況にふさわしい遊び道具を自由に使えるならば、楽しみはより多く、また容易に生ずる。その場合、さまざまなおもちゃが正確に、あるいは各人にとっての楽器と同様にさまざまなアピール性をもつことにも、とりわけ意義がある。たとえば(Decker-voigt, 1991, p.311以下)(【楽器のもつ潜在能力（楽器のアピール性）】の項参照)。

もちろん象徴、役割分担、遊びの規則は、すでに音楽することのなかに含まれている。――たとえば、ドラムスティックが剣と名づけられて使われる以前から、すでに攻撃的に太鼓は叩かれていた。さらに続けられる遊びは――マリー・プリーストリーの音楽的

な話のように（上記参照）——大人の音楽療法の場合のまとめの談話に比較しうる。ただ、それは楽器遊びから直接発展し、そこから継ぎ目なく生じるものである。

精神的にハンディキャップをもつ子供（Niedecken, 1993）や癌に罹患している子供（Grießmeier/Bossinger, 1994）との音楽療法的作業の症例記述においても、遊びの場面が記述されているが、そのなかでは、楽器以外に別の遊び道具もまた使用され、あるいは楽器が「別の用途に転用」されている。

一方の側に音楽療法があり、もう一方の側に遊戯療法があるという分離は、対象すなわち子供との治療的作業にふさわしくなくはないとしても、少なくとも問題があると思われる。分離がただ表面的にある特定の媒体の（優先的な、ないしはそれに特有の）使用に関連している場合は別にしてである。

エックハルト・ティール Eckhard Thiel

【サ】

GIM

Guided Imagery and Music

GIM（音楽によるイメージ誘導法）は、アメリカの音楽療法士ボニーBonnyにより70年代はじめに開発された聴取的音楽心理療法の一技法であり、主として個人療法として施行される。

患者はリラックスした状態下で、ある特別に選択された、たいていはクラシック音楽を聴取し、内的イメージや身体感覚、感情、思考をおのずと湧き上がるにまかせ、それらを音楽療法士に伝える。

音楽療法士の課題は、敷衍した質問や、焦点を絞った質問により、「イメージ」の展開を助けること、また一方、防衛のサインを尊重したり、［患者が］現実に固着していることに配慮することである。

このように誘導されたイマジネーションは、無意識的体験の表現として理解されるが、それを活性化し内省することは、精神内界の葛藤を意識化することとならんで、内的資源を解放し、自己治癒のプロセスへと導くことになる。

治療的介入のテクニックと学問的考察のための心理学的基礎として有益なのは、とりわけユングC. G. Jungの深層心理学、マズローMaslowとロジャースRogersの人間性心理学、およびロイナーLeunerの感情誘因性イメージ体

験katathymes Bilderlebenに関する研究である。

GIMのセッションは通常、90分から120分の長さで次の四つの段階から構成される。

1 導入前の話し合いVorgesprächにおいて、音楽療法士は患者の言語的、非言語的伝達により、彼の状態に関する知識を得て、使用する音楽を選択する。
2 いわゆる**導入Einfürung**のあいだ、患者は寝椅子あるいはマットに横たわるか、居心地の良いソファに座り、簡単なリラクゼーション技法（たとえばヤコブセンJakobsenによる漸進的筋リラックス法）の助けと心理学的精神集中法（たとえば光や暖かさを想像する）により、全体的にウォーミング・アップされる。
3 治療の中核にあるのが音楽聴取中の**イメージ誘導geleitete Imagination**で、聴くのは、いわゆる同質の原理により構成された約30分間の音楽プログラムである。
4 離脱後の話し合いnachgesprächにおいては、音楽により呼びおこされた体験を日常体験へと統合することが重要である。

ボニーによれば、治療は少なくとも6回の、あらかじめ取り決められたセッションにまたがり、必要に応じて延長される。付加されるべきは、**a** 生活史と病歴作成のための、そしてテーマを絞りこむための（少なくとも）一回の初回面接、および**b** 病後歴をとるための面接である。

GIMはとりわけ病棟や外来における短期療法に有用であり、しかも充分にしっかりとした自我構造をもつ患者、つまり自我の作動下における退行や、言語化・抽象化が可能な患者にのみ適用される。この治療法の禁忌とされるのは、いかなる場合においても［自我］構造の障害された患者（精神病や境界例患者）であり、さらには、薬物やアルコールの影響下にある者、そして／あるいは急性の危期にある者である。

GIMは非常に深いところにまでおよぶ心理療法的治療法で、音楽療法士には最大限の共感・洞察・内省能力、真正性、理論的知識、および実践的経験が求められるものであり、そのため、自己経験Selbsterfahrungをともなう補足的養成教育Zusatzausbildung——とりわけドイツで提供されている——が不可欠である。

音楽の役割は補助治療者のような役割で、一方では患者の心を投影する媒体として役立ち、他方では音楽に固有の象徴的構造を用いて患者の心的プロセスに影響を及ぼすが、この［後者の］点が感情誘因性イメージ体験との決定的な相違点である。音楽の選択基準としては、先にあげた同質の原理のほかに以下が適用される。

つまり、充分多彩なヴァラエティと複雑さのなかから選ばれるのだが、一つの曲のなかにおいても、また何曲かのあいだにおいても、ハーモニーやリズム、ダイナミクス、メロディ、音色など、音楽のパラメーターの急激な変化のないものが選択される。

GIMの限界や危険性については、すでにさまざまな文章のもとに明らかにされている。とりわけ、楽曲における固定された展開による精神の動きへの影響や悪性退行の危険がそれである。

スザンネ・メッツナー Susanne Metzner

思考過程
Denkprozesse

音楽療法的治療状況における創造的プロセスの経験を理解し、それに従事し尽くすための助けとなりうるのは、ギュンター・アモンGünter Ammonが精神力動と「創造性の集団力動」に関して提唱した（1974）諸概念である。

アモンはまずフロイト学派の用語に依拠している。

- 一次過程：「エス的（イド、エス）過程、つまり、衝迫する衝動あるいは本能欲求の解放、ないし葛藤のさなかにおけるそのような欲求の象徴的表現を示す精神分析用語」
- 二次過程：「自我機能（エゴ、自我）の領域における制御過程を示す精神分析用語で、一般的には現実原則とみなされている」（Drever, J./Frölich, W. D., 1969）。

夢や白昼夢はどちらかと言えば一次過程的な思考の規則にしたがう。二次過程的な思考においてはじめて、論理や時系列、場の統合などの規則がかかわってくる。

養育されるうちにわれわれは、思考過程のこの二つの在りかたのあいだに、不透明な隔壁を築くようになる。外界に存在し、同時に他者によって確認されうるものが現実とみなされる（二次過程的思考）。われわれの夢やファンタジー（一次過程的思考の形式）は、たとえそれらがわれわれにとってもちろん重要な「心的現実」であったとしても、普通は「非現実」とみなされる。

創造的プロセスにおける思考は、アモン（1975）によれば、第三の過程として記述可能である。

- それは、個人療法あるいはグループの「促進的環境」、不安の少ない空気のなかで、一次過程と二次過程のあいだを揺れ動きながら敢然と作動を始め、
- そのさい、自我境界は通過可能になり（Kries, 1975）、自身の無意識と前意識に、感情的なものに、――また同時に汝にも、グループに対しても開かれ、
- 一次過程的素材と現実性との新たな結合が成功し、それがさらに拡大された自我組織、つまり新たな統合へとつながっていく。

最近の脳研究は「両側性」思考 "bilaterales" Denkenについて記述している。

- 一方の半球は、知覚するさいに、細部から始める
- 他方の半球はむしろ、ホリスティックに、全体的に、総体から、「ゲシュタルト」から[知覚を始める]。

音楽はさまざまな脳領域で同時的に知覚され、加工される。その理由の一つはおそらく以下であろう。つまり、もし上述の前提条件が満たされるならば、まさに音楽行為、あるいは音楽聴取「のなかで、とともに、のもとで」、第三次過程的思考はたやすく、そしてよどみなく生起することが可能だからである。

ヨハネス・Th・エッシェン Johannes Th. Eschen

自閉
Autismus

定義

オイゲン・ブロイラーEugen Bleuler (1911) は、「自閉」の概念を、とりわけ成人の統合失調症患者に観察される症状とした。その症状を彼は、「内的生活の比較的あるいは絶対的な優位をともなう現実離脱」と記載した。児童期における分裂性疾患の症状としての自閉と、異なった病因による「**自閉症候群**」の区別は、妄想現象や幻覚の有無によってなされる。アングロ-アメリカンの文献では「自閉的」と「精神病的な子供」という用語は、しばしば同意語として用いられる（Wing, 1977のなかのRutterの担当部分）。

全般的な、接触-関係障害および発達障害が、3歳になる前に出現した場合、「早期幼児自閉症」と診断される（DSM-III-R, 1989）。これは初めにレオ・カナーLeo Kanner (1943) によって"early infantile autism"[**早期幼児自閉症**]と記載され、ハンス・アスペルガーHans Asperger (1944) によって「**自閉的精神病質**」と記載されたものである。

この、特殊な領域だけに高い知能が目立つ子供たちは、「カナー症候群」の子供たちとは、ある「埋もれた」、明瞭に特定できない知能によって区別される。自閉については、さまざまな知能水準がありうるが、4分の3の症例では、明らかな知能の低下が認められる。

鑑別としては、ニッセンNissen (1977) の、推測される遺伝的な素因の他に、精神的な剥奪（初めて関係をもった人との別れ、ホスピタリズム）をとおして現れる「**心因性自閉**」と、脳器質的な障害が証明される「**身体因性自閉**」とがある。

「**偽-自閉**」(Nissen, 上掲書) または、「**非定型自閉**」(ICD-10, 1992) については、感覚-心理学的な欠陥（盲、難聴、聾唖）または重症の精神薄弱と痴呆型によって、その自閉的行動様式が発達させられるといわれている。

自閉症候群の**病因**の仮説としては、**遺伝的**（「自閉因子」、Nissen, 上掲書）

から**器質的**（「知覚障害」、Wing, 1973; Delacato, 1975; Feuser, 1988など）なものを経て、**精神的**（「剥奪」のBettelheim, 1977; Tustin, 1989）原因までの諸説がある。ケーラー–Kehrer (1989) は、さまざまな自閉症候群の原因因子を取りあげた。それは、ある認知処理の障害を導く。「この子供は、環境から受けとる感覚と知覚上の刺激とおそらくは身体からのものを正しく調整できない。正常な精神機能にとって必要な統合が不完全にしかできていない」（上掲書 p. 25）。

この認知障害の基礎は、今日まで明らかにされていない。

音楽療法の**適応**は、多かれ少なかれ、自閉的な子供たちの**接触の全般性障害**として特徴づけられたすべてのタイプに共通にもとづいている。
− 自分自身に
− ほかの人間に、そして
− 対象物に

この障害の結果として目立つ**症状**としては、

− 障害された身体感覚と自己感覚（身体接触からの防衛、触れ合いの回避、および身体境界の溶融）
− 視線を合わせることの回避、社会的な認知能力の欠如と他人の気持ちに対する感情の不足 (Eisenberg/Kanner, 1956)
− 言語障害（緘黙、言語発達の遅れ、反響言語、人称代名詞の反転、造語症）
− 意味のある、つまり探索的な遊びとそれをとおした学習の能力の欠如

特に、接触の障害となるのは、**ステレオタイプ**（紋切り型）への傾向（運動、手、指のマニエリスム［訳註：いつも同じ奇妙な格好をしていること］、一定の形式で物を取り扱うこと）であり、これらは全般的な**変化することへの不安**と結びついている。

予後的には、音楽療法をとおして、身体感覚の改善とそれによる自己感覚の改善、感情的孤立から［対人関係の場に］出てくること、感情‐認知的能力および音声‐言語的能力ならびに遊ぶ能力のための内的な動機づけの成長が達成される。

方法論的措置

子供の「そう‐ある状態 (So-Zustand)」は、まず情動的に捉えられる。非言語的な、音楽的‐身体的な介入をとおして、子供に姿を映し返してやり、そうだと知らせるのである。治療者に最も重要な能力は、まず自閉的なふるまいを受け入れ、コミュニケーションに焦点を合せた反響能力、認知能力を含んだふるまいをすることである。音楽的な仕事としては、子供を音楽的に把握すること、感情を聞き取れるようになること、子供によって外へ向かって発展させうる音楽的な演奏の表現形式を発見すること、生まれた接触を維持するために、音楽のなかで、および身体的に、また空間のなかで、遠‐近のバランスをとることが含まれている。

技法

- まずは、子供の動きは、(その子のそばでわれわれは、その心の状態を身になって感じ取ろうとするのであるが) 音楽的な関連のなかでもたらされる。子供にふさわしい状況に応じたかたちで、感じ取れるようにすること (支える、ゆする)、見えるようにすること (一緒にやる)、聞き取れるようにすることによって、楽器と／または声に寄り添うことを通じて、彼の動きに**接触**の申し出がなされる。
- 子供の表現を受け止めること。その表現は、これもまたより一層かすかで、未発達な言語的なおよび器楽的な表現であるが、これを楽器や声を用いて一緒にやること、真似すること、パラフレーズすること、伴奏することをとおして受けとめ、子供に彼の表現に対する**意識**を与えるようにすべきである。
- ある音楽的演奏のかたちを発見すること。それは子供の表現をひき出し、それを当てはめることによって「満足できる」ものにし、そのなかで共人間的な出会いが起こりうるような演奏空間を提供する。自分の表現を、ふたたびそれだと認知することは「自己感情」の発達の助けとなる。発見した演奏の表現形式の活き活きとした再演は、**共人間的な関係能力**の演習の場を現出させる。

関係の形成は遠 - 近のバランス芸術によって特徴づけられる。そこでは、自閉的な子供は、「生き生きとする」ことに不安を感じ、音楽もステレオタイプなものにしようとする。この子供を状況的に理解することができるためには、即興音楽が必要である。他方、演奏の表現形式の発展は、必要な確実性を提供し、[こちらから] 提供する刺激は、くり返すことによって意味あるものとして消化されることが可能となる。

- はじめには、音楽的 - 身体的演奏をとおして経験され、治療者と分けあった感情体験が、自閉的な子供のなかに動機を呼び覚ます。**自分自身を、声や楽器で演奏的に外界へ表現する**のだ。それによって音声的 - 言語的発達と対象関係、つまり対象との意味あるつきあいが行動に移される。

決定的なのは、たんに響きとリズムの子供に「対する」働きだけではなく、われわれが子供から、その行動と反応を「ひき出してくる」音楽でもある。この能力を性急に要求がましく期待することは、新たな防衛反応を導く恐れがある。

自閉的な子供との実地の体験については、ベネンソンBenenzon (1971/1983)、アルヴァンAlvin (1965/1978)、オルフOrff (1974)、ノードフ／ロビンズNordoff/Robbins (1977/1986) とシューマッハーSchumacher (1994) らの記述がある。

この仕事の作業法では、一般的に、

とにかく子供から出発して（「同質の原理」、Benenzon, 上掲書）音楽的 - 共人間的関係が樹立され、音楽が（「媒介する対象」として、Benenzon, 上掲書）、人間的接触の経験のなかへ導き入れることを可能にする。

音楽の使用は、子宮内の雑音と響きの体験によって（Benenzon）、基本的な楽器の使用と旋律的、リズム的、ハーモニー的な即興音楽によって（Alvin, Nordoff/Robbins）、子供のために、状況に応じて作曲された歌で（Nordoff/Robbins）、多知覚的な楽器の使用に（Orff）、音楽の演奏、運動遊び、言語の遊びとして治療的な、早期の母子間の遊びにいたるまで、つまりは子供からスタートして発展させられて（Schumacher）、[目的に] 到達する。

上記の著者たちの目的設定は、その音楽や関係性についての見解によって異なる。そうではあるが、経験は、たんに自閉的人間の心の苦境を表現可能にするだけでなく、なによりも共人間的な接触の活き活きとした経験を可能にすることに結びついている。音楽は孤立という苦しみでいっぱいの状況──それは共有する音楽的経験の時間のためにのみあるのだが──を止揚しうる（Sellin, 1993）。

締めくくりに、マーンスMahns (1988)とシューマッハー (1994) が要約した、自閉的子供たちと青少年に対する音楽療法的端緒を示そう。確かに数十年の実地体験は存在する。しかし、いままで音楽療法的な仕事には、医学的な、心理学的な、精神療法的な知識から出た、理論的根拠づけが大幅に欠けている。方法論的には明瞭である。過去40年の流れのなかで、最初には教育学／特殊教育学指向的な仕事の方法が、精神療法的なものから、行動療法的な（アングロ - アメリカ的空間でのように、Mahlbert, 1973; Saperston, 1973などを参照）、行動変容的な（Weber, 1991など）、精神分析的な（Niedecken, 1989など）、もしくは人道的 - 心理学的な（Nordoff/Robbins、上掲書など）方法が交代した。

ここでは非常に早期の障害、おそらく加えて周産期の障害が問題である。その障害は、子供の身体（Soma）と精神（Psyche）が [まだ] ほとんど区別されていない、ある時期にふりかかってくるので、身体的とか精神的という一面的な観察が意味をもたない（Bettelheim, 1977, p.529）。

説明モデルとしては、神経生理学的および精神分析的／人間心理学的な基礎が、用いられるべきであろう。最近は、実際の共人間的関係能力の発達と障害の観察を行なった、乳児研究の知見（Stern, 1989）が、音楽療法的行為の方法論的考察のなかにとり入れられた（Schumacher, 1994）。

研究

自閉的な子供たちを、きめ細かく評価する音楽療法的仕事の最初の試みは、1959／60年にノードフ／ロビンズによって行なわれた（Nordoff/Robbins, 1975）。

その時点では、たんに聴覚的な接触の事実が録音で再現可能なだけであるが、現在では、まだ（楽器でまた発声で）聞き取り可能な表現ができない自閉的子供たちの場合には、客観的評価のためにビデオの映像が意義深い。視覚的に見ることができる身体の／表情の反応を受け取ることは、ここでは、接触と関係能力の存在を証明するために、なおざりにできない観察の判断基準である。

私自身の研究（Schumacher, Hochschule der Künste Berlin 1995）およびハイデルベルク専門単科大学の音楽療法学科群 Fachbereich Musiktherapie der Fachhochschule Heidelbergでの研究成果としては、ビデオ収録された治療経過にもとづいた「統合的音楽療法 - 記録システムIM-DoS」を整備して、客観的評価を可能にし、評価尺度を発展させた（Czogalikら、1995）ことが挙げられる。

カリン・シューマッハー Karin Schumacher

嗜癖患者の音楽療法
Musiktherapie bei Suchterkrankungen

嗜癖Sucht概念は、現在では臨床的問題点をより明確に限定した、依存症という名称に取って代わられつつある。この［依存症］者はある薬物や特定の行動（遊ぶ、食べる、働くなど）の絶え間ない摂取をやめることができずに、強迫的に固着しており、全面的に社会とのつながりを喪失し、そこからのがれることができずに、自分の精神的、肉体的破綻をきたしてしまう。この疾病の原因は、「共人間的交流の早期障害」（Tölle, 1985, p.162）と考えられており、そのせいで「世界への原信頼」を発展できなかったのである（Jores, 1981, p.86）。

嗜癖症への音楽療法の効果は、音楽の非言語的な旋律、響き、リズムの出来事のなかに［人生］早期の出生前後の母 - 子 - 共生が再演出されるという事実から生じている。「音楽は代理母である」（Rotter, 1984, p.25）。

薬物もまた、早期の母親との関係を象徴しうる。それは、慰めを招き、不安から解放し（アルコールのように）、温かさと保護されている感じを与え（ヘロインのように）または夢に浸らせて、メルヘンや幻想物語を語る（たとえばハシシュ、またはLSD）。そうして一時的に、酩酊経験のうちに、実存的な空虚はなくなる。自分がまるで良い母親の子供であるかのように、「矛盾や対立の克服へのあこがれ」は静まり、そうして薬物のコンソメント Konsomentに浸ることができる。薬物の作用は信頼に足るもので、望みは満たされて憧憬は静まり、「絶対」が「そこへいたるプロセスも経ずに」実現する（Dörner, 1984, p.247）。

また別のありかたでも、薬物は「代理母」である。薬物は、心的外傷となった傷つきを再演出する。その傷つきのなかで、薬物は最終的には酩酊作用

を失って、中毒患者を［そこに］放ったらかしにする。依存者は、この早期の精神的な出来事の現場をくり返し訪れ、見捨てられ外傷を、それに責任を負わせるために探しだす。彼はそのなかで、新たな陶酔のなかの、うまくいった共生の幸せな状態を体験する。そうして最終的には、ふたたび外傷に身をさらすことになる。そのあいだに、彼の現実への関係は絶えずよりいっそう縮小していき、彼の考えと行動は、最終的にはたんに薬物の回りをまわっているだけとなる。嗜癖は、自我機能の解体という結果をともなう、強迫的退行である。

一方、音楽体験も退行と結びついている。なかでも特に音楽を聴く人は、音楽聴取のさいに、［人生］早期の体験様式と感情状態に戻っていく。彼は、音楽を投影面として利用し、そのうえで写し取られた精神内界の出来事を体験する。もしくは、彼は音楽と自己を同一視し、音楽的過程をまるでそれが彼自身の魂の動きであるかのように体験する（Klausmeier, 1978, p.231以下参照）。

音楽が誘発する退行では、ひとは自己を理解されたと感じ、言語的概念以前、またその概念を越えたところに至らされたと感じる。羊水または母の手の繊細な接触のように、響きは振動する空気として皮膚を取り囲み刺激する。そして、栄養豊かな母乳のように人間の内部へと届いていく。それは、精神-生理的共鳴のなかにはっきりした影響として現れる（Willms, 1975, p.25参照）。心拍数、呼吸数、ガルヴァーニ［訳註：イタリアの自然科学者ルイジ・ガルヴァーニLuigi Galvani］の皮膚抵抗、ホルモンのバランス、物質代謝、消化、筋肉の潜在力、血圧その他の変数（Auerbach, 1982, p.45; Bólin, 1994, p.32以下; Ewers, 1994; Haselauer, 1986, p.85; Liedtke, 1985, p.219以下; Rauhe, 1977, p.12; Zimmerschied, 1982, p.38参照）。

クラウディア・シューマンClaudia Schumannは嗜癖の危険性、つまり音楽の依存性がポピュラー音楽を聞くことにだけでなく、クラシックファンにもあると見ている。ワグナー・オペラの陶酔作用は、「何度もくり返し立ちのぼる、時代にマッチした新しい構成による憤怒の流れ」のなかで明らかとなり、それに抗議する人たちは、「彼らの高揚した感情の源である、再認識する価値を奪われた」と感じた（1982, p.30）。償還を請求する人は、音楽と同様に薬物に対しても、よい母が提供してくれるような信頼性を要求する。しかし、音楽の練習でさえ、嗜癖的すぎる行動を招くことがあるように、そこには、ある感情の埋め合わせ的な性格が提供されやすい。そうして、ひとは「他の人たちとの共同生活がもたらす問題について錯覚をし、そのなかで幻想的に理解された音楽世界へと逃げこみ」かねない（同書p.32）。

音楽は、以下の基準を満たしている。「それは、嗜癖発展の前提条件を構成する基準である。つまり、初期状態への退行、自我-機能の縮小、自己愛的代理満足による代償構造の欠如である」（Frohne, 1985, p.246）。

しかしながら、音楽はその向精神的な作用［の強さ］において薬物とは比

べものにならない。決定的な相違点は、音楽に固有の自我機能への呼びかけ[機能]にある。音楽は、薬物のように退行への道を開くだけではなく、前進への道も開く。音楽は、退行を「一時的なレクリエーションの意味」において可能にする。その反応において、ひとは新しい力を集め、理念や未来像を受けとり、それによって力づけられ動機づけられて、彼をとり囲む現実に取りくむのである（Haselauer, 1986, p.89）。

音楽体験も［人生］早期の外傷を再演出する。しかし、その性質は、薬物の場合とは違う。聴覚体験は、つまり早期の母親との融合した状態だけでなく、同様に早期の、別れの体験にももとづいている。聴覚的な環境にひき起こされる、物音に対する不安（Willms, 1975, p.26参照）を、乳飲み子は泣き声によってはね返し、そうやって自分をとり囲む不快な環境を変化させる。

音楽体験のこのような本質特性から、音楽療法的な対処法が導き出され、それはますます嗜癖患者との仕事のなかで用いられてきている。そのさいに、退行促進的な音楽体験の特質がねらいを定めて利用され、それによって、患者は［人生］早期の外傷との接触を体験する。そのときに体験された痛み、不安や憤り（これらは、そうでなければ薬物の助けをかりて回避されてしまったであろう）の感情が、いま共同の即興演奏と言語によるふり返り作業のなかで体験され、構成され、処理され、統合される。

(【外来嗜癖患者への助言ならびに治療】【入院病棟における嗜癖治療】を参照のこと)

ハルトムート・カプタイナ Hartmut Kapteina

シャーマニズムと音楽療法
Musikethnologie-Schamanismus-Musiktherapie

人類的現象「治療音楽」

フリッツ・シュテーゲ Fritz Stege (1961, p.235以下)は、「ある種の音響と音の様態を用いて特定の病気を治す」という「チベットで大昔から」行なわれている音響療法について語っている。古くからの方法はその大半がすでに失われてしまったが、その数少ない例外の一つを、古代オリエントの音楽療法は伝えている（O. Güvenç Psychiatrische Klinik der Cerrahpasa Univ., Istanbul 参照）。

われわれの「文明化された」社会構造における自我意識と、古代的な魔術的‐神話的文化のホメオスタティックなシステムにおけるまったく別の意識とのあいだには深い溝がある。この溝は今日、民族学的「音楽療法」の［現代音楽療法への］統合にまつわる一つの中心的な問題を形成していると言えるかもしれない（カム族およびバスケ族シャーマンについて。これに関してはTucek, 1995を参照）。そのうえ、疾病や治療の概念もたいてい文化により本質的に異なっており、たとえば古代チベットと文明化された「西洋」の場

合でもそのとおりである。

しかしながらトランスカルチュラル（比較文化的、文化横断的）な治療の応用で成功しているものもある。たとえばわれわれの時代の精神病理学的事象に対するインドの音楽瞑想法［の応用］は、次のように、しばしば共通の人類学的根源から説明されている（Rabindranath Tagore, Richter 1977, p. 63 より引用）。「ヨーロッパの音楽は民衆の真実の生活に対応していない……われわれの音楽は……ある特定の個人の歌でなく、宇宙の歌である」。

同様にインディアンの「音楽療法」も、一部は音楽の起源と想定されるところから派生している（Ebersoll, 1985, p.103）。「音楽は精霊や神々から人間に与えられた。音楽をとおして精霊は人間に語りかけ、同じように人間は音楽をとおして精霊と交信することができる」。

シャーマン、トランス、太鼓

シャーマン（Eliade, 1985）は、その由来からして、人生の限界経験における中心人物であり、現存在の本質についての諸問題にかかわる中心人物である。シャーマンの行為はトランスとエクスタシーによって特徴づけられ、その主たる道具は太鼓である（部分的には他の楽器を合わせて用いる。たとえばツングース族やモンゴル族は口琴を）。多くの文化で類似していることだが、シャーマンは彼の秘教的な夢のなかに宇宙の樹を呼び寄せて見る。この樹は彼が太鼓をつくるために探し求めているものである。シャーマンは、この太鼓に乗ってトランス状態のなかで精霊のもとへと「飛び立ち」、――たとえばある病人の生命に関して――精霊から知識を得ようとしたり、あるいは精霊と交渉しようとする。シャーマン太鼓は、驚くほどの精確さでトランスカルチュラルに類似した意義をもっている（Emsheimer, 1946参照）。（Eliade, 1975, p.168以下）：「彼の太鼓の胴体は宇宙の樹の木材から取りだされたものなので、シャーマンは太鼓を叩きながら魔術的なしかたで宇宙の樹のもとに移動させられる。つまり彼は中心へと移動させられ、そうすることでまた天空へと昇っていくこともできるようになる」。

スー族の呪医ブラック・エルク Black Elkは、自身の演奏がもつ力について同じように説明している（Laade, 1975, p.145より引用）。「……というのは、太鼓の丸いかたちは全宇宙を表現しており、その持続的な叩打は脈拍、つまり宇宙の中心で拍動している心臓だからである。それは大いなる精霊の声のようであり、その音はわれわれを鼓舞し、また森羅万象の秘密と力をわれわれに理解させてくれる」。

「セッティング」

自然民族の治療儀式は、トランスカルチュラルには広範に及ぶ共通性が認められるとはいえ、それぞれ独自の「セッティング」を有している。これに関し、アジア、アメリカ、アフリカから代表例を挙げる。

「シャーマンはじっと火を見つめている……シャーマンの装束を身につけると彼は何かを燻しはじめる……シャ

ーマンは太鼓を叩きはじめる。彼は歌を口ずさむ。歌と太鼓が大きくなる。それを止め、シャーマンはわめく……あたりに飛びだし……錯乱したように叫ぶ……続いて軽やかに踊る……いまやシャーマンのエクスタシーの旅が始まるのだ」（ヤクート人の降霊術儀式から。Eliade, 1975, p.221 以下より引用）。

「……暗がりのなかで太鼓が猛烈に叩かれており、その場にいる者たちは精霊を呼びだすために大声で歌っていた。やがてあたりは沈黙に満たされ、シャーマンのうめき声だけが残った……」（アラパオ族の儀式から。Triandis, 1980, p.326より引用）。

「何時間も続くリズミックな動き……それは積極的に関与していた病人を明らかに憑依状態とわかる催眠状態にまで運んでいく……病人が長く叫び、続いてカタレプシーを起こして強直する、それは病人が完全に催眠状態に入った徴候だが、その瞬間に、召喚されていた悪霊はそこに現れ、語りかけることが可能になる」（東アフリカ、ディゴ族の儀式から。Maler, 1977, p.33より引用）。

核心的領域および共通の根源

シャーマンや［魔術的］治療者の諸儀式が表現型として類似性をもつことは（Suppan, 1984も参照）、そこに人類発生的な共通の根が存在することを推測させる（Mastnak, 1993a参照）。これに関連した核心的領域としては、「治療者」の役割、意識の状態、経験の形式、そして世界イメージが挙げられる。とはいえ、異質な諸文化から無媒介的に方法を学びとろうとすれば、［諸文化を］分離している文化人類学的距離、および進化論的距離ゆえに、それは失敗に終わる。これに対して、トランスカルチュラルな統合――つまり「われわれのなかのシャーマン」（McNiff, 1988参照）を発見し、その意義を一般に認知させるという統合的方法は有効で、「原型的archetypisch」に説明されることが多い。

治療者の役割

精神分析家の「禁欲Abstinenz」、行動療法やセルフ・マネージメント療法における「禁欲」、そして人間主義的心理療法家のクライエント中心性における「禁欲」、これらに対し、治療者が支配的‐暗示的なモメントをもったり真正‐正当な属性を備えていることもまた、心理療法が有効に機能するさいにしばしば決定的な要素となる。音楽と結びついた心理療法・心身医学的治療に含まれる民族学的領域では、明らかに、治療者のもつ文句のつけようのない権威が周知のように決定的役割を果たしている。

インディアンの次のような意見は一般化することが可能である。「患者の信仰は回復と大いに関係がある……儀式と祈祷文はこうした感情を鼓舞すべくよく計算されており、病んだ者の心にひき起こされたこの効果は、疑いなく彼の身体組織に有利に作用する」（Mooney, Vogel, 1970, p.34より引用）。

エクスタシーとトランス

エクスタシーとトランスには、人間‐音楽という関係のなかで特別な効果を発揮する心理療法的威力が備わっている。音楽催眠術はしたがって——たとえば精神科領域で応用するにあたり（Mastnak, 1992a）——、なにより民族学的研究（たとえばCanacakis-Canás, 1977）から養分を汲むことになる（Tucek, 1995も参照）。

意識変容状態としてのトランスとエクスタシーは、（Milton Ericksonを参照してもそう言えるのだが）問題を処理し心的構造を新たに組織化する、高められた資質をもった自由空間とみなせるかも知れない。音楽催眠術的方法の発達においては、しばしば［当該の方法は］民族学的‐宗教儀式的な技法にまで遡って理解される。たとえばテルプシコラー［訳註：歌舞を司る女神］‐トランス、すなわち舞踏トランスはアフロブラジルのスピリチュアルな儀式に遡り、音楽とダンスとトランスの統合は北アフリカのイスラム修道僧あるいはペルシアのスーフィ教徒の宗教儀式に遡って理解する、というように（Mastnak, 1993b, p.308参照）。

西洋的視点から言えば、ここで音楽は、機能的な（音響‐心理‐身体的シンクロニゼーション、自我境界の弛緩、解離、肯定姿勢Ja-Haltungといった）領域の覆い、および内容的な（連想的、象徴的、「直接」心理‐同形的）領域の覆いを剥いでいる。（【多感覚療法】の項参照）決定的役割を果たしているのは、「音響ゲシュタルトにともなわれた同一性感覚」、「下意識的操作」、「美的なもの」の催眠力（Mastnak, 1993c, p.179以下）、および創造者と被創造者とのあいだの宗教儀式的‐審美的な距離（Knill, 1992, p.78）などである。

共感覚

「治療儀式のなかの音楽の機能は、コミュニケーションの全レベル——聴覚的、視覚的、触覚的、嗅覚的、味覚的、そして最後に心理的レベル——が多様に変化しながらかかわる、という事情を考慮にいれなければ考察することができない。呪術師の身振りや表情、ダンスにより視覚的レベルが強調されるにせよ、騒音や太鼓の音、叫び声、音楽により聴覚的レベルが強調されるにせよ、それぞれの場面によって［全レベルのうちの］一つの構成要素に力点が強く置かれている、ということである」。

ハビブ・ハッサン・トウマHabib Hassan Touma（1982, p.287）がここで北アメリカのナバホ族について記していることは、一般的に通用する。さまざまな芸術的ないし芸術類似の媒体を統合するモメント、および共感覚的な感覚は、たとえばケニア、エルゲヨス族の音楽と言葉とダンスが結合した治療儀式にみられるように、世界中で見い出される（Wekesa/Rotich, 1993）。

ここにはおそらく人類学的な共通性があるだろうが（McNiff, 1979参照）、それでも現代の芸術療法的形式のなかに、多媒体的、共感覚的モメントを取

りあげるものはきわめて少ない。その例外はカール・ヘルマンKarl Hörmannの音楽療法・ダンス療法、パオロ・クニルPaolo Knillの表現志向的心理療法、および多感覚療法（【多感覚療法】の項参照）Mastnak, 1994a, p.133）であるが、これらの方法は、自然民族と西洋文明の共通性を統合的にバックボーンとしており、たとえば古代的‐魔術的な「諸方法」を現代的な治療条件のなかに置き換えたものである（Mastnak, 1994a, p.163以下、およびMastnak, 1994b）。心理予防的、また教育‐治療的な意味で、学校に芸術的、創造的、審美的な科目が必要であるという要望が続いて出てきている（Mastnak, 1989, 1992b, 1993d参照）。

魔術的世界観と宇宙的ハーモニー

われわれの世界観が自然科学的に証明可能なものへと縮減されていること（K. Lorenz）、存在構造が所有構造により駆逐されていること（E.Fromm）、創造が労働に（R. Panikkar）そして感性的な経験が認知的な知識に（A. Portmann）代替されていること、これらは人間をその霊的本性、つまりジーン・ゲプサーJean Gebser（1978, Mastnak, 1990参照）が古代的、魔術的、神話的、心的な意識の複合体として記述している霊的本性から浮き上がらせてしまっている。現代の精神障害のかなりの部分が、こうした亀裂から生じているように見える（Mastnak, 1992b）。ここで扱った創造的で審美的な、人類学的に保証され民族学的に解読可能なモメントをふたたび開拓することのなかに治療的チャンスはある。それはシャーマン的介入という意味で、自然法則的‐魔術的な現実から派生してきたものである。

ヴォルフガング・マストナク Wolfgang Mastnak

社会福祉活動
（ソーシャルワーク／社会教育）

Sozialwesen
(Sozialarbeit／Sozialpädagogik)

ソーシャルワークの特定のいくつかの領域、たとえば特に児童、少年少女、家族、障害者、老人を援助する領域において音楽療法を導入する試みは、ここ20年来、音楽的な実践活動ならびに社会‐文化的、美学的過程の理論構築をするさい、必要不可欠な部分となっている。この傾向は、音楽療法とソーシャルワーク／社会教育、双方の領域の専門化プロセスにおいて望んできたことであり、またその成果でもある。

（まだ完了したとはいえないが）音楽療法が専門化してきていることの兆候をいくつか挙げてみよう。

- 音楽療法がなされる「社会的場」の拡大（たとえば、養護学校、音楽学校、他の教育領域、療養地の病院などや、また社会教育的領域にまでいたっている。）
- 音楽療法がもっている方法レパートリーの熟練化と洗練化（即興技術、音楽受容の手法、媒体・モード横断的な療法様式、楽器制作など。）

― 独自な理論の構築に着手し始めたこと。
― 最適な養成コース、勉学コースのための多種多様な要求が出されていること。たとえば社会教育領域における養成システムの確立や継続教育や再教育のシステムの確立、ならびに‐たとえばドイツ音楽療法連盟（DGMT）内の社会教育・特殊教育部門のような連盟・利害関係団体内での職業政策上の活動の確立。

ソーシャルワーク／社会教育の専門化議論のさい言われることだが、発展途上にあるソーシャルワークという専門には、以前と異なる克服ストラテジーを必要とする問題領域や状況にいつも新たにぶつかってしまうという事実が存在する。とうの昔に、この領域が課題とする範囲は、社会的にマージナルなグループの世話を越えて拡大してしまっているといえる。

なぜなら、一方において、今日現代人が生きている家族の生活形態や局面の多様さが、そして他方では、貧困、失業、暴力、犯罪、［麻薬・アルコール］中毒などの社会問題領域の発生が、ソーシャルワークに対し、社会領域の課題ほとんどすべてをひき受けさせ、それぞれ違ったかたちでとりくまねばならないことを強いているからなのである。さらに、ソーシャルワークの目標は対処的ストラテジーから予防的ストラテジーへすでに変化してしまっている。

ソーシャルワーク／社会教育内部の多層的でしばしば散漫な概念議論から離れ、私は日常というカテゴリーと日常指向的というコンセプトに立ち返ってみることにしたい。なぜならここにおいて、社会教育的‐音楽療法的活動の行動の展望を切り開くことがふさわしいと思われるからである。日常とは、所与の「理解」されねばならない現実の一局面と考えられる。それは、かなり複雑な意味をもち、明らかに困難に満ちたものである。日常の社会的に媒介された構造は、日常性のさまざまな局面のもと記述されるが、それは、たとえば、一般に妥当する理解や行動の範型や日常世界、すなわち日常性がはっきり現れてくる現実の生活領域として記述されるのである。

「日常では、いつも、使用され慣れ親しんだ理解や行動の範型のなかでは克服できない課題や状況にさらされるし、拒絶や空回りや拒否や抵抗に出会う。信頼性が……打ち破られ、新しい解決法が探されねばならないのである。一生とは、日常での信頼感をめぐる奮闘の、つねにくり返される物語の記録である。」(Thiersch, 1986, p.20; Johach, 1993参照)

日常指向的社会教育は、その対象者においてさらに成功した日常が可能になるように、自助努力を促すことを目的とする。この社会教育は、その対象者がその困難な諸問題が出現したその場所でその問題に立ち向かっていくことを、所与の日常の複雑な状況のなかで試みるのである。そのとき、社会教育は、その対象者自身の独自な経験、解釈、解決ストラテジー、能力を受け入れる。そのうえで、こうしたことを所与の生活状況や社会関係のなかで試

みるのである。

しかし、もはや日常が自分の能力や葛藤処理ストラテジーや行為原理で克服されない場合、別な可能性をもつ対抗措置がはっきり望まれてくると、ソーシャルワークや社会教育は、目的をもち必要不可欠な援助形式である治療に頼らざるをえなくなる。このことは、日常と治療の関係や具体的協力の可能性を問う根本問題をひき起こす。

まず第一に、日常での克服の試みと治療は、異なる行動形式である。なぜなら、治療というものは、特別なしかたで問題状況を構造化するのであり、それに応じて方法を組織化するのだから。治療は、——これはその主たる特徴なのだが——はっきりと日常の彼岸で行なわれ、その日常のインターアクション範型を異化し、その発動の程度を低め、そして部分的にその働きを無効にするものだからである。

それゆえ、治療による介入が、問題状況を還元的に扱い、問題を単線的に因果論的に解釈する特徴をもつとすれば、日常は、関係や組織的ネットワークの複雑さの点で対照的にみえる。治療とは、はっきり距離をとったり距離をつくりだしたりしていく設定だが、このことで、自己理解や行動範型の新しい可能性を自由に広げるのである。

もし、日常的な複雑な行動範型からできている日常の諸関係に治療が関係づけられ、さらにそこから中心となる［問題］契機が結晶化・主題化されてくるならば、ここにいわば、外から日常の行為を遠近法的にみることによってふたたび日常の行為へ影響を与え、そしてそれを新しく明確化されたかたちで構造化する可能性をもつ領域空間が築かれることになる。しかも、だからといって理解枠であるところの［日常の文脈思考的な複雑な］ネットワーク的な思考が無視されることにはならない。

教育行為と治療行為は、両者とも日常に現れる問題に貢献しようとするのであるから、援助可能性の場合、連続的関係にあるけれどもその両極をなしており、そしてその境界は流動的である。その時々どちらの形式が必要なのか、どの程度集中的かつ専心して行なうか、どの程度距離化や日常からの遠さを図ったらよいか、こうした問いはそのつどの問題分析の問題であり、そのときの状態の問題であり、協力を前提とした議論の問題である。

ソーシャルワーカーや社会教育者が音楽療法士としての資格を得られる場所——たとえばソーシャルワーカーや社会教育者のための養成コースとして構想されたフランクフルト大学の専攻——では、こうした協力のかたちがある。一方にソーシャルワーク、他方に音楽療法という専門的結びつきは、日常の問題と発達的環境的に条件づけられ生じた、誤った人間関係についての知識と理解を生み出すことになる。そしてこれは、病院の臨床領域に合わせて養成された音楽療法士には期待できないことがらなのである。

このように、ソーシャルワークと音楽療法が結びつくことで、問題状況を繊細かつ早期に認識しつつ、治療の援助に時宜にかなった時に入っていくこと、つまり介入することが可能になる。

それがとくに必要になるのは、治療にやって来るようなタイプでない人間、なかなか来そうにないような人間、それはたいてい、心理的に必要としてないか、病気と規定できないからなのだが、そういう人間の場合か、または、しばしば治療援助に入るのが遅すぎた人間の場合である。

これに加え、この援助が、慣れ親しんだ関係のなかで、たとえばよく訪れる社会教育施設のなかで（すなわち日常でということだが）なされるのであれば、治療を体験する不安や、あとで人から何か言われることへの不安はなくなり、心理社会的援助は、あるひとつの日常における不可欠な契機となる。

社会教育的‐治療的援助のこうした形式は、当然ながら、高度な専門的水準に基礎づけられてはじめて機能する。このことと同じことが、特にソーシャルワークと音楽療法の結びつきにも言える。（この場合、もっと不安定な専門的水準にもとづいているが。）これを「確かなものにする」には資格付与的養成が必要である。すなわち一方で、（熟練した）社会教育者のための養成コースおよび継続研修コースが開かれ、他方では、社会教育の専攻では、ヴュルツブルクのように普通の養成コースにさらに加えて特定の社会教育領域に焦点を合わせた養成を行なっている。また、たとえば、ジーゲン大学の追加資格コースやフランクフルト大学の学士入学コースがある。(Seidel, 1992 参照)

では方法に的をしぼった観点に立つとき、社会教育的実践領域でどのように音楽療法の仕事がなされうるのだろうか、音楽療法がひき受けることができるさまざまな課題（発見的、レクリエーション的、機能的、葛藤指向的、体験指向的、練習指向的、行為指向的など）に目を向け、どう行なっていけばよいか、という問題がもち上がってくる。

この一連の形容詞が示しているように、これが音楽療法だというものが存在しないのと同様、やはり社会施設においても、（他にこれでしかありえないという）特定の音楽療法活動の形式は存在しない。対処措置が訓練的か、それとも行為［改善］指向的か、それとももっと発見的、または体験指向的か、はたまた活性化的かなど、こういう問題は、セッティングや課題となる仕事や治療者の能力や質の問題であって、この領域それ自体がもつ特徴を示す問題ではない。（たとえばBeimert, 1985; Kapteina/Hörtreiter, 1993; Finkel（Hrsg.） 1979のなかのさまざまな論文を参照）

アルムート・ザイデル Almut Seidel

周産期心理学
Perinatale Psychologie

これは発達心理学の一領域で、周産期の子ども（や母親や環境世界）の心理現象に携わるものである。出産前の長い時期を研究し、もっぱら治療過程

でもたらされる事例報告に頼らざるをえない出生前心理学とは対照的に、この周産期心理学においては、直接観察の事例がとみに増えてきている。出産過程が後の発達に及ぼす影響は、とりわけ精神分析系の科学者たちによって探究されてきた。

出産過程がすでに子供にとって、トラウマ的で不安に満ちた体験であり、この体験に、後にあらわれる誤った発達や、ノイローゼ行為の原因が帰しうるという仮定は、精神分析の草創期には、出産トラウマと記述されたものだった（特にRankを参照）。

70年代まで、この時期に原因が帰される障害は、もっぱら他の専門領域のテーマであった。

たとえば、周産期学の学際的専門分野（周産期医学Perinatale Medizin）は、出産2カ月以内の母と子の生理学（自然的発達）と病理学（障害と病気）にかかわっている。この専門分野が出産局面を考察する場合、出発点にするのは、すべての人間に類似で、比較可能な生物学的経過である。

早期児童期の脳損傷（早期児童期の外因性心理症候群）の児童精神病理学的研究においては、こうした障害を出産時の損傷の影響の結果とする心理的‐身体的な経験研究は少なからず存在している。心理療法の実践においては、人生早期のトラウマ現象が注目されることが少なかったので、早期児童期の脳損傷を純粋身体的な領域で扱う結果となってしまった。

一群の心理療法士たちが出産トラウマのテーマと取りくむなかから、さまざまな治療の着想が発展してきたが、彼らはそのことで同時に、心理学的科学と心理療法的な治療実践のあいだの境界領域に手をつけることになったのだった。たとえば、ロナルド・レインRonald Laing（の誕生Birthing）、アルトゥール・ヤーノフArthur Janov（の本源療法Primärtherapie）、レオナード・オールLeonard Orr（の再誕生Rebirthing）、スタニスラフ・グロフStanislav Grof（のLSD療法）が挙げられる。

グロフが自分の出産トラウマ療法で中核を成すとみなす周産期経験の四つの基質（これは出産臨床に見られる段階に関連しているのだが）、すなわち、子宮内統一感の段階からはじまり、閉じ込められていることによって生じる出口なし段階の経験、そして生き残りをかけた戦いの段階、そして個々の非依存状態へ適応する段階にみられる四つの基質は、治療でみられる経過のステップを理解する道なのである。

上に挙げた治療者たちは皆、経験としての出産前の時期を、自分の理論や治療に取り入れている。

心理療法的学問は、この問題領域をめぐっては、まだ躊躇しつつ展開を図っている。フランスの青少年分析的心理療法の学派（Lebovici）は、70年代の終わり、こうした背景のもとに、この領域の仕事を第一の仕事として記している。

出産の時期［周産期］は、精神分析的に見れば、最初の分離の時期である。

それゆえ、治療者と分かれる時期に、周産期体験がふたたび活性化されてくる可能性がある。さらに事例報告のなかでは、周産期にトラウマをもっているため、退行過程のなか、出産を不安感情の源と体験し、喪失感による不安感情の氾濫や幻覚をともなう無力感を体験する患者が現れる。この生の領域へ、音楽療法ならではの接近法があるかどうかという問題は、現在の知識水準ではまだ研究による確証が必要である。受容的音楽療法では、アルイカイックな響きをもつ楽器の演奏で再現されてくる出産場面が記述されている（特にStrobel参照）。

この周産期という時期において、科学的に確証されている音楽の使いかたは、医学的措置における補助薬として音楽を機能的に用いるやりかたである。出産準備や出産の場では、こうした音楽の使いかたは、手術前や手術中用いることで、不安や痛みを抑える緩和的な作用をもつため、鎮静薬として意味があるのである。

モニカ・ネッカー＝リボピエール
Monika Nöcker-Ribaupierre

集団音楽療法の諸段階
Phasen der Gruppenmusiktherapie

集団音楽療法の経過は、音楽的な行動可能性と、集団力動と、集団のリーダーの制御計画の結果である。

集団音楽療法過程は、音楽的な行動可能性をもとに方針を定めてから、楽器の習得、その取り扱い、その楽器が提供する音響の可能性、楽器の助けを借りて自分を表現する可能性を探ることから開始される。

そのさいに、楽器はその魅力に［人を］誘いこむ効果をもち（Langenberg, 1988, p.42）、試してみては発見する喜びがある一方で、また「間違って」演奏してしまう不安もある。このような楽器と音響の探索が集団空間で起こると、音の大混乱が起こり、［患者を］悩ませたり、落着かなくさせたり、不安に陥れるように作用することがある（Mayr, 1983, p.46以下参照）。音楽的な混沌が音楽療法集団で始まると、患者たちには、「生存にかかわるおびやかし」とか、「浮かれた無頓着さ」などと経験されたりする（Schirmer, 1991, p.321）。

治療者たちにとっては、このような「混沌とした」段階（Kapteina, 1974, p.253）、「喧騒または負担の軽減の段階」（Vorel, 1993, p.25）もしくは、「探索」（Bruhnら、1883, p.419）の段階において、この段階が建設的に経験されるためには、どのくらいの構造化した援助を与えるべきか（Schirmer, 1991, p.317参照）という問題がある。

二、三の音楽的な視点について注意を向けるように、演奏上の示唆をする。もしくは、主題とか課題を立て、それを克服することによって安全性を成立させ、不安を破壊してしまう（Loos, 1986, p.165以下）。またはその戦略の価値を認めさせ、演奏者自身が混沌とした状況を克服するために、それを自由に使わせるようにする。また彼らの

考えを取りあげて、演奏の約束事に移していく。

そうして、「区別化」の段階がはじまる。そこでは楽器、音楽的構成、コミュニケーション、および集団状況の親密さが互いに増大する。演奏者は――各々自分にふさわしいやりかたで――音楽的コミュニケーションの新しい活動領域を確保する（Kapteina, 1974, p.254から、Bruhnら、1983, p.420）。フォレルVorelは、この段階を「耳を澄ます段階および発見の段階」と呼ぶ（1993, p.25）。

いまや彼らは、勝ちとった音楽的構成の可能性を、表現欲求を目標をしぼって究明するために用い、音響をまだ言葉で表現できない内容の報告のために用いることができる。ここに、「情報伝達の段階」（Kapteina, 1974, p.257以下）またはフォレルの言う活動段階（前掲書）が始まり、そのなかで、音楽的な出来事のコピー機能や反映機能が前景に出てくる。

個々人の生活史のどのような局面、どんな目下の日常的テーマ、どんな葛藤状況、どんな行動パターン、どんな社会的状況、どんな感情の質、などが響きの構成のなかに現われ出てくるのであろうか？　これらすべての心理‐社会的内容が、この段階のなかで認識され、処理され、理解され、場合によっては新しく構成される。

音楽的表現は、また新しい行動のしかたの実験フィールドとしても開発される。音楽的多様性とともに、硬い心理社会的構造が成長と変容へと開かれうる。最後の段階は、そのなかで個々人がその個人的な問題解決行動に専念し、治療薬としての集団を不必要にするように続いていく。

「規則正しく経過する集団の発達」（Schwabe, 1992, 2.4.6., p.49）を出発点とし、「ヘックHöckによる、意図された力動的集団精神療法」（Röhrborn, 1987, p.184）の原則の適用のもとに、集団力動的視点から見た集団音楽療法の段階は同様に四つに区分されうる。

最初の段階である「軽いウォーム・アップ段階と依存段階」では、「集団の構成員は、さしあたりほとんど独占的に治療者に関心を向けて」おり、その指導を期待している。そのさい、リーダーの課題は「できるかぎり素早く集団構成員が互いに会話に入れるようにすること」（同書、p.185）であり、そうすることで集団の発達の二番目の時期である「活性化の段階」に入っていくことが可能となる。

そこでは、集団の構成員はそのなかで互いにオープンであり、弱さも強さも見せあって、攻撃的感情を仲間内やリーダーとのあいだで表現しあうことができる。この段階での治療者の課題は、開かれた意見交換を導き、「見せかけの調和から［真の調和へ］の止揚」を可能にすることである。そうして、信頼関係が成立し、個々の患者の個人的な問題の建設的な処理が、第三の「作業の段階」で可能となる（Röhrborn, 1987, p.185以下; Schwabe, 1992, 2.4.6., p.49以下参照）。

最後に、「可能なかぎり建設的な別れの選択」ができるように、苦労をともなった集団の解消過程も存在する。［それは］ともにたどってきた道と処理されたテーマや獲得された能力を振り返り、次の目標への見通し［を立て

ユッタ・ブリュックナー Jutta Brücknerらは、子供たちのための音楽療法のなかで、どのように集団力動的経過と音楽的活動が互いに関係しあうかを示している。はじめの段階には、目的をしぼった、また治療者にコントロールされた美学的な素材の取得と、その構成可能性と表現可能性——これは混沌とした段階と分化した段階とに対比できる——とが属している。

彼女はこの経過を三ステップに区分する。[それは] **1**「材料を知らせること」、**2**「色の作用と音楽を経験可能にすること——注意の姿勢の発達」と **3**「[人との] 結びつきのなかで音楽との喜ばしい体験をもたらすこと、表現能力の発達」であり、[前出の]「活性化の段階」に対応して第四ステップの「感情の意識化、葛藤の明確化」が、そして「作業の段階」と対応して、第五の「陽性のおよび陰性の感情の呼びさまし、美学的な経験能力と楽しむ能力の発展、葛藤解決の道を探す」（1982, p.107以下）というステップが区分される。

この例は、集団療法の経過を理解するうえで、音楽的素材との取り組みと集団力動とがいかに関連づけられるかを示すものである。

ヴィルヘルム・ギュンターWilhelm Günther（1992）は、彼の「教育的音楽療法」のなかで、六段階の治療プロセスの流れを注意深く観察している。

はじめに、治療の意図と行動可能性について「情報」を与えるという段階がある。さらに「子供に対し、彼が保護されていることと彼の世話の保証を明瞭に説明する」という方法での「コンタクト」の樹立という段階がある。第三の段階では、子供を「重圧から解放」するという結果が得られ、他の子供たちや大人たちとの新しい関係が受け入れられる。この基礎のもとに、第四段階では、経験された心的外傷への「暴露」と欲求の表明が可能となる。この段階は次の「負荷」という段階において、新しい対人関係能力をスタートさせるための、また「成熟目標という意味において深く生命に結びついた自由な自己形成」のための前提条件である。そして最後の「分離段階」でプロセスはその終わりにいたる（p.91）。

ギュンターは、どんな段階理論であっても、各段階が互いに硬直的に境界されない場合に有効であると強調している（Haasも参照のこと）。とりわけ彼は、彼の段階経過 [理論] は、たんに治療全体の経過だけでなく、それぞれ一回の治療に関しても成立すると強調している。

集団音楽療法治療の諸段階

圧倒的多数の場合に、音楽療法的集団療法の経過は、会話段階と音楽段階が交代する。「演奏と話すことのあいだに何かが動き出す」（Tüpker, 1988, p.197）

カプタイナとヘアトライターHörtreiterの場合、音楽療法治療の経過は、「テーマ発見」、「音楽的処理」、「個人作業」、「言語的な徹底論及」の四段階に区分される（1993, p.119以下）。レンツLenzの場合は、印象、相

互作用、反映、統合と呼ばれる（1955, p.35以下）。

ゲシュタルト療法的な音楽療法士は、「初期段階」の経過について記述している。この段階は「問題の同定と言葉による表現……動きと言葉による「ウォーム・アップ」……音楽探し、楽器の試し弾き」（Canakais-Canás, 1985, p.66）をとおして特徴づけられる。第二段階では、発見したテーマを音楽的行動の実施へ移すことが課題となる（レンツによる「経験中心化」）。

どんな音楽経験が、当座のところ集団内で有効な過程、葛藤、テーマ、緊張、期待などと一番うまく合致するであろうか？ この段階は統合的音楽療法の「行動段階」に適合し、「身体運動、音声表現、想像力、表現力、創造性、カタルシス、明るい演奏、さまざまな質の感情的経験」が動き出す。そのさいに、その過程はさまざまな「水準の治療的深度」に到達する（Canakais-Canás, 1985, p.67）。

これらの経験は、統合的音楽療法の「統合段階」においても生じたように、どの場合にも言語的処理、つまり「経験されたことの回顧と反省、精神力動的関連の解明、洞察の獲得」を必要とする（同書）。

言語的徹底論及には、「新しいオリエンテーション」も含まれる。経験したことからどんな結論が得られるか、どんな新しい行動や人生の問題とどのような新しいつき合いかたがいまや見分けがつくようになるのか、またどんな葛藤解決戦略が？ 場合によっては、これらの知識は、ふたたび音楽的活動に移されるかもしれない。それは、日常生活のリハーサル行動といった機能を手に入れ、人生において何かを変えるという決心を強化する（Kapteina, 1976, p.43以下）。

パオロ・J・クニルPaolo J. Knillは、彼の表現療法‐治療の経過を、さまざまな接触のしかたと、集団構成員のお互いのコミュニケーションによって区分している。

1 中心化 「各人が自分の場所にいる。コミュニケーションは最小限に縮小している。個々人は、自分という有機体のなかで現在何が生じているかを発見する時間をもつ。」

2 相互作用 「人々はお互いに接触をする。個々人は、他人の現存（彼の体、彼の表現）を「材料」として利用し、それを用いて作業（統合）をする。そのさい、無条件に彼に理解を示し、彼に答える。」

3 分け合う 「全員が非常に強くコミュニケーションを達成している。彼らは互いに聞き合い、感じ合おうとし、互いに（言語的に、非言語的に）答え合う。」

4 処理 「全員が、おのおの自分から示したもの、表現したものについて熟考し、意見交換する。」

5 そして儀式 「参加者が「外の世界」に行く前に、集団への信頼のなかで、また彼らの支えとともに、自分という有機体の力を経験できることが望ましい」（1979, p.115）。

すでに触れたように、音楽療法プロセスの諸段階は、図式的に理解されるべきではない。それは、治療者が、出来事を整理して自分の位置を確かめる

のに役立つのである。そのような段階学説の危険性は、治療者の知覚や予想の態度がひとつの方法に縮小してしまうことである。治療者自身の要求を見逃し、彼が期待していない方向転換に無理強いしてしまう。段階学説は、彼を予期できないことUnvorhersehbare（ラテン語では"Improvidere"［訳註：この語は、Improvisation（即興）の語源である］）に対して開かれてあることから追放してしまう。

すべての段階‐区分は一般的に、あちらこちらと揺れる振り子のように、後退と前進のあいだを揺れ動く（Wollschläger, 1971, p.4参照）。その揺れ動きのなかで、音楽療法のプロセスは、創造的思考の諸段階に対応している。つまり、準備、培養、彩飾（洞察）そして推敲である（Stiefel, 1976, p.33以下参照）。ロースLoosによれば、創造性は即興の核心である（1986, p.162）。

ハルトムート・カプタイナ Hartmut Kapteina

集団心理療法における治療評価—EBS判定用紙

EBS (Erlabrunner Beurteilungsbogen zur Stundeneinschätzung bei symptomzentrierter Gruppenpsychotherapie)

EBSは、調整的音楽療法（【調整的音楽療法】の項参照）と、その他の症状に焦点を合わせた（【音楽療法の因果原理】の項参照）集団心理療法のプロセスのために標準化された経過診断法であり、心理療法の実践において使われている。

集団心理療法における経過診断法には、大きく分けて三つの種類がある。

1 診断法は、一人一人の患者とグループ全体の状況と治療的改善に関する情報をセラピストに提供し、あるいは彼の観察を裏付けるか修正しなければならない。

2 診断法は、セッションの経過において患者がそのとき起こった出来事を振り返り、自分自身と他の人、そしてグループ全体についてよく考えるよう促さなければならない。そのさい質問されるグループワークの観点は、過去のセッションとこれからの共同作業に関する患者の見方に影響を与える。

3 診断法は、個人と集団の治療経過を記録する上で必要な記録として使われる。

これらの一般的な課題によく注意を払うと、以下の個別的な要素が確認される。

— セッションの後の患者の精神状態と治療経過をとおしての変化
— セッション中の患者の、感情的な関与
— セッション中の活動に関する患者の自己評価
— グループに対する、グループのなかでの、そしてセラピストに対する患者の立場
— グループ・ダイナミックス［集団力動］の状況
— 治療の方向性に関する、患者の理

解度
− 治療課題の現実化の状態

判断事項は各々のセッションの後、患者によって記入されるが、各々のデータがセラピストによって直接の情報になることもあるし、総合的なデータに取りこまれることもある。これによってセラピストは、一人一人の患者とグループ全体の結果から原因を求める帰納的推理ができるし、治療プロセスに関する経過記録が残る。

クリストフ・シュヴァーベ Christoph Schwabe

集団の諸機能と集団形成の諸段階
Gruppenfunktionen und Phasen der Gruppenbildung

トレーナー、あるいは治療者が、グループの目的を達するための努力のなかで、グループを助け支えようとする場合にもつパースペクティヴは以下のごとくである。

1 グループ活動の内容とグループ活動のプロセスとを区別すること
2 コミュニケーションのパターンと形式を認識すること（これらは音楽療法のなかでよく観察できる）
3 意志決定の様態について、その効果を検討すること
4 グループの発達を考慮にいれて、**抑制的諸機能と促進的諸機能を認識すること**

これらには特別な意義がある。というのは、グループの構成員が、促進的集団機能をみずから受け入れられる場合、ないしは、抑制的機能を克服できる場合にのみ、グループの目的は達せられるからである。

レヴィンK. Lewinに依りながら、リントナーT. Lindner（ヨーロッパにおける初めての集団力動セミナーの組織者）は以下のような諸機能を区別した。

− 目的ないし課題志向的［機能］
− 集団維持的［機能］
− 分析的［機能］
− 自己中心的・感情的［機能］

最後のものに関係しているのは以下である。

a 権威との関係（権力の分配）
b グループ内の人間関係とのかかわり（感情の分配）

参加者の行動はこの場合、三つの段階において明らかになるが、これらの段階は、個人の発達とグループの発達とを同時に標識している。またこれらの段階は直線的にのみ観察されるのではなく、グループの発達の経過のなかに、くり返し現れてくる。

第一段階：依存
Dependenz（Abhängigkeit）

はじめに支配的なのは不安と不確実の感情で、この感情は、安全をあたえる行動様式と、過去において権威者か

ら承認されたような行動様式への願望のなかに現れる。この傾向は感情的に、全員が一致した決定を下したり、和合したり、敵意を避けたりするという特徴をもつ。

集団音楽療法においては、自由即興で、始めの混沌とした状態に続いて徐々に単純なリズムが発展していくが、このリズムに次第に全員が同調してしまう。このように、たとえば音強やテンポに見られるようなすべての変化が、集団的に遂行されるのである。「すべてが一つ」。

第二段階：対抗的依存
Konterdependenz (Gegenabhängigkeit)

依存的行動においては権威者の承認が覇権を制していたが、対抗的依存の段階では価値のひき下げが起こり、争いが生じる。

グループは対抗しあうサブ・グループに分解し、大部分の参加者がそれらに属すようになる。音楽的にも、ここでは分裂が目立った特徴となる。個々の参加者およびサブ・グループにより、新たなリズムやテーマがつくりだされ、音楽的に、優勢な役割をめぐって張り合うが、ただそれらは長くは続かない。

第三段階：相互的依存
Interdependenz
(Gegenseitige Abhängigkeit)

続いてさらなる分裂にいたる。同時に、構成的な力も働きだす。個人はもはや孤立しているとは感じなくなる。権力をめぐる問題は、参加者の責任という観点で［新たに］定義される。感情的なレヴェルでは、［互いの］違いはもはや脅威とは体験されなくなる。開放性と受容性と信頼感が成立する。音楽療法的に、音楽する者同士が互いを発見し合うということの内に、相互的依存［という契機］が現れてくる。グループは成熟性を獲得し、洗練された即興と個人的表現を、互いを豊かにし合うものとして受容することが可能となる。

ステラ・マイアー Stella Mayr

集団力動
Gruppendynamik

ずっと以前から人間は集団で生き、働き、利益共同体を形成し、固有の文化を発展させてきた。この固有の文化は、当該の集団を他のいかなるものとも異なる特異な集団として特徴づけるものである。以前と同様に今日でも、たとえば産業の発達、戦争などといった社会的な変化がつねに新たな社会形態を生じさせ、それにより集団の欲望、発達、特徴を結び合わせてきた、と理解される。

集団力動によってはじめて、これらの問題には回答が見い出される。［集団力動とは］社会学と心理学の交点に発生し、集団に生じるすべての社会心理学的現象と法則性を研究し、集団を

援助できる方法を発展させ、そして個人と集団に影響力を行使するという任務をもつ学問である。

集団力動研究の核心的な問題は、今日でもなお、小集団ないし原初的集団、そして集団間プロセスを理解すること、およびそれを扱うことである。原初的集団Primärgruppeの概念は、チャールズ・S・クーリィCharles S. Cooleyに由来しており、個人的連携と共同作業、相互的同一化（「われわれ感覚Wir-Gefühl」）によって標識された、見通しのきく大きさの共同体を示している。

集団力動の創始者とみなされるのは、集団力動という概念を打ち出したヤコブ・モレノJakob Morenoとクルト・レヴィンKurt Lewinである。彼らはともにヨーロッパ出身であるが、1934/35年にアメリカで出会った。医師であり心理療法家であったヤコブ・モレノは、それまで個人にのみ限定されていた心理療法を——その位置価を認識するにいたって——集団に拡張した。彼がサイコドラマのなかで高い価値を認めていた治療的ロールプレイにおいて、心理療法の歴史上はじめて、個人と集団とが、意識された相互関係のもとに結合した。この集団のなかに生じる感情的関係を分析するため、彼はソシオメトリー（社会測定法）を発展させた。

社会心理学者クルト・レヴィンは、社会的領域における行動に影響を及ぼす関係、および意味の脈絡を探究したが、モレノの方法を受け継ぎ、集団のなかで作用する社会的諸力について、その法則性と測定可能性を調査した。彼は共同研究者とともに、T‐グループTrainingsgruppeというモデル、つまり社会的学習に最適な条件を可能にする人工的な、いわば実験室的グループのモデルを発展させた。

T‐グループでは、ある特別な設定が特徴的である。つまり、およそ7〜8名の参加者が契約し、彼らとともにトレーナーと、たいてい補助トレーナーが1〜2週間のあいだ観察のためグループに入り、この期間中はグループから離れない。このような状況のなかで、参加者は社会的学習のプロセスを持続的に体験するのだが、このプロセスは、グループ・トレーナーの特別に訓練されたふるまいにより促進される。トレーナーは、グループ参加者の期待する指導的役割を果たすのではなく、グループみずからが舵取りをひき受けられるように、刺激したり意図的に介入したりして参加者を援助する。全体セッションや相互グループ、共同作業訓練、またそれらに関する理解修得のための講義（理論のインプット）などが補足的に提供されるのも、この場合有益である。

本質的な学習目標としては、知覚を鋭敏にすること、自己の評価と他者の評価のあいだの乖離を認識すること、先入観を解体すること、自己責任の傾向を発展させること、および協力する能力やチーム活動の能力を高めることが挙げられる。とりわけ重要とされるのは、自己やグループのふるまいに関して知覚したことを、グループからグ

ループへと送り返すこと（フィードバック）である。この映し返しRückspiegelungという装置によってはじめて、意識化することや、その結果として変化することが可能となる。

集団力動は、豊富なフィードバック法を発展させてきた。たとえばタンデムTandem（一つのグループが他のグループの活動を観察し、続いて観察したことをそのグループに伝える）であり、さらにはソシオグラムのような社会測定法、あるいはヨーゼフ・ルフトJosef Luftとハリィ・インガムHarry Inghamにより発展させられた対人相互関係における知覚図式（Johari-Fenster）である。録音テープやビデオなどの技術的媒体も応用される。集団力動は、つまり、自己と集団の行動を認識させ、結果としてそれを変化させるべく援助しようとするのである。それは、解放を主張するものであり、［その目指すものは］治療志向的な集団の向かう目標と広範囲にわたって合致している。その目標とはたとえば、成熟のプロセス、自我強化、自己決定、共同作業やコミュニケーションの能力などを取り戻すことである。

集団力動について深く知ることは、したがって、音楽療法士の養成において必須の事柄といえよう。逆に、音楽療法の訓練を集団力動のトレーニングに取り入れることも可能であろう。

集団力動と心理療法は、両者の相互関係において多くの共通した側面（たとえば、退行や集合的無意識、転移－逆転移、抵抗、防衛機制のような精神分析的カテゴリーの影響）を示しているが、多くの音楽療法士は依然として——集団とともにでなく——集団のなかで治療に従事しているのである。

音楽療法における集団力動的知識の影響は、いまなおとても小さい。それは間違いなく以下の事情による。つまり、集団力動の知識と方法を音楽療法的実践へ取り入れることの可能性、および［音楽療法の］治療的能力を拡大するにあたってのそれらの効果が、ずっと充分には認識されてこなかったからである。

集団力動的プロセスを認識することにかけて、音楽療法は言語的治療に対して明らかに有利である。このことは、［音楽療法において］認知的、言語的フィルターが排除され、そこに真正で操作しにくい、非言語的表現が現れること（たとえば自由即興において。【集団の諸機能と集団形成の諸段階】の項を参照）と関係している。姿勢、身振り、しぐさ、そして声や楽器による聴取可能な行動は、個人および集団の発達の諸段階、ならびにコミュニケーション領域における行動を、より分かりやすく浮き立たせる。したがってそれらは、音楽療法士にとって、診断の大きな助けになる（たとえばパートナー・プレイにおいて、また楽器を用いた拡大されたパートナー・プレイにおいて）。

集団力動グループと心理療法グループの違いは、クライエント［の違い］と、トレーナーと心理療法士の役割理解の違いにある。さらに、心理療法の

内容は「あの時 - あそこ」にある、つまり過去の外傷的な内的葛藤を再体験し、それを徹底操作することにあるが、これに対し集団力動の内容は、グループの「いま - ここ」にある。

集団力動は、つねに新たな活動領域を探究し、みずからが効果的である領域を拡張している。経済機構が操作するにちがいない将来の諸条件の変化、環境問題、あるいは文化内統制などに即して、集団力動は、[そのつど]前提を新たにしていく。

[集団力動の]もっとも新しい発展[段階]においては、システム理論的なコンセプトも考慮されている。それにより、クライエントと彼の状況を取りまく社会的環境（家族、職場、等々）の影響を研究に取り込めるようになる。こうしたアプローチは、家族療法、夫婦療法、そして多くの個人療法においてすでに当然のものになっている。ごく近い将来、システム理論は、たとえ小さな範囲内ではあっても、音楽療法活動のなかで重要視されるようになるだろう。

ステラ・マイアー Stella Mayr

〈受苦 - しうる〉
Leiden-Können

〈受苦 - しうる〉〈受苦 - しえない〉という単位は、音楽療法的治療を形態学的に構造化し分析する四局面から成る体系のうち最初のものである。（【〈方法的に - なる〉】【〈変容して - くる〉】【〈成し遂げる〉】の項参照）

この段階で、患者の苦しみを心理学的に把握しようと努め、[クライエントの]治療への期待や希望と音楽療法士個人ができることのあいだで治療についての同意（または治療の不成立）が形成されるが、この段階はそのために必要不可欠な治療の第一段階なのだ、ということができる。

この段階は一般的診断と音楽療法特有の診断を含むが、もし治療の対象になるケースならば、この段階は同時に診断を越えていく。というのも、この段階は同時にすでに治療の一部であるし、また、受苦できるとして獲得されたイメージが、治療の経過のなかで、さらなるヴィジョンへ次々と展開していくからである。

治療者の〈受苦 - しうる〉能力には、一方ではある特定の病の見方や健康観を、他方ではある特定の音楽療法の種類についての見方が含まれている。そこでは、訴えられている苦しみを、[患者の]生きる技法（人生観）と関係させて理解することが重要になる。この生きる技法は、あることができる・できないから生じ、（状況に応じて）必要な「変化」が行なえず、そのかわり「むしろ好んで」受苦する［＝耐える］ことから生じるのである。受苦しうる［＝耐える、好む］と受苦しえない［＝耐えられない、嫌い］の（過程の）なかで、この生きる技法は

現実を、好ましいものと憎むべきもの、美しいものと醜悪なもの、よいものと悪いものに分割し、意味のつながりは引き裂かれ、必要不可欠な能力が低下してしまうのである。

苦しみを避けることで、ある特定の経験や発達にかかわろうとしない試みは、[結局] 耐え難い苦しみを生じさせる可能性があり、そうなるといよいよ治療が必要となるのである。

治療をひき受けるさい、こうした事柄がたとえば具体的に苦痛の兆候や耐え難い結婚生活として表われるとき、重要なことは、このことを、意味のある心のかたち形成と理解することであり、無意識の心理‐論理的な葛藤状況の関係のなかで出されたひとつの「解答」と理解することである。

治療の使命という意味での〈受苦‐しうる〉こととは、つねに「違いのなかでの一致」を意味する。なぜならわれわれは、患者から感じうる苦しみをやはり共感的という意味で「理解」しなければならないのと同時に、われわれの判断が患者の判断とズレもするからである（Tüpker, 1993）。

知的障害者の領域に関しても、いわゆる「行動障害」の場合でも、身体的に重度な病にかかっている人や、または精神的外傷を負った人の場合でも、心のかたち形成にまなざしは向けられる。しかし、こう言うことで、身体的もしくは社会的諸条件もしくは外部からくる障害等の問題が否定されるのではない。むしろこのまなざしには、そうした可能性が内に含まれている。ただ音楽療法の場合、治療は、その立場にしたがえば、もっぱら心の領域に位置づけられるのだということなのである。

根底にある心のかたち形成の探究は、形態学的音楽療法においては、もっぱら初期の段階からなされ、それはまた、患者と治療者のあいだでともになされる音楽即興の助けをかりて行なわれる。そのとき、はっきりと、（患者の）生きる技法についてヒントがわれわれに与えられると同時に、治療手段自体にもなる構造が生じてくる。

治療を芸術から構想することに成功するのは、適用されるべき芸術媒体が、はじめから同時に、広義の意味での診断法的認識が心理‐美的になるよう考えられているときだけである。それゆえ、独自な「対象形成」（Salber, 1975）を妨げるような外的指標では不充分なのである。

〈受苦‐しうる〉、〈方法的‐になる〉、〈変容して‐くる〉、〈成し遂げる〉、この四つの局面は、総じて、音楽療法の形態学の意味で二重に応用することが可能である。

すなわち、最初のレベルでは、これらの局面は音楽療法の治療過程を、一貫した原理で構造化することを助けるはずである。この四局面は、音楽療法の活動領域の違いや個々の事例の特殊性を、充分柔軟に顧慮しているし、同時に徹底して一貫した心理学方法論にしたがうものでもある。

これらの局面それ自体は、特殊な音楽療法のやりかたを暗に含んでいるのではない。むしろ、活動領域やそのつどの事例に適切な治療のしかたを展開するのに役立つものなのである。この

四局面は、こうした治療の構造化のなかで遂行されなければならない四つの治療段階、しかも治療の全体的流れに関係づけられつつ、遂行されねばならない治療段階としても理解できるし、しかしまた、全プロセスを「小段階」へ内部分割したものと理解することもできる。

これと対応することが二番目のレベルの応用可能性にもいえる。このレベルとは、個別事例研究および一般的研究のなかで、音楽療法を科学的に分析するレベルである。この場合、この四つの局面は、プロセス（全体としてのプロセスとその各構成要素内の達成過程）を問題にし、総体的評価、すなわち音楽療法の効果、「成功」、限界を問うことを可能にする。

この研究方法論は、とりわけ科学的研究と形態学的心理学の方法の展開に出発点をもち、質的方法論に分類される。それゆえ他の「了解」心理学的パラダイムに本質的に近い。

個々の治療過程を体系的に分析するさい、〈受苦‐しうる〉局面で問題になるのは、どんな心理状況からその治療が出発したのか、はじめの変化がどの方向へ向かうと考えられていたか、治療経過のなかでこのイメージがどんなかたちをとって発展してきたか、という問題である。

事例研究を越えた音楽療法研究でこの局面でかかわってくる問題とは、音楽療法的治療、すなわちセッションや、治療の効果的展開に不可欠な（制度的）必要条件の有意義な適用を問う問題、その限界を問う問題である。

評価という観点から見ると、この〈受苦‐しうる〉局面は、プロセスの転回や変遷が関係づけられるときの、そして〈成し遂げる〉（該当項目参照）局面のもと、治療の効果が証明されねばならないときの、起点および出発状況として用いられる。

患者と治療者のあいだで「自由な」即興が可能な治療では、ある特別な音楽療法の方法が活用できる。それは「記述と再構築」（該当項目参照）である。それによってはじめて、生きる技法の個々の「構成」について全体像が獲得される。

この方法は、さまざまな問題設定をともないつつ、治療の先のプロセスでも応用可能である。そのさい、特に音楽上のかたち形成の変化発展が意味をもつ。目下、自由即興が不可能な、またはそれが本質的療法手段でないような音楽療法を分析するために、この方法を修正する作業が行なわれている。

ローゼマリー・テュプカー Rosemarie Tüpker

出生前心理学
Pränatale Psychologie

これは出生前の心の過程、反応、内容に携わる発達心理学の一部門である。

出生前心理学は、出生前に心理的活動は存在するという点から出発する。

出生前の時期の考察法は、出生前の行動的‐身体的ふるまいのしかたと関連しながら、やはり心理的な基本型も出生前に発生しているという点を、経験的‐合理的手がかりにしている。

フロイトFreudの弟子で精神分析家であったグスタフ・ハンス・グラーバーGustav Hans Graberは、出生前の生の意義および、出生前の生と出生後の生のあいだの存在変容として出生をはじめて記述した（『子どもの両義性』1924）。グラーバーは、出生前心理学の確立者であり、多くの年月ただひとりで研究活動を行なっていた。1940年代彼は、クルーゼKruse、ハウHau、リライ Liley、ラスコウスキーRaskowsky、ジーモンSimon、アモンAmmonといった他の心理分析家や医者たちと接触をもつにいたる。1971年、彼らは「国際出生前心理学研究協会Internationale Studiengemeinschaft für pränatale Psychologie（ISPP）」を設立し、さらにこの協会は1986年、学際的な「出生前・周産期心理学ならびに医学のための国際研究協会Internationale Studiengemeinschaft für pränatale und perinatale Psychologie und Medizin（ISPPM）」に拡大発展した。

ISPPMの代表者たちは、出生前の時期から出生直後の時期までにおける身体的心理的経過の展開を研究している。

当初、出生前心理学は、症例報告に頼ったり、心理療法過程における出生前や出生時の内容をもつ幻想や夢に助けを求めざるをえなかった。ここ20年で、［しかし］論証のしかたが新しい科学技術の助けによって変わり、そのことでこの発達時期に携わる人々の輪も広がった。たとえば超音波技術は、それにもとづいた学問、たとえば胎児行動学や行動研究や発達研究を可能にし、胎児の反応の測定や観察を生物学的変数を使って行なうことで、この段階の生命を扱う新しいやりかたを可能にした。

さらには心理学、とくに乳幼児観察や母子結合研究は、妊娠時の母と子の心理的状態と出生後の特異行動との連関を探るため、質的方法と量的ならびに統計的方法に携わっている。また、心理的、心身的問題の兆候が現れることや、心理的障害の根には、出生前ならびに出生時の出来事、トラウマがあるとみなし、治療のなかで関係づける精神分析家の輪も広がっている。

今日の研究水準にもとづくと、胎児は遅くても妊娠5カ月からは構造的にも機能的にも、自分の環境世界を知覚し、それに反応するくらい発達している。

母と子は妊娠期間中、生物学的に一体である。母と子の対話は多くのレベルで起きている。たとえば、内分泌‐ホルモンレベル、生物化学的レベル、心理感情レベルにおいて。

出生前心理学は、最初の環境としての母親をとおして胎児に及ぼされ、そして子供のその後の発達に、じつに決定的な影響を与える、多くの心理的心身的諸影響を同時に研究に含める。自分にかかわる思い出に接近できるの

は、ふつう2～3歳までであり、その前の思い出は記憶喪失状態におかれている。前言語的時期の思い出は、身体的感覚的感覚として体験の性格をもち、それらは主観的現実として体験される。この体験領域は、ただ言語的な治療だけでは到達できない。

胎児の聴覚システムが、胎児の環境世界を音響的に知覚し、記憶し、出生後思い出すことが、妊娠5カ月以降可能になるので、音楽を使った心理療法が、出生前の生命領域の思い出やそこからくる障害に到達しうる唯一の可能性となる。それは、受容的もしくは催眠誘導的な音楽療法であっても、能動的即興音楽療法であってもかまわない。

心理力動的にみれば、子宮内にある時期は、一体感、庇護性、無限性または無限定性、脅威の少なさの時期である。音楽という媒体ならびに響きやリズムを通じて、また響きで誘発される催眠を通じて(特にStrobelを参照)、この種の存在様式は心理的に再活性化されうる。ここで音楽療法は、その効果を証明するのに、症例報告を通じてしか成功しないという限界に立っている。

この生命領域の予防的治療としての音楽療法は、危険な妊娠につき添ったりするさいの、また早産の後のさまざまな処置を可能にする。(【早産児に対する聴覚刺激】の項参照)

モニカ・ネッカー＝リボピエール
Monika Nöcker-Ribaupierre

受容的音楽療法

Rezeptive Musiktherapie

受容的音楽療法では、音楽を聴くことが中心にある [rezeptive＝受容しながら／受けとりながら／敏感な]。

これは基本的には聖書に書かれているような、何百年にもわたる音楽療法の形式である。「さて、聖霊がサウルに下ると、ダビデは彼の竪琴を手にとり、演奏した。たちまちサウルは元気になり、気分もよくなり、悪霊は彼から離れた」(サミュエル書、16章23節)。

古代においてすでに、音楽的な現象と身体的な変化の関連についての研究が行なわれ、音楽が薬のかたちで処方されたとある。特にヨーロッパ以外の文化圏では、音楽は治療的手段として、シャーマンや呪医が治療者としての役割を果たす三者一組の組織に組みこまれていた。なかでも、精神障害における音楽の特殊な用いかたとして、19世紀には磁気療法の理論の枠内で催眠的な集会において使われた。

20世紀の後半になると、活動的音楽療法が多様なかたちで分化していったのに対して、受容的音楽療法は特にヨーロッパにおいて、すみに追いやられていった。当時の東ドイツのクリストフ・シュヴァーベChristoph Schwabe(初めはライプツィッヒ、後にドレス

デン）の周囲で、60年代以来、臨床を中心としながら、科学的な研究も行なう受容的な個人と集団の音楽療法のセンターが、臨床領域で存在する程度だった（Schwabe, 1986, 1987）。

英米圏ではおよそ10年来、特に機能的音楽と関連する受容的音楽療法が、ふたたび以前よりも幅広く行なわれるようになったが（Gembris, 1993参照）、最近のヨーロッパ圏ではむしろサウンド・セラピーという霊的な方向が再発見されてきた。

受容的音楽療法の形式

すでに上記で述べたように、受容的音楽療法の古典的な形式とは、病気や症状の治癒や軽減をもたらす身体的、あるいは心理的プロセスをひき起こすために、音楽を患者に聴かせることである。そのさい、理論的背景、方法、設定における違いがある。

シュヴァーベによる臨床治療領域の受容的音楽療法
(Schwabe, 1986, p.213参照)

心理療法としての受容的音楽療法

デッカー＝フォイクトDecker-Voigt（1991）が記述する例にあるように、心理療法としての受容的音楽療法は、治療状況において焦点を他にあてる。特に違う点は、三者一組、つまり患者‐セラピスト‐音楽というかたちである。

そのさい、治療的人間関係における「ステップの順番」は、患者の状態と負担に対する耐性、抵抗と防衛機能によって定められる。感情的な（肯定的、あるいは否定的な感情）内容の音楽を聴くことで、思い出がよみがえってくる。ある時代（たとえば子供時代）や場所、あるいは人にちなんだ思い出を呼びおこし、それにともなう感情も「治療の対象となる」。

心のなかの抵抗、希望、憧れなどは、これらの会話のなかで意識化され、「いま大切な人生設計とのつながり」が明らかにされる。

この心理療法としての受容的音楽療法の適用範囲は、ノイローゼや心身症的な症状、そして「純粋に」器質的な病気にまで及ぶ。これには、すべての病は器質的な要素の他に心理的／感情的な要素ももっているので、それに相応して治療をすべきだと考える、全人的医学や臨床心理学の考えかたが背景にある。

音楽によるイメージ誘導
——音楽に誘導されるイメージ

これはアメリカでヘレン・ボニーHelen Bonnyによって開発された。ここではクライエントはできるだけリラックスした状態で、クラシックから選曲された音楽を聴く。その時に起こる感情、視覚的な絵、身体感覚、思い出などが、音楽を聴くあいだにセラピストに［口頭で］伝えられる。セラピストはこのプロセスを支え、発展させ、焦点を絞るために質問するが、音楽は投影的なメディアとして機能する（これに関する文献の例としてKiel, 1993参照）（【GIM】の項参照）。

他の組み合わせによる受容的音楽療法

ここでは、個人とグループ療法の状況のなかでの感情誘因性のイメージの体験、音楽に合わせて絵を描くこと、ダンスセラピー等が挙げられる。

機能的音楽療法

ここでは人間関係がテーマになるのではなく、音楽の「機能」が中心にある。広い領域で私たちの周りにあふれている機能的音楽（スーパーマーケット、医師の待合室、電話通話を待っているあいだの音楽など）の他に、音楽が特定の具体的な目標をもって使われる多くの治療的な領域がある。たとえば——

— 理学療法における訓練の援助とリズムによる強化
— 言語障害と発語障害の患者のためのリズム療法
— 発達障害児のための治療教育
— 痛みのコントロール（ペイン・コントロール、麻酔）

本来は独立した領域である「医学における音楽」の流れにも重複する部分がある（Spingte他）。

最近市場で増えてきた「Do it yourself」のCDやカセットは、これに反して「音楽療法」のカテゴリーには入らない。その一部には確かに治療的効果（リラクゼーション、喫煙をやめることなど）があるかもしれないが、真剣にとらえるべき病気や症状に対して、音楽による「自宅の薬箱」のようなイメージは批判の対象となるべきである。医学的、あるいは心理療法的どちらにせよ、訓練を受けた真摯なセラピストたちは、こうすればこうよくなる、という単純な因果関係という考えかたからは、とっくに離れている。

さらに、多様な音楽が多様な人々に多様な効果をもたらすことができるという事実が加わる（これに関する印象的で生き生きとした症例としてDecker-Voigt, 1991参照）。

サウンドセラピーとしての受容的音楽療法

近年どちらかと言えば音楽療法の霊的な方向にむかう出版物が、「サウンドセラピー」という言葉のもとに増えてきた（「響きと催眠状態」に関する特集参照、Musiktherapeutische Umschau 3&4, 1993）。これは一方では特殊な楽器（たとえば銅鑼、色々な太鼓、クラングシャーレ［訳註：小型のベルの一種で残響が長い］、モノコード（【倍音の研究】の項参照）などを使いながら、ヨーロッパや西洋にはない治療技法を役立てようという試みであり、他方では治療のなかで変容した覚醒状態の意識（催眠、昏睡）にあてはめながら、銅鑼や単一音に含まれる倍音列が精神と身体に与える影響について、古くからある、あるいはいまだに新しい疑問を投げかけていくことを意味する（たとえばTimmermann, 1983; Oehlmann, 1992参照）。

受容的音楽療法の適用領域

音楽療法の「古典的な」適用領域（Dekcer-Voigt, 1991, 111-112参照）の他に、ドイツ語圏には受容的音楽療法が特に認められてきた臨床領域がい

くつかある。以下のリストはもちろん一部の例である。

- 「内科医療」における音楽療法（Decker-Voigt, 1994参照）
- ターミナルケア（例としてMunro, 1986）。重症の病人と末期患者は適切な音楽を聴きながらリラックスする。しかし、これはまた病気と死ぬことについての葛藤にも有益である。
- 未熟児（Nöcker-Ribaupierre, 1993）との仕事において。母胎から離れる時期が早すぎ、保育器のなかにいる赤ん坊は、暖かさや母の胎内での保護を失っただけではなく、母親の心臓の音、動きのリズムや声からも引き離されてしまっている。これらの音——母親や父親（母と同じようになじみがある）の声——を、音楽療法士は保育器のなかの子供のための聴覚的な「栄養」としての「音楽」として利用し、脳の電流を活性化させ、母と子、あるいは父と子のあいだの物理的な距離を補いながら、心理的／感情的なつながりを保持するのである。
- 高齢者の領域において（たとえばMuthesius, 1990）。「古い昔の」子供時代や思春期、若いころの音楽を聴き、民謡や懐メロ、古いはやりの歌を歌うことで音楽療法士は、無反応になり、興味を失い、無表情に見える高齢者（多くは老人ホームの高齢者）に「生きていくうえで必要な思い出という作業」を提供したり、あるいはそれを保持しようと試みる。多くの場合、記憶や思考のすべて、時には一部がよみがえるのである。

展望

1983年に発行された『音楽療法ハンドブック』（Dekcer-Voigt, 1983）では、受容的な音楽療法に関する記事はわずかだったが、近年になってこの状況は明らかに変化してきた。特に、「新しい」適用領域を「古い」伝統に改めて統合することによって、受容的音楽療法が占める位置が、音楽療法の重要な一部として復活した。

幸いなことに、［受容的な音楽療法が］活動的な方法の「重荷」となるとは思えない。むしろ反対に、理論と臨床が一方ではより明確になり、同時にネットとして広がってきた。これは両方の技法が各々の価値をもち、臨床の場では、ときに分けられないということを意味する（v. Hodenberg, 1993）。ただし研究という関心からだけではなく、活動的、および受容的な音楽療法の方法、応用、そして理論を、各々別のものとして分けて考えることは、これから先も大切であろう。

エファ・マリア・フランク＝ブレックヴェーデル
Eva Maria Frank-Bleckwedel

象徴
Symbol

音楽療法の新しい理論的展開は、つ

ねに音楽を言語と似た象徴体系とみなす仮定にもとづいている。この仮定は、エルンスト・カッシーラーErnst Cassirerの弟子であるスーザン・ランガーSusanne Langerの哲学からきている。ランガーは、その著書『シンボルの哲学』のなかで、言語がもつディスクルーシヴ［論述的］な象徴性と、表現的な象徴性と彼女が名づけるものとのあいだに区別を行ない、後者に神話、儀式、そしてさまざまな現象形態をとる芸術を挙げている。しかしながら、この哲学的考察が、心理療法的に音楽にかかわることに何か実り豊かなものをもたらすためには、ランガーの概念は、まず一度は心理力動的認識を経由しなければならなかった。

これに関して、画期的だった概念研究が、アルフレッド・ローレンツァーAlfred Lorenzerがその著書『心理分析的象徴概念批判Zur Kritik des psychoanalytischen Symbolbegriffs』で成し遂げた研究である。

心理分析の分野で、象徴概念をめぐる議論は長いあいだ問題の多いものであった。特に象徴概念を心理分析的メタ心理学や無意識概念と結びつける試みは、困難をともなったものであった。

ジグムント・フロイトSigmund Freudは当初、特定の身振りや症状と想起内容が内容的には任意である結合関係に関し、「想起象徴Erinnerungssymbol」という表現を使用していた。フロイトの概念形成の次の段階、これはむしろ当初は重要でない段階と考えられていたのだが、この段階で、彼は象徴化について語った。この定式化のなかで、説明から意味理解へという、心理分析にとって本質的な一歩がしるされたのだった。

つまり、もはや、偶然的に分類され、ある内容がある任意の「想起象徴」と結びつけられるのではなく、むしろ象徴と象徴化された内容が、内容的に意味的に関連づけられたのだ。それはたとえば、脚の麻痺は、ある衝動の抑圧へ足を踏み入れつつあることを示す、といったようにである。

説明から理解へのこの移行の途上において、続いて次に、ヴィルヘルム・シュテッケルWilhelm SteckelとユングC. G. Jungが概念の明確化に努めた局面がやってきて、これが少し長く続いた。彼らの象徴理解は、象徴概念の存在論化にいたり、これがフロイトとユングの決裂のきっかけとなった。すなわち、シュテッケルとユングは象徴を超個人的‐独立的実体とみており、夢象徴を正しく翻訳しさえすれば、フロイトによって開発された連想法の技術なしに済ますことができると考えた。

これに対立したのが、サンドーア・フェレンツィSandor Ferencziで、ユングの無意識概念を詳細に批判した。ユングの場合、無意識的なものとは既成の象徴のストックであるのだが、フロイト／フェレンツィにしたがえば、象徴化とは個人の防衛過程の結果なのであり、したがって、象徴の把握は、やはりただこの防衛プロセスを感覚的に追体験するなかでしか可能でない。

この問題やこれに結びついた問題によって、フロイトとユングのあいだの決裂が明白になるにいたる。その結果、その後、この二つの流派は別々に発展

アーネスト・ジョーンズErnest Jonesは、ユングとフロイトの決裂を受けるかたちで考察を展開し、フロイト的立場を明確化する努力を行ない、その著作『象徴の理論Theorie der Symbolik』のなかで、「真の象徴」と彼が名づけるところのもの、これは抑圧が避けがたい場合や退行の場合にだけ遡って把握されるものなのだが、これを純粋な防衛構成と述べた。

ジョーンズにしたがえば、この「純粋な象徴」の特徴は、その意味内容の中心部分が無意識にあるという点にある。「心理分析的経験はすべて次のことを示すところまでつき進んでいく。すなわち、われわれの実存の根源表象、その比類なき表象は、象徴的に表現されるのだが……、それは人生全体を通じてそれがもつ古い意味を無意識のなかに保持し続ける可能性がある……。この表象のエネルギーは外へ向かって流出はするが、けっして内へ向かって流れこんでくることはないのだから、そして、この表象がもっとも抑圧された、われわれの心の部分を形成しているのだから、象徴がただ一方向に向けてだけ形成されることは理解できる。抑圧されたものだけが、象徴的に表現されるのであり、抑圧されたものだけが、象徴的表現を必要とするのだ。」(Ernest Jones, Internationale Zeitschrift für ärztliche Psychoanalyse V, 1919, p.244)

このジョーンズの研究が出版された後、フロイト派の心理分析関係では、長いあいだ、議論は中断していた。他方、ユングは自分の元型論を精緻化していくことで、自分の存在論的象徴概念を守ろうと努力していた。フロイトとユングの決別のため、フェレンツィの批判がもはや受け継がれなくなってその後、この存在論化が文化特殊的幻惑という危険を孕むことは、今日になってやっと、ユングの後継者たちの多くにから顧みられるようになった。

当然ながら今日まで元型論のイデオロギー批判的議論の根本決着はまだついていない。元型の個々の場合では、ウルズラ・バウムガルトUrsula Baumgardtがアニムスとアニマの元型を家父長的内容を理由に放棄することに賛成しているが（König Drosselbart und C. G. Jungs Frauenbild, Olten, 1988)、彼女のこの批判が、ユングの象徴概念の存在論的固定化を根本的に問題視することに通じざるをえないのではないか、という点についてはまだ不明確である。

フロイト派の伝統のなかでは、ジョーンズ以後中断されていた議論が、一方では心理療法内部の発展によって、他方で、外部から心理療法にもたらされた挑戦によって、たとえばカッシーラー、ランガー、ピアジェPiagetといった著者があげられるが、ふたたび行なわれるようになった。

こうした著者たちは象徴概念を高度な文化的機能と記述しているが、この見方はジョーンズの、神経症的退行現象としての「真の象徴」という見方と真っ向から対立するものである。これまで数多くの試みがなされてきたにもかかわらず、この対立の統合にはじめてやっと成功したのは、アルフレド・ローレンツァーであり、概念を明

確化しつつ以下のことを示したのであった。

すなわち、象徴形成は、文化的機能派のテーゼが要求するように一義的に自我に、またはエスに組みこまれる必要はなく、あるひとつの統一的な象徴形成の中心から出発すべきだというのである。「さまざまな意識の段階があり、さまざまな象徴形成のレベルが……ある。さまざまな水準で操作的にはたらく「統一的」自我機能が想定されねばならない。……象徴形成はつねに統一的な自我機能の産物であり、この機能はさまざまなレベルで作用し、その結果をさまざまな水準で組織化できる。夢の象徴は低次のレベルに住みついている。」(Alfred Lorenzer, Kritik des psychoanalytischen Symbolbegriffs, Frankfurt, 1972, p.68-9)。「中心を自我におくか、エスにおくかが問題なのではない。象徴形成にとって根本的なのは、二つの中心を同時に仮定することである。」(上掲書, p.70)。

唯一の形成検閲機関である自我に、象徴形成のはたらきが帰される。「無意識ならびにエスは、自我と共同作用にある特殊で特別な強度をもった刺激の源と理解できる。もっとも、唯一の刺激の源ではないが。」(上掲書, p.71)。

象徴形成に駆りたてる他の刺激の源とは、身体の諸過程、思い出、知覚である。もっとも、心理分析の経験にしたがえば、このエスに源としての特別な意味が帰されはするのだが。

この概念の明確化によって、ディスクルーシヴ［論述的］な象徴と、表現的な象徴のカテゴリー上の違いも把握されることになる。そしてこの違いは、音楽療法の理論化にとって特別な意味をもっている。ここでローレンツァーは、象徴組織の低次な段階で生じる表現的象徴は、それゆえ、高次の象徴組織に発する言語的‐ディスクルーシヴ［論述的］な象徴に劣ったものとみなすことはできないとはっきり述べている。

「ある比較をすることですぐこのことははっきりする。すなわち、交響曲は表現的象徴という"低次"のグループに属するが、普通の新聞記事とか生徒の作文とかはディスクルーシヴな象徴に数えられる。……生徒の作文では、いくつかの出来事をきまったディスクルーシヴな概念で簡単に表現することが要求されるが、他方、音楽は経験可能性の限界点にある［複雑な］感情を論理的に表現し、規定することを課題としている。」(上掲書, p.78)

「だから芸術ではいつも、ディスクルーシヴな把握に逆らう内的経験をイメージレベルで分節化することが問題になるのであろう。というのは確かに叙情詩はけっして学問的概念を形成することで取り込まれたり、置き換えられたりできないからである。」(上掲書)

同じことがもっと確実に音楽の場合にあてはまる。すなわち、言語的に接近不可能な経験にかたちを与えるかぎりにおいて、音楽を聞くことや即興することは、それ自体、治療的であると自然に思わせる経験的事実があるのだ。

これに対し、いや、心理療法の文脈で問題なのは、文化的に形成された経験可能性の限界にある経験内容なのではなく、個人的制限や固定化によって

言語的接近が阻まれている経験内容なのだ、とする議論がある。

この意味で、即興で展開された音楽的思考は、たとえば心理分析における個々の夢の思考と同様、「解釈する過程の流れのなかで……イメージのレベルからディスクルーシヴな把握へと高められうるかもしれない。この場合この「高められる」という表現が正当化されるのは、この過程で克服されていない対象に、ますます光があてられ、把握されるようになる場合にかぎってのことである。あいまいさのために、以前はただ前意識の局所的退行的状況のなかで、表現レベルの象徴でしか克服されえなかったものが、ここでやっと最終的にはっきり理解されるのである。」（上掲書, p.78-9）

だから、音楽療法は、実際、感情に占められ、言語では（まだ）捉えられない内容にどの程度、たやすくかつ直接に近づけるのか、実はこれが音楽療法にいつも決まって要求されることなのだが、この問題をもっと根本的に解明できるのではないだろうか。数多くの神話を手がかりに、ユングによって提示された元型の超文化的妥当性を取りこむ問題の決着はまだついていない。それはフロイトに由来する心理分析においても、心理分析的方向性をもった音楽療法の分野でもそうなのである。

リンケH. Linckeによって仕上げられた、とり入れ概念がここで有効かもしれない。というのは、この概念が人間存在の文化普遍性を捉えており、しかもそれはユングの場合のように抽象的存在論的構成物としてではなく、どんな社会化過程や人間の象徴形成をもともに規定している本能拘束的な諸契機と象徴概念を捉えているからである。

音楽療法的視点からすると、本能拘束的な音響の側面を研究することや、それがどのようにそのつど社会化され、いわば元型的な響きの形象のなかに関係づけられるかを研究することが特に重要性をもつだろう。

ディートムート・ニーデッケン
Dietmut Niedecken

情動性
Affektivität

音楽療法的治療との関連において、情動性にはある特別な意義が付与される。

生活の社会的、身体的、精神的側面を整えるためには、自己の情動Affekteや感情Gefühleを知覚し、体験し、そして適切に表現する能力が求められる。環境を各々の欲求にしたがってかたちづくっていくためにである。

最近の情動研究（Krause, 1992,1993）においては、情動性は状態としてではなく、ひとつのプロセスとして理解されている。そこでは柔軟性Flexibilitätが健康の重要な基準とされており、言語的コミュニケーション行動も、また、たとえばまなざしや身振り、言葉の抑揚、姿勢などに表現さ

れる非言語的コミュニケーション行動も、ともに人間相互間の行動における調整システムとして理解される。情動は、情動行為につながる最も低次の、純粋に身体的プロセスが生起するところの、ほとんど生物学的なレベルで捉えられている。

感情においてわれわれは、心的表象が、かたちの与えられた、随伴した身体的プロセスに統合されているのを見い出すが、この身体的プロセスはかならず、ある意味論的な枠をもちうるものである。イコン的‐図像的な、あるいは音楽的なフォルムは、表象として感情領域にみずからの場を見い出す（Krause, 1992, 242以下）。

情動システムの［意志］決定的な機能は、行為に柔軟性を与えるとされているが、一方、こうした"意志"が顧慮されない場合、病理化が起こる。というのは、しばしば全般的で差異化されずに知覚された感覚［感情］が、相応の場に納まらないことがありうるからである。ある身体的症候は、葛藤的問題の枠内におけるある情動等価物の表現と理解することができる。そのさい、しばしば身体的興奮が、当該の感情について患者が感じとる唯一のものとなる。「それはある意識された感情（情動相関物）の生理学的随伴反応か、あるいはある意識されない感情（情動等価物）の生理学的随伴反応である。意識された、あるいは意識されない情動は、植物神経系の緊張に置き換えられる」（Tress, 1994, p.26以下）。その場合、しばしば問題となるのが、一次的情動、つまり喜び、悲しみ、怖れ、怒り、そして嫌悪などを知覚し差異化することの不能性である。

治療においては、諸情動を同定すること、および情動が成立する脈絡を説明することが大きな役割をはたす。「その両者とも、通例、治療者が彼自身の真正な情動的反応を治療プロセスに利用できる（応答的介入antwortende Interventionの）場合に可能となる。つまりそれは、治療者の情動的応答であり、この応答が患者に自身の情動を同定させる。またそれは、患者と治療者とのあいだに現れる対象関係、ないし部分対象関係とそれに付随する情動を明確化することであり、この明確化が治療的プロセスを本質的に促進する」（Heigl-Evers, Heigl, Ott, 1993, 73）。

人間のこの関係調整的な情動性を経験し、確定し、構造化するための体験的‐行為的空間を、音楽療法は自在に活用する。これに関しては特に、自由即興を用いた治療空間の活用により定義づけられる能動的音楽療法を強調しておく。

この特有な治療空間における動きは、緊張を生み出す結合と分離のプロセスの交代により生きてくる。〈出会うことBegegnen〉、〈創ることHerstellen〉、〈成し遂げることBewerkstelligen〉が、患者と治療者とのあいだに空間を開き、この空間が、アイデンティティ回復を求める可能性を提供するのである。情動は、社会的パートナーに対する提案、ないし相互作用的願望としてアイデンティティを保証する現象と考えられるため

（Krause, 1993）、志向性・意図性 Intentionalitätは情動の痕跡によって感じとられ、かたちづくられる。聴こえ、かつ感じられるように応答する音楽療法士は、これらの情動を明確化しうる。このような体験プロセスのなかで、空間は、情動的身体過程を新たに解釈するために提供されるのだが、この場合、「矛盾した経験」の可能性があることは特に強調しておきたい。

関係し、理解するための個人的手段 Instrumentという意味での［精神］分析指向的音楽療法における知覚のありかたは、以前、ある研究で共鳴身体機能 Resonanzkörperfunktion（Langenberg, 1988）として標識づけられた。この共振できる能力のほか、聴こえ、かつ感じられるかたちで出会いのプロセスに身を置くことができるという能力も、この道具的思考 Instrumentengedankeという概念には含まれているため、転移関係という別の質性が音楽療法においては重要になってくる。

演奏のなかで時間的かつ空間的に経験しうる「向き合っている人物」は、つねに行為のさなかで感じとれるものであり続けるが、そのさい、互いに出会う者がファンタジーの世界に入りこむことが、情動性と結びついた音の感覚的な触感をとおして可能となる。

共鳴身体機能という知覚手段をわれわれは状況研究に利用するが、それはパースペクティヴの三角形［訳註：三点測量、つまり患者 - 治療者 - 第三者などの三つの視点からセッションの事象を観察・記録すること。この場合、観察者各人の主観的体験がとくに重視される］という意味で音楽的即興に反応することによってである。そのさい、治療的事象を理解する源として各人特有の情動性を知覚することに、特別の役割が振りあてられる（Langenberg, Frommer, Tress, 1992, 1994）。

メヒチルト・ランゲンベルク
Mechtild Langenberg

職業倫理
Berufsethik

本論は、世界音楽療法連盟、カナダ音楽療法協会、オーストラリア音楽療法協会、［旧］全米音楽療法協会（NAMT）、イギリス専門家音楽療法士協会（APMT）といった音楽療法団体による倫理綱領をもとにした、音楽療法の基準の改定案に対応する。社団法人ドイツ音楽療法協会（DGMT）は、音楽療法のすべての資格の評価と査定を認可する、ドイツ音楽療法連盟の会議における協議にもとづいたこの音楽療法綱領と補則を、一般に公表することを課題としてきた。

すべての保健制度における仕事は、倫理的基本原則によって義務づけられなくてはならない。特に、一人一人の人の尊厳と価値が認められるということが大切である。音楽療法のための職業的権利がまだ規定されていないので、音楽療法士達は職業綱領をとおして、彼らの専門性と信頼性を確保しな

ければならない。

プロとしての専門性を確保することは、患者が適切な治療を受けるうえで大切なことである。この点において、音楽療法士の資格について詳述することが必要である。なぜならば、非常に多様な資格が存在し、しかも職業としては法的に保護されていないからである。

ドイツにおいては、「学士 - 音楽療法士」と「学士 - 音楽療法士（FH）」という学位が例外で、これらは明確に規定された教育水準を前提とする。現在のところ、ドイツ連邦内での養成プログラムは、私的な週末コース（「修了証」のあるものもないものもある）から、何年にもわたる国立、あるいは国から認可された、大学卒業証書が発行される単科専門大学と単科大学における、全日制課程のレベルにわたって提供されている。音楽療法には数多くの流れがあるが、[そのなかから] 患者が自分にとって適切な音楽療法を受けることが保証されていなくてはならない。

たとえば、知的障害の子供のように精神病理的な問題がない場合は、治療教育的な音楽療法が適切だろうし、神経症や精神病の病像には深層心理学的な音楽療法がよいだろう。

ここでは、必要に応じてある特定の専門領域（たとえば深層心理学的な音楽療法士、治療教育的な音楽療法士）に限定された音楽療法士の認定であることが、音楽療法の団体のいずれかによって明確化されることができる。

音楽療法士には、音楽療法の研究における最新の知識の水準を保持するために、定期的に[卒業後の]研修に参加し続けるという義務があり、場合によってはそうしなくてはならないと義務づけられている。[療法士としての]質の保証のためには、定期的な専門的なスーパービジョンが必要である。

患者との関係において、差別や搾取をするような姿勢があってはならない。それ以上に、音楽療法士は患者の権利を尊敬し保護しなくてはならない。患者との個人的な関係は、専門的な判断能力や客観性／間主観性［訳註：概念、言語など、多数の人々に理解され、かかわりをもち、用いられているものについていう］の妨げとなりうるので、断固として拒否すべきである。

音楽療法の環境として、専門的な枠組みを提供することが必要であり、患者にも音楽療法士にも最大限の安全と保護が求められる。病歴と診断にもとづいて、他の医療チームのスタッフと共同で適切な治療目標が立てられ、治療経過のなかで必要に応じて修正される。患者、あるいは保護者には、治療の方法と効果についての情報を提供しなくてはならない。

音楽療法士には守秘義務がある。つまり、実践、スーパービジョン、研究、授業で起こった出来事に関する、口頭、書式、聴覚的、あるいは視覚的なデータの秘密性を守るのである。守秘義務から免除されたか、情報開示が他の人の権利の保護のために必要な場合に

は、情報を開示する権限が音楽療法士に与えられる。法的な証言や届け出の義務については触れられていない。音楽療法士は、医療的な処置が必要な場合は、患者に医師の診察を受けるように指示する義務がある。

同僚に対しても、同様の倫理基準が必要である。クライエントや患者が、ある音楽療法士の治療を受ける場合は、それに関与する同僚との話し合いによってのみ、他の音楽療法士が治療に加えられるべきである。同僚、他の職業の人や専門組織との関係には寛容さが必要であり、同僚の職業上の評判を傷つけてはいけない。音楽療法の始めには、［その患者にかかわる］他の同僚と接触をとることが有意義であり、治療経過にしたがってその内容に関して協力することが望ましい。

音楽療法士は職業的な組織内で活動し、組織の方針に沿った適切な雇用条件と労働条件のために尽力しなくてはならない。

養成機関は、すでに国家から認定された音楽療法士養成課程のカリキュラムに相応する、一定の最低条件を満たさなければならない。これらの必要条件が満たされない養成所の卒業生は、音楽療法の団体からの認定を受けることはできない。独学で勉強した人は、過去においてそれ相応の知識を獲得したことを証明しなくてはならない。職業政策的な理由から、音楽療法士の養成状況に関する法的規制を目指しての努力が必要であり、国立、あるいは国から認められた機関のみに、音楽療法の教育機関としての権限が与えられるべきである。

研究と［音楽療法士養成の］教育に携わる音楽療法士は、最新の音楽療法の理論と研究に相応するカリキュラムを提示すべきである。教育者としての音楽療法士は、学生の進歩と失敗に関して秘密を守らなくてはならない。学生は充分な監督と広範囲にわたるスーパービジョンを受けて、初めて音楽療法士としての責任を身につけることができるようになるということを、教師である音楽療法士は知っておかなくてはならない。

音楽療法士は自分の学習をとおして、音楽療法の知識のレベルを向上させるべく努力をしなくてはならない。音楽療法の研究においては、他の研究領域と同様、研究プロジェクトに参加するクライエント／患者に、研究についての情報を与えなくてはならない。彼らは、プロジェクトの目的とプロジェクト参加にさいしての利点とリスクについて、必要で可能なかぎりの情報を受け取らなくてはならないし、いつでも参加を中止することができる。研究者としての音楽療法士は、プロジェクトにおけるクライエント／患者の状態に関する責任を負い、研究における限界を知っておかなくてはならない。研究結果は適切なかたちで公表されなくてはならない。

フリーの音楽療法士の謝礼は、音楽療法の成果に見合ったものでなくてはならない。音楽療法士のさまざまな資格適性に相応する料金表を作るべき努力が必要である。これがあることで、

音楽療法士と費用負担者との共同作業が楽になり、無資格の人が実践することを防ぐこともできる。

実践のための設備は、専門家の団体によって規定される一定の最低条件を満たさなくてはならない。フリーの音楽療法士は、彼らの職業活動のなかで起こりうる損害賠償の請求に対して、充分に保険をかける義務がある。

フラウケ・シュヴァイブルマイア
Frauke Schwaiblmair

神経学的リハビリテーション
Neurologische Rehabilitation

病院の神経学ならびに神経外科学部門では、急性期の援助として一段と救命対策を完成しており（Nentwig, 1992a, b）、音楽療法の提供についても、ますます統合されてきている。

頭蓋内動脈瘤（脳出血）、卒中（脳梗塞）、感染性の脳の病気、事故などによる頭部および脳外傷、また多発性硬化症なども以前より早期に診断され、目標に向けて治療されている。

回復促進的な補助療法として、広範囲にわたる神経学的なリハビリテーションが必要とされる。これは、四段階に分かれている（Laub, 1992）

段階1a：集中治療、段階1b：最早期 - または急性期リハビリテーション（部分的には、昏睡状態の患者にも）（Zieger, 1992）、段階2：早期リハビリテーション、段階3：後期リハビリテーション（広範囲に自立的な、動ける患者に）、段階4：積極的継続看護

多分野的治療の枠組みのなかで、音楽療法はその効果を証明する。

段階1aと段階1b
受容的音楽療法——詳しい音楽的既往に合わせ、特殊な状況下で、特別の楽器の演奏、歌曲の演奏と歌唱、録音媒体による演奏（カセットやCDなど）を聞かせる（Gustorff, 1990）。ここでは、たとえば初めは反応が、後には感情的、運動的、感覚的、言語的な基本型の活性化が達成される（Jochims, 1990）。治療はベッドサイドで行なわれる。

段階2、3と4
受容的音楽療法——段階1aと段階1bで記述したとおり。
能動的音楽療法——楽器を協奏する。合唱する。体験したことへの理性的／感情的な省察。感情的、運動的、感覚的、ならびに言語的能力の活性化の拡大が達成される。

交流の始まり、理性的省察の開始、固有の感情的要求への気づき、高まり育ってくる認知の要素が目的指向的に促進される（Haake, 1992）。治療は、患者のベッドから特別に音楽療法用に設けられた空間へと移動する。さまざまな楽器、録音機、ビデオ、およびその他の演奏道具、補助具が組み入れら

れる。患者は、段階3から家庭に退院することができ、音楽療法外来に来院し、そこで先ほど述べたような内容を促進させる（Haake, 1993）。

すべてのリハビリテーション段階を通じて、音楽療法的治療法は、健康促進的に精神の変容をもたらす。音、響き、そしてリズムは、それぞれの治療段階において総合的な活性化過程に生命を与えるように働く。

このことが、音楽療法が神経学的なリハビリテーションのすべての段階で、専門的で特殊な精神療法とみなされる理由である。

ハインツ＝ヘニング・ハーケ
Heinz-Henning Haake

心身医学
Psychosomatik

「心身医学における音楽療法」は、精神身体的な治療に芸術・心理療法的の方法である音楽療法を応用することを意味しているが、その目的は、患者の愁訴に対する理解や気づきを向上させ、治療を受けている人々の身体的‐精神的‐社会的健康を可能性に向けて改善していくことである。そのさい根拠としてあるのは、人間存在の生物‐心理‐社会的次元を全体として見る見方である。

こうした見方は、生物工学的な臓器医学——すなわちそれがもつ、生体には物理的‐化学的力以外は作用しないという独断的で硬直した学説——とのあいだの限界設定にあたって、とりわけ総合化された心身医学によって再導入されたものである。つまり心身医学は、生物学的な臓器障害を心理的、社会的原因にも、また治療対象である患者たちの人格や人生の運命にも関係させて考える。

外来の心身医学基礎診療科においても、心身医学病棟においても、そして最後にいわゆる心身医学専門クリニック——そこでは形式的には疾病治療は行なわれず、年金保険業者の委任を受けてリハビリテーションが行なわれる——においても、フォン・ユクスキュル v. Uexküll（1992, p.33）が定式化したように、「生きている身体に関する生物工学的な知を刷新する」という主張は、それゆえ妥当性をもっている。

けれどもそれが意味するのは、まず第一に（身体的現象に関する）「客観的な」自然科学的理論と（精神的現象に関する）相互主観的・解釈学的な治療実践とのあいだの深い溝が埋められるべきということである。といって、ドイツ連邦で歴史的に内科的な（またけっして全体的‐人間学的ではない）方向づけをもって発展してきた心身医学が、「心身問題」を扱っていくのは今後も困難である。それについては、どちらかといえば保守‐医学的な秩序思考に方向づけられた「心理療法的医学」と呼ばれる、専門医が扱う新たな領域においてもたいした違いはないだろう。

つまり、たとえば ICD (International Classification of Diseases＝疾患の国際診断基準) のような、心因性疾患を病理的に分類するという静的な思考モデルにおいては、つねに疾患が客観化可能な意義をもつものとされるのであり、音楽療法やその他の相互主観的・解釈学的な治療手段におけるように、病んだ個人的主体としての人間が中心に位置することはない。

音楽療法の専門的自立性や［一般からの］正当な評価——それらは音楽療法の芸術的‐文化的（そして非医学的な）出自に発しており、またそうした出自から音楽療法は、医学の病因論的モデルに対して本質的にダイナミックな、健康因にもとづく思考モデルを発展させることができるかも知れない——は確かに増大しているが、しかし保健政策的には、心理療法に関する法律や経費抑制そして保健改革法などにより、心身医学の領域でも脅かされている。

心身医学クリニックでも再三出くわす——たとえばいわゆるアレキシチミア患者の「感情をほぐすための」——レコード音楽の「経費節約的」処方は、それでもやはり芸術的ポテンシャルをただ粗雑に濫用しているだけと見なすことができるし、また芸術としての音楽を実用品へとひき下げてしまっていることになるのではないか。

芸術療法の本質的な作用原理——心身医学的音楽療法においては、ただ聴いてそのように形成された音楽プロセスと把握するほかはない、身体‐精神的な、内的かつ外的な現実の表現としての音楽即興のことである——は、誤って理解された経費節約という理由により犠牲にされ、ペーターセン Petersen (1993, p.175) が確認したように、その固有の生命と自律的なダイナミクスは「それとともに消滅する」。

もしそれを保持しつづけるなら、それはなお意味を帯びたものでも象徴や媒介者でもありつづけるし、あるいはランガー Langer (1984, p.252) が定式化するように、「言葉で言い表せず、といって表現できないことはない生き生きした経験の原理、感じとり、おのれの生を意識している実存の内的運動形態」でありつづける。

音楽療法的生産物「即興」の**機能**はそれゆえ、鳴り響くメッセージのさなかにおける体験や経験を濃縮化することであり、——芸術作品 Kunstwerke（"芸術 Kunst" という言葉は語史的に "知らせ Kunde" および "知らせる künden" に遡る）の機能に類似している。心身症を病む患者の即興が音楽療法的時間という小宇宙のなかで知らせているのは、大宇宙や自身の人生のなかで患者に起こっている何かであり、患者が——現在の心身症的代償不全に対抗して解放し——新たにリズムをとおしてもたらす何かである。

破壊‐暴力‐零落‐死、再開‐出発、戦い‐争い‐対決、希望‐慰め‐愛と安全への憧れ、それらによって即興は鳴り響く。この芸術作品の自律性は、心身医学的‐音楽療法的文脈のなかで、もっぱら治療的な目標設定、つまり演奏という、意味深い、感得できる様式で［患者の］苦痛とその由来を知っていくことができるようにとの目標設定に結びついている。

こうしてかなりの脅威的な心臓不安発作が、「勇気をもって」演奏された音楽のなかで、たとえば現存する特定の関係人物や生活史上重要な関係人物による保護者づらの制限に対抗して演奏された音楽のなかで、克服可能なものとして体験されることにすらなる。

「援助的関係」（Teichmann-Mackenroth. 1992a, p.249以下）という保護のもとで、演奏者は、即興するにあたって技術的 - 機能的な言語［の使用］を避けながら、感じる能力がふたたび、ないし新しく発見される可能性のある体験空間に入っていく。感覚的な音響世界の「いま - ここ」において、音楽療法は彼らに、すべての身体精神的な葛藤に関する象徴的な徹底操作［の機会］を提供する。それらの葛藤が言語的コミュニケーションの発達よりどれだけ以前から存在していたかにかかわらず、である。

音楽療法は、人生早期における全体的で非言語的、非様相的な人間的経験（Stern, 1992, p.57以下; Teichmann-Mackenroth, 1992b, p.51以下）［を再体験するため］の治療空間Spielräumeを開拓する。そうした早期の経験は、言葉では不充分にしか把握されず、世界理解や自己理解のあらゆる危機のずっと以前に存在するもので、すべての子供は、言語を習得するさいには、つまり全体的な前言語的経験を言語的に表現しようと試みるさいには、不可避的にそういう経験へと入りこんでいる。

みずからの即興作品を演奏し、そしてふたたび聴いてみることのなかで、心身症の患者は、感じることのできる、言葉を欠いた、感情的な諸事実を感覚的、直接的に体験する——つまり、それまで防衛されていた情動や感情を初めて許容しそれに耐えること、およびそれについて初めて他人に話そうと試みることなどを体験するのである。彼らはそのさい、（小さな子供にその母親が現実に行なう世話に似た）安全で支持的な付き添いBegleitungを必要としている。その付き添いがあることにより、彼らは、心理 - 社会 - 身体的な防衛として考えつかれたすべてのヴァリエーションにより注意深く守られていた、蒼古的な否定［されるという］不安を徐々に音響的 - リズム的事象のなかへと流入させることができるようになり、またたとえば「調和的演奏」、「拍子の均一化」、あるいは「演奏していないかのような弱音性」といった音楽的に明らかな防衛機制をそのために徐々に捨て去ることができるようになる。

神経症患者［の場合］とは異なり、彼らの即興はしかし、核心にある情動や葛藤の領域においては、はじめは解釈しないで置くべきである。そうすることで、体験されなかった諸経験を取り戻すという重要な作業を、新たに動員された防衛操作が破壊してしまうことがなくなる。これら体験されなかった諸経験は、固有の身体イメージや自己イメージの発達に、そしてそこに所属する（誤）感覚や情動の、およびともにある人々や周囲の世界に関する知覚の発達に不可欠のものである。

これらの発達プロセスをとおした付き添いという音楽療法の課題は、演奏

においては以下のことのなかに存する。つまり内省的に、保証を与えつつ演奏すること、そして感情を聴こえるようなかたちにしつつフィードバックすることであるが、それは「良い」母親が乳児とする対話のなかで同様に行なうようなことである。ここではプリーストリーPriestley（1986, p.2）とともにこう言えるだろう。「音楽のなかで治療者と患者は、人生の最も早期の前言語的コミュニケーションを、神秘に彩られ、さまざまなかたちをとったすべての愛情と配慮のもとに体験し尽くす」。

人生早期における欠乏と障害は、音楽療法的対話のなかで音響素材によっていわば包み込まれ、それにより、演奏者はまるでそれが現実であるかのように、思いきって自己自身でいることができ、自身の感情を聴こえるようにすることができる。たとえその場に出現する音響がしばしば音楽的に失敗したもの、一見まとまりのない音響的断片、そして耳を傷つけるような不協和で歪んだかたちで満ちているとしてもである（Teichmann-Mackenroth, 1990a, p.69）。

このように保護的な安全性と勇気ある突撃とのあいだで進歩と退行を交代にくり返していくうち、順調な治療経過を辿るならば、自我の強さと、それとともに鋭敏な感覚が、そして後には、より早期の実存的時期に満たされずに残された願望に対する意識が育ってくる。

しかしそれらの願望がやはり満たされ得ないものであり続けるだろうという失望は、一つのナルシスティックな外傷［体験］であり、それが治癒しうるのは、自己固有の行為とその成功というモメントの体験がより多く可能になるときのみである。たとえば力強い表現で演奏された太鼓の即興において、そのなかに暗示的に含まれているメッセージは、つねに容易に理解することが可能である。「それは君自身だ！　君のもう一度強められた力のおかげで、君は拍動する心臓のままに、他人（治療者あるいは共演者）を気にせず、自分で物事を決められる。もし君が君自身に従い、合わせ、あるいは物事に対する君自身の理解を貫きとおそうと望むならね」（Teichmann-Mackenroth, 1990b, p.139）。

音楽療法的対話のなかでとりわけ見事に発展するこのような自己の感覚的知覚のありかたは、フォン・ユクスキュル（1992, p.24）によれば、彼が（心身医学の心身問題に対する暫定案として）「身体の精神的諸機能」と記述する「感覚エネルギーSinnesenergien」から養分を汲んでいる。「それらは人間のまわりに把握可能な、視覚的、聴覚的、嗅覚的、そして味覚的な諸関係のネットワークを織りなしている。これらの諸関係は人間を、しっかりとした、だがいかなる他者にも見えない糸で、外的世界の物事や人物と結びつけている。こうした糸で紡がれたネットワークのなかで、身体は生きることができる。つまり呼吸し、飲み、休息し、運動することができるのである。もしこのネットワークが奪われたなら、人はたちどころに死にいたる。このネットワークの糸は、……外に立つ者には見えないけれども、見ようとする者には輝き色鮮やかで、またいかなる他者

にも聴こえないけれども、聴こうとする者には鳴り響いている。」

オーレ・タイヒマン＝マッケンロート
Ole Teichmann-Mackenroth

心臓病学的リハビリテーションの音楽療法
Musiktherapie in der cardiologischen Rehabilitation

WHO［世界保健機構］の区分にしたがうと、心臓病学的リハビリテーションは三段階に分けられる。

段階Ⅰ　救急病院での治療初期に早期可動化。
段階Ⅱ　救急事態の後、第一と第四病日から第六週まで間の期間——ドイツでは、ほとんどの場合リハビリテーション病院の病室で、ほとんどのアングロサクソンの国々では外来かもしくは部分入院で。
段階Ⅲ　居住地での長期看護——ドイツでは外来の冠［動脈］グループというシステムで。

心筋梗塞は、救急の事態として問題になることは、今日ではすでにさほど多くなく、バイパス手術（リバスキュラリゼーション）、冠動脈手術、または侵襲的ではあるが、手術処置とは異なる冠血管の拡張術（リカナリゼーション）などのほうが、問題となることが多い。

どのような場合でも重要なのは、出来事の**処理**にさいして当該患者を援助することである。そのさい、処理戦略の選択と成果は、その出来事に長い苦痛の時間があるか、または、手術症例にまれならず認められることであるが、前に長い待ち時間があるかどうかに大きく左右される。

心移植の症例では確かにその両方が存在する。それに加えて、何カ月、もしくは何年の長きにわたり、生命を脅かす強烈な出来事がやってくる。であるから、人格の変容と社会的な態度の変化が、しばしば観察される。そのような結果にいたるのは、比較的問題のない手術では少なめで、その前に負荷のかかった時間が存在する場合には、はるかに頻度が多い。

基礎疾患として、**冠動脈の動脈硬化（冠硬化）**が突き止められると、経過には別の局面が追加される。ここでは、まさしくどうしようもない、運命的なものである場合はまれで、ほとんどの場合は、長い年月にわたる間違った生活習慣に起因する病態像が問題である。

危険因子と冠疾患のあいだの関連についての今日有効な考えかたは、個々の遺伝学的に規定された疾病素因の可能性はあるにしても、喫煙、コレステロールと高血圧によって直接に障害が起こることには少しの疑いもない。また、緊張をほぐす能力や健康なストレス管理能力の喪失は、大部分において、環境よりも発病した人自身に責任があると考えられる。

この知見から、多くの患者にとって未来の生活に対する不確実性が生まれ

る。[人生を]演じるうえで、彼には影響を及ぼすことが不可能に思える、きびしい個人的な、また職業上の状況があるということかもしれないし、ただ犠牲と断念を決意すれば捨て去ることの可能な、自己束縛的な危険の集まりかもしれない。

しばしば彼は、特に大きな信頼を自分の治療に寄せてはいない。多くの患者が、**抑圧**のなかに一番通りやすい道を見つけたとしても何の不思議もない。この、成功の保証の少ない道が、この事情によって助長されるのは、[抑圧によって]苦悩の圧力がまさに当面のところ消去されるからであり、また病気を抑制したかのように見えるためである。

ここにも、医学の素人であるジャーナリズムが成功するために守られている基本がある。それは、たんに事実の半分しか述べることをせず、つねに洗練されつつある（そして高価になりつつある）侵襲的な技術に全ページを割くということである。しかしそのさい、バイパス手術と同様に、たんにカテーテルテクニックでも、進行した基礎疾患の症状とその結果を治療しているということについては、沈黙している。

病気を生み出している生活習慣の変更によって、この進行を防止し、そのうえ動脈の狭小化も阻止しうるという内容の記事を、じりじりしたり、不快な気持ちにならずに読んでくれるような、雑誌の読者（むしろどんなジャーナリストがと言ったほうが良いだろうか）がいるだろうか。

リハビリテーション適応者の大部分が属し、さらに起こった出来事の処理という比較的単純な課題が広がっているような患者たちの場合に、心理学的介入の適応は拡大する。

さて当座は、**過去の乗り越え**と行動パターンの変化への動機づけという大きな複合体が問題となる。基本的で心理学的な原因究明は、まれならず、ときに自殺企図をともなった非常に深い抑うつ的な基本的気分に突きあたる。

このような症例においては、たんなる医学的情報や自然科学的に根拠を置く健康形成の可能性が、いかに低いか明白である。どのように深く感情的な、部分的には宗教的な特定の意識のレベルに、いままでの危険なふるまいの原因が存在し[ているかを知り]、それによって本当に健康になるチャンスを探すことのほうが、ずっと良く納得できる。

音楽は、このレベルへの**接近**を容易にする。この10年のうちに、主として心臓学的な急性期部門と集中治療病棟で通じて行なわれた、いくつかの非常に良い研究がある。それらは、さまざまな音楽の、**不安行動**[2,4,10,12]、**緊張緩和能力**[2,4,5,8]、**痛みの知覚**[3,7,9,11,12]、と**呼吸調節**[6]へのふさわしい影響を実証するという目的をもつものであった。

ひとつの例外を除いて、すべての調査結果（これらの一部は、ホルモンの分析と厳密な循環のパラメータにもとづいている[8,9,10]）は、急性期における音楽の有用性と適切な作用を確認している。この結果は、音楽が（その治療上への利用は、たとえば外科医や技術チームなどによって、すでに古くからよく知られていたのではあるが[1]）、いまや患者自身のための治療的補助とし

さらに、われわれ自身による100人の心臓病患者の調査でも、深いくつろぎと適切な音楽が、初めて──おそらく何年来かで──彼らの人生行路を無意識に著しく左右してきた、過去の不快な出来事や生活状況を、大脳皮質の意識水準まで移動し、それを病気現象と関連づけるよう変化させうることを示している。そのなかで、病気をひき起こす行動パターンや、結局は決定的に心臓病の発展に寄与してしまった連関が、まれならず同定される。

同時的な音楽体験によって、意識化の過程は、ポジティブな連想を準備される。その過程は、いまやほとんど「抑圧」のきっかけを与えることはなく、それどころか、多くはその満足のいく効果のために、後からもくり返し、もち出してこれるようになる。

ここに述べられたことや、われわれの複合的音楽療法の経験にもとづくと、どのような患者が考察対象となるのだろうか？

患者
－ 心筋梗塞後
－ 心臓手術後（弁膜、バイパス、移植）
－ 高リスクの冠動脈疾患（依存喫煙者、高血圧患者、肥満、栄養障害）
－ 緊張を緩和する能力の欠如（「A-タイプ」、臆病な人）
－ 重症の人格的宿命
－ 負荷のかかった、個人的または職業的環境
－ 心臓または他の手術の術前
－ 重症の合併疾患（喘息、糖尿病、歩行障害、麻痺）
－ 「マイスターは抑圧の中に在る」

心臓病患者に対する**音楽療法の長期目標**は、同じような種類［疾患に対する］のリハビリテーション法の長期目標と同一で、**患者を彼の慣れ親しんだ、もしくは（必要ならば）より良い社会的環境のなかへ、可能な範囲で最善の生活の質が保証されるように、ふたたび組み入れることである**。より良い生活の質には、影響を与えることのできる危険因子を把握する意識、身体にかけられる負荷の縮小に妥協する準備、および未来をポジティブにみる能力の再獲得が含まれる。

短期的目標
－ 緊張の緩和
－ 患者への接近、信頼の樹立
－ 負担の軽減、解放
－ 不安の軽減
－ 「社会化すること」つまり、社会的孤立の解除
－ 激励、動機づけ

音楽療法の参加への患者の選択基準は、まったく気にする必要がないと証明されているわけではない。とりわけ最初のうちは、特に重症度の低い患者を期待して待つような傾向があった。それでわれわれは、当面、以下のような選択の基準を考えてみた。

患者の選択
－ 冠動脈疾患
－ ふさぎこんだ（「抑うつ的な」）

- ［治療に対する］動機の少ない
- コミュニケーションの下手な
- 音楽療法に興味を示す患者
- 感受性が鋭敏で、「音楽的」と評価された患者
- 自律訓練法の適応とされたが、自分でそれを学ぶ能力がないと判断した患者

後にはわれわれは、充分確かだと感じて、より重症の、たとえば表現型がけっして繊細でない患者たちを受け入れ、またその後**当面の適応基準**として次に述べる前提が満たされていると思われた患者も加えた。

最小の前提条件
- 音楽への拒否のない患者
- 同意
- 真面目さ
- 45分間、落ち着いて座っているか、横になっている能力

適応設定と前選択は病棟医によって行なわれる。彼もまた、どこに音楽-療法の本質があるか、それがどのように進行し、どんな治療的目標をもっているのかを知っていなければならない。彼は通例、患者のことを一番良く知っているし、その適正を評価できる。

もちろんときには、病棟医が、患者が音楽に興味を持っているという理由で、また患者が音楽を専門の職業としているということで、安易に参加を勧めようという考えを起こすことがある。だがすぐに明らかになるのは、そのような「音楽のプロ」の場合、音楽の選択や彼の音楽再現技術が乗り越え難い障害となり、［音楽療法への］導入に不可欠なリラクゼーションを阻害してしまう、ということである。しかしそれは、音楽の専門知識をもつ患者を一般に排除するものではない。

さらに、おそらく一番重要な音楽療法の効果は、その有用性の持続の長さにある。あるリハビリテーション法の成果［判定］は、患者の**長期のコンプライアンス**の善し悪しに決定的に依存している。リハビリテーション臨床家の目から見て、音楽療法は、長期の看護についても驚くべき寄与をする。なぜなら多くの患者が退院して数週間、音楽療法を居住地でも続けたいと申し込んでくるからである。

患者があるポジティブな治療効果を意識するようになり、なおそのうえに治療に忠実で在り続けるという結論に導かれるとしたら、このうえ何を望むことができるだろうか？　**音楽療法は長期のコンプライアンスを促進する**！

フリードリヒ＝カール・メッツェル
Friedrich-Karl Maetzel

身体知覚
Körperwahrnehmung (KW)

人間は、身体と精神と理性からなる三和音である。この三つのうちの一つが損なわれると、三和音のハーモニー

がひずむ。私たちは、多くの場合病気として理解する、理性の障害欠損、精神の障害と当然身体のそれを知っている。

しかしながら、もし身体が合図を出し、必要とし、拒絶するものが気づかれ得ない場合には、人間的な心のバランスにおいて感覚的な障害も生じる。気づくというのは、感じて、その跡を追いかけ、はっきりと見分けて、思い出して、印象Eindruckを受けとること（それは、表現Ausdruckとしてふたたび分け与えられうるもの）である。高い情報的効用をもつ感覚認知は、身体のための情報提供の基礎である。知性と精神はそれによって影響を受ける。

人間が、出生前の時期に受けとる準備ができている、最初の感覚的印象は、身体－精神－合一の意識の閾値以前に貯蔵されているのかもしれない。それゆえ、当初はその印象を理性に呼び戻すことはできない。ところが身体は、胚や胎児の時期の感覚を内に秘めている。それらは、しばしば精神的外傷や類似の状況で現れる。

胎児は無意識の知のなかに、痛みに満ちた、出生への道を記憶している。彼は、それについて何の知識ももたないのに、養子に貰われたとか、拒絶されたとかについての感情を「覚えて」いるのである。見捨てられ不安は、しばしばこのような人生の早期に由来するのである。

子宮内での外傷的事件や快感、ならびに言語以前の時期は、脳のいわゆる「記憶銀行」のなかに保存されている。それは、最も古く忘れられない記憶、つまり典型的な原型、明らかな核体験であり、それを巡ってのちの記憶がグループ化されている（Grof, St. 1983, *Topographie des Unbewußten*, Stuttgart, Klett-Cotta）。

たとえば、精神的外傷を受けた人間に、実験的に似た状況を提供すると、脳はそのさいに出来事を誕生の前か後かによって区別しないので、その記憶を呼びだすことが可能である。音楽療法状況に関連して言うと、定まらない漂うような響きは、子宮内の無重力状態を想起させうる。

流れるようなモノコードMonochordの演奏は、羊水の状態を思い出させる。規則正しい太鼓の音は、リラックスして傾聴している人に、不気味な感じを与えたり、逆に落ち着かせるのに確実な効果をもたらす。それは一度すでに経験したもの——つまり母親の鼓動である。たとえば、ゴングの連打はしばしばダイナミックで劇的な誕生のプロセスを思い出させる。肌の接触や特定の出会いをとおして、快適さやあるいは痛み——長く埋もれていた思い出——を再発見し、気づき、徹底操作することが可能となる。

今回は、ゆだねられた暗闇のなかでではなく、よく分かってくれて、援助してくれる人間のもとで、これらのことが行なわれるのである。

患者の防衛メカニズムをその発生した時間まで追求していくと、われわれは身体の障害に出会う。もし、即興グループのなかで、ある人が突然からだをこわばらせたとすると、その背後には乳飲み子［的なありよう］が推測される。その人は、いつも「気を付けて

auf der Hut」いなければならないのだ。基本的信頼感が欠けているのである。誰かが震えだしたり泣き出したりしたら、音響現象のなかに、その人にとってほとんどの場合、無意識の強い脅迫的成分が含まれていたに違いない。もしある患者が、頑固に「協調的でない」症候群にかじりついているとしたら、(そこではそれぞれの身体接触が真実ではなく、嘘という意味をもっているのだが) おそらく、母親の堕胎企図を考えて良いのではないだろうか？ 体は嘘をつかないのである。

それらは、自伝的に獲得された妨害である。不幸をもたらす身体と精神の分裂によってその妨害は満ち溢れ、重層をなす。しかも包括的で広範囲に及ぶのだが、その影響はほとんど意識には届かない。人間の機械的世界観の発達は——かぎりのない理性の力によるイメージによって——(数千年ではなくとも) 数百年前にはすでに導入されていた。

ルネ・デカルト René Descartes (1596-1650) の「Cogito, ergo sum」(われ思う、ゆえにわれあり) という主張は、画期的な影響をもっていた。この考えかたはまた、男性 (精神に分類された) と女性 (肉体に包含された) の等級分けをすることに意味がないという最終結論にも充分に責任があった。

女性は生理と妊娠と授乳期をとおして、より身体と自然に根差している。女性の創造的潜在力の無視は、最終的には男性にとっても致命的な結果をもたらした。それは、夫婦関係に分裂をもたらした。

陰茎によるオルガスムスが性的な尺度であるかぎりは、両性間の自由はありえないだろうし、女性の身体的退却 (たとえば、拒食症) と関係した疾病は増加するであろうし、権力、暴力、自己顕示欲への病的欲求は増え、アルコールと薬剤への依存欲求が育つであろう。

内的な方向感覚よりも、外なる審判のほうが重要である。聞くことは、テレビの出現によって、素晴らしく先を見通すという意味を失った。人々は滞在より旅行を求める。地球をめぐる電話は、どうやら世界一般の［交流］半径を拡大した。業績、記録、速度に対する病的欲望が、内から外へと向かう傾向を促進する。病気は投薬と手術によって、体にそれと取りくむことができるかどうか尋ねる前に「追放」される。この不思議な身体は、広範囲にわたり認識されず、愛されず、目覚められないままに放っておかれる。

われわれは、体とその不可解な現象——生殖、脳、皮膚など——を驚きもなしに使っている。身体は、人間のある一面としては、たんに鏡像として、つまり能力、性、ショーのために訓練した見せかけだけのものであり、他面は、恥と劣等感によって打ちのめされ、秘匿されたわれわれの三和音である身体-精神-理性の切れっ端である。

身体は、内在する生物学的リズム (心拍、呼吸、蠕動) の振動系である。同様に身体は、エネルギー振動系であり、障害時には自然なエネルギーの流れの代わりにエネルギーのブロック (呼吸困難、息がつまる感じ、便秘

が現れうる。

身体知覚は、治療の補足物になるべきではなく、各治療法を構成する要素となるべきである。なぜなら、この緊張は身体知覚によって子宮内での前意識、触覚的な、空間的な、そして付属する感情的な感覚に、すなわち体感領域に反映されうるからである。体感領域は身体知覚によって把握可能になるのである。

発達心理学的に、音と触覚とどちらが早期に受容されるかという質問は無意味である。そこにおいては、両領域が心身合一の分けがたい複合体として関連し合っているのである。音楽療法は、身体を含むことなしでは考えられない。身体とともに、また身体をとおして経験されない音楽などない。身体は、音楽もそうであり、生命がおよそそうであるように、振動、動き、リズム、心臓の鼓動、音、呼吸、宇宙的に包まれたものである。

身体の知覚能力を刺激するのには、手だてと段取りとがある。王道は呼吸である。ひとは、耳を澄まし、動きを胸部と腹部に限定することができる。ひとは、与奪の調和、内界と外界の調和、呼吸と鼓動のリズムを識別することができる。あることを示唆したりイメージを与えることは、緊張をほぐし、透過されるようにし、筋肉をゆるめ、考えを行ったり来たり（自由に）させ、あるがままに在り、大声で叫ぶことの助けになる。

解剖学的な状態を考慮して、比喩的なファンタジー（幻想）に、制限が加えられるべきでない。しかし、随意の呼吸の影響（大きくする、平たくする、止める）は、体に対する自分自身の責任をはっきりと認識させる。**私が**呼吸し、**どのように**私がそれをするか、**私の**責任であるか、**私の**サイズであるかと。私が必要とするものを取り、もはや必要でなくなったものを与える（もはや昔のように適切ではなくなった要望や期待をもち続けるか、あきらめるかの象徴として）。

痛みは呼吸をとおしてやわらげられうるものである。その呼吸とは、想像上で「息を出す」こと、空間を拡大すること、緊張を解消させることである。

身体知覚の利用には処方箋がない。早期に障害を受けた人の場合は、身体言語を時代に合わせるかたちで習得すべきではなく、信頼できて身近に感じる空間が、見つけられるようにすべきである。そのなかで、治療者は（男性であれ女性であれ）、母性原理の代理として、困難を抱えている人が、この世に生まれ出る（Auf-die-Welt-Kommen）ことを可能にするのである。その空間のなかで、その人は自分を承認し、触れてみて、受け入れられ、そっと横たえられた［体験をする］。

もし、身体が、それ自身をいままで一度も大事にされたことがなかったら、その身体は、どのように自分を知覚し、事実を保持し、自分を尊重すべきであろうか。幸せであるべきでないとか、どんな良い感覚も破壊せねばならないといった人々は、すべてこの範疇に含まれる。けっして返事をしてもらえなかった子供は、返事をすることを覚えるまで、たいそうな忍耐を必要とする。そうして初めて対話が生まれ、

それが人生のなかへと導き、また対立にも耐えるようになる。

しかし身体作業の「しっかりとした」形式も存在し、そのなかでは精神力動が具体化する（Stolze, H., 1989, *Die Konzentrative Bewegungstherapie*, Grundlagen und Erfahrungen. Berlin-heidelberg：Springer）。それは、真実の基盤のうえに立つことであり、目的への道への一歩であり、クッションを一つ所有（Be-sitz）することであり、両半球の統合であり、身体的遠近を自分で決定することである。

大事なことは、体の信号を **1** 知覚し、**2** 信号が何を言いたいのか問いを立て、**3** 取り扱うことである。

触れることには千ものバリエーションが可能である。（直接に）触れることのない接触、声と目による感情的接触、接触への橋渡しとしてのマッサージ、そして最終的に肌と肌との触れ合い。肌は身体のカバーであり、境界であり、また外の世界との原初の接触器官である。皮膚は、そこから深い愛情がつくりだされる素材である。私は、どの人間においても苦悩の道のりの終わりには――また奇妙な抗議表明の後には――あこがれが待っており、愛され、触れることができると確信する。

ゲルトルート・カーチャ・ロース
Gertrud Katja Loos

人智学的音楽療法
Anthroposophische Musiktherapie

人智学的な方向のさまざまな音楽療法の方法の中心には、音楽と音楽が人間に及ぼす影響の本質的特性がある。ここでまず強調しておきたいのだが、音楽は一人一人の心や感情を動かす聴覚素材としては捉えられていない。そうではなく、音楽的なものに固有である霊的／精神的な特性が重要なのである。この特性はまた、個人に限定されない普遍的な（精神的）法則性を内包し、それによって**客観的な**効果をもたらす。

ルードルフ・シュタイナーRudolf Steinerによって認識論的にまとめられた、生きている者を理解するうえでのゲーテGoetheの方法論と、ゲーテの形態学にもとづいて組み立てられ拡大された現象学的な研究方法は、人智学的な医学と音楽療法の重要な基礎となる。実際には、音楽的／現象学的な研究の個々の結果が、ある特定の患者を描写する認識論的／現象学的な病像と突き合わされ、その人に適した音楽的な治療形態が決められる。この手順は医学的な治療の補足として機能するのである。

さらに人智学的／音楽療法的なリサーチの結果は、音楽的／治療教育的な領域や、心理衛生や予防の領域での個別の治療行為においても応用される。

音楽療法の基礎と治療概念を明確にするための、人智学的な医師、音楽家、音楽を応用する治療教育者達の具体的、かつ共同の努力は、1930年代の半ばにまでさかのぼる（Walter, 1927; Bort, 1927; Pracht, 1927; Gärtner, 1927; Kolisko, 1927）。

70年にわたるこのような伝統と、30年を越えた音楽療法の養成機関の設立によって、世界中に広がった人智学的なクリニックや治療教育機関において、音楽療法は今日では治療的な手段として確立され認められている。

ルードルフ・シュタイナーの人間学について

人智学では、人は**身体と心**［霊］と**精神**から成り立つものであり、それに対する外界は身体的／物質的、生命的／霊的、そして精神的な法則性の相互作用であると理解する。ここでは、自然科学的に得られるデータや事実を統合し、同時にゲーテ派の質的／現象学的リサーチを個人の霊的／精神的な表現にまで応用しながら、これらの相互作用のさまざまな局面を全体的、つまり統合的な人間像に対置させるべく試みられている。

このような人間像の捉えかたから、身体、心、精神からなる人間の基本的な構成の他に、さらに無数の細分化や区別化が結果として生まれ、それによって医学、治療、教育の幅の広がりが明らかにされることができるようになる。

例として、人間の三部の構成を挙げてみる。まず生理的／身体的な面では以下の組織がある。

- **神経感覚組織**（頭部にその中心がある）
- **中央の組織**（血液の循環と呼吸リズムの器質的中心となる胸部）
- **新陳代謝／四肢組織**（この部分は他の部分に比べて**下部**にその中心があるとみなされることができる。また、四肢の部分は「外側の」組織として表現されることもある）

形態学的、機能的に見てこれらの組織は各々が一種の構成単位を形成している。

人間の霊的な生命もまた、このような三つの部分として捉えられることができる。**考えること、感じること、意志をもつこと（あるいは行動すること）**は、上述の生理的／器質的領域の三つの部分に相応する、人の霊的な表出の三つの基本として分類されることができる。

- **考えることは神経感覚組織**、
- **感じることは中央の組織**（血液循環、呼吸）、
- **意志をもつこと／行動することは新陳代謝／四肢組織**に相応する。

霊的な活動の器質的／身体的な基礎を、三つの部分からなる人間の組織体として分類することの他に、人智学的な人間学と医学の枠組みのなかではさらに多くの人間の身体的、および霊的

な相互作用に相応する一致がある。たとえば、個々の器官の機能とそれらの個人の霊における質的な相応と影響である。

音楽的なものとの対応

音楽は、人智学的な見解では何よりも霊的／精神的な現象として理解される。物理的／聴覚的な出来事においては、これはたんなる「身体的」／物質的基礎としか見なされない（Ruland, 1989, 17-19比較参照）。人の身体的／霊的な本質的構造について既述したように、ここでも［各々の部分の］一致と相互作用が見られる。たとえば、旋律、和声、リズム／拍子という音楽的な形態の構成要素は、考えること、感じること、意志をもつことという三つの構成部分、身体的な領域では神経感覚組織、中央の組織、そして新陳代謝／四肢組織という三つの構成部分に相応する。

しかし、総体的に人の音楽体験は何よりも人間における中央組織（つまり感覚領域）との関係が重視される。そのさい、音楽の旋律的な部分は上部の領域（考えること、神経感覚組織）に、そしてリズム／拍子の体験は新陳代謝など（意志をもつこと）に相応するものとして分類される。

健康概念と音楽療法の効果

人智学的な人間学の考えかたでは、まず調整的なリズムのプロセス（身体的にも両極性を伝える：心収縮‐心弛緩、吸気‐呼気）の大部分が相応する中央の組織から健康と治癒が生まれる。この考えかたでは、病気はつねに固まりつつあるエネルギー（形相極、頭部）、あるいは消えてなくなりつつあるエネルギー（動きの極、新陳代謝など）のどちらかが、特定の身体的／器質的、あるいは霊的な前後関係において不適当に強過ぎるという状態を意味する。

特に呼吸と血液循環に相応する、つまりリズムのプロセスに相応する中央の組織は、人が感じることがそこに相応するという理由で、音楽的なプロセスに対して特に敏感である。本来の音楽的な体験は何よりも感じるということと密接なつながりがある（Ruland, 1990）。それがために人智学的な音楽療法の見解によれば、この人間の構造の中央にある部分にこそ、音楽の本質的な効果が現れるのである。

「主観的で、病気や障害によってなんらかのかたちでダメージを受けた感情の世界が、創造的な音楽療法のプロセスのなかで（能動的、および受容的な形式の双方において同様に）変容し、音楽的な現象のなかで表現される原型をとおして霊的な領域に組みこまれていく。この効果は心の組織だけに限定されるのではなく、生命としての組織をとおして身体的な部分にも影響を及ぼす（機能的、経過的な事象；トーヌス［訳註：筋肉組織等の緊張］）」（Peter Fausch, 1990）

人智学的音楽療法における音楽的／現象学的リサーチについて

人智学的音楽療法のリサーチのほとんどは、ルードルフ・シュタイナーの現象学に関する記述と指示に忠実に沿いながら、記述的な質的方式にもとづいて行なわれてきた。形態学的な音楽療法リサーチの例にあるように、おもに心理的な出来事に関する質的リサーチにおける現在の心理学の基本的な考えかたと似ているが、事象における霊的／精神的な側面は、特に現象に対してゲシュタルトを認識しようとする姿勢が見られる個人的／人間的な方法を用いなければ研究できない。形態学的なリサーチ実践においては、研究者がグループとして参加することをとおして、「コントロールされた主観性」という条件を、質的リサーチ領域における重要な基本特徴として実現しようと努力するのだが、人智学的-現象学的リサーチにおいてはこれと異なり、とりわけ個人的訓練という原則が重要とされる。

同様に［事象を］識別する能力や先入観から自由であること（Tüpker, 1988, p.63）といった形態学的リサーチで必要とされる諸条件も、［人智学的リサーチにおいては］独立に行なわれる個別の予備訓練で身につけられるよう努力される。

現在行なわれている人智学的な研修や養成のグループでの音楽的／現象学的なリサーチの枠組みでは、他の参加者から受けた印象や彼らとの体験についての記述は、一部では［研究として］評価されるが、［参加者との］交流は狭義での科学的な根拠とはならない（Florschütz-Mengedoht, 1992 比較参照）。

現象学的な研究から得られた認識は、この後人智学系の大学の医学部においてさまざまなリサーチのグループや学会で議論され、人智学の医師、教育者、音楽学者との共同作業によってさらに発展を重ね、最終的に音楽療法の臨床で確認される。

強調されるべきは以下である。最終的にどのような人智学的訓練も――それらは上述の意味で人智学的音楽療法においても最も重要な方法的基礎となるものだが――訓練を受ける者の知覚能力を持続的に養成していくという目的をもっている。そうすることで心的・精神的現象は、知覚的な特性を帯びたイメージ形成的な（イマジネーティブな）体験という意味で、実際に現実に即して把握されることが可能となるのである。

この目標に少しでも近づくためには、人智学的な音楽療法はつねに霊的に、そしておのれを磨き続けるセラピストたちを多数必要とする。これなくしては、集中的な現象学のリサーチや、狭義での「秘伝の」人智学的な養成をどれほどしたとしても、特定の患者に合わせて適応され、設定されるべきセッションが、ただ症状に基準をおいた一般論にしたがって遂行され、模倣されるだけの音楽の薬屋になり下がってしまうという危険がつねにある。［皮肉な言い方をすれば］処方箋不要――

クルムホルン［訳註：古い木管楽器の一種］は夜尿症に効果的だし、てんかんの人はいつも右から左に「音楽をかける」とよい。これに類したことがあちこちの市場で出回っているが、真面目な人智学的音楽療法の研究とは無関係である。

人智学的音楽療法の臨床例

わかりやすく説明するために、ここでは人智学的音楽療法から三つの形態について詳細に紹介する。

人智学的音楽療法で最もよく使われるかたちは、音楽を一人一人に合わせて設定した治療手段として患者に提供することである。[実際の]治療を始める前に多くの準備の手順が必要である。

初めに各々の病態の現象学的／形態学的観察と記述がある。たとえば略述として「患者は『下の』部分（たとえば新陳代謝、動き）では固すぎるが、『上の』部分（思考）では反対に不安定で、多動で、固定すべき中心点に欠ける。呼吸（中央の部分）はどちらかといえば浅い」

一般的な音楽的／現象学的な体験価値にもとづいて、たとえば一つの音楽が、セラピストによって選曲される、あるいは作曲される。この音楽はその音楽的なゲシュタルトによって、病気の状態から調整的な状態へと誘導される。上述の例では、『下の』部分（リズム／拍子）でのある種の固さと重さが、徐々により動きのある『生き生きとした』リズムの形成に移っていく。同時に当初は根音［和音を構成する音で一番低い音］が乏しく7度の音が多かったメロディーライン（『上の』部分）が、いくらか規則正しい、5度の音程を多く含むメロディに変わってきた。音楽的な形態づけするさいの重点は、特定の和声の秩序（長調／短調の経過部など）、楽器の選択などをとおして、中心の部分を強化し、呼吸を深くして、調整と中心をつくりだすことなどにある。」個々の音程の特殊な効果を考慮しながら特定の音程を選んだり、決まった順番でいくつかの楽器を用いてみたりという、より単純な形式をとることもできる（Bissegger, 1995 比較参照）。

このようにして設定されたセッションは、まず［セラピストによって］試され、それから初めて患者に提供される。これは特定の、人間学的な知識にもとづいたリズムの間隔とくり返しのなかで起こり、セッション全体を通じて患者の進歩に応じて修正される。

この治療方針の重要な創始者の一人がマリア・シュッペルMaria Schüppelである。彼女は最初の、そして長いあいだただ一つしかなかったベルリンの音楽療法養成校の創始者で校長だった。彼女に代表されるこの方法のおもな特徴は、治療的な脈絡における個々の楽器の特殊な効果をめぐる長期的な臨床研究にも見い出される。

この伝統のなかで人智学的な理解のもとに、しばしば明確に区別されて使われるライアー［訳註：リラ、竪琴の

一種で人智学的な音楽療法や音楽教育でよく使われる]、クロッタ、クルムホルン、ゲムスホルン［訳註：16世紀の角笛形フルート］、銅製のフルート、銅製のクラングシュピール、グロッケン、音の高さが調整できるドラなどといった、さまざまな楽器類がある。

残念ながら、ほぼ50年にわたるマリア・シュッペルの治療経験（なかでも治療教育、内科、精神科）についての著作はない。

他の可能性として、たとえばある特定の和音を**原型のように**伝えるといった、非常に基本的な音楽の訓練を患者とともにするという、練習に重きをおいた方法がある。このような方法を用いて、音楽という場面で客観的、精神的なものに遭遇した患者の体験は、秩序を生みだし、生きている人としての構造に治癒的に働きかける霊的なエネルギーのきっかけとなる（Ruland, 1990, 9）。

「練習をくり返しながら、この原型的/原現象的な体験に達するためには、……練習をできるだけ簡単にし、かつ芸術的な体験が失われないような工夫が必要である。音楽療法士の芸術と彼の影響の秘密の多くは、神秘化されたくだらないものが一切ない、音楽的に最もシンプルなものから、人の原現象的な部分の一番深い部分を一挙に噴出させることにある。患者からは一人よがりで個性的な、あるいは大胆で創造的な、そして大抵は複雑すぎるものが出されるが、これをさえぎってはいけない。私たちはまず診断に忠実な見方をし、それから原型的で音楽的に原現象的なものに［患者を］治療的に誘導していく方法を探索しなくてはならないのである」（Ruland, 1990, 62）

人智学的音楽療法の三番目の可能性として、即興という手段が使われる。一般に行なわれている音楽心理療法の臨床とは違って、ここでは即興でも明確に練習に重点が置かれるという特質がある。個人的な感情の部分に焦点をあてたり、それを治療のテーマにすることはここではされない。［患者とセラピストが］共同で音楽を芸術的に追求することが中心にある。

他の人の芸術的な意図に気づき感じとること、そして音楽的なものに内在する法則性がここでは訓練され、それをとおして自分自身の音楽的な意図をバランスよく表現することが試される。創造性、自主性、社会的な認知力、そして何よりも芸術的な感受性がここでは訓練され、広げられなくてはならない。

音楽的な即興の新しい形式は、ユリウス・クニーリムJulius Knierimによってまず開発され、治療教育／音楽療法の現場で応用された。この方法の最も有名な即興形式の一つが彼が開発した「自由な音の会話」である（Knierim, 1988）。

以上紹介した三つの方法は、音楽療法の治療の経過にしたがって、お互いに組み合わされたり交換される。

職業政治的、および科学的な結束

現在では音楽療法は、[単科]大学の課程に組みこまれた**独自の治療的**、同時に心理療法的な方法に重点を置いた治療方法として理解されているが、人智学的音楽療法は（人智学的な方向の）医学に対する純粋に補助的な方法であると定義づけられている（人智学を基本とする芸術療法士職業団体のなかで、1994年に新設された音楽療法士の部門への入会条件に関して、人智学的音楽療法士としての養成の他に、最低2年間の医師との協力と彼の肯定的な表明が[必要であると]追記されたことからも、これが明らかになった）。

職業政治的には、これは他のほとんどの音楽療法の団体の目標や動きと異なる。彼らは音楽療法士の仕事における権利の面での独自の確立を目指しているからである。

人智学的音楽療法が[他の音楽療法に比べて]知名度が低い理由として、人智学的にもとづいた音楽療法には、ほとんど学術的な発表がないことが挙げられる。音楽的な特質に関する一般的な人智学上の精神科学的な論述は多数あるが（参考文献参照）、1990年のルーランドRulandを除けば、特定の音楽療法的な応用に関する記述はわずかしかない。その少数の具体的な個々の治療方法の記述のほとんどは、病歴と病像にもとづいた音楽的な手段の適用と選択にかぎられている。

セラピストのその後の対応や、クライエントの反応と進歩の様子を一つ一つ細分化し、詳細に記録した治療経過の記述と評価は、私の知るかぎりでは一つもない。

人智学的な音楽療法が、[他の音楽療法と比べても]その長い伝統と、幅広い臨床、そしておそらく豊富な経験的価値にもかかわらず、現代の治療と心理療法の養成という科学の分野で目立たないおもな理由がそこにあることは確かである。

ティル・マティアス・フロールシュッツ
Till Mathias Florschütz

心理療法的音楽療法の諸方法
Methoden der psychotherapeutischen Musiktherapie

現代音楽療法の諸方法が有する歴史的背景に関する項目では、[音楽療法の]さまざまなパラダイムが区別された。現代の方法に関する本項目では、心理学的パラダイム、とりわけそのなかで主張されている心理療法的端緒を取りあげる。

これらの端緒を筆者は独自の視点から眺めてみたい。これらの方法の多くは、当該の方法の代表者により別の場所でつくり上げられたものであるから、筆者にとってはそれらを記述することが第一に重要なのではなく、それらを比較することが問題となる。筆者はそれぞれの方法を簡潔に特徴づけたうえで、さらに本テーマについて筆者なりの考えを発展させようと思う。

音楽療法と心理学の盟友的結びつきは、いくつかの側面で見てとれる。一つには、自身の音楽療法的方法を既存の（言語的）心理療法学派の一部と捉える音楽療法士たちが存在することである。このようなものとして出現したのは、たとえば「分析的」、「ゲシュタルト療法的」、「クライエント中心」、「行動療法的」、「逆説的」、そして「認知的」音楽療法である。これらの音楽療法士たちは、音楽療法的行為をすでに存在している心理療法学派の概念にもとづいて記述する。

他方、音楽療法は一つの自立的な治療であり、手もちの知識では充分に記述できず、それゆえ独自の概念を必要としているという見解が存在する。ここで音楽療法的行為は、既存の心理療法学派を援用して解釈されるものではなく、疾患とその治療がもっぱら音楽用語をもって言い換えられる。このような立場は、いわゆる「音楽指向的心理療法」によって代表されている。

両者のあいだにあるのは、私見によれば［音楽的なものと心理的なものの］翻訳の問題である。分析的音楽療法士がたとえば退行について語る場合、問題は退行についての音楽的なものに向けられている。反対に音楽療法士が音楽形態について語る場合、問われているのは、その形態にかかわる心理的なものは何かということである。

上述のアプローチのいずれも各々独自のしかたでこの問題を解決しようとしているが、とはいえ、はじめから、「あれもこれも」という原理に由来している立場が存在する。このような立場は、「心理療法としての音楽療法について語るときには、心的プロセスが音楽プロセスと同一であるのを示すことが重要である」というところから出発している。この最後の立場に属するのが「形態学的」、「アナロジー（類同）的」音楽療法である。

以下の表に要約する。

言語的心理療法を指向した
　分析的音楽療法
　ゲシュタルト療法的音楽療法
　クライエント中心音楽療法
　行動療法的音楽療法
　逆説的音楽療法
　認知的音楽療法

音楽を指向した
　音楽指向的音楽療法

心的プロセスと音楽的プロセスの類同性を指向した
　形態学的音楽療法
　アナロジー的音楽療法

いくつかの例を挙げるとさまざまな視点が明確になる。

言語的心理療法を指向した音楽療法に関して、そこで主導的な思考として役立っているのが言語的心理療法のコンセプトであることを示す。

分析的音楽療法（たとえばPriestley, 1994）においては、無意識、象徴的意

味、防衛、連想、退行、転移と逆転移のような諸概念が扱われる。分析的音楽療法士は、クライエントとの共同即興をとおしてクライエントの内的生活を探りだし、解放しようと試みる。「山登り」や「森を行く」というようなファンタジー・テーマに刺激されたクライエントの音響作品は、無意識が象徴的に表現へともたらされる可能性をもつ一つの象徴的現象と捉えられる。音は、このような理解においては、ある心理学的「意味」を有する。

時によっては、出生前あるいは前言語的な状況が、音響現象のなかであらたに体験させられる。これらは胎児あるいは幼児が母親とまったく一体となっていると感じられる状況である。音楽は前言語的な特質をもっているので、音楽療法士は、クライエントが充分な愛を受けてこなかった場合、音による退行をとおして安全感を取り戻そうと意図する。

しかしこういうこともありうる。音楽療法士が――さしあたり無意識的に――、楽器演奏や音響のなかで、人生のなかでクライエントにとってとりわけ苦痛であった人物や状況を、クライエントが象徴化するのを援助することである。即興はさらに、クライエントが以前の対人関係を音楽療法士に転移することを可能にする。音楽療法士が［クライエントの人生における］人物（たち）の代理人として登場するならば、クライエントは自身の怒りや悲しみの感情を発見し、象徴的に表現し、それを徹底操作することが可能となる。

分析的音楽療法士が音楽的状況を退行や転移といった概念を援用して名づけ、自身の音楽行為でこれらの状況を導こうと試みる一方で、ゲシュタルト療法的音楽療法士は過去にではなく「いま‐ここ」の「気づき」に注意を向ける（たとえばFrohne, 1986）。

セラピストは、たとえばゲシュタルト心理学やゲシュタルト療法の「図と地」というコンセプトを用い、クライエントとともに、クライエントの人格の「背景」の探索におもむく。さまざまな楽器や演奏に関する提案は「ホット・シート」として役立ちうるが、それのおかげでクライエントは、みずからの自己の部分々々を表現することができるのである。

音楽療法士は音楽的即興のテーマとして次のような提案をするかもしれない。つまり「あなたの影の面を演奏してください」あるいは「あなたがこう在りたいと思うように演奏してください」あるいは「あなたでないように演奏してください」。音楽療法士は音楽的役割演奏において、クライエントの人格の一部をひき受けるが、そうすることでクライエントはみずからの自己と音楽的にコミュニケートできるようになる。

クライエント中心音楽療法（たとえばSalas/Gonzalez）においては、無条件の受容、共感のような治療的態度を音楽的に置き換えることが試みられる。クライエント中心音楽療法士はしばしば、おそらく自信に欠けているゆえに引きこもりの強いクライエントを

治療する。誰かに自信を与えることは、この立場からすれば以下のことをとおして行なわれる。つまり、クライエントに対して矯正的な出会いはせず、たとえ彼の行動がなお逸脱的であっても、それを容認し保証するのである。クライエント中心心理療法士が［クライエントの］言語的表出を独自の言葉で保証し深化させるのと同じように、クライエント中心音楽療法士はクライエントの行為を音楽的模倣と指示で保証する。

彼はクライエントの呼吸や動きのリズムで演奏し、音楽のなかでクライエントのヴォーカルな音声を受け入れ、クライエントと同じ音楽的テンポや音楽的ダイナミクスで演奏し、クライエントの短いモチーフを自身の演奏に組み入れる。そうすることで彼は非言語的にコミュニケートするのである。つまり、「私は、あなたがそこにいるのを知っている、私は、あなたが感じることを感じ、あなたが感じることを大切に思っている」。

行動療法的音楽療法（たとえばDileo, 1975; Holloway, 1980; Mastnak, 1994）は、行動療法からのコンセプトを用いている。音楽は強化子として受動的にも能動的にも取り入れられる。行動が受動的に強化されるのは、クライエントが望ましい行動を示したのちに音楽を聴くか演奏してよいとされることによる。これはしばしばいわゆる「トークン（証示物）」──クライエントが貯めておいて、あとで音楽活動と交換できるもの──を用いて行なわれる。

「シェイピング（形成化）」が問題になるのは、音楽的強化子を得るために、クライエントが、自身の行動をさらにもっと望ましい目標行動に適合させようと望む場合である。即興においても、音楽療法士やグループ参加者の音楽的反応は、ほかのクライエントの行動を強めたり消したりすることに役立つ可能性がある。

これらの強化法のほかに、コンディショニング（条件づけ）という方法があるが、そこでは、現存する不安惹起性の刺激に対抗的に作用する刺激として音楽を利用する。「系統的脱感作法」では、不安刺激のヒエラルキーにもとづいてそれが行なわれる。はじめは最弱の不安惹起状況で、クライエントは、音楽により感情的にリラックスした状態に置かれ、この状態が不安に対抗的に作用する。この脱緊張が成功したら、次の段階の不安状態に進むのである。

調整的音楽療法は、シュヴァーベSchwabe（1987）によれば、ワツラヴィックWatzlawickにより強調されたような逆説療法の知識に一部基礎を置いている。ワツラヴィックが明らかにしたのは、クライエントが症状を押さえこもうとしても、たいていうまくいかない。なぜなら症状は意志とは無関係に自発的に現れるものだから、ということである。たとえば、不眠を克服しようとするのは非常に困難であるが、それはみずから眠ろうと強迫的になってしまうからである。

それゆえ逆説療法では、このようなプロセスを逆手にとる。つまり、症状を押さえこむことに成功しないなら、そんなことはすべきでなく、逆にそれ

らの症状を呼びおこすよう努めるべきである。シュヴァーベは彼の調整的音楽療法にこの原理を組み入れて、クライエントは症状を押さえこまず、症状との特有なつき合いかたを学ぶべきであると言う。脱緊張することが目的ではなく、注意深く、また調整しようとすることにもとらわれず、自己固有の知覚を観察することが目的である。症状に対する知覚を受容することにより、その症状に対する内的な感情反応は変化していく。

音楽を知覚することは、みずからに関連した知覚可能性と体験可能性のこうした変化をひき起す助けとなる。トレーニングのあいだ、意図的にではなく注意を音楽の知覚、身体の知覚、およびポジティヴ・ネガティブな思考、感情、気分の知覚へと振り子運動させる。

最後に認知的音楽療法から一例を挙げる。ペリリPerilli（1991）はアルバート・エリスAlbert Ellisの論理療法Rationale Emotive Therapieにもとづくアプローチを創始し、患者の不合理な思考や不安をテクストつきのリートをとおして変化させようと試みる。たとえばあるテクストの内容の始まりはこうである。「私は理性的でいたくない」、しかしその終わりは、「そのためにやってみようと私は決意する」。「自分自身を受け入れる」というタイトルのあるリートの始まりは、「私は自分を受け入れない」であるが、少しあとでは、「私は自分のあるがままを受け入れられる、私は価値ある人物だ」となる。

次のように要約することができる。つまり、ここまでに述べた音楽療法の心理療法的諸方法は、その診断学と一般的方法論を既存の心理療法モデルから取り出してきており、当該の方法論を音楽的に翻案し、音楽的現象の分析は既存のモデルのコンセプトを用いてこれを行なうのである。

すでに存在する心理療法の知識にもとづいたこれらの方法のほかに、すでに述べたように、音楽に基礎を置いた心理療法的音楽療法がある。こうした立場の例としては、クニルKnill（1987, 1990）の音楽指向的心理療法が適当である。音楽学の用語は心理療法のそれと似ているため、心理療法は音楽に基礎づけられるべきであるとクニルは考える。彼はこう述べる。心理療法のように、音楽は「聴くこと」、「知覚すること」、そして「開かれてあること」と関係している。音楽聴取は、心理療法的活動と同じく、「雰囲気」、「不調和」、「モチーフ（動機）」に向けられている。受動的そして能動的音楽活動は、心理療法士の営み、すなわち過ぎ去ったものを来たるべきものと結びつけようとし、「テーマ」とその「発展」を区別する営みと同様である。

音楽家が即興演奏において正しい閃きのもとに行動しなければならないのと同じく、心理療法士は好機をつかんで適切な言葉を発しなければならない。

クニルがここから導く帰結は、音楽療法がいかなる心理療法の専門用語をも必要としない、ということである。音楽療法士は、このコンセプトのなかでは、音楽家であり、また音楽家であ

りつづけ、音楽的現象を心理学的に解釈する必要はない。

ノードフ＆ロビンズNordoff & Robbins音楽療法のような方法も、心理学的現象でなく音楽的現象に基礎が置かれたものである（Ｗｉｇｒａｍ, Rogers, Odell-Miller in Maranto, 1993を見よ）。とはいえ、心理学的解釈を欠いた場合、音楽行為そのものが治療とみなされる危険がある。シュトローベルStrobel（1990）によれば、これでは看板に偽りありということになる。

筆者自身のアナロジー［類同］というコンセプトを定義する試みの前に、このコンセプトへと導かれるにいたった引用文を例としていくつか挙げてみよう。

- 「音楽療法的状況の本質を、ひとが最もよく理解するのは、それを家族状況とのアナロジーや、家にいる時の状況とのアナロジーで捉えるときである」(Edith Hillman-Boxill, 1985, p.92)
- 「即興とは、デジタルな言語へのあらゆる不信から遠く離れた、穏やかでアナロジカルな試みの空間である」(Gertrud Katja Loos, 1986, p.162)
- 「音楽の構成要素（メロディ、音、リズム、ダイナミクス、形式）は、われわれの思考、感情、行為の様態のアナロジーであり、即興のなかには、われわれがどのように考え、どのように感じ、どのようにふるまうかが表現されてくる」(Isabelle Frohne-Hagemann, 1986, p.18)
- 「私にとって、精神的ゲシュタルト形成の多様なパラドクスを理解するために、音楽的コンポジションの現象よりも明瞭な範例は存在しない」(Rosemarie Tüpker, 1988, p.48)
- 「音楽的空間において苦労はするにしても、ひとはその労苦を、クライエントが彼の人生で必要としていることの、あるいは学ぶべきことの、成し遂げるべきことのメタファーとして理解することができる」(Keneth Bruscia, 1989, p.27)
- 「演奏の場は、音響というかたちでの実験、彫塑、模倣の空間であり、この音響形態により、重要な感情や思考、姿勢、価値、行動の方向づけ、成長や変化の局面が表現され、意味され、交流される」(Carolyn Kenny, 1989, p.82)
- 「ノードフ-ロビンズの方法論は、音楽的形態と自己の一致を強調している」(David Aldridge, Gudrun Brandt/Dagmer Wohler, 1990, p.189)
- 「音楽的即興と身体障害における適応能力とのあいだには、見逃せないアナロジーが存する」(Silke Jochims, 1990, p.116)
- 「音楽に表出された標識は感情の力動的な形態に即応している」(Mercedes Pavlicevic, 1990, p.6)
- 「芸術を用いた治療――その媒体はたんに治療促進的な付属品や対話の図解として見なされるものではない――は、治療プロセス全体を芸術的発展とアナロジカルなものとして理解し取り扱うべきであ

ろう」(Eckhard Weymann, 1990, p.49)
— 「彼の音楽的探究とわれわれの関係の質とのあいだには、そのような顕著な一致が認められた」(Edith Lecourt, 1991, p.93)
— 「患者の（最も広い意味での）音楽的表現、および治療者との音楽的相互作用が、これらの患者の人格特徴の核心を反映する、という想定のもとに音楽療法士は活動する」(Tonius Timmermann, Nicola Scheytt-Hölzer, Susanne Bauer/Horst, Kächele, 1991, p.386)
— 「人間の基本的価値が時間性（生／死）というカテゴリーにもとづいているのとまったく同様に、あらゆる音楽的営為はその時間性において、人間的生の一つの厳密なモデルである」(Kimmo Lehtonen, 1994, p.10)
— 「音楽の構成要素は心的障害に膚接している」(Fritz Hegi, 1994)

「形態学的」音楽療法から、テュプカ―TüpkerとヴァイマンWeymannの例を引いてみよう。それはこのアナロジー・コンセプトにとても近いのだが、というのは形態学が、「音楽プロセスは心的プロセスであり、心的なものは音楽的なものに定位している」という地点から出発しているからである。

心的なものは、——形態学的心理学のテーゼにもとづいて——秩序と秩序の変転として捉えられる。たとえば一個の人間は、外から何かをみずからの内に取りこみ、それに繋ぎ留められ、あるいはそれを変形させる。形態学的心理学は、六つの秩序プロセスと変転プロセスを区別する。音楽的プロセスはこれらの心的プロセスのプロトタイプと見なされるゆえに、——形態学的音楽療法士によれば——心的なものは音楽のなかで聴取可能となり、音楽のなかで取り扱われることが可能となるのである。

心理学に基礎づけられた音楽療法と音楽に基礎づけられた音楽療法とのあいだの、はじめに記述した距離に架橋するために、筆者はアナロジーというコンセプトを強調してきた(Smeijsters, 1993, 1995)。このコンセプトに似たコンセプトも他にあるのだが（【形態学的音楽療法】の項参照）、[このコンセプトは]以下の点でそれらと区別される。つまり、アナロジカルなプロセスの数が拡大され、ある一つの特殊な心理療法的モデルに属さない心的プロセスをも包含するという点である。

上記の引用文から明らかになるように、一見異なった学派に属しているようにみえる音楽療法士の活動のなかで、しばしばこのアナロジー・コンセプトが[重要な]役割を果たしている。この事実が筆者の視点の根拠である。

筆者のアナロジー・コンセプトにおいては、既存の心理療法の知識と音楽の諸コンセプトとは互いに規定しあう、というところから出発する。つまり、音楽療法士は精神病理学や心理学に関する既存の知識を自身の考えに統合し、音楽療法に特異的な知識でそれを補完すべき、ということである。

このような理解にもとづけば、音楽

療法士は固有の精神病理学や心理学を発展させる必要はない（たとえばStrobel, 1990あるいはHalmer-Stein, Schmölz, Oberegelsbacher und Gathmann in Maranto, 1993も参照）。音楽療法士が叙述すべきは、どのように精神病理は音楽行動のなかに現れてくるのか、なぜ、そしてどのように音楽的プロセスはその病理に治療的影響を及ぼすことができるのか、ということである。

「アナロジー」とは、つまり次のことを意味している。一方では、クライエントの精神疾患と音楽的表現形態とのあいだに相即関係が存在するということ、他方では、音楽的プロセスと心的プロセスとのあいだに相即関係が存在し、これらのプロセスが［クライエントを］回復に導いていくということである。

音楽療法士とは、こうした理解によれば、音楽的なものを心理的なものへ、そして逆に心理的なものを音楽的なものへ翻訳する術を心得ている人物ということになる。

いくつかの例をあげて、アナロジー・コンセプトをさらに明確にしたい。

アナロジーとは、すでに述べたように一つには、クライエントの音楽行動が精神疾患の特性と類同であるということを意味している。そのような精神病理学的、音楽的プロセスが現れるのは、たとえば、内因性うつ病のクライエントが『可愛いヘンスヒェン』という曲を普通より遅く演奏する場合であるとか（Steinberg/Raith, 1985）、統合失調症のクライエントが音楽療法士の演奏についてこられないというような場合である（Pavlicevic/Trevarthen, 1989）。うつ病における時間体験は、つまり演奏のテンポにアナロジカルに表現され、統合失調症における孤立した存在様態は、二者で行なう即興での相互性の欠如に現れてくる。

他方、アナロジーとは、治療的音楽プロセス、つまり心的治癒プロセスと等価な音楽的プロセスが存在するということを意味している。事故により突然、それまでの人生をあきらめねばならなくなった人は、過去と訣別するのに苦労する。そのような人にとって、新しい、まったく思ってもみなかった状況に入っていくのは困難である。即興音楽のなかでは、この過去が代理的に手放される可能性があり、また、自己を突然変えてしまう出来事に対し、ふたたび立ち向かう試みがなされる可能性がある（Jochims, 1990; Heal, 1991）。

演奏中の行動は、それゆえ、最終的にこの喪の作業をポジティヴに終結させることのできる、そうした地点に連なる行動に類せられるのである。

アナロジー・コンセプトにおいては、音楽療法的諸方法が精神障害それぞれに特異的な性質を考慮にいれなければならないと結論される。すなわち、統合失調症のクライエントに対する音楽療法は、うつ病のクライエントに対する音楽療法と区別され、強迫的なクライエントに対する音楽療法は、ヒステリー的なクライエントに対する音楽

療法と区別される、ということである（これに関してはDecker-Voigt, 1991も参照）。

音楽療法と音楽心理療法を区別する試みのなかで、シュトローベルStrobel（1990）はこう結論する。音楽心理療法と呼称することができるのは、精神的な深層の次元が心理学的に取りくまれる場合のみである。シュトローベルによれば、音楽心理療法において問題になるのは、音楽的表現能力でも創造性でも自発性でもない。

これに対し、筆者は、次のように答えたい。アナロジー・コンセプトから出発すれば、音楽的表現能力や創造性は音楽療法の目的となりうる。ただそれは、当該の音楽的プロセスが、既存の疾患に必要な心理学的治癒プロセスを表している場合にである。「患者はどのようなプロセスを必要としているのか、そして自分は音楽療法士としてそのようなプロセスをひき起こすことができるのか？」とよく考えてみることが、しかし、いかなる場合においても考察の核心となる。

音楽療法的諸方法の歴史に関する項目の終わりで筆者は、[音楽療法の]諸パラダイムおよび諸パラダイム内部の情勢が変化していることを強調した。

すでに提出された「適応」という問題は、音楽療法士が関係する心理療法学派が診断面にも関係している、というところに帰着する。固有の[方法的]アプローチは、固有の精神的問題を適応としているのである。

ある種の音楽心理療法はいかなるクライエントにも適用されうるという発想は、もはや時代遅れのように見える。

異なった学派同士がいかに補いあうか、ということについて音楽療法士のあいだで意見交換することが、将来に向けての重要な課題である。音楽療法士にとって何が音楽療法の核を成しているかという問題に関して、多くの音楽療法士の意見は基本的に一致している。差異に関する議論をしても、そこまで見誤ってしまうことにはならない。

ヘンク・スマイスタース Henk Smeijsters

スーパービジョン
Supervision

スーパービジョンは、さまざまな職種において発展してきた、職業に関連する相談行為の特定の形式であると理解されている。「Supervidere」という言葉を直訳すると、「上から見おろす」「見渡す」という意味になる。これをもう少し自由に訳すと「外側の観点から見る」となる。偏見をもたないスーパーバイザー[訳註：スーパーバイズする人]との会話においては、スーパーバイジー[訳註：スーパービジョンを受ける人]の職場における問題状況や人間関係の様子などが、いま一度「新しい」観点からとらえられ、そこから他の見方が明らかになったり、特定のパターンや、問題のもととなって

いる原因が発見されたりする。

　スーパーバイジーの生活に密着したことがらを無視することはできないにしても、彼／彼女の職場での仕事のどこに焦点がおかれているのかによって、スーパービジョンは自己体験やセラピーとは異なったものとなる。スーパービジョンは**職業に関連した自己体験**、集中的な学習プロセスであり、職業的にも個人的にもその人がさらに成長していくうえで、有益なものであると理解することができる。

　スーパーバイジーの職場における（クライエントや同僚との）人間関係や、これらの人間関係が相互に影響しあう職場や社会の構造、あるいは仕事の流れなどが、スーパービジョンのなかで取り上げられる。一般的に、スーパーバイジーが職場における情緒的、かつ構造的な「関係」を築くための、彼／彼女の知覚能力と分析能力を高めることが、スーパービジョンのテーマである。これには、自分自身の（ときには無意識の）体験や行動に関する特性を観察することも含まれる。

　スーパーバイザーの基本は、相手の立場になって考え、質問を発し、相手を理解したいと思うことであり、物知りぶったり判断を下すというものではない。彼は「スーパーバイジーが模索探求するあいだ付き添い、援助することを課題としている同行者なのである」（Leuschner, 1977）。二者が共同で問題となっている状況やそれに伴う諸条件と取り組むうちに、新しい視点や問題解決が徐々に見えてくるようになる。この創造的なプロセスにおいては、なるべく多くの情報源と、理解するための手がかりが集められる。「［反論の余地がない］明確な」データと事実の他に、感情、雰囲気、転移と逆転移の力動を感知すること、および状況を理解することが、特に重要である。また、転移という人間関係がスーパービジョンにおいて系統だったテーマとして取り上げられなくとも、［転移は］診断のための重要な援助手段となりうる。なぜならば、スーパーバイザーとスーパーバイジーの関係には、対象となっている「［問題となる］症例」との関係力動が反映されることが多いからである。

　職業にかかわる学習形式としてのスーパービジョンは、まず1880年代のアメリカのソーシャルワークから生まれたものである。管理と助言を本業とする人たち（エージェント・スーパーバイザーが福祉団体の主として無給のボランティアの女性たちを援助する任に置かれた。そのさい、彼女たちが組織関係で活動するばかりでなく、クライエントとの仕事における人間関係を明確にできるような、指導と援助を提供したのである（Belardi, 1994b）。

　1920年には、ベルリン精神分析研究所で「統制分析」を使った研修が始められた。ここでは、分析の研修生がかれらの「症例」について、経験豊かな先輩達と討議した。この研修の特別な点は、研修生の実践の進展について指導をしたり判断を下したり、あるいは患者に関するデータや事実を扱うだけにとどまらず、——現在のスーパービジョンの理念と完全に一致するのだが——研修生と患者の間の人間関係の分

歴史的に見て、スーパービジョンはまずさまざまな職業（音楽療法も含む）のなかで、学習、監督、相談といった機能をもって発達してきたが、現在のスーパービジョンは、それ自体が独自の職業になるまでに進化してきた（古いかたちのスーパービジョンは今でももちろん存在するが、それによって競合する関係も生まれている）。そのあいだに、スーパーバイザーになるためのさまざまな私的な養成プログラムや、カッセル統合大学での卒業証書で修了する学士課程が存在している。ドイツ・スーパービジョン協会（DGSv）（1995年の会員は1400名）のような職業組織は、まずスーパーバイザーの資格の基準を保証している。学会、さまざまなドイツ語圏の学術誌、そして幅広い文献のなかで、［スーパービジョンに関する］専門的知識が紹介され、さらなる発展が望まれている。

現在の音楽療法の歴史において、スーパービジョンは深層心理学的／社会科学的な助言、あるいは学習の形態として受け取られているようである。これは、心理療法と精神分析、あるいはソーシャルワークとスーパービジョンの間に密接な関係があるからである。

マリー・プリーストリーMary Priestleyは、1970年代に精神分析の基準と方法を音楽療法に応用することを始めた。彼女は男女の同僚とともに、まず同僚同士の自己体験とスーパービジョンの場を開発し、これを「インターセラプ Intertherap」と命名した。個人的なテーマの他に、参加者達の間で音楽療法の実践も継続的に取り上げられ、助言が与えられた（Eschen, 1983; Priestley, 1975）。

スーパービジョンを、音楽療法の仕事に組み込もうとする最初の系統だった試みは、ドイツでは1970年代に、社会福祉の単科専門大学において導入された（Decker-Voigt, 1988）。現在では**トレーニング・スーパービジョン**は、すべての国立と、ほとんどの国立以外の音楽療法養成機関のカリキュラムに組み込まれている。これには二つの目的が結びついている。

第一に、セラピスト‐患者‐施設の三者の関係がテーマとして取り上げられる。第二に、トレーニング・スーパービジョンは実際に仕事を始めるにあたっての援助を与え、実践における指導も担当する。症例の分析の他に、新しい仕事上の役割を担うということと関連する、現場の条件や問題も討議される。

トレーニング・スーパービジョンは**研修スーパービジョン**と比較されることができる。後者は、職業における継続的な研修のためにあり、仕事の質を維持するのである。「スーパービジョンは距離を保つうえで有益であり、過大な要求や葛藤における破壊的な行動、あるいは特別な効果を期待する一種の『盲目的な愚かさ』からセラピストを保護する」（Brönnimann, 1994）。

音楽療法の領域にとっても有意義なのは、専門的なスーパービジョンと同僚間のスーパービジョンという形式に細分化することである（Thiel, 1994 比較参照）。施設や病院においてそこの機関に所属する専門家、あるいは外

部の講師によってしばしば行なわれるチーム・スーパービジョンと症例スーパービジョンの他に、音楽療法士のために（同職種の）、またはさまざまな「近縁の」職業を持つ仲間のために（異職種の）、スーパービジョングループやバリント・グループ（【バリント・ワーク】の項参照）が存在する機関も多い。

最後に、継続的、あるいは一定の期間に限定して行なわれる、実践のプロセスに即した資格認定のための個人スーパービジョンが挙げられる。最後に紹介したこれらの形式では、スーパーバイジーが個人的に謝礼を払うが、チーム・スーパービジョンでは雇用者が払う。

さらに、さまざまな形式の同僚同士のスーパービジョン、あるいは相談機関がある。ここでは音楽療法士が、共同で職場の条件や理論的概念をテーマとして取り上げ、発達させていくことを目指す。これは、形態学的な音楽療法の領域から由来する、いわゆるインタービジョン・グループ、「記述グループ」と呼ばれる形式で行なわれているが、多くの場合テーマ別の研究グループや、地域の共同研究チームで実践される。これらの形式はすべて、音楽療法の「職業としての現実的定義に向けて大きな貢献」をしている（Fengler, 1994）。

音楽療法の仕事におけるスーパービジョンと関連して、分野別の能力に関する問いがしばしば発せられる。この問いの意味は、スーパーバイザー自身がスーパーバイズする領域を自分の実践経験からよく知っているのか、あるいは極端に言えば、その「領域」における専門的な養成を受けたのかどうかということである。

音楽療法士は、音楽療法士からしかスーパービジョンを受けられないのだろうか。職業のためのスーパービジョンの顕著な傾向は、スーパービジョンは「特定の領域に限定されない相談というかたちをとり、したがって応用社会福祉学の一部」として理解すべきというものである（Belardi, 1994a）。つまり、アドバイザーとしての能力は、専門的な養成を受けた結果として備わるものであり、その結果さまざまな臨床現場での応用力も身につけるのである。集団力動、社会力動、施設に特有な力動、精神力動に関する知識と経験があってこそ、スーパーバイザーは「正しい」問いを発し、観察したことを理論的な思考にあてはめることができるようになる。

しかし、音楽療法の仕事に関するスーパービジョンには、なおいくつかの疑問が残る。スーパービジョンと音楽療法の実践における特定の音楽的、非言語的、芸術的な部分は、どのような関係にあるのか。スーパーバイザーが音楽療法の領域における能力を備えていないとしても、他の職業や臨床現場におけるコミュニケーションや、構造、テーマ、組織に関連する特定の方法と似たやり方でもって、［音楽療法における］スーパービジョンを遂行することができるのだろうか。

現在の時点では、具体的な臨床領域や症例におけるコミュニケーションのきっかけとしての可能性の多様性と、それと相反する制限に関する、暫定的

な理論があるだけである。クライエントとの接触において、言葉が使われることが少なければ少ないほど、あるいはそうせざるをえなければならないときほど、スーパービジョンでの**感覚的な手がかり**として、治療における音楽的／音響的な部分の応用と分析が、貴重な援助となったり、必要となったりする。このような場合、スーパーバイザーには音楽的な専門能力が必要である。他の場合、たとえば施設や職業社会に関する問題の分析には、音楽療法士が重要だと考えること——他の職業でも同様であるが——に対して、［スーパーバイザーが］率直な興味を示すだけで充分である。

さまざまな音楽に関連した方法が、音楽療法［の領域］からスーパービジョンのために発達してきた。これらの方法を用いて、一般的なスーパービジョン、あるいは音楽療法士がアドバイスを受けるというスーパービジョンにおける会話を補うことができる（Richter/Fallner, 1993も比較参照。）。シュトローベル、ロース、ティンマーマン Strobel, Loos, Timmermann (1988)によって開発された、「音楽療法的バリント・グループワーク」はわかりやすい例である。

ほかの活動形態（Weymann, 1996比較参照）においては、即興演奏をすることで、患者やグループの「肖像画」を製作する。音楽は、会話における感情的な状況を反映し、強化し、明確にするための手段として有意義なものである。音楽療法の仕事に関するスーパービジョンでは、セッションの内容を「描写し復元する」手段としての、録音された素材の分析が重要である。「［他の人の演奏の後に］自分の演奏やヴァリエーションを加えること」で、スーパーバイジーの実践における音楽的な場面を追体験することが試みられる。これらの「場面」における実験的なかかわりをとおして、知覚と分析の能力の向上が目指されるのである。

エックハルト・ヴァイマン Eckhard Weymann

精神医学

Psychiatrie

「音楽療法」の概念は、わずか数十年前にはじめて精神医学において知られるようになったにもかかわらず、患者たちの音楽活動、ならびに彼らのための音楽活動は、ずっと以前から精神病院においては確固とした地位を占めている。たとえばミュンヘン近郊のハール Haarの郡立病院の資料保管所は、今世紀のはじめの30数年間の、大規模なサロンオーケストラや教会音楽の楽譜類を収蔵している。これらの収蔵品は、生き生きとした音楽的生活があり、病院生活の内容を決定するのに、患者たちの積極的な協力が存在したであろうことをうかがわせる。

私たちが今日理解するようなかたちでの音楽療法の始まりは、1950年代のことである。確かに、抗精神病薬の導入により、精神病はようやく治療可能なものとなったが、同時に精神病患者

の治療には、非言語的な治療技法が不可欠であることが気づかれた。

すでに1930年代に開発されていた、いわゆるオルフ楽器（これらは、いまなお見捨てられない音楽療法上の基本装備である）が、初期の音楽療法の試みに使用された。精神科における音楽療法というのは、当時はとりわけ就学前の患者との演奏を意味し、音楽教育学の手本に依拠していた。「音楽療法士」の任務は、音楽的な技術の担い手であった、病院の仕事仲間（医師たち、看護職）をひき継ぐことにあった。

1959年にウィーンで、ドイツ語圏で初めての音楽療法士の養成所が生まれてからは、特殊な養成課程を経た、無給もしくは副業の「音楽療法士」たちに代わって、精神医学のなかに計画所が新設された。

精神医学とともに音楽療法の姿は変化し、特殊化していく。今日、音楽療法は、精神病的また神経症的な症状の意味を解読するのにも、また患者たちのことを受け入れやすくするためにも、重要な方法のひとつである。

患者は、音楽療法（とりわけ自由な即興）のなかで、自分の精神病の構造や、自分の分裂した人格部分や、古くから使いこなした対人関係の型を見い出す。同時に彼は、実験的 - 遊び的な方法でふるまいを変更する可能性を探ったり、いままでたんに病理学的な暗号によってしか発揮されることのなかった感覚にコンタクトできるようになる。

最終的にグループにおける音楽の進行は、象徴的なかたちで個々の患者の社会的構造を示して討論し、治療グループをとおして個々の変化を可能にする。

患者に対する特殊で非言語的な音楽療法的提案と、［それについて］言語的に徹底的に論及することで互いに補完する、そんな患者と音楽療法士の治療的関係のなかでは、音楽療法は精神医学のさまざまな方法のうちでも、精神療法的方法を要求すべきである。

精神科のなかで音楽療法士が仕事をするための状況は、とりわけ大きな精神病院のなかでは、数多くの要素によって困難となりうる。

そこでは、悠々たる数の患者に対し、わずかな正規ポストしか存在せず、表面的な仕事が音楽療法士を待っている。そのうえさらに、精神病院の病棟では、さまざまに異なった治療的概念（行動療法的、古典的な薬学 - 精神医学的、環境療法的、精神療法的など）がごたまぜになって存在する。これらが、音楽療法士の自己同一性の発見と統合を困難にする。しかし、［一方で］専門化する可能性も提供されてはいる。

個々の［治療］チームの期待は、まったく非特異的な（たとえば、患者に一日の日内構造を与えるとか、病棟を一度一時間だけ空にする）ものから、より機能的な性質の（たとえば、コミュニケーショントレーニングとか、弛緩の促進といった）もの、さらには生活史の処理にさいし、協力すること

いった具体的なものまである。

病院の催しやお祭りにさいして、音楽療法士は依然として、しばしば「最後の希望であり救いである」。

精神病院の構造変化は、当然、音楽療法の仕事にも影響を与える。施設外の心理社会的援助の改善にともない、長期的には、病院のなかに重症で治療可能性のない患者の数が上昇する。診断的には、老年精神医学的患者とアルコールや薬物依存の患者数が上昇する。

これは、とりわけ精神医学的援助義務にしたがわなければならない州立や郡立の病院ではっきりと目立つかたちで生じる。このことは音楽療法にとっては、患者のために（理想的には）すべての治療的つながり、つまり受け付けからリハビリテーション病棟を経て、市町村に近い危機介入施設にいたるまで、治療的に同伴することができるよう、病院外、外来ならびに部分入院の領域を確立することを意味する。

精神科施設外で音楽療法業務を要求することが可能かという疑問に対する、種々の可能性は、目下のところ、ほとんど存在しない。その他に、いままでほとんど顧慮されなかった、老人精神医学、嗜癖、法学などの精神科分野での音楽療法の開始が、さらに進められ利用されるようにならねばならない。

「精神医学における音楽療法士」という特殊な職業像の発展は、立法側からは、過去においても近頃も、精神科領域では、常勤の音楽療法士としては仕事に就けないようにという方針で指導されている。

ドイツ連邦政府の1990年12月28日付けのいわゆる精神科従業員通達によれば、音楽療法士は独立には言及されておらず、作業療法士のグループに分類されている。雇用主たちが将来の俸給、正規ポストの開設、仕事の目安の記述などを、作業療法士Ergotherapeuten（同じく、BeschaftigungtherapeutenやArbeitstherapeuten［訳註：日本ではこの三職種がすべて作業療法士に含まれる］）の職業像をもとに決める場合に、この分類がどのような効果をもつかはまだわからない。

この賃金的な差別を受ける脅威の他に、同時に若干の卒業生に反対運動が（たとえばハンブルクにおいて）認められる。それによれば、芸術的‐科学的研究コースの卒業生は、BATIIa（心理学士に類似）よりも後方に分類される（ハンブルク市政府の通知を参照）。

職業政策的には、これらの極端に異なった賃金体系間の「かすがい構造」を必要とするであろう。

マンフレット・ブルクハート
Manfred Burghardt

精神分析と音楽療法

Psychoanalyse und Musiktherapie

治療技法のなかには、「分析指向的

精神療法」という概念のもとに、（たとえば「人道主義的治療」のように非特異的な）ある異質なグループが存在する。それは、解釈的、洞察指向的、深層心理学的、精神力動的という定義のもとにくくられた治療形態である。このグループは、洞察と解釈の仕事を重視しており、治療的な変化のプロセスの精神力動的理解を記述する。

この治療形態は、しばしばグループ治療として実施される。中心は主として精神分析指向的精神療法で、ドイツにおいては第二次世界大戦以来発展し、法定の健康保険に義務的給付として公認され、それ以来、患者の扶助に組み入れられるよう周知された。

この修正型での精神分析の適用は、定型法からそれて、その特定の適応法は保留されたままとなった。精神分析の「純金」は合金へと発展し、それは入院または半入院の構造に結びつけられ、精神療法施行法の組み合わせとして用いられた（Heigl-Evers et al., 1986）。

治療者が、精神的制限をもつ病気や、［身体の他に］精神的にも制約を受ける病気などの幅広いスペクトラムと直面することが増えて、新しい方法の必要性が生じた。治療的相互作用の流れについての興味と、それをとおした関係性のなかでの経験に依存する障害の理解が、とりわけ構造的な自我障害の領域における、精神分析的な経過モデルの拡大を導いた。

「『分析的精神療法』」の名のもとに、ひとはあるかたちの精神療法を思い描くが、それは、精神分析の理論的また技法的原則をよりどころしているものの、厳しい精神療法的治療の条件を満たすものではない」（Laplanche/Pontalis, 1972）。

臨床的経験の発展によって、ハイグル＝エバースHeigl-Eversとハイグル Heiglは、精神分析の応用を集団に拡大し、個人セッティングでも集団セッティングでも、高次の［自我］構造をもった患者たちには解釈原則を、構造的に自我の障害された患者たちには回答原則をというように、治療の内部で介入のスタイルを細分化した（Heigl-Evers, Heigl/Ott, 1993）。

人格形成の精神社会的構成要素をフュルステナウFürstenauは、彼の分析指向的精神療法のなかでシステム理論的視点として把握した。彼のシステム理論的な、特に家族力動的視点の方法論的完成は、非心理学的な、たとえば身体的、体質的、遺伝的要素をも統合することを可能にした（Fürstenau, 1992）。

個人ならびに集団の設定下で、分析指向的な試みの概観できないほど多くの組み合わせが、今日とりわけ（情報伝達の）媒体の受けとりと精神療法における行動指向的な関係の提供について提示されている。

そのようにして、治療の形態のなかの芸術的表現形、たとえば美術、造形、音楽、運動とダンス、詩、演劇は、精神分析の理論背景と統合される。

このさまざまな治療形態に対する適応の立てかたについては、いままでのところあまり発展していない。しかしながら、患者に対する「非言語的」で遊びの要素をもつ治療的接近は、臨床的経験から見て大きな意味をもつようになってくる。

プリーストリーPriestleyは、音楽的即興の演奏空間を、最も早期の［対人］関係体験の再演出をする場と考え、精神分析的理論を背景に、臨床の場に精神療法的方法として導入した(Priestley, 1975, 1980, 1983)。即興演奏を行なうことにより、一対一のもしくはグループ状況での患者と治療者の出会いや関係性の形成に対して、以下のことを遂行するための空間が与えられる。それらは、無意識の自己の部分や記憶を、あとから調査して察知すること、古い関係や新しい関係を体験すること、感情を味わい区別すること、演奏や話すことを交互に行なうことの知識、一次過程と二次過程を統合することである。

プリーストリーの言う「分析的音楽療法」においては、音楽療法的治療過程の中で心に浮かぶ現象を、厳格にメラニー・クラインMelanie Kleinの分析的理論形成によって解釈する。ランゲンベルクLangenbergは、臨床的セッティングにおける即興の治療プロセスを「分析指向的音楽療法」として記述した(Langenberg, 1988)。プロ化が進んだことによって、分析指向的音楽療法は、臨床的セッティングにおける一つの統合的総合治療計画の枠組みのなかで、一つの独立した精神療法技法の機能としての位置を占めることができるようになった(Heigl-Eversら, 1986)。

私たちの経験は、何よりも、その問題点が共生と個体化の領域に固着している重症の［対人］関係障害をもつ患者たちが、音楽療法によって利益を得ることを示している。彼らの会話を破壊する傾向 (Heigl-Evers, Heigl/Ott, 1993) は、演奏中の音楽的即興での印象深い場面となる。一次過程と二次過程とのあいだの揺れのなかで、ある白昼夢的状態、早期の対象関係体験が再体験され、分裂された感情世界が体験によって仕分けされ、象徴的‐退行体験の境界が設定される。

そのさいの共同即興の指導は、「私たちは、心に浮かぶものを演奏し、私たちのなかの、表現へと迫り来るものに自らをゆだねます」［ということになる］。セッションにおけるこの基本ルールが、音楽精神療法家が行なう共鳴誘発的な伴奏と、共同造形によって支えられた、結合と分離の過程における経験の質に対する領域を用意している。

このやりかたに独特なところは、一つの音楽的即興の共同創作過程にある。この過程は、活き活きした出会いと関係のプロセスをとおして、感情や幻想やイメージ（これらは、主観的に体験された内在化された対人関係の経験や、早期の発達過程に由来する葛藤を演出するための、われわれへの兆候である）をひき起こさせる。治療状況の伝達関係においては、音を介した直接共鳴と合奏によって、感覚的に知覚

可能な独自の特質がつくりあげられる。

そうであるから、分析指向的音楽療法は、心に浮かぶ現象を精神分析的モデルにかぎって一面的に理解するものではなく、情報の提供をとおして、無意識のファンタジーと、特殊な出会い状況の精神力動的理解を聞き取れるように、一つの空間を準備するための、基本的理解を与えるものでもある。

関係をもったり、理解したりするための個人的手段という意味での分析指向的音楽療法の知覚調整は、共鳴身体機能と呼ばれた（Langenberg, 1988）。出会いの過程において、共振する能力の他に、聞くことができ、感じることができることが、この〈楽器の思考 Instrumentengedanke〉の概念に共有されており、音楽療法のなかでの転移関係の、もう一つの質的部分が明らかとなる。出会いにおいては、関係する相手は常時コンタクトを感じることができ、安全を保証する治療空間のなかで、結合と離別の時間を経験可能な一つの対立が感じられる。

グラヴェGraweは、精神分析指向的精神療法の質的に異なるグループに対して、その主張と効果の不一致について批判的な見方をしている。また、音楽療法の研究は、その量も質についても著しく不足していると記載している。音楽療法には治療法としての独立性が否定され、学問的基礎が欠落している。資格認定書は、いままでのところ、他の精神療法技法の補完として存在している。

技法を発展させ、音楽療法内部の細かく区分された作用を把握し、それに特有の意味構造をもった全体的な特性に適合するような、対象にふさわしい対応を見つける緊急の必要性がある。この必要条件は、現在の時点では、著名な研究者の精神療法研究をめぐる議論のなかで、単独症例の可能なかぎり細やかな分析が要求されるという事実と出会う。

その他に、精神療法過程を記載するためのさまざまなモデルを、そのように主張し、諸技法の関連した勢力範囲を明らかにするためには、さしあたり可能なかぎり少数の単独症例［の研究］を共同で試みることが勧められる（Tress, 1988）。

メヒチルト・ランゲンベルク
Mechitild Langenberg

性的虐待
Sexueller Mißbrauch

性的虐待という概念はここでは、「児童に対する性的虐待」「性的暴力」「性的搾取」といった同義語の一連として、そして一部のみが共通するところの「強姦」「近親相姦」「婦女暴行」「児童虐待」といった領域と関連して使われる。

性的虐待はここでは、音楽療法の一つの特定のテーマとして扱われるべきではない。これまでのところ、音楽療

法が性的虐待による苦痛に対する適切な治療形態であると証明されたわけでも、あるいは[このような場合に治療してはならないという]禁忌事項があるわけでもない。音楽療法との関連においてこのテーマを取り上げることは、どのような形式の治療であるかに関係なく、すべてのセラピストにとって次のことが大切だからである。つまり、被害にあった人がさらなるダメージを負わないように、治療的能力を向上させ、治療上の失敗を防ぐことである。

性的暴力というテーマについての沈黙を破るということは、被害者に何の益ももたらさない。つまり、被害者が直接受けた、あるいはこれからも受ける苦痛に加えて、他の人達の無視する、認めようとしない、支えようとしない、大したことではなかったとごまかす、あるいは加害者と被害者の役割をすりかえようとするという反応や、その後に起こる行為によって、彼らの状況はさらに複雑なものとなるからである。被害者の精神的苦痛の構造において、彼らのこれら二つの局面は区別できるものではなく、セラピストがこのようなことについて知らないこと、あるいは自分や施設の状況のせいでこのテーマをタブー視することから、あらゆる治療的な人間関係は、被害者の傷をかえって深くしてしまうのに等しいものとなる (Tüpker, 1989比較参照)。

具体的な治療方法に関しては、❶過去の外傷体験の治療と、❷現在実際に性的虐待を受けている状況にある患者の治療において、区別をする必要がある。第一の場合は、主に治療上のテクニックが問題となるが、第二の場合は児童、知的障害者、あるいは身体的介護や精神科の看護を必要とする人達が対象であり、さらにこれらよりももっと難しい課題、つまり性的虐待をどのようにして終わらせるかという課題がある。

ここで重要な治療的鉄則は、心理療法は被害者の表面的な生活状況に直接介入するのではないということと、虐待が続くなかで心が受ける苦痛は治療できないという限界があり、さらに治療的な役割を超えた役割があるということである。ここでは音楽療法士は、まず他の人からの援助を求め、当事者が出来事の主体であり続けることを眼中におきながら、一つ一つの段階を決めていくという規則を常に守らなくてはならない。

さらに、治療のなかで起こる性的な虐待という問題がある (Wirtz, 1990)。社会的に規制された状況、理論的、および治療技術上の問題、施設側の防衛、倫理的な問題、そして個人的な困惑が複雑に絡み合った状況があるので、ここでは「氷山の一角」しか明らかにすることはできない。

すなわち、入院／居住という特定の形態の治療施設(刑法第174a条項)において、「抵抗不可能な人」(第179条項)や児童(第176条項)、あるいは未成年者(第180条項)とのあいだに性的な関係が生じれば、これらを明確に不法行為と定める法律はすでに存在する。しかし、心理療法の養成においても、治療の臨床や理論学習のさいに、相手に強烈な影響を与えながら、性的な虐待が起こりうる。自分自身が虐待

されたという体験や、未解決の転移の問題、社会に対する防衛、そして治療を必要とする女性がおかれている状況なども、影響を与えるという心理学的な基本概念が必要となる（Masson, 1984；Wirtz, 1990；Rhode-Dachser, 1992、および〈Psyche〉における継続的な議論を比較参照）。

性的虐待の臨床的な治療、および社会的な治療において、いくつかの大きな緊張を伴う関係における、矛盾した内容を明確にする必要がある。性的虐待を受けている少年もいるという事実をかんがみて、これは**男性による**女性と弱者に対する暴力という、社会的現象であることを見過ごすわけにはいかない。

性的虐待とは、一方では個人的な運命ではなく、部分的には比較が可能な症候群や対処の方法を明示するが、もう一方では独立した「症状」としてではなく、さまざまな形態をとりながら、他の重要な人生体験や神経症的な反応とつながってくる。

治療的な基本は、二つの面を配慮しなくてはならない。すなわち、被害者が治療的な状況のなかで、起こった事実に関してもっとも言葉にならなかったことを「表明する」ことができるようになること。そして一方では、患者が自分のことを「あるできごとの被害者」としてのみ体験するのではなく、この苦しみが「まったく別の」——もはや一般的な心の法則にしたがうのではなく——事象として扱われるのだということを体験することである。

これと平行してたとえば、フェミニストの側が明確にしてきたように、まず性的虐待に関するテーマの特殊性に関わることが重要である。さらに、他の精神的外傷を与えるような出来事との類似性を認識し、似たような精神的なケアの方法を他に探し、治療的な関わりという体験から学ぶことも大切である。

類似するものとして、他の形態の暴力の犠牲者が挙げられる。家庭内暴力、犯罪的な暴力行為、政治的な迫害、拷問、戦争や難民キャンプでの体験、あるいは逃亡体験による暴力がまず挙げられよう。さらに、アリス・ミラー Alice Miller（1983）が「才能ある子供達のドラマ」と名づけた意味での、子供時代の「あまり目立たない」かたちの性的虐待がある。

さらに、世間一般の人達による論争も重大な問題を提起する。性的虐待の全容に関しての最初のショックが過ぎると、問題となる事実がまだ存在するのに、それを「虐待がさらなる虐待につながる」という言い方によって否定するという、集団的な防衛反応が生じるように思われる。

これに対して、次のことも配慮されなくてはならない。つまり、犯罪行為の追求において、常に間違いや誤った告発が行なわれる可能性があるが、だからといって犯罪が行なわれたという事実や、それを追求する必要性を帳消しにするというものでもないということである。前述した防衛反応のかたちでは、法的な間違いによって誤って告訴された犠牲者の苦しみを、犯罪行為の犠牲者の苦しみに対する切り札とし

て用いるということになる。

ローゼマリー・テュプカー Rosemarie Tüpker

セッションの記録とその保管

Archivierung und Dokumentation von Musiktherapiematerial

音楽療法のセッションにおける出来事は、以下のようなさまざまな方法で記録されることができる。

- 出来事全体、あるいは音楽だけを記録する録音テープ、カセット、映画やビデオ
- コンピューターで操作される音響素材
- セッションのあいだ（あるいはセッションの前後）の心拍、血圧や他の数値の測定と記録
- 観察者（同じ部屋、あるいはマジックミラーの後ろの部屋かビデオ）による記録
- 患者とセラピストの記憶による記録
- 既述の形式の記録の組み合わせ

セッションの前後のテストは補足的な情報を提供することができる。

すべての記録は他のセラピーと同じように、収集され（ファイルされ）、これからのセッション計画や（データ保護規制を考慮しながら）リサーチ、講演、他の発表のために評価される。

ヨハネス・Th・エッシェン Johannes Th. Eschen

早期の母親・子供の遊び

Frühe Mutter-Kindspiele

早期の母親と子供の遊びは、原初的な音楽と運動と言語の遊びであり、それは出生前の経験に結びついている。その遊びは、母親／その他の関連者の感情的関与によって、子供に作用する一つの多感覚性の遊びの供給である。遊びによってひき起こされる興奮の体験は、母親（その他の遊び仲間）によってコントロールされる。期待と喜びの循環は一緒に体験され、この「間・情動性 Inter-Affektivität」は関係を創出する（Stern, 1992, p.153）。

遊びのヴァリエーションは、子供に「自分Selbst」を「他人Anderen」から区別する可能性をあたえる。反復は、自己感情の構築に必要な、運動記憶と知覚記憶と感情記憶とを刻印する。幼年早期の音楽経験に属するのは、子守歌、ゆりかごの歌、膝乗り、愛称の歌、手の遊び、おしゃべり遊び、数え歌、ナンセンス詩である。

接触障害と関係障害をもつ子供との音楽療法のなかで、このようなやりかたのリズム的・音楽的遊びの形態は、接触と関係を可能にするために、子供に即して発展させられる。

（運んだりゆりかごを揺らすことによる）平衡感覚の刺激、（声による）聴覚の刺激、（さわることによる）触覚の刺激、視覚の刺激（アイコンタクト）がなされるので、これらの遊びは

多感覚性である。子供自身のみが、早期に記憶に蓄えられた経験に関連して、これらの刺激を意味付与的に自分のものにすることができる (Papoușek, 1977 ; Hartmann/Rohmann, 1984)。したがって、他人によって与えられた感覚刺激がすでに知っている知覚に結びつけられるときにだけ、接触が生ずる。これらのことは、とりわけ知覚障害をもつ人との音楽療法の仕事のなかで注目される価値がある (Schumacher, 1994)。

カリン・シューマッハー Karin Schumacher

造形表現
Bildnerisches Gestalten

造形表現の使用法は、二つの大きな音楽療法の伝統である受容的音楽療法と能動的音楽療法の場合では異なる。

受容的音楽療法の場合、心理療法の枠内では、はっきり情緒的な音楽を聴いたあと、ある方向性が患者の人格に対して提示され、治療的会話がその方向に進んでいくようにする (Decker-Voigt, 1991, p.136)。そして、今日比較的よくみられるのが、聞きながらまたは聞いたあとに、造形表現が使われるタイプのものである。

聴いたあと使用されるさいの利点は、会話や身体を中心においた受容的音楽療法タイプのものと同様、音楽の作用が視覚的もしくは運動的偏向を受けず完全に現われてくる点にある。続いて示される造形表現は、さらなる深化を可能にし、想像的なもの、感情的なもの、直観が、言葉の概念性に先行することを促す。聴きながら使用される場合、視覚的な連想が前面に現われてくることになる。

患者はたいてい、複雑に音楽に反応すると同時に、次々と多くの知覚の小道に分け入ってしまうが、形態手段（運動、塗る、描く、粘土を使う）が、焦点をしぼらせる助力手段となる可能性があるのだ。造形表現を使用すると、たとえば状況の記憶が促されたり、具体化されたりすることが可能になる。

能動的音楽療法の場合、造形表現はたいてい「媒体横断的移行（媒体横断的転換）」と関係して使用される (Knill, 1992, p.82-89)。いわゆる媒体横断的移行というものは、音楽療法の過程のなかで、ある特定の芸術ジャンルから他のジャンルへ変換を行なう手法のことである。

そのさい、なかでも、現象の集中強化や明確化、内容の明確化やインターアクションの可能性の拡大などが重要な動機となる。音楽の伝統においては、「譜面」が古典的な媒体横断的転換を提供している。造形表現による「自由で」具象的な作曲、これは現代音楽で図形楽譜として知られているもので、図形楽譜は音楽の早期教育における即興形式のなかですでにながく使用されているが、やはり音楽療法においても使用された。

芸術療法の手法によって生まれた抽象的および具象的イメージを、「スコア」として利用したり、音楽的に深めたり

することが可能になるのである。この媒体横断的転換を使うことで、われわれは依然音楽伝統のなかで活動している。記号とシンボルをこのように「聴取可能にする」ことで、複雑な認知プロセスのみならず、音楽と結びついた感情的なものも明らかになってくる。

逆のプロセスを経て、何重にも似たような拡大化と深化が起こることもある。これは、自分の音楽即興を造形表現に変換するときおこり、上記の受容的音楽療法と同様な事態が生じる。視覚的なものに変換された聴覚体験をとおることで、音楽形態へより広い角度から接近ができるようになる。

ある意味で、楽器を組み立てたり創作することも、音楽療法における造形表現活動に入る。この文脈でいえば、自分でつくった楽器は彫刻の性格をとる。その音楽はその彫刻の言葉になり、しばしば音楽演劇に移っていく。最初に彫刻が芸術療法の手法のなかに取り入れられ、その後、媒体横断的転換のなかで音楽に導かれていくことも可能である。

パオロ・クニル Paolo J. Knill

相互音楽療法（IMT）

Intermusiktherapie

三名のロンドンの音楽療法士（Mary Priestley, Marjory Wardle, Peter Wright）が「相互セラピー」（Priestley, 1975）を開発した。

この上下関係にとらわれない治療方法においては、参加者（A、B、C）が交替で以下の役割を担当する。

	セラピスト	患者	スーパーバイザー
1時間目	A	B	C
2時間目	C	A	B
3時間目	B	C	A
4時間目	A	B	C

⋮

したがって各自にセラピスト、患者、スーパーバイザーがつき、同時に三名が規則的にこの三つの役割すべてを交替で担当することになる。

相互音楽療法では「みせかけの患者の問題」ではなく、自分自身の問題が音楽療法的に取りあげられる。さらに、この保護された環境において、特定の患者に試された新しい方法が、他の場合にも応用できるかという点について吟味されることが可能である。

スーパービジョンの会話をとおして、セラピストは以下の点で援助を受けることができる。

− 自分自身の問題と相手とのかかわりから派生した問題の素材を区別する
− これらの区別がうまくいかなかったときの不安を減少させる
− 自分自身の素材と自分の人間関係における問題の意味を、患者の問題という前後関係のなかで理解す

る（そしてその反対も）

相互音楽療法、つまり上下関係にとらわれない「音楽療法士のための音楽療法」には、多方面においてストレスのかかった実践家や大学の講師のための、優れた精神衛生としての可能性がある。

さらに、定期的にスーパービジョンをしたり、スーパービジョンを受けることは、音楽療法のメソードを批判的に吟味し、さらなる発展を促し、そして各々が担当している患者の治療的概念を確認するための新しい機会を提供する。

ヨハネス・Th・エッシェン Johannes Th. Eschen

早産児に対する聴覚刺激

Auditive Stimulation
(Therapie nach Frühgeburt)

早産児に対する受容的音楽療法の手法では、刺激として母親の声が用いられ、子供の年齢が進むにつれて、父親の声も取り入れられる。

聴覚刺激は以下のようなさまざまな分野の研究成果にもとづいている。発達神経学的には、聴覚システムの個体発生（Rubel）と出生前に聴いた声の再認能力（DeCasper, Stern, Tomatis）の研究結果であり、発達生理学的には、子供の聴覚を刺激することによって、まだ未発達の中枢神経系の発達に感覚刺激を与え、その刺激が多くの機能を活性化するという推測である。また、発達心理学的には、母‐子結合の発達に関する知見（Klaus/Kennell）と子供の精神発達に対する母‐子結合の意義、ないしは乳児研究の結果（Stern）にもとづいている。

母親の声は子供の一次的聴覚表象の連続性を保ち、——関係をつくるという声の性質の視点から——早産（分離 Ent-Bindung）のあとで、新たな結合（Ver-Bindung）の空間を両者に提供する。

この治療的処置が母親を安定させ、子供が生後1カ月で、より早く発達するよう促進するということが、研究により明らかになった（Nöcker-Ribaupierre）。

聴覚刺激は、現在では多くの新生児集中治療室のルーチンな処置の一つになっている。それにもかかわらず、研究結果が示しているのは、今後の研究の可能性であり、とりわけ当該の子供と家族に対する心理社会的な継続的援助を最大限に行なうことの必要性である。

モニカ・ネッカー＝リボピエール
Monika Nöcker-Ribaupierre

即興

Improvisation

音楽療法の諸方法のなかで、楽器や声を用いた即興はある特別な位置を占めている。とりわけ能動的音楽療法を心理療法的に行なう場合、即興を用いた活動は、現在、ほとんど「標準的設定」のように見える（Makowitzki, 1995）。患者ないし集団は、治療者とともに、あるいは治療者なしで、構造付与的な事前の申し合わせ（演奏の規則、与えられた音楽パターン）のもとで、あるいは申し合わせなしで、たいていは楽器／音源に関する事前の知識をもたずに演奏したり、歌ったりする。折りにふれ、治療者による個人即興が行なわれる。

伝統的な即興芸術の様式と異なり、音楽療法における音楽のゲシュタルトは、ふつう、与えられた既知のもの（歌曲、器楽曲、和声の型）にしたがって即興されるのではなく、まったく瞬間的に、準備なしに、予測不可能なしかたで（"ex improviso"）現れる。演奏のあと、可能ならばふつう演奏の意味を探るための話し合いがもたれる。

音楽療法のなかで即興が有する価値は、ここ何十年かのあいだに急速な勢いで増大した。1958年に公刊されたドイツ語圏で初めての音楽療法論集『医学のなかの音楽』（タイリヒTeirich編著）においては、「即興」に言及した箇所は、事項索引でたった8カ所しか確認されない。当時前面に出ていたのは、音楽聴取および適切な音楽作品を選ぶことであった。

これに対して、たとえばブルーシアBrusciaが1991年にアメリカでまとめた症例集では、42例中22例において即興が音楽療法の方法として用いられており、それとともに「用語調査」（28カ所の言及あり）によれば、即興は、その症例集で最も頻繁に記録されている方法であった。方法としての即興のヨーロッパにおける普及度は、今日さらに一層顕著になっているようである。

いくつかの歴史的関連事項：1971年、イギリスの**ノードフ**NordoffとロビンズRobbinsは、『障害児のための音楽療法』（ドイツ語版、1975年）を出版し、みずからの経験を報告した。彼らの経験は主として即興音楽にもとづいたものであり、治療者と患者のあいだの音楽的・音響的相互作用とコミュニケーションにとりわけ注意が向けられている。

1970年以来ウィーン音楽大学音楽療法学科の指導者であった**シュメルツ**Schmölzは、同様に1971年から、能動的個人音楽療法および集団音楽療法に関するみずからのコンセプトを記述した。そこでは「音楽的パートナー・プレイ」のような即興形態が高く位置づけられている。

プリーストリーPriestleyは1975年、音楽療法に関する自身の方法を論述するにあたり、即興について、音楽のさまざまな応用形態のなかの一つの形態として報告したが、それでもそこに即興に関する彼女の熱中ぶりがすでに見

てとれる（彼女はとりわけロンドンのギルトホール音楽大学の教官の一人、作曲家アルフレッド・ニーマンAlfred Niemanに触発されていた）。何年かのちに彼女は、今度はほとんど確信をもって自身の音楽療法のありかたを以下のように定義づけた。つまり「治療者とクライエントが即興音楽の助けを借りてクライエントの内的生活を探求し、その成長準備性を促進させようとすることである。」(1983)

とりわけ音楽教育学（Friedemann, Meyer-Denkmann）やフリー・ジャズ、新音楽［＝現代音楽］（Stockhausen, Globokar）の領域に現れた多様な形態をもつ新しい即興運動（**音楽史における即興運動**の項参照）を背景にして、上述の著者たちは、自身の構想をもって直接的または間接的に、70年代から80年代にかけて発展しつつあった音楽療法の教育風土に影響を与えた。

そして今日、たとえ音楽療法と即興とのあいだの根拠関係がなお問いとして開いたままであるにせよ、「音楽的‐心理学的即興教育」（Schmölz）が中心的位置を占めていない養成教育はまず存在しない。

とくに必要なのは、即興することを心的活動性として記述し、その拠って来るところの脈絡を経験的‐心理学的に立証しようとするさらなる研究であり、一方「素材および関係的形姿」（Niedecken, 1988）という側面に注目しながら音楽的‐心理学的現象の特質を個別事例から明らかにする症例研究的記述である。そこには音楽的素材の特性（音、リズム特性、旋律特性、など）やそれらの意味に関する解釈学的‐現象学的研究、および音楽史的研究が含まれる。

治療にこの［即興という］方法を応用するための心理学的基礎づけは、それぞれの音楽理解により、また理論との関連や実践のコンテクストにより異なる。音楽療法的即興を表現の媒体、そして非言語的コミュニケーションの媒体とする現在の定義について、その根拠が問われなければならない。即興された演奏に何が表現されてくるのか？ いかなるメッセージが運ばれるのか？

心理療法的コンテクストにおいては、精神分析の自由連想という方法に立ち戻るのが早道である。精神分析の「基本原則」、すなわち頭に浮かぶことはたとえそれが当人には無意味と見えてもすべて言葉で言い表される、という原則に即して、それに対応した音楽療法の手引きにおいては次のように表明される。「われわれはふと思いつくことを演奏する、内面にあるもの、表現へと迫りくるものに規定されながら。」(Langenberg, 1992)

ここでも自由連想の場合と同様、目指されているのは、［無意識からの］より自発的な伝達形態を可能にするために意識の検閲を無効化すること、もしくは少なくともそれを緩めることである。この自発的な伝達形態においては、精神的なものの無意識的決定論が接近可能なものとなる。

患者は多くの場合、即興演奏の経験に乏しく、またなんら特定の取り決めや課題を与えられてもいないが、まさにそのことによって、治療者ないし集団とともに行なう演奏のなかに（もち

ろん、それ以外の演奏場面でも）おのずから「旧知の」関係や布置が生じてくる。

すなわち、転移‐逆転移‐現象を背景に、複合的な身体的‐動的関係状況としての**音響的光景**（Lorenzer）が描き出されるのである。それらは前言語的な「感覚的‐象徴的相互作用形式」として、意味深い患者幼少時の光景と結びつくことがある。「共同で行なう即興は、精神的な形態形成のもっとも早期の組織化を実現する。このような早期の組織化の構築からなる作業によってはじめて、発達の道が呼びおこされるチャンスが得られる。」（Grootaers, 1994）

幼い子供により知覚されるような質性を考慮すると、このような類同化が明らかなものとなる（Stern, 1992参照）。つまり幼少時の知覚の様相は本質的に、強度や時間形態（持続、リズム、テンポ、アッチェレランド、リタルダンド）、音高、音色などのカテゴリーに沿っているからである。

幼少時の相互的やりとりにおいて重要なのは、これらの質性を互いにかみ合わせつつ（繋ぎ合わせつつ、そして区別しつつ）同調させうる能力を子供および世話をする人物がもっているか（あるいはもっていないか）である。こうした体験のくり返しによって、持続的に、社会的知覚や自己感覚のかたちが明確にされてくるのだが、それらのかたちはとりわけ音楽療法における即興の状況をとおして、いわば「復活」させられ得るのである（Weymann, 1991）。

治療者の演奏は、治療的即興において、みずからの表現欲を実現させてはならない（禁欲Abstinenz）という点で、あくまで患者の演奏に方向づけられたものである。治療者はみずからの演奏能力をさながら患者への奉仕に使うわけであり、ある面では「共鳴的身体」のような一種の「浮遊する注意」をもって、患者のしばしば基礎的な造形的萌芽を受け入れ、展開させ、また前進させ、加工したりもする（Langenberg, 1988参照）。

こうして即興演奏は、対話とならんで（場合によっては対話に代わって）、また身振り表現や共にいることの雰囲気の観察などとならんで、患者の心的構造にとっての重要な探究・発展のフィールドとなるのである。

そのさい音楽療法的診断は、治療者ないし集団とともに行なう演奏に反映される関係状況の特質（たとえばくっきりとしている、ぼやけている、相補的である、回避的である、など）、プロセス・ダイナミズムの特徴（たとえば慣性、過度の動性、突破、停滞など）、および気分や雰囲気と関連して下される。

特別な技能を要するのは、批評的分析によりそのように解明された構造を、「症例」が提供するその他の「素材」（さらなる観察と情報、日常生活の過ごしかた、病気の症状など）、および治療課題と結びつけることである。治療者は**音楽的介入**のさい、これらの構造を、反復や変奏、先鋭化、コントラストづけなどの芸術類似的方法kunstanaloge Mittelnで捕らえる。その目的は、個人的な治療課題という意味でプロセスとしての治療を進行させ、

維持することであり、この治療の道はいかなるかたちであれ「〈変容して－くる〉つまり、他のものへと変容すること」（Anders-Werden）へ、そして体験と行為の新しい可能性へと続くのである。（【〈変容して－くる〉】の項参照）

即興演奏の大きな効果は次のことにもとづいている。つまり、「即興演奏により、以前の感情が再生し、また新たな感情も目覚めさせられるという体験世界が出現する。……即興は**ゲシュタルト形成**、そして**ゲシュタルト変転**への絶え間ない希求である。このプロセスは精神的問題、身体的問題、そして社会的問題をひとしく突き抜ける。……即興のプロセスには、現在の体験を活性化し完全なものにする基本的な力が備わっている。」(Hegi, 1990)

音楽はけっして直接言葉へと「翻訳」されないので、音楽療法の実践においても研究のためにも、音響的－音楽的素材の分析が特別に重要な位置を占める。質的研究方法は、現象学的、（深層）解釈学的、ないし精神分析的な研究アプローチにより、音楽療法の即興の多様性・多義性を把握し、理論的見通しへと結びつけるための、明らかに最も適切な方法である。(Tüpker, 1988; Niedecken, 1991; Langenbergら, 1992)

エックハルト・ヴァイマン Eckhard Weymann

即興表現

Improvisationsgestalt

音楽を精神障害の治療に導入することは、音楽は音の言語であり、しかも感情の言語である、という理解に基本的に基礎づけられている。感情は精神的なものの表現そのものと絶対的にみなされるため、音楽はまた格別に次のことに適しているように見える。つまり「病んだ」感情をともなって対話のなかに到来し、そのことをもって治癒へと貢献することに。

歴史的側面

音の言語としての音楽の理解は、作曲家がみずからの思考や感覚を表現するために、詩人が言語を使用するように音を使用するという心証から発している。ある作品の旋律法、リズム法、和声法は、ただの表現手段であり、すべての音楽的ゲシュタルトはある芸術的イデアの現象形態にすぎない。「穿たれた木、黄銅線とガットの枠の上に織りあげられた、数的比例関係をもつみすばらしい織物。」（Wilhelm Heinrich Wackenroder : Phantasien über die Kunst für Freude der Kunst, 1799)。「真の」内容はつねに楽譜テクストの背後に見い出される。

こうした見方の原因は、音楽がハルモニアHarmonia、リュトモスRhythmos、そしてロゴスLogosにより

構成されているという、プラトン以来ほとんど19世紀にいたるまで通用した音楽の定義である。

この場合、ハルモニア $\alpha\rho\mu o\nu\iota\alpha$ のもとに音や音の継起の秩序が、リュトモス $\rho\upsilon\theta\mu o\varsigma$ のもとに時間のなかでの運動の秩序が、そしてロゴス $\lambda o\gamma o\varsigma$ のもとに言葉が理解された。音楽に要求される内容は、ただ言葉をとおしてのみ与えられた。つまり、音楽はつねに、言葉の意味と効果を強めるための、歌詞につけられる背景音楽であらねばならなかった。純粋な器楽曲は――もちろん、それはすでにいつも存在していたが――、たとえば舞踊音楽、軍用音楽、典礼音楽、食卓音楽などのように、つねに特定の機能と結びついており、二流のものとみなされていた。

18世紀の器楽曲がより自立した形式（たとえばソナタ）を発達させていたときですら、この音楽に期待されていたのは、それが音楽外のもの、たとえば概念的にはっきりと把握されるべき感情（【情動性】の項参照）の描写や、絵画的な情景（たとえば羊飼いの牧歌）などを模倣しているということだった。

ロマン派時代に自己意識をもった自由な市民階級が出現してはじめて、器楽曲は現実に純粋音楽、つまり自立した音の芸術へと発展した。そしてはじめて、ならばこの絶対音楽の本質はいかに定義されるべきか、という美学的問題が意義を獲得する。音楽の重要な構成要素としてのロゴスのイデアはそう容易には放棄されえない、ということが明らかになる。それゆえひとは音楽的言語という考えをさしあたって手放さないのである。

「音楽とは、音の調節をとおして感覚を表現する芸術である。それは感情の言語である。」（C. F. Michaelis : Über den Geist der Tonkunst, 2. Versuch, 1800）

逆説的なことに、音楽が自立的な芸術として、あらゆる音楽外のものへの依存やそれとの混合からまったく自由であるという主張は、この主張の正当性を認める努力のなかで、すぐさま精神的な内容――それはまたもや純粋に音楽的なものから外れていく――を求めてしまう。こうした内容を、ひとは作曲家が音響をとおして語らせるところの、最も内面的な思考や感覚の表現のなかに見い出そうとする。音楽は、こうして言明できないことを言い表すことが可能とされてしまうのである。

形式の美学 対 内容の美学

このようなロマンティックな内容の美学は今日でもなお非常に根強く、また、まったく本質的なところで今日の音楽療法への期待に刻印されている。このことは、言語的能力が抑制された患者についての要請、つまり患者は彼の感情を音楽で表現できるという要請にあらわれている。だが、これはしばしば患者の当惑につきあたる。患者は絶望的に断言するだろう、自分には音楽能力がないので感情を音楽的に表現することなどまったくできないと。

とはいえ、この「朽ち果てた感情の

美学」に対して、すでにずっと早くから異議が生じていた。「鳴り響きつつ運動する形式だけが、音楽のただ唯一の内容であり対象である」。ハンスリックE.Hanslickは、1854年に出版された音楽美に関する自身の著作においてこう確認した。

存在するものはすべて、みずからを暗示し教えているはず（ゲーテGoethe：自然科学論集。形態学）であるから、音楽の形式はたんに現象であるのみならず、すでに自身固有の本質でもある。その本質が現れるのは、時間や力、比率の可聴的な変化のさなかであり、膨れ上がり、急ぎ、ためらい、不自然にもつれ、ただ随伴する、等々の運動のさなかである。

ハンスリックによれば、音楽はけっして感情を表現せず、まして作曲者のそれを表現するものではない。また音楽は、聴く者に無媒介的に感情を呼びおこしもしない。そうではなくて、音楽を聴くこと、音楽のゲシュタルト形成を体験することは、聴く者に共運動を呼びおこし、この共運動は聴者のファンタジーを活発にする。ファンタジーはイメージを生産するが、このイメージの内的ダイナミクスがはじめて感情を解き放つのである。

音楽に本来的に備わる内容と誤解されている音楽の効果は、つまり、つねにその形式的構造が聴者によって具体的な、しかし完全に主観的なイメージへと転換されることにあるわけで、これらのイメージがはじめて特定の感情と結びつけられるのである。したがって、その効果もまた予測できない。なぜなら、同じ音楽がさまざまな聴者に異なったイメージを呼びおこすことがありうるからである。それらのイメージは、なるほど形式のダイナミクスにおいては互いに似かよってはいるが、個々人はしかし、感情的にはまったく異なったしかたで反応する。

スザンヌ・K・ランガーSusanne K. Langer（Philosophy in a New Key, 1942）は、この考えをさらに先へ進める。つまり、音楽は作曲者の直接的な自己表現なのではなく、心情的運動や気分、精神的緊張、決意などの形式化および構成化である。音楽がそもそも意味内容をもっているとすれば、それは意味論的semantisch（記号的）ではあるけれど、しかし症候的symptomatisch（作曲者の心情的状態の標識）なのではない。感情的内容は最高度に象徴的symbolischなものである。音楽は感情の治療薬でないのと同様、感情の原因でもない。音楽は感情の論理的な表現なのである。

人間の感情の形式は、言語の形式よりもずっと音楽のそれと一致するので、音楽は感情の本性をあるしかたで仔細に描出することができ、真正に開示できるが、言語はそれに接近しえない。音楽が反映しうるものは、感情の形態学Morphologieである。

ランガーの考察にならえば、次のような確信にいたることが可能となってしまう。つまり、患者の精神的構造を解明するために、音楽療法において彼らと共同即興することはあまり意義の

あることではない。というのは、治療者・患者とも、ただ精神的状態の形式のみを、みずからに固有の感情とはまったく独立に表現するにすぎないからである。

音楽療法のための帰結

実践において示されるのは、しかしながら、共同即興の形式的なゲシュタルトのなかに患者の精神的構造がとてもよく表される、ということである。その理由の一つとして、ここで問題となっているのが作曲された作品ではなく、自発的に生じてくる、そして創造の瞬間にもう演奏される音楽であり、この音楽においては——作曲と違って——評価したり選択したりという距離が少ない、ということが挙げられる。もう一つの理由は、音楽の専門的知識のない患者が、音楽の象徴的内容をよく知って演奏したり、音楽の形式言語の意味論を自由に使いこなしたりしない、ということである。

それゆえ音楽療法では、精神的ゲシュタルト形成と音楽的ゲシュタルト形成の一致を知るにあたって、もっぱら患者の独特な音楽素材の取り扱いによって彼の心的構造が音楽構造へと移し変えられる、ということを当てにしている。そのことだけでは、しかし、なお充分ではない。そうでなければ患者を一人で演奏させればよいことになってしまう。音楽的に熟練した治療者の共同演奏をとおしてはじめて——そのような治療者は、痕跡的にみずからを暗示している患者のゲシュタルト形成を音楽的に正しく解釈する術を心得ており、みずからの音楽能力で患者の即興作品にひとつの充分に意味深い形態を与える——、好機においても失策においても、患者の精神的構造を認識することが両者（患者と治療者）にとって可能となる。

精神的なものは音楽をとおして語るのではなく、精神的なものそれ自身が音楽的形式のなかに形成されるのである。

ティルマン・ヴェーバー Tilman Weber

【夕】

多感覚・治療・芸術
Polyaisthesis, Therapie und Kunst

たとえば、「ポリフォニー」は声部の量的多さを意味してはいない。（声部の多さということであれば、むしろ後期ロマン派のオーケストラや、オペラのスコアの「ホモフォニー書式」から知りうる。）そうではなく、声部の作用関係の質的豊かさをいうのである。すなわち数のうえで多声性を消費することではなく、（しばしばごくわずかな声部で）多声性のなかでのなされるあるひとつの相互作用の関係の豊かさのことなのである。

同様に、「多感覚［ポリアイステージス］」とは、多くの事物についての知覚をいうのでなく、諸感覚経験を結びつけたり、ネットワーク状に関係づけたりすることで、現象関係を「多知覚」することを意味する[1]。すでにアリストテレスAristotelesにおいて、「共通感覚」[2]が、目・耳・嗅覚・味覚を通じた共通の知覚を調和し、調整する（すなわち、まとめあげ、チューニングし、そして仕上げる）ことをつかさどっていた。

運動感覚や触覚についてもそうである。しかし、これらの感覚だけでなく、空間や時間に関する感覚、コミュニケーションや文化に関する感覚、比較科学や領域横断的な芸術に関する感覚なども、統合された意識や現実の複雑な経験に関わる勘を必要とする。

とりわけゲプサーGebser、ガーダマーGadamer、ローレンツLorenz、ポパーPopperらは、絶えずこのことを指摘してきた[3]。

「多知覚」すなわち多感覚［ポリアイステージス］は、領域横断的かつ超領域的やりかたで物事を相対化したり、統合したりするのに役立つ。そこにはより控えめに、より思慮深くする力がみられる。これは、あれやこれやのパースペクティヴひとつだけになじむようなものではなく、ゲプサーがいうように、非パースペクティヴ的‐間位相的思考を要求するのである[4]。

このことはまず、ヴィクトール・フォン・ヴァイツゼッカーViktor v. Weizsäckerの次の洞察に通じるものをもっている。すなわち、相互関係にある身体と心を探究するには「説明科学」では充分でない。乗り切らねばならない心の常軌を逸した状態をくまなく照らしださせるためには、芸術的統合、詩的予感や見方、想像力を必要とする、という洞察である。

それゆえ、二重、三重に複雑な教科である音楽教育も、音楽や音楽学だけではなく、知覚や形態化を通じた音楽的人間形成の理論や実践にもかかわるのである。芸術療法の場合、最終的に領域横断的性格が意味するのは、たんなる芸術的手法と治療的手法の共同作業ではなく、統合されたプロセスのなかでこの二つの手法がつねに同時に互いに関係し合うことである。

だから、科学的説明的理論から治療者が行なう素人芸術家的実践へ飛び越

えていってしまうのは、危うく危険だと考えられている。ヴァイツゼッカーによって強調されていた説明科学と詩的想像力のつながりは、ひき裂かれてならないし、治療者養成やその前段階の基礎に置かれていなければならないのである。

教授や授業、すなわち養成の準備段階や養成課程、継続養成課程のいずれにおいても、まだ研究のネットワークや組織的発展は定着をみていない。まずわれわれが［上記の課程で］学ばねばならない、なじみのない音やテクストや絵や場面に関する臭覚や味覚や聴覚や勘は、しばしば、音楽学者だけでなく、音楽教育者、音楽療法士もうろたえさせるものだ。

そうしたものを肌の下に取りこむ（ラテン語でintegumentum）とは、統合し、身体化し、内化することを意味するのだが、それは、損なわれることなくつまり完全無欠に芸術と生の技法へ、すなわち自然と人間形成をめぐる常軌を逸したものへ入っていくためなのである。

世界経験と自己経験および世界表現と自己表現の基礎的エレメントである芸術的統合を訓練するためには、複雑な探究が必要である。というのは一方で、芸術は善意の教授学者や治療者がナイーブにかかわってくることから距離をとりつつ、生真面目な構想の中途半端な道具になり下がらないようにするためであり、他方で、芸術が境界を越えて効果的な作用を及ぼすためには、スターや巨匠たちの反省に欠ける名人芸でも充分でないからである。

観想と技術、沈思と手仕事、両者とも芸術的‐治療的行為には同じくらい重要なのである。

この文脈においてこそ、1970年からなされている多感覚教育が、まさに、多感覚的気づきや世界についての感覚解釈の経験であることが理解される。それは、「能力」や芸術の領域、「形成すること」や教育の領域、「奉仕すること」や治療の領域で、人間的に開くことや想像することや受け入れること、および表現することや発見することや形態化することを通じて行なうものなのである。

研究や発展から得られた成果は、ザルツブルクの大学「モーツァルテウムMozarteum」にある独自の研究所や、これと協力関係にある多感覚教育国際協会を通じて情報交換されたり刊行されたりしている[5]。

以下では、芸術概念と治療概念の区別を批判的に再検討することが試みられ、そして多感覚教育がそこに関係づけられる[6]。

われわれは、芸術を、熟知や知識、または能力で可能なこととみなしている。芸術を営み理解している人は、その人の能力が向けられている対象を熟知していなければならないだろう。しかし、基本的にそうする能力がある、つまり「できる」人こそが「熟知している」のである。芸術Kunstという言葉は、古い意味の「できるKönnen」からきている。そして、これはもともと能力とか理解を意味し、知ることWissenや熟知するKennenことと密接に関連している。

「熟知」している人は、しかし人に「分からせ」「理解させる」ことができる人でもある。うまくなされえたものは、そのとき、明白で周知のものになる。そのとき、認識されたものが周知のものになったのである。すなわちこのように芸術は知識と知らしめることのあいだをとりもつのである。

しかしこの芸術の告白的性格がはっきりと強調され現われてくるのは、[時代的には] かなり遅れてのことである。それは、18世紀の終わりごろ、フランス革命に続いて、宗教的なものの世俗化過程がはじまり、世俗的なものの宗教化過程が招いた事態なのである[7]。

芸術（Kunst）がこのように営なまれるようになり、芸術家が芸術司祭や驚異の人に、そしてその儀式的演奏が巡礼 [の対象] になってしまう前には、つまり「自律的芸術」が宗教の代替物の意味で使われ、集合名詞単数形で使われるようになる前には、複数形の「諸技芸（Künste）」という言葉が存在していた。啓蒙主義はまだ「美しき諸技芸」をこのように芸術そのものとは理解しておらず、技芸の特殊事例として、つまり他の諸技芸と密接に関係するが、その技芸を他のものから区別するときに使っている。

詩の技芸Kunst、音の技芸、舞踊の技芸、舞台の表現技芸、絵画の描画技芸、彫刻、建築、造園術が「美しき諸技芸le beaux arts[8]」としてみなされていた。そしてわれわれは中世と古代の時代から、「三科」の技能と「四科」の能力からなる「自由七科Sieben Freien Künste」を知っている。そしてこの自由七科は、諸技芸artesとして「学問scientia」すなわち知識と「利用usus」すなわち知識の利用や応用のあいだをとりもつものだったのである。

しかしわれわれが諸技芸について語るとき、思い浮かぶのは、あの基本的でもあり分化してもいるような、また太古的でもあり現代的でもあるような性格をもつ能力のありかた、熟知や理解のありかたのことである。

われわれはそれを、フェンシング術や政治術、愛の作法や誘惑術、また生の技法や医術の特徴を成すものと考えている。こうした技法に欠けると、しばしばいわゆる美しき技芸の効果もまた失敗に帰し、愛するものたちの [愛の] 技芸の失敗は、医師の場合と同じく、めったに許されることはない。

生や、共同生活のときの技法上の失敗、自分を引いたり、共にいたり、向き合ったりするときの技法上の失敗、自己経験や自己表現のときの技法上の失敗、かたちづくったり癒したりするときの技法上の失敗、こうした失敗に向き合うことで遅まきながら、芸術概念と治療概念の区別分けに対し、批判的な姿勢をとる必要性がはっきりしてくる。すなわち、「美しき」技芸と「その他の技法」とは関連しあうのだ。

われわれが治療を奉仕と助力と理解し、治療者を驚異の芸術家とではなく、「現実をかいくぐっていく途上にある」（Wilhelm Salber）[9]人間の芸術的同伴者と理解するならば、われわれは [芸術から、現実に対して自分を] 閉ざしたり開いたりするしかたを同時に学ぶの

である。

　まず慎重に注意すべきことは、目的が明確なマッサージの処方や、薬剤の効能を利用するやりかたで、美的媒体は利用されないだろうということである。諸芸術＝諸技法Künsteの成立条件や作用の構造は、とくに何かの道具にされるには複雑すぎ、またデリケートすぎるのである。芸術家たちが毒にも薬にもならないようにされてないかぎり、芸術は制御しがたいままである。

　まさに「自律的芸術」が芸術史上特例だと認識するならば（それもこれに多くの疑いをもってみるならば）、何かの目的のため道具化され熱意をこめて処方される芸術は疑わしいものに思えてくるにちがいない。たとえば、宗教的内容が抜かれた礼拝用具［ロザリオや聖徒像など］のキッチュ、軍国主義的な図像象徴やテクスト象徴や音楽象徴、独裁者たちの専制主義的国家芸術のことなどを考えてみよう。

　重く感じられる事実は、利用された芸術はこうした種類の上演のさい、たいていすべて効果があったのであり、残念ながら成功したのであり、公正さと退廃についての、正常と異常についての、健康と病気についての明確な概念をもっていたことなのである。

　それゆえわれわれは、芸術で何かを「治療で」なくそうとすることには用心しよう。すなわち、その何かとは、ある種の人間、すなわち規範や基準、ものさしに異議を申し立てるような人間の、最も独自で本来的なものであるかもしれないからである。

　ヘルダーリンHölderlinやツェランCelan、ファン・ゴッホvan GoghやニジンスキーNiginskijのことを思い出してほしい。まさに、非悲劇的で非創造的に環境に従属し、従順に整序され順応し、動機づけのうまい教育者ややる気をおこさせる教育者によってあらかじめ計画され、よく計算された治療のセットのなかで訓練された人間、まさにそうした人間こそは、その適応形式においては他人によって決定されており、誤った治療をうけたのであり、驚くべき人生の戯れや深刻さ、例外的事例や人生の変転に立ち向かっていけないのは明らかなのである[10]。

　われわれが手助けし、奉仕する癒されねばならない人間において、すべての規範化と再復帰への試みが拒まれるのなら、まだ何が残っているというのだろうか。どんな技Kunstや生の技法が、幾重にも重く障害をもつ人に届くのだろうか。経験と表現、そして希望として残っているもの。それは、美的行為と瞑想を通じてなされるのではないか[11]。

　すでに、60年代の終わりに発展してきた一連のライン練習Reihenübungやコンタクト練習Kontaktübung[12]は、学習障害者とともに治療的にも試みられてきたし、70年代のなかごろ紹介されたインターアクションモデル[13]は、行動障害の児童や青年を含んだかたちでなされてきたし、そしてザルツブルクのアロイス・リンドナーAlois Rindnerによって作られた彫刻楽器や音の彫刻[14]も、治療的に試されてきたのだった。

　そうしたなかでも、医学、演劇、音楽を等しく学んだフライブルクのクラウス・トーマスClaus Thomasこそが、

知覚・表現あそび、感覚運動的聴覚的コミュニケーション・触覚コミュニケーション・オルフアクション的コミュニケーションのためのモデル、治療的ものの見方を（またアールガウAargauの町ライナッハReinachのLebenshilfeの協力のもとで）多感覚教育へと発展させたのであった[15]。

学校や特殊学校や障害者施設の領域では、オルデンブルクのヴィリー・ヤンセンWilly Janßen、ヒルデスハイムの二人、マリア・キーンホルストMaria Kienhorstとブルーノ・オイエンBruno Euenたちが、とくに音楽的即興劇で、長年有名であり、印象深い[16]。

ここ数年では、シンポジウムの成果として、臨床経験に関しては、チューリヒのハインツ・シュテファン・ヘルツカHeinz Stefan Herzkaとブタペストのキンガ・ホンティKinga Honthyが、音楽と美術に関する心理学的‐美学的基礎研究、および作用分析に関しては、ザルツブルクのクリスティアン・アレッシュChristian G. Alleschが重要な貢献をしている[17]。

最近では、ザルツブルクのヴォルフガング・マストナクWolfgang Mastnakが、とくに臨床実験をもとにしながら（そして膨大な教授資格論文の枠内で）「多感覚的療法」[18]の独自な研究プロジェクトと発展プロジェクトを展開した。

条件つきだがはっきり強調しておかねばならないことは、多感覚教育は治療者たちの交流のなかでではなく、芸術家や研究者や教師の交流のなかで展開してきたことであり、彼らがかかわっている活動として、音楽劇即興、オラトリオ即興、光キネティックアート的あそびや言葉の響きあそびTextklangspiel、合奏集団即興、ピアノ即興、音の彫刻あそび、彫刻楽器制作といった活動のほか、哲学的教育学的諸問題、美学や芸術作品制作や受容に関する教授学、カリキュラム研究が挙げられる。

彼らは、バウハウスやオルフやブレヒトの活動圏の教え子たちの圏内の出身者たちであり、芸術学、文化学、教育学の専門領域の出身者たちである。圧倒的に、オーストリア、ドイツ、ハンガリー、そしてポーランド、イスラエル、アメリカの学校および大学ならびに民間の養成施設や職業の出身者である。

だが、この多感覚的思考や行動は、治療的ものの見方をともにかたちづくってきた[19]。このことをもの語っているのが、ハイデルベルクの精神科医フーベルト・テレンバッハHubert Tellenbachと、心理学者であるザルツブルクのウィリアム・レーバースWilliam J. Reversとザールブリュケンのエルンスト・ベーシュErnst E. Boesch、そしてブタペストの病理学者アレクサンダー・コッホAlexander S. Kochらの、高等教育機関「モーツアルテウム」での招待講演や『ポリアイステージス』への雑誌寄稿論文である[20]。

多感覚教育の理論構築は、五つの定義の観点をもっている。すなわち、多媒体的‐芸術的観点、領域横断的‐科学的観点、伝統統合的観点、間文化的観点であり、さらに社会コミュニケーション的観点が挙げられるが[21]、まさにこの観点が本質的に治療的意味合いを内包していることが分かる。

1990年秋ミッタージル城でなされた第9回シンポジウムで、はじめてこれらの観点にテーマが捧げられた（多感覚教育国際学会の年次大会は［それ以降］しばしばこの観点にもとづいた問題圏を追及している）。その時のテーマとは「芸術を通して触れることと作用を及ぼすこと」[22]だった。

多感覚教育の五つの観点が、一元的知覚、価値中立的な知覚、非歴史的知覚、ヨーロッパ中心主義的知覚、孤立主義的知覚に反対する方向性を示そうとするならば[23]、美しき技芸は、人間が生きのびる技を鍛えるため生の技法に結びつかざるをえない。たとえば、これは、シェーンベルクSchönbergの『ワルシャワの生き残り[24]』のなかの叫び「聞け！　イスラエル」が意味している事柄と、なんらかわるところはない。バッハBachの精妙な芸術『ゴールドベルク変奏曲』、これは病弱なカイザーリンク伯の眠れぬ夜のために作られたものだったが[25]、これともなんら変るところはない。そして隣人の苦悩に同伴者として奉仕することと、サウロス王のためのダヴィデが奏でた竪琴の演奏となんら異なるところはない。

マルティン・ブーバーMartin Buberはサウロス本のドイツ語訳のなかで、この演奏を描写し、「精神を広げくつろがせるもの」として言い表わしている[26]。

ヴォルフガング・ロッシャー Wolfgang Roscher

多感覚療法
Polyästhetische Therapie

起源と発展

「多感覚＝ポリアイステージス」とは「多くの知覚」を意味する。「多感覚療法」が意味していることは、諸芸術の結合や、さまざまな感覚経路の全体をとおして成立する感覚的＝美的な経験に対するオープンなかかわりかたである。発展史的に見れば、多感覚療法は多感覚教育（Roscher, 1976, 1986）と関係がある。

多感覚教育の考えかたのなかには、当初より治療的な理念が含まれてはいた（Roscher, 1991）が、いつもまず教育特殊的な文脈のなかで（Mastnak, 1993a, 1993b）、また治療ならびに特殊教育的文脈のなかで(Kienhorst, 1983; Thomas, 1983; Euen 1991; Mastnak 1991a)なされてきた。

多感覚療法は、音楽教育や音楽療法も同じように利用している音楽それ自体にある、治療に重要なエッセンスを強調する（Mastnak, 1991b）。それゆえ、治療的次元は教育のなかに潜在的にいわば開拓されるべき可能性として再発見されるのであり、逆に教育的次元はみずからを治療のなかに見い出すことでもある。

増えつつある学校での精神病理学的出来事（不安障害、抑圧、依存、自殺傾向性など）は（音楽）教師にも結局

のところ治療的能力を要求するし（Mastnak, 1992a, 1992b, 1993c）、治療においても、望まれる特殊教育的なもの（たとえば文化的成熟を促すプロセス）は、治療者に教育的な能力を要求するのである。（【音楽教育と音楽療法】の項参照）

科学論的基礎

「多感覚療法は、ただその作用が及ぼす機能に価値があるのではない。それを越えて、多感覚療法は、世界像や、人間の見方や、人間の認識の可能性や限界、存在と意味といった形而上学的概念の問題圏とも本質的に強く結びついている」（Mastnak, 1994a, p.125）。人間の生が一回的で代替不可能なこと、このことが、内在的に決定されていること（テロスTelos：目的）と自己を自分で［自由に］決定していくことのくり返しのなかで、現存在の意味として課されてくるのである。

多感覚療法の根本にある二つの科学論的原理が伝統的（心理学的）科学とまず対立する。「現実は人間の心の把握力より"大きい"。……認識がその全体性を要求すること……は実際には不可能［である］。そのかわり試みられるべきことは、意識外の現実を表象するプロセスのなかで"本質的な次元"を形成することである。したがって"全体的に"の意味は、可能なかぎり最善をつくして現実を適切に表象することを目指している」（Mastnak, 1994, p.128）。

「本質的次元」と心理のなかの不鮮明な関係は対照的である（Mastnak, 同上）。「心理学理論がより（量的に）精緻になればなるほど、人間本質を捉えそこなうことが多くなるようである。……次の仮説がこれに続く。すなわち、人間の心を"科学的に正確に捉えること"と適切に表象することは、互いに"間接的にだがバランスをとりあうように"関係しあう、という仮説がひき出されてくる。……多感覚的‐療法的研究が努めて追及しているものは、きめ細かで批判反省的な立場であり、人間の認識と科学のモデル化の限界をわきまえた立場なのである。」

心理学的に「パースペクティヴ理論」という複雑なモデルが、多感覚療法研究の内部で展開してきた（Mastnak, 1994, p.136以下）。この理論は、あらかじめ人間として生まれつきもっている「精神身体的基本変数」（たとえば憧れ）からなるネットワーク状に統合されたシステムを人間とみる。だがその変数は、生が現実化されるなかではじめて具体的なかたちをとる。（たとえば「何かへの」憧れになったり、憧れ体験の特殊なかたちが生まれるのである。）

精神身体的基本変数は体系的にネットワーク化されており、そして、内部の願望は外部で実現されることを求めていく。（たとえば内部の形態化への意志は、外部での形態化プロセスを切に求めていく。）基本変数はさまざまな優位性や許容範囲を形成する。「攻撃」優位性が、許容範囲を越える矛盾と一緒になると、長く続けば、心理的／精神身体的障害にいたってしまう。

多感覚療法は、安易な同化や諦めや

無知を越えさせ、人間の内的なものと[外的]生活状況がよい関係を保つことをもたらす。そのさい、経験することと表現すること、感覚＝意味化すること（＝知覚経験と意味体験からなる全体的プロセス）と表出の根本原理が、治療もしくは直接な芸術的プロセスにだけ限定されない中心的役割を担っている。

哲学的基礎

多感覚療法は、まず、治療とは常に人格変容を意味するという立場から出発する。したがって、治療の適用は、「すべきであるsoll」と「であるist」のあいだに亀裂を生じさせることになる。

このことは、治療というものが、ある価値特殊的な人間像を内包していることを暗に示している。その人間像は人間学的に批判的に反省されねばならない。多感覚療法は、それゆえ、まだ治療開始の前に、治療の流れ、目標、結果に関し、価値批判的に、方法批判的に反省することを要求するのである。

したがって多感覚療法は、治療の目的を――まるでイデオロギーのように――循環的に定義する心理療法の諸形式の対極にあるとともに、見かけは価値中立的だが、暗黙然にみずからの価値を移し入れているような価値相対主義的な立場に対しても対極にある。

自分の立脚点を規定するため、多感覚療法の理論は五つの批判的次元を論じる。それらはどれも、健康と病気を公理的に固定化するドグマに対抗する傾向をダイナミックに助けるものである（Mastnak, 1991c）。その強調点はまず哲学的人間学に規定されており、芸術的にかかわっていくにはいろいろとふさわしくないと思われる因習的‐臨床的な精神疾患の諸分類（たとえばDSM III-RやICD 10）と一線を画している。すなわち、

自己・展開と人間の尊重。これは、人間に普遍的にそなわる法則的なものや個人の素質や個人の意志を尊重することで、現存在の意味を実現することをいう。

感覚＝意味化と形態化。これは、経験の全体的かたちと自己や世界との創造的交流を意味する。

自己認識と世界認識。これは、特殊人間的に知覚すること、相互に関係しあうこと、反省すること、こうした過程の全体を介して、現実を表象することを意味する。

自己同一性と対話。これは、みずからの存在を満たしていく体験や、文化的、自然的環境と感情移入的に交流することを意味する。

意味の実現と価値意識。これは、自分の限界を越えて認識し、受容的に、生の目標を定め、現存在の実現に個人的意義を与えるプロセスを意味する。

統合原理

もっぱら音楽を「利用する」治療の

考えかたとさまざまな芸術を一緒に使う治療の考えかたは、もっぱらただ聞くタイプのやりかたともっぱらただプレイするタイプのやりかたの関係に似て、対立している。これと比較しうる対立は、音楽を他の治療概念——たとえば心理分析や行動療法——に組みこむ傾向のものと、音楽自体のなかに本来的な効力を、すなわち「それ自体、治療的なもの」をみようとする学派とのあいだに存在する。

さまざまな心理療法の形式に関するしばしば概観し難いほどの抗争のなかにあって、多感覚療法はこの分離主義的傾向に対し特別な統合を要求する。このことで無反省、混合主義的に集合させることが試みられるのではなく、さまざまな発想の意義、やりかた、作用を関係させ、多元的現実のなかで心理的問題の解決に利用しようとすることが試みられる（Mastnak, 1994, p.133以下）。すなわち、

他の治療の発想を統合することと領域横断的な交流が、診断や方法や目標を批判的に反省し、また、それぞれの患者や文化にあった効果的治療概念を得るためになされる。

治療に関連する伝統への顧慮と文化人類学的統合が、われわれの文化内で心理的諸問題を扱い、伝統的発生的な「治療」経験を取り入れ、利用するためになされる。

文化横断的社会横断的な反省と行動が、「病」という、文化と社会に依存する概念を理解するためになされ、同時に、文化や階層に特有な［治療的］介入の形式を、この概念に関係させつつ治療的に解明していくためなされる。（【シャーマニズムと音楽療法】の項参照）

多感覚療法の五つの観点

多感覚療法の方法論や実践は、次の五つの基本的観点に導かれている。

多元感覚的・多元媒体的観点に立つことで、全感覚（見る、聞く、触れる、味わう……）と、形態化された媒体（音楽、ダンス、語、演劇場面、描画……）を治療的に尊重することが要求されている。知覚すること、表現すること、構成することが、この場合、ひとつの治療の作用範囲を成す。感覚性、表現性、環境への影響が、治療の達しうる「内」と「外」の境界面になる。

パースペクティヴ理論的観点（上記参照）に立つことで、診断、方法、目標の捉え方の心理学・理論的基礎が形成されている。

芸術的観点に立つことで、芸術的媒体を芸術不適切に組み入れているような中途半端な治療的介入形式（たとえば、他の何かと代替可能な仕事であったり、オペラント条件づけの強化としてだけであったりするようなやりかた）から、この多感覚療法は区別される。この観点が示している考えかたは、純粋に芸術的なもののなかで、はじめて、決定的に人間の心理的契機への関連が明らかになってくるのであり、これに対して、借り物の定型や音楽的些

末主義によっては、たとえば絶望であるとか、切実な渇望とか、不安といったものは表現できないし、処理することもできないのである。

価値批判的観点（上記参照）に立つことで、方法批判と目的批判が要求されている。この観点は、社会的、個人的、教条主義的（それが宗教によるものであろうが、イデオロギーによるものであろうが、治療傾向自体によるものであろうが）価値固定化を批判することに関係している。この見方に立っていえば、治療は治療それ自体において価値あるのではなく、生を経験し、生の意味を探究していくことに価値があるのである。

生の有意味性という観点は、多感覚療法的な治療介入を、たんなる構造やシステムへの方向づけを越えさせ、狭隘な人格中心主義を越えさせ、また治療を行なうことで現存在をたんなる世間づきあいの世界に戻してやるやりかたに対抗させ、人間的なものそれ自体の実現という意味における、人生の成功へ人を方向づけることを試みる（Mastnak, 1992d）。

方法と実践

多感覚療法は、人間学的反省と（とりわけ）精神医学的‐心理療法的実践のあいだの交流のなかから展開してきた（Mastnak, 1991d, 1992c）。

その方法的レパートリー（Mastnak, 1993d参照）は、もともと、特にヴォーカル即興や、楽器即興や、多元媒体的ならびに総合芸術的即興にその源をもっている。（たとえば心理的モメントを形成するものとしてのソロ・ヴォーカル即興、対話関係の実験の場であるデュオ即興、硬直した問題に観点をかえて接近する可能性を模索する、音と語とダンスと絵を相互に取りかえながら利用するやりかた。剥奪された人格と剥奪する生活状況を表現し、処理する試みとしての音楽劇的即興。）（**【シャーマニズムと音楽療法】**とくに「共感覚」の部分参照）

この場合、音楽的に媒介された意識変化のプロセスのモメント（Mastnak, 1992f）や、理性的自己反省と催眠状態に類似する感性的＝美的経験のあいだの対照的な相互作用（Mastnak, 1992e, 1993f）が重要な役割を担っている。

ここで事例をひとつ。

L夫人はここ6年ほど、彼女の生活を狭めることになってしまった、突然現われれめまいの発作に悩んでいた。それは、首と胴の境界線下の知覚マヒ、吐き気、コントロール喪失へのパニック、深刻な不安感をともなっていた。神経内科、内科、婦人科の説明は、器質的な原因はないというものだった。

非常に複雑な治療経過のなかで、ある感性的＝美的に媒介された自我経験が、転換点を与えることになった。すなわち、モーツァルトのフルートとハープのためのコンチェルトを聞いていたとき、L夫人は、彼女が表面的に「自己喪失」から自分を守ろうと、不自然なしかたで理性的な覚醒意識にし

がみついていたことに気づき、催眠状態に類似する感性的＝美的な「聞き-入る」状態のなかで、すなわち自我と音とが溶け合う状態のなかで、はじめて、その克服に成功した。

彼女は最後にその音経験を、黄金の温かな太陽として、下腹部で身体的に経験しはじめた。催眠プロセスのなかで、この音-温かさ-色-かたちは、首の領域に「移っていった。」そこで彼女ははじめて、ゆったりとした空間を、頭とからだのポジティブな結合を、とりわけ自己同一性に媒介された〈内-に-耳を傾けること〉を感じたのであった。

さらに共感覚的および象徴経験的治療が進んでいくなかで、病理学的な症状は減じていった。数カ月後、L夫人はふたたび仕事と普通の家族生活をはじめたのである。

ヴォルフガング・マストナク Wolfgang Mastnak

短期音楽療法
Kurzzeittherapie in der Musiktherapie

音楽療法は保健制度の領域に広まってきたが、その保健制度における治療概念は一般的に入院患者にとっても、外来患者にとっても、より短い治療期間を目指すものである。これにともない、音楽療法においてもより多くの短期療法が開発されるようになってきた。言い換えれば、音楽療法には言葉以前に「患者への接触を促す強力な力」があり、そのためにもともと短期療法の患者のためには有利なものである。たとえば、心筋梗塞後のアフターケアや、リハビリテーションの領域、外来医療を行なっている共同体の診療所、そして内科のような急性疾患の治療にあたる一般病院などで、入院中や場合によってはアフターケアとして音楽療法的なプログラムが、治療全体のなかに組みこまれる（Decker-Voigt/Escher他, 1995）。

かっては長期にわたる心理療法（特に精神分析の方向）が中心だった保健制度の領域では、将来はおそらく保健制度改革法によって、これまでより短期の治療法をとらざるをえなくなるだろう。保険会社からの圧力も大きくなるだろうし、だからこそ、短期療法と音楽療法の意義が問われてくるだろう。

心理療法における「短期」療法のかたちの意味を掘り下げてみると、ブラーザー／ハイムBlaser/Heimとその同僚たちは、「短期」とは「長期」の反対の意味として理解するものではないと述べている。さまざまな治療形態の心理療法の研究（特にSmith/Glass/Miller, 1980の研究以来）では、長期療法として精神分析的、つまり精神力動的な方法がおもに該当すると理解されてきたが、これも歴史的に見ると短いものである。

ウィーン（フロイトFreud）とバーゼル（ブロイラーBleuler、ユングJung）で最初に記録された精神分析は、今日の感覚では数週間から数カ月という短期療法である。治療過程が早く進みす

ぎることに対するフロイトの慎重さは、後になってから生まれたもので、四年あるいはそれ以上にわたる精神分析の成功にもかかわらず、1946年以来のアレクサンダーAlexanderやフレンチFrenchのような精神力動家は、他の治療構造を用いながら治療期間の短縮を試みてきた。

心理療法とその効果に関する今日の幅広い研究（Grawe, 1990年の800以上の対照事例）のすべては、短期療法と定義づけされた治療形態を対象とし、このような方法で実践している心理療法（家族療法、行動療法、身体療法、危機介入と集中的助言モデル）では20回から26回のセッションがもたれる。

短期療法という概念で名づけられた治療の多くは、精神分析的な背景をもった著者らによって代表され、したがって精神分析との重複が見られる一方、患者の問題解決において大きな違いもある。この問題解決という見解における相違は、その方法の描写において読みとれる。

たとえば、分析的な集中的助言（Y. Ahren/W. Wagner, 1984）がケルンのザルバーW. Salberによる形態学的心理学を背景として、〈問題に即した〉治療方法を考案し、長期治療のやりかたを変えずに、あるいはさらに、これまで慣れ親しんできた精神分析のセッションで補うのに対し、神経言語的プログラム（NLP）Neurolinguistisches Programmierenの多くの研究者は短期療法を目指し、その背景にある心理療法のシステムと、それに関連したエリクソンMilton H. Ericksonの概念である、〈**解決の強調**〉を追求してきた。

ドイツ語圏における音楽療法ではその大半が、さまざまなかたちで精神分析と密接な関係にある精神力動的短期療法の一つとしてとらえらることが多くなってきた。これは、患者の過去と現在の精神内部における人生経験を対象としている。短期療法の糸口はそのさい、防衛された事柄（不安衝動対内的心理のコントロール）におかれ、患者が現実を耐えられるものとして見ようとする試みを意味する防衛は重視されない。

「音楽短期療法」、あるいは「短期音楽療法」は特定の治療方法として特に明確に分類されたわけではない。しかし短期療法としてとらえられる数多い研究や文献が、良質の症例を掲載している（たとえばGrootaers, F., 1994）。音楽療法の短期治療が適切だと認められるためには、従来の診断方法では一部しか該当しない（精神神経症は治療可能、精神病は治療不可能、「自我が健全な神経症患者」は可能、それに対して構造的自我障害はほとんど不可能など）。

音楽療法も含まれる短期療法という枠組みのなかで、これまで以上に治療を受ける本人と、一緒に受ける患者たち一人一人の**治療に対するニーズとどれだけの治療が可能か**という点が重視されるようになり、あるいは患者たちの人生における新たな問題の出現によって、さらなる治療が必要になることもあるだろう。

ここで、これまでに記述されてきた意味での短期療法の概念に包含され、部分的には他の分類をされなければならない治療概念について触れなければならない。これは「短期療法よりもさらに短期」で、1時間から5時間というセッションに限定される(いわゆる「フラッシュライト・テクニック」、あるいは時間に限定されないSTAPP Short-Term-Anxiety-Provoking Psychotherapy、つまり1972年のSifneoによる短期不安喚起心理療法、あるいは1978年のDavanlooによる広角焦点短期力動的精神療法Broad-Focus-Short-Term-Dynamaic Psychotherapy、以上両者ともボストン在住で、ブラーザー／ハイム他からの引用)。

これらのテクニックの応用の違いは、一方では特定の診断(Sifneoは恐怖症の患者のみを対象とする)に限定したさまざまな時間の制限であり、他方では患者の防衛に対する初期の焦点のあてかたにある。

養成教示法においては、心理療法一般でも音楽療法でも、精神分析との関連で短期療法は例外であり、おおむね長期療法としてとらえられている。最初に述べたような状況の変化による圧力(保険会社／保険法、そして精神力動的な心理療法の観点からも、より効果的な治療に対する理解の増大)は、おそらく長期療法教示法モデルの他に「短期療法教示法」をももたらすだろう。

心理療法の実践におけるスーパービジョンの概念も、つねに時間の長さに対応するので、短期療法も音楽療法のスーパービジョンの現場で反映されることになるだろう。

ハンス＝ヘルムート・デッカー＝フォイクト
Hans - Helmut Decker - Voigt

聴覚器官
── その発達と意味

Hörorgan
: Entwicklung und Bedeutung

タ

耳(auris)は脊椎動物と人類に対をなして存在する、平衡覚と聴覚のための感覚器官である。耳は、外耳(耳介と外耳道)、中耳(鼓室と耳小骨)ならびに内耳(蝸牛と前庭)からなる。

最初の耳の基礎は、胎生の20日くらいに菱形脳の外胚葉両側の肥厚として現れる。この肥厚、つまり耳の母組織は陥入し、耳小胞をつくる。第5週には、それぞれの小胞は小嚢に分かれてそこから蝸牛管が成長し、卵形嚢からは前庭が発達する。このように生じてくる上皮性の構築物を、今日では迷路と呼ぶが、この組織は初期には結合組織のなかに埋もれている。この間葉が軟骨性の殻に変化し、骨化して骨迷路となるため、迷路は完全にカプセルのなかに存在する。聴神経に由来する平衡‐聴覚神経節という神経核が、ここにかたちづくられる。

第6週に耳小胞の嚢状の部分がその下極でチューブ状のそとへの折り返し、すなわち蝸牛管を形成する。これは周りをとり囲む結合組織のなかを先

に進み、第8週の終わりまでに2回半の回転を完了する。

蝸牛管は軟骨のカプセルによってとり囲まれていて、このなかに第10週のあいだに空洞が発生し、そこから鼓室階と前庭階が発達する。蝸牛管は、この二つの階から膜で分離されている。下側の基底板は、蝸牛管を鼓室階から分離している。基底板の上に二つの縁ができ、外側は4列の毛細胞からなり、聴覚器官の感覚細胞である。それらは、蓋膜で覆われている。この感覚細胞とそのうえに乗っている膜組織そのものが、真の聴覚器官であるコルチ器である。それは18週から反応能力をもち、このため聴覚知覚は解剖学的にはこの時点から可能となる。

中耳には、耳小骨という音響伝達体が存在する。それは、第7週の終わりに出現する耳小胞の下半分の間葉の肥厚に由来する。9週の半ばにはこの肥厚からツチ骨、キヌタ骨とアブミ骨の軟骨性の前駆体が出現する。しかし、中耳は第35〜36週までは間葉のなかに埋もれて存在し、誕生までは液体のなかにある。その音響伝達体の乾いた状態での働きは、誕生後に達成されることになる。

次に蝸牛では音の分析が生じる。アブミ骨の動きは正円窓の弾性閉鎖をとおして、内耳において境を接しているリンパ液のなかで音量変動をもたらす。この音量変動によって、基底板は蝸牛管全体とともに、静止状態からずれる。

この基底板の膨らみは進行波のかたちをとり、さまざまな速度や射程で蝸牛の頂点のほうへと伝播する。そのさいに周波数に空間的分裂（分散）が起こる——高い振動数をもった波は基底部で、また低い周波数をもった波は蝸牛の頂点でその最大振幅をもつ。どの周波数もまた、各々の進行波の射程にしたがって、基底板のあるひとつの場所に写しとられる。基底板のずれと蓋膜の移動によって毛細胞が刺激されるのである。刺激は、ある適切な生物学的感覚細胞興奮と神経刺激の放電の型とによって変換され、聴神経からさまざまな神経節で神経を変えて側頭葉／大脳の聴覚野へと転送される。

活動への応答、また電気生理学的応答は、まず低い周波数と中等度の周波数にひき起こされる。蝸牛の分化としては、基底部か中間基底部が最初に発達し、最後に発達する蝸牛の部分が先端であるにもかかわらず、最高周波数への反応は最後に生じる。

ルーベルRubel（1985）によれば、ある特定の周波数域への感受性は、基底板のうえを移動するという。はじめには、低い音に蝸牛の基底部が反応し、そのうちに次第により高い周波数に反応するようになる。そこではどの基底板の感覚細胞も、聴覚野にそれを代表する細胞をもち、直接の刺激伝達をとおして決定されていくのであろう。蝸牛の基底領域と中間基底領域の感覚細胞は、発達の過程でだんだんとより高い周波数にも反応するようになってくる。この移動していく場所への暗号化の機能的な結果として、発達過程のあ

る特定の時点で、蝸牛の各部分と中枢神経系の各該当領域で、比較的低い周波数に対して反応するのである。そして成熟の進行とともに、成人での周波数帯ので、各領域がつねにより高い周波数に対して反応していく。

聴覚器官は音波によって成熟する。音波は羊水を介して子宮内に到達し、出生後は空気を介して固有の受容器官である内耳に達する。子宮内では、音波はとりわけ組織または骨を介して目的器官に伝わるため、出生後に耳道内耳を介して聞く場合と比べると、音波を少なくしか受容できない。しかし骨伝導のほうは、成人でも機能している。

ビルンホルツBirnholzとベナセラフBenacerraf（1983）は、出生前の胎児の聴覚能力を、まばたき反応の超音波記録を用いて研究し、第24～25週のあいだに初めての反応が観察されうるという結果を得た。この経験は、さしあたり28週以降にテスト状況で、まばたき反応が認められない場合は、重症の先天性の聴力障害や中枢神経系の発達に関係する障害が存在するのではないかということを示唆している。妊娠26週以降のさまざまな成熟度の正常新生児の聴覚誘発電位によっても、同様の結果が得られている（Laryら、1985）。

聴力スペクトラムに関する疑問は、まだ解明されていない。

この研究結果にもとづくと、早期の発達段階ではより低いもしくは中等域の周波数帯が知覚されると想定される。成人の可聴域（16から20,000Hz）および周波数識別能力に達するのは、1～2歳になってからである（Olshoら、1987）。

完全に発達した聴覚は、通常は声を発する能力と結びついている。声は聴覚の知覚できる周波数帯を含んでいる。

聴覚システムは、他の知覚システムと異なり、一方では運動と前運動中枢との連絡を有し、他方では視床を越えて大脳辺縁系と連絡のある下丘に最初の統合中枢をもっている。皮質のシステムは、この生物進化的に古く複雑なシステムから、後になって切り替わった。それは大脳辺縁系に対する下丘の影響が、大脳の処理から大幅に独立であることを意味している。であるから、現在最新の研究（Grothe）によれば、直接的で大脳から独立した伝達経路であって、自律神経的にだけではなく、情動的な、あるいは動機をもった行動様式（この行動様式は皮質の重度の侵害にさいしても維持されて残り、またはもし、皮質が完全に発達していないときに、系統発生的にも個体発生的にも、すでに機能する能力があるようなものである）にも、聴覚的な影響を及ぼすものが存在するはずだという。

それが、言語化によっては立ち入れない領域へ、音楽療法を適応する立場の基礎となる。それらは、昏睡の患者や、いわゆる失外套状態の患者のリハビリテーション、重症の知覚障害をもった患者の治療、自閉的な患者と早期産の子供との（聴覚刺激の）仕事である。

音楽療法的理解によれば、聴覚と精神的発達の相互依存が存在する。それは、とりわけ近年の学際的な経験的研究と自然科学的研究によって基礎が固められたものである。子供は、誕生のはるか前に、構造的にも機能的にも聴覚的印象を受け入れ、記憶し、思い出し、出生後には未知の印象を区別する準備が整っている。

であるから、精神的記憶痕跡は、子宮のなかのリズミカルな響きの時期にその始まりがある。そこでは、先天的な聴覚表象の基礎が築かれ、それによって主体的個人的経験の発達の基礎が築かれる。

本質的には母親の声により引き起こされる、子宮内のコミュニケーションの感情的な質が、[他者との]絆を生じさせるための精神内界の表象の発達において、重要な役割を演ずる（Nöcker-Ribaupièrre）。

モニカ・ネッカー＝リボピエール
Monika Nöcker-Ribaupièrre

調整的音楽療法（RMT）
Regulative Musiktherapie

これはシュヴァーベSchwabeによって開発され、1977年に初めて発表された「音楽療法の方法論」（Schwabe, 1986）の方法体系に属するものである。

RMTは心理療法の臨床において最も幅広く発展し、この方法体系における受容的な方法として、国際的によく知られている。

心理療法の臨床における1968年以来のRMTの応用とともに、この方法自体も発展してきた。1979年に出版された本に書かれているように、初めは心理生理的なリラクゼーションの領域にその目標が重点的に置かれていたかもしれないが、1980年代に入ってからは非常に強力で、深層心理学的な考えかたにまで発展した（Schwabe, 1987; Schwabe/Röhrborn, 1996）。

この発展は心理療法の実践における一つの直接的な結果であり、それと同時に心理療法の特性が実用的な科学であると理解するだけの根拠を与え、その科学的な正当性は医学的な有益性からくるものと見なされる。

RMTは、音楽鑑賞の影響下に置かれている患者の、徐々に強くなる自己知覚という行動原理に立脚している。受容できる知覚の内容と、受容できない知覚の内容の区別に向けられる自己の知覚は、体験したことの内容に対して、意識しながら積極的に自分の身を委ねるということをとおして現実化されるという行動の実現からなる。「受容されつつある知覚」はここでは、その場で、あるいはその前に生まれた考え、感情、気分、あるいは身体知覚や音楽から感じたことと関連しているが、集中的で意図的な努力は働いていない。

「受容されつつある知覚」に対立する例として、リラクゼーションや快適な感情への期待、重荷となる感情や考えを知覚したくない、押しやってしまいたいという気持ち、受容できない症状に関しての知覚の制限、そして最後に意識的、あるいは無意識的に内的な現実を忘れようとすることが挙げられる。

「受容されつつある知覚」はまた、鑑賞している音楽をとおしてリラックスし、「余計なもののスイッチを切り」、心地よい無難な感情が起こることに対して固執し、それだけに制限しようという期待によっても影響される。

期待したことが満たされないことと、内的、および外的な（聴覚の）現実があたかも本当のことであって欲しいという要求のはざまで、患者は比較的短い治療期間のあいだに、治療の対象となる、彼の防衛機能との葛藤に陥る。

RMTの経過におけるプロセスは、思考、感情、気分、身体、音楽に対する知覚の区別化の進展によって定められるが、受容できる知覚の増大、そして受容できない知覚と体験の領域を正確に理解することによっても可能になる。

患者にとっては、感情‐反応‐症状‐症状の程度という関連を直接体験することで、意図的で治療的な自己への影響を及ぼす経験の幅を広げることが可能になる。

シュヴァーベと彼の共同研究者によって開発された音楽療法の因果原理（**音楽療法の因果原理**】の項参照）に即して、ここで記述された治療原理は、「知覚指向的行動原理」のカテゴリーに属する心理療法の「症状中心的行動端緒」と一致する。

RMTのために使われる音楽は、内容が豊かで多重的な構造をもった「芸術」音楽からなる。各々の音楽の選択において、音楽構造、集団の状況、グループの参加者の状態、意図された活動の方向性、起こりうる反応などに関して、セラピストが高度の知識をもたなくてはならないということが要求される。

音楽は、音楽をとおしてひき出された感情や、思考や、身体の反応に関する知覚を広げるという機能、そして一方では音楽自体が構造化された対象物であるという機能を備えている。

RMTは原則として集団療法として行なわれるが、何よりもグループの参加者同士の体験の交換を可能にするという集団機能が内在する。そのさい、「クローズド」［参加メンバーが固定されている］のグループがよいが、これは一人一人のグループメンバーにとって、同じ発達の前提条件を可能にするからである。

しかし、診断上の理由から集団療法が不向きであるという患者のためには、個別のセッション（患者とセラピストの2名で）が行なわれることも増えてきた。

治療の全体は二部から構成され、一つは音楽を聴取中の知覚というプロセスであり、もう一つはグループメンバーが知覚の内容を描写するようにと促す、グループのセラピストによってリードされる会話である。ここでは、解釈や原因として何が背景にあるかという質問はすべて避けられる。

グループワークは、グループのリーダーとして積極的に機能するという明確な課題を分担する2名のセラピスト、および観察をし、ときには患者を守る役割を担う助手によって進められる。

治療のプロセスは医学的／治療的な枠組みにのっとり、およそ30回から50回のセッションからなる。

この治療的プロセスでは、レアボーンRöhrborn他によって開発されたEBSという方法による経過診断が併用される（【集団心理療法における治療評価——EBS判定用紙】の項参照）。

知覚の区別化のプロセスは、以下の課題をテーマとして「ステップ」を意図するグループリーダーによって六つの段階をとる。

1 集中したり価値判断をしたり抵抗することなく、体験したことの内容を多様に、かつ幅広く気づくように促すこと。

2 知覚したこと一つ一つの部分を言語化して描写することで、より明確にしていくこと。

3 一つの知覚に対する感情的な反応を描写するように促すこと。自分との関連、知覚したことに対する内的な反応と、逃避、抵抗、闘いなどの行動パターンを認識すること。

4 受容できる知覚と、受容できない知覚を明確に区別化し、それを描写すること。

5 受容できない知覚をより明確に区別化するよう促し、訓練の方法を説明すること。

6 訓練プログラムに意識的に参加し、またグループのプロセス以外の場でもそれを応用するように促すこと。

グループを解散する前には、それに向けての準備が必要である。

上記の「ステップ」の内容は方向づけであり、教義ではない。タイミングや発達のための内容は、つねに具体的な治療集団が決定する。このプロセスをできるかぎり的確に認識し、それに反応していくことこそ、グループリーダーにとっては本質的、かつ困難な課題である。

適用、禁忌、実際にはない適用についてここで詳しく紹介することはできない。同様に、医学的な適用範囲についても紹介できない。どこで適用すべきかということは、病像によってというよりは、症候群によって定められる。

適用例
— 障害や病気を克服しなくてはならないということに関するあらゆる不安
— 病気の結果としての、体験や気づ

きの能力の制限や低下
- 自律神経の調整不全
- 薬物の乱用、充分な休養をとるだけの能力の欠落、身体症状の否定などといった、病気や社会的な人間関係に対する問題行動
- うつ的、攻撃的、諦観的、心気症的な反応といった、病気や病気であることに対する緊張をともなう間違った対処
- 心理的性的障害の結果や、表現としてののめりこみからくる障害

禁忌としては、何よりも自傷だったり自殺の可能性がある状態、重度の急性期のうつの状態、そして極度の不安が挙げられ、さらに困難で解決不可能な葛藤状況と、深刻で内層心理的な性質の人間関係における問題、そして最後に急性期の精神病の症状がある。

些細な症状における適用領域はない。原則として、どのような症候群に対してどのような方法で治療にあたるべきかという、個別の病態が診断的に明らかにされないうちは、適用範囲は定められない。

クリストフ・シュヴァーベ Christoph Schwabe

治療空間
Spielraum

ここで考えられているのは、人間の実存的欲望というあの心的次元である。それは膨張する充分な可能性を有し、一方、見捨てられる不安から身を守るための充分に認識可能な限界をも有している。ここで問題となっているのは、この［欲望の次元のもつ］拡大と制限という両極的性質である。これらの両極的性質は精神的‐身体的柔軟性を欠いて強直してしまうことがあり、また［両極間を］揺れ動くことをせず、互いに敵対的な分裂状態に陥ってしまうこともある。

——音楽には演奏空間が必要である。この演奏空間のなかで、音楽の音とリズムは最もよく展開される。またこの演奏空間は、自身の空間的境界とその反響作用により、音楽的処置の助けとなる。同様にまた、あらゆる精神的・感情的プロセスも、保護的であるという前提をもち明瞭に危険を知らせるシグナルをもった、それ自身の傾向に相応しい演奏［治療的］空間を必要とするのである。

——人間は、生得的そして習得的な適性をとおして、みずからの可能性によって、自由になったり狭められたりもする（それ以上でも以下でもない）人生の空間を自由に生きている。

人間の最初の演奏空間は**子宮**である。拡大と制限は現実的、時間的、身体的な尺度をもっている。しかし、空間を越えて出ようとする根本的な傾向、ときにはすでに病理的な意味で分裂しようとする傾向がすでに備えられている。力と無力とのあいだのバランスは容易に不安定化し、分からないうちに刻印が押されてしまう。楽園か地獄かという感覚の質は、ここにその起源を求めることができる。

心身がいまだ分かたれていない、生まれる前の現存在において、在か不在か［という問題］がここで決定される。母親、父親、そしてその他の実在する物事の存在によって、この［生まれる前の］現存在の権利が与えられたり剥奪されたりする。

最初の、われわれにとって一層重要となってくる発展・制約の空間は、幼少時の**前言語期**である。この時期に、われわれが音楽療法で扱うことになる大多数の精神的欠損が生じてくる。それらはしばしば、すでに子宮内で、そして周産期に起こった母子関係の歪みをもとに生じる。病因論的な単純化した区別として、われわれは、**欠損Defekte**および精神的不足現象の成立をこの前言語的領域に求め、これに対して神経症的な**葛藤Konflikte**の成立は、言語や思考、意識の構成される時期に求める。

この欠損グループ、つまりいわゆる早期障害をマイケル・バリントMichael Balintは基底欠損Grundstörungenと呼んだ（Balint, M., 1968. *Therapeutische Aspekte der Regression.* Die Theorie der Grundstörung. Stuttgart : Klett. 日本語版：治療論からみた退行——基底欠損の精神分析. 中井久夫訳、金剛出版、東京、1978）。

早期障害frühstörungenの成立について、ゲラルド・フォン・ミンデンGerald von Mindenはこう説明する。早期に自我が**構築**されるにさいして、［複数の］欠損箇所、すなわち互いになんの関係ももたない小さな自我の孤島群が出現する。この危機的な自我——それは当該者に［脈絡を欠く］飛躍性と唐突な失見当識をもたらすのだが——のもと、彼らは激しい拒絶と融合願望とのあいだを、また理想化と価値の切り下げとのあいだを行き来しながら危うくバランスを保っている（Minden, G., 1988. *Der Bruchstückmensch.* Psychoanalyse des frühgestört-neurotischen Menschen der technokratischen Gesellschaft. München, Basel : Ernst Reinhardtによる）。

これらの感情領域の障害、および［他者との］関係障害は、従来の神経症学説における古典的な［疾患］配列体系の分類から大きくはみ出している。それらはわれわれに、何処にも所属しておらず、考えられてもいないという瀰慢ﾋﾞﾏﾝ的な不足感を覚えさせる。バリントが言うように、それらの障害に大人の言語はなお相応しくない。それらに宿命的に相応しいのは、音楽療法の治療空間で**両価的な葛藤**に取りくむことである。この両価的な葛藤は、自立への衝迫と依存衝動の板ばさみ的状況に出現し、1歳から3歳までの幼児期を特徴づけるものである（Rohde-Dachser, C., 1979. *Das Borderline-Syndrom.* Bern : Huber）。（Asper, K., 1991. *Verlassenheit und Selbstentfremdung.* Neue Zugänge zum therapeutischen Verständnis. München : dtv）。

音楽的治療空間は、楽器のある部屋という以上のものである。それは漠然と想い出すことができ、ときにはある音、あるリズム、あるメロディのなかにパッとひらめく、あの［人生］早期の雰囲気の一部である。この治療空間

は、幼いころ理解されず、安住できなかった者に、まずもって暖かく、忍耐強く、寛容に、不安のない、労苦なしの住みかを提供する。この住みかのなかには子供の遊ぶような状況が用意され、何をしても罰せられない自己決定の試行錯誤が行なわれる。

治療空間は、まだ束縛されていない無邪気な創造性とイマジネーションがくり広げられる行為空間へとみずからを開いている。なぜならこの空間における言語は（人生の始まりにおいてそうであったように）［他者との］結合願望を満たすことのできるリズムと音だからである。これらの「言語」は、一次過程的な、早期の母子間の意志疎通［手段］にきわめて近い。音、リズム、そして触れ合うことは、退行へと招き入れようとする音楽療法的治療空間におけるコミュニケーションの媒体なのである。

こうした設定のなかでの**治療者の課題**は多様である。治療者はこうした空間、「言語」、および雰囲気を創り出し、創造的に演奏・遊戯できるよう励まし、みずからの共鳴機能により限界を押し拡げる、つまり信じることのできない「子供」に回答を与える。

治療者は治療空間における母性的中心Matrizentrumであり（もちろん男性治療者もそうあることが可能であるし、そうあらねばならない。というのは、母性中心的音楽療法のみが、早期に障害された固着の治療と解決に対して効果をもちうるからである）、演奏の場の周辺に座って眺めるのではなく、一緒にそこに入りこみ、演奏をともにする友人となり、憎しみや愛の爆発のなかで［患者が関係を］試みる対象者となり、また早期障害者の部分自我複合Teil-Ich-Komplexeを結び合わせる者となることを申し出る。

治療者は治療空間のなかで、成長しつつあるすべての生き物がその成熟に必要としている、愛に満ちた、成長促進的な雰囲気を提供するのである。

ゲルトルート・カーチャ・ロース
Gertrud Katja Loos

治療的愛
Therapeutische Liebe

われわれの臨床において援助を求め、病態の根底に神経症的な障害がある心の病をもった人の多くは、おそらく愛情の乏しい環境に育ってきたと思われる。これは行動や姿勢、夢や不安、答えを言うことができる、あるいは黙ってしまう、ということで明らかになる。

響きの効果を応用した音楽療法の臨床のなかに、これらに対する明確な鍵が見つかる。生きていくうえで必要な根元的な信頼を充分に形成するために、過去の生活空間が愛のある空間として、**a** されていたか、**b** 利用されていたか、あるいは子宮がその生物的な機能を果たすうえで、たんなる無関心な環境として、子供を子宮のなかで育てる、栄養を与える、暖める、呼吸させるだけで、母親が当然するはずの充分な愛を注ぐことができなかったの

か、あるいは（これも響きとリズムの試みのなかでわれわれが診断できるのだが）、生きることへの拒否、精神病的な判断の誤り、絶対的な存在不可能という不幸な空間に胎児がいて、そのような状態で彼の最初の否定的な成長と学習の体験を、9カ月にわたってしなければならなかったのかということだが、これらのなかに上記の鍵が明確に存在している。

これらすべてのことを、音の大きさ、くり返し起こるパターン、響きを受け入れたり拒否すること、リズム的なショックや激しく［楽器を］叩くことのなかに聴くことができるし、涙、視線をそらすこと、身体の硬直のなかに見ることができる（ことを学ぶ）。ある患者は提示されたリズムに対して「私をただ丸めこもうとしているのですね」と言い、ゆったりとしたメロディの連続に対しては「叫ぶこともできるけれど黙っています、涙の最後の一滴まで枯らしたほうがまだましです」と言った。ここから、過去の診断では明らかにできなかった子供の死を想像することができる。

われわれが意識の限界を、「知識」というまやかしの世界を越えて発達させたら、聴く、つまり耳を澄ます、よく聴く、そして最後には聴き入れるということができるようになる。これは愛の無数の局面の一つである。多くの地方で、知覚は性交と同じ意味にとらえられている。人の言うことを聴き入れるということは、これに似た親密さと官能を備えている。行動もそれに属する（妊娠中でも音楽療法においても）。

つまり、希望と成功を感じさせること、成長しつつある人の進行と自主性を準備する、避難場所を守る（音楽療法では演奏する空間）ということである。「愛とは、価値を尊重し、繁栄を望むというスタンスをもちながら、肯定する、ポジティブであるという姿勢である」(Scharfetter, Chr. 1983, *Eros therapeutikós*. 治療における愛と倫理、PPmP, 43, 254-261, Stuttgart, New York: Georg Thieme)

愛される対象、つまり、あふれるほどの愛を注がれる人は、危機的状況においてでさえも、寛大さ、忍耐、寛容、いたわりという好条件に包まれて生きているが、これは非現実的な感情の高揚を感じ、一時的なものにすぎない「ほれ込み」とは異なる。後者はときに「二人精神病」という結果をもたらす。あるいはまた、乳児と母親という二者関係における特定の時期を思い出させる。

ほれ込みは、ある時期は当然である父親と母親への依存のように、見返りを求める依存である。これは、うまくいっているどの治療的関係のなかでも起こる一つの段階であるが、セラピストの課題はこの依存をより成熟した愛へとつなげていくことにある。

愛の寛容は、すべての体験と同じように、自分を発達させ、そこからさらにあなたへというステップにつながることを促すために、まず受け止められなくてはならない。感じることだけが表現をひき出すのである。母親から愛情深い環境を提供されなかった子供にとっては、人生において、愛し愛され

るということが難しい。

愛とは、情緒的な幸福と苦しみだけではなく、また一人の人や一つのものに対して熱中することでもない。極度の幸福感は愛と同義語ではなく、愛とは（エーリッヒ・フロムErich Frommによれば）人間の存在という問題に対する唯一の生産的で構造的な答えである。

課題としては、「子供」（治療のこの段階では、われわれは情緒の乏しい成人の子供の部分とかかわる）が自分自身のための存在、無条件で新しい方向を見つけられるような時間と空間という、愛のある空間を提供することである。それが母親の胎内であろうと治療的な人間関係においてであろうと、これこそが愛である。

この愛が重要な機能を有していることがつねに意識され、栄養が与えられ、あるいは場合によっては葛藤に対処することに不慣れで、自分のなかに閉じこめられている人の、拒否、破壊的な怒り、そして憎しみから守るための避難場所が提供されなければならない。彼の破壊性に耐え、それを理解する人に出会ったという体験を彼がし、その人が侮辱をしたり関係を中断しないことが、新しい愛と信頼のベースをつくりだす。

（子供の時代に愛がないまま触られた）身体の接触に対する（誤った）嫌悪感（【身体知覚】の項参照）は、身体が重要な一部である音楽療法においてもそうだが、どの治療でも当然の権利として考えられることである。聖書にもある、手を当てることは、一つの治療的な愛の行為であり、また時折起こる腕のなかに人を抱くこと、あるいは抱かれることも同様である。適切な程度が誤解を防ぐ。それなしには愛が考えられない身体的な接近によって起こる官能は、体験され学習されなくてはならない。これが外の世界に移行していって、自身の自由な愛において役に立つことが可能になる。

性的なものと混同してはならないが、愛の一部としての官能は接触したい、抱きしめたい、一体になりたい、そして所有したいと願う感覚である。今日では非常に表面的にしかとらえられていない官能的な興味は、治療の一部として取り入れられ、コントロールされなくてはならない。精神化されたかたちでは、これは、「エロスの宇宙的普遍的次元」（Scharfetterによる）であり、プラトンPlatonは「癒すことと癒しをもたらす力を表し、すべての生き物、つまり動物、植物、大地、あらゆる生きているものに影響を及ぼす」ものであると描写した。

音楽においても同様である。音楽を聴いていると、しばしば官能的な身震いが体と心を走るし、われわれは拍を刻む音楽に合わせて無意識に体を動かしたり、踊ったり、他の人の表情がオープンになっていたり、深く感動しているのを見る。音楽はこの反対の効果をもたらすこともあり、人を誘惑したり、狂信的にさせたり、集団妄想にまで駆り立てたりする。

母親の愛という見方から、子供を妊娠し、栄養を与えているものはすべて、

生物心理社会的な状況として記述されてきた。しかし、父親の愛で補足されないと、母親の愛は不完全なままで終わってしまう。これでは発達の停滞と母親の錯綜傾向という危険に陥ってしまう。父親の役割が妊娠中と授乳期間中に目立たなくなる、いや、目立たないように見えると、子供をつくるという喜ぶべき行動のあとには、彼は自分が大して重要ではないという感情をもってしまう。彼の母親や、まだ生まれていない子供、あるいは［生まれた後の］赤ん坊に対する積極的な愛情は、表に現れる以上の影響をもつのである。父親は三者間でリードをする要素なのである。

言葉が出る前の子供の時間は、もちろんほとんど母親がともに過ごすことが多いが、父親とかかわるという時期が、遅くとも言葉の出現とともにくる。母親は子供にとっては命そのもののように思われるが、父親は子供を外の世界へと導いていくのである（エーリッヒ・フロムによる）。

ゲルトルート・カーチャ・ロース
Gertrud Katja Loos

治療と楽器

Musikinstrumente in der Therapie

音楽療法で用いられる楽器には、音楽的な素人でも感情やニーズを自発的に表現できるような特質が欲しい。そのために、演奏が簡単でありながら、同時に演奏者の多様な表現へのニーズと、技術的なレベルを満足させられるような響きを発する楽器が必要となる。

音楽療法の楽器群には、メロディ楽器、リズム楽器、和音楽器、音色が主となる楽器が含まれる。1970年代には、これらの楽器の多くがいわゆる「オルフ楽器」に相応した。オルフ楽器には、木琴、グロッケンシュピール［訳註：小型の鉄琴の一種］、ティンパニ、タンバー［訳註：小型の太鼓の一種で、鈴がついていないタンバリンのようなかたち］、ガラガラ［訳註：鳴子の一種で振ると金属製の固い音が出る］、クラベス［訳註：拍子木の一種だが、多くは円形の棒のペアからなる］、笛などが挙げられる。

これらの楽器に加えて、手作りの楽器も使われた。たとえば、輪ゴムを張った箱や音程に合わせて切られた竹の筒、そしてバケツ、やかんの笛、鍋のふたやいろいろな大きさのびんといった、生活のなかで音が出るものなどである。これらの楽器の多様性にもかかわらず、そのほとんどは打楽器に属する。しかし、音楽療法が深層心理学的な領域に踏み込めば踏み込むほど、演奏における体の動きに関連した情緒的な表現内容がより重要となってきた。なでる、揺り動かす、打つ、物を抱えるといった、演奏にともなう身振りに隠されたシンボルが、治療中に得られる気づきや体験のレベルと密接に関わるようになってきた。

マリー・プリーストリーMary Priestleyは、フロイトS. Freudによって体系づけられた子供の性的な発達段階に合わ

せて、楽器のグループを分類した。打楽器は肛門期に、管楽器は口唇期に、そして弦楽器と［ギターやリュートなどの］撥弦楽器は性器期に相当するのである（Priestley, 1982, p.30）。わかりやすい例として、たとえばチェロの弦をこすることが挙げられるが、これはなでる／さするという動きを連想させるだけでなく、こするという動き自体も空間的に性器のそばで起こる。

治療で使われる楽器のシンボルとしての意味と、その演奏法の意味については、デッカー＝フォイクトDecker-Voigtによる『魂から奏でる』（日本語訳版：加藤美知子訳、人間と歴史社、東京、2002）のなかで詳細に記述されている（Decker-Voigt, 1991, p.255～257）。

ヘーマンHöhmannは、被験者を対象にしたアンケートにおいて、aいくつか用意された楽器に感情をあてはめ、bそれらの楽器によって引き起こされる連想、思い出、気分、動物との比較を挙げるよう指示し、その結果を分析した。このことに関する木琴の例を使った詳しい記述がある（Höhmann, 1988）。

クラウスマイアーKlausmeierによれば、人には音楽的に表現したいという欲求がある。彼は、楽器がからだに近ければ近いほど、しかも演奏が多くの動きをともなえばともなうほど、その楽器から得られる快感は大きいという前提条件があると述べた（Klausmeier, 1987, p.126）。たとえば、フルートは親指を口にくわえるようなかたちで演奏される。打楽器は腕を大きく伸ばした反動で、しかも力強い動きをともなって演奏される。

体から遠い位置で、しかもあまり動きをともなわない演奏は、大きな快感をすぐにはもたらさないが、幅広い表現のスペクトルと、それによる高度な音楽的な満足によって埋め合わせられる。たとえば、ピアノは指先だけで演奏されるし、木琴にいたってはマレットという道具を使って、楽器には間接的に触れるだけである。しかし、音が順番にしたがって配列されていることと、演奏が容易であるということで、多様で心地よい音の表現のヴァリエーションが生まれるのである。

音楽療法用の楽器の一部には、強い攻撃的な発作にも耐えられるほどの、頑丈なものが必要である。この要求を満たすのが、コンガ、ティンパニ、ピアノ、そしてバラフォンというアフリカの木琴［訳註：西アフリカの楽器で、ひょうたんに蜘蛛の巣を張って、共鳴体としている］である。

楽器演奏のさいに使われる力の程度と、その結果として生じる音の関係も興味深い。たとえば、ドラは小さな動きでも大きな音を出す。これは音を出すというよりも、むしろ楽器の中から音があふれ出てくるような感じがする。その反対に、アフリカの太鼓の一種のジャンベでは、音を出そうとして費やしたのと同じエネルギーが、演奏者の体や手に返ってくるのが感じられる。

これらの考察と体験をもとにして、音楽療法のための楽器が1980年代半ばから新しく加えられるようになった。他の文化圏からの楽器がより多く使われるようになったのである。たとえば、

アジアのドラ、アフリカの太鼓、日本の弦楽器である琴などである。これらの楽器には、まず珍しいという点で人の興味を引き、［演奏者にとって］新鮮な音を出し、ときには古くからの儀式のなごりや神秘的な力を感じさせるという利点がある。

さらに、楽器製造において、自然の素材を使い、それによってより心地よい感触が生まれるような工夫がされることも多くなった。たとえば、スリットドラム［訳註：木製の箱の上の面に、いくつかの切り込み（スリット）が入れられ、叩く部分によって音の響きが異なるドラムの一種］やカンテレ［訳註：木製の小型のハープの一種］の、なめらかな表面と丸みを帯びた角は、触ってみようという気を起こさせる。触ってみれば、心地よい体験が得られるだろう。また、治療用に特別に工夫された全く新しい楽器も生まれた。たとえば、オーシャン・ドラムは両面に皮を張った太鼓の一つだが、そのなかに無数の金属性の球体が入っていて、太鼓を動かすことで海の波に似た「うっとりするような」音を出す。

主に催眠療法の領域で新しく開発された楽器として、特別にしつらえられた寝椅子式のモノコードがあり、この楽器の上やなかに人が横になるのである。この楽器を聴く時には、一連の倍音の生き生きとした響きを聴くだけではない。セラピストやグループのメンバーがそれを演奏すると、からだ全体でその振動も感じられる。

音楽療法用の楽器のグループをどう構成するかは、セラピストや対象となるグループの方向性、そしてもちろん経済的な条件によって違う。催眠療法のセラピストにはたとえば、モノコードやドラ、そしてクラングシャーレ［訳註：金属性のおわんのような楽器で、叩くと非常に長く響く澄んだ音を発する］が必須となるだろう。青少年や障害者と働く人達は、電気楽器も使用する。たとえば、シンセサイザーは、身体障害のせいでからだの動きが不自由な人にとっては、容易に、そして同時に多様な音が出せる楽器である。

何人かのセラピスト達と特定の流れをくむ音楽療法、特にノードフ・ロビンス音楽療法においては、ピアノが特別な役割を担う。マリー・プリーストリーが述べたように、あらゆる音楽的状況における患者とその音楽に対して、セラピストが「共鳴体」として働きかけたいと思えば、ピアノという楽器を使うことによって特に幅広い可能性が生まれる。ピアノではリズム的、旋律的、和声的な演奏が可能であるし、蓋をあければ効果音的な音も出せる。さらに非常に小さな音から非常に大きな音まで出すこともできる。ピアノは、構造と秩序をもたらし、支えという機能も備えている。

しかしながら、ピアノという楽器が、しばしば権力と支配ともかかわっていることを忘れてはならない。楽器の大きさや強い音が出せるということだけがこの理由ではなく、教育社会においては特権のシンボルという意味を併せもっていることもかかわっている。ピアノは、しばしばいろいろな意味で成功したピアノの授業と、それと結びついた権力争いや成果志向といったこと

を連想させる。

　ピアノほど感情や思い出と結びついている楽器は他にはない。治療的な状況においてこれらのことを意識しながら楽器を使えば、［治療にとって］重要なテーマを見つけるきっかけが見つかることもある。

　人との距離のとり方／おき方に問題がある人にとっては、ピアノの連弾が適している。このかたちをとおして、人との関わり方を新しく発見し、それを試してみることが可能になるからである（特集号：「ピアノ」、『音楽療法展望』誌 Musiktherapeutische Umschau, 1992）。

　治療的な場における多様な楽器として、人の声を忘れてはならない。歌を歌うということは、歌詞の内容が治療の要素となるだけでなく、連帯感と健康で深い呼吸をもたらす。声を即興的に使うことは、深い意味での回復につながる。重病の人や末期の人に治療的に寄り添うときには、セラピストの声は繊細で、親密な楽器となるのである。声を使いながら、セラピストは患者の非常にかすかな表現や動きや発声をとらえて、コンタクトをとる。声の特別な意味は、『音楽療法展望』誌のなかの、このテーマを取り上げたいくつかの特集号で明確になる（1990, 11巻、2号）。

　そのなかからいくつか引用してみる。ヨッヒムズJochims, S.は「歌を歌いながらお互いにつながっている……」。ショイScheu, F.は「最初で最後の楽器……」。ハンシュマンHanschmann, G.は「人を身近に感じられる……」。ヨッヒムズは「自分自身をさらけ出している……」。モローMoreau, D.は「内と外のあいだの架け橋……」。

　今日の音楽療法には、魅力的で、声も含む幅広い楽器類が存在する。しかし、各々の楽器は特有の豊かさを秘めていて、患者が各々の楽器の多様な面を発見し、それをうまく使いながら精神的に成長していくということを忘れてはならない。楽器は演奏者に提供される。しかし、その楽器に命が吹き込まれるかどうかは、楽器と演奏者がどう向かい合うかによって決まる。

ウルリケ・ヘーマン Ulrike Höhmann

統合された意識
Integrales Bewußtsein

　ジーン・ゲプサーJean Gebser（1905～1973）は、今世紀40年代に、彼の主著である『西洋の変遷 Abendländische Wandlung』（1943）と『起源と現在 Ursprung und Gegenwart』（1949/53, Gesamtausgabe Bl.I-VII, 1975-80）のなかで、新しい「統合された」意識構造について述べている。彼は、起源すなわち古代的根本構造から発するさまざまな意識を区別する。呪術的構造、神話的構造、精神的構造、そして統合された構造である。（1978, p.71参照）

　古代的構造は「ゼロ次元」であり、原状態であり、聖書の天国と比較しうるものであり、そこでは天と地、人と

すべてが問題なく一体的に体験されている。

呪術的構造は「一次元性」という特徴をもつ。人間は全体の一部分である。点的対象、現象、行為は、任意に交換可能といわれる。人間は自然に組みこまれ、部族のなかで守られていたことで、人間はこの自然の圧倒的力を、魔術や呪文やトーテムやタブーで制御しようと試みるのである。

神話的意識構造は、ゲプサーによれば「二次元的両極性」を表現している。これは外的世界と内的世界（心）を意識化することをもたらす。円が象徴である。すなわち、四季、昼と夜、光と闇、天と地が両極的現象形式とみなされる。これらは心の鏡である。(1978, p.113-4参照)

神話とは、民族の言葉となった夢である。それゆえ、これを定式化することは、心の意識を解明することになる。(p.116参照)

精神的意識は、ゲプサーによると、パースペクティヴ的な世界ではっきり表れてくる。表象と熟思によって、見ること、測ること、分割することによって、人間は因果連関を認識し、未来の予測を行なおうと試みる。感覚と心情は、抽象的反省のために後退していく。神話から理性へのこの方向転換は、われわれの文化空間では紀元前500年ごろギリシャで起こり、1250年以降、他のヨーロッパ地域でも続いた。(1978, 125-6参照)

ゲプサーによれば、以下四つを根本的に認識していることが新しい統合された意識の特徴である。■1 古い時間意識の克服　■2 相対性　■3 対立ならびに二元論の解消　■4 飛躍的発展と、したがって非因果性。(1975, p.315)

ここから以下四つの帰結が生じてくる。

「■1 より高次な（より深い）統一の形成。これは空間的に時間的にも自由へ導くことを可能にする。■2 いままで「無意識」であったものの意識化　■3 脱物質化と精神的なものの状態への方向性　■4 悟性的認識を、ひょっとしたらまだ宗教的かもしれないが、しかし予測的にいえば、精神的（たんに心的にではなく）に補うことの必要性を最も内面から認めること。この承認がまさにこの悟性的認識を……新しい能力へ変化させる。」（同上）

発生の途上にあり、それゆえ新しい意識構造は、ゲプサーによると、非パースペクティヴ性のなかではっきり現れてくる。「われわれにとってもっとも重要なのは全体性であり、最終的に全体的なものが問われてくる。そしてこの全体化の試みを、この言葉"非パースペクティヴ性"は言い表しているのである。」(1978, p.26)

実際に決定的な発展過程はすべて、連続的に流れるのではなく、たえず量子的に（飛躍のなかで）起こる。われわれの目に見えない過程は、突如期待しない結果を目のあたりにさせるが、それは、ふたたび現れ、驚かせるためには、本質的な発展過程を目に見えないもののなかで行なうのと同じことである(1975, p.196参照)。

また、突然変異について語れるかもしれない。意識展開は、それぞれの意識の突然変異とも結びついており、その発展は「豊富化」(より多くの次元の獲得)と「貧困化」(起源から遠ざかること)を同時に意味する(1978, p.78参照)。

この意識化の突然変異理論においては、したがって(進化論と対照的に)過ぎ去ったものを「現に意識化する」(現在化する、意識する)後、未来はすでにわれわれのなかで潜在的に存在するとみなされうるのである。そしてこのことで新しい意識の突然変異が可能になるのだ。われわれは「未来に近づく」または「われわれは未来を現に意識する。」(1978, p.81参照)

意識の突然変異と、ゲプサーによってつくられた概念である「統合された意識構造」は、今日ではさまざまな専門領域で同じようにみられる。科学論は「システム理論」について語っている(Bertalanffy, 1970参照)し、「パラダイム転換」(Kuhn, 1977; Capra, 1983参照)や「ニューエイジ」(Spangler, 1978参照)について語っている。自然科学者(Sheldrake, 1993参照)や療法家たち(Kast, 1987)は「創造的飛躍」について語っている。他の心理学や心理療法の概念では、「変転の輪」(Dürckheim, 1966)や「ホモグラフィーモデル」(Pribram, 1979; Wilber, 1991)や「トランスパーソナル心理学」(Grof, 1989; Wilber, 1991)や「統合的療法」(Petersen, 1987, 1990, 1994)や「媒介不可能な第三者」(Knill, 1990)が話題になっている。

行動的で創造的行為は、治療過程の本質部分である。音楽指向的心理療法のなかでの音楽は、存在したものと来たるべきものとを、一瞬のうちで体験することを可能にする(Knill, 1987, p.6)。クニルKnillは芸術と治療、芸術的態度や行動と治療的なそれとのあいだのさまざまな類似性を述べている(1990, p.90)。

出会い——出会いには三つの局面がある。すなわち、間接的な局面は分析可能で、記述可能で、再生可能である。直接的局面は部分的に隠されており、制御不可能で、再生困難である。説明できない、第三の局面は驚異的な、創造的な、突然生じる局面で、媒介されず表れ出たものである。

美しさ——芸術と治療双方の過程の目的は、障害や葛藤との実り豊かな対決であり、挑戦であり、統合である。創造的力は変化の源泉である。新しい何かが出現し、それだ!と感じ、私を動かす。

臨在——われわれは現に存在し、やってくるものに対して開放的にふるまい、予見できないものに対して心構える。

時空間的な形式——運動は副次的なものでなく、一定の時空間の枠組みのなかにある。出会いは限定されているのである。

エートス——障害は、ある出会いのなかで「挑戦的で実在的なもの」と理解される。「出会っている二人の人間は、まず間接的に苦悩に耐えるこころみのなかで、そして直接的行為を求めることのなかで、そして最後に根源的現在性のなかで治療の説明不可能な能力に創造的に解放されていくなかで、

絆を結ぶのである。」(Knill, 1990, p.102)。

ペーターセンPetersenは、統合された治療技術の三局面を挙げている。すなわち、「治療的対話」は患者と治療者の同等なパートナー関係にもとづく。それゆえ、「治療プロセス」は自発的な変容過程である。そして「感覚知覚の強化」は抽象化と薬物治療への回避を妨げる（1994, p.5以下）。

よく目につくことだが、音楽心理学と音楽療法の文献は、この100年ほどのあいだ、圧倒的に精神的理性的意識に出発点を置いている。呪術的‐神話的見方について書かれたものは少ない。［それが書かれた場合でも］たいていは歴史的民族学的研究の意味あいで書かれており、実践的な音楽療法の仕事のためになる結論はないのがふつうである。統合された見方について書かれはじめたのは、最近になってからである。

呪術的‐神話的意識の源泉が、深層心理学の着想で、または音楽の助けを借りて、新たに発見されているのだといえる（Hamel, p.1976）。世界理解のために、響きや聞くことがもつ意義が追求されているのである（Berendt, 1985）。「響きとトランス——受容的音楽療法の新しい道」が『音楽療法展望』誌Musiktherapeutische Umschauの特集テーマになっている（Timmermann, 1993; Haerlin, 1993）。

音楽心理療法の、さまざまで、矛盾しもする諸概念を同等に関連させ、考察させていく傾向は、すでに（専門雑誌や専門学会や大会のなかで）、「統合的なもの」を求める傾向と解釈できる。

独自研究は、音楽心理療法のなかで統合された構造を体験したり、音楽によって統合された意識に達するための二つの可能性を語っている。すなわち、音楽即興と音楽聴取の二つである（Müller, 1987）。たとえば、即興はある経験領域、自己経験や自己発見の経験領域を提供してくれる。自分の気分を見い出し、ぴったりする感じが体験される。（ここで正しい、間違いということは問題にならない。）関係性のレベルでは、共同経験、すなわち人間関係的コミュニケーションの手段が問題となる。

声をともなって即興された音楽はアナログ・コミュニケーションなので、関係性の局面が前面に出てくるが、他方、言語はデジタル・コミュニケーションなので、内容の側面が強調されることになる。即興された音楽は、他の体験を促すタイプの方法と似て、プロセス性、流れに乗っていること、自発性、生動性、創造性、展開を強調する。こうして即興は表層（行為、悟性）から深層（感情、想像的なもの、葛藤など）へ進んでいく。即興された音楽のなかの混沌は、葛藤や危機状況を知覚可能にする。音、響き、そしてリズムやハーモニーや不協和音は、感情や気分や思い出をひき起こすが、それらを治療は対象にするのである。

即興された音楽は、体験的に知覚されるが、しかしそれは流動的で変わりやすい状態にとどまる。「新しい」何か、新しい連関、新しい次元が出現する。

われわれは、質的飛躍について、「創造的飛躍」(Kast, 1987) もしくは「明証体験」(Weymann, 1990, p.47) について語っているのである。

受容的音楽療法、すなわち音楽の聴取の場合とくに問題になるのは、響きの助けをかりてトランス経験へ (Haerlin, 1993参照)、またはスピリチュアルな経験へ (Timmermann, 1987, 1993参照) 到達させる方法である。心理療法においては、一音だけからなる音楽 (たとえばモノコードやドラや鐘) を目の前で鳴らすことは、治療に入っていくときや、場面を変える移行場面にうってつけである。

すなわちその場合、私は自分を感じ、緊張を解き、ただそこにいることが許されるのである。私は、他の誰かと接触をもつ前に、自分のためだけの、そして到来するもののための時間をもつ。これと同時に、こうした音楽は内部感覚を活性化することができる。瞑想的な雰囲気、想像的なもののための空間が生じてくる。前意識的内容が活性化され、ある主題の別の面が明らかになってくる。想像的無意識がこのプロセスをともに助けるため招き入れられる。

最終的に想像的なもののなかでの作業は、トランスパーソナルな次元にいたる。ヴィルバーWilber (1991) はトランスパーソナルな意識水準について語り、それを、個人的実存的問題に潜んでいる宇宙論的関連性が把握される精神状態としている。ここでまさに、規範的感覚知覚の彼岸にある、神秘主義的経験を挙げることができる。

即興においても音楽聴取においても、この全体的でイメージ豊かな直観のため、抽象的思考は後退していくだろう。脳半球理論にしたがえば、右半身を制御している左脳はどちらかといえば分析的でリニアーな思考に特殊化されていると考えられており、他方、左半身を制御している右脳は全体的なしかたで働き、総合することに向き、情報の同時処理を行なう傾向がある。(Capra, 1983, 324以下参照)

統合された音楽療法はしたがって、心理療法内での音楽との創造的なかかわりかたなのであり、いままで見えなかったものの現在化や意識化であり、新しいものの統合なのである。創造的力が変化の源泉である。そして創造する力の発達が自己発達なのである。

クラウス=ベネディクト・ミュラー
Klaus - Benedikt Müller

統合的音楽療法
Integrative Musiktherapie

統合的音楽療法は、多くの創造的な、そして一つ一つが独自のメソッドとして確立されている**統合療法** (創立者：Petzold, H. 1988, 1993; Rahmほか、1993も参照)、現象学的かつ深層解釈的な要素もはらんだ、深層心理学と精神分析の流れをくんだ心理療法的な方法である。

統合療法、それとともに統合的音楽

療法の根源は、**ゲシュタルト療法**（Fritz Perls（1951），1980）、**社会心理学および哲学**（Paul Goodman, 1951）、**親子関係の治療**と特に子供時代の障害の治療において革命的だった積極的なテクニックを用いたサンドーア・フェレンツィの**精神分析**（Sandor Ferenczi, 1927/1928）、さらに早いうちから**創造性の促進**と創造的な自己実現の重要性を確信したオットー・ランク（Otto Rank, 1975）、**サイコドラマ**のヤコブ・モレノ（Jacob Moreno, 1964）、そして「身体性」というテーマを掲げて**身体と密接な関係にあるメソード**（たとえばElsa Gindler, Moshe Feldenkrais, 1978; Gerda Alexander, 1978）、（治療／特殊）教育における**リトミック**（E. Feudel, 1949）、**さらにリズムの原則を応用した音楽療法の仕事**（I. Frohne, 1981）、最後にオルフの業績にある。

哲学的かつ心理学的な根源は、**ホリスムス、全体心理学、ゲシュタルト理論、領域理論、システム理論**にある。

科学的論理的、そして認識論的な基盤は特にフランス派の**現象学**（Maurice Merleau-Ponty, 1966; Gabriel Marcel, 1969; Paul Ricoeur, 1978）にあるが、ボルノーO.F.Bollnow（1963）、プレッスナーH.Plessner（1972）、ガダマーH.G.Gadamer（1972）、ブーバーM.Buber（1928, 1965）、シュミッツH.Schmitz（1989）のようなドイツの**人類学者であり哲学者**の人たちも、この方法に大きな影響を与えた。

統合的な音楽療法はさらに、ベルガーP.BergerとルックマンT.Luckmann（1990）、パウル・ヴァツラヴィックPaul Watzlawick、ニクラス・ルーマンNiklas Luhmann、フンベルト・マトゥラーナHumberto Maturanaほか（P. Watzlawick, 1991）の**構成主義的な認識論**の方向にも共鳴するし、たとえばハインリッヒ・ヤコビーHeinrich Jacoby（1983, 1984, 1986）、ヴィクトル・ツッカーカンドゥルVictor Zuckerkandl（1963, 1964）とヘルマン・プフローグナーHermann Pfrogner（1981）のような、全体的で精神科学的な方法にある人間像を追求した、さまざまな**音楽教育家と音楽学者**の影響も受けた。

とりわけ意義が深いのは、現象学的な観察方法が似ているフランスの**構造主義の美学理論**である。

統合的音楽療法は、1982年以来フローネ＝ハーゲマンI.Frohne-Hagemannとその共同研究者によって、フリッツ・パールス統合療法／ゲシュタルト療法／創造性促進研究所において開発されてきた（Frohne-Hagemann, 1990,1993）。1985年には医学、心理学、教育学、あるいは他の学科の卒業生のための四年制の研修機関として確立された。

統合療法の**メタ理論**は、統合的音楽療法の**実践学**に、哲学的／心理学的／治療的な枠組みを与える。統合療法は、音楽療法の実践概念に必要な理解のためのメタ理論を、人類学、認識論、社会論、倫理、さらにこれらの概念から一般化され、あるいは特殊化された治療論、つまり特に身体とアイデンティティに関連した人格論と発達論、そして臨床的にも人類学的にも準拠する疾病学から提供している。

統合的音楽療法の**実践学**は、これらの背景からのみ理解する必要がある。音楽療法の実践の場では、さまざまな似たような音楽療法の方向が発見されるかもしれないが（たとえばソロ／合奏演奏をやる場合）、どのようにそれらと似かよっていたにしても、同じような方法、テクニック、介入の方法、形式、診断方法なども、よく見てみると、治療プロセスのなかでさまざまな違った意味あいをもっていることがわかる。もちろん各々のメタ理論を理解したうえで、初めて理解できることなのだが。

　統合的音楽療法では、出来事が起こるプロセスに焦点を置く。この音楽療法は現実がつねに流動的であるというヘラクレイトスHerakleitosの仮説から出発する。「真実」、たとえばある病気の診断は、つねに**交流と合意のプロセス**をとおして新しく構築されなければならない。これはつまり、診断が流動的（「**過程的**」）であることを意味する。確信をもってレッテルを貼ることは、これによって避けられる。

　音楽療法の診断に関しては、次のことを強調しなければならない。音楽においては人は何も不変なものとして書き記すことはできないし、何も一般化できるようなものとして聴くこともできない。音楽のなかに特定の病気を診断することはできないが、患者が何に感動しているのか、していないのか（たとえば驚きや悲しみ）、そして彼が音楽的に感動しているのかどうかを、「**身体音楽的な交流**」（Frohne-Hagemann, 1992）をとおして、ゲシュタルトのプロセスのなかで一緒に体験しながら、とりあえず仮説を立てることはできる。

　音楽療法の診断は、音楽療法士と患者の双方にとって重要なことである。なぜならば、両者とも同じように活動に巻きこまれ、人間関係をつくりあげているからである（しばしば他のかたちのセラピーよりもずっと集中して）。この関係の特性、一緒にいることから生まれるこのような関係の成立、接触と出会い、場合によっては結びつき、コンタクト障害による問題症状などは、共通の体験と「診断」をとおしてのみ解明されることができる。

　ひょっとすると発見される何かが治療的効果をもたらすのではなく、この**お互いの主観的なプロセス**こそが、何か新しいことの成立や古い体験を新たな見方でみることにつながるのかもしれない。診断が同時に治療的出来事であるので、ここで「Theragnose」（治療Therapieと診断Diagnoseの造語）という言葉が使える。演奏と会話は一体となる。これは創造的なプロセスである。理解と解釈をするために言語化されたものが大切であるかのようによくとられるが、ここでは「言語的に処理されない」。**それ以上に、演奏と言語は創造的な螺旋の一部であり、同時に解釈学的な螺旋なのである。**解釈学とは、理解の一理論である。考察は理解のプロセスの一部にしかすぎない。

　統合的音楽療法のメソード、テクニック、および介入方法は臨床的、そして人間学的な疾病の観点からとらえられる。これは場合によって違うが、葛藤と経験に焦点を合わせた、あるいは訓練を必要とする方法である。これら

は治療過程のなかで相互に密接に連結し合うが、重点は**四つの治癒の道**として分類されることができる（Petzold, H., 1988; Frohne-Hagemann, 1990）。

1 治癒の道：意識化作業と感覚発見（たとえば神経症の疾病における葛藤の発見に集中する音楽心理療法））

2 治癒の道：再社会化／基本的信頼の発達（たとえば子供時代のダメージに対して、後から栄養を与えるような経験を重視した音楽心理療法）

3 治癒の道：体験の活発化と個性の促進（体験を重視し、訓練的な音楽療法を提供しながらの、緩急を生かした治療教育的な展望）

4 治癒の道：連帯体験、その後の展望の認識と文化的、政治的な活動の発達（社会的／治療的な次元──問題を明らかにし、経験に焦点を当てた音楽療法の提供）

統合的音楽療法は、処方、治療方法、実際の前後関係によって違ってくるが、色々なテクニックと介入の可能性を兼ね備えている。それらの一部は、音楽療法に特有なものであるが（たとえば二人で行なう即興、グループ即興、あるいは歌唱）、一部はもともとはゲシュタルト療法的、サイコドラマ的、精神分析的、クライエント中心的、現実的、行動療法的、緩急的なテクニックを、音楽に置き換えたものである。

つまり統合的音楽療法は、状況や前後関係に応じて、さまざまな確立されたテクニックを出来事のなかに組みこんで、患者を援助しようとするのである。

統合的音楽療法では共鳴が中心にある。これは「身体から」くる作業であり、自分の体を知覚し、感じ、そして知覚したものを秩序だてていくことである。これは患者の創造性と能力を促進し、音楽的表現を発見し、その音楽的表現を越えて＜わたし＞と＜あなた＞を改めて発見していくのに不可欠である。ただし彼がこれを使って自分自身の転移を認識し、さらに逆転移を治療的にうまく使うことができればである。

統合的音楽療法は**間媒体的な音楽療法**である。多様な感覚的な経験にもとづいた解釈的な螺旋が可能になるために、治療過程のなかで効果的であると判断された場合に、芸術療法、動きと身体療法、詩歌療法、そして他の創造的な治療のテクニックが統合される。音楽と動き、音楽と絵画、音楽と砂遊び、音楽と「舞台芸術」（パフォーマンス）、詩に作曲する、などは一部の例にすぎない。統合的な音楽療法は、彼自身の創造性の証しとして、治療過程の前後関係のなかで古いテクニックを新しくリフォームする。

二人の即興演奏は特別な機能をもっている。多くの音楽療法の形式ではセラピストとクライエントの合同の即興が前面にあり、音楽療法のなかでも重要で核になるものと見られるが、統合的な音楽療法においては二人の即興は色々あるテクニックのなかの一つである。

これはいつも適切であるとはかぎらない。合同の即興を提供することは、前後関係のなかで適合する目的の明確な介入である。たとえばある患者が、誰かが一緒に演奏したり、答えたりすることにまだ耐えられないことが時々ある。

しかし、一緒に即興することが、出会いという意味あいのなかで起こるならば、これは特別な意味を帯びる。つまりこれは、二人の関係を流れのなかで特に明白にするからである。すべての転移、すべての治療的な知識において、ここでは二人が「**自分から**」（Petzold）一緒に活動し、この世界を演奏しながら新しく創造していくことに夢中になっているのである。

これは、何をいつ、なぜやるのかということを100パーセント確信している、すべての自然科学的な流れの心理療法士にとっては、一つの挑戦である。患者と音楽療法士の即興は、治療の専門家が心理技術者としてではなく、人間として一緒にいる人間に出会い、二人が音楽的で言語的な合意と一致のなかで、現実を再構築し、交流し、また、ひょっとしてよりよい世界の体験と創造の可能性をつくりあげていくなかで、最終的に治癒が可能であるという、治療への理解を暗黙のうちに示している。

イザベレ・フローネ＝ハーゲマン
Isabelle Frohne-Hagemann

特殊教育
Sonderpädagogik

定義

特殊教育のなかでの音楽療法は、学習過程や発達過程に関連した障害を、体験、行動、認知学習、身体の領域で示し、特殊教育施設に通う児童・青少年を対象に、心理療法的（音楽心理療法的）治療、ないしは特殊教育的援助策として行なわれている。

特殊教育で音楽療法形式がもつ特殊性は、次の四つの要因から生じてくる。

- 施設においてできることと限界
- 障害があり、能力が限定され、特異な存在という障害者像
- それぞれの施設で提供される音楽的‐創造的な授業や余暇活動の量と質
- 音楽療法的活動の資格と地位

施設においてできることと限界

ドイツにはさまざまな特殊学校からなる分化した学校体系がある。行動障害ならびに教育困難な子供のための学校、学習障害の子供のための学校、言語障害の子供のための学校、知的障害の子供ための学校、盲目・視覚障害の子供のための学校、難聴の子供のための学校、聾の子供のための学校、身体

障害の子供のための学校である。

これに加えさらに、障害をもつ児童、青少年、成人が、仕事や余暇の領域で自己形成や教育や援助を経験できるさまざまな組織がある。(たとえば、寄宿施設や、通学制の養護施設や、障害者のための工房のような「学習・生活施設」)

それぞれの条件に応じ、特殊教育施設の枠組が様々で分化していること（小学習グループ、それぞれに特殊な方法と技術的補助手段、特殊教育教師の養成過程の改善）は根本的な社会進歩とみなされるが、それはつまり、知的障害の子供や青少年にも、人間形成や、教育や、仕事や、余暇への権利が認められたことを意味している。

しかしながら同時に、絶えず、このように欠損によりネガティヴにグルーピングされてしまうことの問題点（スティグマをはられること）も論じられている。そうした結果、学校の領域では、ドイツ教育審議会の監察グループGutachtergruppeによって提案され、父母たちのイニシアティヴで実行されることになった障害児の統合教育、統合授業が、多様なかたちで実現した。

成績重視の学校の規範的要求（選抜原理）から、**統合**（統合クラス、すなわち普通学校での統合クラス）された異質な［成員からなる］学習グループ（目的多様な学習）へと移っていったのである。

聴覚、視覚、身体に障害がある子供たちの施設での音楽療法は、制度的に条件づけられた対症療法的思考からのがれられないだろうし、またどちらかといえば知覚能力の訓練（訓練を中心においた音楽療法）と理解されるであろう。

他方、統合学習グループ内で、特異行動の小学校生に対する音楽療法の場合、グループもしくは個人の活動の心理力動（音楽心理療法）が表面に出てくることになる。

障害があり、能力が限定され、特異な存在としての障害者像

施設の環境とまったく同様に、人間像もまた、特別な音楽療法的発想や効果ありとみなされている方法を発展させるうえで、決定的に重要である。補整的音楽教育の考えかたによれば（Kemmelmeyer, 1983）、生徒の感情的、認知的、心理運動的Psychomotorisch欠損は、特別な教科教授法の助けを借りつつ、普通学校の音楽教科の内容に、可能なかぎり多く親しませることで、補整されるといわれている。この音楽教科の効果は、特殊教育的養育の意味で、治療的と特徴づけられる（Moog, 1978）が、それは、とりわけ学校での学習プロセスへ、転移効果をもつからである。

プロブストProbst（1983）は、彼の『教育的音楽療法』のなかで、個々の障害の症歴や診断から出発する手法を展開した。音楽によって影響を与えうる場合ではあるが、音楽教師は、障害が及ぼしている特殊な影響を、意図的に授業プログラムに関係づけるべきだとしている（Mederacke, 1993も参照）。

シェーファーSchäfer（1976）にとって、グループの心理力動が、彼女の「音楽 - リズムグループセラピー」の中心となる。音楽美学的または診断的な考察よりも、グループセラピー内部での転移関係の「いまここ」と、それについての反省が優先するのである。

フリードリヒ・バーテルFriedrich Barthel（1979）、ニーデッケンNiedecken（1989）、W.マーンズMahns（1990）、シューマッハーSchumacher（1994）、B.マーンズMahns（1996）などの場合もまた、治療者とクライアントの関係理解が音楽療法的治療の前面に出ている。彼らは、もっぱら、対話中心で、部分的には非言語的でもあるインターアクションの方法を通じ活性化されるインターアクションの観点から、自分のクライアントをみる。この場合、セッティングの選択は、たいていの場合、個人的な1対1関係となる（個人音楽療法）。

学習や行為や言語表現のなかでみられる、寡黙さ（緘黙症など）、制御できない衝動行為、学習速度の遅さ、過剰適応／非自立性、その他、特異点が事例記述され、しばしば音楽心理療法のきっかけになるのである。

損傷、能力が限定されていること、すなわち障害が、直接扱われているのではない。音楽療法的な治療者 - クライアント関係が提示されることで生じる効果は、その都度、背景的なものが理解され、それが感覚 - 象徴的表現の次元で処理されることによって、どちらかといえば、間接的に現れてくるのである。

障害をもつ人を制約という角度からみる人、ちなみにその制約は、診断によって特殊教育施設では「普通の事例」として、統合の試みをしている施設では「境界的事例」として制度化されているのだが、そうみる人は、音楽療法士の行動も、これを背景に判断するだろう。そのとき音楽療法で［障害のある能力の］補償や、知覚力の保護育成や、表現の学習や、予防が達せられるのかどうかとか、音楽療法は特殊教育の文脈のなかで全体的な事態の理解を促すものを提供するのかどうかとか、こうした問題は、その一部分は依頼者、すなわち＜生徒 - クライアント＞にかかわってくる。このようなさまざまな関心事は、しかし、その背後に特定の人間像を暗にもっているのである。

それぞれの施設で提供される音楽的 - 創造的な授業や余暇活動の量と質

障害者の音楽療法に関するよくある誤解は、音楽＋障害＝音楽療法という等式である。それゆえ、障害者オーケストラへの参加や、障害者との合唱や、楽器演奏の授業が、すでにそれで治療と評価されてしまうのである。しかし、こうした活動は、目的をもった特殊教育的発達援助としての音楽療法の目的にも、［一般的な人間］関係を提供しようとする音楽心理療法の目的にも、ふさわしくないものである。

というよりも、どうやら施設においては、総じて、音楽的 - 創造的授業や余暇活動の提供が欠けているらしいのであり、「音楽」はそこに「療法」がつけ加わることで、たとえばいくつもの障害を負った重度障害者との活動の

場合、ようやく特別な承認を得ることができるようなのである。そのように認められることで、実践者が音楽行為の美的基準を無視し、部分的には非常に厳しい条件下（多人数のグループとか、障害がそれぞれ違う患者からなる集団）、こうした人たちと音楽的に向かいあっていくことを安易に促してしまっている。

以上のことは、言葉のうえでも、実践的観点からも、問題あるように思われる。まず教育的行為と治療的行為の違いがなくなってしまう。次いで、音楽教育と音楽療法への需要は、一般教育的学校においても、特殊学校においても、音楽学校においても、障害者（と非障害者）のための学習・生活施設においても、満たされていないこと、そしてそれは、本来教育への需要であるものを、音楽療法と呼び変えることによっては満たせないということ、こうした事実に目を閉ざすことになってしまうのだ（Amrheim, 1983）。

事情が少し異なるのは、たとえば、いくつもの障害を負った重度障害者との活動において、音楽療法を、発達援助または治療の提供として可能にし、また意味あるものにするため、学習や、練習や、説明や、教えるという教育的な技術が使われる場合である。(Beierlein, 1981; Goll, 1993)。

この場合、教育的もしくは余暇的な意味で音楽が目的なのではなく、患者に適した活動を仲立ちにしながら、個々人を感覚的、心理的、社会的に統合することが目的なのである。これに貢献するためには、楽器を手にしたとき、障害の特殊性に応じて援助できることが必要であるし、または技術をもった媒介者が必要なのである。

音楽療法的活動の資格と地位

特殊教育の音楽療法は、たいてい教師によって営まれている。彼らは、教師、特殊学校教師、学校音楽教師、社会教育者、（治療）教育者、リトミック教師そして／または音楽療法士の養成コースを卒業した者たちである。

特殊教育において、音楽療法士が特定の職業像をもつのはまれである。その理由のひとつに、おそらく、特殊教育の施設においては、治療概念が一面的に医学的に、すなわち対症療法の見方と理解されて——それゆえ教師たちに避けられて——いることがあげられると思う。

二番目の理由として、特殊教育者でない音楽療法士は、少なくとも学校では報酬がよいとはいえず、傾向として特殊教育の領域での専門性が低いことも相まって、独自性をもつ職業像が確立していないこともあげられるだろう。

こうした条件のもと、音楽療法はたいてい、授業や教育や発達援助と結びついた個人的活動として行なわれている。方法論的違いが問題になってくるのは、実践者がどういう視点のもとで、すなわちその人がもつ資格のどれを背景に、自らの音楽療法を理解しているか、という問題が生じてきたときである。

たとえば、それはこういうことなのである。自分をもっぱら音楽教育者と

理解している人は、（一時的に）美的要求を断念することができるだろうか？　人間関係の提示として音楽療法を見ることになじんでいる人は、「自由即興」が＜生徒‐クライアント＞を、他では強く規範にしたがった構造化された枠組みのなかにあるのだが、それを不安定にする要因になりうることを洞察できるだろうか？　障害をもつ人々の欠けているところをよく知る特殊学校教師や通学制養護施設の職員は、音楽療法を提供することにより、彼らの「健康な」部分を導き出すことができるだろうか？

反省

「特殊教育における音楽療法」像を決定する重要な要因は、だから、教育と治療をめぐるメタ理論的議論だけではない。この議論はむしろ、実践の複雑さを単純化する理論的構成物と思える（Goll, 同上）。この実践領域は、むしろ一連の条件要因（制度的局面、障害者像、音楽の現実、実践者の資格）と結びついて、特殊に形成されており、そこでの音楽療法の効果は、その都度、具体的な実践の場を手がかりに確定できるだけなのである。

「特殊教育で音楽療法」を営む者は誰でも、記述した観点や手法のどれにおいても、いつもつねに、いろいろな意味で「越境者」なのだと言えるかもしれない。「特殊な」施設の協力者として音楽療法士は、教育システムの境界にある施設にアイデンティティを見い出している。施設のなかで、音楽療法士はまた「境界的事例」を扱うことにアイデンティティを見い出し、学習プロセス、教育プロセス、治療プロセスといった、さまざまなセッティングのはざまで活動している。

こうしたことは、実践家に特別な柔軟性と負担に耐える力を要求することになるが、それは横からのサポート（事例報告会、スーパーバイズ、継続教育および再教育）なしに耐えることはできない。セッティングは確かな理由にもとづきつつ、お互いに対し一線を画していること、そして（特殊）教育チームの同僚たちにセッティングが絶えず報告されていなければならないことも必要である。

ヴォルフガング・マーンズ
Wolfgang Mahns

トランス
Trance

トランス（英語、フランス古語のtrance＝（死にさいして）向こう側へ行くこと。ラテン語のtransire＝向こう側に行くに由来する）は、変性した意識状態と定義される。それは、さまざまな方法によって、多様な目標設定のもとに導かれうるもので、身体機能の変化もそこに含まれる。

トランスとは変性意識状態（VWB）の一特種型であり、民俗学的な文脈では、しばしばその同義語としても使用される。それは、多様な心身の変容の

集合概念であり、文化の相違によらず、変性意識状態の人間に起こりうるものである。作動装置（リリーサー）、技法、儀式（トランスはこれらによって誘導され、構造化される）は、どのような社会‐文化的文脈によっても決定されるし、さまざまな様式をもちうる。

さまざまなトランスの深さと相対的に**能動的トランス**（たとえば、スーフィ‐苦行派修道僧のメヴレヴィ‐セマ Mevlevi-Sema［訳註：イスラム神秘主義のスーフィズムにおいて、回転する舞踏でトランスにはいる方法］）と相対的に**受動的トランス**（たとえば古典的催眠）とが区別される。

トランス形態のスペクトラムは、**日常的もしくはミニトランス**（たとえば白昼夢）から**宗教的トランス**（たとえばチベット仏教のお告げ）まで、さらに**催眠的トランス**（たとえば自律訓練法）から**憑依トランス**（たとえばいわゆる舌がたりGlossolalie［訳註：宗教的感激によるうわごと］、特定の聖霊降臨祭の集まりの「舌のしゃべりSprechen in Zungen」までの広がりをもつ。

最後に挙げたような強烈なトランスにおいては、定型的には健忘が残り、トランスに入っているあいだに限定して、全人格の根本的な精神生理的変化が付随する（Goodman, 1992参照）。

すべてのトランスの型に共通して、その誘導は、まず注意を集中させる特定の技法によって行なわれる。つまり、意識野の狭窄（たとえば、自律訓練法において定式化した言葉をくり返し唱えること／ヴィパッサナVipassana瞑想のさいの身体と感覚器官による知覚に注意をこらす訓練／ヨガにおいてマントラを唱えること／イスラムの儀式的身体運動）によって誘導される。例外は、薬物誘発性のトランスにおいて存在するだけである。

身体の水準では、とりわけ次のような測定可能な変化が認められる。

- 脳波の変化
- 痛覚の変化
- 被暗示性の昂進
- 体温、発汗、心拍の変化
- 特徴的な抑揚の型と結びついた音域と音の形成（調音Lautbildung）の変化

より新しい時代になると、ミルトン・H・エリクソンMilton H. Erickson によれば、催眠治療においては、いわゆる「治療的トランス」が重要な役割を演じることになる。間接的指示を用いるこの新しい治療形態は、古典的催眠において乱用された後光の力を奪い取り、患者の自己責任性を支持することになった。

治療的トランスは、ここでは以下のように理解される。すなわち、「その最中は、無意識の作業が、意識の限定された焦点、ならびにその調整からある程度まで解放された状態である。一旦無意識がその作業を行なうと、意識はその作業を異なった瞬間と生活状況において受けとめ、焦点をあてることができるようになる。無意識が製作者

で、意識が消費者である。そしてトランスがその仲介をするのである。」(Scholz, 1994, p.106)

この方法において、神経言語プログラミング（NLP）においてもそうであるように、治療者からはなんの解答も提供されず、当事者自身が治療的トランスのなかで、後に日常生活のなかで作戦の転換を起こすことになるであろう、彼自身の解決戦略を探索することになる。このようにして、患者の無意識の潜在能力や資源を活性化し、目標を定めて使用できるようにするのである。（資源指向性の手がかり）

トランス状態自体が治療力をもっているわけではない。それは、人を心の底から再生させるようにも働くが、また肉体的に消耗しきるような影響を人に及ぼしうるし、前意識さらに無意識の個人的な［こころの］源へ通じるドアを開ける力をもっているのである。しかしながら、その固有の治療的効果は、各々の個人または集団へ意味を与えることをとおして開花するのである。であるから、精神療法的に処理されたトランス体験は、つねにまずは、患者の日常の現実のなかで実証されるべきである。

音によるトランスのように受容的音楽精神療法は、この知見を活用している。

音が導くトランスの各相
（Strobel, 1994, p.226による）

1 注意の固定
　音響的‐リズム的な感覚器への刺激の単調さによって

2 通常の関係の枠組みへの外力の入力
　通常と異なる音響の印象の異質性をとおして

3 新しい体験へ向けての無意識的探索
　音響の間接的示唆作用によって

4 無意識の過程
　特別な音色の効果によってもたらされる活性化された個人のテーマについて

5 催眠反応
　（幻覚、年齢遡上、時間体験の変容などのかたちをとる）活力に満ちた音響元型Klangarchetypusに対する答えとして

6 トランスの撤回
　音響の消失またはその適切な変容、または／加えて言語的な介入による

活動的形態の音楽療法においてもまた、個人または集団セッションにおいて、自由な即興のあいだ（たとえば、「楽しいとき」やごく短い音楽的動機のくり返しのなか）に、自然といわゆる「ミニトランス」が発生しうる。これらの能動的トランスは、たんに実行可能な解決戦略を、イメージ上でやりとげることを可能にするだけではなく（Leuner, 1985の「感情誘因性イメージ体験katathymes Bilderleben」を参照のこと）、解決指向的な問題処理のなかで、経験の瞬間に直接的な表現可能性を開くものでもある。

しかしまた、「長く持続する、穏やかな、または変数の少ない単調な音の相も、クライエントの内的な体験を促進し、たとえば内的な映像や連想、変容した時間体験、通常と違った身体感

覚などの、さまざまなトランス現象をひき起こす。」(Bossinger/Hess, 1994, p.247)

同様に、グループにおける持続したリズムプロセスや、グループ即興の探索的時期における刺激に満ちて混沌とした過程も、個々に自発的にエルゴトロープergotrope（活性化した）もしくは、トロフォトロープtrophotrope（そのなかにおいては身体の休息が主導的）な変性意識状態を呼び覚ましうるのである。

特にいわゆる連想的即興においては、治療者がトランス現象を特に意図していたり、［起こっていることを］トランスだとは気づいていない場合でも、この現象はしばしばひき起こされているのである。

意図的に変性意識状態を導くさまざまな方法と音楽療法を結びつけることは、自ずと思いつかれる。たとえば、ある主題に焦点をしぼった集団即興を、催眠療法的な導入を利用して強化したり、瞑想法を用いた注意集中訓練を、葛藤を中心に据えた音響トランスの仕事の導入に利用できるようにすることなどが考えられる。

ペーター・ヘス／ザビーネ・リトナー
Peter Hess／Sabine Rittner

とり入れ
Introjekt, Introjektion

早期の自我（Ich）形成プロセスのための中心的な精神分析の概念、同一化の先駆。

「とり入れ」の概念は、当初サンドーア・フェレンツィSandor Ferencziによって精神分析的対話のなかに導入された(Jahrbuch für psychoanalytisch und psychopathologische Forschungen, Bd. 1 1909)。彼はそのプロセスを投影Projektionの反対として記載している。

神経症者は、「外界の可能なかぎり大きい部分を、無意識のファンタジーの対象として自我のなかに取りこむ（そうして彼を神経症者とする）……。このプロセスを投影の反対概念として、とり入れと名づけることができよう」（上掲書, p.429）。

それが精神分析的な議論のなかで結晶化して、成熟したかたちの自我形成（とりわけ同一化）から区別される概念が、その身体‐口唇期の過程に依存したかたちで組織化された前段階のかたちとして育まれた。フロイトS. Freudはその概念を借用し、それをシステム化し、過程のなかの口唇期の様態を強調した。

「元来、個人の原始的な口唇期においては、対象備給と同一視は互いによく区別されてはいない。性的対象は放棄され……ざるをえないか、もしくはされねばならず……、そのような場合

には、まれならず自我の変化が出現する。この変化を、メランコリーの場合と同じように、自我のなかに対象をつくることとして記述せねばならない……。おそらく自我は、口唇期のメカニズムへのある種の退行であるとり入れによって、対象の断念が楽になったり、可能になったりするのである」(自我とエス Das Ich und das Es, G.W. Bd.XIII, p.257)。

のちの著述家たちの場合もまた同じであるが、この概念は、しばしばフロイトによって、「体内化Einverleibung」の同義語として用いられた。

フロイトの支持者、なかでもメラニー・クラインMelanie Kleinは、とり入れの概念を取りあげて、さらに発展させた。彼女は、とり入れを投影と併せて、芽生えつつある自我の不安克服の可能性として、投影同一視ととり入れ同一視として把握した。そこでは、「よい乳房」のとり入れが生の本能の強化を導き、「悪い乳房」のとり入れが死の本能を支持し、そこから妄想的‐分裂的態勢のなかで分裂が生じてくる。

抑うつ態勢のなかからは、最終的にすべての対象のとり入れをとおして、罪悪感と補償の傾向が発展する。それに反して、その防衛機制の挫折は、精神病的な断片化を導く。(Melanie Klein, "Das Seelenleben des Kleinkindes" 1983, p.164以下の"Zur Theorie von Angst und Schuldgefühl"を参照)

とり入れ概念の重要なさらなる発展は、スイスの精神分析家ハロルド・リンケHarold Linckeによって、雑誌『プシケーPsyche』の1971年と1972年に公表された三つの仕事のなかで行なわれた。この筆者は、とり入れの概念のなかで、動物行動学の本能概念Instinktbegriffから、精神分析の本能概念Triebbegriffへと橋を架けるように講じている。

人間の発達に内在している、本来のエス‐発達の発達プランと、自我‐発達の著しい遅延とのあいだの裂け目(それによって本能の成熟と本能を動的に拒絶する可能性とのあいだに、はっきりと亀裂が口を開いているのだが)は、乳飲み子や小さい子供がとり入れ形成をとおして乗り越えなければならない、危険な状況を生みだす。そこから、社会的に獲得した行動様式と同じく、つねに本能的‐本来的行動様式も、とり入れたもののなかへと入っていく。そしてとり入れは、内在する本能プログラムからの強制的な分離と、社会的な、そして本能的な内容の混合物を内面化することによって、その本能の前身とは反対に、対象と独立に、状況に依存せずに、想像作業のなかで喚起することが可能となる。

このように、とり入れは、移行現象(D. W. Winnicott, Vom Spiel zur Kreativität, Stuttgart, 1974)の形成と、人間の幻想と象徴形成の領域に決定的に重要である。

音楽療法へのつながり

音楽療法において、とり入れたものと、とり入れの概念は、部分対象の吸収と排出に関する早期の過程として重要で、またつねに、聴覚的な感覚‐象

徴相互関係のかたちと結びついており（ A. Lorenzer, Das Konzil der Buchhalter, Frankfurt, 1981, p.173以下）、とり入れたものも、またつねに聴覚的‐リズム的な経験部分をもつ。であるから、早期の子供の遊びや、特に子供の唄の何らかのリズミカルな動きの型は、まさに決定的にとり入れ形成に関係していることがよくある。（D.Niedecken, Einsätze, Materil und Beyiehungsfigur im musikalischen Produzieren, Hamburg, 1989, p.99-123, 特にp.111以下を参照）

きわめて一般的に言えることだが、［人生］早期に関係のあった人の声の質、リズミカルな動きの型とその他の聴覚‐空間的現実は、決定的にとり入れの形成にともに関与し、共同で形成する。それから後に、音楽経験は一般的にも、また個別的にも、受容的音楽療法と能動的音楽療法の即興における経験可能性を、その早期幼児期に由来する意味内容において獲得する。そこに、体験内容や、言語的な概念性の彼岸をかたちづくるという、よく話題にのぼる音楽の可能性の起源が求められる。

ディートムート・ニーデッケン
Dietmut Niedecken

【ナ】

内科学

Innere Medizin

音楽療法の内科学における応用は、たとえば精神医学やリハビリテーションへの導入にくらべて比較的新しい（Decker-Voigt, 1994）。基本的に問題となるのは、病んで在ることの情動的側面のために場を創る、ということである。患者は、大学医学による処方箋と助言のほかに、ある特殊な形態の心理療法、音楽療法によって、自己救済のための援助も提供されるべきである。

歴史的にみると、内科学は以前、外科的な手術を行なう専門科目に対置されていた。今日、内科学はさまざまな科目に分割されている。たとえば、心血管系疾患、癌、消化器疾患、血液疾患、肺疾患、リューマチ性疾患、腎疾患、感染症、内分泌性疾患、末梢および中枢神経疾患などである。

内科学に携わる医師は、個々の小さな専門分野のなかで細部に迷いこんでしまわぬよう、上記すべての領域について基礎づけられた知識を所有していなければならない。内科医の多くは、内科学の幅広い養成教育のほかに、細分化した専門の一分野に関する特別な養成教育を受けている。

音楽療法は、患者が自分自身と交流できるよう援助することを目的として

いる。治癒プロセスの途上にある障壁は、認識され、処理されねばならず、治癒プロセスを促進するポジティヴな資源は意識化されねばならない。

音楽療法の他の活動領域とは対照的に、内科領域においてそのことは、治療の本質がしばしば薬物の投与に存するといった状況で行なわれている。古い形式の音楽療法は（特定の音楽は特定の効果をもつといった）この薬物学的な考えにつきまとわれていたが、それに対し、今日の音楽療法では、患者への人間的接触が前景に立っている。人間的接触は患者の健康な現存在、病んだ現存在、情態性、願望、そして要求に関して創り出されるべきである。

けっしてある特定の音楽が投与されるのではない。［そうするならば］あるプログラムを待ち受ける患者たちは、まず失望するだろう。他方では、しかし、自身の内面的なものを外に向けなければならないと恐れている患者たちは、不快な質問があまりなされないので驚くことになるだろう。

内科領域における音楽療法は、多くの場合、音楽の聴取をとおして行なわれている（いわゆる受容的音楽療法）。その音楽は患者の気分状態に対応しているか、または心的プロセスに関連した連想と結びついている。より稀ではあるが、患者のしばしば強い身体的障害のために能動的音楽療法が導入される、すなわち自由即興が応用されるのである。楽器を用いた自由即興はそのさい、ときにはカタルシスをひき起こす価値をもち、あるいは回復期にある患者の演奏欲求に即したものとなる。内科領域における音楽療法のさらなる適応は、臨死者に連れ添うことである。それは個人的なものであり、状況によってあるときは受容的に、あるときは能動的になりうる。

ある内科病院における四年にわたる研究プロジェクトの枠内で行なわれた患者への質問（アンケート）によって明らかになったのは、音楽療法にかかわった大部分の患者がこれを高く評価している、ということである（Decker-Voigt, 1994）。音楽療法の日時はたいてい内科的な条件（回診、レントゲン撮影、身体的治療、ラボ検査）の枠内で定められていた。内科領域の音楽療法にとって、その目的を達するための期限は、平均14日間という短い在院期間である。

ヨーゼフ・エッシャー Josef Escher

〈成し遂げる〉
Bewerkstelligen

〈成し遂げる〉は、音楽療法の形態学的構造化および分析体系の四局面のうち、最終の局面である。（【〈受苦-しうる〉】【〈方法的に-なる〉】【〈変容して-くる〉】の項参照）

方法的にみれば、四局面のそれぞれは効果的治療のための必要条件であり、それらの局面がともに作用しあうことで十分条件が満たされる、とみる

ことができる。

この〈成し遂げる〉局面の中で、そして同時に、治療の「外」や「後」でこれが評価されたとき、はじめて最終結論を下すことができる。(**【病後歴と治療効果】の項参照**)

つまり、〈変容して‐くる〉局面の変転深化が具体的な生活関係、治療や日常のなかで「かたちとなって」現れてこなければならない。そうなってわれわれはある治療を成功したとみなすことができる。それゆえ、この〈成し遂げる〉局面で問題になるのは、ある次元においては、生活状況や体験や症状における諸変化である。そしてこの諸変化がたいてい「成功」概念で呼ばれる。

「事前‐事後Vorher-Nachher」で別な調査対象を選び、「指標」と「結果測定」を治療過程と切り離し、別々に検査する方向性をもつ研究と違って、形態学的治療の四番目の段階であり、日常と治療の紐帯でもあるこの〈成し遂げる〉は、治療の部分であり、同時に治療過程を越えていくものでもある。

この〈成し遂げる〉局面は、治療の「成果」を問題にするが、しかしそれは、学習理論上の概念としての「転移」、これは厳密に言えば、過去に学習されたものがこれからの学習に影響を与えることを問題にする概念で、悪いことに、学習心理学とまったく異なるパラダイム下の治療者に対しても、検閲問題として突きつけられることが多いのだが、そうした転移概念でその成果を問う見方とまったく違った角度から問題にするものである。

〈成し遂げるBe<u>werk</u>stelligen〉に含まれている「ヴェルクWerk」の概念は、心の諸形態が閉鎖性と開放性を同時にもつ逆説を示している。「ヴェルクWerk＝仕事、作品」は語義的には「活動する」「効果ある」「作用する」と関係し、「現実」や「ひき起す」と関係する。それはギリシア語の「エルゴン（仕事、作品）」と似て、「回す」「巻く」「編む」とともに、制作プロセスの特徴を強調し、「障害物」「取り囲むこと」や「包囲する」「隔離する」とともに「完結した作品」という意味での作品の特徴を強調する語群（インド・ゲルマン語の 'uer'）に属する。

後者の意味概念を、われわれは音楽の場合から知ることができる。この語群がもつ（推定された）インド・ゲルマン語系の語根は――言語に内在する知という意味で――、心理学的にも興味ある諸関係を示してくれている。

とりわけ「生成するwerden」「価値あるwert」「尊厳Würde」の分類群もまた、根本的な語根 'uer' に属し、「身を守るwehren」と「保つwahren」の語群に対する親近性が存在するのである。

〈成し遂げる〉とは、だから、問題や症状や「子供期」の（最終的な）「克服」を意味するのではなく、治療の共同作業（「ヴェルク」）を通じて変化を受けた自分の歴史とのかかわりかた、物質的社会的諸条件とのかかわりかた、日常の偶然や平凡さとのかかわりかたをいうのである。それゆえ、治療の「成果」は、最終的なゲシュタルトではありえず、それは日常のなかで、その真価が証明されねばならないものである。

そのゲシュタルトは、ふたたび現実をかたちづくっていく過渡的ゲシュタルトでしかありえないのである。人生と日常から（ふたたび）意味をひき出すこと、偶然的なものをとらえることができること、もしくはそれに対し、身を守ることができること、成されたものを保持したり放棄したりできること、統一を守りかつそれでも変化へかわっていくこと、こうしたことのなかに、治療の成果はみられる。

　〈成し遂げる〉は一方で、治療のなかで、たとえば音楽や治療者や治療的状況とのつきあいかたや、語りかたの変化のなかで、患者がいままでと違って何を生み出すことができるかを問い、共同して違った何をつくり出せるかを問題にする。これを越えて、問いが日常での〈成し遂げる〉に、すなわち治療の外での諸変化に向けられるとき、治療者と患者はここで別れることになる。

　〈成し遂げる〉は、けれども、時間的な意味で治療の終局に向かう最後の一歩とだけ誤って理解されてはならない。四つの治療局面は、むしろ螺旋をなすプロセスの過渡的ゲシュタルトと理解されるべきであり、その螺旋プロセスは一順以上を必要とし、そのプロセスの展開全体は多くの「小さな」巡回に分節される。そしてそのプロセスの個々の「歩み」は「秩序だった順番」を守っているわけではなく、どの瞬間をとってもきれいに分けることなどできない。

　つまり、次のような場合も、「ささやか」ながら〈成し遂げる〉瞬間がありうることを物語っているのである。すなわち、患者がはじめて他の楽器を手にとるときとか、いさかいで今回ばかりは「譲歩する」ことをしなかったときや、はじめて車椅子でふたたび外に出たことを報告するとき、といった場合である。そのことで治療の終わりの兆しがすでに見られるわけではないのだが、こうした「小さな成果」がふたたび〈方法的 - になる〉や〈変容して - くる〉や〈受苦 - しうる〉の新しいタイプに移行していく様が観察できるのであり、そこでわれわれは、さまざまな局面の「かみ合わせ」を体験できるのだ。

　治療経過の見通しと評価の意味では、そしてその比較において、〈成し遂げる〉局面は、その都度〈受苦 - しうる〉局面およびそこで推定され把握された個々の治療課題に関係してくると同時に、利用可能なセッティングや治療期間などにも関係してこざるをえない。

　しかしさらに、〈成し遂げる〉の局面で特にはっきりしてくることは、「アルキメデスポイント」［絶対的基点の意味］が科学的にはこの場合ありえないということである。ここで指摘できることは、むしろ何が「治療の成功」かという問題は、「病と健康」についてのみならず、心についての、生命一般についての、生の意義と死の意味についての、個人的および社会的価値の置きかたについての、幸福と苦悩についての、愛と性についての、ならびに「社会が機能すること」についての見解に関係し、不可避的にそれは多様で

ある。

ここで「簡単な」回答があるわけではないし、私の考えでは、追及する価値があるとも思えない。われわれは治療者として、われわれの治療の使命を、うわべの社会的コンセンサス、たとえばそれは損失を負っているものの「健康」や「労働能力を再獲得する」という課題のなかに反映しているのだが、そうしたところからひき出すことはできないし、また、生や「よい関係」や「要求しうる」負担について、われわれの意見だけにしたがって行なってもならないのだし、また、ただ患者にどうなりたいかを語らせるだけで、自分は出さずにおく、といったこともできない。

われわれ治療者にとっては、こうした意見の相対性と変化可能性を意識しつつ、しかしひとつの立場をとること、仕事の日常の平凡さとその限界に巻きこまれてはいるが、そういう日常と芸術的なつきあいかたを模索すること、「新しい」治療としての音楽療法に向けられる科学性の要求から逃げはしないが、同時に、われわれの芸術的療法的経験から科学性の基準へ影響を及ぼすということ、こうした事柄が、〈成し遂げる〉がもつ逆説を知ることを意味するのである。

ローゼマリー・テュプカー Rosemarie Tüpker

入院病棟における嗜癖治療
Stationäre Suchttherapie

入院領域でのより古いコンセプトは、むしろ余暇 - 教育的、文化 - 教育的目的の位置づけを示している。たとえばフォルマン=ラドゥルFormann-Radlとクリスピン=エクスナーKryspin-Exner(1976, p.91)による「自律へむけた訓練、学習と気づきの能力の増加、集中と理解能力の改善、興味の視野の拡大、文化的活動への提案、共同体体験の仲介、共人間的接触の建設、義務と責任の意識の動員、本当の能力を競う場へ参加する能力の促進、共同および単独での造形への刺激ならびに知識教育の促進」のように。そこでは、音楽経験は「薬物に対する代理満足」を仲介すべきものである（同書 p.92.ならびにLecourt, 1979, p.101）。

活動のレパートリーは「音楽聴取、一緒に歌い演奏する、即興、ロールプレイと音楽劇」からなる。それは、共同体体験を促進し、個人的問題について話をする気にさせようとするものである（Schulz, 1982, p.101を見よ。Breitenfeld, 1971, p.141以下；Bullinger / Will, 1981; Rothenbacher / Truöl , 1981, p.201以下も参照のこと）。

上述の活動をとおして、患者たちは音楽文化への積極的参加、独自の音楽的表現と経験を活性化される。病棟治療の期間中、多くの施設では、個人的

な音楽の使用は部分的には非常にきびしく制限される。それでたとえば、病院では音楽が休憩室だけでしか聞くことができず、部屋のなかや、施設の非居住空間［訳註：浴室・便所・物置など］（そこでは職員が、ときおり音楽の選曲をしたりもする）でも聞けないようにしておくべきである（Roth, 1977, p.58参照；またFormann-Radl/Kryspin-Exner, 1976, p.88以下も）。

ヴォルフガング・ムンダローWolfgang Munderlohは、薬物依存者との治療におけるロック・ミュージック実践の効果について報告している。ブルースのカデンツとロックのリフ［訳註：伴奏の一部としてくり返される短い楽節］は、楽器演奏能力の比較的低い人たちが、うまく合奏することを可能にする。それによって、多くの若者の希望が、楽器を演奏すること、自分を音楽的に表現することとして取りあげられる。この能動的な音楽演奏は、情動的な関与がとても大きく、それで「憤怒、怒り、攻撃性または悲嘆のような感情」が吹きだす。

これらは、いままでしばしば苦労して酩酊物質で抑えつけたり、調整されたりしていたものである。『能動的な音楽演奏は、「緊張を低下させたり、気分に表現を与えたり」する特殊な可能性を提供する。大音量とリズムは、ある「ハイ状態」を発生させる。それは、薬物を消費することへの対抗案と見られるもの』であるという。ロック・実践で、再発の危険が高まるのではないかという懐疑について、ムンダローは、彼の治療経験からは［それを］確認していない。若者たちは、よりずっと多く、より長く能動的音楽活動をすれば、より早くその人生のために長期的視野を発展させようとしはじめるようである（1993, p.154以下）。

受容的音楽療法の経験を利用することには異論がある。聴取体験は、嗜癖的な消費行動をくり返し起こしうる。とりわけ場所と状況によっては、嗜癖体験に直接に関連している、特定の音楽様式と関連させられうる。それによって、再発の不安や幻想がひき起こされうるのである。であるから、精神療法状況での音楽聴取体験は、音楽描画（Kapteina/Hörtreiter, 1993, p.53以下, p.211以下参照）や、楽器の即興との組み合わせ（Pfeiffer, Timmermannら, 1986, p.237以下, Purdon/Hutschenreuter, 1983）などのように、患者の能動的聴取が導かれるように統合されていなければならない。

これらの音楽療法を、ブリンガー／ヴィルBullinger/Willは、なおむしろ余暇‐教育的で活性化を強調していると述べている。それらは、集団歌唱、接触演奏Kontaktspielen、音楽を使った精神集中練習、緊張をほぐす練習や、たとえば、短いリズム打ちをくり返す演奏、フォークダンス、よく知られた器楽曲と結びついた即興演奏、または、三和音(1981参照)のうえに基礎を置いている。その一方で、プルドン／フッチェンロイターPurdon/ Hutschenreuter（1983）によるような、より精神療法的な側面の強い、新しい治療構想よる自由な即興演奏が前景に現れてくる。

フリッツ・ヘギFritz Hegiは、麻薬［治療］病院における彼の音楽療法の

経験から、不安にとらわれた患者は、薬物なしに感情や対人関係にかかわり合うよう指導されるべきだと強調している。薬物の代理としての即興音楽は、一つには行動［を映す］鏡として新しいオリエンテーションを可能にし、しかし他方では、嗜癖特異的なふるまいを正しいと認め、音楽療法家を「売人」としてしまう、「代理薬」にもなりうるのである（1986, p.194, p.199）。

ホルガー・エーアハルトHolger Ehrhardtは、ベルリンのカール・ボネファー神経病院の依存患者のための部門で、音楽療法を一つのモデルケースとなるべき実験のなかで説明した。音楽療法は、もっぱら非‐言語的方法を拠りどころとした精神療法の構想のなかに含まれている。それらは、自律訓練法、絵画体験、心理劇の要素とさまざまな芸術療法的体験である（1985, p.247参照）。

音楽療法では、幻想と活動、感情的体験、対人関係の障害、罪悪感と劣等感、および未来への投影と行動モデルが前景に立つ。とりわけ、「音楽的活動によって、嗜癖物質を用いずに、その場で緊張と興奮を明確に拒絶する体験」がなされるべきである（1985, p.252）。中心的な治療の方法は、治療者から前もって与えられる演奏の規則にもとづいた即興演奏である。

シュヴァーベSchwabeによれば、集団のなかでの器楽による即興に加えて、週に一回、音楽療法的集中治療としての「クラシック」音楽に合せた運動の即興、および週一回の、和やかで薬物の入らない相互関係のトレーニングとして、集団歌唱が勧められる（1983, p.93参照）。

クラウス・フィンケルKlaus Finkelは、彼のアルコール中毒者との音楽療法的仕事のなかで、音楽と心理劇の結合を用いる。このコンビネーションにさいして心理劇的な第一俳優と敵対者のあいだの動きが、グループによる放送劇のように音楽的に支えられており、それをとおして俳優と脇役のより大きな感情的関与が体験される（1979, p.175以下参照）。

この試みの先に続くものとして、われわれは、ウルスラ・イェッターUrsula Jetter（1986）のマルチメディア的に統合された音楽療法を見いだす。主技法としての音楽的集団即興は、音楽的また舞台的なロールプレイと結びついている。その近くには、人形劇、仮面劇と影絵芝居があり、描画活動、運動の即興などが行動のレパートリーを完成する。

これらの多様な行動刺激をとおして、危険への対応が促進されるべきである。それは、患者たち個人の、表現の可能性と表現欲求が考慮され、即興の原則は他の体験領域に応用可能なものとして、また最終的には人生の原則として体験される。この原則には、自分自身との、また自然や社会的文脈とのつきあいにおける、新しい可能性が含まれている（Kapteina/Hörtreiter, 1993, p.228以下参照）。

個人療法は、まれにしか記述がなく（Langenberg, 1983; Timmermann, 1983参照）、入院嗜癖治療のなかで、

うまくやりとおされることは少ないように見える。総じて、音楽療法の入院環境へのもちこみは、問題を起こしやすいようである。音楽療法は、高い効率と作用力動を持つので、付加的な治療として行なわれるべきではない。

カプタイナ／ヘアトライターKapteina/Hörtreiterは、音楽療法がどのように精神療法的対話集団のなかに統合されうるかについて述べている。そのなかでは、対話精神療法的過程が、音楽の演奏や主題指向的な即興によって、目下の具体的主題（再発、別離、身体的知覚などのような）について深められ、強化されうるのである（1993, p.232以下）。

参考文献は、p370【嗜癖患者の音楽療法】の項目を参照

ハルトムート・カプタイナ Hartmut Kapteina

ノードフ・ロビンズ音楽療法（創造的音楽療法）
Nordoff / Robbins Musiktherapie
(Schöpferische Musiktherapie)

ノードフ・ロビンズ音楽療法は、その創始者［の名］によってよく知られている。

すなわち作曲家でピアニストのポール・ノードフPaul Nordoff（1909-1977）と特殊教育学者のクライブ・ロビンズClive Robbins（1928-）である。すでに早くから、人物と結びついたこの名称のかわりに「創造的音楽療法Creative Music Therapy」、ないし——ドイツ語圏では——"Schöpferische"あるいは"Kreative Musiktherapie"という呼称が普及していた。芸術的側面を強調するところから、このアプローチは「治療としての音楽芸術」というタイトルのもとに紹介されることも多い（Nordoff, P., Robbins, C., 1965, 1975, 1977, 1983; Robbins, C., 1965, 1975, 1977, 1983）。

ノードフとロビンズは、音楽療法の共同作業を1959年にイギリスで開始した。彼らの初めてのクライエントは、著しいコミュニケーション能力障害と表現能力障害を一次性ないし二次性に患っている多重障害、および自閉症の児童であった。［音楽療法をクライエントに］直接実践してみて音楽のもちうる中心的意義が明らかとなったが、それは、そのような子供たちとの活動において、音楽がコミュニケーション手段になりうるということである。［そこから］人間の音楽的アイデンティティというコンセプトが生まれてきた。この音楽的アイデンティティは音楽をとおして到達可能なものであり、またそれは人間の本質に通じるまったく無媒介的な通路をひらくものでもある。

ノードフとロビンズは初めから、みずからの音楽療法活動を録音媒体を用いて記録し、現象学的観点のもとに音楽的事象を記述した。得られた素材は体系的にまとめられ、公表された。こうしたスタートがあればこそ、教えかつ学ぶことのできる今日の方法が形成されたのである。

このあとの年月、ノードフとロビンズは、北アメリカとヨーロッパ大陸を遊説して回り、治療と教育に努め、創造的音楽療法が今日のように世界的に普及するための礎石を築いた。この音楽療法を伝える教育課程は、現在、ロンドン（ノードフ・ロビンズ音楽療法センター——ロンドン市立大学との共同事業）、ニューヨーク（ニューヨーク大学）、ドイツ（ヴィッテン／ヘルデッケ大学音楽療法研究所）にある。相当する組織がオーストラリアと日本に構築されつつある。

身体・精神障害児および自閉症児に対する当初の活動領域に加えて、徐々により広い活動領域へと拡がってきているが、それらはおもにドイツで発展した。創造的音楽療法が今日適用されている領域は、小児科、児童・青少年・成人の精神科、心療内科、内科、神経内科、脳神経外科、老人医療科、中枢・末梢神経系の障害者に対するリハビリテーション、特殊教育・医療教育分野、および集中医療などの諸領域である。この方法が特に重点を置くのは、いわゆる身体的疾患を病んだ人々の援助である。

創造的音楽療法は、形式的に能動的音楽療法に属する。すなわちクライエント／患者および治療者はどちらも音楽行為を行なう。個人音楽療法、集団音楽療法が実践されている。どちらの場合においても、患者は楽器を自由に用いるが、［奏法に関する］事前の知識や教育なしに演奏することが可能である。治療者はふつうピアノを演奏し、声を使う。

中心に位置するのは、自然で芸術的な潜在力をもつ人間である。

芸術的創造を行なう可能性と能力とが、人間という現存在のもつ決定的な特徴であると理解されている。日常生活をおくる人間は、そのなかでみずからを取り囲む人々や事象に関係し、またそれらを考慮しながら知覚し、体験し、ゲシュタルトを形成していく。人間はそのさい、理想的な場合には自律的に、自己決定的に、そして志向的な力をもって行動する。

病んでいる場合は、身体的・精神的領域でそうした能力が被害を受けるか、あるいは自由な知覚能力やゲシュタルト形成能力が失われ、自律的行動の喪失も起こる。

音楽は——シンクロニシティーという意味で——上述の知覚、体験、ゲシュタルト形成の諸領域をみずからの内で統合するため、治療的に連れ添っていくための理想的な可能性を提供している。音楽は知覚・体験・ゲシュタルト形成の可能性に道を、つまり、あらゆる患者がみずから行為しつつ、ともにゲシュタルトを形成してゆく道を開くのである。

治療は対話的であり、操作的ではない。ここで［治療の］方向は潜在力をもった人間に向けられるのであって、欠陥によって規定された患者にではない。

音楽には強い直接性があり、人間の現存在が有する多様性のすべてを表現する可能性を内包している。音楽は翻訳を必要とせず、直接その意味を開示し、現象としてそれ自身の説明になる。結果として必然的に、創造的音楽療法においては、音楽的プロセスを言語により再処理することなく、純粋に音楽的に活動が行なわれる。

こうしたアプローチを擁護する人々の理解によれば、音楽には予測可能な一般的に通用する効果があるのでなく、したがってまた［薬物のように］投与されることもない。そうではなく、音楽は芸術的媒体として、［治療の］中心に位置するのである。

音楽療法的プロセスの枠組みにおいては、音楽は、患者と治療者のあいだの即興のなかに出現する。［音楽的］出発の土台となるのは、つねに患者の音楽表現である。そこから必然的に非常に広範な音楽的意味が発展してくる。居合わせる両者とも、この音楽と音楽のもつ独自の志向性にかかわることになる。

出現した音楽は、演奏している人間に、われわれの場合なら患者に、みずからの可能性と性向を、直接的また無媒介的に体験することを可能にする。こうして音楽療法的診断が成立する。

治療者とともに演奏するあいだ、患者は生き生きした関係へと入っていくことができるが、それをとおして患者は、自身のその時の情態性と同じくらい、みずからの苦しみが治療者と分かち合われていることを体験し、そうすることで苦しみが対象化されるのを体験する。そればかりか、患者が主観的な内部知覚として知っており、しばしばそれに明け渡されてしまっているように見える、自身の［精神・身体の］状態に外から出会える可能性がある。このような出会いから、患者に、みずから変化するチャンス、ないし治療者が意図をこめて音楽的にさし出したものをつかみ取り、さらに発展させるチャンスが育ってくる。

治療者はここで、目標や成果を定め、その実現可能性を追求するという、つねに知る者としての役割をとるのではない。むしろ治療者は――可能な音楽的ゲシュタルト形成プロセスを理解しながら――、即興行為の経過のなかで、適切な行為やアイデアをさし出す。患者はパートナーとしてこのさし出されたものを受け入れるか、はねつけるかする。このようにして両者は、患者の自由な知覚能力とゲシュタルト形成能力を育成する道程に入っていくのである。

治療の全体は、すべて音楽的なプロセスのなかで行なわれるため、個々のセッションでテープ録音された出来事の記述、記録、評価は、きわめて厳密に、また意味深く、音楽の用語を用いてなされる。そのさい中心になるのは、音楽的・対話的プロセスのさなかで起こった諸現象の明確な記述による記録であり、諸現象の解釈ではない。質的側面、量的側面がともに記述される。これらの記述は、音楽活動に反映している関係性や、コミュニケーション

[の様態]といった要素をめぐって拡大される。

このような作業が、[記録]追体験可能性や透明性を与えることになり、研究や学問の基礎を提供することにもなる。

臨床実践および教育とならんで、芸術療法の対象にふさわしい質的研究の発展にも特別な興味が寄せられている。

(ヴィッテン／ヘルデッケ大学音楽療法研究所の住所——Institut für Musiktherapie der Universität Witten/Herdecke, Alfred Herrhausen Str. 50, 58448 Witten, Germany——の現在の出版リストを参照されたい)

上述のような活動に従事している音楽療法士には、充分な音楽的基礎が必要とされる。したがって創造的音楽療法を行なう音楽療法士の養成教育は、教育を受けた音楽家に対する付加的履修課程Zusatzstudiengangとして構想されている。(履修課程の要綱、科目・試験規定を参照)。ヴィッテン／ヘルデッケ大学の履修課程を終了すると国により認定された学士‐音楽療法士Diplom-Musiktherapeutの資格が得られる。卒業者には医学部の学位の可能性がひらかれる(医学博士Dr. rerum medicinaliumの学位)。

最近の音楽療法文献のなかでは、創造的音楽療法はクライエント中心的な諸方法のなかに位置づけられ、ヒューマニスティック心理学に近縁のものとして捉えられている(Ruud, E./Mahns, W. 1992; Smeijsters, H. 1994)。いずれの場合も、芸術的な治療[方法]のなかに組み入れられている。このようなカテゴリー化の試みはつねに不正確なものにとどまらざるをえない。[この方法が何ものかということについては]活動それ自体がみずから明らかにしている、というのが適当であろう。

ダグマー・グストルフ Dagmar Gustorff

能動的音楽療法

Aktive Musiktherapie

「能動的音楽療法」(以下aMと省略)は、患者自身が楽器や声を使いながら参加する、すべての形態の音楽療法を指す総称である。

基本的には、集団療法であろうと個人療法であろうと、セラピストは楽器を演奏するか歌を歌うかし、それをとおして音楽的な出来事と深く感情的につながる。同時に、音楽療法の治療過程のなかで何が起こっているかを、理性的かつ情緒的に察知し、必要に応じて援助をしたり方向づけたりする。

aMでは即興演奏が大きな役割を占め、事前の話合いによって——[参加者が]希望するなら——音楽、形式、素材などに意識をより強く向けさせたり、あるいは例として「連想的な即興」をとおして、即興演奏をしながら思い

描いたことや、思いつきに意識を向けさせることができる。

aMにおいて作曲された音楽が使われるときには、著名な作品や歌などが素材となることもあるし、あるいは記譜したり、暗譜することで固定され、何回も演奏することが可能な即興の歌や曲、あるいはフレーズのこともある。この即興演奏と作曲の隣接領域には、ノードフ／ロビンズNordoff/Robbins（1975）の多くの例が挙げられる。

演奏のあとには大抵の場合、患者とセラピストが各々何を観察し体験したか、そして何を思いついたかについて話し合う会話の時間が続く。この会話から、次の即興演奏で扱われるテーマが明らかになる。

終結の即興演奏、あるいは終結の歌（これもまた即興演奏の延長であることがある）でaMのセッションは終わる。

今世紀の音楽療法の歴史のなかで、多くの特殊な形態が生みだされてきたが、それらのなかにはセラピストのパーソナリティと強く結びついたものもある。幅広く広まっているのは、若い患者と高齢の患者双方とで行なわれる「集団歌唱療法」（Schwabe, 1972, p.147-170）である。一緒に歌うことは、効果的な集団の一体化につながりうる。それに加えて、歌には思い出をひき出す大きな効果があり、それがために私たちもみずから知っているように、昔重要だった、そしていまでも重荷となって残っている考えや感情に気づき、それらを「現在のものとする」ために非常に適した活動である。

音楽療法の発達のなかで共通して言えるのは、言語的な一致が必ずあとに続き、少なくとも患者たちが葛藤となる素材に気づいて、それを言語的に消化していく機会が提供されることである。

能動的音楽療法の隣接領域

能動的音楽療法は、しばしば心理療法の他の形式とつながっている（Petersenの表を参照。1994, p.4以下）

- 「現存する300のさまざまな心理療法や社会療法の理論」の一つ
- 詩歌療法、演劇療法、サイコドラマ
- ムーブメント療法、身体療法、ダンス療法（オイトニー、治療オイリトミー、リトミック、集中的ムーブメント療法、集中的弛緩療法、心理力動的ムーブメント（Priestley, 1975）など
- 芸術療法（絵画、スケッチ、彫刻、創作、詩歌療法）
- 表現療法のような統合的芸術療法（表現療法）

ヨハネス・Th・エッシェン Johannes Th. Eschen

【八】

倍音の研究
Harmonikale Forschung

英語の「harmonics［訳註：原音の上音または倍音］」で明らかだが、ハーモニックとは倍音、具体的に言えば倍音の列の構造を意味する。倍音を使って演奏することは、人類が古代からしてきたことである。原始的なビヤボン［訳註：馬蹄型の楽器で、歯にあてて鳴らす。口腔のかたちと容積で出る音の高さが違う］や音楽弓、モンゴルやチベットに残る歌唱のテクニックがこれを証明している。

とりわけ1970年代からのこの倍音の再発見は、音楽全般のなかでも倍音への意識を高め、現代音楽においてさまざまなかたちの倍音の豊かな統合へと結びついた。

ホリスティックな思考への精神的な傾向も、全体のショーとしての宇宙の音楽という古来からの想像にその原型を見い出す（Schavernoch, 1981, 比較参照）。「Harmonia」はギリシャ語／ラテン語で「継ぎ合わせ、継ぎ目、秩序」といった意味をもち、倍音的な思考や研究は、より高尚な秩序に組みこまれることを認識する道を提供する。それは物質と精神の生態学の基盤を指し示している。

ピタゴラスPythagorasは、われわれが知るかぎりでは、モノコードを使いながら倍音の構造と合理的に取りくんだ最初の人だった。「モノコード」という言葉は、ギリシャ語から由来していて、「一弦」を意味し、木製の共鳴板のうえに張られた1本の弦しかない楽器のことをいう。弦の下には、ずらすことができる駒がある。この駒の位置を変えることで、弦の長さは好きなように変えられ、各々の振動している部分の長さの関係を定めることができる。実際的に考えてみると、弦の数を増やすことはすぐに思いつくことだった。このようにしてはじめて、振動している各部分を比較することができたのだった。

最近になってモノコードはふたたび楽器として再発見され、開発されるようになった。音楽療法でも色々な場面で使われている（Timmermann, 1989b, 比較参照）。

以下にモノコードの基礎を簡単に紹介しよう。複数の弦のモノコードでは、最初の弦の全長が振動する。2番目の弦では駒をまんなかに置くことで、初めの弦の丁度半分が振動する。3弦では3分の1の位置に駒を置き、4弦では4分の1の位置にする。以下同様に、他の弦も数字にしたがって駒の位置を決めていくのである。このようにして張られた弦を弾いてみると、倍音の順番にしたがって音が響く。このなかに多様な文化で用いられてきた音程が、協和音の順番で存在するのである。

協和音とは、二つ、あるいはそれ以上の音が「弛緩した」関係にありながら、共鳴する、つまり、ともに振動することを意味する。これに対して、不協和音は緊張、摩擦を意味する。一つ一つの音全体としては、この両方の可

能性がある。

モノコードをとおして一つ一つの音の内的秩序が明らかになるが、これは音楽の可能性全体の核に触れることである。周期的に振動しながら、リズムの要素、音程が生まれ、これが音階、和声、旋律を形成していく。このようにして、われわれは音楽の原始的な理論の基礎にたどりつくのである（Timmermann, 1987, p.64に詳細に解説されている）。

「元型」という表現は、興味深いことに、「世界の和声に関する5冊の本」のなかで、幾何学、数学、天文学、占星術と音楽の領域における共通した構造的な法則性を発見した、ヨハネス・ケプラーJohannes Keplerから由来する。彼は人の魂のなかには、元型の構造を求める本能、純正で真実の和声、「魂の奥深くに潜む原像そのものである最も真実のハーモニー」（Schavernoch, p.136より引用）、倍音の構造のなかで、音程が音楽的に表現されるような物事の秩序への憧れが潜んでいると推測した。

構成化された要素としての元型に関するユング派の研究が、視覚的なものと言語的なものに、より多くの意識を向けていたとしても、ユングC.G.Jungは自分の元型理論から音楽を除外することはないと発言した（Haase, 1970, p.40）。

多くの文化の比較において証明されることができたように、整数のうえに成り立つ響きの構造に対する人間の聴覚の素質（Haase, 1977比較参照）は、一つ一つの音の倍音の多様性を、響きの普遍的な基本パターンとしてとらえ、エネルギーが整数の振動関係のなかで構成されている音の素材の秩序を響かせる、原始的なエネルギー界として把握することを可能にしている。

倍音の**基礎的研究**はこの響きの構造化された規則性のなかに、より高尚な宇宙的な秩序が支配していることを証明しようとする。これは、多くの報告によっても明らかである。「倍音のシンボル」（Haase, 1966）は古い文化の宇宙的響きの世界像という命題を基盤としたものである。多くの民族の世界の始まりの神話のなかに、われわれはくり返し原響（から原破裂音！）という象徴的表現を発見するし、宗教的な儀式においては人間は歌唱と演奏をとおして原点へ近づこうと試みた。

治療的行為という枠組みのなかでの音楽の古来からの意味は、この倍音の思考方法から説明できる。人間は宇宙に存在し、そのなかですべてが反映され、体と魂と精神でもって、調和した宇宙的な秩序に置かれているのである。音楽と人間の魂の同一の構造ゆえに、**プラトン**Platonはすでに「ティマイオス」のなかで、音楽に心理療法的な課題を与えていた。

しかし、現代のヨーロッパの音楽療法の初期の歴史も倍音と関連していた。スウェーデンの**アレックス・ポントヴィク**Aleks Pontvikは、1940年代にユングの心理学と倍音の思考を組み合わせた音楽療法の方法を開発した（Pontvik, 1955）。さらにドイツ語圏で最初の音楽療法の養成校だったウィーンでもこの考えが復活し、今日でも倍音は選択科目として組みこまれている。

倍音の研究は古代ギリシャ——そこでは特にピタゴラス派の人たちによって——以来行なわれてきた。詳細な歴史的な概要はここではできないが（Haase, 1969参照）、少なくとも今日の情勢において重要な名前だけは記しておこう。**ハンス・カイザー**Hans Kayser（Haase, 1986で詳細に記述されている）は、今世紀になって、この素材を再発見し、彼の代表的な著作の『アクロアシス』（1947）のなかで、「世界に向けて耳をすます」ということが何を意味するかを記述した。彼は一面的な世界観を聴覚的な次元で補い、われわれがすでにモノコードの試みで知ったように、「耳で測る」ことを現代の科学に導入しようとした。彼の唯一人の生徒だった**ルドルフ・ハーゼ教授**Prof.Dr.Rudolf Haaseは、ウィーンの音楽大学に倍音の基礎研究の研究所を創立した人であり、これらの仕事をひき継いだ。この研究所は、ハーゼ教授が名誉教授として引退したあとは、彼の長年の助手だったシュルツSchulze博士によって続けられた。

つねに人気のある発表のテーマとはならなかったが、ハーゼはときに信じやすい人から理想的にあがめられてしまうこともあった彼の師の著作を、徹底して厳密な方法で科学的に手を入れた。彼は倍音のなかに聴くことができる、つまり感覚でとらえることができる整数の構造の意味を、多くの自然科学や芸術関係の論文で証明した（Haase, 1976比較参照）。

彼はまた応用研究も行なった（Haase, 1980, 81以下）。太古の時代から、建築家は倍音の法則を使って建築をしてきた。ゴシックのカテドラルやヴィツェンツァにあるパラディオという建物はこの例であるし、今日でも事務所にモノコードを重要な備品として備え、聴覚で感じられる尺度や割合を使っている建築家がいる（van der Maas, 1985, p.7を参照）。モノコードが音楽療法の実践でもふたたび使われるようになってきたことを、われわれはすでに確かめた。

さらに詳しい基礎研究と応用研究は、現代の音楽療法の確立と発達に貢献するだろう（音楽療法における倍音の意味についてはHaase, 1986, p.235-237を参照）。

そのさい、倍音の研究は基本的にその価値において、中立的であることを忘れてはならない。倍音の響く理想化をとおして、世界を美しくしていこうという意図など存在しない。倍音の列はむしろ、緊張と弛緩が対極的に補い合い、聴覚あるいは音楽のなかで明らかになる全体のシンボルとしてとらえられる。

この姿勢は、心理療法としての音楽療法の現代の解釈と一致する。患者は機能的な「変化」という意味で調和されるのではなく、たとえ不協和音であるにせよ、彼にとってその瞬間を感じた気分を表現すればよく、その表現のなかで変容することもできる。このプロセスのなかで、患者は自分と自分の周りの世界と調和をとれるようになっていくのである。

この調和（Timmermann, 1989a）は、音楽を聴くときの習性に似ているが、分類された美でもないし、社会が望む

ものでもない。この調和は生きていることの可能性のすべてを包括するのである。

トニウス・ティンマーマン Tonius Timmermann

ルドルフとウルズラ・ハーゼの倍音に関する詳細、かつ最新の文献リストは、ウィーン音楽／芸術大学に付設されている「ハンス・カイザー倍音基礎研究所」から入手できる。住所は
— "Hans-Kayser-Institut für harmonikale Grundlagenforschung" an der Hochschule für Musik und Darstellende Kunst Wien, Lothringerstr.18, A-1030 Wien

発達心理学と音楽療法
Entwicklungspsychologische Einflüsse in der Musiktherapie

人間の発達に関する従来の心理学的な考察は、すべての発達が固定され、それ自体が完結するという一連のテーマ（思考モデル）としてではなく、プロセスとしてとらえられてきた。したがって、「これが発達心理学だ」と断定できるものは存在しない。むしろ、人間の成長過程における絶え間ない変化に関する知識、分析、そして解釈は、人間とかかわるほとんどすべての他の学問と重なり合っている。

発達心理学的な思考と行動は、60年代までは人の発達に与える遺伝や環境による影響の割合や優位性に関する、多様な考え方の変遷を意味していた。さらに、それらにかかわる教義となる発達心理学的な研究や学問では、幼児、児童、青少年、若い成人の年齢層だけが、発達と関連する対象となった。それによって、これらの年齢層のための教育的、臨床的な心理学が影響を受けたのである（Schenk-Danzinger, Oerter 参照）。

そのさい、幼児期の発達を周期や段階ごとに理解しようとする、精神分析にもとづく発達心理学が重要視された。特に、マーラーMahler派の考え方が中心となった。つまり、自閉期、さまざまな共生期と分離期を経て、個性化に至るという概念である。最後の個性化という概念は、アメリカのいろいろな流れの心理学者達によって、より高い年齢層の人達にも応用されるようになった、非常に成果の多い思考モデルの一つである。

このようにして、一人一人の集団力動における社会的な行動も、幼児期の発達段階の結果として説明できるようになった（Bionら）。古典的な精神分析の代表者達が、かれらの大人の患者達の視点から子供のイメージを作り上げ、説明したことによって、成人としての人格のほとんどが、幼児期とそれに属するさまざまな段階の様態によって論ぜられるという結果になった。

マリー・プリーストリーMary Priestleyの刊行物や、音楽療法をどちらかといえば、心理療法のなかの古典的な深層心理学的な形式としてとらえたうえで、彼女が開発した方法によって、音楽療法における上記の考え方が

明らかにされる。この形態の心理療法が、旧ドイツ連邦における音楽療法の発達に当初大きく貢献した。

音楽療法と深層心理学の組み合わせは、「ヘルデッケ共同病院におけるヘルデッケ養成者コース（養成者のための養成）1978〜80」にも明確に現れた。このコースの終了直後、あるいはその後になって、今日の五つの国立の養成コースの指導者集団のうち、四つが生まれた。この深層心理学的な特色は、既存のオーストリア、フランス、スイスにおける音楽療法の養成との大きな一致をもたらした。

音楽療法の技法のなかに、自由な即興演奏というかたちの活動的音楽療法があるが、発達心理学的な理解があってこそ、その特色が明確になる。自由連想を用いた精神分析の患者の治療と似ているが、即興のなかで生まれる患者の連想が明確になり、意味づけもできるようになる。そしてその後の会話や、さらに続く即興で［意味づけされた連想が］治療の材料となるのである。

古典的な精神分析の治療に似ているが、幼児期に影響を受けた無意識の素材と、現在の（病的な）生き方のあいだの橋渡しとなるものが作られ、さまざまな即興技法と演奏形態をとおして、患者の人格に変容が起こり、［その人ならではの］特性が備わる。

同様に、音楽療法において可能な診断学も、精神分析的な発達心理学にもとづいて発達してきた。診断後の治療方針、精神疾患、精神的外傷、そしてそれらと関連する精神的、心身症的な病態を明らかにするために、診断の多くはこれらの症状の原因を幼児期にさかのぼって特定しようとした。現在隣接して併存する精神分析的な見方と、システム理論的な見方のあいだには、一種の同意がある。

つまり、ある人の長期にわたる精神的な問題は、特定の発達の時期（幼児期やそれより遅い時期）に原因があるのではなく、一つの時期から次の時期に移行するときに起こったと考えられている。発達心理学的にはこの移行期は、危機状況にあったとき、危険に遭遇したとき、決定をくださなくてはならない時期であるととらえられる。

音楽療法のなかで生まれる発達心理学的な要素が、システム理論やゲシュタルト療法の特性をもった音楽療法（Frohne, Hegi）、あるいは「輸入された」音楽療法や表現療法（「メディア療法」、Knill, Decker-Voigt）の発達とあいまって、別の知識をもたらした。これらの知識とは、治療プロセスにおけるシンボルの理解、音楽的な素材の使用とその意味の分析、個人音楽療法と集団音楽療法の適応領域／禁忌などに関する。

人間の発達に関するかっての見方は、以下の新しい研究の見方にまで「発達」し、これからも変わり続けていくだろう。

1 人の発達は一つの影響要因のみに支配されると理解するのではなく、遺伝的要因と環境的要因の相互依存のなかで起こると考えられる。一人の

人に与える影響や、その人の人生に対する考え方を意図的に、どれだけ変えられるかということがテーマである人間科学は、後者の領域（環境的な影響）に重点をおいている。

2 この一人一人の変容可能な部分こそ、心理療法、そして心理療法の立場に立つ音楽療法、とりわけシステム理論を踏まえた音楽療法にとって、次のような大きな意味をもつ。健康な発達の援助（教育）、あるいは個人の健康の回復に向けての援助（治療）は、その人の周囲の社会的な環境を、健康、または病気の形成要因としてとらえなければならない。

現在ではこのシステム理論的な見方が、古典的な精神分析的な個人のとらえ方よりも主流となってきている。この新しい流れの主要な代表者はデヴィッド・スターン David Stern である。彼は、今日の聴覚視覚的な機器を使って新生児を直接観察し、分析したが、これが人の発達の新しい見方につながっていった。

急激に進歩している胎児期の発達心理学の研究（Verny, Tomatis ら）を背景として、スターンも出生直後の新生児期の人格形成の意味の大きさを強調し、この時期を段階別に分けている。しかし、彼の広範囲にわたる、同時にさまざまな側面にも及ぶ研究の視点とその結果は、乳児の素質と能力の継続性、そしてそれにともなう健康と潜在的能力に重点をおく。彼は、「自己感覚の領域」、そして特に「関係の領域」における人格の発達の段階が、社会的な関係の核となるものとして説明することで、発達心理学におけるシステム理論の傾向を強めている。

スターンの専門用語と定義（「自己感覚」は芽生えかけている自己が、核の部分と主観的な自己の発達を経て、言語的な自己へと発達する。関係の領域もそれに相応して、芽生えかけている自己から、関係の核と間主観的関係へ、そして言語的な関係に発達するということ）は、これらの周期が徐々に起こるのではなく、潜在的能力、および一生残って思い出すことのできる記憶に関する潜在的能力が、同時に備わるのであると強調している。

スターンの乳児の関係行動に関する大規模な研究は、「生命の情動」（たとえば蠕動性の経過や、上だ下だ、あるいは多い少ないという体験に関連する、力動的な諸感覚）と「情動の調整」（新生児の情緒的な体験に合わせて、母親が無意識のうちにその子の気分に自分を調整して、初めて対面すること）の認識につながった。新生児の能力がすでに発達したものであることは、長いこと予測されてはいたが、これまでのところ証明できるものではなかった。発達心理学においては、これが新しい発見の世界を開くのである。

3 次の根本的な変化は、発達心理学の全体的な思考回路を、人のすべての年代（成人の人生の第三期、第四期、最後の時期）にまで広げて統合することにある。70年代に一時期もてはやされて、またすたれていった「中年期の危機」に関する理論的な研究や、治療的な試みがきっかけとなっ

て生まれた、発達心理学的な思考と行動は、今日ではすべての年代の人が常に成熟し、変わり続け、死に至るまで変わる可能性をもっているのだという見方を意味するようになった。

かっては老人学においてのみ扱われた実践領域が大きく広がり、心理社会的、および心理療法的に興味のある実践領域にまで及んだことは、過去の産物（法的にもそう定められていたが）である「55歳以上の人に心理療法は不要」という考え方の変遷を意味する。現在の考え方では、人の人格は死ぬまで統合的で成熟しながら変化できるとされている。この変遷は、末期患者のケアや、その家族に対して必要に応じて提供される治療的ケアにまで及ぶ。

現在急速に変わりつつある発達心理学が、音楽療法にとってどのような特別な意味をもつかについて、ダニエル・スターンDaniel Sternの研究から引用してみよう。彼は、音楽療法の精神分析的、人間主義的、医学的、そして行動論的な「立場」をそれぞれとる人達のあいだに、一つの同意を引き起こした。スターンの研究の成果は音楽療法士達のあいだでポピュラーなものとなった。というのは、自己感覚の発達の四つの形態に関する彼の原案が、「自己創成」を超えて、音楽的な概念である音の強弱、リズム、響き、旋律というパラメーターを、人の発達を説明するために応用しているからである。

そのさい、スターンは乳児の月ごとの発達段階に当てはめて、各々のパラメーターを分類している。しかしながら、人がある段階をとおって成長するのが速すぎても、遅すぎても、健康によくないという時間的な枠組みのモデルがあるが、スターンの発達段階にはこの時間的な限界を設ける枠組みがない。

この新しい考え方は、音楽療法の実践においては、特定の（たとえば神経症の）人格的要素をもった患者と、特定の音楽的なパラメーターを使いながら即興演奏を行なうといった流れを強める。たとえば、「音」に集中することは、患者の感情的な領域と関連するし、リズムを使えば患者の構造的能力に焦点を当てることになるなど（Hegiの学位論文、1996を参照）である。このような働きかけにおいては、「いま、ここで」を意識した治療が明らかになる。これはゲシュタルト療法の伝統によるもので、現在の音楽療法の現場では、精神分析的な音楽療法と混在することが多くなってきている（Priestley, Eschen）。

言語的自己と、それ以前に確立されている聴覚的／音楽的な人格表現というスターンの発達概念によって、音楽療法において人がなぜ音楽に特別の共感を覚えるのかということに関する、臨床的／科学的な理由づけが可能になった。1996年にハンブルクで開催された第8回［音楽療法］世界会議における、スターンの基調講演のテーマが「最初に音楽——母と子の早期の相互交流」であるのもうなずける。

発達心理学における研究は、次の三

つの方法にもとづいて行なわれてきたし、これからも行なわれるであろう。

1 回顧的な研究（過去の記憶の価値の特質を比較すること。成人の患者達と彼らの子供の頃のイメージを対象とした精神分析の〈古典的な症例〉を参照せよ）。

2 縦断的な研究（一人の人、あるいは一つの集団を、すべての発達段階にわたって何度も観察し、測定し、評価すること）。

3 横断的な研究（ある発達段階における人々を観察するのに、同じような条件の人が前提となる、つまり不可能であるということで、この研究方法はもっとも批判されている）。

発達心理学における方法の多様性とそれをめぐる議論は、研究者の立場として、一方では量的リサーチの方向に進み、他方では質的リサーチの方向に進んでいる。音楽療法では現在この両方が共存しているが、傾向としては質的な方向が増えてきている（**【研究方法論】**の項参照）。

ハンス＝ヘルムート・デッカー＝フォイクト
Hans-Helmut Decker-Voigt

バリント・ワーク
Balint-Arbeit

ハンガリーの精神分析家マイケル・バリントMichael Balintが、1950年代の初めにロンドンのグループで提唱したもので、このグループにおいては、開業医が［互いに］問題患者を提示しあうことができた。スーパービジョン・グループ（そこでは治療的方法論が学ばれ、伝達される）とは異なり、バリント・グループは治療者たちにとっての心理的援助と考えられた。それまでは、いかにして危機的状況にある患者を助けることができるかということのみが考えられてきたのであり、治療過程が治療者にいかなる影響を及ぼすか、ということは身近に探究されてこなかった。

バリントにより彼の心理学の核心にひき戻された治療関係という視点は、心理療法家の育成に革新をもたらした。ドイツにおいて今日、（自己経験Selbsterfahrungのグループとならんで）バリント・グループに参加することは、医師にとって心理療法に関するさらなる修練の基本的構成要素であり、文献的知識についての試験には代えられぬものである。また、他の専門分野の医師であっても、患者とのあいだの問題を処理したい場合、バリント・グループに参加する。

さらにバリント・グループに参加できるのは、心理療法家、教師、看護婦、牧師、裁判官、保護司、経営者など、つまり援助的な職業において、あるいは人と人のあいだの関係構成のなかで（に接して／とともに）仕事をしている人々、あるいはクライエントとのあいだの特有な関係上の問題に突きあたる人々である。

そのさい、本質的には、困難を抱えた参加者を援助するのは、グループリ

ーダーというよりグループである。グループリーダーの任務は、ケース報告者を（たとえばグループによる自己愛的な侮辱から）「守り支える」ことにある。リーダーはそれに加え、呈示された困難な関係に対するグループのアイディアを促進したり、場合によっては要約したり整理したりするので、報告者は何が自分に有益に思えるかを選択することができる。重要なのは、治療戦略として何が「正しい」か「誤っている」かではなく、行き詰まった関係状況にあるこの他ならぬ報告者にとって、「ふさわしい」アイディアか「ふさわしくない」アイディアかである。

バリント・グループが（音楽療法的プロセスにおける問題患者、ないし関係上の問題という観点で）音楽療法士にも有益でありうることは、以上のことから明らかであろう。

そればかりか、音楽療法士は独特の経験を有するがゆえに、それぞれのバリント・グループにとっても豊かな存在たりうる。すなわち、治療的関係構造における声については —— 声 Stimme と雰囲気 Stimmung のあいだに容易に察せられる相応のあることは周知であるとはいえ —— これまでまったく注意が払われてこなかった。音楽療法士はみずからの教育と仕事をとおし、治療関係における声というものを、診断や治療に利用することには特にたけている。

ここで考えられているのは、たんに患者の声のことのみではなく、それに対して反応する治療者の声についてもである。ここで治療者とは個々の場合（上記参照）、心理療法家や音楽療法士ばかりでなく、開業医や教師でもありうるが、彼らの声は、問題とみなされた当の関係にとって重要なものである可能性がある。将来もし患者／クライエントとの関係について教える特有な声、およびその反応可能性に関する知覚能力がより研ぎ澄まされるとしたら、それは各々の治療者にとってひとつのチャンスであろう（Krautschik, 1994）。

ふつうは言語的手段でのみ行なわれているバリント・グループワークが、音楽療法士たちにより、興味深く変形したかたちで発展させられている (Strobel, Loos, Timmermann, 1988)。彼らは「音楽療法的バリント・グループワーク」を音楽療法士のバリント・グループにおいてのみならず、音楽療法の経験のない参加者のグループにも試みた。

印象的なのはグループ・セッションの描写で、そこでは（報告者による患者についての通常の言語的な紹介のあとで）報告者とリーダーを含むグループ全体が彼らのアイディアを非言語的に表現しようとする。すなわち、声によって（必要なら楽器の助けも借りて）、またリズムや動き、ジェスチュア、そうダンスをも動員して。このグループはそこでつまり全体的な共鳴身体として、先に言語的に理解したものを、一次過程的に行動表現へと移したのである。

続いてこの共通の体験は、二次過程的に言語化される。とりわけ患者の非言語的な発達段階に由来する「早期障

害 frühe Störungen」や「深い」（病理的ないし治療的）退行、そして言語的にはまったく追体験不可能な精神病的体験様式に対して——バリント・グループが沈黙へと撤退する場合もまた——、この方法は明らかに驚くべき可能性を開示している。

すなわちこの方法は、防衛された（つまり無意識にひき留められた）感情やイメージ表象を共通の音楽療法的経験をとおして当該のバリント・グループに体験可能なものとするのである。修練の目的は、グループ参加の一人により呈示された治療関係がそれを通して新しい、生き生きした刺激を得、妨害となっている問題がしばしば解決へと導かれることである。

アデライド・クラウチック Adeleid Krautschik

美学
Ästhetik

美学〔訳註：感性論 の意味もある〕の概念は、その語源にしたがえば、精神的な反省（ノエシス noesis）に対置される感覚経験（アイステージス aisthesis）に関する学を意味している。学問の専門分野としての美学はこの意味で、アレクサンダー・バウムガルテン Alexander Baumgarten（1714～1762）によって、「低次の認識能力」として、「高次の認識能力に関する学問」である論理学に対置されてきた。この定義は、同時に、経験の源泉としての感覚を低く評価していることを反映しているわけだが、新プラトン主義から近代にいたるまでの西洋の学問展開の特徴を物語ってもいる。

しかしながら、その後の展開のなかで、ますます「美と芸術に関する学問」という、より狭義で内容的な美学の定義が認められるようになり、これによって、美学の対象領域が——たいていは規範的に固定された——「美しい」「芸術的な」事物ならびにその構成特徴に限定されることになってしまった。

音楽に関係づけると、音楽美学という概念は、音楽作品の形式分析、歴史的分析、作用に関する分析のための上位概念として市民権を得た。しかしこれは、この分析がその具体的作品の性格を反映していること、そして、分析が心理音響学的に把握される音や和音の性格に還元されないという条件のもとでの話なのである。

しかしながら、このように表明された内容上の広がりゆえに、音楽美学は明確な輪郭をもつ専門分野とみなされることがほとんどなく、音楽心理学や、音楽史や、音楽社会学や、その他の専門分野と重なりあう部分を多くもってしまっている。

音楽療法行為を美学的に基礎づけたり反省することの意義に関しては、これまで何度も疑念をもたれてきた。というのも、治療者と患者のあいだの治療的出会いの媒体としての音楽に、芸術的質の高さを過度に要求してはならない、という議論がたびたびなされる

からである。

これは一方で、能動的音楽療法の場合、患者自身の即興およびコミュニケーション行動を前面に出していくタイプの音楽療法、それゆえ、たいてい限界がある患者の表現能力を、芸術家の物差しで評価することを望まないタイプの音楽療法が優勢であることと関係している。

他方、これはまた、先に述べた美学概念の芸術理論への狭わい化が、美学的反省をしばしば規範的に評価を下すことと誤解させるにいたったからでもある。

しかしながら実は、この概念の語義アイステージスの意味で美学を感覚的意味知覚の理論と捉えるならば、音楽療法プロセスの理解に本質的な刺激を与えることができる。美的記号の本質は、必然的に何かを指示するのではなく、何かを意味するという点にあるとするペーター・ファルティン Peter Faltin（1985）の考察から出発すれば、美学を、芸術的対象であろうが日常的対象であろうが、感覚的に経験される意味の体系的理論として構想することが可能である。それも、「正しい」意味秩序、「間違った」意味秩序といった固定化を行なう評価的態度へ陥ることなく可能である。

したがって、美学的経験研究の課題は次のようなものではないだろうか。すなわち意味体験と、創造行為でその意味体験を感覚的に表現する行為を、その意味体験の個人における展開変容や文化における展開変容を記述しつつ、把握することであり、それらに記号論的、象徴論的な解釈を施すことである。

そのとき、音楽療法過程は経験の源泉として役立つ一方、美学は、音楽療法実践の行為を理論化するための基礎を築くことができるのかもしれない。

クリスティアン・G・アレッシュ
Christian G. Allesch

評価研究

Evaluationsforschung, Musiktherapeutische

音楽療法研究のための、芸術に焦点をおいた方法論的な援助はこれまで充分に発達してこなかった。適切な学術的な方法がなかったのが理由で、たとえば精神科の領域における音楽療法の研究のための、多くの貴重なデータが失われてきた。この適切な方法の欠如は、芸術療法を研究するうえでの共通の問題を意味する。このような理由で、芸術家はしばしばある特定の学問の専門用語や方法を使うことを余儀なくされてきた。

「健康／疾病」の評価軸は医学界に特有である。音楽療法がこの世界観に縛られる必要はない。なぜならば、音楽療法の評価のパラメーター［媒介変数］は、音楽そのものを含まなければならないからである。音楽療法は、表面的には臨床現場における効果を目標としているが、これらの効果のパラメーターと音楽療法的な変化が記録される形式は、現代の科学的医療とは違った認

識論に属するのである。

ゆえに、われわれの治療的な試みのための挑戦は、次のようになる。「患者とその家族、治療にかかわる臨床家とセラピストは、どのような意味のある変化を期待するのか？」「これらの変化はどのように認識され、そして表現されることができるのか？」

それに応じて、意味内容の解明が、健康と病気の理解を明らかにしようとする研究方法の、核としての問いにつながるのである。

創造芸術のための研究方法論においては、治療的な関係のなかで用いられる芸術作品そのものを紹介するための努力を、われわれはしなくてはならない。そのさい、われわれは、美意識、つまりパターンや形式の基本的な表現要素を考慮する必要がある。

アナログ的、および象徴的言語

芸術作品は、その意味内容を直接示しているのではなく、その表に現れているパターンを何回も何回も新しい比喩的なかたちとして表現している。これと似たかたちで、病気の症状はアナログ的／象徴的なコミュニケーションになる。

症状が一つの表現方法、そして生物の生態学の一部として受け入れられるとしたら、病理学は存在しなくなる。なぜならば、「病理学」とは、観察者の偏見だからである。われわれが知覚するものは直感的であり、見方によって「拒絶的な」から「受け入れられる」というように、行動パターンを変える。

このようにして、現在の科学的見地から、体は分類プロセスと標準化プロセスへと操作されていく。人間は正常な規範との相違という比較において、「症例」として観察され、分類され、分析される。病理学はカテゴリーの一つであり、本来の意味での唯一無二の体験ではない。

メルロ＝ポンティMerleau-Ponty（1986）はこれを「第二の実証主義」と名づけている。つまり、正常な人間の体は、他の人間にとって比較しうる体であることを意味する。この比較の落し穴は、この人間が、彼の体と個性からひき離されることが起こりうることにある。

さらに、この正常化プロセスの認識論は、合理性、不変性、そして予測の可能性を前面に押しだす科学の認識論である。死と破壊に対して継続性とコントロールを維持するために、このような健康の理解が方向づけられている。予測可能であることとコントロールは、これまでに認識されたことは将来も通用するということが、科学的に受け入れられている保守主義的な思考の理解に由来する。

しかし、きのうと今日の体験を将来にわたって保証するという、理論的な基本条件はどこにもないのである。

記述的方法

われわれは人々に、人生の一部を病院に入院中の患者としてだけではなく、家庭での毎日の生活や仕事においても、創造的に表現するように勇気づけることができる。このようにして、美的基盤のうえに築かれる、人間の行

動の記述的な学問が可能になる。このようにしてこそ、われわれは、人間であること、健康であること、あるいは病気であることを、学問において表現することができるようになる。

創造芸術の利点は、病理以上のものを表現することを可能にする点にある。芸術は可能性の表現を可能にする。これまでのわれわれから生まれたものと、これからのわれわれから生まれかけているものとのあいだの緊張は、美学の脈絡において新しいかたちとして和らげられることができる。われわれが治療する人たちの発達、あるいはわれわれとともに道を歩こうと思う人たちの発達は、生きていくなかで生まれる芸術作品をとおして、より的確に表現されることができるかもしれない。芸術はわれわれの合理性やテクノロジーよりも、われわれの感覚や直感から生まれるのである。

音楽療法の方法は、表現された形式の比較と分析に集中するようになるだろう。そうすることによってわれわれは、医学的記述と美的表現、および患者の知覚を明らかにするために、医学的文献の情報、演奏のパラメーター、あるいは写真撮影や絵画、スケッチ、カレンダーのメモ、雑誌や会話のビデオ撮影といった表現形式を比較することができるのである。

これは、人間であることの共通性の理解を可能にする根底にある、構造の文法を探索することを促す。つまり、変化を各々の部分がおかれている関係によって分類することである。おそらくこれらの関係には、構成や規則性の特別な法則が根底にある。

しかし、音楽療法の研究は、美的変化のみを基盤とするのではなくなるだろう。なぜならば、この研究は医療の実践と心理療法との脈絡に帰属するからである。医学的に、そして芸術的に実践する臨床家の双方が認識できるような橋が渡されなくてはならない。

医学的 - 音楽的な要素を取り入れた個別の症例研究（Aldridge, 1991b）が、効果的な妥協であるかもしれない。この研究では、個人的な治療状況と、科学的 - 医学的観点が考慮されている。個別の症例研究から得られた体験から、測定可能で妥当性のあるパラメーターを見つけるための、小集団による研究が生まれることもできよう。変化に対して耐性のある、あるいは長い時間をかけなければ変化しないような慢性の問題を比較できるような、「比較集団」やコントロール・グループを使った長期研究が、将来できるようになるだろう。

研究方法は再検査を考慮し、初期の臨床的な変化を再検査と照らし合わせて、慎重に比較検討しなくてはならない。さらに、医学の文献で発表された報告は、間接的にではあるが、患者の生活の質における変化と、それに続くうつ病による変化には関連性があることを示している。患者の報告を基盤とした、妥当性のある臨床データを評価することで、音楽療法の研究は、生活の質とうつの変化に関するヒントを、評価方法のなかに何の問題もなく組みこんでいくことができるだろう。このようにして最初の、臨床的な比較の共

通基盤がつくられるのである。

音楽療法の研究方法における問題

多くの臨床をしている創造的な芸術療法士は、他の分野のセラピストたちによる方法論的な模索を、不信の目で見ている。その理由は、これらの提案が彼らの研究には向かないように見えるからだ。

心理士や医療研究者からの提案は、他のまったく違う認識論の言葉を使うことで、限定的で慣れない構造を彼らに押しつけるために、芸術療法士の創造的‐治療的体験（彼らにとってはこれが重要なのだが）から［彼らの意識を］そらせるものだと見なされる。そのさい、しばしば芸術療法士にとっては受け入れられない方法で、患者たちが実験用モルモットとして操られるのである。

創造的な芸術療法士を満足させるような研究方法を考案することも可能であるが、これには時間がかかる（Aldridge, 1990）。セラピストと共同で考案する方法論の利点は、研究チームによる研究結果が妥当なものだと評価され、研究そのものも、将来の研究に向けての刺激となることである。この研究は、昔の研究の発想の弱点を明確にすることを可能にし、その結果、適切な方法がセラピストによってデザインされることができる。

音楽療法における研究の方法論は、セラピスト自身によってその研究の認識論や日程調整、スケジュールなどが検討され、決定されるという形成プロセスを経てかたちづくられる。しかしながら、われわれが構造について話すのであれば、科学的な医学の構造は、社会科学や美的な理論とは異なる、という点を明確にすることが重要である。彼らが人間的な臨床研究について語れば、多くの医学研究者たちは、彼らの方法論とは異なったものとして、何も理解しないだろう。彼らは方法を知識と取り違え、最終的には自分たちの確信のなさと多義的な不寛容によって、麻痺状態におかれてしまうだろう。

これは二つの認識論を用いた研究のジレンマとして沈殿するのである。この二つの認識論とは、**一般化が可能な情報という意味での科学の先天的な慣習と、個性的で先天的に非慣習的な認識論としての美学**である。ここで大切なのは、科学的見地と美的見地双方によるお互いの寛容さであり、どちらもが、よりよい理解のために貴重な貢献ができるように、どちらかが一方を押しのけるようなことがあってはならない（Aldridge, 1991a）。

創造的な芸術療法士たちは、典型的で科学的な研究方法は彼らの仕事の多くの重要な特性を理解しない、という理由で批判してきた（Tüpker, 1990）。これらの批判の一つが信頼性である。これは等質の患者の集団において、同じ音楽療法の方法を用いることで、他の研究者が同じ結果を得ることができるということである。創造的な芸術療法士は、精神的に同じ人間は二人と存在しないし、同じ方法を用いても二人、あるいはそれ以上の人間を対象にして、同じ結果は得られないと反論する。音楽療法は人間関係において起こる出

来事であり、したがって活動としてのセラピストの人間性とは切っても切れない関係にある。二人のセラピストが同じセラピーでまったく違う結果を得ることができる。同じく、患者が音楽を即興したり、絵を描いたり、あるいはダンスをするという治療的な芸術形態において、まったく同じ即興や、絵や、動きが生まれることは不可能である。

さらに、個人の生活歴や人生体験が心理療法や芸術療法の評価において意味をもち、治療の選択において重要な役割を果たすということが、研究において考慮されなければならない。ある人の状況を他の人の状況でもって再構築することは不可能である。セラピストは誰でも、その時に対象となる患者の生育歴から出発しなければならない。なぜならば、芸術作品はそこから発展し、一つのパートになるからである。個人的な生育歴をもった一人の患者、つまり一人の人間の、人間関係や文化的な内容から生まれる芸術作品は、現象としての妥当性を失う。

芸術療法では主観的な要素が優先的な役割を担うので、客観的な尺度をつくることはほとんど不可能である。即興演奏において、患者とセラピストがお互いに与え合う影響を区別することはできない。即興は相互的なものである。セラピーのプロセスを客観化する試みは患者にとっては邪魔になるだけで、彼は測られる行動を示すことをやめ、客観化に向けてのすべての努力を水の泡にしてしまうかもしれない。

評価方法

音楽療法の評価には、標準化された「黄金の中間」、あるいは普遍的に合意され有効性を確認された尺度というものはない。創造的な音楽療法では、患者の個人的な演奏が鍵にならざるをえないので、評価方法は特異な特徴を備えているし、セラピストの理論的技量と理論の使いかたによっても違ってくる。

この理論に対しても、セラピストは個人的な解釈をするものである。ブルーシアBruscia（1988）は、以下の点を強調しながら、音楽療法の研究における方向性の組み合わせを提案した。査定評価では一人一人の患者のニーズを理解すべきである。しかし、査定評価の意図は、治療と評価から区別されなければならない。なぜならば、**治療とは変化をひき出すことを意図するのに対し、評価は変化を記録するものだからである。**

音楽療法士は、音楽的なパラメーターの基礎は、彼らの治療の一部からとられるべきもので、他から借りてきたり、押しつけられる医学や心理学の認識論であってはならないと強調する。

彼らの仕事は多くの医学的な観察から得られる図形、EEG［脳波図］の記録、測定結果とは違って、**非視覚的／空間的、つまり聴覚的／時間的**なのである。現在の科学の思考におけるこの二つの優位な思考の移行が重要な出発点となる。一方を観察すると、もう一方における精密さが失われる。物理的／空間的な測定に集中すれば、時間的な要素が失われる。時間的な要素が

鍵になると、空間的な正確さがなくなる。

現代の医学が空間的な理解を保持する一方、音楽療法はそれを補い、バランスを保ちながら時間のなかに存在する人間を理解する。

一般的にわれわれは、個人があるがままに存在し、表現することを受け入れるという観点で、研究をする必要がある。患者は、治療的な努力のなかで期待すること、セラピストが治療的な努力をとおして期待すること、そして期待が報われたときにどのようにして明らかにすべきか、という疑問のあいだに相関関係を見つけようとする。

絵画であれ、スケッチであれ、演奏であれ、表現されたものであれ、治療的な枠組みのなかでの芸術作品そのものは、一部しか独自のものでなく、一部しか自己満足を与えない。治療は目指すべき変化を前提としている。治療研究の課題は、まさにこの変化を確認し、理由づけすることにある。変化が起こったかどうかを確認するための評価は、さまざまな出来事が重なったのか、そしてそれらが意味のあることだったかどうかによって違ってくる。しかし幅広い多様性といえども、いくつかの接点や共通点が見つけられるだろう。

デイビッド・アルドリッジ David Aldridge

評価尺度
Rating-Scales

評価尺度

ポール・ノードフPaul Nordoffとクライブ・ロビンズClive Robbinsは、障害児との音楽療法の臨床において、音楽療法の状況を判断するための評価尺度を開発した（Nordoff, P./ Robbbins, C., 1986,『創造的音楽療法』157-187, Stuttgart, Gustav Fischer）。

これらの尺度は既存の観察記録シートにもとづいて作成されたものである（Ruttenberg, B.A., Dratmann, M.L., Franknoi, J./Wenar, C., 1966, 自閉症児の評価手段. *Journal of the American Academy of Child Psychiatry*）。

彼らの方法を手本にしながら、二種類の観察基準が尺度として定義づけられた。

- まず音楽のなかで生まれる子供とセラピストの関係
- 次に音楽的なコミュニケーションの可能性

第一の尺度では、音楽のなかで生まれうるさまざまな人間関係のレベルが記述され、音楽的な基準にしたがった追体験が可能になる。尺度は、音楽的な集団活動におけるまったくの無関心から、積極的な自立にいたり、定着するまでという、10の段階に分けられている。いわゆる防衛も積極的な参加と

同じような意味があると見なされる。

第二の尺度では、音楽に内在するコミュニケーションの可能性について記述される。これも10の段階に分けられている。ここでは知覚と表現の両方の面がとらえられる。これは活動における三つの部分的な領域に分けられている。

— 楽器活動
— 声を使った活動
— 動きの活動

尺度の応用は、当初は児童との音楽療法が対象だった。1000回を越える音楽療法のセッションにおける、52名の児童との臨床を基盤にした評価において、これらの尺度が用いられた。

音楽療法の発展のための判断となる手段としての、そもそもの機能を越えて、これらの尺度は音楽療法士の養成においても、有意義な要素があると認められるようになった。

つまり臨床における知覚能力の発達を促し、治療過程における力動的相互関係の要素を明確化し、区別化していくうえでよき援助となることが分かったのである。

今日では、この研究が始まったころほどの規模ではないにしても、この評価尺度は組織的な観察基準を発展させるための重要なステップとして確立されている。

ノードフとロビンズが開発したように、音楽療法に特有なプロセスを組織的に観察することは、現在でもすべての研究活動における出発点として理解されている。

ルッツ・ノイゲバウアー Lutz Neugebauer

表現
Ausdruck

表現という概念は、心理療法諸理論のなかでさまざまな側面から扱われている。表現が身体の姿勢やふるまい、運動として理解されるならば、たとえばローヴェンLowen（1971）の生体エネルギー論Bioenergetikの場合のように、それは、身体に焦点を当てた多くの治療の対象となる。同様に、観相学や、声や語りかたや筆跡の分析にも、さまざまなかたちで多くの精力が割かれている。しかし、表現行動から人格を推し量ろうとする**応用表現心理学**は試みられてこなかった（Hofstätter, 1986, p.44）。すべての芸術領域の作品にみられる芸術表現は、**表現の精神病理学**の対象になってきたし、それは今日、「**国際ならびにドイツ語圏表現病理学会（DGPA）**」によって代表されている。

これとは違って、さまざまな**創造性療法**Kreativitätstherapienは、芸術表現を、治療行為を統合する要素とみなしている。その理由は、人類学的に見た場合、芸術表現は人間の実存に属するだけでなく、治療儀式の要素としても現われてくるからである。儀式にさいして、芸術と治癒の類似の行為過程のなかに、歴史的文化的連続性がはっき

りと確認できるのである。(Knill, 1990, p.69-79)。

表現研究は、体系的に**印象**Eindruckと**表現**Ausdruckの関係と繋がりを探究する。**表現療法**(【表現療法と音楽療法】の項参照)の、表現指向的発想にもとづく観察によれば、多くのこれまでの古典的教育および心理療法的方法は、知覚訓練や知覚修正に重点を置いていた。これに対して異議が唱えられ、表現と知覚療法の構成要素が促されることでコミュニケーションが深められ、そして学習や治療の成果が改善される、という主張がなされるのである。

バランスを促すことに関係する文献のなかに、われわれは特にライヒReich(コミュニケーションのステレオタイプなかたちを打ち破ること)や、モレノMoreno(自発性)の名とならんで、学習理論的方向性をもったダルクローズDalcroze(触感運動学習)や、ピアジェPiaget(感覚運動的探索の意義)といった思想家の名も挙げることができる。

多感覚混合体として諸芸術は、最も自然で、根源的で、人間の存在に根づいた「**全体的コミュニケーション**」を助ける手段とみなされる(McNiff, 1981, p.53)。この「全体的コミュニケーション」で、全感覚の局面と象徴的言語の可能性すべてを関係づけるコミュニケーション方式が意味されているのである。

パオロ・クニル Paolo J. Knill

表現療法と音楽療法
Ausdruckstherapie und Musiktherapie

表現療法は、ふつう、多様な芸術表現形式と全コミュニケーション媒体を内に含んだ治療と理解されている。その理論では、「癒しの技法Kunst」と「癒しとしての芸術Kunst」のあいだの連続体として治療過程を、歴史的民族学的に究明する試みがなされている。

音楽療法と表現療法は、その根底、その行為において、多様に結びついている。たとえば、時間形成プロセスである音楽は、表現療法の表現指向的概念のなかで、「トータルコミュニケーション」と考えられているが、これはながい伝統をもっている。また、表現療法が統合を求めるさい、よく掲げられる「総合芸術作品」という概念(McNiff, 1981; Knill/Barba/Fuchs, 1994)が、とりわけ音楽と結びついているのも驚くべきことではない。

最後に、われわれが今日使う音楽という語の元のギリシア語は、諸芸術全域におよぶ意味をもっていることが挙げられよう(Feder, 1981, p.4)。また、表現療法と教育の「媒体横断的な結合」のための基礎理論や多くの著作が、音楽家や音楽療法士によって著わされてきたことも注目すべきことである(Decker-Voigt, 1975; Frohne, 1983; Knill, 1979; Roscher, 1976)。

「表現療法」という概念は、アメリカ

の「エクスプレッシヴ・セラピー（表現療法）」に由来する。これは、いくつかの創造性療法が内部統合を求める動きのなかから生じてきたもので、アメリカ合衆国で70年代に大きな飛躍を遂げた。

表現療法は、芸術表現を心理療法に適用するさい、基礎から統合することを試みたが、ここに芸術療法の方法を、たんに混ぜあわせたタイプのものからはっきり区別される点がみられる。この領域横断的発想の理論と実践は、ここ20年来、ザルツブルクのモーツァルテウムにある多感覚研究所、アメリカのケンブリッジにあるレスリー大学大学院、ハンブルク音楽大学などで得られた研究成果にもとづいている。

この「エクスプレッシヴ・セラピー」という名は、アメリカ、マサチューセッツで精神衛生マサチューセッツ委員会の委員長であったウイリアム・ゴールドマンWilliam Goldmanに由来するものである。この目的は、心理療法専門家養成を、芸術療法を取り入れることで、領域横断的に改革することにあった。彼はこれを手短に「エクスプレッシヴ・セラピー」と呼んだのである。

ショーン・マックニフShaun McNiff（1981, p.3）は、アメリカ、ケンブリッジのレスリー大学大学院に、1974年「芸術と人間発達のための研究所」（後に、たんに「芸術研究所」と呼ばれる）を設立した。これは、この種のものでは初めてのもので、ゴールドマンによって補助を受けた高等教育プログラムである。この研究所で集中的に基礎研究の成果を挙げたのは、なかでもマックニフ（1981, 1985）とクニルKnill（1979, 1983）であり、それはとくに、アメリカのルドルフ・アルンハイムRudolf Arnheimといった研究者、ヨーロッパではハンス＝ヘルムート・デッカー＝フォイクトHans-Helmut Decker-Hoigt（1975）やヴォルフガング・ロッシャーWolfgang Roscher（1976）らとの共同研究においてであった。

表現療法的行為では、可能性と限界、好みと能力を備え、助力が必要な人間を中心におく。主として、驚きや「操作可能でないもの」に開かれ、可能なかぎり多面的な活動空間をめぐって、治療はなされる。そこから、芸術的手段を必要とする事態が生じてくる。ここからはじめることで、イメージ、それが形態からきたものであろうが、夢からきたものであろうが、創造からきたものであろうが、全コミュニケーション能力が関係してくることで、そのイメージの意味が明確化されてくる。

- **全体意味**Sinnと部分意味は、**全感覚**Sinnが語りかけてくることで意味に満ちたものになる。
- **イメージ**のなかで示されていることが、もしダンスなどの**運動**のなかで、根本経験がなされ、かつ反省されるのであれば、**感動**をおこさせるものとなりうる。
- **行為**は演劇の技に源を発する。
- 行為と関係は、**音楽的感受性**によって、**声**へもたらすことができる。
- **解釈**とは、「まさに、いまここに生じているもの」に名を与える対話であることがわかる。そしてそれは、**ポエジー**の技から生じる。

理論的にいえば、表現療法は創造性療法のなかの独自なひとつの分野として構築された。さまざまな発想や理論がその基礎を形成している。そうしたものに含まれるものとして、**哲学的芸術美学的方向性をもつ発想**（Levine, 1992）、**多感覚美学**（Roscher, 1976）、**媒体横断的発想と結晶化理論**（Knill/Barba/Fuchs, 1994）が挙げられる。

結晶化理論と媒体横断的着想が生まれたのは、多くの芸術分野でなされている表現志向的介入についての研究からであった。そして、治療過程にかかわるさまざまな分野それぞれがもつ特徴を研究し、まさにその研究を重視することによって、無反省にさまざまな芸術療法の手法を混ぜあわせようとする実践に距離をとろうとする。

表現療法の養成および研修は、「表現療法トレーニングセンター国際ネットワーク International Network of Expressive Arts Therapy Training Centers」を通じて提供されている。（ヨーロッパで情報はISISを通じて得られる。住所と電話番号は以下のとおり。ISIS, Friesstrasse 24, CH 8050 Zürich +41-1-301 2535）

パオロ・クニル Paolo J. Knill

病後歴と治療効果

Katamnese
(im Sinne : Wirkung von Behandlung)

治療Behandlungの効果は、「処理Behandlungは（治療的なものにかぎらず）すべて、効果の条件によって支えられている」という考えを容易に起こさせるだろう。もしわれわれが、現実をひとつの**出来事**として研究すると、現実の処理は、けっして完了できないもので、いつも移行中であり、さらなる処理へ向けて緊急活動中であるということが証明される。「ある因果関係の最終部分」（Hoffmeister, 1955, p.672）としての効果は、そうすると、そこに最終点が設定される特例ということになる。そのさいに、その最終部分とはもしかすると、一つの線の終点と考えられているかもしれない。

この見方は――心理学的には――満足なものではない。因果関係は、ただひとつの効果を生みだすのみでなく、そこからまた新しい関係を発生させるのである。流動的で、つねに生まれ出ている事実は、主体的、客観的に知覚可能なものについて、同様にわずかしか区別できない。事実は行為から生まれる。われわれは、――精神的に見て――いつも行為のなかに巻きこまれていて、われわれの利益を行為に置いている（Grootaers, 1994, p.23）。

そう見ると、この作用行為Wirkungswerkeの向こう側というのはないことになる（Nietzsche, 1887, 1980, p.372以下）。結果は、さほど原因

と関連しているわけではなく、かえって変化と関連している。何か他のものにおける変化、何か以前のものの変化である。変化というのは、こころに生じたことの意味である。すべては変化への強迫のせいである。精神に内在する変化への渇望が、すべてのかたちづくられたもの、すべてのつくり直されたものに対して責任がある（原因）。

大がかりで包括的な活力ある動きのなかに、精神的なものが結果として現れてくる。単一の「刺激」がある反応を導くわけではない。ある「絶え間ない動きのなかにある、多岐にわたる開かれた空間」（Berk, 1991, p.1）が、冒険的な活動メカニズムによって動かされ、一つにまとめられる。精神生活のなかの因果関係は、「何か他のものの、それをとおして誘発されたところの、特定の、または一義的に確定した出来事の従属」（Hoffmeister, 1955, p.342）とは異なったものに見える。

それでもやはり、精神的なものには帰結と論理があるのである。それは「ありえない狂乱」（Salber, 1994, p.54）の論理であって、われわれの理性的論理として配列されているものとは異なったものである。それは特定の――必然的な――それ自身から矛盾した傾向であり、それは歓呼‐破滅、統一‐多様性、一回かぎりの‐次々に、といったものである。そんなありふれた普遍概念が、すべての作用の原因である。そのような論理――矛盾していること――を、われわれは夢の作業、芸術作品、疾病像のなかに発見するが、けっして日常のなりわいの平凡さのなかには見い出さない。

精神的な出来事とは、そのなかで、自身を分解し、［苦難を］被り、何かをつくりだし、組織に加入し、自身を再組織化し、理解するための拡大した作用空間である（Salber, 1994, p.53以下も参照のこと）。精神と現実の作用論理は（その論理によって、それは自分自身をかたちづくるのだが）、その基礎を普遍的なパラドックスに置いている。であるから、われわれの作用行為もまた当然ながら不完全である。自分自身を探す過程にあるし、そこに留まっている。この捜索のなかで、その作業はそれ自身のために効果的なものとなる（Grootaers, 1994, p.98以下; Salber, 1973, p.140以下も参照のこと）。

作用行為としての音楽療法

この見出し語は、音楽療法における作用と影響のテーマへの案内として役に立つ。そこでは、信頼していた因果図式の放棄を達成することが重要である。また、われわれはどうしたら、作用するもの、真実であるものに近づけるのだろうか？　主題は、「効果があるとは、変化が促進する……または、変化を問題にするものである」というコメントである（Salber, 1994, p.53）。

音楽療法の効果の分析に際して、この視点から何を考慮すべきだろうか。われわれは、二つの問題提起について論ずることができる。何が作用しているのか？　そして、どこに効果は示されるのか？

作用するものは、行為である。これは、二つの側面から観察すべきである。患者を治療させるものは、完成した行

為であり、生活の構成であり、彼らに「明確に伝えること」（Salber, 1980, p.105）であり、そしてそれをさらに揺さぶらないことである。症状（つまり苦悩）は、そのように人生に展開する活発な活動の「内で」のみ理解可能である。これが、一つの側面である。

そのような活発な活動が適切なものとなるためには、つまり活動にその心理学的な論理のなかで出会うことができるためには、治療者側に、その活動全体を一瞬のうちに把握するという行為のモンタージュWerkmontageが要求される。これが、もう一つの面である。

単一の刺激（パラメータ、構成要素）に一定の反応をすることを目的とする音楽療法は、その細部にふさわしい目標を達成するであろう。知覚のなかでの行為の変容をもつ音楽療法は、患者の障害された行為を共通の治療的行為へ変換しようと骨を折る（Salber, 1980, p.100以下）。

この方法での治療の組み立て（規則、セッテイング）では、素材のすべてを収集しようと努める。［つまり］即興、夢、報告されたもの、沈黙、転移および逆転移、記述などである。もし（演奏）規則が多様でオープンなものか、むしろ単純で「狭い」ものかどうかは、その規則がその音域のなかで、その素材を明らかにし、そのなかに全体のライフワークが現われて、その素性を明らかにするかどうかにかかっている。

みずからを心理学的方法だと考える音楽療法は、完成した生活像に影響を及ぼそうとする。その音楽療法は、どのように「よじれた構造」（Salber, 1980, p.105以下）のなかで患者の人生が演じられるか、どのような構造の要点で動けなくさせられているか、または、つねにくり返し精神的に参らされているかを解こうとする。

さらに治療作業は、その構想において患者の障害された可動性を理解しながら対処するのに充分な頑丈さをもっており、固く固定された構造の中心をほぐすために、その作業が充分に動きがとれるということを、暗示している。

共同行為の意味するものについては、異なった表現がなされている。患者の経験した行為の全体が、一面では心理学的方法（音楽療法）の人工産物のなかで取りあげられる。患者は、自分の全行為をその共同行為のなかへ、もちこんでくる。そして彼は、一度は彼の日常の行為の組み立てを経験する。経験した行為と治療の人工産物の共同作業のなかで、われわれは「不備、ねじまげ、歪曲」とぶつかる（Salber, 1980, p.104）。しかしわれわれは、そうしてはじめて人生におけるこの作業のイメージを手に入れるし、治療者と患者とは、そうしてはじめてどのような種類の変化の問題（苦悩）がそのつど重要なのかという以上のものを体験する。このために患者は治療にくるのである。

そのような音楽療法の効果は、まさに建設の経験であり（Salber, 1980, p.102以下）、そこから先のすべての影響は、この経験に由来する。さてわれわれは、どこに治療の影響を認識することができるのだろうか？　そのあいだに、われわれは精神的なものがそのなかで再生してくる媒体を捕まえるのだ。

それは、どこに効果は現れるのかという第二の疑問を導く。効果は、日常の媒体のなかに現れる。この考えかたは、効果はまず第一に、あとから起きるものではなく、はじめから、各々普通の日々の経過のなかの心の出来事なのだということを尊重している。それは、そのすべて自明な日常の月並みさが、百年という長い開拓の努力の成果であるということに関係している。日常の月並みさ（散歩する、料理する、映画館へ行く、パイプを吸う、花に水をやる、などに似たこと）の描写と心理学的分析は、途方もない（時間経過のなかの明瞭に現れた日常性に変換された）「興奮のるつぼ」へと目を開いてくれる（Salber, 1994, p.50）。

現れたものもまた、すでにかたちに現れた影響である。症状によってコントロールされた日常は、まるで心身症の患者によって描写されるように、灰色である。入院精神療法のあとのポジティブな変化についての指摘がある。たとえばそこでは、やがて患者が日常について説明し、色が多彩になりましたと述べるようなことが、しばしば起こるのである。彼らは、動きがなかった時期に、どんなに激しい不愉快さを感じたかを語る。そのなかでは、彼らに対して、いくつかのものごとの方向修正を行なうことを提案したい。

心身症の患者たちへ、病後歴の質問をしたところ（Grootaers, 1996）つねに二つの進路変更を確認することができた。一つは目立たないもの、もう一つは決定的なものである。

目立たないものの例としては、自分で料理する、名付け親になることを拒否する、落ち着いて情報を収集する、求人広告にふたたび目をとおす、電話代を自分で払う、英語クラスを探す、あるホッケーチームに入る、新しい洋服ダンスを買う、毎日町をぶらぶらする、残業をしないなどがある。

決定的な進路変更の例としては、ある友達と絶交する、他のクリニックに行く、自分専用の部屋を借りる、学校卒業証書を取りなおす、父子関係確認の訴えを書面で提出する、結婚する、見通しのたたない研究をあきらめる、ついに兄弟とそこにある問題について話し合う、離婚する、子供を希望するなどである。

この二つの種類の進路変更は、互いに朝食のオレンジ・マーマレードのような、調度品全体のなかでの宝石の輝きのような状態にある。その一方はそれ以上のものであり、本来の姿をたんに装飾するアクセサリーとは異なる。人は、その片方はもう片方を捨てたりはしないという印象をもつものである。日常生活のその小さく中庸的特性（勘定を自分で払う）においては、ひそかに気づかれた不快は、成功した転換として止揚される。

この、ひそかですさまじい不快への気づきは、構成経験への叱責である。そこからは、実際上もはや後戻りはない。いままでの方向性に飽き飽きすることで、かれの仕事が成し遂げられたのである。その目立たなさのなかで新しい色合いがはっきりし、灰色は疑問視される。

治療の効果は五つの視点に区分される。

- 効果は**真実の中庸的特質**によって/のなかで、生きている。真実全体は、こころの営みの媒体である。(たとえば心身症の患者との)共同即興は、この媒体全体の特別な変種である。
- 効果は、(小さな、または大きな)**世界**をかたちづくる。ある患者との共同即興の媒体のなかでは、たとえば、この個人の小さな世界がかたちづくられる。この媒体のなかで、蒙ったもの、くり返して取り出されたもの、発達して変化したもの、しっかり固定したもの、平静さを失ったもの、再組織化したもの、または文脈の何かを暴君的に禁じようとしたもの、を感じ取れるようになる。
- 効果は、**変化の歴史**と変化の問題の運命について説明する。そして効果は、変化のイメージのなかでそれを行なう。「貧困から富へ、愛から憎しみへ、汚れた世から浄化へ、罪から救済へ、活動的になることをとおして勝利へ、ヴィジョンをとおして新しい世界へ」(Salber, 1994, p.45)。媒体の事実のなかに、変化の衝動と変化の問題についての説明が明らかとなる。ある患者との共同即興の媒体のなかに、彼が治療にもち込む変化の問題が前景に出てきて、背景では用いられなかった解答や、次に待っている変化の冒険が指摘される。
- 効果は、**イメージプログラム** Bildprogrammeのなかに構成される。これらは、主な造形と副造形のあいだの争いの揺れのなかに保たれている。このように媒体のなかでは、無意識の心の働きを維持しているというのが事実であろう。主イメージと副イメージの戦いは、その張り合いのなかで、心の働きの「無意識の憑依」をあおりたてる(Salber, 1994, p.49)。患者との共同即興の媒体のなかでは、たとえばわれわれの理性的な考察に反論するような心の働きが、意味をつくり出している音形態のなかで把握され、演奏によって言葉化される。音楽療法における、そのような共同即興の質的な効果分析においては、いまや何よりもこの音の姿のなかに生きている作用構成が、演奏の内容より優先して強調される。「何が効くのか？」という問いは、われわれの生活史が包みこんでいる、この作用構成の論理を、経験可能に・することによって答えられる(Grootaers, 1988, pp.59-72)。
- 効果とは、昔からもそうであり、そしていまも**日常の教育の総計**である。われわれはこの教育で、どうにかやれる方法へと移行していくために、「憑依の魔女」(Salber, 1994, p.50)を探す。それは、いつも危険性と副作用をともなっている。

世間に流布し、知られている意見では、「不可能な」教育像を次のように説明する。一度にすべてを手に入れようとすると、突然まったく別のものに変わる、互いに相手を締め出すような事柄を同時に行なうとか、それに似たこと

(Salber, 1994, p.49以下)。これらの教育像は、ねじれた図である(Salber, 1989, p.91以下)。そのねじれた図は、私たちをゆり動かし、下支えするものである。われわれは、その形成とさらなる発展に責任を分担する。それは、いつも利用可能ではない「理想」であり、われわれは、そのつねに終わりのない、絶対に不可能な現実化に参加している（Methexis）。そのような教育像の媒体としての音楽療法的体験の効果を、日常生活の克服課題（仕事、住むこと、配偶者関係に類似のもの）の特定の焦点において点検することに意味がある。

効果（作用）の学としての心理学は、そのつかの間の効果的な側面や、必然的に不完全で障害された側面についての教育努力も同時に取りあげる。

精神的なかたち形成（【かたち形成】の項参照）の障害学説は、もし、その学説を一般的な作用学説から切り離し、暗記して、症例に接する際に詠み上げるようであれば、その意味を失ってしまうであろう。

フランク・G・グローテアス
Frank G. Grootaers

夫婦療法

Paartherapie

夫婦療法［訳註：ここではPaarをわかりやすく「夫婦」と訳したが、この言葉はより広くペア、すなわち二人一組のカップルを意味するものであり、夫婦に限るものではない］は、家族療法（【家族療法】の項参照）や多世代療法とともに、あるいはそれらから発展してきた心理療法の、一つの特定のかたちであると理解されている。しかし、夫婦療法がその方法における独自性を明確にすることは、今日でも困難であるとされている。

非常に多くの人間的な葛藤が、広範囲にわたる男女の間の問題として生ずるにもかかわらず、ごくわずかのセラピストしかこの問題に特別の注意を向けて取り組んでこなかった。1984年にチューリッヒで「夫婦問題国際シンポジウム」が開催された。1985年には、専門誌『家族力動Familiendynamik』が、招待編集者のユルク・ヴィリJürg Williとクラウス・ブッテンベルクClaus Buddenbergとともに、全巻を通じてこのテーマを取り上げた。Familiendynamik 4/10、ペアの力動と夫婦療法、Stuttgart, Klett-Cottaがそれである。序文に以下のように記されている。「……夫婦療法は、一方では家族療法、他方では個人療法のかたちをとる。時にはシステム理論を土台にするし、あるいは精神力動‐精神分析に近い方向をとることもある。この療

法の独自性は、セックス・セラピーとしての特性にある。では、なぜ夫婦療法はペアの関係における他の問題領域にまで踏み込もうとするのだろうか？……夫婦療法士にとっては、治療的技術や理論的な考え方とは直接関係のない、矛盾した多くの問題が存在する。それらはつまり、解決不可能な葛藤や絶望的な危機にひんした一つの特定のシステムに属するセラピストである、ということからくるセラピスト自身の精神状態から生ずるものなのである……」。

ベイトソンBateson（1936）によれば次のような分類と観点が挙げられる。

a を「対称的な関係パターン」（人間関係に関わる人が、**同時に**同一の行動を示す場合」と、

b 「補足的な関係パターン」（関与者が、**同時に**相互に補う行動を示す場合）。

ホワイトWhite, Michael（1985）は「夫婦療法──長期の夫婦問題に対する実践的アプローチ」（Familiendynamik 3/10 206-240）のなかで次のように述べている。「強い対称的、あるいは補足的な人間関係は、それに関与する人たちを制約し、そして消耗させる傾向がある。このような関係は慢性的な緊張にさらされているとも言える。したがって、セラピストが当事者であるペアの訴えや行動上の習慣をそのまま受け入れることは、ペアにとってもセラピストにとっても有益なことではない。しかし、セラピストがかれらのやり方に「のってしまう」ことを避けられれば、彼がペアの相互交流に参加することで、問題をめぐるかれらの普段の現実的なあり方から解決に向けての糸口を探し、「問題の鍵」、あるいは［二人の間の］関係におけるそもそもの問題がどこにあるのかを明確にすることができる、という可能性が開ける。これを経て初めて二人は彼らの関係を改善するための「有効票」を投ずることができるのである……」。

［治療がこの段階に進めば］音楽療法士はこの「有効票」とその雰囲気をそれ相応の音の世界に置き換え、それによって感覚的に体験できることを可能にするか、あるいは治療の場を提供することができるようになる。

体験や行動に重きを置いた治療形式を用いるすべての実践家にとってそうであるように、問題指向的にペアと治療をする音楽療法士にも以下のことが当てはまる。

a 言葉の領域、つまり会話に多くの時間と余裕をもつこと、

b 相互交流において鋭敏であること、ペアの無意識の行動習慣に従わないこと、［ペアの二人とセラピストという］三角関係を作らないこと、

c （ホワイトによると）仮説を立てること、たとえば、プロセス自体に関して、実際に危機状況が生じる誘発因について、問題に対する二人の姿勢について、問題解決の試みについて、セラピストに対する二人の行動上の規則について、……そしてこれらに対処するための明確な方法手段を用いて介入することである。

楽器やあらゆる種類の音響体を使った能動的な即興演奏は、幅広い体験を

可能にする。参加者すべてが［意識の深い部分での］不安や欲求などに気づき、洞察に至るような援助を受けるだけでなく、［過去におけるある人物に対する精神的な］依存、狭められた、あるいは歪められた知覚、子供の頃の投影［訳註：自我を罪悪感やその他の耐えがたい感情から解放するためそれらの感情を他人に帰すること］、転移［訳註：子供のときにある人に対して抱いていた無意識の感情を、後に別の人に対して再燃させること］、逆転移［訳註：精神分析の治療中に、患者がその抑圧感情を分析者に向ける場合を転移というが、逆に分析者の方が無意識のうちに自分の心の中のしこりを患者に向けること］などをその場で即体験することもありうる。

家族療法と同様に、治療者は夫婦療法の概念をしっかりと身につけ、音楽療法における相互交流の形式や可能性を、心理療法の選択肢の一つとして用いなくてはならない。——これに関する文献は知られていない。

ヴァルトラウト・フォレル Waltraud Vorel

文化心理学・社会心理学的視点

Kultur- und sozialpsychologische Aspekte

治療的行為は「文化から自由な」空間には実現せず、さまざまなしかたで文化的背景に刻印された人物、対象、方法との関係性のなかに成就する。治療者に［私生活などの］背後を問えない「専門家」という役割を、そして患者に助言と援助への依存者という役割を振り分ける伝統的配役にしてからが、すでに事実としてあらかじめ与えられたものでは決してなく、われわれの社会の文化的な発達のなかで形成されてきた社会的ヒエラルキーの反映である。

音楽という媒体をとおした治療者と患者の出会いは、特にこの文化的刻印のもとにある。というのは、音楽は他の治療的媒体よりも強く「文化財」として公の意識のなかに根づいているし、音楽的表現形態に対する精神的態度や先入見もまた、客観的にみて高度に文化的発達や社会的ないし階層特異的な価値観に依存しているように見えるからである。

終わりゆく20世紀の日常文化における音楽の位置価は、まず第一に、どこにでもあり簡単に利用できるということに特徴づけられる。つまり音楽は日常的に、レストランからデパートまで、タイマーつきラジオからテレビのコマーシャルや映画音楽まで、われわれについてまわる。他方、技術的再生媒体（CD、カセット、ウォークマン）の発達は、個人的な音楽消費を容易にした。少なくとも潜在的には、われわれの文化において音楽は、あらゆるかたちで、あらゆる人々に、ほとんどあらゆる状況で利用可能である。

音楽聴取はそれにより、あらゆるエリート意識的性格——それは以前の何世紀かのあいだ、特定の上演儀式（た

とえばコンサート）や、みずからの音楽行為と結びついて音楽聴取に付着していたものだが——をことごとく失った。音楽療法士がそれゆえ今日、ふつう目前に見い出すのは、日常的に［音楽］聴取の習慣をもち、生活世界において機能的音楽を受動的に共同消費する、という特徴を強く帯びたクライエントたちである。このことはおよそ以下のことを意味している。つまり、多くの人々における表現レパートリーと具体的な音楽形態の受容は、階層や集団に特異的な経験や精神的態度によって強く規定され、また限定づけられている、ということである（Bourdieu, 1982も参照）。

　音楽消費は、したがって、個人の［音楽］受容欲求の満足に奉仕するのみならず、自己規定にも役立っている。すなわち、主として民俗音楽を聴く者、あるいはさらに排他的にそれだけを聴く者は、そのことにより何度も主観的欲求を実現させるのみならず、特定の価値姿勢や、ある定まった社会的集団への帰属性をも表現することができるし、あるいは逆に、民俗音楽やそれと結びついた価値観を拒否する集団とのあいだに一線を画することもできる。

　とくに若者の場合、音楽のもつ集団形成機能——その音楽について当該の集団は「ファンクラブ」として定義される——が、まれならず個人的な好みに重なっている。それゆえ、集団によって受け入れられたもの以外の表現形態に対する耐性の一次的な低下もしばしば生ずるのである。

　このような脈絡すべてが、当然、音楽療法の領域においても大きく影響してくる。治療プロセスにおいて患者による創造的行為が求められるとき、この行為は少なくとも無意識的には、患者が自身の［音楽］受容経験から持ち出してきた美的な理想的イメージや、質的なスタンダードと比較されることになる。それにより、独自の表現能力は阻害されてしまう可能性があり、それに対する指導もほんの部分的にしかそれをはね返すことができない。

　基本的に、音楽療法的行為においては次のようなジレンマが避けられない。つまり、媒体として利用される音楽が、患者の聴取習慣に強く向けられていればいるほど、それだけいま述べたような文化‐社会心理学的限定が阻害因子として強く作用してしまう可能性があり、また他方、「中立的」あるいは「要素的」な音楽の形態を利用することにより、治療プロセスに求められる社会文化的文脈との結びつきは限定ないし阻害されてしまう、というジレンマである。

　これらのジレンマを解消する手がかりが見い出されるのは、社会文化的に「不毛な」音楽療法の形態を取りなすことのなかにではなく、また「同質の原理」の効果性、つまり治療的事象を患者の社会文化的経験に適合させる必要性を過大評価することのなかにでもない。確実に必要なのは、しかし、音楽療法的実践のあらゆる具体的な個別例について、社会文化的な影響因子を充分に考察することである。

クリスティアン・G・アレッシュ Christian G. Allesch

変性意識状態
Verändertes Wachbewußtsein

意識

人間の意識の全体に対して、人間自身はつねに部分的観点からしかアクセスできない。また意識に関する最高に詳細な研究であっても、たんにモデルを発達させることが可能なだけである。しかもさらに、そのモデルは研究者の倫理的また社会 - 文化的な背景によって特徴づけられたものになる。

すでに人類の歴史の早い時期から、さまざまな民族が非常に多様な宗教的 - 哲学的な意識モデルを発展させている。それらは、西洋的 - 現代的説明の試みに、まったく優越するものではないにしても、少なくとも部分的には同等の価値をもつと言える。歴史的な例として、およそ2800年前のヒンドゥー教（マンドゥキャ - ウパニシャッド Mandukya-Upanishad）由来の音節であるオームOMには、その文字のなかに四つの意識の層が象徴的に表現されている。

1 Jagrat　　覚醒意識状態
2 Sushupti　夢の意識状態
3 Svapna　　夢のない深い眠り
4 Tiroua　　上位意識、ないしは宇宙の、神的な意識状態もしくは真の無
（Scharfetter, 1995参照、Fischer-Schreiber, 1986による）

それぞれの民族の文脈での重要度によって、ある特定の意識の層に非常に複雑な独立区分を認める。たとえばヨガ体系の第四の意識状態であるトゥリヤTuriyaまたは、さらに七つの意識段階に分割されるサマディーSamadhi（これは、そのなかでさらに区分がなされる）などである。（Gottwald, 1990参照）

前世紀末にヨーロッパの意識研究を再導入したジグムント・フロイトSigmund Freudの深層心理学は、**意識**と**無意識**を基本的に区別し、この二つの状態のあいだのさまざまな移行を想定した。

カール・グスタフ・ユングCarl Gustav Jungはそのうえに、**個人的無意識**と**集合的無意識**の概念を生みだした。その時々の意味の付与、およびこれらの意識の質についての評価は、この一世紀の精神療法の発展の経過にめざましい変化をもたらした。（これについては、たとえばMilton E. Erickson /Rossi, 1981やSchmidt, 1989を参照）

最近になると、深層心理学に、「高層心理学」（**超意識状態**、いわゆる至高体験（Maslow, 1971）をもっぱら研究する）を対比させることができる。ウィルバーWilber（1984）やグロフGrof（1978）のようなトランスパーソナル心理学は、西洋および東洋の哲学の知見にもとづいて、意識状態の非常に細分化された層状モデルを発展させた。

以下の概観モデルは、現在知られている最も基本的な観点の要約である。

意識の層
1 個人的水準
日常的意識状態／正常意識
自由な連合の水準／言語による、または活き活きとした
抽象的美学の経験水準
生活史的記憶の水準
出世前と周産期の記憶痕跡
臨死体験の水準／呪術的な自己‐解体Ich-Auflösung

2 集合的人類的水準

3 トランスパーソナル水準
動物的水準
植物的水準
鉱物的水準
小宇宙mikrokosmos／細胞水準
大宇宙makrokosmos／宇宙

上述のように名づけられた意識階層は、それぞれまた細分化されうるものである。トランスパーソナルな水準の経験は、たんに想像上の、また幻想的な経験として理解されるだけでなく、充分に現実的な身体的変換現象をともなって現れうるものであるということを強調しておく必要がある。

意識の研究

現在、医学的‐生理学的領域における意識についての研究は、脳波を用いた人間の脳の覚醒度の記録をとり扱っている。大脳の活動の主要な周波数スペクトルがさまざまな覚醒水準に分類される。**デルタ領域**は生理学的には深睡眠で、病的には昏睡で認められる。**シータ領域**は深い精神集中や軽い睡眠状態にあてはまる。**アルファ領域**はくつろいだ状態に分類され、**ベータ領域**は活動や興奮の状態に分類される。

通常、われわれの覚醒意識は、交感神経と副交感神経の切り替えによっておよそ一時間半から二時間の周期でアルファからベータの領域を動いている。変性意識状態（トランス）は、上方の興奮のほうにも、また下方の睡眠や昏睡の方向にも存在しうる。

また、現代科学における脳の物質代謝の変化についての研究（たとえばPET（Positron-Emissions-Tomographie）などを利用することによって可能となる。Vollenweider, 1992などを参照のこと）は、人類の意識の精神生理について重要な知見を導いた。（これに関しては、さらにGuttmann/Langer, 1992とPöppel, 1989を参照のこと）

変性意識状態

変性意識状態Verändertes Wachbewußtsein（以下VWB）の概念は、1966年にルードヴィヒLudwigが創出した英語の「altered states of consciousness」の概念に由来する。それは、以下の性格によって特徴づけられる。

思考の変化
時間感覚の変化
コントロール喪失
感情のありかたの変化
身体図式の変化
知覚変容
意味体験の変容
表現（陳述）不能な感覚

新生、再生の感覚
暗示性の昂進

VWBは以下の**刺激**よって、ひき起こされる。

1 薬理学的刺激
- **a** 幻覚物質一類：例　LSD、プシロシビンPsilocybin、メスカリンMeskalin、カンナビスCannabis（THC）
- **b** 幻覚物質二類：例　ムスチモールMuscimol、スコポラミンScopolamin、ケタミンKetamin、亜酸化窒素（笑気ガス）

2 心理学的刺激
- **a** 刺激方法：例　催眠、隔離タンク、自律訓練、瞑想、単調な音楽
- **b** 過剰飽和刺激：例　リズミカルな太鼓、トランス・ダンス、長距離ジョギング
- **c** その他の方法：例　睡眠剥奪、過呼吸、呼吸を介したバイオフィードバック

3 組み合わせによる方法
- **a** 薬物刺激の組み合わせ：例　LSDとMDMA（エクスタシーEcstasy）
- **b** 薬物と心理学的刺激の組み合わせ：例　呪術師の方法、エクスタシーを用いたテクノパーティー
- **c** 心理学的刺激とその他の方法の組み合わせ：例　スーフィ・ダンス、山のぼり、ディスコ経験

これらの先駆的な経験的研究によって、ディトリヒDittrich（1985）は、VWBの誘因とは無関係の構造を明らかにした。それはどの誘発刺激を用いても同様に効果的にVWBはひき起こされ、三つの核となる経験が記載される――大洋的自己拡大Ozeanische Selbstentgrenzung（OSE）、不安に満ちた自己‐解体Angstvolle ICH-Auflösung（AIA）、視覚的構造変換Visuale Umstrukturierung（VUS）の三つである。

シャルフェッターScharfetterは1987年にディトリヒの経験的次元と対比的に、グロフのトランスパーソナル経験だけでなく、呪術的な降神術の集会や統合失調症症候群の精神病理とも比較をした。彼は、これらの現象のあいだに驚くべき平衡性を発見し、ディトリヒの三つの核となる経験のすべてを見つけた。

音楽療法との関連

音楽療法士たちにとっては、さまざまに異なる意識現象についてきめ細かな知見は、大きな意味をもつ。というのは彼らは、日常の活動において非常にさまざまに異なる変性意識状態に直面させられるからである。これらの変性意識状態が意図的に（治療的行為のなかで）誘発されるのか、自然と治療者にも起こるように患者たちにも誘発されるのか、または、患者のいわゆる病像の一部であるのかという区別にかかわらず、直面せざるをえないのである。

人類の発展の初期以来、音、リズム、ダンスと歌は、VWBの**誘導**もしくは誘発に意味のある役割を担ってきた。**音によるトランス**を用いた音楽精神療法の仕事においては、音楽は一つの刺激であるだけでなく、さまざまな組み合わせによって二つの方向への効果をもつ。

1 ダンスと歌、過呼吸その他を結合し、知覚野の強烈なリズム化を起こすことによる、**(外向きの) 恍惚**Ekstaseへ向けた生理的刺激（ergotrop）。

2 単調な音色、太鼓の単一のリズム、または、人の声の広がりの沈静的音色（Rittner, 1994参照）の助けのもとに、知覚野の狭小化と、焦点化をともなった**(内向きの) 恍惚**Enstaseへ向かう身体的安静と、内面へと戻っていく方向性（trophotrop）。

さまざまな伝統的文化のなかでは、これらの刺激はしばしばいわゆる「聖なる植物」つまり、カンナビス、プシロシビンやペヨーテなどとともに用いられた。精神作働性物質は、儀式的文脈にのっとり、VWBの強力な触媒として、さらに強化剤としてその役割を果たした。また身体にもともと存在する薬理物質（たとえば、痛み刺激や過労によって放出される、エンドルフィン）または、身体固有の催幻覚物質が、音楽のトランス誘発効果を強化する。

音楽のさらなる重要な役割としては、導入の他に、VWBのコントロールがある。目的に合った音響や、リズムの要素や、特別な音階のメロディによって、また特殊に作曲された曲によって、音楽精神療法の枠のなかで、埋没した記憶を呼び覚まし、感情を強め、治療的作業をより行ないやすくする。悲しみ、怒り、絶望、不安といった感情を、しばしば予防またはブロックする。しかしまた、完全な安全感、歓喜、愛、献身といった陽性の感情もまた、適切な精神療法的な文脈のなかで、非常に深く、内容豊かに体験されうるのである。そのさいに、［陽性の感情は］治療者‐患者関係における現実的意識から生じる知覚によって、文脈のなかに、もち込まれるのである。

まったく同様に、音楽は、VWBからの**離脱**にも重要である。つまり、VWBの撤回、覚醒意識状態の現実性への注意の焦点化に際してである。たとえば、リズミカルに足踏みすることにより大地との接触を強化し、拍手、または動きのなかの歌唱の固有の活動性をとおして、日常の意識状態に戻る過程を促進することができる。

セットSet（＝心理社会的文脈、および内的な期待や構え）だけでなく、**セッティング**Setting（＝空間的・時間的な枠組みであり、それは象徴的な影響や身体的な影響を及ぼす）もVWB中の体験に決定的な作用を及ぼす。（Rätsch, 1992とHess, 1992を参照）

儀式は、この文脈において「旅人」［訳註：トランスを体験している人］の変性した知覚野において中心的な、構造化された保護作用をもっている。それぞれの文化特異的な枠組みに依存して、儀式はそれぞれの導入法の選択

を定め、グループのなかでくり返される行為の実施についての習熟を保証し、時間の経過を構成し、責任範囲と役割分担を決定する。

儀式は、セットとセッティングの暗示的な文脈を構造化し、VWBのさまざまな形態への「生物学的なドアを開く」(Goodman)。音楽療法におけるVWBを用いた特殊な適応についての業績の成果は、まったく本質的に、これらの文脈についての細やかな知見にかかっているのである。

「意識研究ヨーロッパ　コレギウム」(ECBS, Göttingen) は、1985年以来、多分野にわたる専門家委員会として、変性意識状態に関する知見の研究と交流を、出版 (1991年以来、ECBSの年報を発行／意識の世界1993-1994など)、専門集会、ならびに国際会議のかたちで行なっている。

ペーター・ヘス／ザビーネ・リトナー
Peter Hess/Sabine Rittner

〈変容して‐くる〉
Anders-Werden

〈変容して‐くる〉は、音楽療法治療の形態学的構造化および分析体系における四つの局面のうち三番目のものである。(【〈受苦‐しうる〉】【〈方法的に‐なる〉】【〈成し遂げる〉】の項参照) 他の場所では「正しい像に変化してくる」(Salber, 1977) や「変換」(Tüpker, 1988) といった概念で言い表わされている。

〈変容して‐くる〉が意味するのは、治療対象となった生きる技法に関して起こる変貌、構造の組み変え、生の質の獲得のことであり、それは体験のしかたの変化、自己や世界への新しいまなざし、語りかたの変化、または音楽表現形式の変化として明確なかたちをとってくる。

こうしたはじまりつつある変換の瞬間は、しばしば驚きの感情や「ああ、そうか体験」、「ちょっとしたひと押し」という感覚と結びついているか、同じものがいままでと違った光のもとで現われてくることへの、もしくは「一回で」違うように体験されてしまうことへの驚きと結びついている。

これは、逆さまの像に [いままで感じなかった] 焦燥感を感じざるをえなくなったこと、「並列もしくは対抗イメージ」の出現、または完全な「イメージのずれ」を示している可能性があり、いままでの心のかたち形成 (該当項目参照) の構造が変化したことを、以前の〈受苦‐しうる〉〈受苦‐しえない〉関係に変容が生じたことを示している可能性がある。

ある症状が消えたこと、または和らいだということは、何かが変わったことを表現しているのかもしれない。また同様に、それは、最初と同じ症状を違ったように体験したり理解したりするなかで表わされている可能性もある。そこでは、抑圧されたものの意識化、または意味連関の理解が含まれているのかもしれない。

しかし、体験様式の変化と結びつい

ていないのならば、まだそれは意識化だけであって、〈変容して‐くる〉と言ってはならない。手数をかけた〈方法的‐になる〉段階が、たとえ上述のように理解された変貌を可能にするものだとしても、ここで言われている事柄は「つくりだす」ことはできない。それは患者にも療法家にも不可能なのである。むしろここでは、「突然生じたのです」とか「なぜかわたしも分からないのですが、しかしいまや、何かが違うのです」という迂回的表現や、おのずと生じるといった概念のほうがふさわしいのである。

〈変容して‐くる〉は、しばしば転移のなかでなされるが（Körner, 1989参照）、ときにまた、その兆しが、まず治療者の逆転移体験の変化のなかで示されることもある。子供や知的障害者との療法では、新しい行動形式のなかで示されることもあるし、治療者によって提示された新しいタイプの遊びを自発的に取り入れる行為のなかで示されることもある。

〈変容して‐くる〉とは、世界を違ったように体験すること、もしくは自分を違ったように感じることを意味し、それは、自分を違うように示すことであり、また他人の行為を変わったと感じること、これはつまり自分自身ではなく他人のほうがあたかも驚くべきしかたで変わったかのように、しばしば（たいてい）体験されるということなのである。これはひとつのプロセスであり、もともとそこでは同時に（自分も）変わっているという契機も備わっているのだけれども。

しばしばそれはかなり「目立たない」プロセスであって、その核心は意識化をのがれ、後になってはじめて「転換点」と呼ばれうるようなものなのである。ロースG. Loosは「転換点」の概念（1980）を使い、バリントM. Balintは特別な意味合いで「新しいはじまり」という概念を使うことで、この〈変容して‐くる〉局面が記述されている。

音楽療法においては、この〈変容して‐くる〉をインプロヴィゼーションの音楽形式のなかに見い出すこともできる（Weymann, 1990）。また音楽へのかかわりが変化したことのなかにも反映してくる。たとえばそれは、患者が療法士の伴奏をはじめてまたは違った質でもって知覚するときや、いつも一緒に弾いていた曲を違って体験することによって起こる。

治療過程における〈変容して‐くる〉局面は、個別事例研究では以下のような問題をもつ。変化の内的深まりは、どんな表現形式のなかに認められるか。（生きる技法としての）「〈受苦‐しうる〉＝耐えうる」やりかたの、どの古いかたちに関して変化が認められるのか、そしてそこでどんな方向が目立ってきているか。この変化が〈方法的に‐なる〉にどのような影響をもつのか。

そして事例研究をこえた一般研究の場合、この局面で取りあげられるのは、治療一般にわたる問題、すなわち意識化過程の意味や、変容過程に対する転移の役割を問う問題と、音楽療法特殊な問題、たとえば変容過程に対する音

楽の役割や、音楽のなかにその変化が知覚しうるかどうかという「聴取可能性」の問題である。

また治療経過の評価という意味においても、この三番目の局面は、治療効果の問題に目を向ける、決定的転換点だということができる。たとえこの局面が「生み出しうる」性格をほとんどもっていないとしても、それがおのずと生じるということは、〈方法的に‐なる〉局面の適切さと意義にかかわって、内的に制御されていることを表わしている。そこでは、しばしば「〈受苦‐しうる〉＝耐えうる」さらなるタイプが姿を表し、苦悩のあたらしい次元が明るみに出てくる。

その結果、治療のなかとそとにおいて〈成し遂げる〉段階にいたるのである。〈変容して‐くる〉の諸契機は、治療の終わりに向かい、〈成し遂げる〉段階へと進んでいく。〈受苦‐しうる〉やりかたのより「深い」タイプがあらわになってくるという意味では、この局面の諸契機はさらなる治療へと入っていくことでもある。

この四つの局面すべてのように、制御された音楽療法治療の観察と反省は、どんな体系的研究よりも先だって、日常的な治療の仕事のなかでの評価や自己制御を助けてくれる。そのさい、病院という状況のなかで注意されねばならないことは、こうした変化の一歩がなされるのは、多くの場合、音楽療法セッションのなかでではないということである。

科学的研究のためだけでなく、自分の活動の意味を体験できるためにも、やはり充分なチームワークが必要不可欠であるのだ。そのことで、その治療に関与しているすべての人々が、この変容過程と、その変容実現を経験できるようになるのである。

ローゼマリー・テュプカー Rosemarie Tüpker

防衛
Abwehr

自我の防衛（－機制）の理論は、広く受け入れられた精神分析的な概念として確立されている。もっとも、結局のところ事実にもとづいているわけではないが、その助けによって、多くの臨床的現象が記述可能で、その力動を理解できるようになる。ここでは、特殊な音楽療法の主題を問題とするのでなく、関連した精神分析的文献を参照することになる。続く解説は、精神分析的な影響を受けた音楽療法の仕事に役立てるためのきっかけにすぎないと考えてもらうほうがよい。

防衛は、元来は病理的なものではなく、健康な自我が精神内界的あるいは対人的なプロセスを調整するのに必要とする機能を表している。

幼児期早期の発達の過程で、精神構造は連続とその中断の体験、成熟過程と環境からの挑戦、満足したり欲求不満になったりする相互作用の経験の非常に複雑な交代劇を体験することをとおして形成される。

中断は、外的なまたは激しい身体的な刺激の障害と言われているが、すでに充分に発達してきた構造のネットワークによって、刺激が強すぎるとか、さらに／もしくはくり返し外傷的に働かないかぎりは、また個人的に耐えられる限界を著しく超えないかぎりは、後揺れのかたちで受け止めることが可能である。

そのような場合には、防衛構造という構造がかたちづくられ、そこにはいわゆる防衛機制として良く知られた、ある特定の、非常に効果的でまた部分的にはオートマチックなパターンが、たいそう頻繁に規則的に見い出される（たとえば、抑圧、否認、置き換え、反動形成など）。それは自我に対して、知覚あるいは意識化の前段階での嫌悪、こころの痛み、恥と罪の感情から保護するだけでなく、そのうえさらに妥協的な部分的満足感や、少なくとも緊張の緩和を提供する。

人格構造は、とりわけ欲動（本能）衝動、不安と無意識の内容とのきわめて個性的なつきあいのなかで好まれる防衛パターンのやりかたをとおして、本質的部分が形成される。

まず、自我の妥協の努力が症状形成を導いたとすると、克服されなかった障害に対する固着した防衛（たとえば、幼児期の葛藤）［の存在が］うかがわれるだけでなく、病理的経過［の存在］も推論される。メンツォスMentzosが記述したように、精神内界での防衛活動のほかに、対人関係上および社会制度上の防衛型も存在する。

臨床に関連して言うと、防衛の型は、個々の治療場面の注意深い分析にもとづく仮説としての構造を示しており、それはただ言語的に、もしくは音楽的にしかかたちのとりようがないと言われる。

音楽療法のなかでの即興や、会話のやりとりに際して、ときたま驚くべき防衛機制のシフトが起こることがある。会話のなかでは、配偶者の犠牲者であり、悲嘆に暮れているという印象を与える女性の患者が、それに続く［音楽的］即興での、太鼓の叩きかたをみると、攻撃者側として再発見されたり、また治療者との即興で象徴的‐克服的協奏を演出した患者が、それを否認し、知性化した説明を続けて、彼の楽器がもっている音階を使って演奏しただけなのだと言ったりする。

ここでは具体性のために、非常に大まかに描いたが、この種の屈折や矛盾は、演奏と会話のやりとりを原則とする音楽療法のような精神療法が、生来もち合わせている体質的な要素である。

即興の退行促進作用は、抵抗が生じたり、ふたたび防衛活動が起きたり、精神内界や対人関係でのバランスの脅威を回避したりするのに適している。ときとしては、音楽することもまた、気づかないまま防衛作業に達している。と言うのはつまり、「音楽を使えば、すべてましになる」というモットーのもとでは、苦境に陥った会話も即興の助けによってハーモニーさせられるべきだということである（【行動の概念】の項参照）。

ちょうど、即興とおしゃべりの機能交代に対して特に注意深くあること

が、防衛の「苦境［に際し］機転がきくこと（Not-Wendigkeit）［訳註：Notwendigkeitと続けてつづると「必要性」という意味になる。］」の標識や、不適当な防衛反応の覆いを注意深くはずすことや、本来の意味連関の再建を可能にする。

この操作は、うまくいく場合には、症状というかたちで硬直化した防衛型からの救済と、柔軟性のある防衛の成熟をひき起こす。一方では、枠組みとしての信頼できるセッティングが、また他方では、治療者の自我構造（これは、その役割の遂行時に一時的に自由に使用可能な状態に置かれる）が、使い慣れた古い防衛を断念するための代役を治療のなかで展開するのである。

スザンネ・メッツナー Susanne Metzner

〈方法的に‐なる〉
Methodisch-Werden

〈方法的に‐なる〉は、音楽療法の形態学的構造化、および分析を体系づける四つの局面のうち、二番目のものである。（【〈受苦‐しうる〉】【〈変容して‐くる〉】【〈成し遂げる〉】の項参照）

治療プロセスを形態学的に見るとき、この〈方法的に‐なる〉局面は、二重、三重の意味を言い表している。

まず第一に、ここでは、音楽療法の基本的な方法と、そのつど事例に応じて個別的に修正される方法が問題にされる。

他方、われわれはまた、患者も音楽やわれわれや治療状況と全体的にかかわるなかで、ある方法にしたがっているのだという事実に目を向けるべきである。

三点目として、治療過程は、この過程に参加している両者の〈方法的に‐なる〉が互いにかみ合うことで、はじめて始まるという事実を出発点とする。

そして、治療の方法論に属す問題になるが、このかみ合わせを促し、観察し、一方で、患者の心理的構成要素間の内部で調整的に作用している〈受苦‐しうる〉と〈受苦‐しえない〉［という生きる技法］が明確になるように、他方で、それが〈変容して‐くる〉方向へ向かうよう、どんな個別の事例においても、このかみ合う過程をかたちづくっていくことが重要になる。

〈受苦‐しうる〉の心の基本構造は、この〈方法的に‐なる〉で拡大され、同時に修正され、加工される。生きる技法として「事例構成」の第一段階で再構成されるものは、治療過程のなかでは、特殊なやりかた、すなわち、提供された治療の状況設定を、患者が取りあげるやりかたというかたちをとって展開してくる。

たとえば、語るか黙するか、音楽のかたちをとってなのか、音楽と言葉を相互移行的に使用することでなのか、提供された治療の可能性を受け入れることでなのか、それとも抵抗のかたちをとってなのか、など。

限定的‐人工的につくりだされた場面のなかで、患者が自分の苦しみを、経験し、同時に変えうるものだと体験できるよう処理することも、〈方法的に‐なる〉には必要である。それに応じて、治療者の側では、聴いて理解し、ともに演奏することと同時に、解釈を加えることや、このプロセスを促進するような他の言語的音楽的介入、たとえばコメントを含む歌や、音楽をともに演奏すること、子供の治療の場合であれば、解釈を含むような遊びを用いることなども、〈方法的に‐なる〉では取りあげられる。

両者の方法が互いにかみ合うこと、という意味での〈方法的に‐なる〉は、心の一般的な所与の条件にもとづいている。このことは、日常の人間関係のなかで、問題があったり挫折した場合と同じように、うまくいっている場合でも観察できる。

そこで同時に明らかになることは、二つの方法がかみ合うことは、たしかに「必要条件」であり、そのことで治療活動は成立するのだが、それ自体を考えれば、それは「治療の成功」を保証するものでもないし、問題が小さくなったか大きくなってしまったかを手がかりにして［効果の］評価が可能になるわけでもない。

たとえば、まさに神経症的な愛情関係の場合、二つの生きる技法のかみ合いおよび同調の程度はきわめて高いが、それはきわめて悪いかたちで固定化してしまっているのだ。

音楽療法のなかで〈方法的に‐なる〉とは、だから、特別な種類のかみ合いを意味しており、原則的に非対称的であり、そこでは治療者の〈方法的に‐なる〉は、反省されねばならないし、患者の方法にしたがうものでなければならない。

また〈方法的に‐なる〉には、その本質として、ともにプレイすること、転移と逆転移の操作、場面理解の可能性の利用がともなう。けれども、一般に「患者と治療者の関係局面」と特徴づけられているものと等置されてはならない。「関係局面」とか「葛藤処理」とか「対症療法」とか「治療テクニック」といった概念では把握できない心の活動のなかで、〈方法的に‐なる〉の本質は明らかになってくるのである。

仕事とその達成努力のなかで、「入念な仕上げ」のなかで、動くことと動かされることのなかで、ばらばらにすることとまとめあげることのなかで、発展にかかわっていこうとすることと立ち止まることのなかで、ためしに戯れてみることと頑固に同じ場所に止まり続けることのなかで、対決や戦いならびに耐えることのなかで、〈方法的に‐なる〉は顕在化してくる。

「認知的‐感情的」、主要プロセスと従属プロセス、アナログなコミュニケーションとデジタルなコミュニケーションという分類分けは、治療の継起を音楽的部分と言語的部分に分割することと同様、無意味なことである。

音楽療法における〈方法的に‐なる〉は、さらに、音楽的‐芸術的創造行為の方法を適用することも意味する。形態学的心理学では、芸術とは方法をもち、また方法自体であり、そして方法

を生きることとされ、心理療法が芸術の方法からひき出されることが強調されている (Salber, 1977)。

芸術に類似する治療形式である音楽療法において、このことは二重の意味で適切な例かもしれない。

それはまず第一に、直接、音楽を媒体にしているからである。音楽療法士は患者との即興を行なうのに、音楽と心の形態化作用にかかわる心理美的原理上の知識、すなわち心という作品の成立条件と、変化可能性についての知識を使うからであり、そしてそれは、音楽をつくることの長い経験や音楽作品を演奏することから得られるものであるからである。

第二に、芸術に類似の治療が意味するところは、音楽療法士も治療活動を全体として、心理美的原理から認識し、取り扱うことができるということである。

また音楽についても以下の事実は重要である。すなわち、多くのものは変奏のなかでのみ展開してくること、かたちと意味は、そのはざまにおいてのみ展開してくること、事態の先鋭化が大きな転回をもたらすこと、緊迫が新しいレベルを切り開くこと、などの事実である。

つまりこれは、生活形成の日常においても、形式化と変化の関係、体系と逸脱の関係、対比と同調の関係の取り扱いかたが問題になるということでもある。重要なのは、構成要素の配置構造が全体の作用を決定するという事実である。

治療過程の問題とした場合、〈方法的に‐なる〉は、個別事例分析のレベルにおいては、どのように治療が、患者と治療媒体と治療者のあいだの相互作用のなかで展開してくるか、という問題になる。

一般的な音楽療法研究において、この局面に属す問題としては、一般的な音楽療法の治療技術の問題、その適切さの問題、さまざまな音楽療法の適用領域で、その技術がどう作用するかという問題、ならびに音楽療法で明らかになってくる「病像」研究の問題が挙げられる。

この局面で評価基準にしたがって、調べなければならないことは、〈方法的に‐なる〉のかみ合いかたが、効果的に達成されているかどうか、患者の方法の変化が、プロセスの流れのなかで観察できるかどうか、またはそれがどの方向に向かっていると観察できるか、という点である。その評価のさい、この観察結果を治療の目的に関係づけ、制御、変容、続行のためにその成果を利用し、〈変容して‐くる〉〈成し遂げる〉の局面の考慮のもと、この変化の方向性を分析する、こうした質的研究法(【研究方法論】の項参照)に、すなわちスパイラルな活動といわれているものに、何度も立ち返ることが必要なのである。

ローゼマリー・テュプカー Rosemarie Tüpker

ポエム・セラピー
Poesie-Therapie

音楽と詩は、昔から治療の媒体と思われていた。歴史的に見ると、広義のポエム・セラピーは最も古い治療方法に属する。言葉の呪術的な力は、詩やメルヘンや呪文や占いや健康に関する格言のなかに現れる。

精神的な治療の技術は、今日なお世界の「原始社会」では、私的な言葉の魔術の助けをかりて実践されている。お祓いや呪文や呼びかけやお祓いの儀式の言葉は、病気を取り除くことができて健康を保つ力をもつと仮定されている。呪医の詩が語られていたアフリカの部族において、また、アメリカインディアンやバリ島の治療法においても、［言葉のなかに］医学的な作用が高度に保たれている（Morrison, 1987, p.210）。

ジャック・リーディーJack J. Leedy (1969, p.11) は、古代ギリシアではすでに詩の治癒力が認識されていたことを証明する。彼らはアポロを医学と詩の両方の神として崇拝した。

モリス・モリソンMorris R. Morrison (1987, p.23) は15世紀ペルシアで起こった次のような物語を語る。ある詩人が抑うつと「内的な葛藤」のために医者のところに行った。医者は彼に、新しい詩を書くかどうか、苦悩に満ちた詩人が何を正しいと認めるのかたずねた。医者は彼にその詩を声を出して暗唱させた。一回、二回、そして三回。そして、医者は答えて言った。「去りなさい。君は治っている。君のなかでもつれていたことはこの詩だった。いまや、公然と語られ、隠されてはいない。君は治癒を見つけだした」。

これと関連して推測されるのは、言葉は明らかにその魔術的な力を昔から保持してきたということである。

他方ポエム・セラピーは、芸術療法のなかで音楽療法、絵画療法、ドラマ療法と比較すると、大きな可能性をもった新参者である（Wolberg, 1968, p.10）。芸術療法協会に比べるとアメリカにおいて、全国ポエム・セラピー連盟は数のうえでは緒についたばかりだが、共同作業への努力のため好評である。

リーディー（1973）の情報によると、1860年にはまだ、アメリカで医療関係の職に就いている人々の多くは、詩を書くことを精神疾患の一つの原因とみなした。これが批判に堪えない作り話だということを、たとえばユングC. G. Jungのきわめて哲学的で私的な仕事——これは彼が16歳のときに、実際に一気に書き記したものだが——〈死者への七つの語らい(VII Sermones ad Mortuos)〉が示す。それどころか彼の場合、直観的に内部にもっている書く技術が、新しい理解と精神的な発見に達したと見なせる。自分は家族と職業上の友人たちの援助を受けて「精神のずれ（突飛な思いつき）」を放っておいたり、しっかり保ったりしなかったら、元型Archetypenやマンダラにいきつくことはなかっただろうと彼が回顧して語るとき、彼を信じるのは当然のことだ（Crain, 1992, p.288）。

ポエム・セラピーは、それが通常、今日理解され、実践されるように、精神的苦痛を緩和するために、薬として詩を処方する。このような方法は、しばしば次のことによって拡げられる。すなわち、方向づけられて自発的に書くことや、日記をつけることや、物語を語ることなどであるが、これらにより、治療過程が導入され、共同決定がなされ、内省しながら［治療過程を］終えることができる。

心理療法／音楽療法における詩

おそらく数え切れないほどの心理法的方向づけや方法が存在するが、**言葉のない心理療法はない**。モリソンは、心理療法における詩の使用によって、治療的な出会いのなかで、さらにつけ加わる力、つまり**詩人の声**が導入されることを主張した。詩のなかには言葉の魔術が生きている。つまりそれは、心に迫って浸透し、喚起するコミュニケーション形式である。詩は、超自然的なものとのコミュニケーションを可能にし、意識下のものとの接触を支える。詩的言語、つまり想像力の担い手は、実際に信頼できる会話、話し合いの伝達者である。詩は「記憶する価値のある話」、最もよい配列の最もよい言葉、精神の真の書名と規定された。

バイロンByronは、彼のエッセイ『詩人』のなかで、詩をその噴出が地震を防ぐ想像力の溶岩と書き記す。リルケRilkeのような詩人は、彼の芸術はあらゆるかたちの心理療法によって損害をこうむるだろうと信じていた。他方、エミリー・ディキンソンEmily Dickinsonのような詩人は、心理療法を、自らが書くことを強く動機づける力と評価した。というのは、心理療法は彼女の眠っている潜在能力を花開かせることに寄与したからである（1987, p.209-212）。詩人オーデンAudenは「治療的な詩」のようなものがあるかどうかと尋ねられた。彼は「ない」と答え、「書くことは人間に人生を少しだけ楽しむかまたはよりよく持ちこたえることを可能にする」と続けた（Morrison, 1987, p.40）。

心理療法や音楽療法における詩は、必然的な、内的な、神や感情のことばを提供する。迷った精神は、ある詩的な関係空間で静けさと安らぎを見い出す。心理療法の詩は、人間的な意志と理性をこえる人間相互のものへの関係の架け橋をつくる。詩は病気を取り去ることはできないが、こうむったことを、堪えられる、担いうるものにする。結局、心理療法的な方法とはかかわりなく、傷を治すのはいつも傷自身である。

心理療法における芸術の「ルネッサンス」は、アメリカにおいて1979年におこった。モリソンによると、芸術は他の心理療法と対等の地位を与えられた（1987, p.24）。モリソンがさらに主張するには、すでにフロイトは詩と心理学の類縁関係を見い出していたという。彼は、詩人たちは無意識を自分の前に発見したと考えた。詩人たちは学問がもう近づくことのできない泉から水を汲むことができるという。

テオドール・ライク Dr. Theodore Reikは、フロイトの昔の同僚だが、同様に彼は自らの心理療法の実践を、精

神分析の詩をつくり出す試みと言い表す。彼は詩人のメタファーは、正確さと明解さの点で、技術的な学問的なことばよりもしばしば意義深いと確信した (1987, p.23-24)。

詩と心理療法は、両者が精神に仕えているという点で、互いに対応している。詩は「書き尽くす」ことが可能である一方で、心理療法では心のなかのものが話される。両者いずれにおいても、言葉は感情世界を言い換え、表現し、反省するために使われる。比喩的な言葉とともに、伝統的な詩は、そのリズムによって表現する。

モリソン (1987, p.43) は、ゲオルゲ・シュターデ教授Prof. George Stadeを、コロンビア大学での発言、すなわち、詩のリズムは読む人をトランス状態に移すことができ、病んだ精神との象徴化されたアレゴリー的直面化を可能にする、という発言によって支持する。音楽的な詩のリズムの使用とともに、音楽と詩は、ある「間媒体的な移行intermedialen Transfer」(Knill, 1979, p.82) によって互いに補い合う。この方法によって、たとえば一つの詩は「曲をつけられ」、音楽へ変換されるかあるいは、一つの組み合わせが詩によって象徴されるその結果、治療過程が深まり、さらにそれを基礎に別の次元をとおってものを運んでいく。

音楽と詩は——それを人は、それほど速く忘れることができないが——奥が深くそのすばらしい一回性という質を証明する。そのなかにアラン・ストーンAlan A. Stoneは、両者の芸術技法のあいだの類似性を認める。忘れがたい詩は音楽と同じく、自身のまったく特有な和音によって内部で反響する。

すでにアリストテレスは、詩と演劇のような諸芸術の結びつきを、抑圧され望ましくない感情の浄化の場所としてだけでなく、洞察の展開に価値のある媒体と見なしていた。

詩は精神に対する医者であるとジャック・リーディー (1973) は伝える。リズムとともに話され、歌われた詩における響きは、聴衆と朗読者に深く感動的な作用をもつ。そこにあるのは心理療法と音楽療法における詩の自然な類縁関係である。音楽療法における反復の方法と同様に、維持される響きの詩的反復によって、生い茂った思考を安らかにする。この気づいていることの受動的な状態のなかで、知覚が高められ、感情との交渉が容易になる。

ある心理療法的なコンテクストのなかで、詩は感情とつきあうことを助ける。詩は感情を呼びおこし、感情の誘発者と解放者となる。ジェイムズ・マーフィーJames M. Murphyは、詩を読むことと書くことは、心理療法において治癒的で治療効果があると主張する。書くことと関連していえば、自発的に書くことは、より効果的であることが判明した。これまでだれも手紙のなかで怒りを成り行き任せに書いたことはない。その手紙はおそらく発送されることはないだろうが、しかし書くことはひとを自由にする作用をもつだろう (1973)。

心理療法における詩は、言葉とイメージの遊びを糧とする。音楽療法において規則に縛られることが障害でありうるのと同様、学問的な韻律とリズムは、図式に適する言葉を見つけることだけが重要な場合、鋭敏な感覚と表象能力の邪魔になりうる。マーフィー

(1973) によると、詩を読むことが心理療法において治療的に作用するためには、次の三つの条件が満たされなければならない。

1 一語一語注意深く読む。韻律と、もし存在するならば脚韻や、ヴォーカルな同じ響き、頭韻を見失わないようにするためである。

2 詩は聴かれる必要がある。テクストが作者の前で朗読されてもいいし、あるいは作者が朗読したり暗唱したりしながら、自ら聴き入ってもよい。

3 人と詩とが一致していなければならない。いわば感情の鏡のように。詩は患者の象徴的な感情を代理すると仮定される。

リーディーはこれと関連して、音楽療法におけるのと同じ原則を考えだし、それを「同質の原理isoprinciple」と名づける。詩は投影対象の役目を果たし、「かのようなals ob」共演者になる。決定的であるのは、感情を伝達する詩的メッセージのところどころに同一化することだけではない。ポエム・セラピーにおいて、ユングの能動的想像力、ないしはフロイトの自由連想の意味での自発的で直観的に書くことと同様、音楽療法においては、どこまで自発的筆記による作曲が、ある治癒機能をもちうるかが探求されるべきであろう。

マーゴット・フックス Margot Fuchs

【マ】

民族学と音楽療法
Ethnologische Aspekte in der Musiktherapie

ごく一般的にいえば、[音楽療法における民族学的側面という] この概念は、特定の民族の音楽や言語的‐文化的に統一された民族集団の音楽の治療的応用ということを含んでいる。これに対し、今日のわれわれの社会、つまり多かれ少なかれ多文化的ないし多下位文化的な社会における音楽療法は、——この社会がヨーロッパの精神史から発達してきたのと同様——文化結合的なもの [たとえば民族音楽] は利用せず、一般的に地球上のさまざまな国の楽器を用いた自由即興演奏を提供する。そしてこの路線上で、一方の民族的音楽療法ethnische Musiktherapieの構成要素もまた、現代音楽療法にしばしば入り込んでくることになる。

治療的な動機をもつ行為のための理論的端緒は今日、現代的な学問理解とそれに即応したパラダイムによって特徴づけられている。中国やインド、エジプト、等々のような、昔のいわゆる「高度文明」において、あるいは野生の獲物を狙うような原始的な人間の生活様式に応じた（あるいはその他の発展途上の）生活を営む民族においては、知覚は神話的物語に規定され、この神話的物語が世界を記述し秩序づけている。これらの記述はしばしば音響的‐リズム的な象徴性を含んでいるが（Schneider, 1975参照）、同時にそれら

は、いかなるしかたで一つの民族集団の音楽や音楽的要素が、神話的事実のなかのそのつどの治療儀式的表現へと応用されているかを考察する基盤を与えている。そのさい、それらの記述にみる音楽に関係する部分は、治療過程における諸要素を豊富に含んでいるというかぎりで有益となってくる。

いわゆる「高度文明」には、音楽の治療的応用に関する哲学的な、そして同時に実践的な端緒がつねに存在する（Yasargil, 1962参照）。しかし原始的な生活を営む民族においては、治療的諸活動のほうに明らかにより多く音楽の意義が存する。原始民族の文化は、今日宗教や芸術や治療の領域に組みこまれているような、ある密に織りなされた作用構造をもつという特徴がある。その中心人物は、祭司と芸術家と治療者の人格的統一者たるシャーマンである（これについてはTimmermann, 1994参照）。

病気の治療は、民族の神話、宗教、社会秩序、およびその民族の音楽的‐芸術的諸活動における特異な表現と分かちがたく結びついている。歌唱、楽器演奏、舞踊のような音楽活動や、造形芸術（祭礼用具や仮面の製作など）は、基本的にすべての原始民族において、治療的文脈のなかで重要な意義をもっている。

歴史的バランスをいくらか感じとるためには、次のことを実感する必要がある。つまり、治療を目的としたシャーマンの音楽使用は非常に長い年月にわたって続いており、それは何万年も以前の時代から、（オルターナティヴな治療シーンにおけるいわゆる「新たなシャーマン」［訳註：現代の音楽療法士のこと］を除外すれば）現在なお伝承されているシャーマニズムにまでいたる、ということである。

シャーマン的な健康管理の本質的構成要素としての音楽的エレメントは、かくして人類の歴史の98から99パーセントという永い年月にわたり重要であり続けている。

伝統的治療儀式における音楽療法的エレメントについての体系的研究はこれまでにまだ行なわれていない。とはいえ、フィールドワークのかたちのアプローチは存在する。たとえばマーラーMaler（1977）は東アフリカの呪術医Medizinmannの実践を研究し、さまざまなリズム——それらにより、治療上重要な特定の悪霊が消え失せるという——を書き留めた。アンドリッツィAndritzy（1988）はアンデス地域における音楽とダンスの治療的ないし予防医学的応用を、メサ族の集会やアヤフアスカ族の治療儀式および年祭を例に記述した。エーシュOesch（1974）は、マラッカのテミアー族シャーマンの歌と演奏のレパートリーについて研究し、ある理想とされる音楽的基礎形態を絶えず即興的に変化させつつ歌い演奏していることを見い出した。

シャーマンの治療においては多くの場合、あるかたちで変容した意識状態をつくりだすことが問題となる（Dittrich/Scharfetter, 1987参照）。この場合の音楽の役割に関してはすでに一連の研究がある（たとえばKatz/Dobkins de Rios, 1971; Kartomi, 1973; Olsen 1975; in der Beek, 1981; Welte,

1990)。もしこれらの個別研究から普遍概念のようなものを結晶化させようとすれば、儀式のなかに元型的archetypischとみなしうる構造が見い出される（Rätsch 1991による）。

この普遍的なモデルは、音楽の応用を解きあかす鍵となるが、またより近づいて見れば、現代の治療行為や自己経験の営みにおいてもふたたび［重要なものとして］浮上してくる。それは次の三段階に分けられる。

1 準備段階 Vorbereitung 身体的、精神的方法（禁欲、禊ぎ、黙祷、瞑想……）を用いて、当該の問題に関する心の清澄化と集中が意図される。音楽はここで精神を整える働きをもつ可能性がある。

2 実行段階 Durchführung 儀式の遂行はそれ自体、香を焚くことや、生け贄を捧げること、薬物を服用すること、特定の呪物に集中すること、祈祷や呪文を唱えること、ヌミノーゼ的な始源の音声ないし儀式的歌唱のイントネーション、そしてその他の音楽的、舞踊的表現を含んでいる。そのさい、霊感や幻視、またすべてとの一体感、あるいはその他の超越的体験へといたるが、一方、この体験を阻害する障壁を体感したりもする。それぞれの文化的コンテクストにより、この場合、個人に強い規則が課されたり、あるいは、個人的な道行きを可能にする即興的な自由が保証されたりする。

3 終結段階 Nachbereitung この［治療・儀式］経験は最後に共有され評価される。何が言語的（語り、詩的創造……）あるいは非言語的（歌唱、描画）に起こっている可能性があるか、である。この儀式が、ある特定の問題設定のもとに執り行なわれたものならば、ここでその［問題に関係した］徴候を解釈し、答えを熟考することができる。

健康管理（精神保健・社会保健）と治療のための民族的儀式に応用される音楽的エレメントは、大きく以下のように分類できる。

1 太鼓叩き、あるいはその他の反復的、トランス誘発性の［演奏］音楽および歌唱。

2 伝承され、多かれ少なかれ即興的な形式をもつ共同の歌唱、演奏、舞踊。

シャーマニズムにおける太鼓の大きな意義を、エリアーデEliadeは主著（1975）のなかで評価している。いわゆるシャーマンによる太鼓叩きSchamanen-Trommelschlagの効果に関しては、他にもすでに相当数の研究が存在する（たとえばNeher, 1962; Kalweit, 1987; p.48以下; Lawlis, 1989参照）。

反復的音楽の意識変容作用は、しかし、たんに基礎研究の対象であるばかりではない。近年この作用は、現代の音楽療法的実践への通路を見い出した（Strobel/Timmermann, 1991）。いまや今日の音楽療法士は、諸民族から学ぶことができるのである。だが重要なのは、おそらく外来の諸形態を模倣する

ことではなく、民族音楽療法的エレメントに内在する意味を再活性化することであろう。

現在の心理療法の知識水準と信頼に満ちた患者 - 治療者関係という基礎のもと、音楽聴取と音楽行為のもっとも広い意味における意識変容作用を経由して、患者には自己の内面世界への往来が可能となるのである。そのさい創られる経験は、しかし、体験の統合が可能となるように、周到に処理され、現在の人生の脈絡へと組みこまれる必要がある。

トニウス・ティンマーマン Tonius Timmermann

【ラ】

理学療法と音楽療法

Funktionale Musiktherapie am Beispiel der neurologischen Rehabilitation von Schlaganfallpatienten

音楽は、卒中患者のリハビリテーションに大事な役割を果たしうる。患者の運動能力は、運動療法（理学療法）の枠組みのなかで、特別に選択された音楽の使用で改善されうるのである。そのような研究の最初の試みを、私は神経学者のロバート・チャールズ・ベーレントRobert Charles Behrendとともに1975年以来たどってきた。

卒中患者との臨床の仕事においては、特定の音楽構造（リズム、メロディ、ハーモニー、響き、構造などの特性）が、動機の薄弱な、無気力な、運動の障害された患者たちに、新しい動きへのはずみを与えうることは明らかである。

この音楽構造は、リハビリテーションにおいて二重の意味を獲得する。一つめは、患者をよりよく「その気にさせstimmen」、それによって適切な治療的雰囲気をうまく作るのに寄与する。二つめは、音楽は、その誘いこむ傾向と自律神経系の「推進力」を通じて、患者を運動的に「押し動かしanstoßen」［訳註：きっかけを与えるという意味もある］、彼に自発的な身体運動を呼びおこすように運動への動機を伝える。

治療的に利用可能な音楽を目的に合

わせて選びだすための基本が、さまざまな研究のきっかけを産む。それには、

- わかりやすさの研究（Rauhe, H., 1974: Popularität in der Musik. Interdisziplinäre Bedingungen musikalischer Kommunikation, Karlsruhe: Braun）、
- 経験的観察と性質（材料と構造）の情報統計学的調査、
- 歌詞と結びついた音楽の仲介、機能、受容と作用について、
- マスコミを通じた音楽的な社会化に特別に注目した、音楽の機能と作用の精神分析的、社会心理学的また社会化理論的な調査、
- 体操の伴奏のさいの音楽と動きの関連について、ハンブルク大学のスポーツ科学研究所で臨床的に得られた展望、
- ポリグラフ測定装置（とりわけ心電図、脳波、筋電図）を用いた、種々の実験対象者の音楽に対する身体反応の電気的測定と経験的評価、

などがある。

これらすべての研究は、特定の音楽的構造（短いメロディ、音程、旋律の形式、リズム、和音、和声の展開、響き、サウンド、録音効果など）が、目立った作用をひき起こすという点で一致を示している。その構造は、もちろん聴取者のその時々の生活史的に特徴づけられた、適切な音楽的履歴をとおして見い出されるべき、経験と期待の地平に依存している。

臨床研究の流れのなかで、卒中患者の神経学的リハビリテーションにおける音楽の治療的効果があがる前提条件として、音楽的構造の相互作用と制御系的関連、仲介条件、音楽の機能と受容が明確になった。

最も重要な治療的に有用な音楽的構造の要素には、とりわけ人間の心の拍動に対応する運動‐拍動する基本ビート、挑発的性格をもつ特定のリズム（たとえば、アナパイストス［訳註：詩、韻文における、短短長（抑抑揚）格、ドイツの韻文では弱弱強格］のリズム、符点を打つこと、つまり次の音の負担（この音の音価は半分になる）によって、ある音をその音価の半分だけのばすこと、シンコペーション、ヘミオーレ）、短い、印象深い旋律の断片（動機）、これは、ときにはたった三つの音で成り立ち、何度もくり返される、6度と7度（音のジャンプ、特殊なやりかたで感情惹起的に、また行動刺激的に働く）、4度（エネルギー惹起的に、衝動促進的に働く、確実さと自信を伝える）、それに上昇する三つの音（患者に精神的、身体的な動機づけを仲介する）がある。

音楽の使用の仲介条件としては、とりわけ場所、時間、状況、雰囲気、社会的また集団力動的条件、それに（生での、または科学技術的メディアを通しての）仲介のありかたが存在する。仲介状況として特に大事なのは、救いのない患者の自己評価は、病気によって著しく弱められており、彼が特に敏感なのは、患者が救いようのないことを彼に対して特にはっきりとさせるような、個々の「音楽的後見」の指導や批

評であるということを背景にした上での、治療者と患者のふるまいである。

　仲介のほかに、ある音楽のはたらきは、その治療的使用のために特別な役割を演ずる。ある音楽が一人の患者のために手に入れたはたらきは、何よりもまず患者がその社会化〔訳註：個人が、社会人としての行動様式を身につけ、社会の一員になっていくこと、またその過程〕と人格発展の経過のなかで行なってきた、音楽的な体験や経験によって形成されている。

　〔ここで〕意味しているのは、音楽特異的な考えかた、行動様式、評価、規格ならびに聴く習慣の習得である。この治療的作用にとって意義深い音楽的社会化は、とりわけその特定の音楽のスタイル、様式、構造を患者のために演奏する役割に依っている。〔それは〕家族、施設、社会階層、幼稚園および学校（教育、養成機関）、同世代のグループ（同輩者グループ Peergroup、下位文化、また音楽を供給するマスメディアも忘れられない）のように、さまざまな社会化の段階、その担当部局のなかで〔行なわれる〕。

　さらに、音楽構造や音楽作品の連想‐価値と想起‐価値が、本質的な社会化条件の要素として付け加わる。ヒット・ソング、エヴァーグリーンズ Evergreens、ダンス曲、若いころに好きだったメロディ、特別な経験能力や印象能力の階層からの好みのメロディ、精神的なまた音楽的な感受性の高まっている精神発達の時期に好きだった曲などは、特別の治療的効果を発揮する。

　治療的適用にさいしては、次の7要素に、とりわけ注意されたい。

1 テンポ
2 ダイナミクス（音の強度）
3 フレージング／アクセント
4 音域（音の性質の選択、場合によっては8度移位）
5 「登録」（即興音楽の演奏法の選択──全体の和音化とオクターブ把握、または透明で線形な楽節）
6 響きの構成──ピアノのタッチまたは用いる楽器の選択、あるいは科学技術的なメディア、レコードまたはカセットテープの使用のさいの割りふりの選択
7 演奏者の選択──仲介、機能、受容のために、ひとりの演奏者（スター）との「集合的同一視」の現象が特に重要である。

　卒中患者の神経学的リハビリテーションにおける適切な音楽の使用の成果は、なによりも一面には、そのはずみをつけ、動機づけをし、活き活きとさせる作用に、また他面では、その緊張を和らげ、ひきつけをほぐす作用に帰することができる。そこでは、この二つの作用が緊張とリラックスの現象のように、まったく分かちがたく互いに結ばれている。

　音楽の治療的作用の生活史上の前提にもとづくと、音楽に特徴をもつ神経学的リハビリテーションのこの形式は、個人療法としてのみなされうるもので、集団療法としては行なわれ得ない。

ヘルマン・ラウヘ Hermann Rauhe

リズム原理

Rhythmisches Prinzip

「リズム原理」という概念は、もともと「リズムに重点をおいた音楽教育」(Feudel, 1949)の領域に由来する。リトミックは[音楽]授業の**科目**ではなく、授業のための**原理**ととらえられるべきである。筆者は、1970年代に人間学的、哲学的、心理学的な基本形式としてこの原理を研究し、1980年に発表された学位論文では論議の対象として取り上げた。リズム原理は、精神科学的、自然科学的、あるいは芸術の多様な分野で応用されうる、認識論的、かつ実践的なモデルである。

基本的な考え方は以下のとおりである。私たちの生命は、お互いに入り組みながらうまく機能する全体を構成している、何千というリズムのプロセスによってコントロールされている。リズムは生物学的、生理学的、生化学的、心理的、社会的、そして宇宙的な特質をもっている。

私たちの生命をおそらくコントロールしているリズムの基本パターンは、人間と関わるすべての事象、たとえば、人間の歴史、個人の生活史、経済(景気)、芸術、音楽、文学、あるいは言語などにおいても生まれる。これらすべての領域におけるつながりをつかさどっているのが、リズムの要素である。

しかしながら、リズム的という言葉の意味は、どのような精神的背景でもって事象を知覚し、分類するかによって、さまざまに解釈される。人間の知覚能力と体験能力は、生来左脳と右脳の両方によってコントロールされている。たとえば、リズムは論理的‐直線的(左脳で)に、周期的‐循環的なリズムとしてとらえられることもあるし、直感的‐全体的(右脳で)に両極性のリズムとしてとらえられることもある。

ここで重要なのは、私たちが「リズム的」と呼ぶものをどのように関連づけていくのか、つまりいかにして「混乱に秩序をもたらしていく」のかということである。私たちの文化では現在のところ「二者択一」、つまり知覚は左脳優位か右脳優位のどちらかである、という考え方をしがちである。

理想的には、リズムの均衡がとれた知覚、つまり左脳/右脳双方が統合して機能することである。**周期的‐循環的リズム**は、たとえば医学において研究されているが、これは時間の経過のなかで繰り返し直線的に起こる事象であり、したがって自然科学の方式でもって質的ではなく、量的に評価されることができる。ここでは、「いつ、なぜ、どのくらいの頻度で」という質問が議論の対象となる。

これに対して、**両極性のリズム**は全体的、階級組織的、かつ弁証法的な原理の性格が濃い。両極性のリズムは、単一の事象としては無意味であるが、諸感覚が一体となって意味をなす対立的な事象という形態をとる。この感覚のまとまりは、本来の形態が時間とと

もに繰り返されるということを意味する。つまり、常に新しい形態が創造され、新しい時間的体験のもとによりランクの高い秩序として細分化されるのである。ここでは、「いかにして」と「質」が重要な問いとなる。

二元論的思考（どちらかと言えば左脳強調）に傾いたときに、リズムは周期的‐循環的なものとして知覚される。つまり、知覚する人［観察者］が人間関係でなく、［観察されている人の］個々の事実に焦点を当てていて、その人となんらの関係ももたないと考えるようなときに、このことが起こる。

知覚する人が、自分も対象となる相手のリズムのゲシュタルトの一部であると考え、主体と客体という関係を体験するときに、リズムは両極性のものとして知覚される。引き潮と満ち潮、接触と孤立、融合と分裂、積極性と消極性、快と不快、緊張と弛緩、狭さと広大さといったリズム、あるいはこれらの現象を時には知覚し、時には睡眠中のように知覚しないということすら、両極性のリズムであるかもしれない。それはさておき、両極性のリズムを体験することは次から次に起こる出来事にも似ていて、二つの極が互いに関係をもち、影響を与え合うのである。

人間学の基本的定義としてのリズム原理は、物事を認識するさいに、左脳と右脳のどちらか片方のみが機能するのではなく、時間の経過にしたがって両方の脳半球が二つの極としてのリズム的な緊張関係にあり、お互いにかかわり合い、影響を与え合うと理解すべきだと主張する。したがって、量的な面のみを研究する自然科学的な方法は、質的な面をも意識する精神科学的な方法を取り入れるべきである。

これらの考え方は、今日ではこれまで以上に重要になってきた。皮膚抵抗の測定といった一面的な方法は、音楽療法では無意味なものであると考えられるようになった。人、あるいは患者を理解するのには、その人の現実や人生における出来事との関連を無視してはできないということが、認められるようになったからである。このような一面的な研究は結果にはつながらない。ある特定の音楽が特定の、一般に通用する（しかも治療的な）効果をもたらすのかということは、研究できないからである。今日ではむしろ、プロセスのなかで生まれる人間関係や行動に意識が向けられるようになってきた。

私たちが知覚し、診断し、あるいは研究するものすべては、リズム的な観点から理解してこそ意義のあるものとなる。それらは、経過する出来事という形式（何も同じままでとどまらない、すべてのものが流れていく）、リズム的な関係という形式（両極性、つまり主体と客体、形と背景といった関係）で進行する。新しい認識はすべて、そのときそのときはリズム的な調和でありながら、新たなリズム的な緊張状態の一部になる。リズムの研究、リズムの認識、そしてリズム的な生命でさえ、階層的に構成された出来事である。ようやく一つの全体をとらえたとしても、それはすぐに新しい緊張の一部と

なり、次の調和を必死に追い求めるようになる。これこそが生命そのものであり、一生続くプロセスなのである。すべてが流れのなかに存在し、いかなる真実も他の真実の一部にしか過ぎない。

他の治療でもそうだが、音楽療法にとってはリズム原理が基本的な意味をもつ。統合的な音楽療法では、リズム原理が特に明確になる。プロセスそのものが目的なのである。患者は特別に訓練されたり、症状軽減のための訓練を受けることもなく、その人の根元的なリズム的な体験パターン、経験パターン、行動パターンを、いかに発達させるかが理解できるような援助を受ける。これらは、人に近づいたり人と距離をとること、かかわりをもつことと振り返ること、活動することと話すこと、体験することと消化することなどといった形をとる。

これらすべては、患者とセラピストの間の一致と同意のプロセスで起こる。たとえば、体験が可能な空間（訓練の場ではなく）が提供され、セラピストが一方的に決めたのではなく、患者にとって有意義な目標を目指すというプロセスが可能になるのである。

音楽療法士は、自分を治療的な人間関係の一部としてとらえ、「外から」患者に影響を与えるという立場をとらない。したがって、診断がリズム原理にのっとった経過的なものであり、［この患者の病気／症状はこうだと］一方的に決めつけたり、［患者に］レッテルを貼るようなことを避けるのも、当然のことである。もし人の命がリズム的な流れのようなものだとしたら、特定の病気のレッテルを人に貼ることはできない。人は病気を「もつ」のではなく、病気を生きるのである。

音楽においてもリズムの原理は明らかである。音楽の対立する要素をリズム的感覚の一群として理解してこそ、私たちは音楽を本当に理解し、音楽に感動するのである。私たちが音楽に感動するのは、形式をともなった周知の音楽的行動パターンがあるからではない。演奏者、あるいは聴取者として流れにのって、出来事に巻き込まれながら、そのなかで右脳と左脳が常に新しい感覚的な意味を見出していくという、一連のプロセスの特性のせいである。

これがもっとも明らかになるのは音楽的なリズムである。しかしリズムは人がそれにのらないと何の効果ももたない。数を数えなくてはならないあいだは、リズムを体で感じることができないし、その事象とかかわりをもつこともできない。

しかしながら、音楽的なリズムはリズム原理の一つの表現でしかない。リズム原理は認識の原理であり、私たちが事象をいかにしてリズム的に知覚し、リズムとしてとらえるかという問いと関係している。

イザベレ・フローネ＝ハーゲマン
Isabelle Frohne-Hagemann

連想的即興

Assoziative Improvisation (a. I.)

連想的即興（以下a.I.）とは白昼夢を演奏することTagtraum-Spielである。そこではただ発端となるイメージ、あるいは開始時の雰囲気のみが指定される。そうしたあと、a.I.においては、いま‐ここでなされる即興演奏に現れる内的なイメージや、驚くような音楽的そして音楽以外の思いつきにすべてが開かれている。a.I.のあいだ、参加者は連想の自由な遊びに、あるいは空虚や霧に自らをゆだねている。

現れつつある障害や不安のためにa.I.が中断されるときには、たいてい、当該の障害あるいは当該の不安のイメージ的表現（あるいはそれを言語化したもの）が、「続いて行なわれる即興演奏」（follow up-Improvisation）のための入り口のイメージ、ないし入り口のテーマになる。

ひとつのa.I.のあと、参加者はa.I.のあいだの自身の体験を言語的に把握しようとする。そうすることにより、a.I.のなかに現れた一次過程的思考と二次過程的思考とあいだのつながりが強化され、また意識や記憶に対する白昼夢の意味がよりよく開示されるのである。

白昼夢のなかで接近できるようになった素材は、さまざまなかたちで取り扱われる。多くの場合、治療者による解釈は手段として選ばれず、患者／クライエントに自立的で創造的な（白昼夢）処理が可能となるような、さらなるa. I.が選択される。処理、つまり、われわれはそれをいつも意識することはないが、夜の夢のなかで精神Psycheを営ませる、そうした処理のことである。

体験形式として特徴的なのは（入眠過程について知られる）夢と現実のあいだの、またさまざまな場所と時間のあいだの、心的現実と外的現実のあいだのすみやかな移行である。あるa. I.においては、たとえば現在の怒りは幼少時の（禁じられた！）外傷の記憶と結びついていたのだが、そのあとの悲しみの即興からついに思いがけなく、将来に対する即興による試行的行為への衝迫が生じてきた（Eschen, 1980, p.146/47）。

a.I.における経験が示しているのは、治療者あるいはグループがその場に居合わせることで、ひとつの「促進的環境」をつくること、すなわち、強い不安に満たされたテーマを「不安の氾濫や不安による阻止」なしに取り上げ、処理することが可能になる、ということである。

個人音楽療法においては、しばしばそれは「スプリット（分裂）」（Priestley, 1975）したかたちで起こる。その場合、一人が「この世ならぬ力の脅威に対する不安」というテーマで、他方が「私はこの世ならぬ脅威的な力である」というテーマをひき受けたり、あるいは

「私には何かを始める元気がない」／「何かを始めるのが楽しい」というテーマであったり、さらには「私は落下がこわい」／「私は落ちるが、落ちるにまかせて良いと知っている」というテーマであったりする。スプリッティングは、両価性をさまざまな側面から体験可能にすることにとりわけ適している。

多くの症例において、続く2番目のa.I.としてのスプリッティングで役割交換が起こる。だがしばしば、a.I.開始時の「非現実的な」あるいは「現実性に見合った」不安の背後に有害な記憶素材が浮上してくる。それは、現下の問題の前史を解明する記憶素材であり、外傷的な状況をふたたび「現在に置きなおし」、[両者の]脈絡を理解しうるものにする。

たとえば禁止されていた怒りがついに現れ、荒れ狂い、禁止されていた悲しみがまさに表現され、観察され、考えられ、演奏され、悩み抜かれる可能性がある。必要な場合、テープ録音すれば、あとで聴きなおし、その意義を熟考し、言葉のなかにその余韻を残すことができる。

a.I.と素材指向的即興演奏（Material-orientierte Improvisation= M.o.I.）の境界は定かではない。たとえばカオスへの不安をもつ患者にM.o.I.もともに計画することはできる。「秩序立った‐無秩序な‐秩序立った」という演奏形態（【関係のロンド】の項参照）では、あらかじめ秩序立った演奏という素材を申し合わせておき、たとえ脅威的なイメージが湧き上がってくるにしても、この安全な構造の保護のもとで限定されたカオス体験を敢えて試みることは可能である。

なぜなら、それらの脅威的イメージは、[初めの]秩序立った演奏に遡ることにより「封じこめられ」うるし、また（あらたな音楽的抑制能力のおかげで）弱まった不安のもと、より正確に体験し尽くされ、観察されうるからである。

あるいは治療者は——もし患者が望めば——まずは信頼のおける秩序や構造（ひょっとしたらまだ必要な超自我の代弁者[の役割]）を責任をもってひき受けるが、そうすることで患者は（いわば安全性の手綱を握りながら）制御されない流れに身を任せることができる。

あるいは、患者みずから制御機能をひき受け、必要に応じてそのつど安全な「楽節」を導いたり、さらに予想外の流れから、いつ「逸れ」たいかというサインを出したりする。つまり、M.o.I.とa.I.のあいだには、循環的に交代するさまざまなバラエティの可能性があり、われわれはそれをまさに患者の示す日々の必要性に適したかたちで行なえるのである。

精神病体験や薬物による夢幻状態の経験をもつ患者の多くに、a.I.は特に重要である。というのは、精神病や薬物による夢幻状態においては、なるほど多くの場合「現実性を失う」時点は、みずから決定することがあったかもしれないが、しかし、夢幻状態から「抜け出す」時点は、たとえ（恐怖のトリップなどにおいて）必死で[抜けだそ

うと］望んでも、みずから決めることはできなかっただろうからである。

a.I.において私は、事情によっては凝縮した白昼夢を体験するが、しかしまったく軽やかな容易さで音楽的現実に戻ることができる。

いま私が太鼓を叩き、彼がシンバルなどを叩いているとしよう。a.I.に慣れた者なら、どんなにたやすく彼がふたたび白昼夢のなかに沈んで行けるか、またどんなにすばやく覚醒方向への転換が起こりうるか、すぐ分かるのである。

［たとえば］今日、白昼夢に入る必要性が乏しいなら、というのもまだ先に音楽療法の機会が何度もあることを知っているからであるが、私はよりリラックスして、ことにあたる。一方、ひょっとして今日、そこに踏み入ることが治療的であるなら、強い緊張を許容する。というのは、その強い緊張は、いままさに重要である夢素材に帰せられるか、それを導くものだからである。

a.I.のなかに現れ出てくるものは（他の夢の構成物と同じく）たいていの場合、何度も［その意義を］決定しなおされる。患者あるいは治療者により初めになされた近似的な理解は、それゆえ真摯に受けとめられるべきだが、さらなる徹底操作や「続いて行なわれる即興演奏」などにより、補足される必要がある。

しばしば音楽的記憶が浮上し、この記憶が特定の状況や感情などを意識にのぼらせる。理解できるよう演奏された曲が「忘却」されていたり、不意に予想外の中断が起こった場合、メロディの引用句は、たとえば特定のテクストの隠蔽記憶として、つまり覆いを取り去る言述として出現しうる。あるいは、ある「リフレイン」がそれにより異なった複数の連想的即興を結びつけたり、解釈させたりする。

比較的長い［期間くり返される］一連のa.I.は、一つのa.I.ごとに問題領域を徹底操作することを可能にする。［a.I.の］道具立ての共通性や、くり返し現れる要素（たとえば一連のa.I.のどれもが「横になって寝つく」ということで終わるなど）は、このシリーズの関連性や非完結性、継続必要性を間違いなく指し示している可能性があり、［この例では］それらは明らかに「今日が終わった！」ということのサインである。

a.I.から得られた素材について、自由に何かを着想することは理解を促進させるが、その着想のほか、白昼夢に関する問題解決戦略Problem-Lösungs-Strategienを検討することもさらなる洞察を拓く可能性をもつ。グループ参加者あるいは（逆転移と関連した）治療者の思いつきは、重要な付加情報をもたらしうる。順調な例においては「解明的」な［付加情報を］。

a.I.がもたらす［特有の］心的状態に浸るためには、当該の状況や空間、楽器、治療者、グループなどに対する一定の信頼が前提とされる。加えて、外から妨害されないという安全性と、すべての参加者の信頼しうる「親密さ」がそれに含まれる。

希望のサインは驚くほど強力であったり、繊細であったり、明白であったりしうるが、それらは非常に病的な、患者自身が先天的に有している治癒へのポテンシャルによって、a.I.のなかへともたらされるものである。

　患者や学生、治療者は、みずからがa.I.において創造した、畏敬の念を起こさせるような「偉大な夢」や——音楽的にみたところの——「芸術作品」や「作曲」に再三、魅了される。長く実り豊かな創造的生活の経験をもつ芸術家ですら、ここで明らかに生成されつつある——意識下での作曲能力をはるかに凌駕した——内的な形成力に感嘆し、連想的即興における迸り出る豊かさに、生き生きとした集中度に、感情的な強さと繊細さに、形態と発展の明瞭さに歓びをおぼえるのである。

ヨハネス・Th.・エッシェン
Johannes Th. Eschen

参考文献

◆ 運動療法を統合した音楽療法（サイコダイナミック・ムーブメント）◆

Nygaard-Pedersen, I. & Barth-Scheiby, B. (1989). Psychodynamische Bewegung innerhalb eines musiktherapeutischen Konzeptes. In *Dokumentation, Teil III. Abschlußbericht des Modellversuchs Diplom-Aufbaustudium Musiktherapie an der Hochschule für Musik und darstellende Kunst Hamburg*, S. 70-74. Lilienthal: Eres.

Priestley, M. (1982). *Musiktherapeutische Erfahrungen*. Stuttgart/New York: Gustav Fischer Verlag.

◆ 音によるトランス ◆

Bonny, H. (1973). *Music and your mind: Listening with a New Consciousness*. New York: Harper & Row.

Bossinger, W. & Hess, P. (1993). Musik und außergewöhnliche Bewußtseinszustände. *Musiktherapeutische Umschau 14*, 3, S. 239-254. Frankfurt a. M.: Bochinsky.

Erickson M. H. & Rossi, E. L. (1978). *Hypnose*. München: Pfeiffer.

Grof, S. (1987). *Das Abenteuer der Selbstentdeckung*. München: Kösel.

Haerlin, P. (1993). Klang und Trance im psychoanalytischen Setting. *Musiktherapeutische Umschau 14*, 3, S. 219 - 233. Frankfurt a. M.: Bochinsky.

Hess, P. (1994). *Musiktherapie bei veränderten Bewußtseinszuständen in der Psychiatrie*. In Welten des Bewußtseins (Hg. Dittrich/Leuner/Schlichting). S. 193-198. Berlin: VWB.

Rittner, S. (1990). Zur Rolle der Vokalimprovisation in der Musiktherapie. *Musiktherapeutische Umschau 11*, 2, S. 104-119. Frankfurt a. M.: Bochinsky.

Rittner, S. (1994). *Die menschliche Stimme als Medium zur Induktion veränderter Bewußtseinszustände*. In Welten des Bewußtseins (Hg. Dittrich/Leuner/Schlichting). S. 215-223. Berlin: VWB.

Strobel, W. (1988). Klang - Trance - Heilung. Die archetypische Welt der Klänge in der Psychotherapie. *Musiktherapeutische Umschau 9*, 2, S. 119-139. Frankfurt a. M.: Bochinsky.

Strobel, W. (1994). Die klanggeleitete Trance. In *Welten des Bewußtseins* (Hg. Dittrich/Leuner/Schlichting). S. 225-237. Berlin: VWB.

Timmermann, T. (1987). *Musik als Weg*. Zürich: Pan-Verlag.

Timmermann, T. (1989). Das Monochord. Eine Wiederentdeckung. *Musiktherapeutische Umschau 10*, 4, S. 308-320. Frankfurt a. M.: Bochinsky.

Timmermann, T. (1994). Kunst, Selbsterfahrung, Therapie und verändertes Bewußtsein. In *Welten des Bewußtseins* (Hg. Dittrich/Leuner/Schlichting). S. 209 -213. Berlin: VWB.

Yensen, R. (1989). Perzeptual Affective Therapy and Modern Shamanism - a report. In *3. Symposion über Psychoaktive Substanzen und veränderte Bewußtseinszustände in Forschung und Therapie* (Hg. Schlichting/Leuner). Göttingen: Europäisches Collegium für Bewußtseinsstudien.

◆ 音楽教育と音楽療法 ◆

Abel-Struth, S. (1985). *Grundriß der Musikpädagogik*. Mainz u. a.: Schott.

Alvin, J. (1988). *Musik und Musiktherapie für behinderte und autistische Kinder*. Stuttgart/Kassel: G. Fischer/Bärenreiter.

Buzasi, N. (1985). Musiktherapie in der aktiven Musiktherapie. In Bruhn/ Oerter/ Rösing (Hrsg.) (1985). *Musikpsychologie. Ein Handbuch in Schlüsselbegriffen* 459-464. München/Wien/Baltimore: Urban & Schwarzenberg.

Decker-Voigt, H.-H. (1983). Zur Ablösung der Musiktherapie von der Musikpädagogik – eine Zustandsbeschreibung. In ders. (Hrsg.) (1983). *Handbuch Musiktherapie. Funktionsfelder, Verfahren und interdisziplinäre Verflechtung.* Lilienthal/Bremen: Eres Edition.

Euen, B. (1991). Musikalische Einzelförderung als Möglichkeit ästhetischer Emanzipation für Menschen mit intellektuellen und seelischen Beeinträchtigungen. *Polyaisthesis 6,* 159–163.

Goll, H. (1993). *Heilpädagogische Musiktherapie.* Frankfurt a. M.: Peter Lang

Hörmann, K. (Hrsg.) (1986). *Musik- und Kunsttherapie.* (= Musik im Diskurs Bd. 1) Regensburg: Bosse.

ders. (1987). *Das Lied in Unterricht und Therapie als Medium erfahrungsorganisierender Musik- und Selbstwahrnehmung.* Frankfurt a. Main: Peter Lang.

ders. (1991). Sozialkommunikative Bedeutung synästhetischer Phänomene. *Polyaisthesis 6/1,* 17–38.

ders. (zus.m. W. Schurian) (1994). *Kunsttherapie.* Münster: Paroli.

Jacobs, R. (1988). Musiktherapie – Ein Beitrag aus anthroposophischer Sicht. Bad Liebenzell-Unterlengenhardt: Verein für ein erweitertes Heilwesen.

Knierim, J. (1985). Musik in der anthroposophischen Heilpädagogik. In Bruhn/ Oerter/ Rösing (Hrsg.) (1985). *Musikpsychologie. Ein Handbuch in Schlüsselbegriffen.* 464–468. München/Wien/Baltimore: Urban & Schwarzenberg.

Krakauer, P. M. (1984). Frau und Mutter – Rezeptionsdidaktische Überlegungen zur Mutterfigur in der Oper. In Roscher, W. (Hrsg.) (1984). *Erfahren und Darstellen. Wege musikalischer und gesamtkünstlerischer Bildung heute.* Innsbruck: Helbling.

Langen, A. & Piel, W. (Hrsg.) (1993). *Musik und Heilpädagogik. Festschrift für Helmut Moog zum 65. Geburtstag.* Frankfurt a. M.: Peter Lang.

Linke, N. (1977). *Heilung durch Musik? Didaktische Handreichungen zur Musiktherapie.* Wilhelmshaven: Heinrichshofen.

Mastnak, W. (1989). Klangszenenimprovisation als Schulpraxis. Gesamtkünstlerische Gestaltung und psychischer Prozeß. In Roscher, W. (Hrsg.) *Musiktheater im Unterricht.* Innsbruck: Helbling.

ders. (1991a). Prolegomena zum Künstlerischen in der Therapie. *Musik-, Tanz- und Kunsttherapie. Zeitschrift für künstlerische Therapien. 3,* 61–65.

ders. (1991b). Laßt mich lauschen, tasten, schmecken … Erfüllende Sinne behinderten Daseins. *Behinderte in Familie, Schule, Gesellschaft. 3,* 17–23.

ders. (1991c). Mozartklänge und Traumbilder. Rezeptionsdidaktik jenseits des Rationalen. *Musikerziehung,* 60–66.

ders. (1991d). „Musica itaque medicinalis est …". Berührlinien und Wirkfelder von Musiktherapie und Polyästhetischer Erziehung. *Polyaisthesis 6/1,* 39–51.

ders. (1992a). „… dann ging er weg und erhängte sich." Zum Schülerthema Selbstmord. *CPB Christlich Pädagogische Blätter. 5,* 248–253.

ders. (1992b). Musikpädagoge der Zukunft: Supervisor und Therapeut? In: Schweizerischer Musikpädagogischer Verband (Hrsg.) (1992): *Das Berufsbild des Musikpädagogen in der europäischen Zukunft.* 39–53.

ders. (1992c). „Oft hat ein Seufzer…" Vom Heilenden und Krankmachenden im Musikunterricht. *Musik in der Schule 2,* 89–93.

ders. (1992d). Musik-Tanz-Bild-Szene. Zur Bedeutung künstlerisch-therapeutischer Ansätze in Kindergarten, Vor- und Grundschule. *Heilpädagogik 4,* 113– 122.

ders. (1993). Schülerthema Selbstmord. *Musikerziehung* 1993/Feb., 97–108.

ders. (1993b). Musikschullehrer – unbewußte Heiler? Therapeutische Perspektiven der Musikschule. *Üben & Musizieren 2,* 9–11

ders. (1993c). Polyästhetische Erziehung und Tiefenpsychologie. In: Roscher, W. (Hrsg.) (1993). *Sinn und Widerspruch musikalischer Bildung.* München/Salzburg: Katzbichler, 59–104.

ders. (1993d). Psychodrama und Klangszenenimprovisation. In: Roscher, W. (Hrsg.) (1993). *Sinn und Widerspruch musikalischer Bildung.* München/Salzburg: Katzbichler, 105–130.

ders. (1994a). Musik zwischen Erziehung und Therapie. *Musikerziehung 5,* 219–226.

ders. (1994b). Ästhetisches Handeln – Wahrheit auf „Abwegen". Ästhetisches Handeln – Wahrheit auf „Abwegen"? *Behinderte in Familie, Schule und Gesellschaft. 5,* 17–24.

ders. (1994c). Spaltprozesse: Soziokulturelle Selbstentfremdung und musikpädagogischer Auftrag. *Künste und Bildung zwischen Ost und West* (= Polyaisthesis Jb., Bd.2), 219–238.

ders. (1994d). Kunst und Künste, Heil und Heilung. *Musik-, Tanz- und Kunsttherapie 4*, 1–6.

ders. (1994e). *Sinne – Künste – Lebenswelten. Polyästhetische Erziehung und Therapie durch mehrsinnliches Wahrnehmen und gesamtkünstlerisches Gestalten*. Prešov: Matúš.

ders. (1995). Der Wahnsinn auf der Bühne. Sinngeburten in einer Sinnverlorenen Welt. In: Institute für Integrative Musikpädagogik und Polyästhetische Erziehung (Hrsg.). (1995). *Sinn und Sinne.* (= Polyaisthesis Jb., Bd.4). München/Salzburg: Katzbichler.

Mastnak, W. & Rauter, A. (1994). Künste, Kulte Konflikte. Polyästhetische Integration in London als Europäisches Modell. In *Künste und Bildung zwischen Ost und West. Kulturpädagogische Perspektiven Polyästhetischer Erziehung*. (=Polyaisthesis Jb., Bd.2). Wien: Österreichischer Kunst- und Kulturverlag, 197–207.

Mastnak, W. & Schwarzbauer, M. (1994). *Klingende Welten – verbindende Sinne. Theorie und Praxis der 6 Lehr- und Lernbereiche Integrativer Musikpädagogik*. Prešov: Matúš.

Moog, H. (Hrsg.) (1991). *Musizieren mit Behinderten. Forschung, Didaktik, Transfer*. Frankfurt a.M.: Peter Lang.

Nordoff, P. & Robbins, C. (1986). *Schöpferische Musiktherapie. Individuelle Behandlung für das behinderte Kind*. Stuttgart/Kassel: G. Fischer/Bärenreiter.

Orff, G. (1984). *Schlüsselbegriffe der Orff-Musiktherapie*. Weinheim/Basel: Beltz.

dies. (1985[2]). *Die Orff-Musiktherapie. Aktive Förderung der Entwicklung des Kindes*. Frankfurt a.M.: Fischer.

Rödler, P. (1994). Dem Wahren Schönen Guten. oder: warum sich über Geschmack nicht streiten läßt und er doch davon abhängt! *Behinderte in Familie, Schule und Gesellschaft. 5*, 25–34.

Ruud, E. & Mahns, W. (1992). *Meta-Musiktherapie. Wege zu einer Theorie der Musiktherapie*. Stuttgart/Jena/New York: Gustav Fischer Verlag.

Steiner, R. (1989). *Das Wesen des Musikalischen und das Tonerlebnis im Menschen*. Dornach: Rudolf Steiner Verlag.

Thomas, C. (1978). Laudes nach dem Sonnengesang des Franz von Assisi. Oratorische Szene mit geistig Behinderten. Gold Records (Schallplatte).

ders. (1981). Wirken und Heilen durch Musik. In: Larese, D. *Feste, 25 Jahre Musische Arbeitsgemeinschaft Bodensee* 32–33. Amriswil.

ders. (1983). Musiktherapeutische Perspektiven Polyästhetischer Erziehung. In Roscher, W. (Hrsg.) (1983). *Integrative Musikpädagogik. Teil 1: Theorie und Rezeption*. Wilhelmshaven: Heinrichshofen.

ders. (1991). Berühren und Bewirken. Polyaisthesis als Therapie. *Polyaisthesis 6/1*, 2–16.

Tischler, B. & Moroder-Tischler, R. (1990). *Musikalische Spielideen für die pädagogische, sonderpädagogische und therapeutische Praxis*. Frankfurt a.M.: Diesterweg.

Weltgesundheitsorganisation (1991). *Internationale Klassifikation psychischer Störungen*. Bern u.a.: Hans Huber.

Wilbert, H.-J. (1993). Gestaltung von Musikunterricht in Regelschulen nach therapeutischen und heilpädagogischen Gesichtspunkten. In Langen, A. & Piel, W. (Hrsg.) (1993). *Musik und Heilpädagogik. Festschrift für Helmut Moog zum 65. Geburtstag* 343–363. Frankfurt a.M.: Peter Lang.

◆ 音楽史における即興運動 ◆

Brückner, J. u.a. (1991). *Musiktherapie für Kinder*. 2. Aufl. Berlin: Verl. Gesundheit.

Cage, J. (1959). Unbestimmtheit. *die reihe* 5.

Cage, J. (1978). Rede an ein Orchester, übers.v. R. Riehm. In Metzger, H. & Riehm, R. (Hrsg.) a.a.O. S. 56–61.

Decker-Voigt, H.H. (1991). *Aus der Seele gespielt*. München: Goldmann.

Ernst, A. (1982). Musik und Sozialpädagogik – Zur Neuorientierung der Schulmusik. *Zeitschr. f. Musikpäd.* 18, S. 44–49.

Finkel, K. (1976). *Musik und Sozialpädagogik.* Lilienthal: Eres.
Finkel, K. (1977). *Pädagogik, Sozialpädagogik, Musikpädagogik,* Lilienthal: Eres.
Friedemann, L. (1973). *einstiege in neue klangbereiche durch gruppenimprovisation.* Wien: Universal edition.
Friedemann, L. (1983). *Trommeln-Tanzen-Tönen.* Wien: Universal edition.
Hegi, F. (1986). *Improvisation und Musiktherapie.* Paderborn: Junfermann.
Kapteina, H. (1974). Gruppenimprovisation- eine musikpädagogische Methode. *Archiv für Angew. Sozialpäd.* S.247-268.
Kapteina. H. (1976). Musikpädagogik und Alltagsleben. *Archiv für Angew. Sozialpäd.* S.41-59.
Kapteina, H. (1979). Musikpädagogik mit Familien. In Finkel, K. (Hrsg.) S.221-239, *Handbuch Musik und Sozialpädagogik.* Regensburg: Bosse.
Kapteina, H. (1988). Dimensionen der Gruppenimprovisation. In Decker-Voigt, H.H. (Hrsg.) *Musik und Kommunikation* Bd 2, S.73-94, Lilienthal: Eres.
Kapteina, H. (1991). Musiktherapie und Sozialarbeit – Zur Geschichte musiktherapeutischer Arbeitsweisen im Sozialwesen. In Institut für Angew. Musikthp. (Hrsg.). *Psychotherapeutische Konzepte der Musiktherapie,* Berlin, S.30-34.
Kapteina, H./Hörtreiter, H. (1993). *Musik und Malen in der therapeutischen Arbeit mit Suchtkranken.* Stuttgart: Fischer/Kassel: Bärenreiter.
Keller, W. (1979). Gruppenmusizieren mit Geistig- und Mehrfachbehinderten. In Finkel, K. (Hrsg.) *Handbuch Musik und Sozialpädagogik.* Regensburg: Bosse.
König, W. (1977). *Vinko Globokar. Komposition und Improvisation,* Wiesbaden: Breitkopf & Härtel.
Langenberg, M. (1988). *Vom Handeln und Be-Handeln.* Stuttgart: Fischer.
Loos, G. (1986). *Spielräume.* Stuttgart: Fischer/Kassel: Bärenreiter.
Maruhn, H. (1979). Spiel und Interaktion mit sozialpädagogischer Klientel. In Finkel, H. (Hrsg.) *Handbuch Musik und Sozialpädagogik.* Regensburg: Bosse, S.425-432.
Meder, H. (1981) *Musik im Strafvollzug.* Regensburg: Bosse.
Metzger, H. & Riehm, R. (1978). (Hrsg.) *Musikkonzepte, Sonderband, John Cage.* München.
Meyer-Denkmann, G. (1972). *Struktur und Praxis neuer Musik im Unterricht.* Wien: Universal edition.
Priestley, M. (1975). *Music therapy in action.* London: Constable and Company Ltd.
Schwabe, Ch. (1983). *Aktive Gruppenmusiktherapie für erwachsene Patienten,* Stuttgart: Fischer.
Schwabe, Ch. & Rudloff, H. (Hrsg.) (1992). *Die Musikalische Elemtarerziehung.* Crossen: Akademie für Angew. Musikthp..
Schmidt. G. (1975). Therapeutische Hilfen in der sozialpädagogischen Praxis und der Einsatz von Medien. In Decker-Voigt, H.H. (Hrsg.) *Therapie und Erziehung durch Musik,* Bd 1. Lilienthal: Eres.
Schmitt, R. (1983). *Musik und Spiel in Religionsunterricht und Jugendarbeit.* Stuttgart: Calwer/München: Kösel.
Seidel, A. (1976). *Musik in der Sozialpädagogik.* Wiesbaden: Breitkopf & Härtel.
Seidel, A. (1977). Zur Situation des Studienbereichs Musik/Auditive Kommunikation im Rahmen sozialpädagogischer Ausbildungsgänge an den Fachhochschulen und Gesamthochschulen in der BRD. In Wrisch, W. (Hrsg.) *Der Lernbereich Ästhetik und Kommunikation im Rahmen der Ausbildung von Sozialarbeitern und Sozialpädagogen.* Seevetal: Sozialpädagogischer Verlag, S.149-183.
Tüpker, R. (1988). *Ich singe, was ich nicht sagen kann.* Regensburg: Bosse.
Willms, H. (1975). *Musiktherapie bei psychotischen Erkrankungen.* Stuttgart: Fischer.

◆音楽受容の研究 ◆

Allesch, Chr. (1981). Untersuchungen zum Einfluß von Musik auf Puls- und Atmungsfrequenz. *Zeitschrift für Klinische Psychologie und Psychotherapie, 29* (4), 353-382.
Bailey, L.M. (1986). Music Therapy in Pain Management. *Journal of Pain & Symptom Management, Vol.1* (1), 25-28.
Behne, K.E. (1984). Befindlichkeit und Zufriedenheit als Determinanten situativer Musikpräfe-

renzen. In K.-E. Behne, G. Kleinen & H. de la Motte-Haber (Hrsg.). *Jahrbuch Musikpsychologie*, Bl. 1., 7-21. Wilhelmshaven: Noetzel.

Behne, K.-E. (1986). *Hörertypologien. Zur Psychologie des jugendlichen Musikgeschmacks*. Regensburg: Bosse.

Behne, K. E. (1993). *Wirkungen von Musik*. Musik und Unterricht, 18, 4-9.

Behne, K. E. (1995). Wirkungen von Musik. In S. Helms, R. Schneider & R. Weber (Hrsg.). *Kompendium der Musikpädagogik*. Kassel: Bosse 333-348.

Burleson, S. J. et al. (1989). The effect of background music on task performance in psychotic children. *Journal of Music Therapy, XXVI* (4), 198-205.

Caine, J. (1991). The effects of music on the selected stress behaviors, weight, caloric and formula intake, and length of hospital stay of premature and low birth weight neonates in an newborn intense care unit. *Journal of Music Therapy, XXVIII (3)*, 180-192.

Cunningham, T. D. (1986). The effect of music volume on the frequency and vocalizations of institutionalized mentally retarded persons. *Journal of Music Therapy, XXIII (4)*, 206-218.

Curtis, S. L. (1986). The effect of music on pain relief and relaxation of the terminally Ill. *Journal of Music Therapy, XXIII, (1),* 10-24.

Dainow, E. (1977). Physical effects and motor responses to music. *Journal of Research in Music Education, No. 25,* 211-221.

Davis, C. A. (1992). The effects of music and basic relaxation instruction on pain and anxiety of women undergoing in-office gynecological procedures. *Journal of Music Therapy, XXIX (4),* 202-216.

Davis, W. B. & Thaut, M. H. (1989). The influence of preferred relaxing music on measures of state anxiety, relaxation, and physiological responses. *Journal of Music Therapy, XXVI, (4),* 168-187

Deutsch, D. (Ed). (1982). *Psychology of Music*. New York: Academic Press.

Edwards, M. C. et al. (1989). Relationships among elements of music and physiological responses of listeners. *Int. Zeitschrift für Musik-, Tanz- und Kunsttherapie, 2/3,* 139-146.

Flath-Becker, S. (1987). *Musikpräferenzen in Situationen psychischer Anspannung*. Frankfurt: Lang.

Fried R. (1990a). Integrating music in breathing training and relaxation: I. Background, rationale, and relevant elements. *Biofeedback & Self Regulation, Vol 15(2)* 161-169.

Fried R. (1990b). Integrating music in breathing training and relaxation: II. Applications. *Biofeedback & Self Regulation 1990 Vol 15(2)*, 171-177.

Garwood, E. C. (1988). The Effect of Contingent Music in Combination With a Bell Pad On Enuresis of a Mentally Retarded Adult. *Journal of Music Therapy, XXV (2),* 103-109.

Gembris, H. (1977). Psychovegetative Aspekte des Musikhörens. *Zeitschrift für Musikpädagogik, Heft 4,* 59-65.

Gembris, H. (1985): *Musikhören und Entspannung*. Hamburg: Wagner.

Gembris, H. (1991). Situationsbezogene Präferenzen und erwünschte Wirkungen von Musik. In von K.-E. Behne, G. Kleinen & H. de la Motte-Haber (Hrsg.). Jahrbuch Musikpsychologie Bl. 7, S. 73-95. Wilhelmshaven: Noetzel 102-118.

Gembris, H. (1993). Zur Situation der Rezeptiven Musiktherapie. *Musiktherapeutische Umschau, 14,* 193-206

Gembris, H. (1995). Das Konzept der Orientierung als Element einer psychologischen Theorie der Musikrezeption. In K.-E. Behne, G. Kleinen & H. de la Motte-Haber (Hrsg.). Jahrbuch Musikpsychologie, Bl. 11. Wilhelmshaven: Noetzel 102-118.

Groeneweg, G. et al. (1988). The effect of background music on the vocational behavior of mentally handicapped adults. *Journal of Music Therapy, XXV (3),* 118-134.

Hadsell, N. A. (1989). Multivariate analyses of musicians' and non-musicians' ratings of pre-categorized stimulative and sedative music. *Journal of Music Therapy, XXVI (3),* 106-114.

Hanser, S. B. et al. (1983). The effect of music on relaxation of expectant mothers during labor. *Journal of Music Therapy, XX, (2),* 50-58.

Harris, C. S. et al. (1992). A comparison of the effects of hard rock and easy listening on the frequency of observed inappropriate behaviors: control of environmental antecedents in a large public area. *Journal of Music Therapy, XXIX (1),* 6-17

Hevner, K. (1936). Experimental studies of the elements of expression in music. *American Journal*

of Psychology, Vol. 48, 246–268.
Jonas, J. L. (1991). Preferences of elderly music listeners residing in nursing homes for art music, traditional jazz, popular music of today, and country music. *Journal of Music Therapy, XXVIII (3),* 149–160
Jost, E. (1982). Sozialpsychologische Dimensionen des musikalischen Geschmacks. In C. Dahlhaus & H. de la Motte-Haber (Hrsg.). Neues Handbuch der Musikwissenschaft, Bl. 10: Systematische Musikwissenschaft S. 245–268. Wiesbaden: Athenaion.
Kiel, H. (1993). Guided Imagery and Music – ein Konzept der rezeptiven Musiktherapie. *Musiktherapeutische Umschau, 14,* 327–339.
Konečni, V. J. (1979). Determinants of aesthetic preference and effects of exposure to aesthetic stimuli: Social, emotional and cognitive factors. *Progress in Experimental Personality Research, Vol. 9,* 149–197.
Korunka C. et al. (1992) Die Auswirkung *von Suggestionen und Musik während Vollnarkose auf postoperative Befindlichkeit. Zeitschrift für Klinische Psychologie, 21 (3),* 272–285.
Lerdahl, F. & Jackendoff, R. (1983). *A generative theory of tonal music.* Massachussets: MIT Press.
Liebman, A. S. & MacLaren, A. (1991). The effects of music and relaxation on third trimester anxiety in adolescent pregnancy. *Journal of Music Therapy, XXVIII, (2),* 89–100.
Logan, Th. G. & Roberts, A. R. (1984). The effects of different types of relaxation music on tension level. *Journal of Music Therapy, XXI, (4),* 177–183.
Lorch, C. A. et al. (1994). Effects of stimulative and sedative music on systolic blood pressure, heart rate, and respiratory rate in premature infants. *Journal of Music Therapy, XXXI (2),* 105–118
Mayer, R. (1989): Die Audio-Analgesie- eine besondere Form des Angstabbaus. In: Sergl, H. G. & Müller-Fahlbusch, H. (Hrsg.). *Angst und Angstabbau in der Zahnmedizin. 1. Jahrestagung des Arbeitskreises Psychologie und Psychosomatik in der Zahn-, Mund- und Kieferheilkunde der DGZMK,* 117–123. Berlin: Quintessenz.
Moore, R. S., Staum, M. J. & Brotons, M. (1992). Music preferences of the elderly: repertoire, vocal ranges, tempos, and accompaniments for singing. *Journal of Music Therapy, XXIX (4),* 236–252.
Nöcker-Ribaupierre, M. (1992). Pränatale Wahrnehmung akustischer Phänomene. Eine Grundlage für die Entwicklung der menschlichen Bindungs-und Kommunikationsfähigkeit. *Musiktherapeutische Umschau, 13,* 239–258.
Pfaff, V. K et al. (1989). The effects of music-assisted relaxation on the distress of pediatric cancer patients undergoing bone marrow aspirations. *Children's Health Care, Vol 18(4),* 232–236.
Pignatiello, M. et al. (1989). A psychophysiological comparison of the velten and music mood induction techniques. *Journal of Music Therapy, XXVI (3),* 140–154.
Saperton, B. M. (1989). Music-based individualized relaxation training (MBIRT): A stress-reduction approach for the behaviorally disturbed mentally retarded. National Association for Music Therapy California Symposion on Clinical Practices (1987, Costa Mesa, California). *Music Therapy Perspectives, Vol. 6,* 26–33.
Scartelli, J. P. (1984). The effect of EMG biofeedback and sedative music, EMG biofeedback only, and sedative music only on frontalis muscle relaxation. *Journal of Music Therapy, XXI, (2),* 67–78.
Schulten, M. L. (1990). *Musikpräferenz und Musikpädagogik. Ein Beitrag zur musikpädagogischen Grundlagenforschung.* Frankfurt: Lang.
Schwabe, Chr. (1984) *Entspannungstraining mit Musik.* Leipzig:Thieme
Schwabe, Chr. (1987): *Regulative Musiktherapie.* 2. überarb. Auflage, Stuttgart: Fischer.
Shatin, L. (1970). The alteration of mood via music: a study of the vectoring effect. *Journal of Psychology, Vol. 75,* 81–86.
Smith, D. S. (1989). Preferences for differentiated frequency loudness levels in older adult music listening. *Journal of Research in Music Therapy, XXVI (1),* 18–29.
Spintge, R. & Droh. R. (Hrsg). (1987). *Musik in der Medizin / Music in Medicine.* Berlin: Springer.
Spintge, R. & Droh, R. (1992). *Musik-Medizin. Physiologische Grundlagen und praktische Anwendungen.* Stuttgart: Fischer.
Stratton, V. N. & Zalanowski (1984a). The effect of background music on verbal interaction in

groups. *Journal of Music Therapy, XXI, (1),* 26-26.
Stratton, V. N. & Zalanowski (1984b). The relationship between music, degree of liking, and self-reported relaxation. *Journal of Music Therapy, XXI, (4),* 184-192.
Stratton, V. N. & Zalanowski, A. H. (1989). The effects of music and paintings on mood. *Journal of Music Therapy, XXVI (1),* 30-41.
Werbik, H. (1971). *Informationsgehalt und emotionale Wirkung von Musik.* Mainz: Schott.

◆ 音楽心理学 ◆

Adorno, T. W. (1956). *Dissonanzen – Musik in der verwalteten Welt.* Göttingen: Vandenboeck & Ruprecht (6. Aufl. 1982).
Bruhn, H. (1994). *Wahrnehmung von Musik. Eine Allgemeine Musiklehre aus der Sicht von Psychologie und Musikgeschichte* (Arbeiten zu Musikpsychologie und Musikpädagogik). Kiel: Christian-Albrechts-Universität.
Bruhn, H., Oerter, R. & Rösing, H. (Hrsg.). (1994). *Musikpsychologie. Ein Handbuch* (2. Aufl.). Reinbek: Rowohlt.
Colwell, R. (Hrsg.). (1992). *Handbook of research on music teaching and learning* (A project of the Music Educators National Conference). New York: Schirmer.
Dahlhaus, C. & Motte-Haber, H. de la (Hrsg.) (1982). *Systematische Musikwissenschaft* (Neues Handbuch der Musikwissenschaft, Band 10). Laaber: Laaber.
Deutsch, D. (Hrsg.). (1982). *The psychology of music.* New York: Academic Press.
Gembris, H. (1991). Zur Situation von Musiktherapie und Musikpsychologie: Wandel im Wissenschaftsverständnis als Chance zur Kooperation. *Medizin, Mensch, Gesellschaft, 16 (2),* 93-98.
Hargreaves, D. J. (1986). *The developmental psychology of music.* Cambridge: Cambridge University Press.
Howell, P., West, R. & Cross, I. (Hrsg.). (1991). *Representing musical structure.* New York: Academic Press.
Klöppel, R. (1991). *Die Kunst des Musizierens. Von den physiologischen und psychologischen Grundlagen zur Praxis.* Mainz: Schott.
Krumhansl, C. L. (1990). Notes & Comments: Tonal hierarchies and rare intervals in music cognition. *Music Perception, 7,* 309-324.
Lohmann, J. (1970). *Musik und Logos. Aufsätze zur griechischen Philosophie und Musiktheorie.* Stuttgart.
Marsden, A. & Pople, A. (Hrsg.). (1992). *Computer representations and models in music.* New York: Academic Press.
Roederer, J. C. (1979). *Introduction to the physics and psychophysics of music* (2. Aufl.). New York: Springer.
Rösing, H. & Bruhn, H. (1994). Geschichte der Musikpsychologie. In Bruhn, H., Oerter, R. & Rösing, H. (Hrsg.), *Musikpsychologie. Ein Handbuch* (S. 21-39, 2. Aufl.). Reinbek: Rowohlt.
Rösing, H. & Oerter, R. (1994). Kultur und Musikpsychologie. In Bruhn, H., Oerter, R. & Rösing, H. (Hrsg.), *Musikpsychologie. Ein Handbuch* (S. 44-56, 2. Aufl.). Reinbek: Rowohlt.
Ruud, E. & Mahns, W. (1992). *Meta-Musiktherapie. Wege zu einer Theorie der Musiktherapie.* Stuttgart: Fischer.
Strobel, W. & Huppmann, G. (1991). *Musiktherapie. Grundlagen, Formen, Möglichkeiten* (2. Aufl.). Göttingen: Hogrefe (1. Aufl. 1978).
Stumpf, C. (1883/1890). *Tonpsychologie* (2 Bände). Leipzig: Hirzel.
Todd, P. & Loy, D. G. (1991). *Music and connectionism.* New York: MIT Press.
Wellek, A. (1963). *Musikpsychologie und Musikästhetik.* Frankfurt: Akademische Verlagsgesellschaft.
Wundt, W. (1896). *Physiologische Psychologie* (Bd. 2). Leipzig: Engelmann (2. Aufl. 1902; 10. Aufl. 1911).
Zwicker, E. (1982). *Psychoakustik.* Heidelberg: Springer.

◆ 音楽人類学的、民族学的視点 ◆

Åstrand, H., Gabrielsson, A., Imberty, M., Wallin, N. L. u. a. (1981). *Basic Musical Functions and Musical Ability*, Papers given at a seminar arranged by the Royal Swedish Academy of Music Stockhohn, February 1981, Stockholm (Publications issued by the Royal Swedish Academy of Music, No. 32).

Avenary, H. (1979). *Encounters of East and West in Music. Selected Writings*, Tel-Aviv.

Berendt, J.-E. (1984). *Das Dritte Ohr. Vom Hören der Welt*, Reinbek bei Hamburg.

Bielawski, L. (1979). Instrumentalmusik als Transformation der menschlichen Bewegung. Mensch – Instrument – Musik. In *Studia instrumentorum musicae popularis 6*, S. 27–33.

Boshier, A. K. (1981). Afrikanische Lehrjahre. In H. P. Duerr (Hrsg.). *Der Wissenschaftler und das Irrationale I*. Frankfurt.

Boyer, L. B. (1964). Folk Psychiatry of the Apaches of the Mescalero Reservation. In A. Kiev (Hrsg.). *Magic, Faith, and Healing*. London.

Braun, J. (1993). „... die Schöne spielt die Pfeife". Zur nabatäisch-safaitischen Musikpflege. In *Festschrift zum 60. Geburtstag von Wolfgang Suppan*. Tutzing, S. 167–184.

Bürgel, J. Chr. (1972). Zur Musiktherapie im Arabischen Mittelalter. In *Geering-Festschrift*, Bern-Stuttgart.

Clynes, M. (Hrsg.) (1982). *Music, Mind, and Brain. The Neurophysiology of Music*, New York-London.

Cohen, J. (Hrsg.) (1990/91). *Essays in Honor of Hanoch Avenary* = Orbis musicae X, Tel-Aviv.

David, E. (1981). Musikerleben aus der Sicht der Naturwissenschaft. In *Verhandlungen der Naturforschenden Gesellschaft in Basel 91*, S. 79–100.

Diószegi, V. & Hoppál, M. (Hrsg.) (1978). Shamanism in Siberia, Budapest.

Eibl-Eibesfeldt, I. (1976). *Menschenforschung auf neuen Wegen. Die naturwissenschaftliche Betrachtung kultureller Verhaltensweisen*, Wien u. a.

Ders. (1984). *Die Biologie des menschlichen Verhaltens. Grundriß der Humanethologie*, München-Zürich.

Emsheimer, E. (1964). Studia ethnomusicologica eurasiatica, Stockholm; darin u. a. der Aufsatz „Schamanentrommel und Trommelbaum", S. 50–61.

Ders. (1979). Artikel „Schamanentrommel". In *Die Musik in Geschichte und Gegenwart, Band 16*, Sp. 1655-1600.

Erlmann, V. (1982). Musik und Trance. Symbolische Aspekte des Bori Besessenheitskultes der Hausa in Maradi (Niger). In *Africana Marburgensia 15*, S. 3–24.

Ders. (1982). Trance and Music in the Hausa „Bòorii" Spirit Possession Cult in Niger, in *Ethnomusicology 26*, S. 49–56.

Feld, St. (1982). *Sound and Sentiment. Birds, Weepings, Poetics, and Song in Kahuli Expression*, Philadelphia (Publications of the American Folklore Society, New Series 5).

Fritz, H. (1994). *Kastratengesang. Hormonelle, konstitutionelle und pädagogische Aspekte*, Tutzing (Musikethnologische Sammelbände 13, hg. von W. Suppan).

Gabrielsson, A. (1981). *Music Psychology. A Survey of Problems and Current Research Activities*, s. Hans Åstrand.

Graf, W. (1980). *Vergleichende Musikwissenschaft*. Ausgewählte Aufsätze, hg. von F. Födermayr, Wien.

Haller, S. & Kremser, M. (1971). Danse et Thérapeutique chez les Azande. In *Bulletin of the International Committee on Urgent Anthropological and Ethnological Research 13*.

Hamel, P. M. (1980). *Durch Musik zum Selbst. Wie man Musik neu erleben und erfahren kann*, Kassel u. a.

Harnoncourt, Ph. (1989). Die liturgische und apostolische Sendung der Musica Sacra. In *Heiliger Dienst 43*, S. 49–71.

Harrison, F. L. (1972). Music and Cult: The Functions of Music in Social and Religious Systems. In B. S. Brook u. a., *Perspectives in Musicology*, New York, S. 307–334.

Kartomi, M. J. (1973). Music and Trance in Central Java. In *Ethnomusicology 17*.

Kümmel, W. F. (1977). *Musik und Medizin. Ihre Wechselbeziehungen in Theorie und Praxis von*

800 bis 1800, Freiburg-München.
Lewin, O. (1993). Songs for Leisure and for Learning. In *Festschrift zum 60. Geburtstag von Wolfgang Suppan*, Tutzing, S. 239-250.
Long, J. K. (1972). Medical Anthropology, Dance, and Trance in Jamaica. In *Bulletin of the International Committee on Urgent Anthropological and Ethnological Research 14*, S. 17-23.
Moog, H. (1978). *Blasinstrumente in der Behindertenpädagogik*, Tutzing (Alta musica 3, hg. von W. Suppan und E. Brixel).
Müller-Thalheim, W. (1977). Psychopathologie und Musik. In *Österreichische Ärzte-Zeitung 32/22*, S. 1413-1417.
Neher, A. (1962). Physiological Explanation of Unusual Behaviour in Ceremonies Involving Drums. In *Human Biology 4*, S. 151-160.
Oder, W. u. a. (1985). Erste Erfahrungen mit dem Einsatz von Musik im Rahmen der Rehabilitation des Parkinson-Kranken. In *9. Jahrestagung des Verbandes der Ärztlichen Direktoren und Primarärzte Österreichs*, Rankweil 1984 = Zwanglose Schriften des Rehabilitations-Arbeitskreises im deutschen Sprachraum 2, hg. von G. S. Barolin, Wien, S. 26-36.
Royce, A. P. (1977). *The Anthropology of Dance*, Bloomington-London.
Ramseyer, U. (1969). *Klangzauber. Funktionen außereuropäischer Musikinstrumente*, Ausstellungs-Katalog des Museums für Völkerkunde, Basel.
Rauhe, H. (1984). Interdisziplinäre Grundfragen der musiktherapeutischen Wirkungsforschung. In *Medica 5*, Heft 2, S. 91-93.
Robertson-De Carbo, C. E. (1974). Music as Therapy: A Bio-Cultural Problem. In *Ethnomusicology 18*, 1974.
Rouget, G. (1977). Music and Possession in Trance. In John Blacking (Hrsg.), *The Anthropology of the Body*, London 1977, S. 233-239.
Ders. (1980). *La musique et la trance: Esquisse d'une théorie genérale des relations de la musique et de la possession*, Paris.
Spintge, R. und Droh, R. (Hrsg.) (1987). *Musik in der Medizin. Neurophysiologische Grundlagen. Klinische Applikationen. Geisteswissenschaftliche Einordnung*, Berlin u. a.
Sulițeanu, Gh. (1980). *Psihologia folclorului muzical*, Bukarest.
Suppan, W. (1982). Musik und Neurophysiologie. Zu einem Symposion der Herbert-von-Karajan-Stiftung über „Gehirnvorgänge bei der Ausübung und Wahrnehmung von Musik". In *Musik und Bildung 14*, S. 586-589.
Ders. (1984). *Der musizierende Mensch*. Eine Anthropologie der Musik, Mainz u. a. (Musikpädagogik. Forschung und Lehre, hg. von Sigrid Abel-Struth, Band 10).
Ders. (1986). *Musica humana. Die anthropologische und kulturethologische Dimension der Musikwissenschaft*, Wien - Köln - Graz (Forschen - Lehren - Verantworten, hg. von Berthold Sutter, Band 8).
Ders. (1993/94). Wozu braucht der Mensch (Pop-) Musik?. *Musikerziehung 47*, Wien, S. 64-72.
Uccisic, P. (1991). *Der Schamane in uns. Schamanismus als neue Selbsterfahrung, Hilfe und Heilung*, Genf - München (mit umfangreichen Literatur-Angaben).
Wallin, N. L. (1991). *Biomusicology. Neurophysiological, Neuropsychological, and Evolutionary Perspectives on the Origins and Purposes of Music*, Stuyvesant NY.
Werner, E. (1959). *The Sacred Bridge: The Interdependence of Liturgy and Music in Synagogue and Church During the First Millenium*, London - New York.
Zuckerkandl, V. (1956). *Sound and Symbol. Music and the External World*, Princeton N. J., 2/1973 (Bollingen Series XLIV).
Ders. (1973). *Man the Musician. Sound and Symbol:* Volume Two, Pinceton N. J. (Bollingen Series XLIV/2).

◆ 音楽の概念 ◆

Niedecken, D. (1988). „Einsätze" Hamburg.

◆ 音楽の構成要素 ◆

Dreitzel, H. P. (1992). *Reflexive Sinnlichkeit*. Köln: Edition Humanistische Psychologie.
Erikson, H. E. (1966). *Identität und Lebenszyklus*. Frankfurt/M.: Suhrkamp Verlag.
Frohne-Hagemann, I. (Hrsg.). (1990). *Musik und Gestalt*. Paderborn: Junfermann Verlag.
Goldstein, K. (1934). *Der Aufbau des Organismus*. Den Haag.
Hegi, F. (1986). *Improvisation und Musiktherapie*. Paderborn: Junfermann Verlag.
Kepner, J. I. (1988). *Körperprozesse*. Köln: Edition Humanistische Psychologie.
Koffka, K. (1935). *Principles of Gestaltpsychology*. New York.
Köhler, W. (1933). *Psychologische Probleme*. Berlin.
Perls, F. (1968). *Gestalt, Wachstum, Integration*. Paderborn: Junfermann Verlag.
Riemann, F. (1986). *Grundformen der Angst*. München: E. Reinhardt Verlag.
Stern, D. N. (1992). *Die Lebenserfahrung des Säuglings*. Stuttgart: Klett-Cotta.
Wertheimer, M. (1927). Gestaltpsychologie. In Saupe, *Einführung in die neuere Psychologie*.

◆ 音楽療法における「注意」のコントロール ◆

Eschen, J. Th. (1975). Skizze einiger Aspekte musiktherapeutischer Gruppenarbeit. In H. H. Decker-Voigt, *Texte zur Musiktherapie*, S. 42-45. Lilienthal/Bremen: Eres.
Eschen, J. Th. (1980). Praxis der Einzelmusiktherapie. *Musiktherapeutische Umschau, 2,* 145-147.
Miller, A. (1980). *Am Anfang war Erziehung*. Frankfurt a. M.: Suhrkamp.
dies. (1981). *Du sollst nicht merken*. Frankfurt a. M.: Suhrkamp.
Wils, L. (Hrsg.). (1977). *Spielenderweise*. Hans Putty Verlag.

◆ 音楽療法の因果原理 ◆

Kunz, W. & H. Röhrborn (1991). Konzeptioneller Ansatz einer Methodologie und Methodik der Psychotherapie. *Integrative Therapie, 17,* S. 367-392.
Röhrborn, H. (1988). Kausalitätsprinzip der Psychotherapie und unterstützende Methoden in der Gruppenpsychotherapie – Überlegungen zu den Grundlagen von Methodenkombinationen. *Psychiat. Neurol. med. Psychol. 40,* S. 449-455.
Röhrborn, H. (1988). Kausalitätsprinzip der Psychotherapie und psychotherapeutischen Methoden – Versuch einer Systematik auf der Grundlage einer technologisch orientierten Psychotherapieauffassung. *Z. ges. Inn. Med. 43,* S. 36-40.
Schwabe, C. (1991^2). *Aktive Gruppenmusiktherapie für erwachsene Patienten*. Leipzig/Stuttgart: Georg Thieme.
Schwabe, C. & H. Röhrborn (1987). Das Kausalitätsprinzip der Psychotherapie. In Regulative Musiktherapie, 2. überarbeitete Aufl. (S. 21-24). Leipzig: Georg Thieme. Stuttgart: Gustav Fischer.
Schwabe, C. (1991). Entwurf eines Kausalitätsprinzips der Gruppenpsychotherapie. In Aktive Gruppenmusiktherapie für erwachsene Patienten, 2. überarbeitete Aufl. (S. 25-37). Leipzig/Stuttgart: Georg Thieme.

◆ 音楽療法の思考モデルと人間像 ◆

Bolay, H. & Boller, R. (1980). Zum Berufsbild des Musiktherapeuten. *Musiktherapeutische Umschau (MU), Bd. 1*, Heft 2, 161 ff.
Decker-Voigt, H.H., Eschen, J.Th. & Mahns, W. (Hrsg.). (1988). *Musik und Kommunikation*, Bd. 2. Lilienthal/Bremen. Eres.
Eschen, J.Th. (1980). Zur Praxis der Einzel-Musiktherapie. *Musiktherapeutische Umschau, 1*, Heft 2, 141 ff.
Eschen, J.Th. (1983). Music in the Life of Man. Arbeitspapier für das New York-Symposium 1982. In: *Musiktherapeutische Umschau 4*, Heft 1, S. 31 ff.
Harrer, G. (1975). Das „Musikerlebnis" im Griff des naturwissenschaftlichen Experiments. In G.Harrer (Hrsg.). *Grundlagen der Musiktherapie und Musikpsychologie*, S. 3 ff. Jena: VEB G. Fischer.
Keller, W. (1971). Das Orff-Schulwerk als musikalische Lebenshilfe. In H.Wolfgart, *Das Orff-Schulwerk im Dienste der Erziehung und Therapie behinderter Kinder*, S. 3 ff. Berlin: Marhold.
Klosinski, G. (Hrsg.). (1989). *Psychotherapeutische Zugänge zum Kind und zum Jugendlichen.* Bern: Huber.
Langenberg, M. & Wittland, W. (1993). Kai – Integrationsversuch einer Musiktherapie im Erziehungskonzept eines Heims. In H.H. Decker-Voigt, J.Th. Eschen & W. Mahns (Hrsg.). *Kindermusiktherapie* (Hamburger Jahrbuch zur Musiktherapie und intermodalen Medientherapie, Bd. 3). Lilienthal/Bremen: Eres.
Loos, G. (1985). *Spiel-Räume. Musiktherapie mit einer Magersüchtigen und anderen frühgestörten Patienten.* Stuttgart: Fischer.
Mahns, B. (1996). *Musiktherapie bei verhaltensauffälligen Kindern.* Stuttgart: Fischer.
Mahns, W. (1990). Die musiktherapeutische Behandlung eines achtjährigen mutistischen Kindes. In I. Frohne (Hrsg.). *Musik und Gestalt*, 335 ff. Paderborn: Junfermann.
Maslow, A. (1981). *Psychologie des Seins*. München: Kindler.
Nöcker-Ribeaupierre, M. (1994). *Auditive Stimulation nach Frühgeburt.* Diss. Hamburg.
Nordoff & Robbins (1986). *Schöpferische Musiktherapie.* Stuttgart: Fischer.
Orff, G. (1974). *Die Orff-Musiktherapie*. München: Kindler.
Palmowski, W. (1983). Musiktherapie und Verhaltenstherapie. In H.H. Decker-Voigt (Hrsg.). *Handbuch Musiktherapie*, S. 229 ff. Lilienthal/Bremen: Eres.
Priestley, M. (1983). Analytische Musiktherapie. Stuttgart: Fischer.
Probst, W. (1988). Pädagogische Musiktherapie – Theorie und Verfahren. In H.H. Decker-Voigt u.a. (Hrsg.). *Handbuch Musiktherapie*, S. 94 ff. Lilienthal/Bremen: Eres.
Rauhe, H. (1977). *Grundlagen der Antriebsförderung durch Musik.* Ein Beitrag zur musikalischen Wirkungsforschung. In Therapie der Gegenwart, Heft 10, Oktober.
Rauhe, H. (1986). Interdisziplinäre Grundfragen der musikalischen und therapeutischen Wirkungsforschung. In K. Hörmann (Hrsg.). *Musik- und Kunsttherapie.* Regensburg: Bosse.
Rett, A. & Wesecky, A. (1975). Musiktherapie bei hirngeschädigten, entwicklungsgestörten Kindern. In G. Harrer (Hrsg.). *Grundlagen der Musik-Therapie und Musikpsychologie*, S. 187 ff. Jena: VEB G. Fischer.
Revers, W.J. (1975). Das Problem der Interpretation bei polygraphischen Untersuchungen des Musikerlebens. In G. Harrer (Hrsg.). *Grundlagen der Musiktherapie und Musikpsychologie*, S. 187 ff. Jena: VEB G. Fischer.
Ruud, E. & Mahns, W. (1992). *Meta-Musiktherapie.* Stuttgart: Fischer.
Schäfer, M. (1976). *Musiktherapie als Heilpädagogik bei verhaltensauffälligen Kindern.* Frankfurt.
Schaub, S. (1980). Experimenteller Wirkungsvergleich von Tongeschlecht und Tempo als Indikatoren musikalischer Stimmung. In *Musiktherapeutische Umschau, 1*, Heft 1, S. 45 ff.
Spintge, R. & Droh, R. (1987). *Musik in der Medizin.* Heidelberg: Springer.
Summer, L. (1988). *Guided Imagery and Music in the Institutional Setting.* St. Louis: Magnamusic-Baton.

◆ 音楽療法の職能団体 ◆

Deutscher Berufsverband der Musiktherapeuten e.V. (1980). Bericht des Deutschen Berufsverbandes der Musiktherapeuten e.V. *Musiktherapeutische Umschau 1*, 233-234.
Bürgerliches Gesetzbuch (1993). München: Beck.
Deutscher Berufsverband der Musiktherapeuten e.V. (Hrsg.). (1994). *Einblicke, 6.*
Kühn, M. (1992). Zur gegenwärtigen Krise eines Berufsstandes. *Einblicke, 4*, 27-41.
Schirmer, H. (1990). Introduktion. *Einblicke, 1*, 3-8.
Schirmer, H. (1991). Berufspolitische Informationen anläßlich des geplanten Psychotherapeutengesetzes. *Einblicke, 3*, 21-30.
Schirmer, H. (1992). 7 Jahre Vorstandstätigkeit - ein Resümee. *Einblicke, 4*, 71-75.
Tüpker, R. & Kühn, M. (1990). Stellungnahme des DBVMT zur geplanten Neuregelung des Psychotherapeutengesetzes. Hrsg.v. Deutschen Berufsverband der Musiktherapeuten e.V.
Zimmer, M.-L. 819949. Stufen des Dialogs - musiktherapeutisch gesehen. *Musiktherapeutische Umschau 15*, 254-255. Frankfurt: Bochinsky.

◆ 音楽療法の方法体系 ◆

Schwabe, C. & Tögel, I. (1964). Untersuchungen zur Gestaltung der Musiktherapie. *Ärztliche Praxis, 16.* 1903-1904.
Schwabe, C. (1964). Erfahrungen mit der Singtherapie als Teil einer Psychotherapie von Neurosen. *Psychiat. Neurol. med. Psychol. 16*, 385-387.
Schwabe, C. (1965). Die Singgruppe bei der Behandlung neurotischer und psychotischer Patienten. *Ärztl. Prax. 17*, 2589-2590.
Schwabe, C. (1966). Methodische Probleme der Gruppensingtherapie bei der Behandlung von Neurosen in soziodynamischer Sicht. *Z. Psychother. med. Psychol. 16*, 182-188.
Schwabe, C. (1969, Warschau 1972, überarbeitete 2. Aufl., 1972, 1974 3. Aufl.). *Musiktherapie bei Neurosen und funktionellen Störungen*. Jena/Stuttgart: Gustav Fischer.
Schwabe, C. (1971). Drei methodische Varianten der gerichteten rezeptiven Einzelmusiktherapie. In C. Kohler Hrsg., Musiktherapie. Theorie und Methodik (S.19-26). Jena: Gustav Fischer.
Schwabe, C. (1975). Musiktherapie und Neurosentherapie. In G. Harrer (Hrsg.) Grundlagen der Musiktherapie und Musikpsychologie (S.207-218). Jena/Stuttgart: Gustav Fischer.
Schwabe, C. (1979, 1987, 2. überarbeitete Aufl.). *Regulative Musiktherapie*. Leipzig: Georg Thieme/Stuttgart: Gustav Fischer.
Schwabe, C. (1983, 1991, 2. überarbeitete Aufl.). *Aktive Gruppenmusiktherapie bei erwachsenen Patienten*. Leipzig/Stuttgart: Georg Thieme.
Schwabe, C. (1984, 1987, 2. Aufl., 1991, 3. Aufl.). *Entspannungstraining mit Musik*. Leipzig: Georg Thieme.
Schwabe, C. (1975). Die Methodik der Musiktherapie und deren theoretische Grundlagen. Versuch einer Konzeption. In G. Harrer (Hrsg.) Grundlagen der Musiktherapie und Musikpsychologie (S.143-163). Jena/Stuttgart: Gustav Fischer
Schwabe, C. (1977; 1981, 2. Aufl., 1986, 3. überarbeitete Aufl.). *Methodik der Musiktherapie und deren theoretische Grundlagen*. Leipzig: Johann Ambrosius Barth.
Schwabe, C. & H. Rudloff (Hrsg.). (1992). *Die Musikalische Elementarerziehung. Crossener Schriften zur Musiktherapie Bd. 1*. Crossen a.d. Elster: Eigenverlag.
Geyer, M. & C. Schwabe (1975). Reaktive Musiktherapie im psychotherapeutischen Gruppengespräch. *Psychiat. Neurol. med. Psychol 27*, 409-417.
Schwabe, C. & H. Röhrborn (1996). *Regulative Musiktherapie nach Schwabe - Entwicklung, Stand und Pespektive in einer Psychotherapiemethode*. Jena: Gustav Fischer.
Schwabe, C. (1996). *Das Jahr 1991. Oder. Der lange Weg zur Musiktherapie*. Crossener Schriften zur Musiktherapie. Bd. 2.

◆ 音声研究 ◆

Adamek, K. (1990). Elemente der Selbstorganisation des Singens. *Musik-, Tanz- und Kunsttherapie,* 3, S.125–132. Stuttgart: Thieme.
Adamek, K. (1995). *Singen und Bewältigung.* Zur Empirie und Theorie eines Gesundheitsverhaltens. Unveröffentlichte Habilitationsschrift. Z. Zt. zu erhalten über den Autor: Sauerländer Weg 2a, 48145 Münster.
Beck, G. (1990). *Klangmuster in der Therapie.* Mikrostruktur akustisch orientierter Therapieprozesse und ihre Darstellung in Mustern von Musik und Sprache. Münster: Paroli Verlag.
Gundermann, H. (1977). *Die Behandlung der gestörten Sprechstimme.* Jena: Fischer.
Gundermann, H. (1987). *Aktuelle Probleme der Stimmtherapie.* Stuttgart: Fischer.
Gundermann, H. (1994). *Phänomen Stimme.* München/Basel: Ernst Reinhard Verlag.
Husler, F. & Rodd-Marling, Y. (1965). *Die physische Natur des Stimmorgans. Anleitung zum Aufschließen der Sängerstimme.* Mainz: Schott.
Klausmeier, F. (1978). *Die Lust sich musikalisch auszudrücken.* Reinbek: Rowohlt.
Moses, P. J. (1956). *Die Stimme der Neurose.* Stuttgart: Thieme.
Panconcelli-Calzia, Giulio (1961). *3000 Jahre Stimmforschung. Die Wiederkehr des Gleichen.* Marburg: Elwart.
Romert, G. (1994). *Der Sänger auf dem Weg zum Klang:* Lichtenberger musikpädagogische Vorlesungen. (Dokumentation der Zeitschrift für Arbeitswissenschaft, Bl. 28). Köln: Verlag Dr. Otto Schmidt.
Romert, W. (Hrsg.). (1989). *Grundzüge des funktionalen Stimmtrainings.* Dokumentation der Zeitschrift für Arbeitswissenschaft, Bd. 12. Köln: Verlag Dr. Otto Schmidt.
Seidner, W. & Wendler, J. (1982). *Die Sängerstimme.* Phoniatrische Grundlagen der Gesangsausbildung. Wilhelmshafen: Heinrichshofens Verlag.
Tinge, G. J. (1987). *Die Stimme – Das Instrument der Persönlichkeit.* In Gundermann, Aktuelle Probleme der Stimmtherapie, S. 293–302. Stuttgart: Fischer.
Tomatis, A. (1987). *Der Klang des Lebens.* Vorgeburtliche Kommunikation – die Anfänge der seelischen Entwicklung. Reinbek: Rowohlt.
Tomatis, A. (1994). *Klangwelt Mutterleib.* Die Anfänge der Kommunikation zwischen Mutter und Kind. München: Kösel.

◆ 外来診療における音楽療法 ◆

Bicton, C. H. (1988). Musiktherapie und das Kaleidoskop menschlicher Sinne. In: *Musik und Kommunikation, Band 2* Hrsg: Decker-Voigt, H.-H., S. 15–25, Lilienthal, Eres.
Haake, H.-H. (1993). Ambulante Spätrehabilitation Schädelhirnverletzter. *NOT, 3,* 42–43.
Mayr, S. (1983). Musiktherapeutische Gruppenimprovisation aus sozialpsychologischer Sicht. In: *Handbuch Musiktherapie,* Hrsg. Decker-Voigt, H.-H., S. 45–48, Lilienthal, Eres.
Palmowski, W. (1983). Pädagogische Musiktherapie mit verhaltensauffälligen Kindern. In: *Handbuch Musiktherapie* Hrsg. Decker-Voigt, H.-H., S. 104–106, Lilienthal, Eres.
Schmölz, A. (1983a). Einzelmusiktherapie (rezeptiv/aktiv). In: *Handbuch Musiktherapie,* Hrsg. Decker-Voigt, H.-H., S. 55–57, Lilienthal, Eres.
Schmölz, A. (1983b). Musiktherapie in der Psychosomatik. In: *Handbuch Musiktherapie,* Hrsg. Decker-Voigt, H.-H., S. 87–88, Lilienthal, Eres.
Selle, E.-W. (1984): Zur Musiktherapeutischen Ambulanz an der Fachhochschule. In: „Ein Modellversuch: Studiengang Musiktherapie Heidelberg", *Musiktherapeutische Umschau, Bd. 5,* S. 153–156.
Thamm, E. (1983a). Mutismus – Problem und Möglichkeiten musiktherapeutischen Eingriffs im Rahmen der Behindertenpädagogik. In: *Handbuch Musiktherapie,* Hrsg. Decker-Voigt, H.-H., S. 115–119, Lilienthal, Eres.
Thamm, E. (1983b). Auditive Wahrnehmungsförderung in der Behandlung von Mutisten. In: *Handbuch Musiktherapie,* Hrsg. Decker-Voigt, H.-H., S. 117f, Lilienthal, Eres.

Thamm, E. (1983c). Musiktherapeutische Aktionsformen und Inhalte als Motivation zur lautlichen Kundgabe von Mutisten. In: *Handbuch Musiktherapie*, Hrsg. Decker-Voigt, H.-H., S. 118f, Lilienthal, Eres.
Thamm, E. (1983d). Instrumentale Produktion als Stimulans lautlicher Kundgabe von Mutisten. In: *Handbuch Musiktherapie,* Hrsg. Decker-Voigt, H.-H., S. 120f, Lilienthal, Eres.
Thamm, E. (1983e). Autismus als sonderpädagogisches Problem und der Anteil der Musiktherapie in der Betreuung von Autisten. In: *Handbuch Musiktherapie,* Hrsg. Decker-Voigt, H.-H., S. 125f, Lilienthal, Eres.
Thamm, E. (1983f). Möglichkeiten der Kontaktanbahnung mit Autisten. In: *Handbuch Musiktherapie,* Hrsg. Decker-Voigt, H.-H., S. 126f, Lilienthal, Eres.
Thamm, E. (1983g). Fördermaßnahmen zum kommunikativen und sozialeinsichtigen Verhalten von Autisten. In: *Handbuch Musiktherapie,* Hrsg. Decker-Voigt, H.-H., S. 127f, Lilienthal, Eres.
Tarr-Krüger, I. (1991). Indikation in der ambulanten klinischen Musiktherapie. *Musiktherapeutische Umschau, 12,* 180–184.

◆かたち形成 ◆

Freud, S. (1911). Formulierungen über die zwei Prinzipien des psychischen Geschehens. In Mitscherlich, A. (Hrsg.). *Psychologie des Unbewußten,* S. 13–24. Frankfurt am Main: S. Fischer Verlag.
id. (1923). Das Ich und das Es. In Mitschlich, A. (Hrsg.). *Pychologie des Unbewußten,* S. 273–325. Frankfurt am Main: S. Fischer Verlag.
Goethe, J. W. (1793). *Schriften zur Naturwissenschaft.* Stuttgart: Reclam Verlag.
Grootaers, F. G. (1994). Fünf Vorträge über Musiktherapie und Morphologie in der Psychosomatik. *Materialien zur Morphologie der Musiktherapie,* 6, S. 33–52. Bezugsquelle: IMM – Münster, Goldstraße 58, 48565 Steinfurt.
Grootaers, F. G. (1996). Grundverhältnisse in Figurationen. In Tüpker, R. (Hrsg.). *Materialien zur Musiktherapie Bd. I,* Konzeptentwicklungen musiktherapeutischer Praxis und Forschung. Lit-Verlag, Münster.
Grootaers, F. G.; Rosner, U. (1996). Kunst- und Musiktherapie. In Tüpker, R. (Hrsg.). *Materialien zur Musiktherapie Bd. I,* Konzeptentwicklungen musiktherapeutischer Praxis und Forschung. Lit-Verlag, Münster.
Jaspers, K. (1948). *Der philosophische Glaube.* München.
Salber, W. (1959). *Der psychische Gegenstand.* Bonn: Bauvier Verlag, S. 100–103.
id. (1965). *Morphologie des seelischen Geschehens.* Ratingen: Henn Verlag.
id. (1969). *Charakterentwicklung.* Ratingen: Henn Verlag, S. 85–148.
id. (1969, 1981 Nachdruck). *Wirkungseinheiten.* Köln: Moll und Huber, S. 72, 126–139.
Salber, W. (1980). *Konstruktion psychologischer Behandlung.* Bonn: Bouvier Verlag.
id. (1983). *Psychologie in Bildern.* Bonn: Bouvier Verlag, S. 70ff.
id. (1987). *Psychologische Märchenanalyse.* Bonn: Bouvier Verlag.
id. (1988). *Kleine Werbung für das Paradox.* Köln: Arbeitskreis Morphologische Psychologie e. V.
id. (1989). *Der Alltag ist nicht grau.* Bonn: Bouvier Verlag.
id. (1991). *Gestalt auf Reisen: das System seelischer Prozesse.* Bonn: Bouvier Verlag.
Tüpker, R. (1988). *Ich singe, was ich nicht sagen kann.* Regensburg: Gustav Bosse Verlag, S. 63–80.

◆楽器のもつ潜在的能力(楽器のアピール性)◆

Decker-Voigt, H.-H. (1991). *Aus der Seele gespielt.* München: Goldmann-Verlag.
Höhmann, U. (1988). *Zur Symbolik des Musikinstrumentes im Schnittfeld zwischen allgemeiner und individueller Bedeutung* (Wissenschaftliche Abschlußarbeit zum Diplom-Aufbaustudium Musiktherapie). Hochschule für Musik und Darstellende Kunst Hamburg.
Höhmann, U. (1994). Erfahrungen mit aktiver und rezeptiver Musiktherapie. In H.-H. Decker-Voigt / J. Escher (Hrsg.). *Neue Klänge in der Medizin.* Bremen: Trialog (S. 34–43).

Höhmann, U. (1994). Das Innenleben des Balafon. Das Musikinstrument - der Körper der Musik. In H.-H. Decker-Voigt / J.Escher (Hrsg.). *Neue Klänge in der Medizin*. Bremen : Trialog (S.103-107)
Klausmeier, F. (1978). *Die Lust, sich musikalisch auszudrücken*. Reinbek : Rowohlt.
Kliphuis, M. (1977). Bausteine der Kreativen Situation. In Lex Wils (Hrsg.). *Spielenderweise*. Putty-Verlag.
Tillich, P. *Gesammelte Werke*, Band 5, S. 1396ff., zitiert nach P.Crohn (1982). Hamburg, unveröffentlichtes Manuskript.
Waardenburg, W. (1977). Instrumente. In L. Wils (Hrsg.), *Spielenderweise*. Putty-Verlag.

❖ 学校における音楽療法 ❖

Benenzon, R.O. (1983). *Einführung in die Musiktherapie*. München: Kösel.
Hentig, H.v. (1976). *Was ist eine humane Schule?* München/Wien: Carl Hanser Verlag.
Jordan, J. (1994). Was um Gottes willen ist so belastend? *HLZ (Zeitschrift der GEW Hamburg)* 6/94, 22.
Mahns, W. (1987). Zur Praxis der musiktherapeutischen Einzelbehandlung in der Sonderschule. In: Decker-Voigt, Eschen, Mahns (Hrsg.). *Musik und Kommunikation*... (Hamburger Jahrbuch zur Musiktherapie und intermodalen Medientherapie, Bd.1), 11-34. Lilienthal: Eres.
Mahns, W. (1990). Die musiktherapeutische Behandlung eines achtjährigen mutistischen Kindes. In I.Frohne (Hrsg.). *Musik und Gestalt*, 335-362. Paderborn.
Mahns, W. (1995). „Da verschlägt es einem doch glatt die Sprache". Aus der Praxis der Musiktherapie mit GrundschülerInnen. *Musiktherapeutische Umschau, 16*, Heft 2/1995.
Niedecken, D. (1998). Vom Umgang mit der Macht in der Lehrmusiktherapie. In Decker-Voigt, Eschen & Mahns (Hrsg.). *Musik und Kommunikation*, Bd.2, 177-184.
Petzold, H. (1983). Die Rolle der Musik in der Integrativen Bewegungstherapie. In H. Petzold & I. Frohne (Hrsg.). *Poesie- und Musiktherapie*, 113-123. Paderborn: Junfermann.
Schmidt, H. (1993). Die präventive Arbeit mit Grundschulkindern in Hamburg - Möglichkeiten für musiktherapeutische Arbeitsansätze. In Decker-Vorgt, Eschen & Mahns (Hrsg.). *Kindermusiktherapie* (Hamburger Jahrbuch zur Musiktherapie und intermodalen Medientherapie, Bd.3), S.79-96. Lilienthal: Eres.
Wocken, H. (1990). Sonderpädagogische Förderzentren. In K.D.Schuck (Hrsg.). *Beiträge zur integrativen Pädagogik*, 33-60. Hamburg: Hamburger Buchwerkstatt.
Wocken, H. (1991). Ambulante Sonderpädagogik. *Zeitschrift für Heilpädagogik*, Heft 2, 104-111.

❖ 感覚知覚 ❖

Gadamer, H.-G. & Vogler, P. (Hrsg.). (1972). *Neue Anthropologie*, 7.Bde. Stuttgart: Thieme/München: dtv.
Gebser, J. (1978/1986). *Ursprung und Gegenwart* (Ges.Werke, Bd.II-IV). Schaffhausen: Novalis/München: dtv.
Lommel, A. (1969). *Fortschritt ins Nichts. Die Modernisierung der Primitiven Australiens*. Zürich/Freiburg: Atlantis.
Merleau-Ponty, M. (1966). *Phänomenologie der Wahrnehmung*. Berlin: de Gruyter.
Petersen, P. (1992). Von der Notwendigkeit der Kunst in der Medizin. In P. Petersen u.a. (Hrsg.). *Psychosomatik in Geburtshilfe und Gynäkologie*. Heidelberg/Berlin: Springer, sowie (1993). Musik-, Tanz- und Kunsttherapie 4, 220-233.
Ruland, H. (1990). *Musik als erlebte Menschenkunde*. Stuttgart/Kassel: G.Fischer/Bärenreiter.
Salber, W. (1980). *Konstruktion psychologischer Behandlung*. Bonn: Bouvier.
Scheurle, H.-J. (1984^2). *Die Gesamtsinnesorganisation. Überwindung der Subjekt-Objekt-Spaltung in der Sinneslehre*. Stuttgart/New York: Thieme Verlag.
Stern, D. (1992). *Die Lebenserfahrungen des Säuglings*. Stuttgart: Klett-Cotta.
Straus, E. (1978^2). *Vom Sinn der Sinne. Ein Beitrag zur Grundlegung der Psychologie*. Berlin/Hei-

delberg: Springer.
Teichmann-Mackenrodt, O. (1991). *Echos frühkindlicher Erfahrungen in der Musiktherapie.* Vortrag, Tagung „Spielen und Sprechen in der Musiktherapie", Institut Musiktherapie und Morphologie, Hamburg.

◆関係のロンド◆

Eschen, J.Th. (1975). Skizze einiger Aspekte musiktherapeutischer Gruppenarbeit. In H.-H. Decker-Voigt (Hrsg.). *Texte zur Musiktherapie,* S. 42-45. Lilienthal/Bremen: Eres.
Nordoff, P. & Robbins, C. (1962+1968). *The first and the second book of children's play-songs* und (1968) *Fun for four Drums,* Bryn Mawr, Pennsylvania: Theodor Presser Company.

◆患者 - 治療者関係◆

Battegay, R. & Trenkel, A. (1978). *Die therapeutische Beziehung unter dem Aspekt verschiedener psychotherapeutischer Schulen.* Bern: Huber.
Duden (1963). Das Herkunftswörterbuch (Bd. 7). Mannheim/Wien/Zürich: Dudenverlag.
Petersen, P. & Rosenhag, J. (1993). *Dieser kleine Funken Hoffnung. Therapiegeschichte eines sexuellen Mißbrauchs.* Stuttgart: Urachhaus.
Petersen, P. (1994). *Der Therapeut als Künstler. Ein integrales Konzept von Psychotherapie und Kunsttherapie.* 3. Aufl. Paderborn: Junfermann.
Petzold, H. (Hrsg.) (1980). *Die Rolle des Therapeuten und die therapeutische Beziehung.* Paderborn: Junfermann.
Pope, K. S. & Bouhoutsos, J.C. (1992). *Als hätte ich mit einem Gott geschlafen. Sexuelle Beziehungen zwischen Therapeuten und Patienten.* Hamburg: Hoffmann und Campe.
Thomä, H. & Kächele, H. (1986). *Lehrbuch der psychoanalytischen Therapie 1, Grundlagen.* Berlin/Heidelberg/New York: Springer.

◆記述と再構築◆

Grootaers, F. (1983). „Gruppenmusiktherapie aus ganzheitlicher Sicht." *Musiktherapeutische Umschau,* 4, 37 - 67.
Grootaers, F. (1994). Fünf Vorträge über Musiktherapie und Morphologie in der Psychosomatik. *Materialien zur Morphologie der Musiktherapie,* 6.
Salber, W. (1965). *Morphologie des seelischen Geschehens.* 2. überarb. Aufl. Köln: Tavros Edition/ Moll & Eckhardt (1986).
Salber, W. (1969a). *Wirkungseinheiten.* Kastellaun / Wuppertal: Henn Verlag. 2. Aufl.: Köln Moll & Hülser (1981)
Salber, W. (1969 b). Strukturen der Verhaltens- und Erlebensbeschreibung. M.Thiel (Hrsg) *Enzyklopädie der geisteswissenschaftlichen Arbeitsmethoden. 7. Lieferung: Methoden der Psychologie und Pädagogik* 3-52. München und Wien: R.Oldenbourg Verlag.
Salber, W. (1991). *Gestalt auf Reisen.* Bonn: Bouvier.
Tüpker (1983). Morphologische Arbeitsmethoden in der Musiktherapie. *Musiktherapeutische Umschau,* 4, 247-264.
Tüpker (1988). *Ich singe, was ich nicht sagen kann. Zu einer morphologischen Grundlegung der Musiktherapie.* Regensburg: Gustav Bosse.
Tüpker, R. (1990). Auf der Suche nach angemessenen Formen wissenschaftlichen Vorgehens in kunsttherapeutischer Forschung. P. Petersen *Ansätze kunsttherapeutischer Forschung.* 71-86. Berlin: Springer.
Tüpker, R. (1992). Zur Bedeutung künstlerischer Formenbildung in der Musiktherapie. *Spiele der Seele* Hrsg. H.-H. Decker-Voigt, 121-142. Bremen: Trialog.

Weymann, E. (1990). Anzeichen des Neuen. Improvisieren als Erkenntnismittel und als Gegenstand der Forschung. In: P. Petersen (Hrsg.) *Ansätze kunsttherapeutischer Forschung,* 42–57. Berlin: Springer.

◆気分・調子◆

Deva, B.C. (1974). *Indian Music.* New Delhi: Indian Council for Cultural Relations.
Danielou, A. (1975). *Einführung in die indische Musik.* Wilhelmshafen: Florian Nötzel Verlag.
Güvenc, O. (1985). *Geschichtlicher Abriß der Musiktherapie im allgemeinen und im besonderen bei den Türken und ihr heutiger Stand.* Dissertationsschrift. Istanbul. Zu beziehen über: Schule für altorientalische Musiktherapie, Niederneustift 66, A-3924 Schloß Rosenau.
Gundermann, H. (1994). *Phänomen Stimme.* München: Ernst Reinhard Verlag.
Gutjahr, L., Brüggenwerth, G., Güvenc, O. et al. (1994). *Die Wirkung altorientalischer Musik im EEG.* (Information der Internat. Gesellsch. für musikethnologische Forschung und Musiktherapie. Jahngasse 38, A-1050 Wien).
Machleit, W. & Gutjahr, L. (1989). *Grundgefühle.* Berlin: Springer.
Machleit, W., Gutjahr, L. & Hinrichs, H. (1994). Die EEG-Spektralmuster der Grundgefühle. *Zeitschrift EEG-EMG,* 25.
Mathelitsch, L. & Friedrich, G. (1995). *Die Stimme – Instrument für Sprache, Gesang und Gefühl.* Berlin, Heidelberg: Springer Verlag.
Petzold, H. et al. (1977). *Psychotherapie und Körperdynamik.* Paderborn: Junfermann.
Petzold, H. et al. (1991). *Die neuen Körpertherapien.* Paderborn: Junfermann.
Rittner, S. (1990). Zur Rolle der Vokalimprovisation in der Musiktherapie. *Musiktherapeutische Umschau,* Bl.11, Heft 2, S.104–119. Frankfurt: Bochinsky.
Rittner, S. (1994). Die menschliche Stimme als Medium zur Induktion veränderter Wachbewußtseinszustände. In A. Dittrich, A. Hofmann, H.-C. Leuner (Hrsg.). *Welten des Bewußtseins.* Bl.4. Berlin: VWB.
Tellenbach, H. (1968). *Geschmack und Atmosphäre.* Salzburg: Otto Müller Verlag.
Tucek, K. (1994). *Orientalische Musik- und Kunsttherapie.* Der orientalische Ansatz, Krankheiten mit künstlerischen Medien zu heilen und ihr heutiger Stand. Eigenverlag. Zu beziehen über: Schule für altorientalische Musik- und Kunsttherapie, Niederneustift 66, A-3924 Schloß Rosenau.
Verres, R. (1994). Emotion und Motivation. In Wilker, Bischoff & Novak (Hrsg.). *Medizinische Psychologie und Medizinische Soziologie.* München: Urban & Schwarzenberg.

◆芸術家としての治療者－治療としての芸術◆

Lyotard, J.-F. (1982). *Essays zu einer affirmativen Ästhetik.* Berlin: Merve.
Petersen, P. (1992). Heil-Kunst – Sprung in die therapeutische Zukunft. Eine Auseinandersetzung mit Kunst und Kunstbegriff in der modernen Medizin im Lichte der neueren Künste. In H.-H. Decker-Voigt (Hrsg.). *Spiele der Seele,* S. 57–109. Bremen: Trialog.
Petersen, P. (1994). *Der Therapeut als Künstler. Ein integrales Konzept von Psychotherapie und Kunsttherapie.* Paderborn: Junfermann.
Weymann, E. (1989). Anzeichen des Neuen. Improvisieren als Erkenntnismittel. *Musiktherapeutische Umschau 10,* 275–290.
Weymann, E. (1990). Kunstanaloges Vorgehen in der Musiktherapie. In J. Frohne (Hrsg.). *Musik und Gestalt,* S.49–68. Paderborn: Junfermann.

◆ 形態学的音楽療法 ◆

Goethe, J.W.v. (o.J.). *Naturwissenschaftliche Schriften* Bd.1 / Sämtliche Werke Bl.16. Leipzig: Insel
Grootaers, F. (1983). Gruppenmusiktherapie aus ganzheitlicher Sicht. *Musiktherapeutische Umschau*, 4. 37-67.
Grootaers, F. (1994). Fünf Vorträge über Musiktherapie und Morphologie in der Psychosomatik. *Materialien zur Morphologie der Musiktherapie*, 6.
Kühn, M. & Tüpker, R. (1991). *Stellungnahme des DBVMT zur geplanten Neuregelung des Psychotherapeutengesetzes*. Hrsg. v. Deutschen Berufsverband der Musiktherapeuten.
Reinhard, W. (1994). Felix, 38 Jahre. Falldarstellung mit Hilfe der vier Behandlungsschritte der morphologischen Musiktherapie. *Musiktherapeutische Umschau*, 15. 194-208.
Salber, W. (1965). *Morphologie des seelischen Geschehens*. 2. überarb. Aufl.. Köln: Tavros Edition - Moll & Eckhardt.
Salber, W. (1977). *Kunst - Psychologie - Behandlung*. 2. neu bearbeitete Aufl. Bonn: Bouvier, 1986.
Salber, W. (1980). *Konstruktion psychologischer Behandlung*. Bonn: Bouvier.
Salber, W. (1993). *Seelenrevolution. Komische Geschichte des Seelischen und der Psychologie*. Bonn: Bouvier 1986.
Seifert, W. (1993). *Über Entwicklungen der Gestaltpsychologie. Entschieden psychologisch (Festschrift für Wilhelm Salber)*, 69-80. Bonn: Bouvier.
Tüpker, R. (1988). *Ich singe, was ich nicht sagen kann. Zu einer morphologischen Grundlegung der Musiktherapie*. Regensburg: Gustav Bosse.
Tüpker, R. (1990). Auf der Suche nach angemessenen Formen wissenschaftlichen Vorgehens in kunsttherapeutischer Forschung. In P. Petersen (Hrsg.). *Ansätze kunsttherapeutischer Forschung*, 71-86. Berlin: Springer.
Tüpker, R. (1992). Zur Bedeutung künstlerischer Formenbildung in der Musiktherapie. In H.-H. Decker-Voigt (Hrsg.) *Spiele der Seele*, 121-142. Bremen:Trialog.
Tüpker, R. (1993). Leitfaden zur Protokollierung musiktherapeutischer Behandlungen. *Einblicke*. Hg.v. DBVMT, 13593 Berlin, Weinmeisterhornweg 105.
Weber, T. (1986). Therapie und Modulation - Was wir von Komponisten lernen können. *Materialien zur Morphologie der Musiktherapie*, 1, 7-25.
Weber, T. (1987). Alle Lust will Ewigkeit - Zu Verwandlungsproblemen der Gestalt. *Materialien zur Morphologie der Musiktherapie*, 3, 47-58.
Weymann, E. (1990a). Kunstanaloges Vorgehen in der Musiktherapie In I. Frohne-Hagemann (Hrsg.). *Musik und Gestalt*. Paderborn: Junfermann.
Weymann, E. (1990b). Anzeichen des Neuen. Improvisieren als Erkenntnismittel und als Gegenstand der Forschung. In P. Petersen (Hrsg.). *Ansätze kunsttherapeutischer Forschung*, 42-57. Berlin: Springer.
Weymann, E. (1991). Spielräume - Zur Wirkungsweise des Improvisierens in der Musiktherapie. In H.-H. Decker-Voigt (Hrsg.). *Musik und Kommunikation. Sonderreihe Tagungsberichte*, Bl.2. S. 86-97. Lilienthal/ Bremen: Eres.

◆ ゲシュタルト療法と音楽療法 ◆

Frohne, I. (1981). *Das Rhythmische Prinzip. Grundlagen, Formen und Realisationsbeispiele in Therapie und Pädagogik*. Lilienthal, Eres-Verlag.
Frohne, I. (1986). Musiktherapie auf der Grundlage der integrativen Gestalttherapie. *Musiktherapeutische Umschau, Heft 7*, S. 111-123.
Frohne-Hagemann, I. (Hrsg.). (1990). *Musik und Gestalt. Klinische Musiktherapy als integrative Psychotherapie*. Paderborn: Junfermann Verlag.
Goodman, P. (1951). Gestalt Therapy. In: Perls, F.S., Hefferline, R.F., Goodman, P. *Gestalt Therapy. Excitement and Growth in the Human Personality*. N.Y.: Julian Press.

Hartmann-Kottek-Schroeder, L. (1983). *Gestalttherapie.* In Corsini, R.J. (Hrsg.) *Handbuch der Psychotherapie, Bd. 1,* Weinheim/Basel: Beltz Verlag.
Hegi, F. (1986). *Improvisation und Musiktherapie. Möglichkeiten und Wirkungen von freier Musik.* Paderborn: Junfermann Verlag.
Perls, F.S. (1969). *Gestalt Therapy Verbatim.* Utah, Real People Press.
Perls, F.S. (1980). *Gestalt-Wachstum-Integration. Aufsätze, Vorträge, Therapiesitzungen.* Paderborn: Junfermann Verlag.
Petzold, H. (1988). Integrative Bewegungstherapie. In Petzold, H. (Hrsg.) *Integrative Leib- und Bewegungstherapie.* Paderborn, Junfermann Verlag.
Petzold, H. (1993). Zur Frage nach der „therapeutischen Identität" in einer pluralen therapeutischen Kultur am Beispiel von Gestalttherapie und Integrativer Therapie – Überlegungen (auch) in eigener Sache. In Petzold, H. & Sieper, J. (Hrsg.) *Integration und Kreation, Bd. 1.* Paderborn: Junfermann Verlag
Smeijsters, H. (1994). *Musiktherapie als Psychotherapie.* Jena: G. Fischer-Verlag.
Walter, H.-J., (1985). *Gestalttheorie und Psychotherapie.* Darmstadt: Westdeutscher Verlag GmbH.
Yonteff, G.A. (1969). *A review of the practice of Gestalt Therapy.* Ph.D. Dissertation, Univ. of Arizona.

◆ 結晶化理論 ◆

Decker-Voigt, H. H. (1975). *Musik als Lebenshilfe.* Lilienthal: ERES.
Feder, E. (1981). *The Expressive Arts Therapies,* Engelwoodcliffs: Prentice Hall.
Frohne, I. (1983). Multimediales Vorgehen in der Musiktherapie. In H.-H. Decker-Voigt, (Hrsg.). *Handbuch der Musiktherapie,* Lilienthal: Eres.
Frohne, I. (Hrsg.). (1990). *Musik und Gestalt.* Paderborn: Junferman Verlag.
Knill, P. (1979). *Ausdruckstherapie.* Lilienthal: Eres.
Roscher, W. (Hrsg.). (1976). *Polyästhetische Erziehung.* Köln: DuMont.

◆ 研究方法論 ◆

Gadamer, H.G. (1965). *Wahrheit und Methode.* Tübingen.
Holzkamp, K. (1968). *Wissenschaft als Handlung.* Berlin.
Institut für Musiktherapie und Morphologie (IMM) (Hrsg.) (1986–1993). *Materialien zur Morphologie der Musiktherapie,* Hefte 1–6, IMM-Münster, Goldstr. 58, 48565 Steinfurt
Jüttemann, G. (1992). *Psyche und Subjekt.* Reinbek: Rowohlt.
Körner, J. (1985). *Vom Erklären zum Verstehen in der Psychoanalyse.* Göttingen: Vandenhoeck & Ruprecht.
Kuhn, T.S. (1978). *Die Struktur wissenschaftlicher Revolutionen.* Frankfurt a. M.: Suhrkamp.
Kuiper, P.C. (1976). *Die Verschwörung gegen das Gefühl. Psychoanalyse als Hermeneutik und Naturwissnschaft.* Stuttgart: Klett-Cotta.
Langenberg, M. et.a. (1992). Qualitaive Methodik zur Beschreibung und Interpretation musiktherapeutischer Behandlungswerke. In *Musiktherapeutische Umschau 13,* 258–278.
Nordoff, P. & Robbins, C. (1986). *Schöpferische Musiktherapie.* Stuttgart: Fischer.
Niedecken, D. (1988). *Einsätze. Material und Beziehungsfigur im musikalischen Produzieren.* Hamburg: VSA.
Petersen, P. (Hrsg.) (1990). *Ansätze kunsttherapeutischer Forschung.* Berlin-Heidelberg: Springer.
Salber, W. (1975a). *Der psychische Gegenstand.* Bonn: Bouvier.
Salber, W. (1975b). *Konturen einer Wissenschaftstheorie der Psychologie.* In Wissenschaftstheorie der Geisteswissenschaften. Hrsg. Simon-Schaefer/Zimmerli. Hoffmann & Kampe.
Smeijsters, H. & Hurk, J.v.d. (1994). Praxisorientierte Forschung in der Musiktherapie. In *Musiktherapeutische Umschau. 14,* 25–42.
Studiengruppe Musiktherapie Ulm/Stuttgart: Vortragssammlungen ‚*Ulmer Workshop*' 1989-

1993. Abteilung Psychotherapie, A, Hochsträß 8, 89081 Ulm.
Toulmin, S. (1968). *Voraussicht und Verstehen. Ein Versuch über die Ziele der Wissenschaft.* Frankfurt a. M.: Suhrkamp.
Tüpker, R. (1988). *Ich singe, was ich nicht sagen kann. Zu einer morphologischen Grundlegung der Musiktherapie.* Regensburg: Gustav Bosse.
Tüpker, R. (1990). Auf der Suche nach angemessenen Formen wissenschaftlichen Vorgehens in kunsttherapeutischer Forschung. In P. Petersen (Hrsg.) *Ansätze kunsttherapeutischer Forschung.* Heidelberg: Springer
Tüpker, R. (1993). Leitfaden zur Protokollierung musiktherapeutischer Behandlungen. In *Einblicke,* Hrsg. DBVMT, 13593 Berlin, Weinmeisterhornweg 105

◆現代の音楽療法的諸方法に関する歴史的背景◆

Berendt, J. E. (1986). *Nada Brahma. Die Welt ist Klang.* Reinbek: Rowohlt Taschenbuch Verlag.
Bruscia, K. E. (1989). *Defining music therapy.* Phoenixville-PA: Barcelona Publishers.
Decker-Voigt, H. H. & Escher, J. (Hrsg), (1994). *Neue Klänge in der Medizin. Musiktherapie in der inneren Medizin.* Bremen: Trialog.
Evers, S. (1991). Musik und Magnetismus. Zur Geschichte der Mystik in der Musiktherapie. *Musiktherapeutische Umschau, 12,* 31-51.
Frank, J. D. (1989). Therapeutic components shared by all psychotherapies. In J. H. Harvey & M. M. Parks (eds). *Psychotherapy research and behavior change,* S. 5-37. Washington-DC: American Psychological Association.
Hamel, P. M. (1986). *Durch Musik zum Selbst. Wie man Musik neu erleben und erfahren kann.* München: DTV.
Lecourt, E. (1988). *La musicothérapie.* Paris: Presses Universitaires de France.
Maranto, C. D. (1992). A comprehensive definition of music therapy with an integrative model for music medicine. In R. Spintge & R. Droh (eds). *MusicMedicine,* S. 19-29. Saint Louis-MI: MMB MUSIC INC.
Maranto, C. D. (1993a). Applications of music in medicine. In M. Heal & T. Wigram (eds). *Music therapy in health and education,* S. 153-174. London: Jessica Kingsley Publishers.
Maranto, C. D. (ed). (1993b). *Music therapy: International perspectives.* Pipersville-PA: Jeffrey Books.
Schwabe, C. (1974). *Musiktherapie bei Neurosen und funktionellen Störungen.* Stuttgart: Gustav Fischer Verlag.
Schwabe, C. (1986). *Methodik der Musiktherapie und deren theoretische Grundlagen.* Leipzig: J. A. Barth.
Simon, W. (1975). Abriß einer Geschichte der Musiktherapie. In G. Harrer (Hrsg). *Grundlagen der Musiktherapie und Musikpsychologie,* S. 135-142. Stuttgart: Gustav Fischer Verlag.
Smeijsters, H. (1994). *Musiktherapie als Psychotherapie. Grundlagen – Ansätze – Methoden.* Stuttgart: Gustav Fischer Verlag.
Spintge, R. & Droh, R. (1992). *Musik-Medizin. Physiologische Grundlagen und praktische Anwendungen.* Stuttgart: Gustav Fischer Verlag.
Strobel, W. & Huppmann, G. (1978). *Musiktherapie. Grundlagen – Formen – Möglichkeiten.* Göttingen: Hogrefe.
Summer, L. (1996). *Music, the new age elixer.* Buffalo: Prometheus Books.
Teirich, H. R. (Hrsg) (1958). *Musik in der Medizin.* Stuttgart: Gustav Fischer Verlag.

◆工学的メディアと音楽療法◆

Decker-Voigt, H.-H. (1996). Musiktherapeutisches Videofeedback (MVF) und Musiktherapeutische Tiefenentspannung (MTE). In H.-H. Decker-Voigt, & F.-K. Maetzel. *Musiktherapie bei Herzpatienten.* Göttingen: Hogrefe.
Knill, P. J. (1983). *Medien in Therapie und Ausbildung, Video, Ton- und Bilddokumentation in der Gruppen- und Einzeltherapie.* Lilienthal: Ohlsen/Eres.

◆行動の概念◆

Abs, B. (1989). Agieren und Mitagieren in der musiktherapeutischen Behandlung. In *Musiktherapeutische Umschau 10*, 33–49.
Balint, M. (1987). *Regression*. München: dtv.
Lorenzer, A. (1988). *Kulturanalysen*. Frankfurt a.M.: Fischer.
Niedecken, D. (1988). *Einsätze*. Hamburg: VSA Verlag.
– (1994). Rekonstruktion von Zeit und Raum. In *Musiktherapeutische Umschau 15*, 174–186.
Sondermann, B. (1992). Agieren – sehr unerwünscht, Herr Freud. In *Einblicke*, hrsg. v. DBVMT e. V., Berlin, 5–9.
Thomä, H. & Kächele, H. (1986). *Lehrbuch der psychoanalytischen Therapie*, Bd. 1, Berlin, Heidelberg, New York: Springer Verlag.
Winnicott, D. W. (1985). *Vom Spiel zur Kreativität*. Stuttgart: Klett-Cotta Verlag.

◆声◆

Abresch, J. (1988). Stimmstörung und Krisenvertonung. *Integrative Therapie*. 1, 1988, S. 40 – 62.
Adamek, K. (1995). *Singen und Bewältigung. Zur Empirie und Theorie eines Gesundheitsverhaltens.* Unveröffentlichte Habilitationsschrift. Z. Zt. zu erhalten über den Autor: Sauerländer Weg 2a, 48145 Münster.
Dittrich, A. (1985). *Ätiologie-unabhängige Strukturen veränderter Wachbewußtseinszustände,* Stuttgart: Enke.
Gundermann, H. (1977). *Die Behandlung der gestörten Sprechstimme*. Jena: Fischer.
Gundermann, H. (1987). *Aktuelle Probleme der Stimmtherapie*. Stuttgart: Fischer.
Gundermann, H. (1994). *Phänomen Stimme*. München/Basel: Ernst Reinhard Verlag.
Janus, L. (1992). *Wie die Seele entsteht. Unser psychisches Leben vor und nach der Geburt.* Hamburg: Hoffmann und Campe.
Kia, R. A. (1991). *Stimme – Spiegel meines Selbst*. Braunschweig: Aurum.
Klausmeier, F. (1978). *Die Lust sich musikalisch auszudrücken*. Reinbek: Rowohlt.
Kramer, E. (1963). *Judgement of personal characteristics and emotions from nonverbal properties of speech.* Psychol. Bulletin.
Loos, G. K. (1995). Der Dialog in der Musiktherapie zwischen diagnostischen und therapeutischen Dimensionen. *Musiktherapeutische Umschau*, 16, S. 5–15. Göttingen/ Zürich: Vandenhoeck & Ruprecht.
Moses, P. J. (1956). *Die Stimme der Neurose*. Stuttgart: Thieme.
Rittner, S. (1990). Zur Rolle der Vokalimprovisation in der Musiktherapie. *Musiktherapeutische Umschau*, Bl. 11, Heft 2, S. 104–119. Frankfurt: Bochinsky.
Rittner, S. (1991). Körper, Stimme und Gefühle – Zur Bedeutung der Stimme in der Musiktherapie. In H.-H. Decker-Voigt, (Hrsg.). *Musik und Kommunikation.* S. 114–132. Lilienthal/Bremen: Eres.
Rittner, S. (1994). Die menschliche Stimme als Medium zur Induktion veränderter Wachbewußtseinszustände. In A. Dittrich, A. Hofmann & H.-C. Leuner (Hrsg.). *Welten des Bewußtseins*. Bl. 4. Berlin: VWB.
Rittner, S. (in Druck). *Möglichkeiten der Verknüpfung von Stimm- und Musiktherapie als Formen kreativer Psychotherapie.* Dokumentation der IV. Kommunikationsmedizinischen Tage, Bad Rappenau 1992.
Rosenberg, J. L. (1989). *Körper, Selbst und Seele*. Olderburg: Transform Verlag.
Senf, W. (1988). *Anthropologische Gesichtspunkte der Stimme*. Vortrag auf dem Internationalen Symposium „Aktuelle Probleme der Stimmtherapie", II. Kommunikationsmedizinische Tage, Bad Rappenau.
Timmermann, T. (1989). *Die Musen der Musik*. Zürich: Kreuz Verlag.
Wagner, H. & Sander, K. (1990). Zur kommunikativen Wirkung von Singstimmen. In *Musikpsychologie*. (Jahrbuch der Dt. Ges. für Musikpsychologie). Wilhelmshafen.

◆呼吸療法と音楽療法◆

Engert-Timmermann, G. & Timmermann, T. (1994). Körper – Atem – Musik. Therapie und verändertes Bewußtsein. In Dittrich, Hofmann & Leuner (Hrsg.). *Welten des Bewußtseins. Bd. 4. Bedeutung für die Psychotherapie.* Berlin: VWB – Verlag für Wissenschaft und Bildung.

Grof, St. (1987). *Das Abenteuer der Selbstentdeckung. Heilung durch veränderte Bewußtseinszustände.* München: Kösel.

Middendorf, I. (1985). *Der erfahrbare Atem.* Paderborn: Jungfermann.

Nöcker-Ribaupierre, M. (1988). *Frühgeburt. Grundlagen eines musiktherapeutischen Behandlungskonzeptes.* Diplom-Arbeit, Musikhochschule Hamburg.

Roemer, G. A. (1925/26). Atmung und musikalisches Erleben. *Psychologie und Medizin*, Bd. 1, 1925/36, S. 94–98.

Strobel, W. (1992). Das Didjeridu in der Musiktherapie. *Musiktherapeutische Umschau, 13*, 279–297.

Timmermann, T. (1994). *Die Musik des Menschen. Gesundheit und Entfaltung durch eine menschennahe Kultur.* München: Piper.

Tomatis, A. (1987). *Der Klang des Lebens. Vorgeburtliche Kommunikation – die Anfänge der seelischen Entwicklung.* Hamburg: Rowohlt.

◆子供の音楽療法におけるプレイ・セラピー的要素◆

Axline, V. M. (1984). *Kinderspieltherapie im nicht-direktiven Verfahren*, 6. unveränd. Auflage, München/ Basel: E. Reinhardt.

Decker-Voigt, H.-H. (1991). *Aus der Seele gespielt*, München: Goldmann.

Freud, A. (1983). *Einführung in die Technik der Kinderanalyse.* Frankfurt a. M.: Fischer Taschenbuch Verlag.

Friis-Zimmermann, B. (1993). *Die Handharmonika weint – Verlauf einer analytischen Musiktherapie mit einem grenzpsychotischen Kind.* In H. H. DeckerVoigt (Hrsg.). 1993, S. 38–48. Lilienthal/Bremen: Eres.

Gerlach, G. & Mussmann, I. (1980). *Frühes Lernen.* Hrsg. v. Senator für Bildung, Bremen.

Griessmeier, B. & Bossinger, W. (1994). *Musiktherapie mit krebskranken Kindern*, Stuttgart/Jena/ New York: Gustav Fischer Verlag.

Hollmann, I. (1982). *Kindertherapie.* In R. Schmidt (Hrsg.) 1986, S. 151–158. Stuttgart: W. Kohlhammer.

Huitzinga, J. (o. J. (1951)). *homo ludens – Wesen und Bedeutung des Spiels als Kulturerscheinung.* Basel: Akademische Verlagsanstalt Pantheon.

Niedecken, D. (1993). *Geistig Behinderte verstehen.* München: Deutscher Taschenbuch Verlag.

Oaklander, Violet (1981). *Gestalttherapie mit Kindern und Jugendlichen.* Stuttgart: Klett-Cotta.

Priestley, M. (1983). *Analytische Musiktherapie.* Stuttgart: Klett-Cotta.

Vorel, W. (1993). *Musiktherapie mit verhaltensgestörten Kindern.* Lilienthal/Bremen: Eres.

Winnicott, D.-W. (1974). *Vom Spiel zur Kreativität.* Stuttgart: Klett-Cotta.

◆GIM◆

Bonny, H. (1978). *Facilitating G. I. M. sessions.* G. I. M. Monograph vol. 1. Baltimore MD: ICM Books.

Kiel, H. (1993). Guided Imagery and Music – Ein Konzept der rezeptiven Musiktherapie. In *Musiktherapeutische Umschau, 14*, 217–322.

Leuner, H. (1981). *Katathymes Bilderleben. Grundstufe; Einführung in die Psychotherapie mit der Tagtraumtechnik; ein Seminar.* 2. Auflage. Stuttgart: Georg Thieme Verlag.

◆ 思考過程 ◆

Ammon, G.(Hrsg.). (1975), *Gruppendynamik der Kreativität,* München: Kindler TB.
Drever, J.& Fröhlich, W.D. (1969), *dtv-Wörterbuch der Psychologie,* München: DTV.
Kries, D.v. (1975). In Ammon, a.a.O., S. 54.

◆ 自閉 ◆

Alvin, J. (1988). *Musik und Musiktherapie für behinderte und autistische Kinder,* Stuttgart: Fischer. (Titel der Originalausgaben: Music for the Handicapped Child, Oxford University Press, 1965 und Music Therapy for the Autistic Child, 1978).
Asperger, H. (1944). Die „Autistischen Psychopathen" im Kindesalter, *Archiv für Psychiatrie.* 177, S. 76-136.
Benenzon, R. (1983). *Einführung in die Musiktherapie.* München: Kindler. (Spanische Originalausgabe: Musicoterapia y Educación, 1971).
Bettelheim, B. (1977). *Die Geburt des Selbst.* München: Kindler. (Amerikanische Originalausgabe:The Empty Fortress-Infantile Autism and the Birth of the Self.The Free Press, New York 1967).
Bleuler, E. (1911). Dementia praecox oder die Gruppe der Schizophrenien. In G. Aschaffenberg, *Handbuch der Psychiatrie,* spezieller Teil, 4. Abt. 1. Hälfte. Leipzig:Deuticke.
Czogalik, D., Bolay V., Boller, R. & Otto, H.(1995). Das Integrative Musiktherapie-Dokumentationssystem IMDoS. *Mus. U. 16,* 108-125.
Delacato, C. H. (1975). *Der unheimliche Fremdling - das autistische Kind.* Freiburg: Hyperion. (Amerikan. Orginalausgabe: The Ultimate Stranger, The Autistic Child, Doubleday, N.Y. 1974)
Dilling, H., Mombour, W., Schmidt, M. H. (1992). *Internationale Klassifikation psychischer Störungen,* ICD-10, Bern: Huber.
Eisenberg, L. & Kanner, L. (1956). Early infantile autism 1943-1955. *Ameri. J. Orthopsychiat., 26,* 556-66.
Feuser, G. (1988). Grundlegende Aspekte eines Verständnisses des „Kindlichen Autismus". *Musikth. Umsch. 9,* S. 29-54.
Kanner, L. (1943). Autistic disturbances of affective contact. *Nervous Child, 2 Jg.,* S. 217-250.
Kehrer, H.E.(1989). *Autismus.* Heidelberg: Asanger.
Mahlbert, M. (1973). Music therapy in treatement of an autistic child. *Journal of Music therapy,* Lawrence, Kan, 10, p. 184-193.
Mahns, B. (1988). Musiktherapeutische Ansätze in der Praxis mit autistischen Kindern und Jugendlichen. *Musikth. Umsch. 9,* S. 68-78.
Niedecken, D.(1989). *Namenlos,* München: Piper.
Nissen, G. (1977). *Psychopathologie des Kindesalters,* S. 199 - 210. Darmstadt: Wiss. Buchgesellschaft.
Nordoff, P. & Robbins, C. (1975). *Musik als Therapie für behinderte Kinder.* Stuttgart: Klett.
Nordoff, P. & Robbins, C.(1986). *Schöpferische Musiktherapie,* Stuttgart: Fischer. (Originalausgabe: Creative Music Therapy, Individualized Treatment for the handicapped Child, 1977).
Nordoff, P., Robbins, C., Fraknoi, J. & Ruttenberg, B.(1980). Ratingskalen für Improvisatorische Einzel-Musiktherapie. *Mus. U. 1,* 99-121.
Orff , G. (1974). *Die Orff-Musiktherapie.* München: Kindler.
Rutter, M. (1977). Psychotische Kinder im Jugend- und frühen Erwachsenenalter In J. K. Wing (Hrsg.). *Frühkindlicher Autismus.* Weinheim:Beltz.
Saperston, B. (1973). The use of music in establishing communication with an autistic mentally retarded child. *Journal of Music therapy,* Lawrence, 10, 4, p. 184-188.
Schumacher, K. (1994). *Musiktherapie mit autistischen Kindern , Musik-, Bewegungs- und Sprachspiele zur Integration gestörter Sinneswahrnehmung.* Stuttgart: Fischer.
Sellin, B. (1993). *Ich will kein inmich mehr sein.* Köln: Kiepenheuer.

Stern, D. N. (1989). *Die Lebenserfahrung des Säuglings.* Stuttgart: Klett-Cotta. (Titel der amerikan. Originalausgabe: „The Interperspnal World of the Infant" N.Y., 1985).
Tustin, F.(1989). *Autistische Zustände bei Kindern.* Stuttgart: Klett-Cotta. (Englische Originalausgabe: Autistic States in Children. Routledge & Kegan, London 1981).
Weber, C. (1991). Musiktherapie als therapeutische Möglichkeit beim autistischen Syndrom. *Zs. Musik-, Tanz- und Kunsttherapie 2,* Stuttgart, S.66–74.
Wing, J.K. (Hrsg.).(1977). *Frühkindlicher Autismus.* Weinheim. Beltz.

◆嗜癖患者の音楽療法◆

Auerbach, L. (1971). *Hören lernen – Musik erleben.* Wolfenbüttel: Möseler.
Auerbach, L. (1982). Musik als Massendroge unserer Zeit. *Intervalle* 4, S.41–48.
Barthel, R. & Fierlings, S.(1985). Laß 1000 Steine rollen. Hilfe für alkoholgefährdete Kinder und Jugendliche. In G.M. Krauß & W. Stefan (Hrsg). „... *nichts mehr reindrücken". Drogenarbeit, die nicht bevormundet.* S.85–94. Weinheim: päd.extra Buchverlag.
Berendt, J. E. (1985). *Das dritte Ohr.* Reinbek: Rowohlt.
Bolín, N. (1994). Musik – eine Droge!? *Musik und Unterricht* 24, S.29–35.
Breitenfeld, D. (1971). Erfahrungen mit Musiktherapie bei hospitalisierten Alkoholikern. In Kohler, C. (Hrsg). *Musiktherapie.* S.141f. Jena: Fischer.
Bullinger, M. E. & Will, D. (1984). *Wirkungen von Musiktherapie im Rahmen der Behandlung Alkoholkranker.* Heidelberg: Diss.
Butzko, H. (1979a). Freie Gruppenimprovisation. Eine Möglichkeit therapeutischer Gruppenarbeit. In Arbeitskreis Drogenhilfe (Hrsg.). *Dokumentation der Arbeit und Projekte,* S.44–69. Köln: Bundeszentrale für gesundheitliche Aufklärung.
Butzko, H. (1979b). Freie Gruppenimprovisation mit Drogenabhängigen. In Finkel, K. (Hrsg.). *Handbuch Musik und Sozialpädagogik.* S.147–160. Regensburg: Bosse.
Butzko, H. (1985). Kreativ-therapeutische Gruppen – ein alternativer Weg in der Drogenarbeit. In *Forum Drogen und Sucht* NW 1, S.4.
Casriel, D. (1975). *Die Wiederentdeckung des Gefühls. Schreitherapie und Gruppendynamik.* München: Goldmann.
Cohn, R. (1975). *Von der Psychoanalyse zur Themenzentrierten Interaktion.* Stuttgart: Klett-Cotta.
Dentler, K. H. (1993). *Rockmusik-Machen als Medium sozialpädagogischen Handelns.* Siegen: Universität-Gesamthochschule.
Dörner, K. & Plog, U. (1986). *Irren ist menschlich.* Bonn: Psychiatrie-Verlag.
Ehrhardt, H. (1985). Musiktherapie innerhalb eines Modellversuchs zur Therapie Abhängigkeitskranker. In BSMT (Hrsg.). *Musiktherapeutische Ausbildung und Praxis,* S.246–268. Berlin: Express Edition.
Ernst, A. (1982). Musik und Sozialpädagogik. Zur Neuorientierung der Schulmusik. *Zeitschrift für Musikpädagogik* 18, S.44–49.
Evers, S.(1994). Musik als biologische Droge? *Musik und Unterricht,* 24, S.40–42.
Fey, W. (1993). „Lasting Value"-Blues in der therapeutischen Nachsorgewohngemeinschaft Eschenbachhaus. In Hering a.a.O., S.157f.
Finkel, H. (1980). „Einer spielt, wir alle spielen." Musikalisch erweitertes Psychodrama mit Suchtkranken. *Musik und Medizin* 1,S.33–45.
Feuerlein, W. (1995). Alkoholkrankheit. In Faust, V. (Hrsg). *Psychiatrie,* S.269–283. Stuttgart: Fischer.
Formann-Radl, I. & Kryspin-Exner, K. (1976). Möglichkeiten der Musiktherapie bei Drogenabhängigen. *Psychotherapie med. Psychologie* 26, S.85–95.
Friedemann, L. (1971). *Kinder spielen mit Tönen und Klängen.* Wolfenbüttel: Möseler.
Friedemann, L. (1973). *Einstiege in neue Klangbereiche durch Gruppenimprovisation.* Wien: Universal.
Friedemann, L. (1983). *Trommeln, Tanzen, Tönen.* Wien: Universal.
Frohne, I. (1979). Therapeutische Ansätze mit Musik, Bewegung, Sprache und Szene in der Drogenberatung. In Finkel, K. (Hrsg), *Handbuch Musik und Sozialpädagogik,* S.161–168.

Regensburg: Bosse.
Frohne, I. & Maak, M. M. (1976). *Musiktherapie in der Drogenberatung*. Lilienthal: Eres.
Frohne, I. (1987). Musik in der Therapie Drogenabhängiger. In Spintge & Droh (Hrsg) *Musik in der Medizin*. Basel: Springer, S. 243-256.
Grüner, W.v. (1990). *Musikalische Gruppenarbeit*. Berlin: Ministerium für Kultur der DDR.
Haardt, A. & Klemm, H. (1982). *Musiktherapie. Selbsterfahrung durch Musik*. Wilhelmshaven: Heinrichshofen.
Haselauer, E. (1986). *Berieselungsmusik. Droge und Terror*. Wien: Böhlau.
Hegi, F. (1986). *Improvisation und Musiktherapie*. Paderborn: Jungfermann.
Hartgenbusch, K. (1993). Erfahrungen mit Rockmusik in der Drogenarbeit. In W. Hering u.a. (Hrsg.), a.a.O., S. 159-161.
Hering, W. u.a. (Hrsg.). (1993). *Praxishandbuch Rockmusik in der Jugendarbeit*. Opladen: Leske & Budrich.
Holthaus, K. (1993). *Klangdörfer. Musikalische und soziale Vorgänge spielend erleben*. Boppard: Fidula.
Jetter, U. (1986). Musiktherapie in einem psychiatrischen Landeskrankenhaus. In G. Laux u.a. (Hrsg.). *Klinische Psychiatrie*, Band II, S. 306-323. Stuttgart: Hippokrates.
Jores, A. (1981). *Praktische Psychosomatik*. Zweite Auflage. Stuttgart: Huber.
Kapteina, H. (1989). Musiktherpaie für Suchtkranke. Am Beispiel der stationären Langzeitbehandlung. *Musiktherapeutische Umschau* 1, S. 17-32.
Kapteina, H. & Hörtreiter, H. (1993). *Musik und Malen in der therapeutischen Arbeit mit Suchtkranken*. Stuttgart: Fischer/ Kassel: Bärenreiter.
Klausmeier, F. (1978). *Die Lust, sich musikalisch auszudrücken*. Reinbek: Rowohlt.
Küntzel-Hansen, M. (1993). *Musikspielen*. Seelze-Velber: Kallmeyer.
Langenberg, M. (1983). Grenzenlosigkeit als Verführung. *Musiktherapeutische Umschau* 2, S. 117-134.
Lecourt, E. (1979). *Praktische Musiktherapie*. Salzburg: Müller.
Liedtke, R. (1985). *Die Vertreibung der Stille*. München: dtv.
Lutz, R. (1987). Musik und Genuß. In Spintge & Droh (Hrsg.). *Musik in der Medizin*. Basel: Springer, S. 413-422.
Marx, H. (1985). Gruppenunterstützte außerstationäre Therapie VgSeV. In G. M. Krauß & W. Steffan (Hrsg.). *"... nichts mehr reindrücken." Drogenarbeit, die nicht bevormundet*. S. 167-177. Weinheim: päd. extra Buchverlag.
Merkt, I. (1984). Wenn im Knast das Keyboard klingt. Sozialpädaggogische Arbeit auch mit Musik in der Justizvollzugsanstalt. *Neue Musikzeitung*, 5, S. 32.
Merkt, I. (1986). Lieber Klänge als Koks und Heroin. Musiktherapie mit Drogenabhängigen: Aus der Arbeit einer Beratungsstelle. *Neue Musikzeitung*, 2, S. 29.
Meyer-Denkmann, G. (1970). *Klangexperimente und Gestaltungsversuche im Kindesalter*. Wien: Universal.
Meyer-Denkmann, G. (1972). *Struktur und Praxis Neuer Musik im Unterricht*. Wien: Universal.
Munderloh, W. (1993). „With a little help of my friends" - Rockmusik in der stationären Drogentherapie. In W. Hering u.a. (Hrsg.) a.a.O., S. 151-156. Opladen: Leske & Budrich.
Peter, Th. (1987). Ganz normales Konzert einer jungen Band. Spiel-Raum für Spaß und Therapie-Musik im Kinder- und Jugendheim. *Neue Musikzeitung* 5, S. 29.
Pfeiffer, H. & Timmermann, T. u.a. (1986). Fallstudie: Gruppentherapie bei Süchtigen mit musiktherapeutischen Elementen. *Gruppenpsychother. Gruppendynamik*, 21, S. 236-247.
Purdon, C. & Hutschenreuter, U. (1983). Musiktherapie bei der Entwöhnungsbehandlung von alkohol- und medikamentenabhängigen Patientinnen und Patienten. In O. Schrappe (Hrsg). *Methoden der Behandlung von Alkohol-, Drogen- und Medikamentenabhängigen*, S. 197-203. Stuttgart: Schattauer.
Rauhe, H. (1971). Aspekte einer Umweltverschmutzung durch Musik. *Musik und Bildung* 1, S. 12-16.
Rieger, G. (1992). Rockmusik mit jungen Aussiedlern. *Musiktherapeutische Umschau* 3, S. 217-220.
Roth, D. (1977). *Modelle der Drogentherapie, Theorien und Praxisberichte*. Köln: Point-Press Verlag.

Rothenbacher, H. & Truöl, L. (1981). Ein differentielles Behandlungsprogramm für Suchtkranke im stationären Bereich. In E. Knieschewiski (Hrsg.). *Alkoholismustherapie. Vermittlung von Erfahrungsfeldern im stationären Bereich.* S.185-204. Kassel: Nicol.

Rotter, F. (1984). Sozialpsychologie der Musik - einige Grundannahmen und Überlegungen. *Musik und Kommunikation,* 10, S.25-26.

Rudloff, H. & Schwabe, C. (1992/93). *Die Musikalische Elementarerziehung.* Crossen: Akademie für angewandte Musiktherapie.

Schmidtbauer, W. & Scheidt, J. v. (^{6}1981). *Handbuch der Rauschdrogen.* München: Nymphenburger.

Schulz, J.v. (1982). *Heilende Kräfte in der Musik.* München: Drei Eichen.

Schumann, C. (1982). *Musiktherapie und Psychoanalyse.* Freiburg: Schumann-Gehrmann.

Schwabe, C. (1983). *Aktive Gruppenmusiktherapie für erwachsene Patienten.* Stuttgart: Fischer.

Schwabe, C. (1987). *Entspannungstraining mit Musik.* Leipzig: Thieme.

Schwabe, M. (1992). *Musik spielend erfinden.* Kassel:Bärenreiter.

Seidel,A.(1976). M*usik und Sozialpädagogik.* Wiesbaden:Breitkopf und Häckel

Smeijsters, H. (1994). *Musiktherapie als Psychotherapie.* Stuttgart: Fischer/Kassel:Bärenreiter.

Täschner, K.-L. (1995). Rauschdrogen. In V. Faust (Hrsg.). *Psychiatrie,* S.285-330. Stuttgart: Fischer.

Timmermann, T. (1983). Einzelmusiktherapie mit einem suchtkranken Rockmusiker. *Musiktherapeutische Umschau,* 1, S.39-50.

Tischler, B. (1990). *Musik aktiv erleben.* Frankfurt a.M.: Diesterweg.

Tölle, R. (1985). *Psychiatrie,* 7. Auflage. Heidelberg: Springer.

Wahl, Chr. (1967). Die rollenden Steine von Hamburg. *Sozialmagazin,* 6, S.27-29.

Willms, H. (1975). *Musiktherapie bei psychotischen Erkrankungen.* Stuttgart: G.Fischer.

Zimmerschied, D. (1982). Musikunterricht zwischen Klampfe und Walkman. *Musik und Bildung,* 1, S.37-41.

◆シャーマニズムと音楽療法◆

Canacakis-Canás, J. (1977). Pyrovasie - Musikalische Ekstase und Feuertanz in Griechenland. In H. Willms (Hrsg.). *Musik und Entspannung. S.46-61.* Stuttgart/New York: G. Fischer.

Ebersoll, B. (1985). Musik der Geister und Menschen in indianischen Heilriten. *Musiktherapeutische Umschau.* 1&2, 1-15 & 101-120.

Eliade, M. (1975). *Schamanismus und archaische Ekstasetechnik.* Frankfurt a.M.: Suhrkamp.

Emsheimer, E. (1946). Schamanentrommel und Trommelbaum. *Ethnos 4,* 166-181.

Gebser, J. (1978). *Ursprung und Gegenwart.* Teil 1-3. Schaffhausen: Novalis.

Knill, P. (1992). „Eros und Schönheit: Kunst und Therapie". Das Kunstanaloge in der therapeutischen Zuwendung. *Musik-, Tanz- und Kunsttherapie. 2,* 76-80.

Laade, W. (1975). *Musik der Götter, Geister und Menschen.* Baden-Baden: Koerner.

Maler, Th. (1977). Musik und Ekstase in einer ostafrikanischen Medizinmann-Praxis. In H. Willms (Hrsg.). *Musik und Entspannung.* S.29-45. Stuttgart/New York: G.Fischer.

Mastnak, W. (1989). Obertongesang und Schamanentrommel im Oberstufenunterricht. *Polyaisthesis* 2, 163-170.

ders. (1990). *Popper, Gebser und die Musikpädagogik. Integrale Strukturen musikalischer Erziehung.* München/Salzburg: Katzbichler.

ders. (1992a). Music-Hypnosis and its Applications in Psychiatry. *hypnos 3,* 137-144.

ders. (1992b). Musik-Tanz-Bild-Szene. Zur Bedeutung künstlerisch-therapeutischer Ansätze in Kindergarten, Vor- und Grundschule. *Heilpädagogik 4,* 113-122.

ders. (1993a). Non-Western Practices of Healing-Music and Applications for Modern Psychiatry. *International Review of the Aesthetics and Sociology of Music (IRASM)* Zagreb 1, 77-84.

ders. (1993b). Musik-Hypnotherapie bei psychiatrischen Patienten. *Musiktherapeutische 4 Umschau,* 306-316.

ders. (1993c). Polyästhetische Therapie. Grundriß ihrer gesamtkünstlerischen Methodik. *Schweizer musikpädagogische Blätter. 4,* 175-182.

ders. (1993d). Tanz-Musik-Trance. Anthropologische Erfahrungen, kreative Entfaltungsprozesse

und ethnologische Gehalte im Oberstufenunterricht Musik/Sport. In K. Hörmann (Hrsg.). *Tanztherapie.* S. 189-204. Göttingen: Verlag für Angewandte Psychologie.
ders. (1994a). *Sinne - Künste - Lebenswelten. Polyästhetische Erziehung und Therapie durch mehrsinnliches Wahrnehmen und gesamtkünstlerisches Gestalten.* Prešov: Matúš.
ders. (1994b). Synästhetische Trance. In *Kongreßbericht des 11. Symposion Künstlerische Therapien: „Künstlerische Therapien in Interdisziplinärer Sicht".* Tübingen.
McNiff, Sh. (1979). From Shamanism to Art Therapy. *Art Psychotherapy* USA: Pergamon Press Ltd. 5, 155-161.
ders. (1988). The Shaman Within. *The Arts in Psychotherapy* USA: Pergamon Press plc 15, 285-291.
Richter, M. (1977). Musik und Meditation in Indien. In H. Willms (Hrsg.). Musik und Entspannung. S. 62-65. Stuttgart/New York: G. Fischer.
Stege, F. (1961). *Musik Magie Mystik.* St. Goar: Otto Reichl.
Suppan, W. (1984). *Der musizierende Mensch. Eine Anthropologie der Musik.* Mainz u. a.: Schott.
Touma, H. H. (1982). Außereuropäische Heilmusik. In G. Harrer (Hrsg.). *Grundlagen der Musiktherapie und Musikpsychologie.* S. 287-291. Stuttgart/New York: G. Fischer.
Triandis, H. & Draguns, J. G. (Hrsg.). (1980). *Handbook of cross-cultural Psychology.* Bd. 6. Boston: Allyn & Bacon Inc.
Tucek, G. K. (1995). Orientalische Musik- & Tanztherapie. Der orientalische Ansatz, Krankheiten mit künstlerischen Medien zu heilen und sein heutiger Stand. *Musik-, Tanz- und Kunsttherapie. 6,* S. 149-166.
Vogel, V. J. (1970). *American Indian medicine.* Norman University of Oklahoma Press.
Wekesa, M. & Rotich, P. J. (1993). Ein Heiltanz bei den Elgeyos (Kalenjin) aus Kenia. *Musik-, Tanz- und Kunsttherapie.* 1, 22-24.

◆社会福祉活動(ソーシャルワーク／社会教育)◆

Beimert, R. (1985). *Musiktherapie in der Erziehungsberatung.* Frankfurt: Fachbuchhandlung für Psychologie.
Finkel, K. (Hrsg.). (1979). *Handbuch Musik und Sozialpädagogik.* Regensburg: Bosse.
Johach, H. (1993). *Soziale Therapie und Alltagspraxis.* München: Juventa.
Kapteina, H. & Hörtreiter, H. (1993). *Musik und Malen in der therapeutischen Arbeit mit Suchtkranken.* Stuttgart: Gustav Fischer.
Seidel, A. (1992). Sozialpädagogische Musiktherapie. Anmerkungen zu einem Praxis- und Ausbildungskonzept. *Musiktherapeutische Umschau, 13,* 4, S. 298-306.
Thiersch, H. (1986). *Die Erfahrung der Wirklichkeit.* München: Juventa.

◆周産期心理学◆

Fedor-Freyberg, P. (1987). *Pränatale und Perinatale Psychologie und Medizin.* Älvsjö: Saphir.
Graber, G. H. (1974). *Pränatale Psychologie.* München: Kindler.
Grof, S. (1985). *Geburt, Tod und Transzendenz.* München: Kösel.
Gross, W. (1986). *Was erlebt das Kind im Mutterleib?* Freiburg: Herder.
Janov, A. (1984). *Frühe Prägungen.* Frankfurt: Fischer.
Janus, L. (1990). *Die Psychoanalyse der vorgeburtlichen Lebenszeit und der Geburt.* Pfaffenweiler: Centaurus-Verlagsgesellschaft.
Laing, R. D. (1982). *Die Tatsachen des Lebens.* Reinbek: Rowohlt.
Lebovici, S. (1978). *Die Persönlichkeit des Kindes.* München: Kindler.
Lebovici, S. (1990). *Der Säugling, die Mutter und der Psychoanalytiker.* Stuttgart: Klett-Cotta.
Orr, L., Ray, S. (1977). *Rebirthing in the new age.* Millbrae: Celestial Arts.
Rank, O. (1924). *Das Trauma der Geburt und seine Bedeutung für die Psychoanalyse* (Neuaufl. 1988). Frankfurt: Fischer.
Spintge, R. & Droh, R. (1987). *Musik in der Medizin.* Berlin: Springer.

Stork, J. (1986). *Zur Psychologie und Psychopathologie des Säuglings.* Stuttgart: Frommann-Holzboog.
Strobel, W. (1988). Klang – Trance – Heilung. *Musiktherapeutische Umschau 9*, 2: 119–139.

◆ 集団音楽療法の諸段階 ◆

Brückner. J. u. a. (1991). *Musiktherapie für Kinder.* 2. Aufl. Berlin: Verl. Gesundheit.
Bruhn, H. u. a. (1993). Aktive Musiktherapie. In ders. u. a. (Hrsg.). *Musikpsychologie,* S. 417–424. Reinbek: Rowohlt.
Canacakis-Canas, J. (1985). Innovative Wege der Therapie. Mein therapeutischer Umgang mit Musik. In Bastian, H. G. (Hrsg.). *Musikpädagogische Forschung,* Bd 6, S. 59–75. Laaber: Laaber.
Frohne-Hagemann, I. (1990). Integrative Musiktherapie als psychotherapeutische, klinische und persönlichkeitsbildende Methode. In dies. (Hrsg.). *Musik und Gestalt,* S. 99–120. Paderborn: Junfermann.
Günther, W. (1992). *Pädagogische Musiktherapie mit Kindern in Heimeinrichtungen.* Essen: Blaue Eule.
Haas, J. (1983). *Musiktherapie bei psychischen Störungen.* Stuttgart: Fischer.
Kapteina, H. (1974). Gruppenimprovisation eine musikpädagogische Methode. *Archiv für Angew. Sozialpäd.*, 247–268.
Kapteina, H. (1976). Musikpädagogik und Alltagsleben. *Archiv für Angew. Sozialpäd.*, 41–59.
Kapteina, H./Hörtreiter, H. (1993). *Musik und Malen in der therapeutischen Arbeit mit Suchtkranken.* Stuttgart: Fischer/Kassel: Bärenreiter.
Knill. P. (1979). *Ausdruckstherapie.* Halle (Westf.): Ohlsen.
Langenberg, M. (1988). *Vom Handeln und Be-Handeln.* Stuttgart: Fischer.
Lenz, M. (1995). *Musik und Kontakt.* Frankfurt am Main: Lang.
Loos, G. (1986). *Spielräume.* Stuttgart: Fischer/Kassel: Bärenreiter.
Mayr, S. (1983). Musikthp. Gruppenimprovisation aus sozialthp. Sicht. In: Decker-Voigt, H.-H. (Hrsg.): *Handbuch Musiktherapie.* Lilienthal: Eres.
Petzold, H. (1977). *Die neuen Körpertherapien.* Paderborn: Junfermann.
Röhrborn, H. (1987). Die drei Phasen der Gruppenentwicklung. In Ch. Schwabe, (Hrsg.). *Regulative Musiktherapie.* 2 Aufl. Leipzig: Thieme.
Schirmer, H. (1991). Am Anfang war das Chaos. *Musiktherp. Umsch.* 12. 308–325.
Schwabe, Ch. (1987). *Regulative Musiktherapie.* 2. Aufl. Leipzig: Thieme
Schwabe, Ch. (1992). Psychologische Grundlagen der Musikalischen Elementarerziehung. In ders./Rudloff. H. (Hrsg.), *Die Musikalische Elementarerziehung.* Crossen: Akademie für Angew. Musikthp.
Stiefel. E. (1976). *Kreativität und Musikunterricht.* Kastellaun: Henn.
Tüpker, R. (1988). *Ich singe, was ich nicht sagen kann.* Regensburg: Bosse
Vorel, W. (1993). *Musiktherapie mit verhaltensgestörten Kindern.* Lilienthal: Eres
Wollschläger, G. (1971). *Kreativität und Gesellschaft.* Wuppertal: Hammer

◆ 集団音楽療法治療の諸段階集団心理療法における治療評価—EBS判定用紙 ◆

Hofmann, R. (1990). *Therapieerfolgsbestimmung und Prozeßanalyse über die Messung der intraindividuellen Variabilität für eine symptomzentrierte und für eine persönlichkeitszentrierte Gruppenpsychotherapie.* Dissertation a. d. Universität Leipzig (unveröffentlicht).
Röhrborn, H., Berger, C., Heß, H., Höllrich, H., Hoffmann, U., Hofmann, R. (1985). *Der Erlabrunner Beurteilungsbogen zur Stundeneinschätzung bei symptomzentrierter Gruppenpsychotherapie – EBS.* Unveröffentl. Material aus der Klinik für funktionelle Erkrankungen (Chefarzt: MR Dr. med. H. Röhrborn) des Bergarbeiter-Krankenhauses Erlabrunn/Erzgebirge.
Röhrborn, H. (1987). Verlaufskontrolle mit dem „Erlabrunner Beurteilungsbogen" (EBS). In C. Schwabe (Hrsg.). *Regulative Musiktherapie,* 2, überarbeitete Aufl. (S. 187–195), Leipzig: Ge-

org Thieme/Stuttgart: Gustav Fischer.

Röhrborn H. & R. Hofmann (1992). *Verlaufsdiagnostik bei Musiktherapie am Beispiel des Erlabrunner Beurteilungsbogens (EBS) für die Regulative Musiktherapie nach Schwabe.* Vortragssammlung 4. Ulmer Workshop für musiktherapeutische Grundlagenforschung 14. u. 15. 2. 1992. Universität Ulm, Abt. Psychotherapie. S. 21–43).

◆集団の諸機能と集団形成の諸段階◆

Bradford, L. P., Gibb, J. R. & Benne, K. D. (Hrsg.). (1972). *Gruppentraining. T-Gruppentheorie und Laboratoriumsmethode.* Stuttgart: Ernst-Klett Verlag.

Heintel, P. (Hrsg.). (1974). *Das ist Gruppendynamik.* München: Heyne.

Mayr, S. (1983). Musiktherapeutische Gruppenimprovisation aus sozialpsychologischer Sicht. In H.-H. Decker-Voigt (Hrsg.). *Handbuch Musiktherapie.* Lilienthal/Bremen: Eres.

Mayr, S. (1986). Musiktherapie und Gruppendynamik als Grundlage der Kommunikationstherapie. In *Kommunikation und Erziehung durch Musik,* Bd. 1. Lilienthal/Bremen: Eres.

Schwarz, G., Heintel, P., Weyrer, M. & Sattler, H. (Hrsg.). (1993). *Gruppendynamik. Geschichte und Zukunft.* Wien: WUV-Universitätsverlag.

◆集団力動◆

Bradford, L. P., Gibb, J. R. & Benne, K. D. (Hrsg.). (1972). *Gruppentraining. T-Gruppentheorie und Laboratoriumsmethode* Stuttgart: Klett.

Heintel, P. (Hrsg.) (1974). *Das ist Gruppendynamik,* München: Heyne.

Mayr, S. (1983). Musiktherapeutische Gruppenimprovisation aus sozialpsychologischer Sicht, In: Decker-Voigt, H.-H. (Hrsg.): *Handbuch Musiktherapie,* Lilienthal/Bremen: Eres.

Mayr, S. (1986) Musiktherapie und Gruppendynamik als Grundlage der Kommunikationstherapie In: *Kommunikation und Erziehung durch Musik, Band 1,* Lilienthal/Bremen. Eres.

Schwarz, G., Heintel, P., Weyrer, M., & Stattler, H. (Hg.) (1993). *Gruppendynamik. Geschichte und Zukunft,* Wien: WUV-Universitätsverlag.

◆〈受苦・しうる〉◆

Balint, M. (1966). *Die Urformen der Liebe und die Technik der Psychoanalyse.* Stuttgart: Huber & Klett.

Loos, G. (1980). Ausschnitte aus Fallberichten zum Thema Wendepunkte. *Musiktherapeutische Umschau, 1,* 219-222, 301-304.

Salber, W. (1975). *Der psychische Gegenstand.* Bonn: Bouvier.

Salber, W. (1977). *Kunst, Psychologie, Behandlung.* Bonn: Bouvier.

Salber, W. (1980). *Konstruktion psychologischer Behandlung.* Bonn: Bouvier.

Tüpker, R. (1988). *Ich singe, was ich nicht sagen kann. Zu einer morphologischen Grundlegung der Musiktherapie.* Regensburg: Gustav Bosse.

Tüpker, R. (1993). Musiktherapie: Hören und Verstehen seelischer Struktu ren. In P. Petersen et al. (Hrsg.). *Psychosomatische Gynäkologie und Geburtshilfe.* Berlin-Heidelberg: Springer.

Tüpker, R. (1993). Der Behandlungsauftrag der Musiktherapie. In H. Fitzek & A. Schulte (Hrsg.) *Wirklichkeit als Ereignis. Zwischenschritte – Beiträge zu einer morphologischen Psychologie,* 12. Jahrgang, Heft 2, (S. 297-307). Bonn: Bouvier.

Weymann, E. (1990). Anzeichen des Neuen. Improvisieren als Erkenntnismittel und als Gegenstand der Forschung. In P. Petersen (Hrsg.). *Ansätze kunsttherapeutischer Forschung.* (S. 42-57), Berlin-Heidelberg: Springer.

◆出生前心理学◆

Fedor-Freyberg, P. (1987). *Pränatale und Perinatale Psychologie und Medizin.* Saphir: Älvsjö.
Graber, G. H. (1974). *Pränatale Psychologie.* Kindler: München.
Gross, W. (1986). *Was erlebt das Kind im Mutterleib.* Herder: Freiburg, Basel, Wien.
Janov, A. (1984). *Frühe Prägungen.* Fischer: Frankfurt.
Janus, L. (1990). *Die Psychoanalyse der vorgeburtlichen Lebenszeit und der Geburt.* Centaurus-Verlagsgesellschaft: Pfaffenweiler.
Janus, L. (1991). *Wie die Seele entsteht.* Hoffmann und Campe: Hamburg.
Nöcker-Ribaupierre, M. (1995). *Auditive Stimulation nach Frühgeburt.* G. Fischer: Stuttgart.
Strobel, W. (1988). Klang - Trance - Heilung. *Musiktherapeutische Umschau 9*, 2: 119-139.
Tomatis, A. (1987). *Der Klang des Lebens.* Rowohlt: Hamburg.
Verny, T. & Kelly, J. (1981). *Das Seelenleben des Ungeborenen.* Rogner & Bernhard: München.

◆受容的音楽療法◆

Decker-Voigt, H.-H. (Hrsg.). (1983). *Handbuch Musiktherapie.* Lilienthal/Bremen: Eres.
Decker-Voigt, H-H. (1991). *Aus der Seele gespielt. Eine Einführung in die Musiktherapie.* München: Goldmann.
Decker-Voigt, H.-H. & Escher, J. (Hrsg.). (1994). *Neue Klänge in der Medizin.* Musiktherapie in der Inneren Medizin. Bremen: Trialog.
Gembris, H. (1993). Zur Situation der rezeptiven Musiktherapie. *Musiktherapeutische Umschau.* 3, 193-206.
Hodenberg, F. v. (1993). Aktiv rezeptiv - ein morphologischer Werkstattbericht aus der Onkologie. *Musiktherapeutische Umschau.* 4, 317-322.
Kiel, H. (1993). Guided Imagery and Music - ein Konzept der rezeptiven Musiktherapie. *Musiktherapeutische Umschau.* 4, 327-339.
Munro, S. (1986). *Musiktherapie bei Sterbenden.* Stuttgart: Gustav Fischer.
Muthesius, D. (1990). Die Alten waren einmal Kinder. In H.-H. Decker-Voigt (Hrsg.). *Dokumentation der Fachtagung Musiktherapie auf den MUSICA-Kongressen Hamburg 1988 und 1990. Musik und Kommunikation.* (Hamburger Jahrbücher zur Musiktherapie), S. 133-142. Lilienthal: Eres.
Nöcker-Ribaupierre, M. (1993). *Auditive Stimulation nach Frühgeburt.* Diss. Institut für Musiktherapie Hamburg.
Oehlmann, J. (1992). *Empirische Untersuchung zur Wirkung der Klänge von Gongs und Tam-Tams. Klang, Lautstärke und Emotion.* Frankfurt: Verlag Peter Lang.
Röhrborn, H. (1993). Zum Psychotherapiekonzept der Regulativen Musiktherapie (RMT) nach Schwabe. *Musiktherapeutische Umschau.* 2, 134-141.
Schwabe, C. (1986). *Methodik der Musiktherapie und deren theoretische Grundlagen.* Leipzig: Thieme.
Schwabe, C. (1989). *Regulative Musiktherapie.* Leipzig: Thieme.
Timmermann, T. (1988). *Klangstrukturen und ihre psychische Wirkung.* München: Freies Musikzentrum.

◆情動性◆

Fischer, G. (1989). *Dialektik der Veränderung in Psychoanalyse* und Psychotherapie. Heidelberg: Asanger.
Heigl-Evers, A., Heigl, F., Ott, J. (1993). *Lehrbuch der Psychotherapie.* Stuttgart, Jena: Fischer.
Krause, R., Steimer-Krause, E., Ulbrich, B. (1992). Anwendung der Affektforschung auf die psychoanalytisch-psychotherapeutische Praxis. *Forum der Psychoanalyse, Bd. 8,* Hft. 3, 238-253.
Krause, R. (1993). Über das Verhältnis von Trieb und Affekt am Beispiel des perversen Aktes.

Forum der Psychoanalyse, Bl. 9, Hft. 33, 187-197.

Langenberg, M. (1988). *Vom Handeln zum Behandeln – Darstellung besonderer Merkmale der musiktherapeutischen Behandlungssituation im Zusammenhang mit der freien Improvisation.* Stuttgart: Fischer.

Langenberg, M., Frommer, J. & Tress, W. (1992). Qualitative Methodik zur Beschreibung und Interpretation musiktherapeutischer Behandlungswerke. *Musiktherapeutische Umschau*, 4, 258-278.

Tress, W. (1994). *Psychosomatische Grundversorgung.* Stuttgart, New York: Schattauer.

◆神経学的リハビリテーション◆

Gustorff, D. (1990). Lieder ohne Worte. *Musiktherapeutische Umschau, 11*, 120-126.

Haake, H.-H. (1990). Die Notwendigkeit einer musiktherapeutischen Behandlung im Behandlungskonzept Schädelhirnverletzter. *NOT, 1/92*, 28 f.

Haake, H.-H. (1993). Ambulante Spätrehabilitation Schädelhirnverletzter. *NOT, 3/93*, 42 f.

Jochims, S. (1990). Singend miteinander verbunden sein ... *Musiktherapeutische Umschau, 11*, 127-131.

Laub, M. C. (1992). Neuropädiatrische Frührehabilitation nach Schädelhirntraumen. *NOT 1/92*, 14-17.

Nentwig, A. (1992a). Schädel-Hirnverletzte Kinder in Not. *NOT, 1/92*, 6 f.

Nentwig, A. (1992b). Derzeitige Versorgungssituation in den sechzehn Bundesländern. *NOT, 1/92*, 8 f.

Zieger, A. (1992). Diagonalaufbau in der Frühphase der Rehabilitation mit Patienten im Koma auf der Intensivstation. *NOT, 1/92*, 22-27.

◆心身医学◆

Langer, S. (1984). *Philosophie auf neuem Wege.* Frankfurt/M.: Fischer Taschenbuch Verlag.

Petersen, P. (1993). Ärztliches Handeln als Heil-Kunst. *Praxis der Psychotherapie undPsychosomatik*, 38, 172-180.

Priestley, M. (1986). Musiktherapie und Liebe. *Musiktherapeutische Umschau*, 7, 1-7.

Stern, D. (1992). *Die Lebenserfahrung des Säuglings.* Stuttgart: Klett-Cotta.

Teichmann-Mackenroth, O. (1990a). Über die Dualität des musiktherapeutischen Dialogs. In P. Petersen (Hrsg.). *Ansätze kunsttherapeutischer Forschung, S.* 58-70. Berlin/Heidelberg/New York: Springer.

Teichmann-Mackenroth, O. (1990b). Musiktherapie in der stationären Psychotherapie psychosomatischer Patienten. In H.-H. Decker-Voigt u.a. (Hrsg.). *Musik und Kommunikation, S. 125-140.* (Hamburger Jahrbücher zur Musiktherapie, Dokumentation, Bd 1). Lilienthal: Eres.

Teichmann-Mackenroth, O. (1992a). Zum Konzept der hilfreichen Beziehung in der Musiktherapie. *Musiktherapeutische Umschau*, 13, 249-257.

Teichmann-Mackenroth, O. (1992b). Echos frühkindlicher Erfahrungen in der Musiktherapie. In Institut für Musiktherapie und Morphologie (Hrsg.). *Materialien zur Morphologie der Musiktherapie*, Bd. 5, S. 51-55. Zwesten: Eigenverlag.

v. Uexküll, T. (1992). Was ist und was will „Integrierte Psychosomatische Medizin"? In T. v. Uexküll u.a. (Hrsg.). *Integrierte Psychosomatische Medizin in Praxis und Klinik*, S. 17-34. Stuttgart – New York: Schattauer.

◆心臓病学的リハビリテーションの音楽療法◆

1 Allen, K. & Blascovic, J. (1991). Effects of music on cardiovascular reactivity among surgeons. JAMA, 272, 882-884.

2 Bolwerk, C. A. (1990). Effects of relaxing music on state anxiety in myocardial infarction patients. *Crit Care Nurs Q, 13*, 63-72.

3 Davis-Rollans, C. & Cunningham, S. G. (1987). Physiologic responses of coronary care patients to selected music. *Heart Lung, 16,* 370–378.
4 Elliott, D. (1994). The effects of music and muscle relaxation on patient anxiety in a coronary care unit. *Heart Lung, 23,* 27–35.
5 Guzzetta, C. E. (1989). Effects of relaxation and music therapy on patients in a coronary unit with presumptive acute myocardial infarction. *Heart Lung, 18,* 609–616.
6 Haas, F., Distenfeld, S. & Axen, K. (1986). Effects of percieved musical rhythm on respiratory pattern. *J Appl Physiol, 61,* 185–191.
7 Menegazzi, J. J., Paris, P. M., Kersteen, C. H., Flynn, B. & Trautmman, B. E. (1991). „A randomized, controlled trial of the use of music during laceration repair". *Ann Emerg Med, 20,* 348–350.
8 Möckel, M., Röcker, L., Störk, T., Vollert, J., Danne, O., Eichstädt, H., Müller, R. & Hochrein, H. (1994). Immediate physiological responses of healthy volunteers to different types of music – cardiovascular, hormonal and mental changes. *Eur J Appl Physiol, 68,* 451–459.
9 Möckel, M., Störk, T., Vollert, J., Klapp, B. F. & Frei, U. (1995). Streßreduktion als therapeutisches Ziel auf Intensivstationen: Ist rezeptive Musik-Therapie ein geeignetes Mittel? *Intensivmed, 32,* 124–128.
10 Möckel, M., Störk, T., Vollert, J., Röcker, L., Danne, O., Hochrein, H., Eichstädt, H. & Frei, U. (1995). Steßreduktion durch Musikhören, Einfluß auf Streßhormone, Hämodynamik und psychisches Befinden bei Patienten mit arterieller Hypertonie und bei Gesunden. *Dtsch med Wschr, 120,* 745–752.
11 O'Sullivan, R. J. (1991). A musical road to recovery: music in intensiv care. *Intensive Care Nurs, 7,* 160–163.
12 Zimmermann, L. M., Pierson, M. A., Marker, J. (1988). Effects of music on patient anxiety in coronary care units. *Heart Lung, 17,* 560–566.

◆ 人智学的音楽療法 ◆

Baltz, K. v. (1961). *Rudolf Steiners musikalische Impulse.* Dornach.
Beckh, H. (1977). *Die Sprache der Tonart in der Musik von Bach bis Bruckner.* Urachhaus.
Beilharz, G. (Hrsg.) (1989). *Erziehen und Heilen durch Musik.* Stuttgart.
Bindel, E. (1950). *Die Zahlengrundlagen der Musik im Wandel der Zeiten.*
Bissegger, M. (1955). Anthroposophische Musiktherapie am Beispiel der Inneren Medizin in der Filderklinik. In: *Musiktherapeutische Umschau, 16.* S. 289 ff.
Blume, W. (1985). *Musikalische Betrachtungen.* Dornach.
Bort, J. (1927). Die Musik in der heilpädagogischen Praxis. *„Natura", 2. Jg., H. 1.*
Dijk-Pape, C. Q. van (1961). *Musiktherapie.* Hrsg. Stichting voor Kunstsinning-Therapeutisch Werk. Den Haag.
Dörfler, W. (1975). *Das Lebensgefüge der Musik.* Dornach.
Fausch, P. (1990). *Zur Theorie und Methodik der Musiktherapie.* Musiktherapeutische Arbeitsstätte, Berlin.
Florschütz-Mengedoht, T. M. (1992). *Aspekte zur Untersuchung musikalischer Eigenwirkungen in musiktherapeutischer Theorie und Praxis.* Unveröffentlichte Diplomarbeit, Hamburg.
Florschütz-Mengedoht, T. M. (1989). *Das Musikerleben des Kindes bis zum neunten Lebensjahr aus der Sicht des anthroposophischen Geistes.* Unveröffentlichte Diplomarbeit, Hamburg.
Friedenreich, C. A. (1977). *Musikalische Erziehung auf geisteswissenschaftlicher Grundlage.* Anregungen für den Unterricht. Freiburg.
Führmann, M. (1959). *Die Praxis des Gesanges unter geisteswissenschaftlichem Gesichtspunkt.* Freiburg.
Gärtner, L. (1927). Zur Gestaltung der Leier. *„Natura", 2. Jg., H. 1.*
Glaser, W. W. (1973). Intervalle – therapeutisch gesehen. *Die Heilkunst, Heft 5.* München.
Hagemann, E. (1974). *Vom Wesen des Musikalischen (Wortlaute R. Steiners).*
Husemann, A. (1982). *Der musikalische Bau des Menschen.* Stuttgart.
Jacobs, R. (1984). *Musiktherapie. Ein Beitrag aus anthroposophischer Sicht.*
Knieriott, J. (1988). *Zwischen Hören und Bewegen.* Wuppertal.

Knierim, J. (1990). Über Freiheit im musiktherapeutischen Handeln. *Musiktherapeutische Umschau, Bd. 11.* S. 281 ff.
König, K. (1958). Musik-Therapie in der Heilpädagogik. *Musik in der Medizin.* Stuttgart.
Kolisko, E. (1927). Musik und Heilkunst bei Druiden und Barden. *„Natura". 2. Jg., H. 1.*
Lange, A. v. (1956/1960). *Mensch, Musik und Kosmos. Anregungen zu einer goetheanistischen Tonlehre.* Bd. 1 und 2. Freiburg.
Lauer, H. E. (1960). *Die Entwicklung der Musik im Wandel der Tonsysteme.* Köln/Bad Liebenzell.
Muche, F. (1982). *Intervallstudien und andere Beispiele aus dem musikalischen und toneurythmischen Unterricht.*
Muche, F. (1980). *Die Kunst – Therapie unserer Zeit.*
Müller-Wiedemann, S. (1981). Über die Anwendung von Musik und Eurythmie in der Behandlung hör- und sprachgeschädigter Kinder. *Aspekte der Heilpädagogik.* Stuttgart.
Oberkogler, F. (1978). *Heilende Kräfte der Musik.* Wien.
Oerter, U. (1991). *Hintergrund, Beschreibung und Vergleich zweier Arten musiktherapeutischer Improvisation.* Unveröffentl. Diplomarbeit. Heidelberg.
Pals, C. v. d. (1969). *Der Mensch Musik.* Dornach.
Pfrogner, H. (1978). *Die sieben Lebensprozesse. Eine musiktherapeutische Anregung.* Freiburg.
Pfrogner, H. (1976). *Lebendige Tonwelt.* München.
Pracht, E. (1927). Zur Musikpflege in der Heilpädagogik. *„Natura" 2. Jg., H. 1.*
Pracht, E. (1962). Die Entwicklung des Musikerlebens in der Kindheit. *Heilende Erziehung.*
Renold, M. (1986). *Von Intervallen, Tonleitern, Tönen und dem Kammerton c = 128 Hertz.* Dornach.
Reinhold, S. (1993). Musiktherapie in der Intensivmedizin. In *„Anthroposophische Medizin".* Stuttgart.
Ruland, H. (1981). *Ein Weg zur Erweiterung des Tonerlebens.* Basel.
Ruland, H. (1987). *Die Neugeburt der Musik aus dem Wesen des Menschen.* Schaffhausen.
Ruland, H. (1990). *Musik als erlebte Menschenkunde.* Stuttgart.
Schüppel, M. (1968). Beobachtungen an bewegungsgestörten Kindern. *Das Seelenpflege-bedürftige Kind, H. 2.*
Steiner, R. (1980). *Die Kunst im Lichte der Mysterienweisheit.* GA 275. Dornach.
Steiner, R. (1980). *Wege der Übung.* (Hrsg. v. S. Leber). Stuttgart.
Steiner, R. (1986). *Grundlinien einer Erkenntnistheorie der Goetheschen Weltanschauung.* GA 2. Berlin und Stuttgart.
Steiner, R. (1981). *Das Wesen des Musikalischen und das Tonerlebnis im Menschen.* GA 283. Auflage Dornach.
Steiner, R. (1969). *Nachrichten der Rudolf-Steiner-Nachlaßverwaltung Nr. 26: Wortlaute Rudolf Steiners über Musik.* Basel.
Steiner, R./Wegmann, I. (1925). *Grundlegendes für eine Erweiterung der Heilkunst.* GA 27. Dornach.
Treichler, R. (1980). Der Mensch und die Künste. In: *Festschrift Friedrich-Husemann-Klinik.* Wiesneck.
Visser, N. (1984). *Das Tongeheimnis der Materie.* Järna/Schweden.
Walter, H. (1927). Die Bedeutung der Musik für die Heilkunst. *„Natura" 2. Jg., H. 1.*
Werbeck-Svaärdström, V. (1938). *Die Schule der Stimmenthüllung.* Dornach.
Ziemann, J. (1970). *Die Musik in der medizinischen Therapie und Praxis des 19. Jahrhunderts.* Frankfurt/Main, Diss.

◆ 心理療法的音楽療法の諸方法 ◆

Zusammenfassende Schriften

Bruscia, K. E. (1987). *Improvisational models of music therapy.* Springfield-Ill: Charles C Thomas Publisher.
Decker-Voigt, H. H. (1991). *Aus der Seele gespielt. Eine Einführung in die Musiktherapie.* München: Goldmann Verlag.

Maranto, C.D. (ed), (1993). *Music therapy: International perspectives*. Pipersville-PA: Jeffrey Books.
Ruud, E. & Mahns, W. (1992). *Meta-Musiktherapie. Wege zu einer Theorie der Musiktherapie*. Stuttgart: Gustav Fischer Verlag.
Smeijsters, H. (1994). *Musiktherapie als Psychotherapie. Grundlagen – Ansätze – Methoden*. Stuttgart: Gustav Fischer Verlag.

Analytische Musiktherapie

Langenberg, M. (1988). *Vom Handeln zum Be-Handeln. Darstellung besonderer Merkmale der musiktherapeutischen Behandlungssituation im Zusammenhang mit der freien Improvisation*. Stuttgart: Gustav Fischer Verlag.
Lecourt, E. (1994). *L'Expérience musicale résonances psychanalytiques*. Paris: L'Harmattan.
Priestley, M. (1994). *Essays on analytical music therapy*. Phoenixville-PA: Barcelona Publishers.
Strobel, W. (1990). Von der Musiktherapie zur Musikpsychotherapie – Kann aus der Musiktherapie eine anerkannte Form von Psychotherapie werden ? *Musiktherapeutische Umschau*, 11, 313-338.

Gestalttherapeutische Musiktherapie

Frohne, I. (1986). Musiktherapie auf der Grundlage der integrativen Gestalttherapie. *Musiktherapeutische Umschau*, 7, 111-123.
Frohne-Hagemann, I. (Hrsg.). (1990). *Musik und Gestalt. Klinische Musiktherapie als integrative Psychotherapie*. Paderborn: Junfermann.
Hegi, F. (1986). *Improvisation und Musiktherapie. Möglichkeiten und Wirkungen von freier Musik*. Paderborn: Junfermann-Verlag.

Klientenzentrierte Musiktherapie

Boxill, E.H. (1985). *Music therapy for the developmentally disabled*. Austin-Texas: Pro-Ed.
Salas, J. & Gonzalez, D. (1991). Like singing with a bird: Improvisational music therapy with a blind four-year-old. In: K.E. Bruscia (ed). *Case studies in music therapy*, S.17-27. Phoenixville-PA: Barcelona Publishers.

Verhaltenstherapeutische Musiktherapie

Dileo, C.L. (1975). The use of a token economy program with mentally retarded persons in a music therapy setting. *Journal of Music Therapy*, Vol.XII (3), 155-160.
Holloway, M.S.(1980). A comparison of passive and active music reinforcement to increase preacademic and motor skills in severely retarded children and adolescents. *Journal of Music Therapy*, Vol.XVII (2), 58-69.
Mastnak, W. (1994). Integrierte Musik- und Verhaltenstherapie. Psychiatrische Vernetzungen von Ästhetik und Struktur. *Musik-, Tanz- und Kunsttherapie*, 5, 1-5.

Paradoxale Musiktherapie

Schwabe, C. (1987). *Regulative Musiktherapie*. Stuttgart: Gustav Fischer Verlag.

Kognitive Musiktherapie

Bryant, D.R. (1987). A cognitive approach to therapy through music. *Journal of Music Therapy*, XXIV (1), 27-34.
Perilli, G.G. (1991). Integrated music therapy with a schizophrenic woman. In: K.E. Bruscia (ed). *Case studies in music therapy*, S.403-416. Phoenixville-PA: Barcelona Publishers.

Musikorientierte Psychotherapie

Knill, P. (1987). Auf dem Weg zu einer Theorie musikorientierter Psychotherapie. *Musiktherapeutische Umschau*, 1, 3-14.
Knill, P. (1990). Das Kristallisationsprinzip in einer musikorientierten Psychotherapie. In: I. Frohne-Hagemann (Hrsg). *Musik und Gestalt. Klinische Musiktherapie als integrative Psychotherapie*, S.69-97. Paderborn: Junfermann-Verlag.

Morphologische Musiktherapie
Tüpker, R. (1983). Morphologische Arbeitsmethoden in der Musiktherapie. *Musiktherapeutische Umschau*, 4, 247-264.
Tüpker, R. (1988). *Ich singe, was ich nicht sagen kann.* Zu einer morphologischen Grundlegung der Musiktherapie. Regensburg: Gustav Bosse Verlag.
Weymann, E. (1990). Kunstanaloges Vorgehen in der Musiktherapie. In: I. Frohne-Hagemann (Hrsg). *Musik und Gestalt. Klinische Musiktherapie als integrative Psychotherapie*, S.49-68. Paderborn: Junfermann-Verlag.

Beispiele Analoger Musiktherapie
Aldridge, D., Brandt G. & Wohler D. (1990). Toward a common language among the creative art therapies. *The Arts in Psychotherapy*, 17, 189-195.
Boxill, E.H. (1985). *Music therapy for the developmentally disabled.* Austin-Texas: Pro-ed.
Bruscia, K.E. (1989). *Defining music therapy.* Phoenixville-PA: Barcelona Publishers.
Frohne, I. (1986). Vorwort. In: F. Hegi. *Improvisation und Musiktherapie.* Paderborn: Junfermann-Verlag.
Heal, M. (1991). Psychoanalytisch orientierte Musiktherapie bei geistig Behinderten. *Musiktherapeutische Umschau*, 12 (2), 110-127.
Hegi, F. (1994). Die heilenden Prozesse in der Musiktherapeutischen Improvisation. *Vorlesung während der Schweizer Fachtagung für Musiktherapie*, Zürich.
Jochims, S. (1990). Krankheitsverarbeitung in der Frühphase schwerer neurologischer Erkrankungen. *Psychotherapie, Psychosomatik und medizinische Psychologie*, 40, 115-122.
Kenny, C. (1989). *The field of play: A guide for the theory and practice of music therapy.* Atascadero: Ridgeview Publishing Company.
Lecourt, E. (1991). Off-beat music therapy: a psychoanalytic approach to autism. In: K.E. Bruscia (ed). *Case studies in music therapy,* S.73-98. Phoenixville-PA: Barcelona Publishers.
Lehtonen, K. (1994). Gibt es Entsprechungen zwischen den Strukturen von Musik und denen der Psyche? *Musiktherapeutische Umschau*, 15 (1), 9-24.
Loos, G. (1986). *Spiel - Räume. Musiktherapie mit einer Magersüchtigen und anderen frühgestörten Patienten.* Stuttgart: Gustav Fischer Verlag.
Pavlicevic, M. (1990). Dynamic interplay in clinical improvisation. *Journal of British Music Therapy*, 4 (2), 5-9.
Pavlicevic, M. & Trevarthen, C. (1989). A musical assessment of psychiatric states in adults. *Psychopathology*, 22, 325-334.
Smeijsters, H. (1993). Music therapy and psychotherapy. *The Arts in Psychotherapy*, Vol. 20, 223-229.
Smeijsters, H. (1995) *Handboek muziektherapie. Theoretische en methodische grondslagen voor de behandeling van specifieke stoornissen en handicaps.* Heerlen: Melos.
Steinberg, R & Raith, L. (1985). Music psychopathology I. Musical tempo and psychiatric disease. *Psychopathology*, 18, 254-264.
Timmermann, T., Scheytt-Hölzer N., Bauer S. & Kächele H. (1991). Musiktherapeutische Einzelfall-Prozessforschung - Entwicklung und Aufbau eines Forschungsfeldes. *Psychotherapie, Psychosomatik und medizinische Psychologie*, 41, 385-391.

◆ スーパービジョン ◆

Belardi, N. (1994a). Editorial - Supervision international. *In Organisationsberatung, Supervision.* Clinical Management, Heft 2 (S.103-106).
Belardi, N. (1994b). Zur geschichtlichen Entwicklung: Von der Supervision zur Organisationsberatung. In H. Pühl (Hrsg.). *Handbuch der Supervision 2.* Berlin: Marhold.
Brönnimann, U.-B. (1994). Professionalisierung der Supervision in der Schweiz. *Forum Supervision.* 2.Jg. Heft 4, S.35-47.
Decker-Voigt, H.-H. (1988). Visionen zur Supervision. In K. Hörmann (Hrsg.). *Musik und Tanztherapie.* Münster: Hettgen.

Eschen, J. Th. (1983). Intermusiktherapie. In H.-H. Decker-Voigt (Hrsg.). *Handbuch Musiktherapie*. Eres, Lilienthal.
Fengler, J. et al. (1994). Peer-Group-Supervision. In H. Pühl (Hrsg.). *Handbuch der Supervision 2*. Berlin: Marhold.
Leuschner, G. (1977). Beratungsmodelle in der Gruppensupervision. In Haus Schwalbach (Hrsg.). *Supervision – ein berufsbezogener Lernprozeß*. Verlag Haus Schwalbach, Wiesbaden.
Priestley, M. (1975). *Music Therapy in Action*. Constable, London.
Richter, K. F & Fallner, H. (1993). *Kreative Medien in der Supervision und Psychosozialen Beratung*. Hille: Ursel Busch Fachverlag.
Strobel, W., Loos, G. & Timmermann, T. (1988). Die musiktherapeutische Balint-Gruppenarbeit. *Musiktherapeutische Umschau, 9*, 267-283.
Thiel, H.-U. (1994). Professionelle und kollegiale Supervision. In H. Pühl (Hrsg.). *Handbuch der Supervision 2*. Berlin: Marhold.
Weymann, E. (1996). Supervision in der Musiktherapie. *Musiktherapeutische Umschau, 17*.

◆精神分析と音楽療法◆

Frommer, J., Hempfling, F. & Tress, W. (1992). Qualitative Ansätze als Chance für die Psychotherapieforschung. Ein Beitrag zur Kontroverse um H. Legewies „Argumente für eine Erneuerung der Psychologie". *Journal für Psychologie, 1*, 43-47.
Fürstenau, P. (1992). *Entwicklungsförderung durch Therapie – Grundlagen psychoanalytisch – systemischer Psychotherapie*. München: Pfeiffer.
Grawe, K. (1988). Zurück zur psychotherapeutischen Einzelfallforschung. *Zeitschrift für Klinische Psychologie, 17*, 1-7.
Grawe, K., Donati, R. & Bernauer, F. (1994). *Psychotherapie im Wandel*. Göttingen: Hogrefe.
Heigl-Evers, A., Hennenberg-Mönch, U., Odag, C. & Standke, G. (1986). *Die Vierzigstundenwoche für Patienten – Konzept und Praxis teilstationärer Psychotherapie*. Göttingen: Vandenhoeck & Ruprecht.
Heigl-Evers, A., Heigl, F. & Ott, J. (1993). *Lehrbuch der Psychotherapie*. Stuttgart/ Jena: Fischer.
Langenberg, M. (1988). *Vom Handeln zum Behandeln – Darstellung besonderer Merkmale der musiktherapeutischen Behandlungsituation im Zusammenhang mit der freien Improvisation*. Stuttgart: Fischer.
Langenberg, M., Frommer, J. & Tress, W. (1992). Qualitative Methodik zur Beschreibung und Interpretation musiktherapeutischer Behandlungswerke. *Musiktherapeutische Umschau, 4*, 258-278.
Laplanche, J. & Pontalis, J. B. (1980). *Das Vokabular der Psychoanalyse*. Frankfurt: Suhrkamp.
Priestley, M. (1975). *Music Therapy in Action*. London: Constable.
Priestley, M. (1983). *Analytische Musiktherapie*. Stuttgart: Klett-Cotta.
Tress, W. (1988). Ein Blick auf die Konturen des Elefanten. Bericht von der 19. Jahrestagung der Society for Psychotherapy Research in Santa Fee. *Zeitschrift für Psychosomatische Medizin, 35*, 175-186.
Tress, W. & Fischer, G. (1991). Psychoanalytische Erkenntnis am Einzelfall: Möglichkeiten und Grenzen. *Psyche, 45*, 612-628.

◆性的虐待◆

Masson, J. (1984). *Was hat man dir, du armes Kind, getan?* Reinbek: Rowohlt.
Rhode-Dachser, Ch. (1992). *Expedition in den dunklen Kontinent*. Berlin/ Heidelberg: Springer.
Steinhage, R. (1989). *Sexueller Mißbrauch an Mädchen*. Reinbek: Rowohlt.
Tüpker, R. (1989). Vergewaltigung und sexueller Mißbrauch. Kein Thema für die Musiktherapie? In *Einblicke*. Hg. DBVMT, Hanna Schirmer, Weinmeisterhornweg 104, 13593 Berlin, 2, 51-66.
Wirtz, U. (1990): *Seelenmord. Inzest und Therapie*. Zürich: Kreuz.
Ausführliche Bibliographie sowie eine bundesweite Adressenliste von Beratungsstellen über:

DONNA VITA, Postfach 117, 1000 Berlin 61, 030/6929882,
Juristische Leitfaden für HelferInnen über: Wildwasser Nürnberg, Roritzerstr. 22, 90419 Nürnberg, 0911/331230.

◆早期の母親‐子供の遊び◆

Hartmann, H. & Rohmann, U. H. (1984). Eine Zwei-System-Theorie der Informationsverarbeitung und ihre Bedeutung für das autistische Syndrom und andere Psychosen. *Praxis Kinderpsychologie & und Kinderpsychiatrie 33,* S. 272–281.
Papoušek, H. & Papoušek, M. (1977). Die Entwicklung kognitiver Funktionen im Säuglingsalter. *Der Kinderarzt, 8/8,* 1075 und 1072.
Schumacher, K. (1994). *Musiktherapie mit autistischen Kindern, Musik- Bewegungs- und Sprachspiele zur Integration gestörter Sinneswahrnehmung.* Stuttgart.
Stern, D. N. (1989). *Die Lebenserfahrung des Säuglings.* (amerik. Originalausg. „The Interpersonal World of the Infant" N. Y., 1985). Stuttgart: Klett-Cotta.

◆造形表現◆

Decker-Voigt, H. H. (1991). *Aus der Seele gespielt. Eine Einführung in die Musiktherapie,* München: Goldmann Verlag
Knill, P. (1979). *Ausdruckstherapie.* Überarbeitete Auflage 1992. Lilienthal, ERES.

◆相互音楽療法(IMT)◆

Priestley, M. (1975). *Music Therapy in Action.* London: Constable.

◆早産児に対する聴覚刺激◆

Caine, J. (1991). The effect of music on the selected stress behaviors, weight, caloric and formula intake, and length of hospital stay of premature and low birth weihgt neonates in a newborn intensive care unit. *Journal of Music Therapy, 28(4),* 180–192.
DeCasper, A. F., Fifer, W. P. (1980). Of human bonding: Newborn's prefer their mother's voices. *Science 208,* 1174.
Nöcker-Ribaupierre, M. (1986). Ontogenese des Hörens. *Musiktherapeutische Umschau 7,* 93–101
Nöcker-Ribaupierre, M. (1995). *Auditive Stimulation nach Frühgeburt.* G. Fischer: Stuttgart.
Rubel, E. W. (1984): Ontogeny of auditory system function. *Ann Rev Physiol 46,* 213
Standley, J. (1993). *The effect of music vs mother's voice on NBICU infants' oxygen saturation levels and frequency of bradycardia/apnea episodes.* Vortrag beim VII. World Congress of Music Therapy, Spanien.
Stern, D. N. (1992). *Die Lebenserfahrung des Säuglings.* Stuttgart: Klett-Cotta.
Tomatis, A. A. (1987). *Der Klang des Lebens.* Hamburg: Rowohlt.

◆即興◆

Bruscia, K. (1991). *Case Studies in Music Therapy.* Phoenixville, PA.: Barcelona Publishers.
Grootaers, F. (1994). Fünf Vorträge über Musiktherapie und Morphologie in der Psychosomatik. *Materialien zur Morphologie der Musiktherapie.* Bad Zwesten: Institut für Musiktherapie und Morphologie.
Hegi, F. (1990). *Improvisation und Musiktherapie.* Möglichkeiten und Wirkungen von freier Musik. Paderborn: Junfermann.

Langenberg, M. (1988). *Vom Handeln zum Be-Handeln*. Darstellung besonderer Merkmale der musiktherapeutischen Behandlungssituation im Zusammenhang mit der freien Improvisation. Stuttgart: G. Fischer.

Langenberg, M., Frommer, J. & Tress, W. (1992). Qualitative Methodik zur Beschreibung und Interpretation musiktherapeutischer Behandlungswerke. In *Musiktherapeutische Umschau 13*, 258-278.

Makowitzki, R. (1995). „Über mein Spiel kann ich nichts sagen, denn ich spüre nichts". Möglichkeiten der Modifikation musiktherapeutischer „Standardregeln". In *Musiktherapeutische Umschau 16*, 126-147.

Niedecken, D. (1988). *Einsätze*. Material und Beziehungsfigur im musikalischen Produzieren. Hamburg: VSA.

Nordoff, P. & Robbins, C. (1975). *Musik als Therapie für behinderte Kinder*. Stuttgart: Klett.

Priestley, M. (1975). Music Therapy in Action. London: Constable. Dt.: *Musiktherapeutische Erfahrungen*. Stuttgart: Fischer 1982.

Priestley, M. (1983). *Analytische Musiktherapie*. Stuttgart.: Klett-Cotta.

Schmölz, A. (1971). Zur Methode der Einzelmusiktherapie. In Chr. Kohler (Hrsg.). *Musiktherapie*. Jena: Fischer.

Stern, D. (1992). *Die Lebenserfahrung des Säuglings*. Stuttgart: Klett-Cotta.

Teirich, H. (Hrsg.).(1958). *Musik in der Medizin*. Stuttgart.: Fischer.

Weymann, E. (1991). Frühe Dialoge. In H.-H. Decker-Voigt. *Aus der Seele gespielt*. München: Goldmann.

◆ 多感覚・治療・芸術 ◆

1 s. *Roscher W*. Polyaisthesis-Polyästhetik-Polyästhetische Erziehung. In Zs., polyaisthesis '-Beiträge zur Integration der Künste und der Wissenschaften und zu ihrer Umsetzung in die pädagogische Praxis (VWGÖ-Verlag, A-1070 Wien, Lindengasse 37), 1. Jahrgang 1986, Heft 1, S.4ff.

2 *Aristoteles*: De anima. In Ders. Hauptwerke, Ubersetzt v. W. Nestle, Stuttgart: Kroener 1968, S. 170f.; vgl. auch Roscher W.: Polyaisthesis, a. a. O., S. 8f., sowie Neumaier, O.: Auf der Suche nach der verlorenen Ästhetik, ebd. S. 79 ff.

3 vgl. u.a. *Roscher*: ebd. 8-12.

4 Gebser J., Ursprung und Gerenwart. Schaffhausen: Novalis (1978).

5 Publikationsreihen: Edition Helbling Innsbruck seit 1984, Musikverlag Emil Katzbichler München-Salzburg seit 1990; Periodika: Informationen des Institutes für Integrative Musikpädagogik und Polyästhetische Erziehung, seit 1981; Halbjahresschrift, polyaisthesis '(s. Anm.1) seit 1986 (bisher 9 Hefte); Bibliographien 1977, 1983, 1990, 1995, sowie Jahrbücher Polyaisthesis (Österreichischer Kunst-und Kulturverlag Wien, Musikverlag Katzbichler München Salzburg).

6 Die Ausführungen dieses Beitrages fußen auf meinem Vortrag beim Kongreß für Kunst, Gestaltung und Therapie "Kunst ‐ Therapie", Salzburg, 6.-8. Oktober 1989, wobei der Referent betont hat, daß er nicht Arzt, Therapeut, Psychologe sondern Musiker, Ästhetiker, Pädagoge sei.

7 s. *Dahlhaus*, C.: Klassische und romantische Musikästhetik, Laaber 1988, S. 115 ff.

8 s. *Batteux*: Les beaux arts réduits à même principe, 1746.

9 vgl. sein Referat "Kunst, Psychologie, Behandlung" beim selben Kongreß(s. Anm. 5).

10 s. *Roscher*. Wissenschaftliche Interdisziplinarität und künstlerische Integration. Zu Text-Klang-Riten auf Hölderlins exzentrischer Bahn. In *Roscher, W.*: Musik ‐ Kunst ‐ Kultur als Abenteuer. Bärenreiter: Kassel 1994, S. 43.

11 Informationsheft Stiftung Lebenshilfe CH-5734 Reinach/Aargau "Cantico del sole di S. Francesco di Assisi" 21.9.1988 (Paul Valentin Reichenbach, Samuel Mathy, Claus Thomas, Werner Thomas); Schallplatte: Laudes nach dem Sonnengesang (Lebenshilfe Reinach) mit Kommentar, Gold Records stereom LP 11069/MC 12069; Farbfilm-und

Videomaterialien: Claus Thomas, Musikhochschule Freiburg/Breisgau.
12 s. *Roscher, W.*: Ästhetische Erziehung ‑ Improvisation ‑ Musiktheater, Hannover Schroedel 1970, S.65 ff.
13 s. *Roscher, W.*: Polyästhetische Erziehung, Köln: DuMont 1976, S. 95 f.
14 ebda S. 90 ‑ 117.
15 s. v. a. *Thomas, C.*: Multimediale Interaktionen, In: *Roscher, W. (Hg.):* ebda S. 143-150; ds.: Polyästhetische Kommunikationsspiele als multifaktoriell-sensomotorisches Training, In *Finkel, K.* (Hrsg.): Handbuch Musik und Sozialpädagogik, Regensburg Bosse 1979, S. 501 ff.; Musikthe-rapeutische Perspektiven Polyästhetischer Erziehung. In *Roscher, W.* (Hrsg.): Integrative Musikpäd-agogik, Bl. 1: Theorie und Rezeption, Wilhelmshaven Heinrichshofen 1983, S. 41-62; vgl. ferner Anm. 9!
16 s. v. a. *Kienhorst, E. M.:* Gesamtkünstlerische Aktionen mit milieugeschädigten Jugendlichen, In: *Finkel:* a. a. O., S. 193 ff.; dies.: Ensemble-Improvisation in der Altenarbeit. In *Roscher, W.* (Hrsg.): Integrative Musikpädagogik, Bl. 2: Praxis und Produktion, Wilhelmshaven Heinrichshofen 1984, S. 95-106. ‑ Materialien Bruno Euen: Am Blänkenbach 10, D-3200 Heildesheim. ‑ Willy Janßen vgl. Anm. 12!
17 *Herzka, H. S.:* Die neue Kindheit, Basel Schwabe 1989, ‑ *Honthy K.:* Überlegungen zur mu-siktherapeutischen Praxis, In: ʻpolyaisthesisʼ , a. a. O., 3 Jg. 1988, Heft 2, S. 144 ff. ‑ s. v. a. *Allesch, Chr. G.:* Musikkonsum als Symptom seelischer Belastungen und Fehlentwicklungen bei Jugendliclen, In: AGMÖ (Hg.): Musik ‑ eine Droge? Eisenstadt, Rötzer 1986, S. 97 ff.; ds.: Die Einheit der Sinne, In: ʻpolyaisthesisʼ , a. a. O., 1. Jg. 1986, Heft 1, S. 17; ders.: Geschichte der psychologischen Ästhetik, Göttingen: Hogrefe 1987.
18 s. auch *Mastnak, W.:* Klangszenenimprovisation/ Gesamtkünstlerisches Gestalten und psychischer Prozeß, In: *Roscher* (Hrsg.). Musiktheater im Unterricht, Innsbruck Helbling 1989, S. 75-102; ders. Popper, Gebser und die Musikpädagogik, München ‑ Salzburg Katzbichler 1990.
19 vgl. auch *Roscher, W.:* Sozialaspekt und Kunstperspektive Polyästhetischer Erziehung, In *Finkel, K.* (Hrsg.): a. a. O., S. 489 ff., ders.: Rausch und Maß. In AGMÖ (Hrsg.). a.a . O., S. 5 ‑ 14; ds.: Oder die Gewalt der Musik. In *Roscher* (Hrsg.). Erfahren und Darstellen, Innsbruck Helbling 1984, S. 107-126.
20 *Tellenbach H.:* Gebildete Sinne ‑ Bedingungen glückenden Daseins, In:, polyaisthesis ʻ, 1. Jg. 1986, Heft 1, S. 29 ff. ‑ *Revers, W.J:* Der Einfluß der Musik auf die psychische Entwicklung, ebd S. 39 ff.; ders.: Spiegelung der Wirklichkeit des Selbst, In:, polyaisthesis ʻ, 2. Jg. 1987, Heft 1. S. 2 ff. ‑ *Boesch, E. E.:* Wahrnehmung und Bedeutung. In, polyaisthesis ʻ, 4. Jg. 1989, Heft 1, S. 2 ff. ‑ Koch, A. S.: Trost und Schrecken der Wissenschaft, In:, polyaisthesis ʻ, 3. Jg., Heft 1, S. 61 ff.
21 zu den 5 Aspekten Polyästhetischer Erziehung vgl. u. a. *Roscher, W.:* Zur Konzeption Polyäs-thetischer Erziehung, In ders. (Hrsg.). Polyästhetische Erziehung, Köln DuMont 1976, S. 21 ff.; *Roscher, W.:* Was bedeutet musikalische Bildung. In ders. (Hrsg.). Erfahren und Darstellen, a. a. O., 7 ff., 16 f.; *Roscher, W.:* Polyaisthesis-Polyästhetische Erziehung, In , polyaisthesis ʻ, 1. Jg. 1986, Heft 1, S. 12 ff.
22 Die Beiträge zur interdisziplinären Forschung in Kunst und Kultur, Pädagogik und Therapie (Musik, Sprache, Literatur, Theater, Kunst, Sozialwissenschaft) aus BRD, DDR, Finnland, Großbritannien, Israel, Österreich, Polen, Schweiz, Ungarn, USA sind in Polyaisthesis 6. Jg. 1991 veröffentlicht.
23 vgl. Anm. 20.
24 op. 46 für Sprecher, Männerchor und Orchester (1947).
25 vgl. *Forkel, j. N.:* Über Johann Sebastian Bach/ Leben, Kunst und Kunstwerke, Faksimiledruck nach der Erstausgabe von 1802, Frankfurt a. M. Grahl 1950, S. 51 f.
26 Die Schrift, Bl. 2: Bücher der Geschichte, verdeutscht v. M. Buber/ Franz Rosenzweig, Heidelberg: Lambert Scheider, 1979, S. 199.

◆ 多感覚療法 ◆

Euen, B. (1991). Musikalische Einzelförderung als Möglichkeit ästhetischer Emanzipation für Menschen mit intellektuellen und seelischen Beeinträchtigungen. *Polyaisthesis* 2, 159-163.

Kienhorst, E. M. (1983). Ensemble-Improvisation in der Altenarbeit. In W. Roscher (Hrsg.). *Integrative Musikpädagogik.* Teil 2, Beispiele gesamtkünstlerischer Improvisation, S. 95-104. Wilhelmshaven: Heinrichshofen.

Mastnak, W. (1991 a). Laßt mich lauschen, tasten, schmecken ... Erfüllende Sinne behinderten Daseins. *Behinderte in Familie, Schule und Gesellschaft*, 3, 17-23.

ders. (1991 b). „Musica itaque medicinalis est..." Berührlinien und Wirkfelder von Musiktherapie und Polyästhetischer Erziehung. *Polyaisthesis* 6, 39-51.

ders. (1991 c). Prolegomena zum Künstlerischen in der Therapie. *Musik-, Tanz- und Kunsttherapie.* 2, 61-65.

ders. (1991 d). Perkussions- und Bewegungsimprovisation als Ansatz Polyästhetischer Therapie bei manischen Patienten. *Musik-, Tanz- und Kunsttherapie* 4, 188-195.

ders. (1992 a). „Oft hat ein Seufzer..." Vom Heilenden und Krankmachenden im Musikunterricht. *Musik in der Schule.* 2, 89-93.

ders. (1992 b). Musikpädagoge der Zukunft: Supervisor und Therapeut? In Schweizerischer Musikpädagogischer Verband (Hrsg.). *Das Berufsbild des Musikpädagogen in der europäischen Zukunft*, 39-53.

ders. (1992 c). Musiktherapie bei psychiatrischen Patienten. *Österreichische Krankenhaus-Zeitung.* 7-8, 329-342.

ders. (1992 d). Was bleibt, ist immer der Mensch. Musikalisches Er-Leben als Konkretion individuellen Daseins. *Polyaisthesis* 7, 21-33.

ders. (1992 e). Music-Hypnosis and its Applications in Psychiatry. *hypnos* 3, 137-144.

ders. (1992 f). Sound Focusing. Therapie durch Stimme und gezielte Körperresonanz. Musiktherapeutische Umschau. 13, 30-47.

ders. (1993 a). Polyästhetische Erziehung und Tiefenpsychologie. In W. Roscher (Hrsg.). *Sinn und Widerspruch musikalischer Bildung – Beiträge zu „poiesis" und „aisthesis" heute*, 59-104. München/Salzburg: Katzbichler.

ders. (1993 b). Psychodrama und Klangszenenimprovisation. In W. Roscher (Hrsg.). *Sinn und Widerspruch musikalischer Bildung – Beiträge zu „poiesis" und „aisthesis" heute*, 105-130. München/Salzburg: Katzbichler.

ders. (1993 c). Schülerthema Selbstmord. *Musikerziehung*, 97-108.

ders. (1993 d). Polyästhetische Therapie. Grundriss ihrer gesamtkünstlerischen Methodik. *Schweizer musikpädagogische Blätter* 4, 175-182.

ders. (1993 e). Tanz-Musik-Trance. Anthropologische Erfahrungen, kreative Entfaltungsprozesse und ethnologische Gehalte im Oberstufenunterricht Musik/Sport. In K. Hörmann (Hrsg.). *Tanztherapie*, 189-204. Göttingen: Verlag für Angewandte Psychologie.

ders. (1993 f). Musik-Hypnotherapie bei psychiatrischen Patienten. *Musiktherapeutische Umschau* 4, 306-316.

ders. (1994). *Sinne – Künste – Lebenswelten. Polyästhetische Erziehung und Therapie durch mehrsinnliches Wahrnehmen und gesamtkünstlerisches Gestalten.* Prešov: Matúš.

Roscher, W. (1976). *Polyästhetische Erziehung. Klänge-Texte-Bilder-Szenen. Theorien und Modelle zur pädagogischen Praxis.* Köln: DuMont.

ders. (1986). Polyaisthesis – Polyästhetik – Polyästhetische Erziehung. *Polyaisthesis* 1, 4-16.

ders. (1991). Polyästhetische Erziehung: Kunst und Therapie. *Musik-, Tanz- und Kunsttherapie.*

Thomas, C. (1983). Musiktherapeutische Perspektiven Polyästhetischer Erziehung. In W. Roscher (Hrsg.). Integrative Musikpädagogik Teil 1, 41-60. Wilhelmshaven: Heinrichshofen.

◆短期音楽療法◆

Ahren, Y. & Wagner, W. (Hrsg). (1984). *Analytische Intensivberatung*. Tagungsbericht. Köln.
Blaser, A., Heim, E., Ringer, Chr. & Thommen, M. (1992*)*. *Problemorientierte Psychotherapie. Ein integratives Konzept*. Bern: Huber.
Decker-Voigt, H.-H., Escher, J., Höhmann, U. & Wasem, Chr. (1995*)*. *Neue Klänge in der Medizin. Musiktherapie in der Inneren Medizin*. Bremen: Trialog/Eres.
Grootaers, F. (1994). Die Konstruktion von Musiktherapie in der Psychosomatik. In *Materialien zur Morphologie der Musiktherapie, Bd. 6*, IMM.
Shazer, S. de (1989). *Der Dreh. Überraschende Wendungen und Lösungen in der Kurzzeittherapie*. Heidelberg: Auer.
Smith, N. L., Glass, G. V. & Miller, T. I. (1980). *The Benefits of Psychotherapy*. Baltimore: J. Hopkins-Univers. Press.

◆聴覚器官-その発達と意味◆

Birnholz, J. C. & Benacerraf, B. R. (1983). The development of human fetal hearing. *Science 222*, 516.
Grothe, B. (1995). *Zur Evolution der akustischen Kommunikation*. Vortrag, München.
Lary, S., Braissoulis, G., De Vries, L. & Dubowitz, M. S. u. Q. (1985). Hearing threshold in preterm and term infants by auditory brainstem response. *J Pediat 107*, 593.
Nöcker-Ribaupièrre, M. (1995). *Auditive Stimulation nach Frühgeburt*. G. Fischer: Stuttgart.
Olsho, L. W., Koch, E. G. & Haplin, C. F. (1987). Level and age effects in infant frequency discrimination. *J Acoust Soc Am 82*, 454.
Rubel, E. W. (1985). Ontogeny of auditory system function. *Ann Rev Physiol 46*, 213.

◆調整的音楽療法(RMT)◆

Schwabe, C. (1987). *Regulative Musiktherapie 2., überarbeitete Aufl*. Leipzig: Georg Thieme/Stuttgart: Gustav Fischer.
Schwabe, C. & Röhrborn, H. (1996). *Regulative Musiktherapie nach Schwabe - Entwicklung, Stand und Perspektive in einer Psychotherapiemethode*. Jena: Gustav Fischer.

◆治療と楽器◆

Decker-Voigt, H.-H. (1991). *Aus der Seele gespielt*. München: Goldmann Verlag.
Höhmann, U. (1988). *Zur Symbolik des Musikinstrumentes im Schnittfeld zwischen allgemeiner und individueller Bedeutung* (Abschlußarbeit im Diplom-Aufbaustudium Musiktherapie an der Hochschule für Musik und darstellende Kunst in Hamburg). Hamburg: Institut für Musiktherapie an der Hochschule für Musik und Theater.
Klausmeier, F. (1978). *Die Kunst sich musikalisch auszudrücken*. Reinbek: Rowohlt.
Musiktherapeutische Umschau, Themenheft: Einsatz der Stimme in der Musiktherapie. 1990, Band 11, Heft 2.
Musiktherapeutische Umschau, Themenheft: Das Klavier im Blickpunkt der Musiktherapie. 1992, Band 13, Heft 2.
Priestley, M. (1982). *Musiktherapeutische Erfahrungen*. Stuttgart/Kassel: Fischer/Bärenreiter.

◆統合された意識◆

Berendt, J.-E. (1985). *Das dritte Ohr.* Reinbek: Rowohlt.
Bertalanffy, L. v. (1970). Gesetz oder Zufall: Systemtheorie und Selektion. In A. Koestler & J. Smythes (Hrsg.). *Das neue Menschenbild - Die Revolutionierung der Wissenschaften vom Leben.* Wien: Molden.
Capra, F. (1983). *Wendezeit.* Bern: Scherz.
Dürckheim, K. (1966). *Der Alltag als Übung.* Bern: Huber.
Gebser, J. (1943/1975). *Abendländische Wandlung.* Gesamtausgabe Bd. I, 171-323. Schaffhausen: Novalis.
Gebser, J. (1949/1978). *Ursprung und Gegenwart.* Erster Teil. Gesamtausgabe Bd. II, 1-374. Schaffhausen: Novalis.
Gebser, J. (1953/1978). *Ursprung und Gegenwart.* Zweiter Teil. Gesamtausgabe Bd. III, 375-695. Schaffhausen: Novalis.
Grof, S. (1989). *Auf der Schwelle zum Leben.* München: Heyne.
Haerlin, P. (1993). Klang und Trance im psychoanalytischen Setting. *Musiktherapeutische Umschau,* 14, 219-233.
Hamel, P. (1976). *Durch Musik zum Selbst.* Bern: Scherz.
Kast, V. (1987). *Der schöpferische Sprung.* Olten: Walter.
Knill, P. J. (1987). Auf dem Weg zu einer Theorie musikorientierter Psychotherapie. *Musiktherapeutische Umschau* 8, 3-14.
Knill, P. J. (1990). Das unvermittelbare Heilmittel oder das Dritte in der Kunsttherapie. In P. Petersen (Hrsg.). *Ansätze kunsttherapeutischer Forschung,* S. 87-116. Berlin/Heidelberg/New York: Springer.
Kuhn, T. S. (1977). *Die Entstehung des Neuen.* Frankfurt am Main: Suhrkamp.
Müller, K.-B. (1987). Musikhören und Improvisation als Ausdruck eines integralen Bewußtseins. In H.-H. Decker-Voigt, (Hrsg.). *Musik und Kommunikation* (S. 91-99). Lilienthal/Bremen: Eres.
Petersen, P. (1987). *Der Therapeut als Künstler.* Paderborn: Junfermann.
Petersen, P. (1990). Integrale Wahrnehmungsweisen für Kunsttherapie. In P. Petersen, (Hrsg.). *Ansätze kunsttherapeutischer Forschung* (S. 117-141) Berlin/Heidelberg/New York: Springer.
Petersen, P. (1994). Heil-Kunst - ein integrales Konzept von Psychotherapie und Psychosomatik. *Musiktherapeutische Umschau,* 15, 3-8.
Pribram, K. H. (1979). Hologramme im Gehirn. *Psychologie Heute* 10, 32-42.
Sheldrake, R. (1993). *Das Gedächtnis der Natur.* Bern/München: Scherz.
Spangler, D. (1978). New Age - die Geburt eines Neuen Zeitalters. Frankfurt am Main: Fischer.
Timmermann, T. (1987). *Musik als Weg.* Zürich: Pan.
Timmermann, T. (1993). Geistige Hintergründe und spirituelle Dimensionen musikalischen Erlebens. *Musiktherapeutische Umschau,* 14, 207-218.
Weymann, E. (1990). Anzeichen des Neuen. In P. Petersen, (Hrsg.). *Ansätze kunsttherapeutischer Forschung,* S. 42-57. Berlin/Heidelberg/New York: Springer.
Wilber, K. (1986). *Das holographische Weltbild.* Bern u. a.: O. W. Barth.
Wilber, K. (1991). *Das Spektrum des Bewußtseins.* Eine Synthese östlicher und westlicher Psychologie. Reinbek: Rowohlt.

◆統合的音楽療法◆

Alexander, G. (1978). *Eutonie - Ein Weg der körperlichen Selbsterfahrung.* München: Kösel.
Berger, P. & Luckmann, Th. (1990). *Die gesellschaftliche Konstruktion der Wirklichkeit.* Frankfurt: Sozialwissenschaft Fischer.

Bollnow, O.F. (1963). *Mensch und Raum.* Stuttgart.
Buber, M. (1928, 1965). *Das dialogische Prinzip.* Heidelberg: Lambert Schneider Verlag.
Feldenkrais, M. (1978). *Bewußtheit durch Bewegung. Der aufrechte Gang,* Frankfurt: Suhrkamp.
Ferenczi, S.(1927/1928). *Bausteine zur Psychoanalyse,* 4 Bände. Leipzig: Intern. Psychoanal. Verlag.
Feudel, E. (1949). *Durchbruch zum Rhythmischen in der Erziehung.* Stuttgart: Ernst Klett Verlag.
Frohne, I. (1981). *Das Rhythmische Prinzip- Grundlagen, Formen und Realisationsbeispiele in Therapie und Pädagogik.* Lilienthal: Eres Verlag.
Frohne-Hagemann, I. (Hrsg.).(1990). *Musik und Gestalt.* Klinische Musiktherapie als integrative Psychotherapie. Paderborn: Junfermann Verlag.
Frohne-Hagemann, I. (1992, 1995). Integrative Musiktherapie bei Menschen mit depressiven Zuständen, Legitimation und Konzepte. Vortrag anläßlich der 1. Fachtagung „Musik und Depression" vom 24.–26.4.1992 am Fritz Perls Institut in Hückeswagen. In *Musiktherapeutische Umschau,* 1, 1995.
Frohne-Hagemann, I. (1993). Dokumentation der Entwicklung der Integrativen Musiktherapie als Zweig der Psychotherapieausbildung am FPI und EAG. In H. Petzold & J. Sieper (Hrsg). *Integration und Kreation. Modelle und Konzepte der Integrativen Therapie, Agogik und Arbeit mit kreativen Medien.* Jubiläumsband 2, Paderborn: Junfermann-Verlag.
Gadamer, H.G. & Vogler, P. (1972). *Neue Anthropologie,* 7 Bde., Stuttgart: Thieme Verlag.
Goodman, P. (1951). Gestalt Therapy. In F. S.Perls, R. F. Hefferline & P. Goodman. *Gestalt Therapy, Excitement and Growth in the Human Personality.* New York, The Julian Press.
Jacoby, H. (1983). *Jenseits von „Begabt" und „Unbegabt",* Hamburg: Christians-Verlag.
Jacoby, H. (1984). *Jenseits von „Musikalisch" und „Unmusikalisch".* Hamburg: Christians Verlag.
Jacoby, H. (1986). *Musik.: Gespräche-Versuche (1954).* Hamburg: Christians Verlag.
Marcel, G. (1966). *Dialog und Erfahrung.* Frankfurt: Knecht-Verlag.
Merleau-Ponty, M. (1966). *Phänomenologie der Wahrnehmung.* Berlin: de Gruyter-Verlag.
Moreno, J.L. (1964). *Psychodrama, Bd. 1,* 1946, Beacon: Beacon House.
Perls, F.S.(1980). *Gestalt, Wachstum, Integration.* Aufsätze, Vorträge, Therapiesitzungen. Paderborn: Junfermann-Verlag.
Petzold, H. (1988). *Integrative Bewegungs- und Leibtherapie.* (Integrative Therapie. Schriften zu Theorie, Methodik und Praxis). Paderborn: Junfermann-Verlag.
Petzold, H. (1993). *Integrative Therapie.* Modelle, Theorien und Methoden für eine schulenübergreifende Psychotherapie , 3 Bde. Paderborn: Junfermann-Verlag.
Pfrogner, H. (1981). *Lebendige Tonwelt. Zum Phänomen Musik.* München, Wien: Langen/Müller-Verlag.
Plessner, H. (1974). *Die Einheit der Sinne.* In Gadamer/Vogler (Hrsg.). a.a.O.
Rahm, D., Otte, H., Bosse, S. & Ruhe-Hollenbach, H. (1993). *Einführung in die Integrative Therapie.* Grundlagen und Praxis. Paderborn: Junfermann-Verlag.
Rank, O. (1975). *Art and Artist.* New York: Agathon Press.
Ricoeur, P. (1978). Der Text als Modell: Hermeneutisches Verstehen. In Boehm, G. (Hrsg.). *Seminar: Die Hermeneutik und die Wissenschaft,* Frankfurt: Suhrkamp.
Schmitz, H. (1989). *System der Philosophie,* besonders. Bd 3.: Der Raum. 5. Teil: Die Wahrnehmung. Bonn: Bouvier Verlag.
Watzlawick, P., Krieg (Hrsg.). (1991). *Das Auge des Betrachters.* Beiträge zum Konstruktivismus. München: Piper.
Zuckerkandl, V. (1963). *Die Wirklichkeit der Musik. Der musikalische Begriff der Außenwelt.* Zürich: Rhein-Verlag.
Zuckerkandl, V. (1963). *Vom musikalischen Denken. Begegnung von Ton und Wort.* Zürich: Rhein-Verlag.

◆特殊教育◆

Amrhein, F. (1983). *Die musikalische Realität des Sonderschülers. Situation und Perspektiven des Musikunterrichts an der Schule für Lernbehinderte.* Regensburg: Bosse.
Beierlein, J. (1981). Musik und Behinderte – Ein Modellversuch. *Musiktherapeutische Umschau, 2*, 1, S. 53.
Friedrich-Barthel, M. (1979). *Rhythmik zwischen Pädagogik und Psychotherapie.* Frankfurt: Fachbuchhandlung für Psychologie.
Goll, H. (1993). *Heilpädagogische Musiktherapie.* Frankfurt: Lang.
Kemmelmeyer, K.-J. (1983). Kompensation. In H.-H. Decker-Voigt (Hrsg.). *Handbuch Musiktherapie,* S. 262 ff. Bremen: Eres.
Mahns, B. (1996). *Musiktherapie bei verhaltensauffälligen Kindern.* Stuttgart: Fischer.
Mahns, W. (1990). Die musiktherapeutische Behandlung eines achtjährigen mutistischen Kindes. In I. Frohne (Hrsg.). *Musik und Gestalt,* 335–362. Paderborn: Junfermann.
Mederacke, I. (1993). Regulatives Wahrnehmungstraining mit Musik. Praxis mit körperbehinderten Kindern. In Decker-Voigt/Eschen/Mahns (Hrsg.). *Kindermusiktherapie,* S. 97–110 (Hamburger Jahrbuch zur Musiktherapie und intermodalen Medientherapie, Bd. 3). Bremen: Eres.
Moog, H. (1978). Transfereffekte des Musizierens auf sprachliche Leistungen, Lesen und Rechtschreiben, aufgewiesen bei Sprach- und Lernbehinderten. *Musik und Bildung, 10,* 385–391.
Niedecken, D. (1989). *Namenlos. Geistig Behinderte verstehen.* München/Zürich: Piper.
Probst, W. (1983). Pädagogische Musiktherapie. Theorie und Verfahren. In Decker-Voigt (Hrsg.). *Handbuch Musiktherapie,* S. 94 ff.
Schäfer, M. (1976). *Musiktherapie als Heilpädagogik bei verhaltensauffälligen Kindern.* Frankfurt: Fachbuchhandlung für Psychologie.
Schumacher, K. (1994). *Musiktherapie mit autistischen Kindern.* Stuttgart: Fischer.

◆トランス◆

Bossinger, W. & Hess, P. (1993). Musik und außergewöhnliche Bewußtseinszustände. *Musiktherapeutische Umschau,* 14-3, 239–254.
Erickson, M. H. & Rossi, E. L. (1981). *Hypnotherapie.* München: Pfeiffer.
Goodman, F. D. (1992). *Trance – der uralte Weg zu religiösem Erleben.* Gütersloh: GTB.
Grinder, J. & Bandler, R. (1984). *Therapie in Trance.* Stuttgart: Klett-Cotta.
Leuner, H. (1985). *Lehrbuch des Katathymen Bilderlebens.* Bern: Huber.
Scholz, W. (1994). *Taoismus und Hypnose. Der Weg Milton H. Ericksons.* Augsburg: AV-Verlag.
Strobel, W. (1994). Die klanggeleitete Trance. In Dittrich, Leuner & Schlichting (Hrsg.). *Welten des Bewußtseins.* S. 225–237. Berlin: VWB.

◆内科学◆

Decker-Voigt, H. H. & Escher, J. (Hrsg.). (1994). *Neue Klänge in der Medizin.* Bremen: Trialog Verlag.
Escher, J., Höhmann, U. & Wasem, Chr. (1993). Musiktherapie und Innere Medizin. *Rundschau für Medizin 36,* 957–963.

◆〈成し遂げる〉◆

Balint, M. (1966). *Die Urformen der Liebe und die Technik der Psychoanalyse.* Stuttgart: Huber & Klett.
Loos, G. (1980). Ausschnitte aus Fallberichten zum Thema Wendepunkte. *Musiktherapeutische Umschau, 1,* 219–222, 301–304.
Salber, W. (1975). *Der psychische Gegenstand.* Bonn: Bouvier.

Salber, W. (1977). *Kunst, Psychologie, Behandlung*. Bonn: Bouvier.
Salber, W. (1980). *Konstruktion psychologischer Behandlung*. Bonn: Bouvier.
Tüpker, R. (1988). *Ich singe, was ich nicht sagen kann. Zu einer morphologischen Grundlegung der Musiktherapie*. Regensburg: Gustav Bosse.
Tüpker, R. (1993). Musiktherapie: Hören und Verstehen seelischer Strukturen. In P. Petersen et al. (Hrsg.). *Psychosomatische Gynäkologie und Geburtshilfe*. Berlin-Heidelberg: Springer.
Tüpker, R. (1993). Der Behandlungsauftrag der Musiktherapie. In H. Fitzek & A. Schulte (Hrsg.) *Wirklichkeit als Ereignis. Zwischenschritte – Beiträge zu einer morphologischen Psychologie*, 12. Jahrgang, Heft 2, (S. 297–307). Bonn: Bouvier.
Weymann, E. (1990). Anzeichen des Neuen. Improvisieren als Erkenntnismittel und als Gegenstand der Forschung. In P. Petersen (Hrsg.). *Ansätze kunsttherapeutischer Forschung*. (S. 42–57), Berlin-Heidelberg: Springer.

◆ノードフ・ロビンズ音楽療法（創造的音楽療法）◆

Ansdell, G. (1995). *Music for Life. Aspects of Creative Music Therapy with Adult Clients*. London, Bristol: Jessica Kingsley Publishers.
Nordoff, P. & Robbins, C. (1975). *Music in Special Education*. New York: The John Day Company.
Dies. (1983). *Musik als Therapie für behinderte Kinder*. Stuttgart: Klett-Cotta. (Originaltitel: *The Art of Music as Therapy*, erschienen 1965).
Dies. (1986). *Schöpferische Musiktherapie*. Stuttgart, New York: Gustav Fischer (Originaltitel: *Creative Music Therapy*, erschienen 1977).
Ruud, E. & Mahns, W., (1992). *Meta-Musiktherapie*. Stuttgart, Jena, New York: Gustav Fischer.
Smeijsters, H. (1994). *Musiktherapie als Psychotherapie*. Stuttgart, Jena, New York: Gustav Fischer.

◆能動的音楽療法◆

Nordoff, P. & Robbins, C. (1975). *Musik als Therapie für behinderte Kinder*. Stuttgart: Ernst Klett
Petersen, P. (1994). Heil-Kunst, *Musiktherapeutische Umschau*, **15**, 3–8.
Priestley, M. (1975). *Music Therapy in Action*. London: Constable
Schwabe, C. (2. Aufl. 1972). *Musiktherapie*. Stuttgart: Gustav Fischer

◆倍音の研究◆

Haase, R. (1966). *Grundlagen der harmonikalen Symbolik*. München: ORA.
Haase, R. (1968). *Hans Kayser. Ein Leben für die Harmonik der Welt*. Basel, Stuttgart: Schwabe 1968.
Haase, R. (1969). *Geschichte des harmonikalen Pythagoräismus*. Wien: Publikationen der Wiener Musikakademie Bd. 3.
Haase, R. (1970). *Leitfaden einer harmonikalen Erkenntnislehre*. München: ORA.
Haase, R. (1976). *Der meßbare Einklang*. Stuttgart: Klett.
Haase, R. (1977). *Über das disponierte Gehör*. Wien: Doblinger.
Haase, R. (1980). *Harmonikale Synthese*. Wien: Lafite.
Haase, R. (1986). Hans Kayser (1891–1964). *Musiktherapeutische Umschau*, *7*. 235–246.
Kayser, H. (1947). *Akroasis*. Stuttgart: Hatje.
Maas, Jan van der (1985). *Das Monochord. Das Instrument der Harmoniker*. Bern: Schriften über Harmonik Nr. 9, Kreis der Freunde um Hans Kayser.
Pontvik, A. (1955). *Heilen durch Musik*. Zürich: Rascher.
Schavernoch, H. (1981). *Die Harmonie der Sphären*. Freiburg, München: Karl Alber.
Timmermann, T. (1987). *Musik als Weg*. Zürich: Pan.
Timmermann, T. (1989a). *Die Musen der Musik. Stimmig werden mit sich selbst*. Zürich, Stuttgart:

Kreuz-Verlag.
Timmermann, T. (1989b). Das Monochord – eine Wiederentdeckung (gewidmet Prof. Haase). *Musiktherapeutische Umschau, 10.* 308–320.

(Ein ausführliches und aktualisiertes Literaturverzeichnis zur Harmonik von Rudolf und Ursula Haase erscheint fortlaufend und ist zu beziehen über das „Hans-Kayser-Institut für harmonikale Grundlagenforschung" an der Hochschule für Musik und Darstellende Kunst Wien, Lothringerstr. 18, A-1030 Wien).

◆発達心理学と音楽療法◆

Decker-Voigt, H.-H. (1994). *Pummel-Entwicklungspsychologie am Beispiel einer Nilpferd-Kindheit.* Lilienthal: Eres Edition.
Frohne, I. (1990). *Musik und Gestalt. Klinische Musiktherapie als integrative Psychotherapie.* Paderborn: Junfermann.
Hegi, F. (1996). *Improvisation.* Dissertation Hochschule für Musik und Theater, Institut f. Musiktherapie. Hamburg.
Klein, M. (1972). *Das Seelenleben des Kleinkindes.* Reinbek. Rowohlt.
Mahler, S. M. (1986). *Symbiose und Individuation.* Stuttgart: Klett-Cotta.
Stern, D. (1992). *Die Lebenserfahrung des Säuglings.* Stuttgart: Klett-Cotta.
Tomatis, A. A. (1987). *Der Klang des Lebens.* Vorgeburtliche Kommunikation – die Anfänge der seelischen Entwicklung. Reinbek: Rowohlt.
Verny, T. (1981). *Das Seelenleben des Ungeborenen.* Hamburg: Rogner & Bernhard.

◆バリント・ワーク◆

Balint, M. (1957). *Der Arzt, sein Patient und die Krankheit.* Stuttgart: Ernst Klett Verlag. Original: Engl. (1957) *The Doctor, His Patient, the Illness.* Pitman Medical Publishing Co. London.
Krautschik, A. (1994). Die Stimme in der Arzt-Patienten-Beziehung. *Musik-, Tanz- und Kunsttherapie 5*, 91–93.
Strobel, W., Loos, G., Timmermann, T. (1988). Die musiktherapeutische Balint-Gruppenarbeit. *Musiktherapeuthische Umschau 9*, 267–283.
Stucke, W. (1982). *Die Balintgruppe.* Köln-Lövenich: Deutscher Ärzte-Verlag.

◆美学◆

Faltin, P. (1985). *Bedeutung ästhetischer Zeichen. Musik und Sprache.* Aachen: Rader.

◆評価研究◆

Aldridge, D. (1990). The development of a research strategy for music therapists in a hospital setting. *The Arts in Psychotherapy, 17*, 231–237.
Aldridge, D. (1991a). Aesthetics and the individual in the practice of medical research: a discussion paper. *Journal of the Royal Society of Medicine, 84*, 147–150.
Aldridge, D. (1991b). Single case research designs for the clinician *Journal of the Royal Society of Medicine, 84*, 249–252.
Bruscia, K. (1988). Standards for clinical assessment in the arts therapies. *The Arts in Psychotherapy, 15*, 5–10.
Merleau-Ponty, M. (1986). *Das Sichtbare und das Unsichtbare.* München: Wilhelm Fink Verlag.

Tüpker, R. 1990. Auf der Suche nach angemessenen Formen wissenschaftlichen Vorgehens in kunsttherapeutischer Forschung. In P. Petersen *Ansätze kunsttherapeutischer Forschung.* 71–86. Berlin: Springer-Verlag.

◆ 表現 ◆

Hofstätter, P., (Hrsg.). (1986). *Meyers kleines Lexikon, Psychologie*, Bibliographisches Institut Mannheim, Meyers Lexikonverlag.
Knill, P. (1990). Das Kristallisationsprinzip in einer musikorientierten Psychotherapie. In: I. Frohne *Musik und Gestalt,* Paderborn: Junferman Verlag, 1990.
Lowen, A., (1971). *The Language of the Body.* New York: Collier, 1971.
McNiff, Sh. (1981). *The Arts and Psychotherapy.* Springfield, IL: Charles C. Thomas.

◆ 表現療法と音楽療法 ◆

Decker-Voigt, H. H., (1975). *Musik als Lebenshilfe.* Lilienthal, Germany: Eres.
Knill, P. (1979). *Ausdruckstherapie.* Lilienthal, Germany: ERES. überarbeitete Auflage 1992
ders. (1983). *Medien in Therapie und Ausbildung.* Lilienthal, Germany: Eres.
Knill, P., Barba, H., Fuchs, M. (1994). *Minstrels of Soul.* Toronto: Palmerston Press.
Levine, S. (1992). *Poiesis.* Toronto: Palmerston Press.
McNiff, Sh. (1981). How It All Began,. in *The Current,* Cambridge, Lesley Collge Press.
ders. (1981). *The Arts and Psychotherapy.* Springfield, IL: Charles C. Thomas.
ders. (1985). *Educating the Creative Arts Therapist, A Profile of the Profession,.* Springfield, IL: Charles C. Thomas.
Roscher, W. (Hrsg.), (1976). *Polyästhetische Erziehung,.* Köln: DuMont.

◆ 病後歴と治療効果 ◆

Berk, H.-J. (1991). *Psychologie als Piratentum.* In Zwischenschritte 2:1. Bonn: Bouvier Verlag.
Grootaers, F.G. (1988). Die Wechselwirkung zwischen dem persönlichen Menschenbild und dem eigenen therapeutischen Handeln. In H.-H. Decker-Voigt (Hrsg.). *Musik und Kommunikation.* Lilienthal: Eres Verlag.
id. (1994). Fünf Vorträge über Musiktherapie und Morphologie in der Psychosomatik. *Materialien zur Morphologie der Musiktherapie.* Bezugsquelle: IMM-Münster, Goldstraße 58, 48565 Steinfurt.
id. (in Vorbereitung). *Von lebenden Werken.* Untersuchung über analoge Wirkungsfiguren in Musiktherapie und Alltag
Hoffmeister, J. (1955). *Wörterbuch der philosophischen Begriffe.* Hamburg: Felix Meiner Verlag.
Nietzsche, F. (1887, 1980). *Der Wille zur Macht.* Stuttgart: Alfred Kröner Verlag.
Salber, W. (1973). *Das Unvollkommene als Kulturprinzip.* In: Zeitschrift für klinische Psychologie-Psychotherapie 21/2. Paderborn: Verlag Ferdinand Schöningh.
id. (1980). *Konstruktion psychologischer Behandlung.* Bonn: Bouvier Verlag.
id. (1989). *Der Alltag ist nicht grau.* Bonn: Bouvier Verlag.
id. (1994). *Was wirkt?* In Zwischenschritte. 1/Bonn: Bouvier Verlag.

◆ 文化心理学・社会心理学的視点 ◆

Bourdieu, P. (1982). *Die feinen Unterschiede. Kritik der gesellschaftliche Urteilskraft.* Frankfurt/M.: Suhrkamp.

◆変性意識状態◆

Dittrich, A. (1985). *Ätiologie-unabhängige Strukturen veränderter Wachbewußtseinszustände*. Stuttgart: Enke.
Dittrich, A. & Scharfetter, C. (1987). *Ethnopsychotherapie*. Stuttgart: Enke.
Dittrich, A., Hofmann, A. & Leuner, H. (Hrsg.). (1993–1994). *Welten des Bewußtseins*. (Bd. 1: Ein interdisziplinärer Dialog / Bd. 2: Kulturanthropologische und philosophische Beiträge / Bd. 3: Experimentelle Psychologie, Neurobiologie und Chemie / Bl. 4: Bedeutung für die Psychotherapie). Berlin: VWB.
Eliade, M. (1975). *Schamanismus und archaische Ekstasetechnik*. Frankfurt a. M.: Suhrkamp.
Erickson, M. H. & Rossi, E. L. (1981). *Hypnotherapie*. München: Pfeiffer.
Fischer-Schreiber, J., Ehrhard, F. K. et al. (Hrsg.). (1986). *Lexikon der östlichen Weisheitslehren*. München/Wien: Barth/Scherz.
Gottwald, F.-T. & Howald, W. (1990). Bewußtseinsentfaltung in spirituellen Traditionen Asiens. In Resch (Hrsg.). *Veränderte Bewußtseinszustände* (S. 405–493). Innsbruck: Resch.
Grof, S. (1978). *Topographie des Unbewußten*. Stuttgart: Klett-Cotta.
Guttmann, G. & Langer, G. (Hrsg.). (1992). *Das Bewußtsein – Multidimensionale Entwürfe*. Wien, New York: Springer.
Goodman, F. D. (1992). *Trance-der uralte Weg zu religiösem Erleben*. Gütersloh: GTB.
Grof, S. (1978). *Topographie des Unbewußten*. Stuttgart: Klett-Cotta.
Hess, P. (1992). *Die Bedeutung der Musik für Set und Setting in veränderten Bewußtseinszuständen*. (Jahrbuch des Europäischen Collegiums für Bewußtseinsstudien). Berlin:VWB.
Leuner, H. & Schlichting, M. (Hrsg.). (1991 bis 1994). *Jahrbuch des Europäischen Collegiums für Bewußtseinsstudien*. Berlin: VWB.
Ludwig, A. M. (1966). Altered states of consciousness. *Archives of general psychiatry*, 15, 225–234.
Maslow, A. (1971). *The farther reaches of human nature*. New York: Viking.
Pöppel, E. (Hrsg.). (1989). *Gehirn und Bewußtsein*. Weinheim: VCH.
Rätsch, C. (1992). *Der Ort der psychedelischen Erfahrung im ethnographischen Kontext*. (Jahrbuch des Europäischen Collegiums für Bewußtseinsstudien). Berlin: VWB.
Rittner, S. (1994). Die menschliche Stimme als Medium zur Induktion veränderter Bewußtseinszustände. In Dittrich/Leuner/Schlichting (Hrsg.). *Welten des Bewußtseins*. S. 215–223. Berlin: VWB.
Scharfetter, C. (1987). Paranoid-halluzinatorische Zustandsbilder bei drogen-induzierten Psychosen. In Olbrich (Hrsg.). *Halluzination und Wahn*. S. 42–51. Heidelberg: Springer.
Scharfetter, C. (1995). Welten des Bewußtseins und ihre Kartographen. *Curare 1/1995*, Berlin: VWB.
Schmidt, G. (1989). Wenn Sie Ihr Unbewußtes treffen, grüßen Sie es von mir! *Hypnose und Kognition*. Themenheft Hypnose und das Unbewußte. Bd. 6/1, 19–31. München: M. E. G.-Stiftung.
Vollenweider, F. X. (1992). *Der Einsatz von PET (Positronen-Emissions-Tomographie) zum Studium neuronaler Aktivität während veränderter Bewußtseinszustände*. (Jahrbuch des Europäischen Collegiums für Bewußtseinsstudien, 33–52). Berlin: VWB.
Wilber, K. (1984). *Halbzeit der Evolution*. München: Scherz.

◆〈変容して - くる〉◆

Balint, M. (1966). *Die Urformen der Liebe und die Technik der Psychoanalyse* Stuttgart: Huber & Klett.
Loos, G. (1980). Ausschnitte aus Fallberichten zum Thema Wendepunkte. *Musiktherapeutische Umschau*, 1, 219–222, 301–304.
Salber, W. (1975). *Der psychische Gegenstand*. Bonn: Bouvier.
Salber, W. (1977). *Kunst, Psychologie,* Behandlung. Bonn: Bouvier.
Salber, W. (1980). *Konstruktion psychologischer Behandlung*. Bonn: Bouvier.

Tüpker, R. (1988). *Ich singe, was ich nicht sagen kann. Zu einer morphologischen Grundlegung der Musiktherapie.* Regensburg: Gustav Bosse. Neuauflage. Lit-Verlag, Münster 1996.
Tüpker, R. (1993). *Musiktherapie: Hören und Verstehen seelischer Strukturen.* In P. Petersen et al. (Hrsg.). Psychosomatische Gynäkologie und Geburtshilfe. Berlin-Heidelberg: Springer.
Tüpker, R. (1993). *Der Behandlungsauftrag der Musiktherapie.* In H. Fitzek & A. Schulte (Hrsg.) Wirklichkeit als Ereignis. Zwischenschritte - Beiträge zu einer morphologischen Psychologie, 12. Jahrgang, Heft 2, (S. 297-307). Bonn: Bouvier.
Weymann, E. (1990). Anzeichen des Neuen. Improvisieren als Erkenntnismittel und als Gegenstand der Forschung. In P. Petersen (Hrsg.). *Ansätze kunsttherapeutischer Forschung.* (S. 42-57). Berlin-Heidelberg: Springer.

◆防衛◆

Freud, Anna (1984). *Das Ich und die Abwehrmechanismen*, Fischer TB Verlag GmbH, Frankfurt am Main.
Hoffmann, S.O., Hochapfel, G. (1991). *Einführung in die Neuerosenlehre und Psychosomatische Medizin*, UTB für Wissenschaft, Stuttgart.
Mentzos, Stravros (1990). *Interpersonale und institutionalisierte Abwehr.* Suhrkamp TB, Frankfurt am Main.

◆〈方法的に‐なる〉◆

Balint, M. (1966). *Die Urformen der Liebe und die Technik der Psychoanalyse.* Stuttgart: Huber & Klett.
Loos, G. (1980). Ausschnitte aus Fallberichten zum Thema Wendepunkte. *Musiktherapeutische Umschau, 1,* 219-222, 301-304.
Salber, W. (1975). *Der psychische Gegenstand.* Bonn: Bouvier.
Salber, W. (1977). *Kunst, Psychologie, Behandlung.* Bonn: Bouvier.
Salber, W. (1980). *Konstruktion psychologischer Behandlung.* Bonn: Bouvier.
Tüpker, R. (1988). *Ich singe, was ich nicht sagen kann. Zu einer morphologischen Grundlegung der Musiktherapie.* Regensburg: Gustav Bosse.
Tüpker, R. (1993). Musiktherapie: Hören und Verstehen seelischer Strukturen. In P. Petersen et al. (Hrsg.). *Psychosomatische Gynäkologie und Geburtshilfe.* Berlin-Heidelberg: Springer.
Tüpker, R. (1993). Der Behandlungsauftrag der Musiktherapie. In H. Fitzek & A. Schulte (Hrsg.) *Wirklichkeit als Ereignis. Zwischenschritte - Beiträge zu einer morphologischen Psychologie,* 12. Jahrgang, Heft 2, (S. 297-307). Bonn: Bouvier.
Weymann, E. (1990). Anzeichen des Neuen. Improvisieren als Erkenntnismittel und als Gegenstand der Forschung. In P. Petersen (Hrsg.). *Ansätze kunsttherapeutischer Forschung.* (S. 42-57). Berlin-Heidelberg: Springer.

◆ポエム・セラピー◆

Association of Hospital and Institution Libraries. (1971). Bibliotherapy. *Methods and Materials.* Chicago: American Library Association.
Brown, E. F. (1975). *Bibliotherapy And Its Widening Applications.* Metuchen, N.J.: The Scarecrow Press, Inc.
Crain, W. (1980). *Theories of Development. Concepts and Applications.* New Jersey: Prentice-Hall, Inc.
Knill, Paolo J. (1979). *Ausdruckstherapie.* Suderburg, DL: Pro Janus Verlag.
Leedy, J.J. (1969). *Poetry Therapy.* Philadelphia & Toronto: J.B. Lippincott Company.
Leedy, J.J. (1973). *Poetry the Healer.* Philadelphia & Toronto: J.B. Lippincott Company.
Morrison, M.R. (1987). *Poetry as Therapy.* New York: Human Sciences Press, Inc.

Murphy, James M. (1973). In Leedy, J.J. *Poetry the Healer.* Philadelphia & Toronto: J.B. Lippincott Company.
Stone, Alan A. (1973). In Leedy, J.J. *Poetry the Healer.* Philadelphia & Toronto: J.B. Lippincott Company.
Wolberg, Lewis R. (1969). In Leedy, J.J. *Poetry Therapy.* Philadelphia & Toronto: J.B. Lippincott Company.

◆民族学と音楽療法◆

Beek, M. in der (1981). Meskalin – Musik der Indianer. In *Musik und Medizin* 1, 49–61.
Dittrich, A. & Scharfetter, Ch. (1987). *Ethnopsychotherapie.* Stuttgart: Ferdinand Enke.
Duden, Der (1982). Bd.5 „Fremdwörterbuch", Mannheim, Wien, Zürich: Bibliographisches Institut.
Eliade, M. (1975). *Schamanismus und archaische Ekstasetechniken.* Frankfurt am Main: Suhrkamp.
Kalweit, H. (1987). *Urheiler, Medizinleute und Schamanen, Lehren aus der archaischen Lebenstherapie.* München: Kösel.
Kartomi, M.J. (1973). Music and Trance in Central Java, *Ethnomusicology* 17, S.163–208.
Katz, F. & Dobkin de Rio, M. (1971). Hallocinogenic Music. In *Journal of American Folklore* 84, 320–327.
Kovach, A.M.S. (1985). Shamanism and Guided Imagery and Music: A Comparison. In *Journal of Music Therapy* 12, 154–165.
Lawlis, F. (1989). Schamanistische Heilmethoden in einer Schmerzklinik. In Doore, G. (Hrsg.). *Opfer und Exstase,* S.202–217, Freiburg: Bauer.
Maler, T. (1977). Musik und Ekstase in einer ostafrikanischen Medizinmannpraxis. In Willms, H. (Hrsg.). *Musik und Entspannung,* S.29–45. Stuttgart, New York: Gustav Fischer.
Möller, H.J. (1974). Psychotherapeutische Aspekte in der Musikanschauung der Jahrtausende. In Revers, J.W. et al. (Hrsg.). *Neue Wege der Musiktherapie.* Düsseldorf, Wien: Econ.
Neher, A. (1962). A physiological Explanation of Unusual Behaviour in Ceremonies Involving Drums. *Human biology,* 4, 151–160.
Oesch, H. (1974). Musikalische Gattungen bei Naturvölkern. In *Festschrift für Arno Volk.* S.7–30. Köln: Hans Gerig.
Olsen, D.A. (1975). Music-Induced Altered States of Conciousness. In *Journal of Latin America Folklore* 1, 19–33.
Rätsch, Ch. (1991). *Von den Wurzeln der Kultur.* Basel: Sphinx.
Schneider, M. (1975). *Klangsymbolik in fremden Kulturen.* Wien: Lafite.
Strobel, W. & Timmermann, T. (1991). Ethnotherapeutische Elemente in der psychotherapeutischen Praxis. Klanggeleitete Trance als Weg zum Unbewußten. *Jahrbuch für Transkulturelle Medizin und Psychotherapie,* Andritzky, W. (Hrsg.), Berlin: VWB.
Timmermann, T. (1994). *Die Musik des Menschen. Gesundheit und Entfaltung durch eine menschennahe Kultur.* München: Piper.
Welte, F.M. (1990). *Der Gnawa-Kult.* Frankfurt, Bern, New York, Paris: Peter Lang.
Ysargil, M.G. (1962). Musiktherapie im Orient und Okziden, *Schw. Arch. Neurol. Neurochir. Psychiat.* 90, S.301–326.

◆理学療法と音楽療法◆

Rauhe, H. (1993). *Musik hilft heilen.* München: Arcis.

◆ リズム原理 ◆

Feudel, E. (1949). *Durchbruch zum Rhythmischen in der Erziehung.* Stuttgart: Ernst Klett Verlag.
Frohne, I. (1980). *Das Rhythmische Prinzip. Rhythmisch-musiktherapeutische Ansätze in der Musikerziehung.* (Dissertation, Hamburg 1980) erschienen als:
Frohne, I. (1981). *Das Rhythmische Prinzip. Grundlagen, Formen und Realisationsbeispiele in Therapie und Pädagogik.* Lilienthal: Eres.

◆ 連想的即興 ◆

Eschen, J.Th. (1980). Praxis der Einzelmusiktherapie. *Musiktherapeutische Umschau, 2,* 146-147
Eschen, J.Th. (1983). Music in the Life of Man. *Musiktherapeutische Umschau, 4,* 31-38
Priestley, M. (1975). *Music Therapy in Action.* London: Constable s. „splitting technique"

編著者および執筆者略歴

編著者略歴

ハンス＝ヘルムート・デッカー＝フォイクト Hans-Helmut Decker-Voigt ◆ 教授、哲学博士、文学修士

1945年生まれ。旧西ドイツにて音楽、音楽教育、および教育学を学ぶ。卒後、アメリカで心理学（Ph.D.）と表現療法を学び、音楽学校校長と社会科学専門大学教官を務める。1978年、パオロ・クニル Paolo J. Knillとともにレスリー媒体・表現療法研究所（LIMA、現在のチューリッヒISIS研究所）を創設。1990年よりハンブルク音楽大学音楽療法研究所所長、同時に個人開業して指導音楽療法士、指導表現療法士、およびスーパーバイザーとして活動する。1993年から96年まで、世界音楽療法連盟（WFMT）の総座長を務め、ハンブルクにて第8回音楽療法世界会議1996を開催した。

パオロ・クニル Paolo J. Knill ◆ 元教授、哲学博士

1932年生まれ。レスリー・カレッジ大学院（ケンブリッジ/アメリカ）、心理学・表現療法元教授。1983年よりチューリッヒの学際的研究国際大学（ISIS）学長。ヨーロッパ職業婦人大学（＝EHB、スイス、1994年創立）の共同発起人。音楽療法士、表現療法士、間媒体的表現療法士、スーパーバイザーとして個人開業。

エックハルト・ヴァイマン Eckhard Weymann ◆ 教授、学士‐音楽療法士

1953年生まれ。ケルン、ロンドン、ヘルデッケにて音楽、音楽教育、音楽療法を学んだのち、長年、さまざまの心理療法クリニックで実践を重ねる。「形態学的音楽療法研究グループ」および音楽療法・形態学研究所（＝IMM、1988）の創設会員。ハンブルク音楽大学音楽療法研究所教授。音楽療法士、スーパーバイザーとして個人開業。

執筆者略歴

デイビッド・アルドリッジ Aldridge, David ◆ 教授、哲学博士

1994年より医学部臨床研究方法論教授。専門領域：小児発達論、研究方法論、終末期緩和ケア
住所：Institut für Musiktherapie, Alfred-Herrhausen-Str. 50, 58448 Witten

クリスティアン・G・アレッシュ Allesch, Christian G. ◆ 哲学博士

ザルツブルク大学心理学研究所講師、自由教育フォーラム事務局長。専門領域：文化心

理学、心理学的美学、政治教育
住所：Liberales Bildungsforum, Imbergstr. 25, A-5020 Salzburg

マリア・ベッカー Becker, Maria ◆ **学士 - 音楽療法士、心理学士**
専門領域：障害児、重度障害児、健常児、青少年、成人に対する心理療法
住所：Max-Brauer-Allee 261a, 22769 Hamburg

ヘルベルト・ブルーン Bruhn, Herbert ◆ **心理学士、哲学博士**
音楽、および音楽教授法論教授。専門領域：音楽心理学、音楽教育学、ピアニスト、指揮者
住所：Bernadottestr. 38, 22763 Hamburg

マンフレット・ブルクハート Burghardt, Manfred ◆ **文学修士**
1978年よりハール地区立病院（ミュンヘン）主任音楽療法士。専門領域：精神医学、精神療法 - 心身医学
住所：Bezirkskrankenhaus Haar, Abteilung Musiktherapie, Postfach 1111, 85529 Haar/München

ハンス＝ヘルムート・デッカー＝フォイクト Hans-Helmut Decker-Voigt ◆ **教授、哲学博士、文学修士**
編著者略歴参照
住所：Institut für Musiktherapie, Hochshule für Musik und Theater, Harvestehuderweg 12, 20148 Hamburg

シェリル・ディレオ　マラント Dileo-Maranto, Cheryl ◆ **哲学博士、RMT-BC**
テンプル大学（フィラデルフィア/アメリカ）音楽療法教授、世界音楽療法連盟会長。専門領域：音楽療法と医学、公演芸術医学、音楽療法の職業倫理、音楽療法士の養成教育
住所：Esther Boyer College of Music 012-00 Temple University, Philadelphia, PA 19122 USA

ガブリエーレ・エンゲルト＝ティンマーマン Engert-Timmermann, Gabriele ◆ **音楽学士**
個人開業。専門領域：ピアノ教育、呼吸療法全般、特殊音楽療法、特殊呼吸療法
住所：Oberwieser Weg 5, 82405 Wessobrunn

ヨハネス・Th・エッシェン Eschen, Johannes Th. ◆ **音楽療法元教授**
専門領域：精神医学（ハノーヴァーMHH、ヘルデッケ自治体病院）、心理療法（ハノーヴァー、ハンブルク）、履修課程発達論（ハンブルク）
住所：Anzengrubergasse 28/16, A-1050 Wien

ヨーゼフ・エッシャー Escher, Josef ◆ 医学博士

オーバーヴァリザー郡立病院（ブリーク）診療部長、1991年よりハンブルク音楽大学嘱託講師。専門領域：胃腸科学、音楽療法

住所：Oberwalliser Kreisspital, CH-3900 Brig

ティル・マティアス・フロールシュッツ Florschütz, Till Mathias ◆ 学士 - 音楽療法士（DBVMT）

個人開業。専門領域：人智学志向的芸術心理療法、小児に対する心理療法活動における芸術的媒体と象徴的表現、心理療法的カウンセリング業務と音楽療法における短期療法（特にいわゆるNLP）の意味中心的・解決志向的方法の可能性と限界

住所：Institut für Ambulante Heilpädagogik und Psychotherapie e. V., Langenberg 17, 21077 Hamburg

エファ・マリア・フランク＝ブレックヴェーデル Frank-Bleckwedel, Eva-Maria ◆ 学士 - 音楽療法士

1990年より統合集団Integrationshordおよび個人開業にて音楽療法。専門領域：障害者に対する心理療法としての音楽療法、早期障害に対する音楽療法

住所：Am Hulsberg 11, 28205 Bremen

イザベレ・フローネ＝ハーゲマン Frohne-Hagemann, Isabelle ◆ 哲学博士

1984年よりフリッツ・パールス研究所指導音楽療法士、統合的音楽療法専門領域主任。個人開業（音楽療法、統合的治療、スーパービジョン）

住所：Rathenower Str. 29, 12305 Berlin

マーゴット・フックス Fuchs, Margot ◆ 哲学博士

EBHプログラムディレクター、心理療法士、ISIS（スイス）講師、レスリー・カレッジ（アメリカ）助教授。専門領域：心理言語学、詩歌・表現療法

住所：63 Northunionstreet, Arlington, MA, 02174 USA

ハイナー・ゲンブリス Gembris, Heiner ◆ 教授、博士

ミュンスター大学体系的音楽学教授。専門領域：音楽聴取研究、音楽能力発達心理学、音楽療法の音楽心理学的基礎

住所：Universität Münster, Musikwissenschaftliches Seminar, Schlossplatz 6, 48149 Münster

フランク・G・グローテアス Grootaers, Frank G ◆

1981年より学士 - 音楽療法士として心身医学・心理療法専門病院に勤務。専門領域：心身医学（病棟治療）、芸術療法・音楽療法の形態学的体系化、音楽療法士の上級養成課題

としての集団音楽療法
住所：Bismarckstr. 27, 53604 Bad Honnef

ダクマー・グストルフ Gustorff, Dagmar ◆ 医学博士
1988年よりルッツ・ノイゲバウアーLutz Neugebauerとともに、実践・教育・研究面でヴィッテン／ヘルデッケ大学音楽療法研究所を指導。専門領域：発達遅滞児の音楽療法、神経内科患者の音楽療法、集中治療室における昏睡患者の音楽療法
住所：Institut für Musiktherapie, Universität Witten/Herdecke, Alfred-Herrhausen-Str. 50, 58448 Witten

ハインツ゠ヘニング・ハーケ Haake, Heinz-Henning ◆
さまざまな大学の嘱託講師、神経内科クリニック指導音楽療法士、1984年に個人で心理社会的実践活動を開始。専門領域：精神的・身体的リハビリテーション、家族療法、システム療法
住所：Therapeuttische Praxis, Wilhelmstr. 21,31542 Bad Nenndorf

フリッツ・ヘギ Hegi, Fritz ◆ 音楽療法士
1980年より個人開業。職業人のための音楽療法士養成教育（bam、チューリッヒ）主催。講師、指導音楽療法士、音楽家、著述家。専門領域：依存患者の治療、音楽療法的即興
住所：Kilchbergstr. 113, CH-8038 Zürich

ペーター・ヘス Hess, Peter ◆ 医学博士
フランケンタール市立病院精神科デイケア医長、精神神経科領域の主として臨床活動に従事。さらに心理療法と音楽療法を学ぶ。専門領域：人体に対するカンナビスやLSDなどの幻覚剤に関する神経生理学的研究、精神活性物質を併用した心理療法、精神病および依存症に対する音楽療法
住所：Foltzring 20, 67210 Frankenthal

ウルリケ・ヘーマン Höhmann, Ulrike ◆ 学士‐音楽療法士
1988年よりオーバーヴァリザー郡立病院（ブリーク／スイス）学士‐音楽療法士。専門領域：一次性身体疾患患者に対する音楽療法、楽器の象徴論
住所：Oberwalliser Kreisspital CH-3900 Brig

ハルトムート・カプタイナ Kapteina, Hartmut ◆ 大学教授、音楽療法士（DBVMT、DMVO）、指導音楽療法士
ジーゲン集合大学に指導領域「美学とコミュニケーション／音楽教育学」を創設、同大学における福祉系職業のための音楽的‐治療的付加養成教育主任。専門領域：音楽療法における楽器研究とその機能、精神科患者に対する音楽療法、依存症のカウンセリングと治療における音楽療法

住所：Universität GH Siegen, Hölderlinstr. 3, 57068 Siegen

パオロ・クニル Knill, Paolo J. ◆ 元教授
編著者略歴参照
住所：63 Northunionstreet, Arlington, MA, 02175 USA、またはISIS, Friesstr. 24, CH-8050, Zürich

アデライド・クラウチック Krautschik, Adelheid ◆ 医学博士、哲学博士
医師（一般医学、心理療法、精神分析）、ドイツ・バリント協会学術顧問団員、1971年よりもっぱら個人契約による心理療法実践を行なう。同年よりバリント・アルバイト、および心理療法・心身医学のための医師株式会社（ライン‐ルール）創設会員。専門領域：精神分析的心理療法、システム理論的夫婦・家族療法、バリント・グループ、スーパービジョン
住所：Sommerfeld 15, 45481 Mühlheim a. d. Ruhr

メヒチルト・ランゲンベルク Langenberg, Mechtild ◆ 哲学博士、学士‐音楽療法士、指導音楽療法士、スーパーバイザー
ベルリン芸術大学音楽療法補習的養成コース主任。専門領域：精神分析志向的治療コンセプトをもった心理療法的医学、心身医学。対象は小児、青少年、成人
住所：Hochshule der Künste Berlin, Fachbereich 8, Mierendorffstr. 30, 10589 Berlin

ゲルトルート・カーチャ・ロース Loos, Gertrud Katja ◆
個人開業にて20年間にわたり音楽療法の臨床活動、音楽・身体心理療法を行ない、大学と心理療法研究会において指導する。専門領域：神経性食思不振症、基底障害、女性カウンセリング、心身障害
住所：Reichsbahnstr. 20, 22525 Hamburg

フリードリヒ＝カール・メッツェル Maetzel, Friedrich-Karl ◆ 教授資格所有医学博士
1979年よりティンメン海浜地区クルシュマン‐クリニック（循環器系リハビリテーション）医長、1993年1月よりハンブルク心循環器系疾患予防・リハビリテーション協会の州労働組合会長、1994年よりハンブルク音楽大学音楽療法研究所教官。専門領域：ストレス研究（その生理学的基礎、内科領域における危険因子としての意義、循環器系リハビリテーションにおける賦活テストの発達）、心筋梗塞後・心臓手術後の入院および外来リハビリテーション、心臓病患者に対する音楽療法
住所：Curschmann-Klinik, Saunaring 9, 23669 Timmendorfer Strand

ヴォルフガング・マーンズ Mahns, Wolfgang ◆ 高等学校一級教諭、学士‐音楽療法士

1991年よりハンブルク総合カウンセリングセンター（BZI）講師。専門領域：学校における音楽療法、養成教育・上級養成教育における音楽療法の発展。重点的研究として教育者に対する音楽療法、音楽療法的即興における音楽の理論
住所：Eenstock 28 a, 22179 Hamburg

ヴォルフガング・マストナク Mastnak, Wolfgang ◆ 教授資格所有博士
ザルツブルク州立神経病院第一精神科音楽療法・ムーブメント療法主任。モーツァルテウム音楽大学（ザルツブルク）講師。専門領域：ポリエステティック・セラピー、多文化間教育
住所：Hochschule Mozarteum, Mirabellplatz 1, A-5020 Salzburg

ステラ・マイアー Mayr, Stella ◆ 教授
集団力動トレーナー、ウィーン国立音楽大学嘱託教官、芸術療法のためのOAGG計画主任。専門領域：集団力動、音楽療法、芸術療法
住所：Khevenhüller Str. 13 A, A-1180 Wien

スザンネ・メッツナー Metzner, Susanne ◆ 教授
1990年よりハンブルク-ベルゲドルフ総合病院精神科にて音楽療法活動、ハンブルク音楽大学で教育活動、またコンサート活動を行なう。専門領域：学位論文プロジェクト、精神科患者の集団音楽療法における三角構造
住所：Schulstr. 7 a, 22926 Ahrensburg

クラウス＝ベネディクト・ミュラー Müller, Kraus-Benedikt ◆
職業人のための音楽療法士養成教育（bam、チューリッヒ）指導チームメンバーで、スーパービジョンおよび組織発達に関する指導を行なう。個人開業にてスーパーバイザー、助言者、講師。専門領域：特殊学校における精神障害児童との活動。音楽療法士、社会教育者、職業人のための音楽療法士養成教育（bam、チューリッヒ）における指導者のための指導助言、およびチーム助言
住所：Friedberghalde 1, CH-6004 Luzern

ルッツ・ノイゲバウアー Neugebauer, Lutz ◆ 医学博士
1988年よりDagmar Gustorffとともにヴィッテン・ヘルデッケ大学音楽療法研究所を主催、ヘルデッケ共済病院に勤務。専門領域：小児外来における音楽療法、児童思春期精神医学
住所：Universität Witten/Herdecke, Institut Musiktherapie, Alfred-Herrhausen-Str. 50, 58448 Witten

ディートムート・ニーデッケン Niedecken, Dietmut ◆ 博士
1980年より音楽療法、スーパービジョン、分析的小児心理療法を個人開業、1986年より

ハンブルク音楽大学音楽療法／心理療法講師。専門領域：精神分析と音楽学、精神分析と精神障害

住所：Institut für Musiktherapie, Hochschule für Musik und Theater Hamburg, Harvestehuder Weg 12, 20148 Hamburg

モニカ・ネッカー＝リボピエール Nöcker-Ribaupierre, Monika ◆ **音楽学博士、学士-音楽療法士**

ハンブルクのハウネルシェ大学病院小児科新生児集中治療病棟（発達神経学）、ミュンヘン自由音楽センターに勤務。専門領域：未熟児への音響刺激、早期援助-発達神経学、ミュンヘン自由音楽センターにおける社会人のための上級養成教育の指導

住所：Wehrlestr. 22, 81679 München

ペーター・ペーターセン Petersen, Peter ◆ **教授、医学博士**

1972年よりハノーヴァー医科大学心理療法・精神医学教室教授、1976年より心理療法・産婦人科的心身医学領域主任。専門領域：精神科における集団活動、人間の多産性への医学的介入の心身医学（産婦人科的心理療法）、心身医学における芸術療法

住所：Psychotherapie Medizinische Hochschule Hannover, Pasteuralee 5, 30655 Hannover

ヘルマン・ラウヘ Rauhe, Hermann ◆ **教授、博士**

1978年よりハンブルク音楽大学学長、ハンブルク大学正教授、音楽療法課程の共同創設者、および文化マネージメント課程主任。専門領域：神経学的リハビリテーションにおける音楽、音楽家の疾病治療（音楽医学）、音楽学研究

住所：Hochschule für Musik und Theater Hamburg, Harvestehuder Weg 12, 20148 Hamburg

ザビーネ・リトナー Rittner, Sabine ◆

1984年より［音楽療法士の］養成教育、上級養成教育の講師活動、「ヨーロッパ・意識学会」／音楽療法におけるトランスと変容した覚醒意識状態に関する研究での共同研究、スーパービジョン活動、および自由な芸術活動。専門領域：精神腫瘍学：ハンブルク大学病院にて研究プロジェクト「光療法-患者の心理社会的援助」、呼吸および声療法、身体心理療法／ハイデルベルク大学病院にて多領域間研究プロジェクト「歌うことと健康維持行動／心理療法における声」を組織

住所：Universitätsklinik Heidelberg, Abteilung Psychotherapie und Medizinische Psychologie, Bergheimer Str. 20, 69115 Heidelberg

ヴォルフガング・ロッシャー Roscher, Wolfgang ◆ **哲学博士、元正教授**

ザルツブルク・モーツァルテウム音楽大学旧学長、「モーツァルテウム」統合音楽教育・ポリエステティック教育研究所所長。専門領域：ポリエステティック教育、統合音楽教育、音響場面即興

住所：Aufnergasse 7, A-5020 Salzburg

ハンナ・シルマー Schirmer, Hanna ◆

1978年よりカール‐ボネファー神経病院（ベルリン）に音楽療法士として勤務、ベルリン芸術大学音楽療法課程で10年間教鞭をとる。専門領域：精神科／心理療法の領域における音楽療法活動、精神分析的テーマ、とりわけ治療のなかのグループ・プロセスと人間の発達における象徴形成のプロセスに関する理論的作業
住所：Weinmeisterhornweg 105, 13593 Berlin

カリン・シューマッハー Schumacher, Karin ◆ 教授

ベルリン芸術大学音楽療法教授。専門領域：精神疾患成人患者の音楽療法、情緒障害・精神障害の小児および青少年に対する音楽療法、自閉症児の音楽療法
住所：Schorlemerallee 36, 14195 Berlin

クリストフ・シュヴァーベ Schwabe, Christoph ◆ 大学講師、教授資格所有哲学博士

1981年より1992年まで"カール・マリア・フォン・ヴェーバー"音楽大学（ドレスデン）教育学・心理学講師、1992年よりクロッセン応用音楽療法アカデミー学術主任。専門領域：音楽療法の方法論、音楽の社会的・個人内相互作用、心理療法実践、神経症・精神病・心身症患者に対する音楽療法理論、およびいわゆる重複障害者の助成活動における音楽療法理論
住所："Alte Schmiede", Nr. 32, 04626 Vollmershain

フラウケ・シュヴァイブルマイア Schwaiblmair, Frauke ◆ 音楽療法士、心理療法士

1987年よりミュンヘン小児センターで音楽療法士として活動、1990年2月よりドイツ音楽療法協会会長1993年よりウィーン国立音楽大学にて教職。専門領域：小児とその両親に対する音楽療法、精神障害者に対する音楽療法、音楽療法における声の意義
住所：Prof. Kurt-Huber-Str. 7, 82166 Gräfelfing

アルムート・ザイデル Seidel, Almut ◆ 教授、博士

大学教官、スーパービジョン活動。専門領域：音楽療法‐養成教育（組織的、カリキュラム的、職業政治的な次元）、音楽療法実践に関するスーパービジョン、社会的（病院外の）実践領域における音楽療法
住所：Fachhochschule Frankfurt, Fachbereich Sozialpädagogik, Limescorso 3, 60439 Frankfurt

ヘンク・スマイスタース Smeijsters, Henk ◆ 博士

ニームヴェーゲン大学およびエンシェーデ大学音楽療法養成教育における音楽療法主任講師、エンシェーデ大学音楽療法養成教育コーディネーター、ニームヴェーゲン大学音楽療法実験室研究主任。専門領域：心理療法／精神医学

住所：Doktor de Weverlaan 7, NL-6416 GN Heerlen

ヴォルフガング・ズッパン Suppan, Wolfgang ◆ 正教授、哲学博士
1974年よりグラーツ音楽大学正教授。専門領域：音楽民族学／ヨーロッパおよび比較文化的、音楽人類学
住所：Institut für Musikethnologie, Hochschule für Musik und darstellende Kunst, Leonhardstr. 15, A-8010 Graz

オーレ・タイヒマン＝マッケンロート Teichmann-Mackenroth, Ole ◆ 教授
1979年よりハンブルク音楽大学指導音楽療法士、音楽療法教授、1984年より財団法人ヘンリーテン心療内科病院（ハノーヴァー）音楽療法士。専門領域：心身症病棟における焦点心理療法的アプローチの音楽療法の応用、身体イメージおよび身体イメージ障害に対する音楽療法の活動、心身症的な危機にある音楽家ないし心身症的代償不全に陥った音楽家に対する音楽療法的危機介入
住所：Henriettenstiftung, Klinik für Psychosomatische Medizin, Schwemannstr. 19, 30559 Hannover

エックハルト・ティール Thiel, Eckhard ◆
1987年より「ヴォルプスヴェーデ」SOS - 子供村における共同教育者、1989-1992年デルメンホルストの北部アルフレッド・アードラー研究所において個人心理学的カウンセラー（DGIP）のための上級教育を受ける。専門領域：小児と青少年に対する遊戯療法、およびカウンセリング、音楽療法。教育相談
住所：Weyerdeelen 4, 27726 Worpswede

トニウス・ティンマーマン Timmermann, Tonius ◆ 人文学博士、DBVMT音楽療法士
ミュンヘン、ハンブルク、ウィーンの各音楽大学、およびFPIにて教職、ミュンヘン自由音楽センターにおける「職業人のための音楽療法士養成教育」主任、個人開業。専門領域：ウルム大学心理療法科における音楽療法研究、音楽療法プロモーション
住所：Oberwieser Weg 5, 82405 Wessobrunn

ローゼマリー・テュプカー Tüpker, Rosemarie ◆ 哲学博士
音楽療法と形態学研究所（IMM）、および心理学・形態学協会（GPM）創設会員、ミュンスター大学音楽療法学士課程主任。専門領域：形態学的音楽療法、研究方法論、養成教育問題
住所：Westfälische Wilhelms-Universität, Zusatzstudiengang Musiktherapie, Platz der Weissen Rose, 48151 Münster

ヴァルトラウト・フォレル Vorel, Waltraut ◆
専門領域：音楽心理療法、夫婦・家族療法、古典的同種療法（ホメオパチー）

住所：Goldmariekenweg 38, 22457 Hamburg

ティルマン・ヴェーバー Weber, Tilman ◆ 教授
1980年よりバート・ツヴェステン心因性疾患クリニック学士 - 音楽療法士、音楽療法と形態学研究所創設会員、ハンブルク音楽大学音楽療法研究所講師・指導音楽療法士。専門領域：臨床音楽療法、形態学的音楽療法、音楽療法の上級養成教育
住所：Hardtwaldklinik II, 34596 Bad Zwesten

エックハルト・ヴァイマン Weymann, Eckhard ◆ 教授、学士 - 音楽療法士
編著者略歴参照
住所：Institut für Musiktherapie, Hochschule für Musik und Theater Hamburg, Harvestehuder Weg 12, 20148 Hamburg

事項索引

あ行

ICD（International Classification of Diseases）6, 148, 190, 244
アイステージス 301f
アイデンティティ 9, 30, 109, 117, 184, 268, 275
―音楽的アイデンティティ 287
―職業上のアイデンティティ 48
アゴーギク 10
アステカ文明 21
遊び 135, 141ff, 219, 222, **226**, 270, 325, 329, 333, 343
遊びの規則 144
遊び歌 96
新しいものの徴候 111
アッチェレランド 232
アナログ・コミュニケーション（→コミュニケーション）
アナロジー 103, 122, 211ff
アナロジー・コンセプト 212ff
アナロジー的音楽療法 207
アニミズム 20
アフリカ 18, 20f, 155ff, 261, 331, 335
アフリカの木琴 261
アポロ 331
アメリカインディアン 331
アラビア 22
アラビア哲学 22
アレキシチミア 190
EBS **167**, 254
医学 9, 15, 62, 93, 98, 101, 109, 122ff, 189f, 194, 230, 254, 304ff, 321, 331, 340
―音声医学 70f
―自然科学的な（に方向づけられた）医学 41, 109
―人智学的な医学 200
―伝統的医学 26
医学心理教育 5
医学的・社会的課題 22
医学的侵襲 98
医学的パラダイム（→パラダイム）
医学的モデル 42
医学における音楽 178
生きる技法 114, 172ff, 324f, 328f
移行対象 130, 144
医師 20, 22, 98, 109, 187, 201, 203, 280, 299
意識 94, 100, 109, 112, 115ff, 131, 150, 156, 178, 192, 195, 197, 256, 263ff, 276f, 290f, 320f, 343
意識化過程 67, 325
意識変容作用 336, 337
異質の原理 14
依存 8, 23, 29, 33, 36, 92, 98, 152f, 164, 168f, 195, 198, 234, 242, 256, 258, 278, 286, 318
―相互(的)依存 169, 252
―対抗的依存 169
痛み 15, 25, 28f, 78, 98, 105, 123, 132f, 154, 163, 178, 194, 197, 199, 323, 327
一次過程 131, 136, 147, 222, 257, 300
一次過程的思考 147, 343
一体感 176, 336
一般音楽心理学 17f
いま‐ここ（今ここで/いまここ）83, 110f, 128, 136, 172, 191, 208, 273, 310, 343

意味感覚 94
意味の実現 244
意味理解 180
意味論的 16, 184, 235
イメージ 45
イメージ体験 125
イメージのずれ 324
因果原理 36, 253
インディアン 19, 155f
インド 3, 21, 106, 155, 334
インドネシア 21
インプロヴィゼーション（→即興）
ヴォーカル即興 246
ウィーン音楽大学 230
ヴィッテン／ヘルデッケ大学音楽療法研究所 288, 290
ウォークマン 318
ウグリック族 19
美しき諸技芸 239
美しさ 265
右脳 267, 340ff
占い 20, 331
運動感覚 132, 237
運動障害者 6
運動療法 1, 63, 65, 337
絵（絵画） 5, 111f, 113, 118, 126, 128, 143, 177f, 234, 238f, 246, 270, 286, 291, 304ff, 331
エートス 265
映画音楽 318
エクスタシー 18, 155ff, 322
エクスタシス 9
エス 83, 147, 182, 279
エスキモー 19
LSD療法 162
演劇 9, 53, 61, 118, 221, 228, 241, 245, 291, 310, 333
援助センター 91
援助的関係 191
応答的介入 184
応用音楽心理学 17
応用表現心理学 308

オクターブ 107, 122, 339
オーシャン・ドラム 262
音の彫刻 240f
オーバートーンフルート 3
おもちゃ 141ff
オラトリオ即興 241
オルフアクション的コミュニケーション 241
オルフ楽器 63, 80, 219, 260
音楽学 14, 16, 17, 33, 70, 102, 121, 210, 237f
音楽教育 6, 8, 11, 14, 41, 58, 70, 205, 231, 237f, 242, 268, 272, 274, 340
音楽教育学 16, 78f, 219
音楽経験 124, 166, 226, 280, 284
音楽構造 236, 253, 337, 339
音楽催眠術 157
音楽史 9
音楽史的研究 231
音楽嗜好 124
音楽指向的音楽療法 207
音楽社会学 9, 301
音楽処方 123
音楽心理学 16ff, 41, 121, 266, 301
音楽的インプロヴィゼーション 92
音楽的介入 232, 329
音楽的言語 234
音楽的構造 103, 338
音楽的 - 心理学的即興教育 231
音楽的即興劇 241
音楽的治療教育 6ff
音楽的なもの 202
音楽的パラメーター 10, 124, 146
音楽的要素 13f, 41, 83, 335
音楽によるイメージ誘導法（GIM） 5, 44, 125, 145ff
音楽の構成要素 25, 211
音楽のパラメーター 124, 146
音楽美学 10, 58, 112, 273, 301
音楽（的）プロセス 27, 33, 190, 207, 212f

音楽‐リズムグループセラピー 273
音楽療法‐形態学研究所（IMM） 113
音楽療法の診断 101, 232, 289
音楽療法的パラダイム（→パラダイム）
音強 10, 169
音響学 120
音響元型 277
音響的‐音楽的素材 233
音響的光景 232
音響療法（サウンドセラピー） 154, 178
音群 10
音楽劇の即興 7, 9, 246
音高 71, 100, 124, 232
音色 7, 10, 31, 100, 106, 124, 131f, 138, 146, 232, 260, 277, 323

か行

絵画（→絵）
絵画イメージ 118
絵画療法 126, 331
階級理論 13,
解釈学 120, 189, 233, 269
解釈学的‐現象学の研究 231
解釈学的考察 10
解釈学的‐了解的方法 102
カオス 112, 344
科学的研究 119f, 174, 220, 326
学士‐音楽療法士 186, 290
学習 15, 30, 33, 51, 76, 83, 89ff, 170, 215f, 258, 271ff, 282, 284, 309
学習グループ 89, 272
学習障害 91, 271
学習障害者 240
学習・生活施設 272, 274
学習能力 90, 149
学習理論的モデル 43f
過呼吸 6, 140, 322f
家族関係 80
家族状況 82, 211
家族療法 80ff, 172, 248, 316

かたち（形態）形成 **83ff**, 103, 112, 114, 173, 316, 324
カタレプシー 156
価値意識 9, 244
価値批判的観点 246
楽器 1, 3f, 7f, 10, 19
楽器即興 246
楽器のアピール性 **85f**
学校 8f, 11, 44, 45, 53, 78, **89ff**, 122, 158, 241f, 271ff, 339
学校恐怖 90
カトリック‐キリスト教 22
カレワラ倍音フルート 7
癌 145, 280
感覚＝意味化 244
感覚運動的聴覚的コミュニケーション 241
感覚エネルギー 192
感覚知覚 8, **93ff**, 109, 266f
管楽器 140f, 261
関係障害 91, 148, 222, 226, 256
関係のロンド **95f**
患者‐治療者関係 97, 337
感情移入 8, 28, 96, 244
間‐情動性 226
感情誘因性イメージ体験 75, 145f, 277
観相学 308
カンテレ 7, 262
カンナビス 74, 322f
間媒体的な移行 333
間文化的観点 241
緘黙 149
緘黙症 80, 273
記憶 1, 5, 7, 80, 116, 127, 138, 176, 179, 197, 222, 226, 227, 252, 297, 299, 321, 323, 332, 343, 345
記憶素材 344
儀式 5, 18ff, 29f, 96, 119, 122, 135ff, 155ff, 166, 180, 239, 262, 276, 293, 308, 318, 325f, 331, 335f
器質的疾患 123

寄宿施設 272
記述、記録、評価 289
記述と再構築 **100f**, 112, 174
基底欠損 2, 130, 256
基底障害 130
機能的音楽療法 178
機能不全 53, 80
規範化 240
気分 1, 13ff, 24, 29, 31, 55f, 75, 86, 91, 104ff, 134, 140f, 176, 194, 210, 232, 235, 252f, 261, 266, 281
気分・調子 104
逆説的音楽療法 207
逆説療法 209
逆転移 1, 54, 68, 92, 99, 106, 130, 171, 208, 215, 232, 270, 313, 318, 325, 329, 345
脅威 169, 176, 327, 343f
教育者 79, 89, 91f, 160, 187, 201, 203, 238, 240, 274
教育相談 80
教育相談者 91
教育治療 2, 108
共運動 235
教会音楽 22f, 218
境界の事例 89, 273, 275
共感 5, 60, 105, **108f**, 146, 173, 208, 298
共感覚的 157, 247
教師 9, 53, 90ff, 187, 242, 272, 274, 299
教師 - 音楽療法士 90
共時性 77
強弱法 25, 27, 31ff
共通感覚 237
強度 1, 14, 95, 111f, 232
強度化 111
共同作業 49, 74, 167, 170f, 188, 203, 237, 282, 287, 313, 331
強迫行動 8
強迫的 152f, 209, 213

共鳴 3, 34, 100, 107, 134f, 140, 153, 222, 257, 262, 270, 292
共鳴現象 34, 73, 106, 122, 133, 137
共鳴身体機能 185, 223
共鳴的身体 232, 300
ギルトホール音楽大学 231
記録 5, 71, 121, 126, 128, 152, 167, 185, 198, 206, **226**, 230, 251, 289f, 302, 306, 321
緊張と弛緩 141, 294, 341
禁欲 97, 106, 156, 232, 336
偶然性 10
偶然性の音楽 10
クライエント中心音楽療法 142, 207f
クライエント中心療法 142
クラシック音楽による即興運動 65
クラングシャーレ 3, 178, 262
クラングシュピール 205
グループ活動 66, 139, 168
グループ・ダイナミックス（集団力動） 167
クルムホルン 7, 204f
グロッケン 87, 205
グロッケンシュピール 260
軍用音楽 234
ケーススタディ 101
経過診断法 167
形式 22, 25, 32, 34, 35, 65, 84, 100, 156, 211, 234ff, 330, 338, 341
芸術家 **109f**, 239ff, 302, 346
芸術の観点 241, 245
芸術的創造 288, 329
芸術の統合 237
芸術と医学 109
芸術療法 101, 111, 126, 157, 190, 227f, 237, 270, 286, 290, 291, 302, 305, 310, 331
芸術類似的方法 232
継続教育 159, 275
形態化 28, 30ff, 113, 141, 237, 243, 330
形態学 12, 49, 83, 94, 102, 104, 112,

172, 200, 203f, 207, 212, 217, 235
形態学的音楽療法 **112**, 207, 212
形態学的構造化 281, 324, 328
形態学の心理学 248, 329
系統的脱感作法 209
けいれん性疾患 6
ゲシュタルト 12, 84, 102, 115, 125, 129, 148, 157, 203f, 230, 236, 282f, 288, 341
ゲシュタルト感覚 94
ゲシュタルト形成 233, 236, 288
──音楽的ゲシュタルト形成 114, 236
──精神的ゲシュタルト形成 211, 236
ゲシュタルト心理学 13, 26, 94, 115, 208
ゲシュタルト変転 233
ゲシュタルト法 27
ゲシュタルト法則 16
ゲシュタルト療法 28, 75f, 81ff, **114ff**, 139, 142, 166, 208, 268, 296
ゲシュタルト療法的音楽療法 207
ゲシュタルト理論 27, 115, 268
結晶化理論 **117**, 311
ゲムスホルン 205
ケルパーモノコード 4
欠損 6, 28, 256, 272
限界体験 44
弦楽器 80, 261f
研究計画 119
元型 3f, 88, 181, 293, 331, 336
原型 4, 197, 202, 205
原型的 26, 30, 156, 205
言語化 57, 67, 79, 103, 146, 251, 254, 269, 300, 343
言語障害 91, 149, 178, 271
言語障害者 6
言語的コミュニケーション (→コミュニケーション)
言語的集団療法 125, 207
言語的心理療法 67
言語的治療 171

言語療法 76
原始社会 331
現実原則 30, 83, 147
現実性 39, 92, 111, 147, 323, 343
原始民族 335
研修スーパービジョン 216
現象学 16, 93, 102, 116, 200, 203f, 233, 267
現象主義 115
原初の集団 170
現代音楽 (新音楽) 10, 227, 231, 292
行為 117ff
口琴 19, 155
構成要素 25ff, 58, 157, 202, 211, 234, 313, 330
行動指向的音楽療法 125
行動障害 6, 91, 173, 240, 271
行動障害児 43
行動心理学 115
行動変容 15, 24, 61, 151
行動療法 12, 15, 75, 98, 121, 125, 151, 156, 207, 219, 245, 248, 270
行動療法指向的音楽療法 125
行動療法の音楽療法 207, 209
行動療法の方法 121
交流の個人音楽療法 67f
交流分析 116
降霊術儀式 156
声 3, 70f, 105ff, **131ff**, 140, 200, 229, 251, 263, 266, 300, 308, 310
呼吸 3, 7, 14, 22, 30, 71, 104, 131ff, 140f, 153, 192, 194, 198f, 201, 204, 209, 257, 263, 322
呼吸運動 140f
呼吸療法 **140f**
個人音楽療法 63, 69, 91, 230, 273, 288, 296, 343
個人心理療法 125
個人スーパービジョン 217
個人療法 2, 5, 55, 79, 89, 117, 145, 147, 172, 286, 290, 316, 339

古代インド 21
古代エジプト 21
古代オリエント 154
古代ギリシア 109, 331
古代中国 21
骨伝導 3, 134f, 251
言葉の響きあそび 241
コミュニケーション 60, 104, 131, 149, 157, 164, 166, 168, 230, 252, 257, 266, 287, 303, 307f, 309, 332
——アナログ・コミュニケーション 266, 329
——言語的コミュニケーション 66, 117, 183, 191
——全体的コミュニケーション（トータルコミュニケーション） 309
——前言語的コミュニケーション 192
——デジタル・コミュニケーション 266, 329
——非言語的コミュニケーション 184, 231
子守歌 226
コンガ 80, 261
ゴング 3, 5, 95, 197
ゴングトロンメル 3
コンタクト練習 240
コントラストづけ 232
コンポジション 25f, 211

さ行

再教育 159, 275
再構築 100ff, 271
サイコダイナミック・ムーブメント 1f
サイコドラマ 9, 115, 125, 170, 268, 291
再生 30, 53, 233, 265, 277, 313, 322
再誕生 162
再復帰 240
催眠術 157
催眠状態 156, 178, 246f
催眠療法 139, 262, 278
サウンドセラピー（→音響療法）
叫び声 20, 136, 157
左脳 267, 340ff
サブ・グループ 169
詩 118, 221, 226, 331ff
GIM（→音楽によるイメージ誘導法）
自我機能 130, 147, 153, 182
自我強化 171
視覚障害 271
視覚障害者 6
視覚的構造変換 322
自我経験 246
自我構造 2, 43, 146, 328
時間 1, 22, 27, 30, 84, 95, 100, 112, 235, 306f, 321, 340f
時間性 212
時間体験 213, 277
子宮 73, 134, 140, 151, 162, 176, 197, 199, 251f, 255f
磁気力 122
時空間的な形式 265
しぐさ 1, 139, 171
自己イメージ 191
思考過程 115, 147
志向性 90, 94, 185, 289
至高体験 44, 320
思考モデル 1, 41f, 82, 190, 295
自己感情 150, 226
自己経験 4, 20, 41, 73, 92, 146, 238f, 266, 299, 336
自己決定 171, 257, 288
自己受容 43
自己疎外 8
自己体験 3, 40, 78, 136f, 215f
自己知覚 8, 252
自己治癒 24, 28, 145
自己展開 9, 244
自己同一性 9, 219, 244, 247
自己認識 9, 128, 244
自己発見 8, 266
自己発達 267

自己表現 85, 235, 238
自殺傾向性 242
システム理論 81f, 172, 221, 265, 268, 296f, 316
システム理論の視点 221, 296
姿勢 1, 68, 104, 171, 183, 257, 308
施設化 90
自然民族 18, 20, 22, 155, 158
持続 232
実存主義 44, 115f
実存的欲望 255
質的研究（質的リサーチ）42, 121, 203, 233, 290, 299
質的研究法 74, 330
質的パラダイム（→パラダイム）
質的分析法 112
質的リサーチ（→質的研究）
詩的言語 332
詩的想像力 238
視点 206
自発性 100, 214, 266, 309
自閉 80, **148f**, 251, 295
自閉症 6, 29, 126, 148, 287, 307
――早期幼児自閉症 148
嗜癖 69, **74ff**, **152ff**, 220, **284**
シベリア 19
シャーマニズム 19f, **154**, 245, 335f
シャーマン 6, 18ff, 122, 155f, 176, 335f
シャーマン太鼓 19, 155
社会学 121, 169
社会教育 11f, 56, **158ff**, 274
社会教育家 91
社会心理学 34, 97, 169, 268, **318**, 338
社会の学習 170
社会的コンセンサス 284
社会福祉活動 **158**
シャルマイ 7
ジャンベ 261
呪医（→呪術医）
集合の無意識 171, 320
周産期学 162

周産期心理学 **161f**, 175
自由学校 90
自由連想 130, 231, 296, 334
自由連想法 142
集団音楽療法 63, 107, 138, **163ff**, 169, 230, 288, 296
集団歌唱療法（GST）64, 291
集団プロセス 64, 67
集団力動（グループ・ダイナミックス）12, 67, 147, 163ff, 168, **169ff**, 217, 295, 338
集団療法 5, 55, 75, 79, 253, 290
重度障害児 43
重度障害者 273
柔軟性 90, 140, 183f, 255, 275, 328
12音技法 10
〈受苦‐しうる〉 **172f**, 283, **324ff**, 328
呪術医（呪医、呪術師）18, 20, 155, 157, 176, 331, 335
呪術的構造 94, 263f
呪術的な力 331
出産トラウマ 162
出生前・周産期心理学ならびに医学のための国際研究協会 175
出生前心理学 162, **174f**
守秘義務 93, 186
呪文 18, 122, 264, 331, 336
受容的音楽療法 63, 66, 68, 83, 96, 127, 163, **176ff**, 188, 227, 229, 266, 280, 285
受容的個人音楽療法 63, 67
受容的集団音楽療法 63, 66
純粋音楽 234
生涯教育 80, 92
障害児教育 80
症候的 235
象徴 31, 64, 77, 88, 112, 144, **179ff**, 199, 240, 334
――ディスクルーシヴ（論述的）な象徴性 180
――表現的な象徴性 180
象徴経験的 247

象徴形成　129, 182f, 279
象徴的　1, 12, 43, 59, 76, 94, 130, 137, 142, 157, 191, 222, 232, 235, 273, 293, 303, 320, 323, 327, 334
象徴的意味　207
情動　21, 135, 149, 191, 280, 285, 297
情動システム　184
情動性　28, 68, **183ff**
症例研究　231, 304
症例スーパービジョン　217
食卓音楽　234
職能団体　**45**
植物神経系　123, 184
触覚　86, 94, 141, 157, 199, 226, 237
触覚コミュニケーション　241
心因性疾患　91, 190
新音楽（→現代音楽）
人格感覚　94
人格変容　244
シンクロニゼーション　157
神経言語（的）プログラム　248
神経症　2, 5, 64f, 71, 76, 115, 186, 191, 219, 225, 248, 256f, 270, 278, 298, 329
神経症的退行現象　181
神経心理学　17
神経伝達物質　123
心身医学　69, 156, **189f**
心身症　29, 65, 80, 99
心身問題　189, 192
新生児集中治療室　229
深層心理学　9, 12, 26, 75, 99, 115, 145, 186, 216, 221, 252, 260
身体イメージ　191
身体感覚　94, 145, 149, 177, 199, 277
身体言語　106, 115
身体障害　211, 262, 271
身体 - 精神 - 社会的健康　189
身体的興奮　184
身体的プロセス　184
身体療法　5, 105, 139, 248, 270, 291

診断学　100, 210, 296
人智学的音楽療法　7, 24, 59, **200ff**
心的構造　157, 232, 236
心的プロセス　123, 125, 146, 207, 212f, 281
神秘主義的経験　267
審美的　76, 157f
新プラトン主義　22, 301
心理音響学　16f, 301
心理学的パラダイム（→パラダイム）
心療内科　64, 80, 288
心理療法士　36, 67, 124, 162, 171, 209f, 271
森林学校　90
神話　25f, 34, 74, 94, 122, 135, 154, 158, 180, 183, 264, 266, 335
スーパーバイズ　41, 217, 275
スーパーバイザー　108, 214ff, 228
スーパーバイジー　214ff
スーパービジョン　80, 92, 101, 126, 186, **214ff**, 228, 249, 299
スーフィ　276, 322
スーフィ教徒　157
数学的パラダイム（→パラダイム）
数量化　120
図形楽譜　10, 227
スティグマ　272
ストレス　8, 30, 193, 229
スプリッティング　344
スプリット（分裂）　343
スライド・ホイッスル　87
スリットドラム　262
生活世界　110, 319
成熟のプロセス　171
精神医学　3, 6, 8, 71, 123, 126, **218ff**, 246, 280
精神運動療法　125
精神科　5, 62, 64, 80, 81, 130, 205, 219f, 224, 288, 302
精神科学　119, 206, 268, 340f
精神疾患　123, 213, 244, 296, 331
精神障害　70, 80, 158, 176, 213, 233

精神的外傷　173, 197, 225, 296
精神病体験　5, 344
精神病的体験様式　301
精神分析的な方向の音楽療法　24
精神力動　12, 57, 61, 66, 71, 92, 126, 147, 166, 200, 217, 221, 223, 248, 316
生体エネルギー論　308
性的虐待　80, 90, **223ff**
生徒　89ff, 182, 272
生動性　266
〈生徒‐患者（クライエント）〉　89ff, 273, 275
生の有意味性という観点　246
生物学的精神医学　123, 126
生物‐心理‐社会的次元　189
世界経験　238
世界認識　9, 244
世界表現　238
接触障害　226
摂食障害　2, 8
絶対音楽　234
説明科学　237f
セリー的作曲　10
セルフ・マネージメント療法　156
先鋭化　232, 330
前言語期　256
前言語的経験　191
前言語的コミュニケーション（→コミュニケーション）
全人的医学　177
漸進的筋リラックス法　146
全体心理学　268
全体性　26f, 34, 54, 103, 243, 264
全体的コミュニケーション（→コミュニケーション）
全体と部分　25
全日本音楽療法連盟（＝全音連）　57
旋律特性　231
旋律法　233
戦略的家族療法　81
ソーシャルワーク　**158ff**, 215f

騒音　10, 34, 132, 157
早期障害　256
想起象徴　180
早期の外傷　154
早期（の）障害　2, 76, 90f, 151, 152, 300
造形芸術　118
造形的ゲシュタルト　125
造形美術　112, 335
造形表現　**227f**
相互音楽療法　**228f**
相互主観的‐解釈学的な治療　189f
相互セラピー　228
早産児　229
創造性　32, 54, 68, 90, 110, 142, 147, 167, 205, 214, 268, 270
創造性療法　308, 310f
創造的音楽受容　9
創造的音楽療法　**287ff**, 307
創造的飛躍　265, 267
創造的プロセス　147
相対性　264, 284
素材指向的即興演奏（MoI）　344
ソシオメトリー（社会測定法）　170
即興（インプロヴィゼーション）　10ff, 31ff, 61, 102, 112, 130f, 150f, 167, 182, 190ff, 208, 227f, **230ff**, 233, 236, 246, 266f, 284, 286, 289, 327
—楽器（を使った）即興　38, 40, 63f, 285
—共同即興　85, 208, 222, 315
—声による即興　135, 137
—自由即興（フリー・インプロヴィゼーション）　26, 64f, 140, 143, 169, 184, 275, 281
—集団即興（集団インプロヴィゼーション）　11, 69, 76, 118, 140, 241, 278, 286
—連想的即興（aI）（連想的インプロヴィゼーション）　95, 278, **343ff**
即興演奏　12, 54, 218, 222, 270, 290f, 306, 317
—自由（な）即興演奏　285, 296, 334

即興音楽 31, 52, 54, 286

た行

ターミナルケア 179
太鼓 4, 86, 144, 155ff, 178, 192, 197, 261f, 322, 327
——シャーマン太鼓 2, 19, 155
退行 2, 30, 76, 114, 132ff, 141, 146f, 153f, 163, 171, 207f, 257, 327
退行能力 79
胎児 73, 134, 140, 175f, 197, 208, 251, 258, 297
対象化作用 94
対象関係 130, 150, 184
——精神分析的対象関係論 129
——部分対象関係 184
対象関係体験 222
対象形成 173
対症療法 37, 329
対症療法的思考 272
対症療法的治療 44
ダイナミクス 124, 146, 190, 209, 211, 235, 339
大洋の自己拡大 4, 138, 322
対話 9, 67, 69, 91, 96f, 109f, 175, 200, 233, 244
——音楽療法的対話 192
——個人対話療法 68
——精神分析的対話 278
——治療の対話 266
対話的思考 45
ダウン症 6
打楽器 7, 260f
多感覚=ポリアイステージス **237ff**
多感覚教育 7, 9, 238, 241f
多感覚教育国際協会 238
多感覚性 226f
多感覚美学 311
多感覚療法 158, **242ff**
多元感覚的-多元媒体的観点 245
多世代療法 316

脱緊張(リラクゼーション) 209f
脱緊張訓練(リラクゼーション・トレーニング) 63, 68, 125
竪琴(→ライアー)
多媒体的 7, 117, 157
多媒体的-芸術的観点 241
タムタム 3
短期音楽療法 247
短期療法(ブリーフ・セラピー) 81, 101, 146, 247ff
ダンス 9, 30, 53, 55, 61, 63, 65, 66, 118f, 135, 157, 221, 245f, 300, 306, 310, 323, 335
——スーフィ・ダンス 322
——トランス・ダンス 322
——フォークダンス 285
ダンスセラピー(ダンス療法) 126, 158, 178, 291
タンデム 171
タンバー 260
タンプーラ 3
チーム・スーパービジョン 217
チェロ 7, 86, 261
知覚訓練 309
知覚修正 309
知覚障害 59, 91, 149
知覚マヒ 246
知覚障害をもつ人(もった患者) 227, 251
チベット 154, 276, 292
チャルメラ 7
注意 3, **35**, 64, 78, 95f, 99, 110, 136, 165, 210, 276ff, 323
——浮遊する(漂うような)注意 96, 232
——包括的注意 99
中枢神経 229, 251, 280
超越的体験 336
聴覚障害者 6
聴覚刺激 **229**
聴覚システム 176, 229, 251
聴覚体験 4, 140, 154, 228
彫刻楽器 240

超自然的なもの 332
聴取 10, 125, 127f, 285, 342
―音楽聴取 12f, 15, 21, 52f, 56, 66f, 75, 102, 120, 128, 148, 153, 210, 230, 266f, 281, 284, 318f, 337
―能動的聴取 285
聴取可能 171, 212, 228, 326
聴取習慣 120, 319
聴取的音楽心理療法 145
聴取的音楽療法 123
調性 10ff, 17, 71
調整的音楽トレーニング 63, 68
調整的音楽療法 15, 37, 63, 67f, 167, 209f, **252f**
調整的個人音楽療法 63, 68
治療過程 5, 18, 21, 28, 66f, 69, 81, 83, 98, 110f, 126, 128, 161, 173f, 222, 247, 270, 290, 299, 308, 311, 325, 332f, 335
治療関係 34, 97f, 106, 124, 300f
治療儀式 19f, 136, 155, 157, 335
治療教育 6ff, 24, 41, 80, 124, 127, 178, 186, 200f, 205, 270
治療空間 98, 184, 191, 223, **255**
治療‐芸術 109
治療者/子供関係 142
治療同盟 92f
治療としての音楽 123, 287
治療のなかの音楽 123
ツィター 87
付き添い 5, 191, 215
ツングース族 19, 155
出会い 98ff, 110, 116, 117, 138, 150, 185, 222f, 265, 289, 301, 318, 332
DSM‐Ⅲ‐R 148, 244
T‐グループ(トレーニンググループ) 170
ディジェリドゥー 3, 141
ティンパニ 80, 86ff, 260f
適応 2
―過剰適応 90, 273

適応設定 68, 124, 196
適応能力 71, 211
適応問題 124
デジタル・コミュニケーション(→コミュニケーション)
徹底操作 81, 172, 191, 197, 208, 345
テナークロッタ 7
デモーニッシュなもの 18
テロス 243
転移 43, 54, 66, 98ff, 106, 215, 270f, 282, 313, 318, 325, 329
転移関係 223, 273
転移‐逆転移(‐現象) 68, 171, 232
転換点 246, 325f
電子音楽 10, 75
天体のハーモニー 122
伝統的記譜法 10
伝統統合的観点 241
テンポ 14, 124, 169, 209, 213, 232, 339
典礼音楽 234
問いかけ‐応答‐演奏 96
ドイツ音楽療法連盟(DGMT) 45, 159, 185
ドイツ教育審議会 272
同一化 278, 334
―相互的同一化 170
同一化作用 94
投影 146, 153, 177, 278f, 318
投影(性)同一視 130, 279
ドゥカイン 7
統合教育 272
統合された意識 237, **263ff**
統合失調症 213
統合的音楽療法 152, 166, **267ff**
統合的ゲシュタルト療法 82f
統合療法 1, 265, 267f
同質の原理 14, 67, 146, 151, 319, 334
特殊教育 41, 73, 91, 151, 159, 242f, **271ff**, 288
特殊教育者 91, 274
ドラマ療法 331

トランス 2, 9, 18, 20f, 30, 128, 135ff, 155, 157, 266, **257ff**, 321, 336
——音によるトランス **2ff**, 277, 323
——トランス状態 333
トランスパーソナル心理学 265, 320
とり入れ 113, 183, **278ff**
トレーニング・スーパービジョン 216
トロンボーン 87

な行

内因性うつ病 213
内科学 **280**
内在的な力 112
内部調整 103
〈成し遂げる〉 114, 173f, **281ff**, 326, 330
ナルシズム 30
難聴 148, 271
二元論 264, 341
——心身二元論 94
——デカルト的二元論 93
二次過程 131, 147, 222, 300
二次過程的思考 147, 343
日記 332
日本バイオ・ミュージック学会 57
ニューエイジ 265
乳児研究 151, 229
人間学的反省 246
人間形成 90, 238, 272
——音楽的人間形成 237
人間主義 298
人間主義的‐実存主義的モデル 44
人間主義的心理学 44, 115
人間主義的心理療法 156
人間性心理学 81, 145
人間像 42, 44f, 61f, 201, 244, 268, 272f
人間的な学校 90
認知学習 271
認知的音楽療法 207, 210
認知的機能 124

認知療法 126
粘土 142, 227
ノードフ・ロビンズ音楽療法 287
ノードフ・ロビンズ音楽療法センター 288
ノイズ 10
能動的音楽療法 63, 73, 83, 96, 129, 184, 188, 227, 230, 280, 281, 288, **290f**, 302
能動的集団音楽療法 63f, 66
脳波 14, 105, 123, 276, 306, 321, 338
ノエシス 301

は行

パースペクティヴ 30, 103, 111f, 168, 185, 237
——時間パースペクティヴ 30
——精神分析的パースペクティヴ 126
——精神力動的パースペクティヴ 126
——非パースペクティヴ性 264
パースペクティヴ的 94, 264
パースペクティヴ理論（的観点） 243, 245
パートナー・プレイ 171, 230
ハープ 7, 246, 262
バイオエネルゲティク 116
倍音 4, 34, 73, 131, 136, 178, 262, **292ff**
倍音スペクトル 34
媒介不可能な第三者 265
背景音楽（BGM） 15, 58, 234
媒体横断的 118f, 227f, 309, 311
ハウザ族 21
バウハウス 241
白昼夢 35, 147, 222, 276, 343f
撥弦楽器 261
発達援助 273, 274
発達心理学 18, 25, 27ff, 34, 94f, 161, 174, 199, 229, **295**
パラダイム 93, 120f, 206, 214
——「医学的」パラダイム 123

―医学的‐自然科学的パラダイム 93
―音楽療法的パラダイム 121
―質的パラダイム 126
―心理学的パラダイム 124f, 174, 206
―「数学的」パラダイム 122
―「魔術的」パラダイム 121
―メタ・パラダイム 45
―量的パラダイム 126
パラダイム転換 93, 265
バラフォン 261
バリ島 331
バリント・グループ 217f, 299ff
ハルモニア 233f
パロ・アルト・グループ 81
バンツー族 21
反応的個人音楽療法 63, 68
反応的集団音楽療法 63, 67
反復 30f, 97, 111, 226, 232, 333, 336
反復的音楽 336
BGM（→背景音楽）
ピアノ 1, 7, 80, 127, 241, 261ff, 288, 339
非因果性 264
美学 11, 165, 234f, 241, 268, 301, 304f, 311
―音楽美学 10, 12, 58, 112, 273, 301
―心理学的‐美学的基礎 241
―多感覚美学 311
―抽象的美学 321
美学的経験研究 302
美学的自己理解 12
美学的過程 158
非言語的コミュニケーション（→コミュニケーション）
庇護性 176
非自立性 273
ヒステリー的 213
美的経験 9, 246
美的なもの 157
非パースペクティヴ的‐間位相的思考 237
ヒポクラテスの医学 109

響き 17, 25f, 28f, 73, 77, 107, 117ff, 140, 143, 152f, 257f, 262, 266, 293, 333, 339
―楽器の響き 86
―声の響き 70, 104, 106, 131ff
ヒューマニスティック心理学 290
憑依状態 21, 156
評価 18, 98, 100f, 104, 126, 129, 131, 167, 206, 301f, 307f
評価研究 **302**
評価尺度 44, 152, 307
表現志向的心理療法 158
表現療法 117, 119, 166, 291, 296, 309ff
病後歴 146, **311**
表象 243f, 252, 264
―イメージ表象 301
―形式表象 33
―実存の根源表象 181
―心的表象 184
―聴覚表象 229, 252
表象能力 333
表情 104, 117, 139, 152, 157, 259
病像 2, 38, 84, 186, 200, 206, 254, 322
不安感情 163
不安障害 8, 242
ファンタジー 1, 11, 122, 147, 185, 199, 208, 223, 235
不安に満ちた自己‐解体 5, 138, 322
フィードバック 3, 65f, 69, 128, 136, 171, 192
―言語的フィードバック 69
―バイオフィードバック 322
夫婦療法（ペア療法） 80, 82, 172, **316ff**
フェティシズム 20
付加的履修課程 290
不協和音 10, 34, 266, 292, 294
複合的音楽療法 195
プサルテリウム 7, 87
プシロシビン 322f

舞踏トランス 157
部分自我複合 257
ブラックアフリカ 18, 20f
フランス音楽療法 122
フリー・インプロヴィゼーション（→自由即興）
フリー・ジャズ 231
フリーの音楽療法士 187
ブリーフ・セラピー（→短期療法）
フルート 144, 204, 261
雰囲気 19, 104f, 117, 210, 215, 232, 256f, 267, 300, 337f, 343
文化的コンテクスト 336
分析指向の音楽療法 185, 222f
分析指向の精神療法 220f
分析的音楽療法 1, 125, 129, 143, 207f, 222
並列もしくは対抗イメージ 324
ペイン・コントロール 178
ペヨーテ 323
ペルシア 157, 331
変化の必然性 111
変形 84, 103, 113, 212
変性意識状態（変容した意識状態） 3, 5, 132, 135, 275ff, **320**, 335
変奏 28, 31, 232, 242, 330
ペンタトニックフルート 7
変転の輪 265
変容過程 266, 325f
〈変容して‐くる〉 114, 173, 233, 281ff, **324ff**, 328
ポエム・セラピー（詩歌療法） 270, 291, **331ff**
防衛 87, 145, 149f, 177, 191, 197, 208, 225, 248, 253, 301, 307, **326ff**
防衛機制 171, 279, 326f
防衛プロセス 180
方法体系 62, 252
〈方法的に‐なる〉 114, 325f, **328f**
保健制度 45f, 124, 185, 247
母子関係の歪み 256

母‐子結合 175, 229
補整的音楽教育 272
母性的中心 257
補足的養成教育 146
ホモグラフィーモデル 265
ホリスムス 268
ホルモン 123f, 153, 175, 194
ホロトロピック呼吸法 6
本源療法 162
本能概念 279

ま行

魔術的儀式 122
魔術的思考 122
魔術的‐神話の文化 154
魔術的パラダイム（→パラダイム）
まなざし 173, 183, 324
マヤ文明 21
マンダラ 331
見捨てられ不安 197
身振り 104f, 117, 157, 171, 180, 183, 232, 260
ミュージック・チャイルド 7
ミラノグループ 81
民族音楽 334
民族学 18, 74, 95, 136, 156ff, 266, 309, 334
民族学的音楽療法 154
ムーブメントセラピー 125
無意識的決定論 231
夢幻状態 344
無限性 87, 176
無限定性 176
明証体験 267
瞑想 30, 74f, 77, 116, 155, 240, 276, 322, 336
メタモルフォーゼ 83, 113f
メルヘン 152
メロディ 25ff, 30ff, 35, 71, 86, 146, 204, 256, 258, 323, 339, 345
メロディ楽器 260

免疫機能 123
妄想的 - 分裂的態勢 279
盲目 271
木琴 86, 260f
モノコード 3f, 178, 197, 262, 267, 292ff
モンゴル族 19, 155
問題設定 42, 113, 120f, 174, 336

や行

薬物依存 10, 75, 220, 285
役割葛藤 91
有機体共鳴 3, 74, 107, 132
遊戯療法（プレイ・セラピー） 141ff
夢 35, 74, 84, 94, 99, 103, 115, 147, 152, 155, 175, 180, 182f, 257, 264, 310, 312, 320, 343ff
養護学校 90f, 158
養護施設 272, 275
養成教育 146, 231, 280, 290
要素構成法 26f
ヨガ 276, 320
余暇的 274
抑圧 2, 8, 23, 27, 29, 76, 88, 99, 180f, 194f, 242, 318, 324, 327, 333
抑うつ 30, 73, 77, 194, 331
抑うつ態勢 279
予測不可能 86, 109, 230
予防 8, 76, 90f, 158f, 176, 200, 273, 323
予防医学 68, 72, 335

ら行

ラーガ 107
ライアー（竪琴） 7, 19, 176, 242
ライン練習 240
螺旋プロセス 283
理学療法 178, 337
力動指向的受容的集団音楽療法 63
リズム 4, 10, 21, 25ff, 29ff, 53, 77, 90, 97, 117ff, 136, 139, 150f, 178, 189f, 199, 202, 204, 209, 255, 258, 268, 280, 285, 300, 323, 335, 338
——詩のリズム 333
——生物学的リズム 198
リズム楽器 30, 260
リズム原理 116, **340f**
リズム的 - 音楽的遊び 226
リズム特性 231
リズム法 233
理想化 92, 99, 256
リタルダンド 232
リトミック 268, 274, 291, 340
リハビリテーション 42, 68, 73, 129, **188f**, **193f**, 196, 220, 247, 251, 280, 288, 337ff
領域横断的 - 科学的観点 241
了解心理学 174
両価性 138, 344
両価的な葛藤 256
両極性 29, 83, 113, 202, 264, 340f
両側性思考 147
量的研究（量的リサーチ） 299
リラクゼーション 15, 56, 58, 125, 128, 146, 178, 196, 252f
リラクゼーション・トレーニング （→脱緊張訓練）
臨在 265
臨死者 281
臨床音楽教育 8
臨床音楽療法協会 57
臨床心理学 177
倫理綱領 185
霊的本性 158
連想 44, 86, 127, 157, 195, 208, 227, 261, 277, 339
連想の即興（aI）（連想的インプロヴィゼーション）（→即興）
連想法 180
連想理論的思考 116
ロールプレイ 125, 141, 284, 286

——治療的ロールプレイ 170
聾 148, 271
ロゴス 233f
論理療法 210

わ行

和音 7, 31, 205, 301, 333, 338
——三和音 34, 196, 198, 285
和音化 339
和音楽器 260
和音の風呂 75
和声法 233
われわれ感覚 170

人名索引

Abel-Struth 9
Abresch 136
Adamek 71, 72, 73, 132, 134, 136
Adler 80
Adorno アドルノ 17
Agrotu 54
Ahren 248
Al-Kindi 22
Aldridge 211, **302**, 304, 305
Alexander 248, 268
Alfarabi 22
Allesch 14, **301**, **318**
Allison 53
Alonso 53
Alvin 6, 51, 53, 55, 150, 151
Ammon 147, 175
Amrheim 274
Andritzy 335
Aristoteles アリストテレス 16, 237
Arnheim 310
Asper 256
Asperger 148
Auden 332
Auerbach 78, 153
Axline 142
Azuri 53

Bailey 15
Balint バリント 2, 129, 130, 256, 299, 325
Barba 309, 311
Barcellos 58
Barthel 77, 273
Bateson 80, 317
Barth-Sheiby 1
Battegay 99

Bauer 212
Baumgardt 181
Baumgarten 301
Bauriedl 81
Beck 73
Becker 22
Beek 335
Behne 14, 15
Behrend 337
Beierlein 274
Beimert 161
Belardi 215, 217
Benacerraf 251
Benenzon 51, 89, 150, 151
Berendt 77, 122, 266
Berg ベルク 10
Berger 268
Bernoulli 132
Bettelheim 149, 151
Beuys 110
Bicton 79
Bion 295
Birnholz 251
Bissegger 204
Blaser 247
Bleuler ブロイラー 148, 247
Bollnow 268
Bonny 5, 145, 177
Bort 201
Boshier 21
Bossinger 5, 145, 278
Boszormenyi-Nagy 81
Bourdieu 319
Bowen 81
Boxill 211
Boyer 19

Boëthius 22
Brandt 211
Breitenfeld 284
Bright 53
Brotons 14
Burghardt 218
Bruhn 16, 163
Bruscia 51, 55, 60, 123, 211, 230, 306
Brönnimann 216
Brückner 12, 165,
Buber 116, 242, 268
Buddenberg 316
Bullinger 284, 285
Butzko 75, 76
Buzasi 8
Byron バイロン 332
Bólin 153
Bürgel 22

Cage ケージ 10, 11, 12
Caine 15
Canacakis-Canás 83, 157
Capra 256, 267
Cassirer カッシーラー 180
Cassriel 76
Celarec 56
Chagall シャガール 111
Cohn 76
Colon 60
Colwell 16, 17
Cooley 170
Costa 58
Crain 331
Cross 17
Croxson 57
Cunningham 15
Curtis 15
Cutter 127
Czogalik 152

Dahlhaus 16

Dainielou 107
Dainow 14
Davanloo 249
Davis 15
De Backer 59
DeCasper 229
Decker-Voigt 6, 12, 42, 86, 123, 126, 128, 144, 177, 178, 179, 214, 216, 227, 247, 261, 280, 281, 295, 309
del Campo 56
Delacato 149
Dentler 77
Descartes デカルト 198
Deutsch 13, 16
Deva 107
Dickinson 332
Dieckmann 82
Di Franco 53
Dileo 209
Dittrich 138, 332, 335
Dobkins de Rios 335
Dratmann 307
Drever 147
Dritzel 29
Droh 15, 43, 124
Dörner 152
Dürckheim 265

Ebersoll 155
Ehrhardt 286
Eibl-Eibesfeldt 20
Eisenberg 149
Eliade 19, 155, 336
Elk 155
Ellis 210
Emsheimer 19, 155
Engert-Timmermann 140, 141
Erickson, G.D. 81
Erickson, M. エリクソン 157, 248, 276, 320
Erikson, H.E. 25, 30
Erlmann 21

Ernst 12, 78
Eschen 35, 36, 41, 42, 95, 107, 108, 147, 216, 226, 228, 290, 298, 343
Escher 123, 247, 280
Espada 52
Euen 8, 241, 242
Evers 122
Ewers 153

Fallner 218
Faltin 302
Fausch 202
Fechner 16
Feldenkrais 268
Fengler 217
Ferenczi 115, 180, 268, 278
Ferrero 52
Feudel 268, 340
Feuser 149
Fey 77
Fierlings 77
Finkel 11, 161, 286
Fischer-Schreiber 320
Flackus 75
Flath-Becker 13
Flores 53
Florschütz **200**
Formann-Radl 285
Frank 122
Frank-Bleckwedel **176**
Franknoi 307
French 248
Freud, A. 142
Freud, S. フロイト 83, 180, 260, 278, 320
Fried 15
Friedemann 11, 78, 231
Friis-Zimmermann 144
Frohne-Hagemann 114, 211, 267, 340
Fromm フロム 158, 259
Frommer 185
Frölich 147

Fuchs 309, 311, **331**
Fürstenau 221

Gadamer 93, 120, 237, 268,
Galenos ガレノス 70
Galinska 59, 67
Galvani 153
Gammer 82
Garwood 15
Gathmann 53, 213
Gebser 94, 135, 158, 237, 263
Gembris 12, 18, 177
Gerlach 144
Gindler 268
Glass 247
Globokar 231
Goethe ゲーテ 70, 83, 113, 200, 235
Goldman 310
Goldstein 26
Goll 6, 274, 275
Gomes 59
Gonzalez 208
Goodman 116, 268, 276, 324
Gottwald 320
Graber 175
Grawe 223, 248
Grießmeier 145
Groeneweg 15
Grof 4, 6, 141, 162, 197, 265, 320
Grootaers 83, 84, 85, 101, 112, 113, 114, 232, 248, 311, 312, 314, 315
Grothe 251
Guevenc 107
Gundermann 132
Gustorff 188, **287**
Gutjahr 107
Guttmann 321
Gärtner 201
Günther 165
Güvenç 154

Haake 79, **188**, 189

Haardt 76
Haase 293, 294
Habib Hassan Touma 157
Hadsell 15
Haerlin 5, 266, 267
Haley 80, 81
Halmer-Stein 53, 213
Hamel 75, 122, 266
Hamoncourt 22
Hanschmann 263
Hanslick 235
Hargens 82
Hargreaves 17
Harrer 41, 62
Harris 15
Hartgenbusch 75, 77
Hartmann 227
Haselauer 153
Hau 175
Heal 213
Hegi 12, **25**, 28, 29, 30, 31, 32, 33, 75, 116, 212, 233, 285, 296, 298
Heidegger ハイデッガー 104
Heigl, Ott 184, 221, 222
Heigl-Evers 184, 221, 222
Heim 247
Helmholtz 16
Henderson 60
Hentig 90
Herakleitos ヘラクレイトス 269
Hering 77
Hess 2, 5, 6, **275**, **320**
Hevner 13
Hippokrates ヒポクラテス 109
Hoffman 81
Hoffmeister 311, 312
Hofstätter 308
Hollmann 143, 144
Holloway 209
Holthaus 78
Holzkamp 120
Hooper 55

Horst 212
Howell 17
Huitzinga ホイジンガ 143
Huppmann 18, 124
Hurk 121
Husler 70
Hutschenreuter 285
Höck 164
Höhmann **85**, 87, 88, **260**, 261
Hörmann 9, 158
Hörtreiter 11, 77, 161, 165, 285, 286, 287

Ibn Hindu 22
Ihm 54
Ingham 171

Jackendoff 13
Jackson 80
Jacobs 7
Jacobson 125
Jacoby 268
Jakobsen 146
Janicki 59
Janov 162
Janus 134
Janßen 8
Jaspers ヤスパース 84
Jetter 286
Jochims 188, 211, 213, 263
Johach 159
Jonas 14
Jonsdottir 51
Jordan 90
Jores 152
Jost 14
Jung ユング 88, 145, 180, 181, 247, 293, 320, 331
Junktim 121
Jüttemann 120

Kalweit 336

Kandinsky　カンディンスキー　110
Kanner　148, 149
Kapteina　10, 11, 74, 76, **152**, 161, **163**, 164, 166, **284**, 285, 286
Kartomi　335
Kast　265, 267
Katz　335
Kayser　75, 294
Kehrer　149
Keller　11, 41
Kemmelmeyer　272
Kempelen　70
Kempler　81
Kennell　229
Kenny　211
Kepler　ケプラー　293
Kepner　25, 28
Kiel　15, 177
Kienhorst　241, 242
Klaus　229
Klausmeier　70, 86, 135, 153, 261
Klein　142, 222, 279
Klemm　76
Klessmann　75
Kliphuis　86, 87
Klosinski　45
Klöppel　17
Knierim　205
Knill　117, 128, 157, 158, 166, 210, 227, 265, 266, 296, **308**, **309**, 310, 311, 333
Koffka　26
Kohler　62
Kolisko　201
Konečni 13
Konfuzius　孔子　21
Konta　57
Kortegaard　57
Korunka　15
Kramer　134
Krause　183, 185
Krautschik　**299**, 300

Kries　147
Krueger　16
Krumhansl　17
Kruse　175
Kryspin-Exner　285
Kuhn　120, 265
Kuiper　120
Köhler　26, 115
König　11
Körner　120, 325
Kühn　48, 113
Küntzel-Hansen　78

Laade　155
Laing　162
Langen　6
Langenberg　12, 43, 163, **183**, 185, **220**, 222, 223, 231, 232, 233, 286
Langer　180, 190, 235, 321
Laplanche　221
Lary　251
Laub　188
Lawlis　336
Lecourt　55, 58, 122, 212, 284
Leedy　331
Lehtonen　58, 212
Lenz　165
Leonardo da Vinci　レオナルド・ダ・ヴィンチ　70
Lerdahl　13
Leuner　145, 277
Leuschner　215
Levine　311
Lewin　168, 170
Liebman　15, 54
Liedtke　153
Liley　175
Lincke　183, 279
Lindner　168
Linke　9
Logan　15
Lohmann　16

Lommel 95
Long 21
Loos 12, 41, 43, 46, 137, 163, 167, **196**, 211, 218, **255**, **257**, 325
Lorch 15
Lorenz 158, 237
Lorenzer 129, 130, 180, 182, 232, 280
Lowen 308
Loy 17
Luckmann 268
Ludwig 321
Luft 171
Luhmann 268
Lutz 78
Lyotard リオタール 111

Maas 294
Machleit 105, 107
Maetzel **193**
Mahler 295
Mahns, B. 273
Mahns, W. 18, 41, 42, 43, **89**, 90, 91, 151, **271**, 273, 290
Makowitzki 230
Maler 156, 335
Maranto **50**, 51, 61, 122, 123, 211, 213
Marcel 268
Maria-Magdalena Maack 75
Marsden 17
Maruhn 11
Marx 75
Maslow マズロー 44, 145, 320
Masson 225
Mastnak 6, 8, 9, 10, **154**, 156, 157, 158, 209, 241, **242**, 243, 244, 245, 246
Mathelitsch 70, 105, 106
Maturana 268
Mayer 15
Mayr 79, 163, **168**, 169

McMaster 54
McNiff 156, 157, 309, 310
Meder 12
Mederacke 272
Mengedoht 203
Mentzos 327
Merkt 76, 77
Merleau-Ponty メルロ・ポンティ 93, 268, 303
Mesmer 122
Metzner 1, **129**, 145, 326
Metzger 11
Meyer-Denkmann 11, 78, 231
Miao 56
Michaelis 234
Middendorf 140
Miller 36, 225, 247
Minden 256
Minuchin 80, 81
Miquelarena 53
Moog 6, 272
Mooney 156
Moore 14
Moreau 263
Moreno 170, 268, 309
Moroder-Tischler 8
Morrison 331, 332
Moser 1
Moses 71, 73, 106, 132, 133, 135
Motte-Haber 16
Mozart モーツァルト 246
Munderloh 285
Munos 60
Munro 179
Murphy 333
Muthesius 179
Mußmann 144
Müller **263**, 266

Neher 336
Neugebauer **307**
Nentwig 188

Niedecken 92, 121, 129, 145, 151, 179, 231, 233, 273, **278**
Nieman 231
Nietzsche ニーチェ 311
Nishihata 57
Nissen 148
Nordoff & Robbins 7, 44, 96, 150, 151, 211, 230, 287, 291, 307
Novalis ノヴァーリス 95
Nygaard-Pedersen 1
Nöcker-Ribaupierre 15, 43, 140, **161**, 174, 179, **229**, **249**

Oaklander 143
Oberegelsbacher 53
Odell-Miller 52, 211
Oehlmann 178
Oerter 16, 17
Oesch 335
Olsen 335
Olsho 251
Orff 6, 41, 150, 151
Orr 162
Ott 184, 221, 222

Pachera 9
Paderborn 83
Palmowski 43, 80
Pang 60
Panikkar 158
Papoușek 227
Paracelsus パラケルスス 26
Pavlicevic 60, 211, 213
Pedersen 57
Perilli 53, 210
Perls 26, 46, 115, 116, 268
Perner 105
Peter 77
Petersen 93, 97, 98, 99, **109**, 110, 111, 121, 190, 265, 266, 291
Pettan 9
Petzold 1, 91, 99, 105, 116, 267, 270, 271
Peuskens 59
Pfaff 15
Pfeiffer 285
Pfrogner 268
Piaget ピアジェ 181, 309
Piel 6
Pignatiello 13
Platon プラトン 22, 259, 293
Plessner 268
Poch 55
Pontalis 221
Pontvik 293
Pope 98
Pople 17
Portmann 158
Pracht 201
Pribram 265
Priestley 1, 12, 41, 43, 127, 143, 192, 207, 216, 222, 228, 230, 260, 261, 291, 295, 298, 343
Prinou 55
Probst 41, 272
Purdon 285
Pythagoras ピタゴラス 16, 122, 292
Pöppel 321
Pütz 78

Rahm 267
Raith 213
Rank 162, 268
Raskowsky 175
Rauhe 41, 42, 153, **337**
Rauter 9
Rauter, A 9
Reich 105, 115, 309
Reik 332
Reinecke 16
Rentsch 100
Rett 43
Revers 41, 241
Reyes 55

Rhode-Dachser 225
Richter 155, 218
Ricoeur 268
Rieger 77
Rilke リルケ 332
Rittner 2, 3, 5, 70, **104**, **131**, 136, 137, **275**, **320**, 323
Roberts 15
Roederer 17
Rogers 52, 142, 145, 211
Rohde-Dachser 256
Rohmann 227
Romert, G. 70
Romert, W. 70
Roscher **237**
Rosenberg 138
Rosenhag 99
Rosner 85
Rossi 320
Roth 285
Rothenbacher 284
Rotich 157
Rotter 152
Rubel 229, 250
Rudloff 11, 79
Ruland 95, 202, 205, 206
Ruttenberg 307
Rutter 148
Ruud 8, 18, 57, 290
Rätsch 323, 336
Rödler 8
Röhrborn 36, 68, 164, 252, 254
Rösing 16, 17

Sakaue 435
Salas 208
Salber 83, 84, 85, 101, 102, 103, 104, 113, 114, 120, 173, 239, 248, 312, 313, 314, 315, 316, 324, 330
Sandbank 52
Sander 113, 134
Santos 58

Saperston 151
Saperton 15
Satir 80, 81
Scanlon 51
Scartelli 15
Scharfetter 258, 259, 320, 322, 335
Schaub 41
Schavernoch 292, 293
Schenk-Danzinger 295
Scheu 263
Scheuerle 94
Scheytt-Hölzer 212
Schimidbauer 74
Schirmer 45, 48, 163
Schmidt 12, 81, 91, 320
Schmitt 11
Schmitz 268
Schmölz 53, 79, 213, 230, 231
Schneider 81, 82, 83, 334
Scholz 277
Schubert シューベルト 10
Schulten 14
Schultz 125
Schulz 284
Schulze 294
Schumacher 148, 150, 151, 152, **226**, 273
Schumann 153
Schwabe 11, 12, 15, **36**, 37, 38, 53, 62, 68, 78, 79, 124, 164, **167**, 176, 177, 209, **252**, 286, 291
Schwaiblmair **185**
Schwarzbauer 10
Schäfer 43, 273
Schüppel 204
Seidel 11, 78, **158**, 161
Seidner 70
Seifert 113
Sellin 151
Senf 138
Shatin 13
Sheldrake 265

Sifneo 249
Silva 58
Simon 175
Smeijsters 54, 75, 116, **121**, **206**, 212, 290
Smith 14, 247
Spangler 265
Sperling 81
Spintge 15, 43, 123
Stade 333
Stakemann 82
Staum 14
Steckel 180
Stege 154
Steinberg 213
Steiner シュタイナー 7, 200
Stern, Daniel 27, 30, 151, 191, 226, 229, 232, 298
Stern, David 297
Stiefel 167
Stierlin 80, 81
Stockhausen シュトックハウゼン 231
Stolze 200
Stone 333
Stratton 13, 15
Straus 93
Strobel 3, 5, 18, 124, 141, 163, 176, 213, 214, 218, 277, 300, 336
Stumpf 16
Suppan **18**, 22, 156
Sutton 51

Tagore タゴール 155
Tarr-Krüger 80
Teichmann-Mackenroth 46, 95, **189**, 191, 192
Teirich 123, 230
Telenbach 106
Thamm 80
Thiel 141, 216
Thiersch 159
Thomä 99

Thomas 7, 8, 9, 240, 242
Tillich 88
Timmermann 3, 4, 5, 135, 136, 178, 212, 218, 266, 267, 286, **292**, 293, 294, 300, 334, **334**, 335, 336
Tinge 70
Tischler 8, 78
Todd 17
Tomatis 73, 140, 229, 297
Toulmin 120
Trenkel 81
Tress 184, 185, 223
Trevarthen 213
Triandis 156
Truöl 284
Tucek 107, 154, 157
Tustin 149
Tölle 152
Tüpker 12, 48, 84, 101, 102, 103, 104, 112, 113, **119**, 121, 165, **172**, 173, 203, 211, 212, **223**, 224, 233, **281**, 305, **324**, 328

v. Uexküll 189
v. Grüner 78
v. Hodenberg 179
Varga 57
Verdeau-Pailles 53
Verny 297
Verres 105
Vogel 156
vom Scheidt 74
Vorel **80**, 82, 143, 163, 164, **316**

Waardenburg 86
Wackenroder 233
Wagner 52, 134, 248
Wahl 77
Walter 116, 201
Wardle 228
Watzlawick 81, 209, 268
Weakland 80, 81

Weber 233
Weizsäcker 111, 237
Wekesa 157
Welte 335
Wenar 307
Werbik 13
Wertheimer 26
Wesecky 43
West 17
Weymann 100, 101, 102, 103, 110, 111, 112, 114, 212, 214, 218, 230, 232, 267, 325
Whitacker 80
White 317
Wigram 211
Wilber 265, 267, 320
Wilbert 9
Will 284, 285
Willi 316
Willms 12, 153, 154
Wils 35
Wing 148, 149

Winnicott 129, 130, 141, 142, 279
Wirtz 224, 225
Wocken 91
Wohler 211
Wolberg 331
Wollschläger 167
Wright 228
Wundt ヴント 16

Yasargil 335
Yensen 6
Yonteff 116

Zalanowski 13, 15
Zhang 56
Zieger 188
Zimmer 49
Zimmermann 144
Zimmerschied 153
Zuckerkandl 268
Zwicker 17

訳者あとがき

　本書は、音楽療法に関する現時点における世界で唯一の事典、"Hans-Helmut Decker-Voigt, Paolo Knill, Eckhard Weymann（Hrsg.）：Lexikon Musiktherapie. Hogrefe-Verlag, 1996."の全訳である。

　編著者の一人、デッカー＝フォイクトは日本語版序文にもあるように、1997年有楽町で催された「音楽療法フォーラム'97」（第1回全日本音楽療法連盟学術集会）に来日し、ドイツ語圏の音楽療法に関する講演を行なったので、記憶されている読者もあろうかと思う。筆者もその時親しく謦咳に接したが、好奇心旺盛で知的なエネルギーを感じる一方、シンパシーに富み、バランスのとれたお人柄が伺われて好感をおぼえたものである。ドイツ音楽療法界で若くして頭角を現し、1975年に『音楽による治療と教育』というテクストを編んだのを皮切りに、83年には本書の前身である『音楽療法ハンドブック』を編集した。87年、88年にはエッシェンらと『音楽とコミュニケーション―音楽療法と多媒体的治療に関するハンブルク年報―』2巻を公刊し、また91年には満を持したかのように『魂から奏でる』と題した音楽療法入門書を著すなど、精力的な活動を続けている。音楽療法書のほか小説を執筆するといった文筆家としての一面もあわせもつ。一昨年、ハンブルクで行なわれた第8回音楽療法世界会議'96には、わが国からも多くの参加者があったが、この会議の大会長をつとめたのがこのデッカー＝フォイクトである。

　クニルについては多くの情報はないが、『表現療法』（1979）、『治療と養成教育における諸媒体』（1983）などの著書がある。アメリカで盛んに行なわれていた表現療法（Expressive Therapy）のドイツ語圏への紹介者であり、この領域で早くからデッカー＝フォイクトと活動を共にしていたようである。上記1983年の著書にも、音楽にとどまらず、ビデオや描画など諸媒体を広く活用した方法が丁寧に紹介されている。

　もう一人の編著者、ヴァイマンは若手ないし中堅に属する気鋭の音楽療法士である。もともとヘルデッケでテュプカー、グローテアス、ヴェーバーらと「音楽療法の形態学グループ」をつくり、本書にも展開されている独自の音楽療法学派を創始した。即興やスーパービジョンに関する論文が多いが、いずれも深い思索に裏打ちされたもので、デッカー＝フォイクトの上記入門書においても、即興に関する部分はこのヴァイマンにまかせられている。現在、音楽療法士として臨床

に携わると同時にハンブルク音楽大学音楽療法研究所で教鞭をとっており、いずれドイツの音楽療法界を担うと目される人物である。

さて本事典は、以上の編著者を含め、旧西ドイツの実践・研究者を中心に旧東ドイツ、オーストリア、スイス、オランダ、アメリカなどから総勢53人の著者を擁して完成された画期的な書物である（それぞれの著者については本書所収の略歴を参照）。音楽療法がここ数十年のあいだに欧米をはじめ世界各地で急速な発展を遂げたのは周知であるが、本書はそれらを集大成して、現代音楽療法の水準を示したものと言える。もちろん、ドイツ語圏の書物らしい特徴もみてとれる。たとえば、論述に英米語圏のものと異なる堅牢さや観念性がうかがえたり、本質論的議論が目立つこと、また内容的にも精神分析的、心理療法的方向性の強いものが多いなどである。しかし、事典という性格上、そうした特徴以上に、むしろ包括性や多様性に気が配られており、世界的動向を視野にいれた網羅的情報を提供していることの方が強調されるべきであろう。

ところで、ここに示されているカオス的と形容できるほどさまざまな事柄について、多少なりとも整理して読者の便を図りたい。項目はアルファベット順（邦訳では五十音順）に並んでおり、相互の関係は見えにくいかも知れないが、よくみると本書を織りなすいくつかの系が見て取れる。それを音楽療法の拡大と深化の諸相として見ていこう。

まず拡大の諸相の一つに、音楽療法の学派やその背景理論の多様化がある。本書には実にさまざまの音楽療法学派、もしくは方法の紹介がある。精神分析や行動理論による方法ばかりではない。集団力動的方法、人智学的音楽療法、形態学的音楽療法、ゲシュタルト療法的音楽療法、ノードフ・ロビンズ音楽療法、あるいはRMT（調整的音楽療法）、GIM（音楽によるイメージ誘導）といった聴取的方法など、取り上げられた音楽療法は実に多彩である。なかでもドイツ語圏において独自の展開をみせている「形態学的音楽療法」には、関連項目を含め数項目（たとえば、＜受苦‐しうる＞、＜変容して‐くる＞、＜成し遂げる＞、＜方法的に‐なる＞、など）があてられ、ユニークな記述を目にすることができるが、これはドイツで生まれた本書ならではのことと評せるかもしれない。シュタイナーの人智学に基づく方法についても同様で、一項目ながら相当数の頁がさかれている。

ところで興味深いのは、本書が、そうした多様な諸方法をたんに紹介するのみならず、それらを相対化するメタレベルの視点をも備えているということである。たとえばスマイスタースの二つの項目、つまり「現代の音楽療法的諸方法に関する歴史的背景」や「心理療法的音楽療法の諸方法」と題された論考では、これら多様な方法がみごとに整理・体系化されている。またシュヴァーベの「方法体系」の項目なども、やや異なった角度からさまざまな音楽療法形態を分類整理したも

のである。これらの諸項目は、読者が通時的あるいは共時的に音楽療法をマッピングするときの助けになるかもしれない。

　拡大の諸相の第二として、音楽療法の実践領域の拡がりが挙げられる。通常われわれが馴染んでいる障害児（者）や精神病、心身症、痴呆性疾患に対する音楽療法のほかに、嗜癖治療や神経学的リハビリテーション、循環器系疾患のリハビリテーション、早産児治療、家族療法、夫婦療法、性的虐待者の治療、あるいはソーシャルワークや学校における音楽療法の実践など、本書にはこの治療技法の適応の拡がりが如実に映し出されている。

　さらに第三としては、音楽療法の地域的拡大がある。マラントの「音楽療法の世界的展望」の項目には、世界37カ国の音楽療法の定義が網羅され、これに分析が加えられている。各国の実践状況や関係団体の活動、職業的状況などについての記載はないが、これらについては、マラント編集の"Music Therapy：International Perspectives、Jeffrey Books, 1993"を参照されたい。ただもちろんドイツ語圏音楽療法士の職能団体の項目は本事典に含まれている。これに関連した職業倫理の項目もまた然りである。

　また音楽療法と他の治療技法との結合も、拡大の諸相に入るだろうか。本書では、運動療法、ダンス療法、呼吸療法、詩歌療法（ポエム・セラピー）、造形表現などと音楽療法の関係や、互いのコンビネーションについて詳しく触れられているほか、端的に「多感覚療法」という興味深い方法概念の項目が見い出される。

　さて一方、音楽療法の深化の諸相をみるとどうであろうか。これに関する項目は非常に多く分類は困難だが、あえてそれを試みると、まず、治療上重要な医学・心理学的な鍵概念、たとえば、情動性や共感、思考過程、防衛、象徴、身体知覚、感覚知覚、統合された意識、トランス、変性意識状態などの項目があり、それぞれが音楽療法との関係で解説されている。また一方で、治療遂行上の重要な局面、すなわち症状査定や記録、評価の問題にも多くの項目が割り当てられている。治療に関するスーパービジョンやバリント・ワークの項目もある。しかしここでさらに興味深いのは、音楽療法の音楽的要素に関するさまざまなトピックスが、本書を通じて盛んに議論されていることである。とりわけ＜即興＝インプロヴィゼーション＞の問題が大きな系として取り出され、音楽史上の即興運動からセッション場面におけるその意義に至るまで、数項目にわたり幅広く考察されている。また音楽療法における＜声・音声＞や＜楽器＞の意義に関する諸項目も啓発的で刺激に富んだものである。

　また、音楽療法の深化といえば、関連諸科学との領域横断的議論が欠かせないだろう。本書には、音楽療法の間領域性を反映して、実にさまざまの分野に関連した議論が展開されている。各種医学や心理学をはじめ、発達心理学、教育学、社会学、民族学、哲学、美学、音楽心理学、などなどである。このうち特に目を引くのは、民族音楽学的視点で、各地の民族治療儀式やシャーマンに関する記述

が生彩を放っている。トランスなどの変性意識状態や声に関する議論もこれに関連するだろう。現代の音楽療法を有史以来の長い伝統へとつなぐ視点であり、今なお音楽療法は、こうしたフィールドから養分を汲み続けていることが確認される。ティンマーマンの「模倣でなくエレメントを抽出すること」という指摘などは傾聴すべきものである。筆者としては、今後、先端諸科学や現代思想など、われわれが手を結ぶ領域はさらに拡がると思うが、音楽療法の議論を深める間領域性に関して、本書ほど配慮された書物もまた見あたらないのである。

なお筆者としては、本書に＜強度＞に関する言及があったのに注意を引かれた（「芸術家としての治療者―治療としての芸術」の項目参照）。リオタールやドゥルーズなど、フランス現代思想書でよく目にするこの概念ならざる概念は、とりわけ音楽に親和性をもつと考えていたからである。また、本書全体に「自然科学的に立証可能なものに縮減された」世界観（マストナク）からはみ出る部分への視点が貫かれていることに共感した。＜なぜほかならぬ音楽療法なのか＞という根本的な問いを、本書の多くの執筆者陣は、いかなる細部を論じる場合にも取り逃がしていないという印象があったのである。

ともあれ、音楽療法の拡大と深化ということでいささか強引に、多くの項目を整理してみたが、これらの項目はもちろんそれぞれ関連を保っており、多様でありながら全体がゆるく結合して「音楽療法」という一つの有機的世界をかたちづくっている。このように見てくると、現在の（少なくとも欧米の）音楽療法がいかなる拡がりと深みにおいて語られているかが浮かび上がってこよう。すなわち、実践面においては、医学から教育、福祉にわたる広範な分野のさまざまな対象にたいして、多様な背景理論をもつ多くの方法が適用されており、方法的にもますます洗練の度を高めつつある。一方、研究面においては、実証的研究はもとより、これまた実に多くの近接諸科学と学際的思考を展開し、アイディアや養分を汲みながら思索を深めている。本書により、読者は、「音楽療法」という世界の器（うつわ）を実感するだろうし、またこの領域がすでに自立した一個の学問分野を形成しつつあることを知るはずである。

実は訳者らが本書の邦訳を世に問う理由もこの辺にある。わが国において、1995年に全日本音楽療法連盟（全音連＝日本バイオミュージック学会と臨床音楽療法協会の合同組織）が創設され、97年には連盟認定音楽療法士が誕生したのは周知であろう。現在、わが国の音楽療法をめぐる状況はバブル的と言ってよいほど過熱している。しっかりした養成も行なわれないままに実践者が増加し、資格に関する関心が膨らんでいる。メディアには、＜音楽療法＞という文字が踊り、関係書の出版も相次いでいる。関心の増大自体は歓迎すべきことであり献身的な実践や良書も少なくはない。しかし、なかには安易な活動や誤解を招きかねない不適切な情報も数多く見受けられるのである。

こうしたなかで、訳者らは、音楽療法の現在の水準を示した本格的な書物をわが国で出版したかった。欧米の現実を総体的に示した本書により、上記のような、やや浮足だった状況に一石を投じ、わが国の臨床実践、教育状況、そして学問水準を少しでも欧米のそれに近づける一助としたかったのである。

もちろんわが国にはわが国なりの事情はある。また外国の音楽療法をわが国にそのまま輸入することの是非は問題にされねばならない。本書の内容とわが国の現実との相違には、たんに歩みの遅速のみならず、文化間の相違が横たわっている可能性があるし、みずからの状況や方法に関する独自性に、われわれとしてもつねに自覚的でいる必要はある。だが、デッカー＝フォイクトも序文に指摘するとおり、そうした相違があればこそ、本書に示されたさまざまな議論が呼び水となり、両国間でさらなる対話が始まるのである。原著者たちはそれを期待している。文化の衝突のあるところ、必ず新たな文化が生まれるものである。

しかしそれ以上に筆者に興味深いのは、そうした両者の相違を超えたエレメントである。本書の記述の端々からうかがわれるように、音楽療法にはそもそも東洋と西洋という二極的構図では覆いきれない現実が含まれているが、そうした多世界的視点、さらにはさまざまな形態の文化や音楽を貫く特異な位相こそが今後ますます問題になってくるのではなかろうか。考えてみれば「生命」は文化を超えた現象であり、多様な現実的形態を横断する「音楽的なもの」はまさにここに関わっているように見えるからである。言語やその他のあらゆる構造を超えた、いわば＜共通の尺度のない＞こうした位相に文化や国の境界はない。われわれの「音楽療法」という固有の学問は、次の世紀も、先端諸科学やあらたな思想的潮流と手を結びつつ、最もシンプルな事実で、かつ最も困難な謎であるこの＜生きていること＞を、学際的また国際的に問いつづけて行くのであろう。

本書訳出の経緯を記しておきたい。筆者がこの本を初めて手にしたのは2年前、ハンブルク世界会議'96の書物コーナーにおいてであった。数多くある音楽療法書の中で、平積みされている本書がその白い表紙と厚さでひときわ目を引いた。そのころ筆者には『音楽療法ハンドブック』やフローネ＝ハーゲマン編集の『音楽とゲシュタルト』など、音楽療法関係書でいくつか翻訳を考えている書物があった。どれも一長一短で仕事にかかれないでいたが、本書に出会い、そうした迷いがはっきりと消えたのをおぼえている。帰国して、その時点でハイデルベルクに留学中の精神科医齋藤氏、同じくゲッティンゲン留学を終えようとしていた慶應大学の真壁氏、ドイツやアメリカで音楽療法士を長く勤めた加藤氏、そして筆者の自治医大時代の同僚である精神科医水野氏に連絡をとり、快諾を得られて計画は具体化した。

それぞれの専門や関心領域を勘案しながら項目を分担し、まず各自で訳出し、集めたものについて、訳語や書式の統一を図るため筆者（阪上）が全体に目を通

した。訳語の統一に努めたとはいえ、明らかに意味のわかるもの、たとえば治療 - セラピー、研究 - リサーチ、即興 - インプロヴィゼーション、などは文の調子を保存するためあえて変更しなかった。各項目のタイトルのなかには、原文を尊重しつつも、内容を勘案しながらより簡明なかたちに意訳したものがある。ドイツ語タイトルを並記してあるので参照されたい。なお事項索引は原書から自由に、新しく詳細なものを作りなおした。人名索引は原書にはないものである。

　翻訳作業が終わり、ほっと肩の荷をおろした感がある。というのも、筆者は留学中、本書にも執筆しているステラ・マイアー教授に、『音楽療法ハンドブック』（教授はその協力編者の一人）を翻訳する計画を伝えていたからである。デッカー＝フォイクトがドイツ語圏の音楽療法界の注目すべき俊英であることを教えてくれたのも、当時のマイアー教授であった。いまやっと、その発展形である本書の邦訳をお見せできることになったわけである。ただ、ウィーン国立音楽大学の故アルフレッド・シュメルツ教授には、本書を見てもらえないのが残念でならない。ドイツ語圏の音楽療法を日本に紹介する、と吹聴していた筆者に対し、教授は同地でいろいろと便宜をはかられたのみならず、95年秋に亡くなるまで、さまざまな資料を送ってくださっていたのである。他にもかつてウィーンやドイツでお世話になった方々の名前を挙げればきりがない。おそらく他の訳者もそれぞれの受けた学恩を胸にしていることと思う。デッカー＝フォイクト教授には、もう一年も前に日本語版への序文を書いて頂いたにもかかわらず、訳業が大幅に遅れてしまい、大変な迷惑をおかけしてしまった。これを書いている今も、ハンブルクで首を長くして待たれていることであろう。お詫びするほかはない。

　最後になったが、人間と歴史社のスタッフの方々には、本当に感謝している。佐々木久夫社長は、筆者らの悠長な仕事ぶりを辛抱強く見守られたうえ、オルタナティヴな科学に対する強い情熱をもって、何度も筆者を鼓舞された。装丁者である妹尾浩也氏は、その静かな物腰と美的なセンスで、本書の仕上がりについて大きな安心感を与えてくれた。そして「音楽療法」担当の弓削悦子さん。わがままな筆者に対し、我慢強く、またセラピューティックに接していただいた。訳文が少しは読みやすくなっているとすればそれは彼女のお陰であるし、巻末の索引も弓削さんの努力のたまものである。皆様にもう一度、お詫びとお礼を申しあげるとともに、音楽療法に対する同社の真摯な姿勢なくして本訳書が世に出ることはなかったことをも、ここに銘記しておきたい。

訳者を代表して
1998年 初冬　阪上正巳

訳者別担当項目一覧

阪上正巳
音楽史における即興運動／音楽人類学的、民族学的視点／音楽療法の方法体系／記述と再構築／共感／現代の音楽療法の諸方法に関する歴史的背景／GIM／思考過程／シャーマニズムと音楽療法／集団の諸機能と集団形成の諸段階／集団力動／情動性／心身医学／心理療法的音楽療法の諸方法／即興／即興表現／治療空間／内科学／ノードフ・ロビンズ音楽療法（創造的音楽療法）／バリント・ワーク／文化心理学・社会心理学的視点／民族学と音楽療法／連想的即興／（日本語版への序文／序文）

加藤美知子
音楽受容の研究／音楽心理学／音楽の概念／音楽療法における「注意」のコントロール／音楽療法の職能団体／音楽療法の世界的展望／外来診療における音楽療法／楽器のもつ潜在的能力(楽器のアピール性)／ゲシュタルト療法と音楽療法／工学的メディアと音楽療法／集団心理療法における治療評価－EBS判定用紙／受容的音楽療法／職業倫理／人智学的音楽療法／スーパービジョン／性的虐待／セッションの記録とその保管／相互音楽療法（IMT）／短期音楽療法／調整的音楽療法（RMT）／治療的愛／治療と楽器／統合的音楽療法／能動的音楽療法／倍音の研究／発達心理学と音楽療法／評価研究／評価尺度／夫婦療法／リズム原理

齋藤考由
運動療法を統合した音楽療法（サイコダイナミック・ムーブメント）／音によるトランス／音声研究／外来嗜癖患者への助言ならびに治療／患者‐治療者関係／気分・調子／行動の概念／声／自閉／嗜癖患者の音楽療法／集団音楽療法の諸段階／神経学的リハビリテーション／心臓病学的リハビリテーションの音楽療法／身体知覚／精神医学／精神分析と音楽療法／聴覚器官－その発達と意味／トランス／とり入れ／入院病棟における嗜癖治療／病後歴と治療効果／変性意識状態／防衛／理学療法と音楽療法

真壁宏幹
音楽教育と音楽療法／音楽の構成要素／音楽療法の因果原理／音楽療法の思考モデルと人間像／かたち形成／感覚知覚／形態学的音楽療法／結晶化理論／社会福祉活動（ソーシャルワーク／社会教育）／〈受苦‐しうる〉／象徴／造形表現／多感覚・治療・芸術／多感覚療法／統合された意識／特殊教育／〈成し遂げる〉／美学／表現／表現療法と音楽療法／〈変容して‐くる〉／〈方法的に‐なる〉

水野美紀
家族療法／学校における音楽療法／関係のロンド／教育音楽療法（LMT）／芸術家としての治療者‐治療としての芸術／研究方法論／呼吸療法と音楽療法／子供の音楽療法におけるプレイ・セラピー的要素／周産期心理学／出生前心理学／早期の母親‐子供の遊び／早産児に対する聴覚刺激／ポエム・セラピー

訳者略歴

阪上正巳 (さかうえ・まさみ)　医学博士

1958年埼玉県に生まれる。1983年金沢大学医学部卒業。1989～1990年ウィーン大学医学部留学。同時にウィーン国立音楽大学音楽療法学科聴講生として学ぶ。国立精神・神経センター武蔵病院医長を経て現在、国立音楽大学助教授。専攻：精神医学、精神病理学、音楽療法。論文・著書：「音楽療法の現況と展望―ドイツ語圏を中心にして―(その1～その4)」(『臨床精神医学』第24巻、1995)、『精神の病いと音楽』(廣済堂出版、2003)、『芸術療法実践講座4　音楽療法』(共編著、岩崎学術出版社、2004) など。日本音楽療法学会常任理事、日本芸術療法学会理事、日本病跡学会理事。

加藤美知子 (かとう・みちこ)　日本音楽療法学会認定音楽療法士

東京都に生まれる。桐朋学園大学ピアノ科を経て、1974年ミュンヘン国立音楽大学ピアノ科卒業、1975年同音楽大学専門課程(音楽教育)卒業。1975年から1982年までミュンヘン小児センター音楽療法科勤務。1986年ミシガン州立大学音楽学部音楽療法科修士課程卒業。帰国後、フリー音楽療法士として幼児から高齢者までのさまざまな現場で活動するかたわら、桐朋学園大学、洗足学園大学、東邦音楽大学などの教育現場にも携わる。現在東京武蔵野病院などで実践。著書：「音楽療法の実践―日米の現場から―」(共著、星和書店、1995)、「標準音楽療法入門(上・下)」(共著、春秋社、1998)、「音楽療法の実践―高齢者・緩和ケアの現場から―」(共著、春秋社、2000)。翻訳書：「魂から奏でる―心理療法としての音楽療法入門」(ハンス＝ヘルムート・デッカー＝フォイクト著、人間と歴史社、2002)。日本音楽療法学会評議員、東京音楽療法協会理事。

齋藤考由 (さいとう・としゆき)　精神科医、日本音楽療法学会認定音楽療法士

1957年熊本県に生まれる。1982年九州大学医学部卒業。1996～1997年ハイデルベルク大学医学部精神科留学。音楽療法の研究を行なう。九州大学精神神経科外来医長を経て、現在 たなか病院(久留米市) 副院長、社会福祉法人ひびきの杜 理事長。専攻：精神医学、精神病理学、音楽療法。主論文：「『無動・緘黙・筋緊張状態』とその発現機構」(『精神科治療学』第4巻、1989)、「精神医療での音楽療法」(『音楽療法』第1巻、1991) など。日本芸術療法学会評議員、日本音楽療法学会評議員、西日本芸術療法学会理事。

真壁宏幹 (まかべ・ひろもと)

1959年山形県に生まれる。1988年慶応義塾大学社会学研究科教育学専攻博士課程単位取得退学。1995～1997年、ドイツ、ゲッティンゲン大学社会科学部教育学ゼミナールへ訪問研究員として留学。芸術教育と音楽療法の理論と歴史の研究に従事。現在、慶応義塾大学文学部教育学専攻助教授。専攻：人間形成論、ドイツ教育思想史。主論文：「Erziehung zur Mündigkeit in Japan」(Bildung und Erziehung, 50.Jg. Heft 2 / 1997)、「音楽療法との対話」(『子どもたちの想像力を育む』東京大学出版会、2003)、「子どもの美的経験をいかに語るか」(『経験の意味世界をひらく』東信堂、2003) など。

水野美紀（みずの・みき）　医学博士
1960年福岡県に生まれる。1985年鹿児島大学医学部卒業。自治医科大学精神科病院助手を経て、現在、初石病院精神科勤務。専攻：精神医学、精神病理学。主論文：「分裂病の軽症化について」（『臨床精神医学』第18巻、1989）、「出口なおの病いと信仰」（『臨床精神医学』第21巻、1992）など。

音楽療法事典 [新訂版]

1999年2月14日　初版第一刷発行
2004年9月10日　新訂版第一刷発行

編著者	ハンス=ヘルムート・デッカー=フォイクト 他
翻訳者	阪上正巳・加藤美知子・齋藤考由・真壁宏幹・水野美紀
発行者	佐々木久夫
造本・デザイン	妹尾浩也・清水 亮
印刷	株式会社シナノ
発行所	株式会社 人間と歴史社
	〒101-0062　東京都千代田区神田駿河台3-7
	電話　03-5282-7181（代）
	FAX　03-5282-7180
	http://www.ningen-rekishi.co.jp

©2004 in Japan by Ningentorekishisha
ISBN4-89007-152-0 C0573　Printed in Japan

落丁、乱丁本はお取替えします。定価は外函に表示してあります。

音楽療法関連書籍

音楽療法最前線・増補版

小松 明・佐々木久夫●編

心身の歪みを癒し修復する音楽療法とは何か。当代きっての自然科学者たちが、振動、1/f ゆらぎ、脳波、快感物質など現代科学の視点から音楽と生体との関わりを説き明かす。
巻末資料──◆全日本音楽療法連盟認定音楽療法士認定規則◆音楽療法士専攻コースカリキュラムのガイドライン◆国内文献一覧表　その他。

A5判上製　394ページ　定価：3675円(税込)

第五の医学　音楽療法

田中多聞●著

老年医学の研究者である著者が、痴呆をもつ高齢者のリハビリテーションを目的に研究・考案した音楽療法の手法と実際。豊富な臨床例に裏づけられたスクリーニングから治療にいたる「音楽療法の処方」を紹介。

四六判上製　349ページ　定価：2625円(税込)

原風景音旅行

丹野修一●作曲　　折山もと子●編曲

心身にリアルに迫る待望のピアノ連弾楽譜集。
CD・解説付!

菊倍判変型並製　48ページ　定価：1890円(税込)

===== 音楽療法関連書籍 =====

実践・発達障害のための音楽療法

E・H・ボクシル●著　　林 庸二・稲田雅美●訳

数多くの発達障害の人々と交流し、その芸術と科学の両側面にわたる、広範かつ密度の高い経験から引き出された実践書。理論的論証に裏打ちされたプロセス指向の方策と技法の適用例を示し、革新的にアプローチした書。

A5判上製　315ページ　定価：3990円（税込）

即興音楽療法の諸理論【上】

ケネス・E・ブルーシア●著　　林 庸二 他●訳

セラピストを介する音楽療法において、「即興」の役割は大きい。本書では、アルバン、オルフ、ノードフ・ロビンズ、プリーストリーその他、即興演奏を治療に用いる音楽療法家たちの諸理論と実践形態を要約・解説・分析する。

A5判上製　422ページ　定価：4410円（税込）

魂から奏でる
―心理療法としての音楽療法入門

ハンス＝ヘルムート・デッカー＝フォイクト●著
加藤美知子●訳

生物・心理学的研究と精神分析的心理療法を背景として発達・深化してきた現代音楽療法の内実としてのその機能、さらに治療的成功のプロセスを知る絶好のテキストブック。

四六判上製　496ページ　定価：3675円（税込）

===== 音楽療法関連書籍 =====

振動音響療法
―音楽療法への医用工学的アプローチ

トニー・ウィグラム　　**チェリル・ディレオ●著**
世界音楽療法連盟前会長　　世界音楽療法連盟元会長

小松 明●訳・解説
日本音楽療法学会理事・工学博士

音楽療法への新たな視点！　癒しと治療の周波数を探る！
―音楽振動は、旋律、リズム、和声、ダイナミックスなどの音楽情報をもっており、1/fゆらぎによる快い体感振動である。聴覚と振動がもたらす心理的・身体的治療効果に迫る！

A5判上製　353ページ　定価：4200円（税込）

障害児教育におけるグループ音楽療法

ノードフ＆ロビンズ●著
林 庸二●監訳　望月 薫・岡崎香奈●訳

グループによる音楽演奏は子どもの心を開き、子どもたちを社会化する。教育現場における歌唱、楽器演奏、音楽劇などの例を挙げ、指導の方法と心構えを詳細に述べる。ノードフ・ロビンズの音楽療法は特殊教育の現場で多大な実績をあげており、世界的な評価を得ている。日本においても、彼らのメソッドを応用する音楽療法士は多い。

A5判上製　306ページ　定価：3990円（税込）

響きの器

多田・フォン・トゥビッケル房代●著

〈生きていること〉と音楽―
ひとつひとつの「音」に耳を澄ますことから「治療」が始まる！
ある音楽治療家の軌跡！

A5判変型上製　218ページ　定価：2100円（税込）